2016

2016

中国广播收听年鉴

CHINA RADIO RATING YEARBOOK

徐立军 主编

中国传媒大学出版社

《中国广播收听年鉴（2016）》
编写委员会

主　　编　徐立军

副 主 编　郑维东　肖建兵　肖海峰

编写人员　（排名不分先后）

梁　帆　解永利　张广彦　张　嫣　卢文钊　马　超
龙长缨　肖　珊　吴　东　周欣欣　杨金姝　王　平
何庆金　曹金毅　张琼子　王建平　李忠毅　冯　波
韦　唯　包凌君　彭辰豪　潘　琪　陈　明　胡旻琦
郑剑龙　陈　熙　张　焱　莫笑凡

出版说明

为更好地服务于业界，尽可能地满足各方面对收听率数据的需要，作为我国视听率调查行业的领跑者，CSM 媒介研究自 2005 年起，每年编写出版一部《中国广播收听年鉴》。《中国广播收听年鉴（2016）》是 CSM 媒介研究编写出版的第十二部广播收听年鉴。

《中国广播收听年鉴（2016）》主要包括以下四部分内容：第一部分“综述”，主要从收听环境、听众特征、听众收听行为、频率竞争格局、节目竞争格局以及广播广告投放与竞争格局等方面对 2015 年中国广播收听市场进行全景式描述与分析；第二部分“专题研究”，本部分除了对 2015 年新闻综合、交通、音乐、文艺、都市生活几个主要频率的收听状况进行分析之外，还包括“9. 3”抗战胜利阅兵在各媒体平台的传播表现、晚高峰时段广播市场动态浅析、方言类广播节目发展现状及特色、2015 年广播广告市场新观察、广播受众新媒体接触与消费状况分析、CSM 广播虚拟测量仪调查法解析及与日记卡法比较、新传播环境下广播媒体面临的挑战及对策等内容；第三部分“收听数据”，这部分是 CSM 媒介研究 2015 年进行收听率调查各城市网及各省网的收听统计数据，主要内容涉及人均收听时间、全天收听走势、听众构成和频率竞争状况等；第四部分“附录”，主要包括 CSM 媒介研究各城市收听率调查网和各省网的基本情况。

《中国广播收听年鉴（2016）》的出版具有非常重要的现实意义，它为广大媒介从业人员既可提供有关 2015 年中国广播收听市场的全面分析，又可提供 2015 年全国 37 个重点城市及 3 个省翔实的收听数据，它是媒介从业人员必备的一本工具书。

编者

2016 年 8 月

目录

CONTENTS

第一部分 综 述

第二部分 专 题

第三部分　数　据

第四部分　附　录

第一部分
Part One

综 述 Overview

综　述

2015年是我国"十二五"规划收官之年，是统筹谋划"十三五"规划、承上启下的重要一年，也是我国广播影视业全面实施深化改革的关键之年。在党中央、国务院和中宣部的正确领导下，广播系统认真贯彻落实中央部署和总局要求，坚持正确方向，创新理念手段，攻坚克难，顺利完成各项任务；各项工作保持持续、健康、快速发展的良好态势，各方面都取得了显著成绩，迈上了新台阶，保证了"十二五"规划的圆满收官。

2015年，我国广播业始终坚定不移地同以习近平同志为总书记的党中央保持高度一致，高举中国特色社会主义伟大旗帜，围绕中心、服务大局，政治坚定、立场鲜明。广播业始终坚持以人民为中心的工作导向，以弘扬中国梦为主题，坚持为民惠民，加快重点工程建设，城乡公共服务水平得到进一步提升；坚持品质至上，大力推进节目创新、创优，加强精品创作生产，广播节目质量得到进一步提高，广播内容产业再上一个新台阶；坚持改革创新，加快媒体融合发展，紧跟世界科技发展趋势，努力推进数字化、网络化和新媒体、新业态的发展，事业产业实现又好又快发展，实现了媒体建设战略升级；广播事业体制改革进一步深化，取得了新的成效，实现了新的发展。2015年，我国广播业坚持科技引领，紧跟科技趋势，把握科技规律，以科技创新培育新动能、新引擎，创新理念和手段，加强管理和服务，安全播出保障能力进一步提高，公共服务技术支撑体系进一步完善，传播秩序进一步规范；2015年，我国广播业更加注重统筹国内、国际发展，围绕"一带一路"战略，坚持国际视野，统筹国内国际发展，完善布局，加快构建国际传播体系、打造国际一流媒体、推动中华优秀文化走出去的步伐，国际传播能力进一步提升。

本部分将从收听环境、听众特征、听众收听行为、频率竞争格局、节目竞争格局、广播广告投放及竞争状况等方面对2015年我国广播收听市场进行全方位的分析。

一、收听环境

1. 全国共有广播电台147座，广播电视台2218座

根据《中国广播电视年鉴（2016）》的最新统计，截至2015年年底，全国共有广播电台147座、广播电视台2218座。国家级广播电台有中央人民广播电台和中国国际广播

电台，每个省、自治区或直辖市，每个地级或以上城市都至少有一座广播电台或广播电视台。全国现有中、短波广播发射台860座。全国广播在国内的人口综合覆盖率达到98.17％。2015年全年公共广播节目播出时间为1421.83万小时，其中，播出新闻资讯类节目284.18万小时、专题服务类节目311.10万小时、综艺益智类节目386.20万小时、广播剧类节目82.35万小时、广告类节目122.48万小时、其他类节目235.52万小时。2015年全年全国广电系统制作广播节目771.82万小时，其中，新闻资讯类节目143.62万小时、专题服务类节目207.23万小时、综艺类节目207.88万小时、广播剧类节目18.31万小时、广告类节目75.27万小时、其他类节目119.51万小时。

2. 在全国36个重点城市中，音乐类、新闻类和交通类频率数量最多

根据CSM媒介研究掌握的2015年全国36个重点城市可接收的广播频率数量分布资料，在不包括境外频率的470个广播频率中，音乐类（83个）、新闻类（66个）和交通类（65个）频率数量最多（表1.1.1）。“跨领域”频率的现象比较普遍，在名称定位于“音乐”的83个频率中，有20个频率同时在名称中涉及了其他领域；在名称定位于“新闻”的66个频率中，有19个频率同时在名称中涉及了其他领域；在名称定位于“交通”的65个频率中，有14个频率同时在名称中涉及了其他领域；在名称定位于“综合”的53个频率中，也有15个频率同时在名称中涉及了其他领域；在名称定位于

表1.1.1　2015年36个重点城市各类频率的数量分布

序号	频率类别	频率数量（个）	涉及其他类别的频率数量（个）
1	综合	53	15
2	音乐	83	20
3	新闻	66	19
4	交通	65	14
5	经济	47	6
6	文艺	43	7
7	娱乐	27	7
8	城市	24	9
9	生活	29	11
10	资讯	22	7
11	体育	7	2
12	外语	5	0
13	健康	3	1
14	教育	12	3
15	旅游	13	6
16	农村	17	1
17	其他	16	0
不重复合计		470	67

资料来源：CSM媒介研究

“生活”29个频率中，涉及其他领域的频率也高达11个。在各类频率中，以“音乐、交通”进行双重定位的频率数量最多，达到7个，以“新闻、资讯”进行双重定位的频率有4个，以“音乐、资讯”双重定位的频率有3个，以“音乐、文艺”、“音乐、城市”、“音乐、旅游”、“经济、交通”和“旅游、交通”双重定位的频率也都达到2个。城市中专门给有车族人群开办的频率发展态势良好，在36个调查城市中有18个针对有车族广播的休闲娱乐频率，与2014年相比增加了1个；与2014年情形类似，目标受众的细化仍然是广播频率发展的重要特征之一。

3. 全国拥有正在使用的收听设备的家庭比例达到38.5%

根据CSM媒介研究全国网2015年基础调查数据，在全国范围内，有38.5%的家庭拥有正在使用的收听设备，比2014年上升了2.6个百分点；收听设备的百户拥有量达到51台，比2014年增加了4台。2015年，在全国城域拥有正在使用的收听设备的家庭比例为45.4%，比2014年上升了2.3个百分点；在乡域，这个比例是33.6%，比2014年上升了2.8个百分点。在收听设备的百户拥有量方面，2015年城域为61台，比2014年增加了3台；乡域为44台，比2014年增加了5台。在拥有收听设备的家庭中，绝大多数家庭只拥有1台收听设备，拥有2台及以上收听设备的家庭比例仍然较小，全国平均只有8.6%，与2014年相比上升了1.1个百分点。

表1.1.2　2010～2015年全国正在使用的收听设备的拥有状况

年份	区域	1台（%）	2台（%）	3台及以上（%）	无收听设备（%）	百户拥有量（台）
2010	全国	22.6	4.2	1.9	71.3	38
	城域	30.2	7.3	3.1	59.4	56
	乡域	18.3	2.4	1.2	78.1	27
2011	全国	25.0	4.2	1.6	69.2	39
	城域	32.7	6.6	2.8	57.9	56
	乡域	19.8	2.6	0.9	76.7	28
2012	全国	26.8	4.5	1.9	66.8	43
	城域	33.5	7.0	3.5	56.0	60
	乡域	22.1	2.8	0.8	74.2	31
2013	全国	28.3	5.8	3.3	62.7	51
	城域	33.9	7.6	4.3	54.2	64
	乡域	24.3	4.5	2.6	68.6	42
2014	全国	28.4	5.2	2.3	64.1	47
	城域	33.0	7.1	3.0	56.9	58
	乡域	25.2	3.8	1.8	69.2	39
2015	全国	29.9	5.9	2.7	61.5	51
	城域	34.6	7.5	3.3	54.6	61
	乡域	26.5	4.8	2.3	66.4	44

数据来源：CSM媒介研究

根据CSM媒介研究全国网2015年基础调查数据，在全国七大行政区中，华北、西北、东北、华东和西南的收听设备拥有率较高，均达到34%以上，每百户平均拥有收听设备在48台及以上；其中华北地区收听设备拥有率最高，达到53.7%，平均每百户收听设备拥有量也最高，达到76台；西北地区收听设备拥有率也达到了47.9%，平均每百户收听设备拥有量为73台。而华南和华中地区是七大行政区中收听设备拥有率较低的地区，其中华南地区收听设备拥有率为30.1%，华中地区仅为28.4%，每百户平均拥有收听设备华南为37台，华中地区仅为35台（表1.1.3）。

表1.1.3　2015年全国各大行政区正在使用的收听设备的拥有状况

大行政区	1台（%）	2台（%）	3台及以上（%）	无收听设备（%）	百户拥有量（台）
东北	31.0	5.8	2.8	60.4	52
华北	38.6	10.1	5.0	46.3	76
华东	33.0	4.9	1.6	60.5	48
华南	24.6	4.2	1.3	69.9	37
华中	24.1	3.0	1.3	71.6	35
西北	31.6	10.3	6.0	52.1	73
西南	23.4	6.6	3.9	66.0	50

数据来源：CSM媒介研究

二、听众特征

1. 全国10岁及以上听众规模达535,456,000人

根据《中国广播电视年鉴（2016）》的数据，截至2015年年底，全国广播人口覆盖率达到98.17%。但是，在广播实际收听方面，由于部分家庭不购置收听设备，或者一些家庭的收听设备已经闲置，因而实际的广播听众规模明显小于广播覆盖的人口规模。我们所说的广播听众，是指拥有正在使用的广播收听设备或家庭成员中有人在近3个月内收听过广播的家庭中10岁及以上人口。

根据CSM媒介研究2015年全国网基础调查数据，2015年全国广播听众规模为535,456,000人，占全国10岁及以上人口总数的44.4%；其中城域的广播听众规模为246,814,000人，占全国城市10岁及以上人口的52.6%；乡域的广播听众规模为288,642,000人，占全国农村10岁及以上人口的39.2%。与2014年相比，2015年全国、城域和乡域广播听众规模占人口总数的比例都有不同程度的提升。2014年，全国广播听众规模占全国10岁及以上人口总数的41.5%，这一比例在城域为49.5%，在乡域为36.4%。

2. 广播听众中男性占比略高于女性，与全国人口结构基本一致

根据CSM媒介研究2015年全国网基础调查数据，在全国广播听众中，男性比例略高于女性，男性占51.2%，女性占48.8%，这个构成与全国10岁及以上人口的性别构成基本一致。城域广播听众中，男性占51.2%，女性占48.8%，男性所占比例略高于女性，与全国城域10岁及以上人口的性别构成也基本一致；在乡域听众中，男性占51.2%，女性占48.8%，与全国乡域10岁及以上人口的性别构成基本一致（图1.2.1、图1.2.2）。

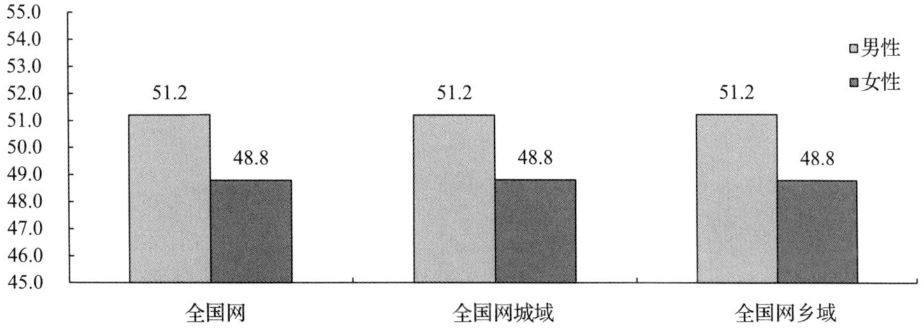

数据来源：CSM媒介研究

图1.2.1 2015年全国广播听众性别构成（%）

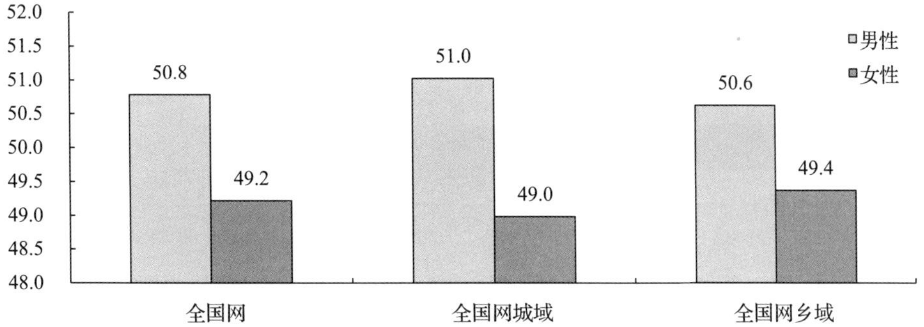

数据来源：CSM媒介研究

图1.2.2 2015年全国10岁及以上人口性别构成（%）

3. 15～44岁听众所占比例相对较高，城乡听众在年龄构成上存在差异

根据2015年CSM媒介研究全国网基础调查数据，35～44岁、25～34岁和15～24岁年龄段听众是广播听众中所占比例相对较高的群体，其中35～44岁听众群体在全国、城域和乡域中所占比例均超过20%；25～34岁听众群体在城域所占比例超过20%，在全国和乡域所占比例分别为19.9%和19.2%，接近20%；15～24岁听众群体在全国、城域和乡域所占比例分别为19.5%、19.9%和19.1%，也接近20%，并且与各自的人口比例基本一致。从城乡各年龄段广播听众所占比例的比较来看，乡域广播听众中10～14岁、

45岁及以上群体所占比例超过了城域，城域广播听众中15～44岁群体所占比例均超过了乡域。乡域听众呈现出两头大，中间小的特征，城域听众则相反，呈现出中间大、两头小的特征，反映出城乡听众在年龄结构上存在差异（图1.2.3、图1.2.4）。

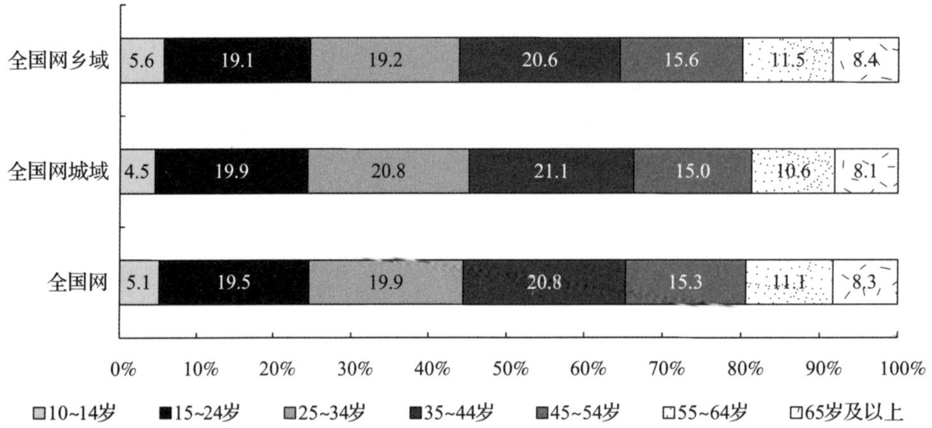

数据来源：CSM媒介研究

图1.2.3　2015年全国广播听众年龄构成（%）

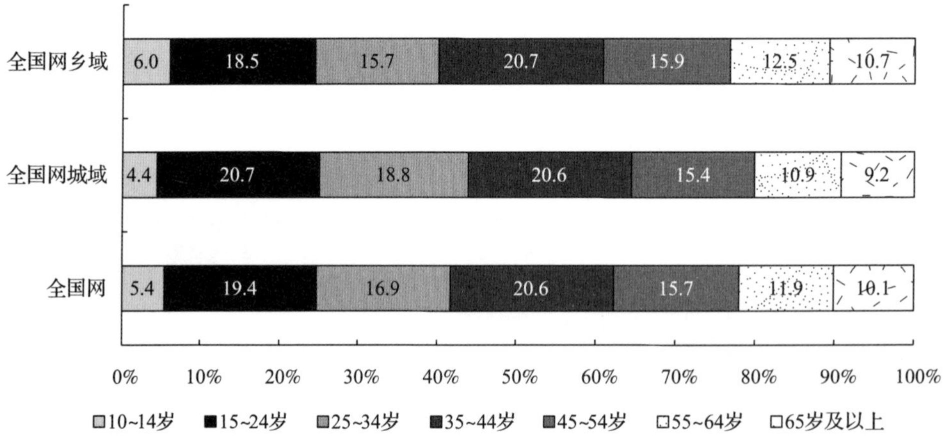

数据来源：CSM媒介研究

图1.2.4　2015年全国10岁及以上人口年龄构成（%）

4. 听众受教育程度城乡差异明显，初中学历人群占比最高

2015年CSM媒介研究全国网基础调查数据显示，广播听众的受教育程度城乡差异明显，这与全国城乡人口受教育程度差异较大的特点相一致（图1.2.5、图1.2.6）。在城域听众中，具有高中/技术学校、大学及以上文化程度的听众比例分别为27.2%和25.2%，远高于乡域听众中的20.3%和10.0%。未受过正规教育、小学文化程度听众的比例在城域分别为2.9%和13.6%，远低于乡域的6.0%和22.6%。无论是在全国网，还是在城域和乡域，具有初中文化程度的听众均是占比最高的一类听众，分别为36.5%、31.1%和41.1%。

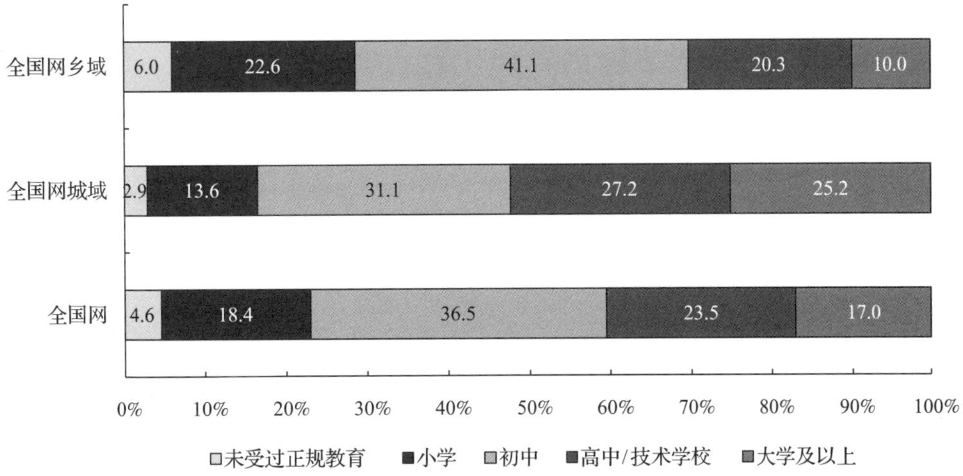

数据来源：CSM 媒介研究

图 1.2.5　2015 年全国广播听众受教育程度构成（%）

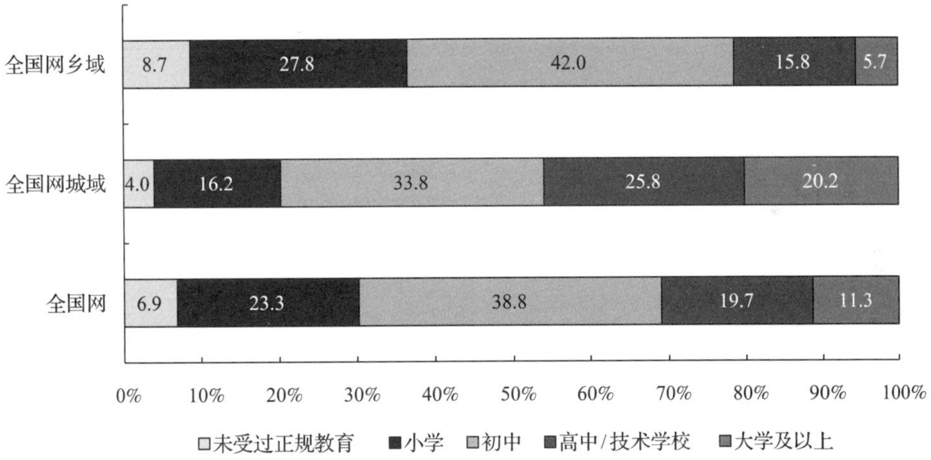

数据来源：CSM 媒介研究

图 1.2.6　2015 年全国 10 岁及以上人口受教育程度构成（%）

5. 城乡听众职业构成差异较大，无业和其他职业人群分别在城域和乡域听众中占比最高

2015 年 CSM 媒介研究全国网基础调查数据显示，城乡听众的职业构成差异较大，这主要是由城乡居民职业构成的差异所决定的。在城域听众中，包含退休人员在内的无业人群所占比例最大，达到 20.7%，其次为初级公务员/雇员，所占比例也达到了 19.8%；在乡域听众中，以农、林、牧、渔为主的其他职业类别听众所占比例最大，达 33.0%，排在第二位的是个体/私营企业人员，所占比例为 16.8%（图 1.2.7、图 1.2.8）。

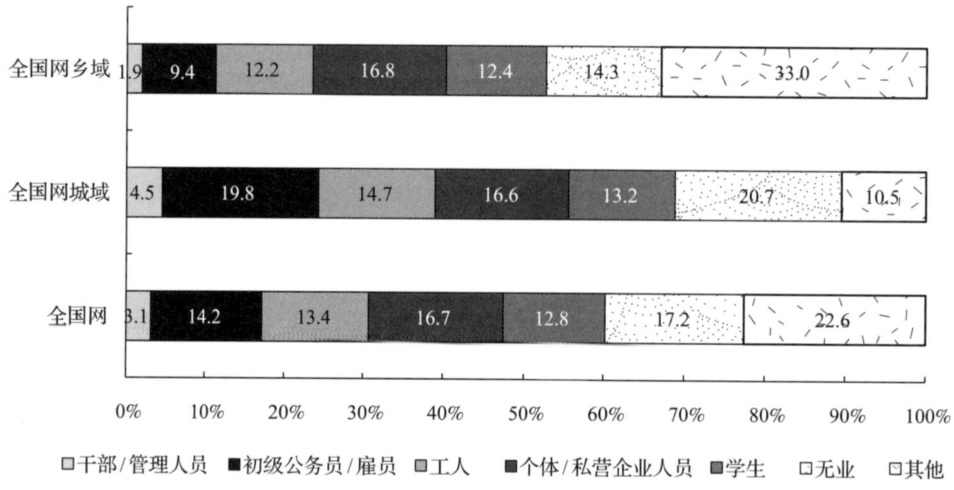

数据来源：CSM 媒介研究

图 1.2.7　2015 年全国广播听众的职业构成（%）

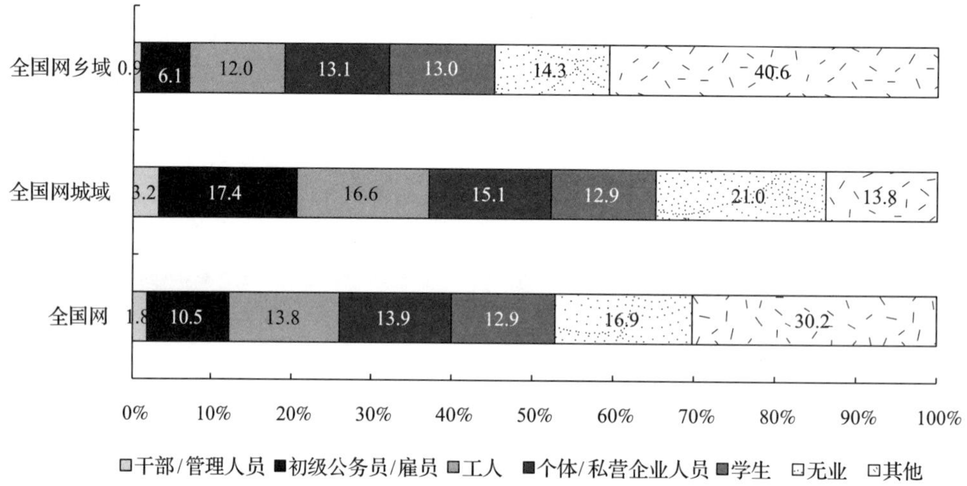

数据来源：CSM 媒介研究

图 1.2.8　2015 年全国 10 岁及以上人口的职业构成（%）

6. 个人月收入 2001 元及以上的听众占比较 2014 年有明显提升，这一趋势在乡域表现得更为明显

2015 年 CSM 媒介研究全国网基础调查数据显示，广播听众的收入构成城乡差异比较明显，这与我国目前城乡经济发展不平衡、城乡居民收入水平差异较大有直接关系（图 1.2.9、图 1.2.10）。从全国广播听众的收入构成来看，个人月收入 2001 元及以上的中高收入听众占比为 49.0%，高于这一收入群体的人口构成比例（39.9%）；从城域的情况来看，个人月收入 2001 元及以上的中高收入听众占比为 60.1%，高于这一收入群

体的人口构成比例（55.3%）；从乡域的情况来看，个人月收入2001元及以上的中高收入听众占比为39.6%，也高于这一收入群体的人口构成比例（30.2%）。

对比2014年，从城域的情况来看，个人月收入2001元及以上的中高收入听众群体占比由2014年的57.5%上升为2015年的60.1%，上涨幅度为4.5%；从乡域的情况看，个人月收入2001元及以上的中高收入听众占比由2014年的37.2%上升为2015年的39.6%，上涨幅度为6.5%。2015年，无论是在城域听众还是在乡域听众中，个人月收入2001元及以上的群体所占比例较2014年均有不同程度的提高，反映出城乡听众的整体收入水平均有不同程度的提高，这一趋势在乡域表现得更为明显。

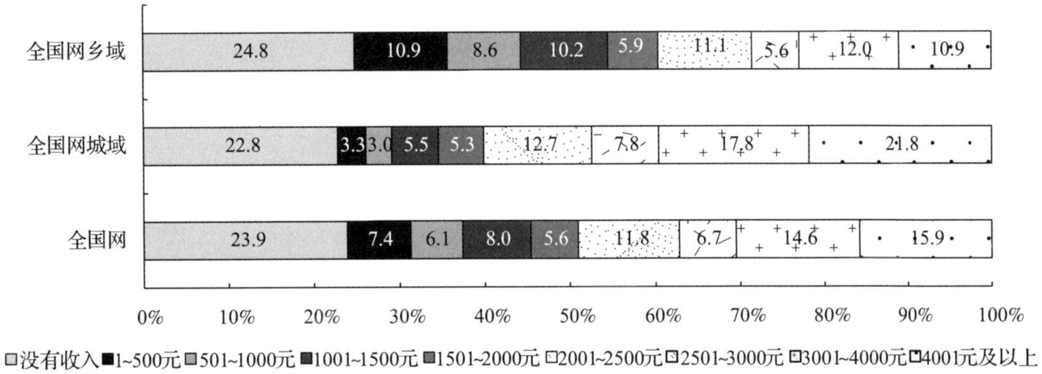

数据来源：CSM媒介研究

图1.2.9　2015年全国广播听众的个人月收入构成（%）

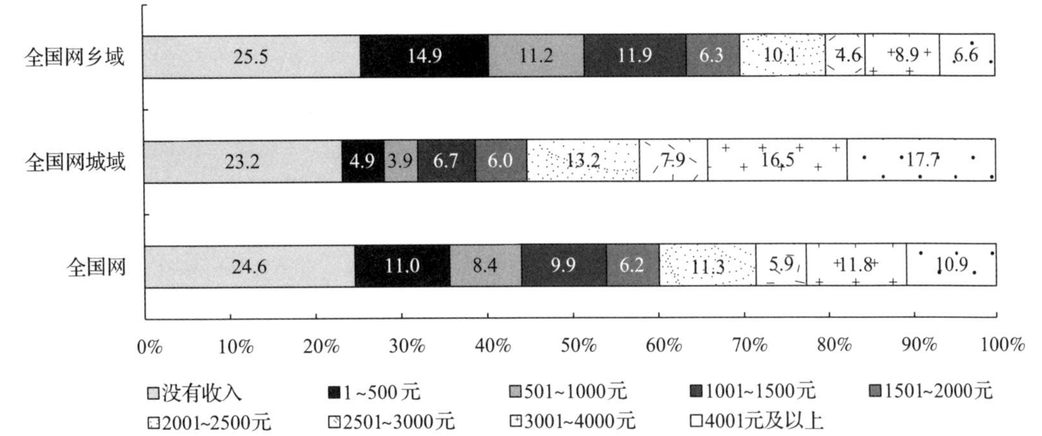

数据来源：CSM媒介研究

图1.2.10　2015年全国10岁及以上人口的个人月收入构成（%）

三、听众收听行为

(一)收听地点①

1. “私家车”仍是听众最经常收听广播地点选择比例最高的场所

2015年,“私家车”仍然是听众最经常收听广播地点选择比例最高的场所,选择比例达到48.4%(图1.3.1)。“家中”位居第二位,选择比例为39.0%,仍是听众最经常收听广播的场所之一。最经常在“公共汽车/轨道交通”上收听广播的比例也达到了4.6%,然后依次为“出租车”、“工作/学习场所”、“班车”、“其他”和“骑自行车/步行”。近几年听众最经常收听地点选择比例最高场所的变化,充分表明了随着国民生活水平的日益提升,“私家车”数量的逐渐增多,加之受众对媒介接收途径和接收方式的变化,传统的收听模式正在逐步被打破,新的模式正在日渐形成。

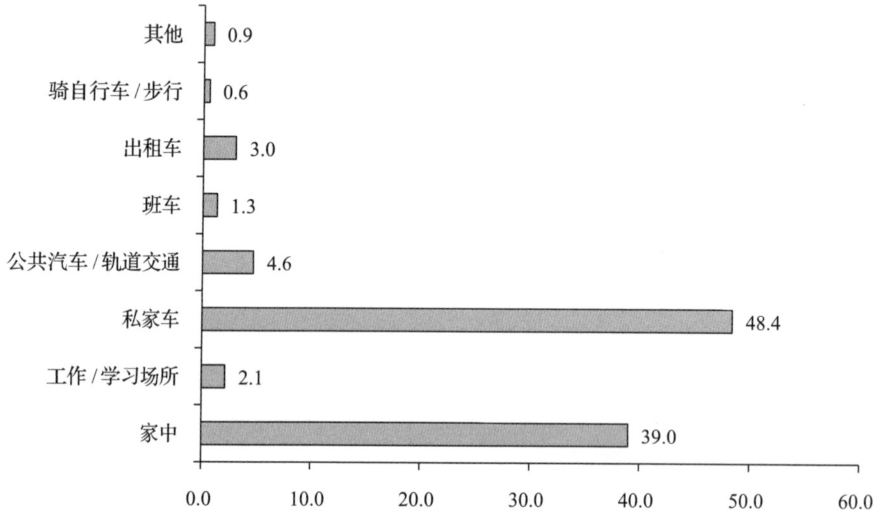

数据来源:CSM媒介研究

图1.3.1 2015年36城市15岁及以上听众最经常收听广播地点的选择比例(%)

2. 21个城市“私家车”反超家中成为广播收听的首选地点,其他城市“家中”仍是最主要收听场所

随着国民生活水平的提高,私家车日益普及,人们的生活习惯和出行方式发生了翻天覆地的变化;同时,受新媒体的冲击,受众对广播的接收方式和接收地点也发生了较

① 对听众收听地点及听众最喜欢收听节目的分析主要基于2015年CSM媒介研究在全年进行收听率调查(包括连续调查和四波调查)的36个城市的基础研究数据,这36个城市分别为:北京、长春、长沙、常州、成都、重庆、大连、佛山、福州、广州、邯郸、杭州、哈尔滨、合肥、济南、南昌、南京、南宁、宁波、青岛、清远、泉州、上海、汕头、沈阳、深圳、石家庄、苏州、太原、天津、乌鲁木齐、武汉、无锡、西安、厦门和郑州。

大变化，因此2015年不同城市听众收听地点的选择延续了2014年的“风格”，表现出来的最大的特点就是多数城市“私家车”反超“家中”，成为听众收听广播的首选地点，具体有深圳、宁波、北京、常州、厦门、长沙、泉州、杭州、成都、苏州、无锡、南昌、郑州、福州、佛山、太原、南宁、天津、重庆、武汉和合肥21个城市。最经常选择在私家车上收听广播比例最高的城市是深圳，达到85.4%；其次是宁波，该比例也高达76.6%；排名第三的是北京，该比例为70.1%；紧随其后的是常州、苏州、厦门、杭州、无锡、泉州、南昌、成都、长沙、佛山、福州、太原和天津13个城市，最经常选择在私家车上收听广播的比例在50%～70%之间。

但在其他城市，听众仍把“家中”作为最经常收听广播的地点，具体到各城市之间，听众选择的比例存在较大差异（表1.3.1）：广州有超过70%的听众把“家中”选为最经常收听广播的地点；汕头和清远2个城市有超过60%的听众最经常在家里收听广播；上海、哈尔滨、邯郸和沈阳4个城市最经常选择在家里收听广播的听众比例也在50%以上；在西安、乌鲁木齐、南京、大连、石家庄、济南、青岛、武汉、天津和合肥10个城市，40%以上的听众选择“家中”为最经常收听广播的地方。

2015年，听众最经常选择在“公共汽车/轨道交通”上收听广播比例最高的城市是哈尔滨，为19.3%，郑州该比例也达到了17.5%，位列第三的是长春，该比例为14.2%。其余城市该比例均在10%以下；其中重庆、长沙、乌鲁木齐、厦门、杭州和深圳6个城市听众最经常选择在“公共汽车/轨道交通”上收听广播的比例在5%～10%之间，处于中间水平；佛山、成都、上海、沈阳、西安、广州、武汉、青岛、常州、北京、南京、南宁、宁波、邯郸、福州、天津、清远、济南、合肥、大连、石家庄、太原、泉州和苏州24个城市听众最经常选择在“公共汽车/轨道交通”上收听广播比例较低，不足5%；汕头、南昌和无锡3个城市该比例为0，这可能与当地的道路交通状况以及听众习惯的出行方式有关。

出租车已经成为一个城市的标志物之一，也是广播媒体重点开拓的市场之一。由于各地出租车在起步价、人们乘坐习惯等方面存在差异，最经常选择在“出租车”上收听广播的听众比例差异也较大。2015年，长沙最经常选择在“出租车”上收听广播的听众比例最高，达17.9%；然后依次为长春、沈阳和合肥3个城市，该比例在10%～15%之间；其余南宁、福州、乌鲁木齐和重庆等27个城市的听众最经常选择在“出租车”上收听广播的比例不高，均在10%以下，其中深圳、佛山、清远、苏州和汕头5个城市最低，为0，没有听众把“出租车”作为最经常收听广播的场所。

最经常在其余地点收听广播的听众选择比例相对以上地点较低，但也存在个别城市比例较高的现象。例如，大连有3.4%的听众把“班车”作为最经常收听广播的场所；清远有9%的听众把“工作/学习场所”作为最经常收听广播的场所，汕头该比例也达到了8.3%，邯郸和南宁该比例也都在6%以上，这充分体现出广播的伴随性特征，听众可以边听广播边工作。

表 1.3.1　2015 年 36 城市 15 岁及以上听众最经常收听广播的地点选择比例（%）

城市	家中	工作/学习场所	私家汽车	公共汽车/轨道交通	班车	出租车	骑自行车/步行	其他
北京	22.9	0.3	70.1	1.9	0.0	3.9	0.6	0.3
长春	35.7	1.6	31.9	14.2	1.9	13.3	0.4	0.9
长沙	14.3	1.7	55.0	8.1	1.7	17.9	0.2	1.1
常州	22.8	1.8	69.9	2.0	2.4	0.2	0.4	0.5
成都	26.4	1.6	58.1	3.7	2.2	3.0	2.5	2.5
重庆	36.9	1.1	43.4	9.2	3.0	6.4	0.0	0.0
大连	47.3	2.3	42.8	0.6	3.4	1.9	0.2	1.5
佛山	35.2	4.1	54.5	4.0	1.6	0.0	0.0	0.6
福州	33.0	0.3	53.8	1.6	1.3	9.1	0.3	0.6
广州	70.4	5.0	18.3	2.7	1.2	0.5	0.0	1.8
邯郸	55.4	6.9	25.8	1.7	2.2	2.2	1.7	4.0
杭州	26.8	1.6	61.8	5.8	1.2	0.6	1.2	0.9
哈尔滨	59.0	1.5	15.9	19.3	1.7	1.6	0.2	0.9
合肥	40.5	2.8	41.5	0.9	0.6	10.8	0.6	2.3
济南	46.6	4.9	45.8	1.1	0.9	0.2	0.0	0.6
南昌	36.3	1.3	58.8	0.0	1.4	1.0	0.0	1.1
南京	48.4	2.9	42.0	1.8	2.3	0.3	1.4	0.7
南宁	34.0	6.1	42.3	1.8	2.4	9.9	2.4	1.2
宁波	17.0	1.3	76.6	1.8	1.3	1.6	0.0	0.3
青岛	46.0	0.9	44.2	2.0	2.3	2.1	0.6	2.0
清远	64.9	9.0	23.5	1.3	0.6	0.0	0.0	0.6
泉州	25.1	5.1	60.4	0.5	3.1	4.1	0.0	1.6
上海	59.7	0.9	33.6	3.6	0.7	0.3	0.8	0.3
汕头	66.4	8.3	21.7	0.0	0.0	0.0	0.0	3.6
沈阳	52.2	1.5	29.2	3.1	1.6	10.8	0.2	1.4
深圳	7.5	0.5	85.4	5.6	0.7	0.0	0.0	0.2
石家庄	46.7	3.6	42.9	0.6	2.7	0.6	0.6	2.1
苏州	34.0	0.6	65.0	0.4	0.0	0.0	0.0	0.0
太原	37.5	2.6	53.3	0.5	2.5	2.8	0.5	0.3
天津	43.9	2.7	50.6	1.4	0.3	0.4	0.4	0.3
乌鲁木齐	48.6	1.7	32.1	7.8	0.3	6.5	0.0	2.9
武汉	45.0	0.0	49.6	2.5	1.1	0.5	0.0	1.2
无锡	32.1	1.7	61.8	0.0	1.0	2.2	0.0	1.3
西安	49.6	2.6	41.4	3.0	0.0	1.5	0.5	1.5
厦门	19.4	2.3	63.9	6.8	3.0	4.6	0.0	0.0
郑州	25.1	2.2	47.1	17.5	1.8	3.4	2.2	0.7

数据来源：CSM 媒介研究

3. 各目标听众群体最经常收听广播地点的选择与其角色定位相关

分目标听众来看，最经常收听广播地点的选择与听众的性别、年龄、受教育水平及职业定位相关（表1.3.2）。相比女性，男性听众相对更多地选择在“私家车”、“工作/学习场所”和“班车”上收听广播，这与他们日常的出行方式和生活习惯有关；而女性听众最经常选择收听广播的场所则相对更多的是“家中”、“公共汽车/轨道交通”和“出租车”等。

各个年龄群体最经常收听广播地点的选择也存在明显差异。在25岁及以上听众中，年龄越大，选择最经常在“家中”听广播的比例越高，选择最经常在“私家车”、“公共汽车/轨道交通”和“出租车”上收听广播的比例越低。随着年龄的增长和身体状况的下降，尤其是对于老年人而言，乘坐公共汽车/轨道交通、出租车的困难和不便也日益增多，导致他们选择在这些地点收听广播的比例也逐渐降低。25~34岁和35~44岁这两部分听众是社会的中流砥柱，因此也是最经常选择在“私家车”上收听广播的比例最高的两个群体，所占比例分别高达66.0%和65.4%。15~24岁的青少年群体受经济状况和生活习惯的影响，最经常选择在“公共汽车/轨道交通”上收听广播的比例是各年龄组中最高的，选择比例为9.3%。

表1.3.2　2015年36城市不同目标听众最经常收听广播地点的选择比例（%）

目标听众	家中	工作/学习场所	私家车	公共汽车/轨道交通	班车	出租车	骑自行车/步行	其他
男	34.5	2.4	52.8	3.8	1.9	2.9	0.5	1.1
女	44.5	1.9	43.0	5.6	0.6	3.2	0.6	0.8
15~24岁	30.9	2.9	48.1	9.3	1.1	5.7	1.2	0.8
25~34岁	20.8	1.5	66.0	5.1	1.7	4.3	0.3	0.3
35~44岁	23.9	1.9	65.4	3.3	2.2	2.1	0.7	0.5
45~54岁	44.7	4.0	43.2	3.5	1.4	1.7	0.4	1.2
55岁及以上	80.8	1.2	12.5	2.1	0.1	0.9	0.3	2.0
未受过正规教育	80.8	1.7	11.2	1.6	0.0	0.6	2.1	2.0
小学	70.3	2.9	18.6	3.9	0.6	1.4	0.2	2.0
初中	53.0	3.5	33.6	4.4	1.0	2.6	0.4	1.5
高中/技术学校	42.6	2.0	45.2	4.7	1.7	2.5	0.5	0.8
大学及以上	23.2	1.4	64.0	4.9	1.3	3.9	0.7	0.5
干部/管理人员	15.9	1.1	74.9	2.6	1.7	3.1	0.4	0.3
初级公务员/雇员	22.7	2.0	63.2	5.3	1.9	3.8	0.8	0.3
个体/私营企业人员	23.6	2.2	65.0	4.3	0.7	3.0	0.5	0.7
工人	41.1	4.9	39.5	5.4	3.8	3.7	0.2	1.3
学生	37.3	3.9	44.9	8.7	0.1	3.0	1.3	0.8
无业（包括退休）	71.0	0.2	21.9	3.0	0.1	1.8	0.3	1.7
其他	68.4	5.4	21.2	2.3	0.0	1.5	0.0	1.3

数据来源：CSM媒介研究

受教育程度对个人的工作和生活状况具有重要影响，也影响到其最经常收听广播地点的选择。沿袭以往的一贯特征，随着受教育程度的提高，选择在“家中”收听广播的比例逐渐降低，受教育程度低者，包括未受过正规教育和小学学历听众，最经常选择在“家中”听广播的比例最高，分别为80.8%和70.3%。选择“私家车”、“公共汽车/轨道交通”和“出租车”等各类交通工具为最经常收听广播地点的比例则与“家中”相反，基本呈现出学历越高、比例越高的态势，其中大学及以上学历听众群体最经常选择在“私家车”、“公共汽车/轨道交通”和“出租车”上收听广播的比例分别达到了64.0%、4.9%和3.9%，尤以在“私家车”上的比例为最高，这与该类人群属于社会中坚力量，乘坐和驾驶私家车比例较高有关。同时可以发现，选择在“骑自行车/步行”时收听广播的比例也基本呈现出学历越高、比例越高的趋势。

听众对最经常收听地点的选择与其职业也有较强的关联性。低职业层级和赋闲在家的无业听众最经常选择在“家中”收听广播的比例较高，社会地位较高或者收入水平较高的从业者，最经常选择在“私家车”上收听广播的比例相对更高。无业人员和其他职业人群最经常选择在“家中”收听广播的比例较高，分别为71.0%和68.4%，工人的该比例也达到了41.1%；干部/管理人员、个体/私营企业人员和初级公务员/雇员最经常选择在“私家车”上听广播的比例分别达到了74.9%、65.0%和63.2%，远高于其他职业类别的人群。

各目标听众对最经常收听广播地点的选择特点可以为广播媒体进行对象化编排和节目定位提供重要依据。

（二）人均收听时间

1. 2015年全国36城市人均收听时间较2014年有所下滑，城市间差异显著

在全国36个城市[①]中，2015年人均每日收听广播的时间为71.0分钟，较2014年的73.5分钟有所下降。2015年各城市之间的人均日收听分钟数差距较大，乌鲁木齐、哈尔滨、天津、沈阳、杭州、西安、石家庄、济南、大连、北京、汕头、青岛、长春和太原14个城市的人均日收听分钟数高于36城市平均水平，乌鲁木齐最高达121.2分钟，其次是哈尔滨为114.7分钟，天津也超过了100分钟；相反，宁波、武汉、长沙和福州等10个城市较低，平均每人每天的收听量不足50分钟，特别是南昌，人均每日收听时间仅为28.4分钟，不足排名第一乌鲁木齐的四分之一（表1.3.3）。

① 本年鉴在有关收听状况的分析中，主要采用2015年全年CSM媒介研究进行收听率调查的36个城市（包括四波调查城市和连续调查城市）的收听调查数据，这36个城市分别为：北京、长春、长沙、常州、成都、重庆、大连、佛山、福州、广州、邯郸、杭州、哈尔滨、合肥、济南、南昌、南京、南宁、宁波、青岛、清远、泉州、上海、汕头、沈阳、深圳、石家庄、苏州、太原、天津、乌鲁木齐、武汉、无锡、西安、厦门和郑州。

表 1.3.3　2015 年各城市听众人均每日收听广播时间（分钟，四波调查数据）

城市	人均收听时间	城市	人均收听时间
乌鲁木齐	121.2	无锡	61.5
哈尔滨	114.7	成都	61.0
天津	107.7	合肥	60.3
沈阳	97.2	苏州	58.7
杭州	92.4	邯郸	57.8
西安	91.8	南宁	53.9
石家庄	77.9	泉州	51.1
济南	77.7	郑州	50.0
大连	76.8	宁波	49.9
北京	76.4	武汉	47.3
汕头	76.4	长沙	44.9
青岛	75.5	福州	44.6
长春	71.5	广州	44.4
太原	71.2	清远	43.8
上海	70.7	厦门	42.5
佛山	70.4	深圳	41.5
南京	69.3	重庆	40.4
常州	63.9	南昌	28.4
36 城市平均		71.0	

数据来源：CSM 媒介研究

2. 冬季人均收听时间明显高于其他季节，哈尔滨和乌鲁木齐两城季节收听表现突出

CSM 媒介研究实施的四波收听率调查分别安排在 3 月、5 月至 6 月、8 月至 9 月和 11 月，基本能够代表春、夏、秋、冬四季。对 2015 年 36 城市在各个调查波次的收听情况（其中，连续调查城市取各个调查波次时期的数据）进行分析发现，2015 年全国 36 城市整体冬季（第四波）人均每日收听量明显高于其他季节，冬季人均每天收听时间较其他三个季节多出约 1 分钟左右（表 1.3.4）。

具体到每个城市，季节差异不尽相同。哈尔滨的冬季人均收听时长在 36 个调查城市中排名首位，高达 118.9 分钟。哈尔滨位于我国的最北方，是我国纬度最高、气温最低的大都市，冬天听众在家的时间较长，因此冬季人均收听量在各季节中最高。地处西北的乌鲁木齐的第 1 波、第 2 波和第 3 波人均收听时长在 36 个城市中均排名居首，尤以第 3 波为最高。该城市收听很有特色：由于地处西北，深处大陆腹地，四季分配不均，夏季白天时间长，人们的户外活动多，旅游业发达，相对而言车载收听表现得就比较突出，因此第 2 波和第 3 波整体收听水平相对较高。可见，气候条件和生活习惯在一定程度上影响着听众的季节性收听行为（表 1.3.4）。

表 1.3.4　2015 年各城市听众在四波调查期间人均每日收听广播时间（分钟）

城市	第 1 波（2015.3.1～3.21）	第 2 波（2015.5.24～6.13）	第 3 波（2015.8.23～9.12）	第 4 波（2015.11.1 ～11.21）
北京	75.4	77.4	74.8	78.3
长春	71.1	74.7	68.7	71.3
长沙	41.1	44.1	45.7	48.6
常州	62.1	64.0	65.4	64.2
成都	53.2	58.6	65.2	66.9
重庆	44.5	43.9	37.5	35.5
大连	71.2	75.6	78.4	82.2
佛山	72.7	70.5	69.9	68.4
福州	43.2	42.9	46.9	45.5
广州	43.0	42.6	46.2	45.6
邯郸	62.5	61.2	54.5	53.0
杭州	99.6	98.6	89.8	81.8
哈尔滨	115.3	113.4	111.1	118.9
合肥	57.3	57.3	62.2	64.4
济南	76.4	77.9	77.8	78.9
南昌	27.7	30.8	27.6	27.5
南京	73.8	66.4	67.0	69.7
南宁	48.9	54.4	55.9	56.3
宁波	49.0	48.5	52.5	49.6
青岛	77.6	77.7	72.9	73.9
清远	43.7	40.9	45.8	44.6
泉州	55.4	56.6	43.9	48.5
上海	70.2	69.8	68.7	74.2
汕头	76.1	73.5	80.0	76.2
沈阳	94.0	93.8	96.4	104.5
深圳	44.5	40.8	39.5	41.1
石家庄	67.4	73.5	82.5	88.1
苏州	57.4	61.7	56.3	59.5
太原	73.0	67.9	71.4	72.6
天津	110.0	108.9	110.3	101.7
乌鲁木齐	118.0	124.1	125.2	117.5
武汉	43.6	46.3	47.8	51.4
无锡	60.4	64.7	61.4	59.6
西安	86.8	83.0	94.2	103.0
厦门	42.6	45.1	40.6	41.8
郑州	50.4	51.9	47.0	50.6
36 城市	70.7	70.9	70.7	71.8

数据来源：CSM 媒介研究

3. 各目标听众收听表现各异，男性、老年、中等学历和中低收入听众人均收听时间较长

2015 年各目标听众群体的人均收听时长特征类似于 2014 年。男性听众人均每天收听时长为 73 分钟，较女性听众人均收听时长多 4 分钟。各年龄段听众呈现出年龄越大、人均收听量越大的正相关关系，10～14 岁少年儿童人均每日收听时间仅为 22.8 分钟，不足 55 岁及以上群体人均日收听时长的四分之一，传统广播受众老龄化现象凸显。

从受教育程度来看，初中学历人群人均每日收听广播时间最长，达到 76.7 分钟，高中学历听众次之，人均每天收听广播时间为 73.7 分钟。在各类职业群体中，无业者人均日收听广播时间最长，为 104.9 分钟，然后依次是个体/私营企业人员、其他人员、干部/管理人员、工人和初级公务员/雇员，他们平均每人每天收听广播的时间均超过 1 小时，学生群体收听广播的时长最短，仅为 31.9 分钟。

从不同收入水平来看，个人月收入 1501～2000 元的听众人均日收听时间最长，为 92.4 分钟，其次是个人月收入 1～500 元和 501～1000 元之间的听众，日均收听量均超过 90 分钟，个人月收入 2001～2500 元、1001～1500 元和 2501～3000 元听众的人均日收听量均超过了 80 分钟，而个人月收入 3001～4000 元和 4001 元及以上收入群体的人均日收听量较少，均低于 80 分钟（表 1.3.5）。

表 1.3.5　2015 年 36 城市不同目标听众人均每日收听广播时间（分钟）

目标听众	人均收听时间	目标听众	人均收听时间
男	73.0	干部/管理人员	69.4
女	69.0	初级公务员/雇员	63.3
10～14 岁	22.8	个体/私营企业人员	75.2
15～24 岁	40.0	工人	69.1
25～34 岁	59.1	学生	31.9
35～44 岁	69.8	无业	104.9
45～54 岁	85.8	其他	71.3
55～64 岁	108.6	没有收入	39.5
65 岁及以上	125.1	1～500 元	91.4
未受过正规教育	60.5	501～1000 元	90.4
小学	72.0	1001～1500 元	81.9
初中	76.7	1501～2000 元	92.4
高中/中专/职高/技校	73.7	2001～2500 元	89.4
大学及以上	63.0	2501～3000 元	81.2
3001～4000 元	75.7	4001 元及以上	69.2

数据来源：CSM 媒介研究

（三）全天收听走势

1. 早间创造全天收听峰值，高峰时段收听率工作日明显高于周末

与电视观众全天收视走势不同，广播全天的最高收听峰值出现在早间，早晚高峰时段工作日收听水平明显高于周末。2015 年全国 36 个城市，工作日早间 7:00～9:00 时段

正值上班高峰，开机率高，收听率均超过12%，其中在7:15～7:30时段收听率最高达14.52%。早间9:00之后，收听率开始逐步走低，在13:00～14:00时段收听率跌至不足4%。傍晚17:15～18:45是下班晚高峰时段，收听率回升至8%以上，随后下跌，虽然在20:00～21:00时段出现小幅回升，形成了一个收听小高峰，但峰值远不及早晚高峰（图1.3.2）。

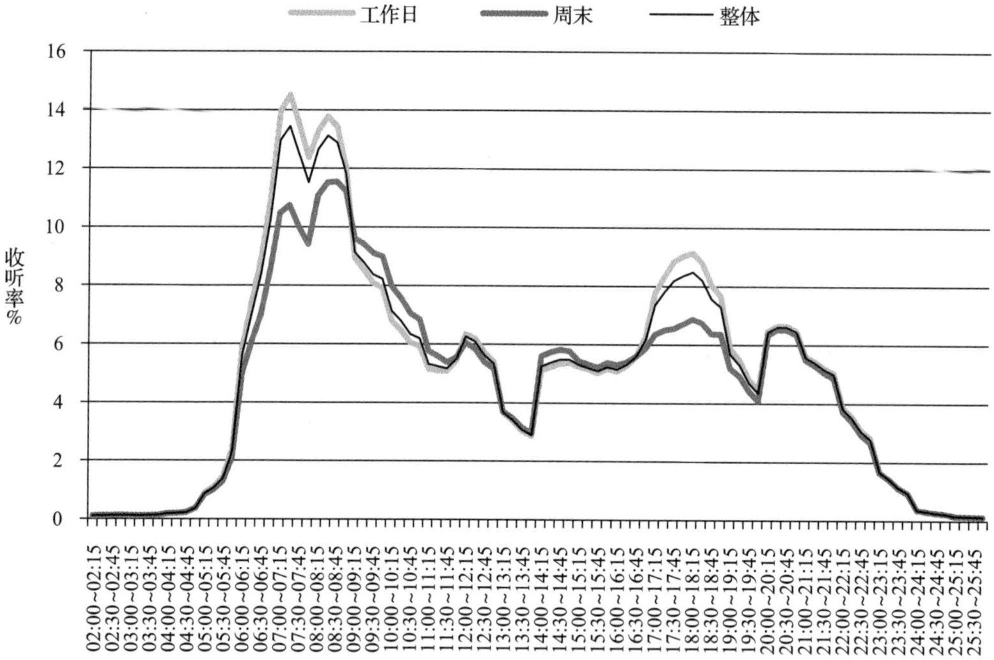

数据来源：CSM媒介研究

图1.3.2　2015年36城市全天收听率走势

周末与工作日的收听率在高峰时段有显著差别。工作日早间6:00～9:00和下午17:00～19:00收听高峰时段的收听率明显高于周末同时段，其中在7:15左右，两者之间的收听率差距达到近4个百分点。而在周末，上午9:00～12:00和下午13:15～16:30时段的收听率高于工作日同时段。收听数据一定程度上反映了听众的生活、工作作息规律：工作日早上通常会在洗漱、吃饭和上班途中收听广播，白天工作，而周末起床和出行时间推后，再加上可能出去游玩，因此在上下午部分时段的收听水平高于工作日。

2. 四季全天收听走势基本一致，不同季节收听水平略有差异

2015年，全国36个城市听众在四波调查中的全天收听率走势大体趋同，均显示出早间的收听最高峰和傍晚及晚间的两个收听次高峰。相对而言，第1波春季调查期间9:00～17:15时段的收听率更占优势，高于其他3波调查同时段的收听率（图1.3.3）。

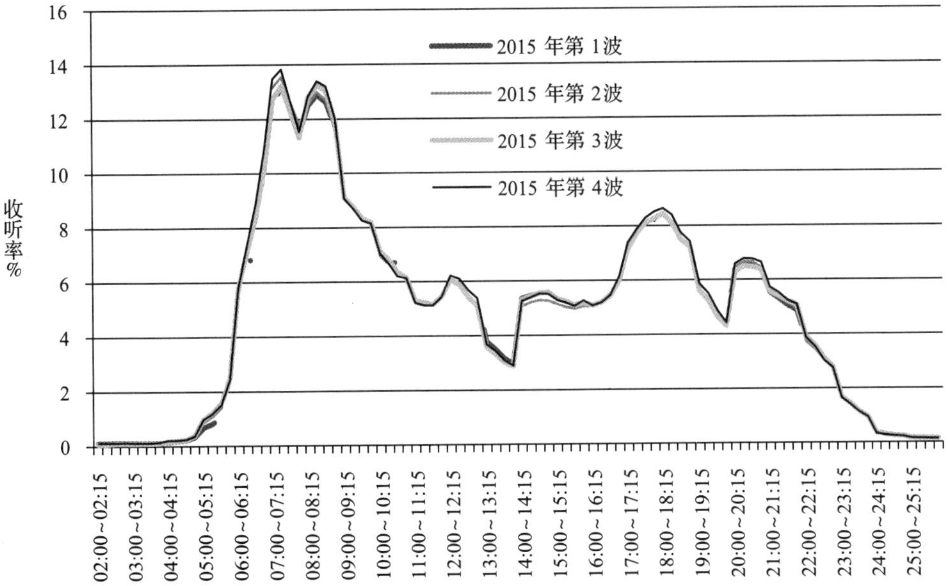

数据来源：CSM 媒介研究

图 1.3.3 2015 年 36 城市四波调查全天收听率走势

3. 北京、上海全天收听走势与全国平均水平类似，广州收听高峰别具特色

北京地区听众的全天收听走势与全国 36 个城市的平均收听率走势基本一致。工作日早间 7:15～7:30 时段创下了全天收听最高峰，峰值达 20.69%，远远高于周末同时段的收听水平。听众在傍晚 18:00 左右形成全天收听次高峰；另外，随着听众夜生活时间的延伸，在 20:00～21:00 时段还形成了一个收听小高峰（图 1.3.4）。

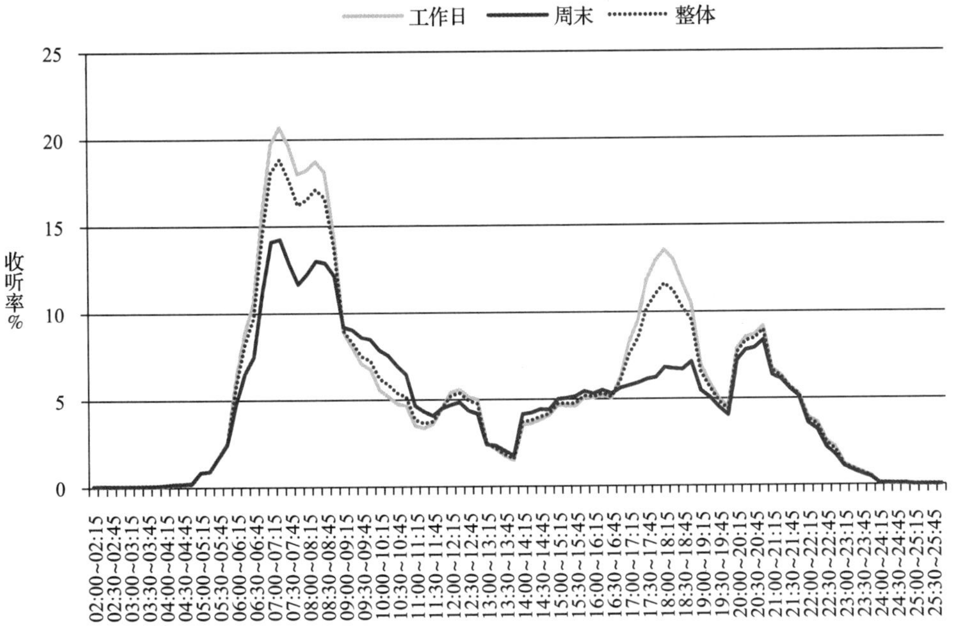

数据来源：CSM 媒介研究

图 1.3.4 2015 年北京全天收听率走势

上海地区听众的全天收听走势与全国36城市情况大体相同，在早间7:00~7:30和8:00~8:30两个时段出现了收听率超过20%的收听高峰带，其中7:15~7:30时段创下全天收听最高峰，峰值达20.85%。与北京不同的是，在早间收听高峰带后，上海听众在9:00~14:00时段的收听走势较为平缓，此后从14:00开始缓慢爬升，直至傍晚17:30左右出现全天收听的第二高峰，峰值为8.54%，与早间相比稍显平淡。工作日早间6:00~9:00和下午直至晚间15:00~19:30时段的收听水平明显优于周末同时段，周末则在9:15~11:30和12:45~14:30时段收听率略高于工作日同时段（图1.3.5）。

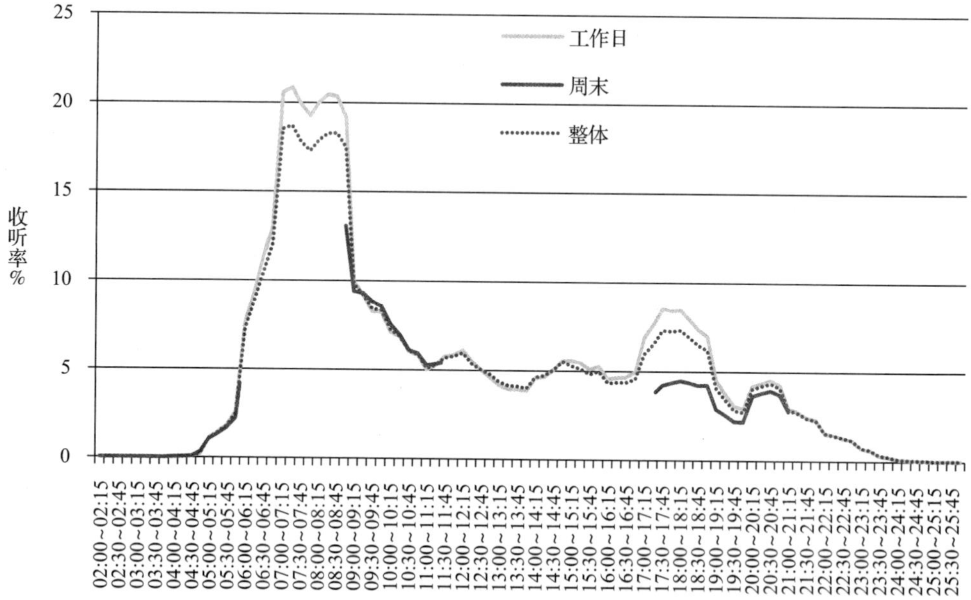

数据来源：CSM媒介研究

图1.3.5　2015年上海全天收听率走势

与北京、上海乃至全国36个城市全天收听走势相比，广州地区听众的全天收听走势可谓别具特色，差异十足。最大的差异在于广州地区听众的全天收听最高峰不是出现在早间，而是出现在午间12:00~13:00时段，孤峰突起，且周末收听水平明显高于工作日，创下了全天8.91%的收听峰值。除了8:00~9:00时段的早高峰外，在傍晚17:00~19:00和晚间19:45~22:00时段还有两个较为明显的次高峰。与其他城市相似，在早间6:00~9:45、午间13:00~14:00、傍晚16:45~19:30时段，广州听众的工作日收听表现优于周末同时段，周末10:00~13:00、14:00~16:30和20:00~23:00时段的收听水平则优于工作日同时段（图1.3.6）。

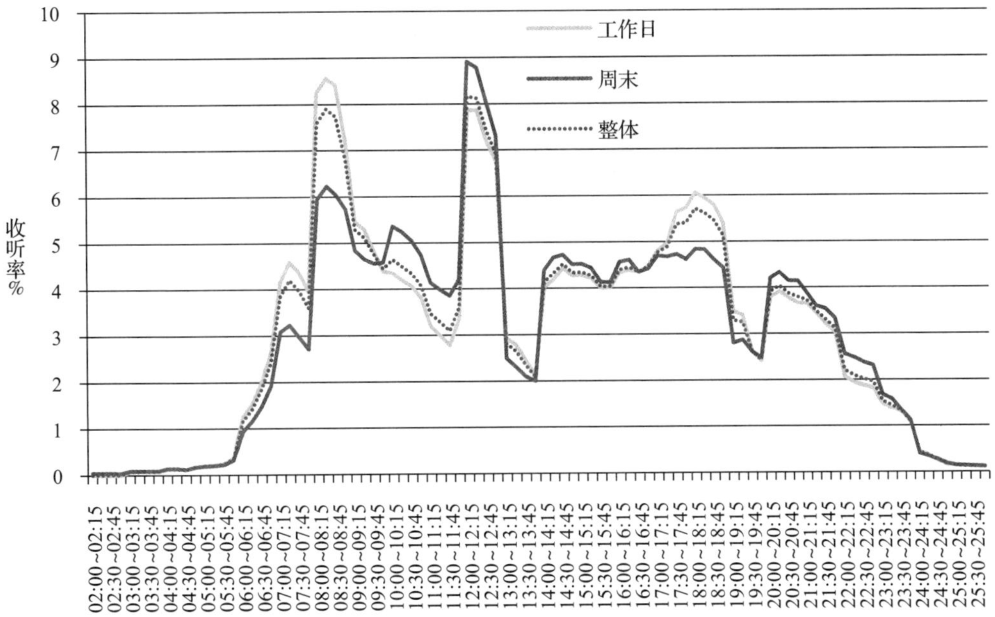

数据来源：CSM 媒介研究

图 1.3.6　2015 年广州全天收听率走势

4. 各类目标听众在全天不同时段的收听特点不同

2015 年，全国 36 城市收听率数据显示，男性听众在全天大多数时段的收听水平均高于女性，尤其是在早间 6:15～9:00 和傍晚 17:00～19:00 时段表现得尤为明显（图 1.3.7），说明男性听众是移动收听的主力军，在早晚上下班的高峰时段较女性听众具有更明显的收听优势。

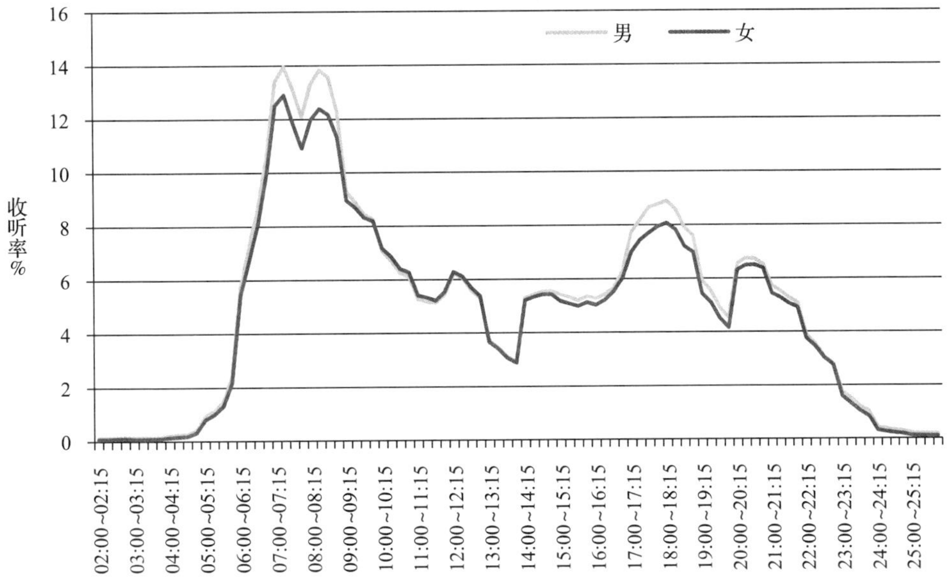

数据来源：CSM 媒介研究

图 1.3.7　2015 年 36 城市不同性别听众全天收听率走势

中老年听众群体是传统广播收听市场的主力军。2015年的收听数据显示，55岁及以上的中老年听众全天大部分时段的收听水平都明显高于更年轻的听众，尤其是65岁及以上的听众，其在4:00～24:00时段的收听水平位于各年龄层之冠（图1.3.8）。

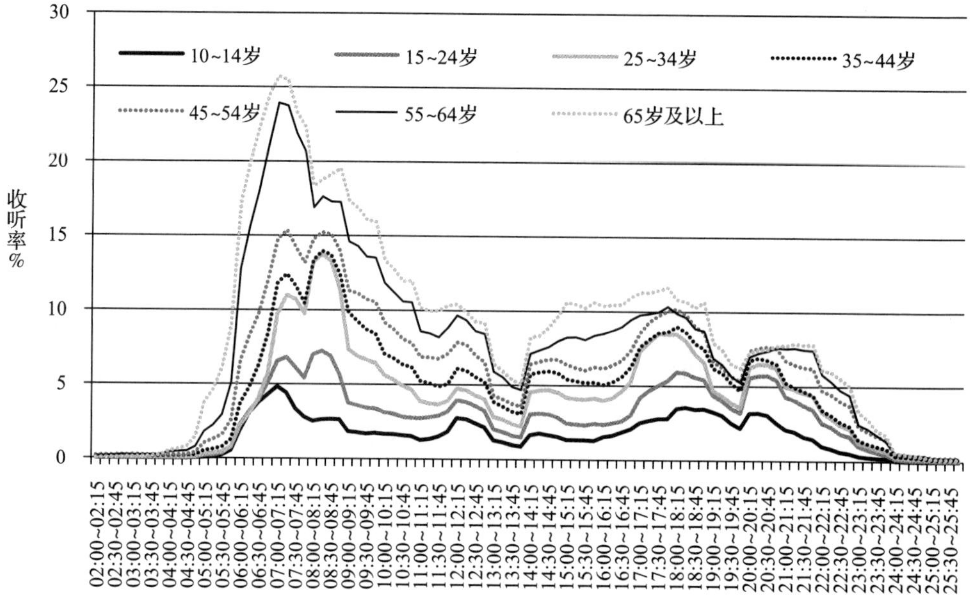

数据来源：CSM媒介研究

图1.3.8　2015年36城市不同年龄听众全天收听率走势

从受教育程度看，大学及以上高学历人群，在早间7:00～9:00和傍晚17:00～19:00上下班高峰时段的收听水平高于其他受教育程度群体，这在一定程度上与该群体属于社会精英，在上下班高峰时段有更多机会乘坐和驾驶汽车有关，因此在这些时段比较适宜针对高端人群进行内容编排和广告投放。相比较而言，低教育程度群体在9:00～17:00、19:00之后时段的收听水平较高，广播电台可以在这一时段适当安排与之对应的节目内容（图1.3.9）。

不同职业听众的全天收听走势显示，无业人员（含退休人员）的全天收听表现较好，4:00～17:15和20:45～24:00时段的收听水平明显高于其他职业群体，高居首位；其他职业人群在晚间19:00～20:45时段的收听水平高于其余职业类别人群，位居榜首；干部/管理人员在早间8:15～8:30和傍晚17:30～19:00时段的收听水平明显领先于其他职业类别听众，有明显的收听优势；个体/私营企业人员以及工人职业类别群体在上下午部分时段有较好的收听表现；学生群体受生活和学习习惯的影响，全天收听表现偏低（图1.3.10）。

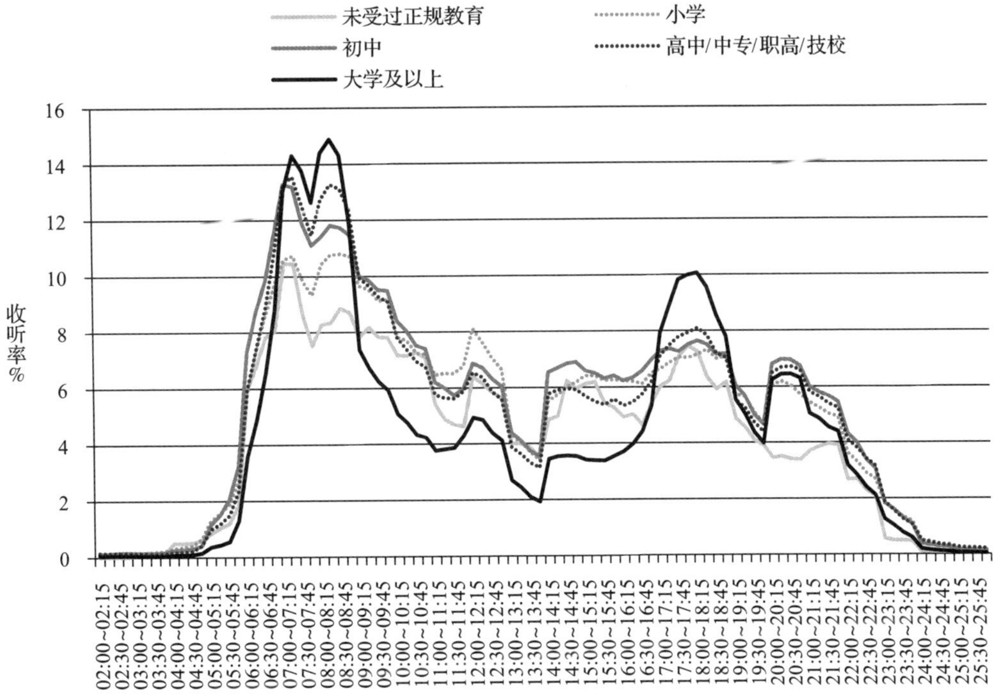

数据来源：CSM 媒介研究

图 1.3.9　2015 年 36 城市不同受教育程度听众全天收听率走势

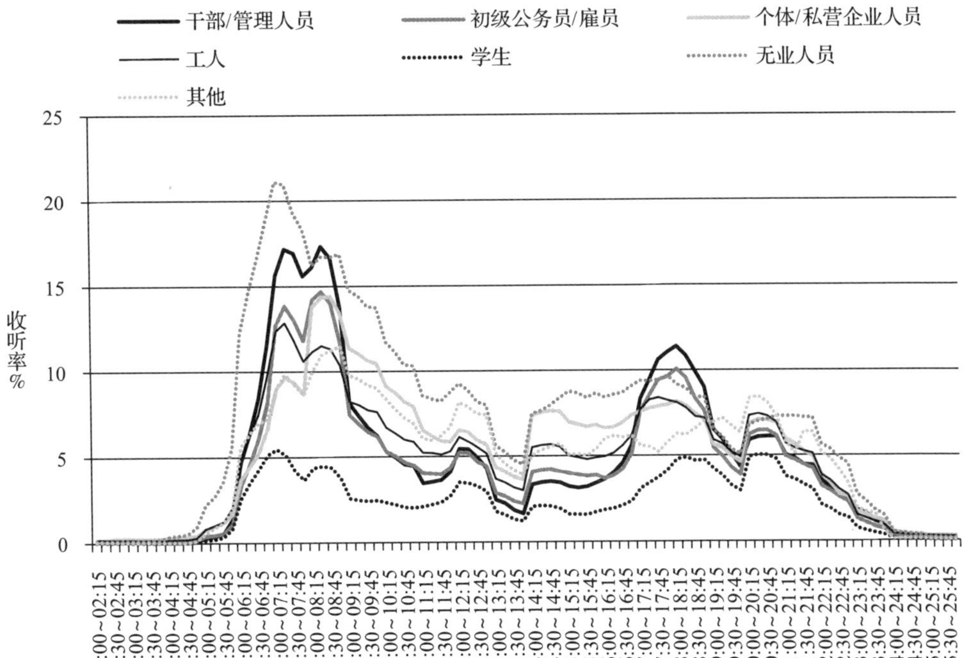

数据来源：CSM 媒介研究

图 1.3.10　2015 年 36 城市不同职业听众全天收听率走势

不同个人月收入水平听众的全天收听走势显示，中高收入群体在早晚交通高峰时段具有收听优势，1～500元月收入群体在上午10:00～11:00和晚间18:30～21:30时段收听水平居首，4001元及以上的高收入人群则在早间8:00～9:00和17:15～18:30时段收听水平优于其他收入群体，位居榜首（图1.3.11）。基于不同收入群体表现出的在不同时段的收听水平特点，广播媒体可以“因材施教”，有针对性地进行内容编排和广告投放。

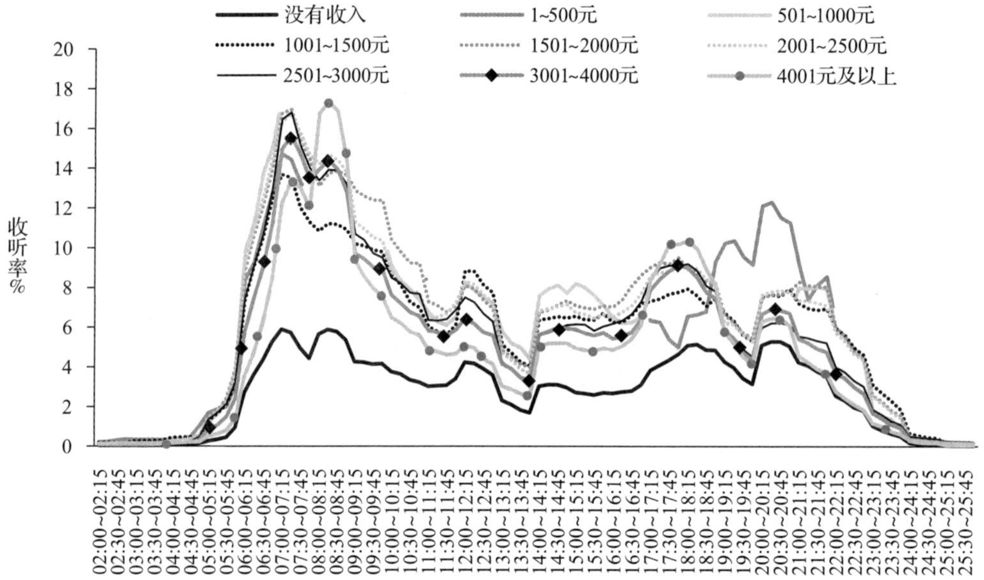

数据来源：CSM媒介研究

图1.3.11　2015年36城市不同收入水平听众全天收听率走势

（四）听众最喜欢收听的节目类型

1. 新闻/时事、音乐、生活服务类节目位居听众最喜欢收听节目类型选择比例前3位

CSM媒介研究将广播节目共分为10个大类，涵盖了当今广播媒体的各个节目类型。CSM媒介研究2015年全年进行收视率调查（包括连续调查和四波调查）的36个城市基础研究数据显示，全国36个城市15岁及以上听众最喜欢收听的广播节目类型比较集中。提供新闻资讯的新闻/时事节目以70.9%的选择比例摘得桂冠，成为听众最喜欢收听的节目类型；集“休闲放松、娱乐陪伴”功能于一身的音乐类节目以56.6%的选择比例位居亚军，竞争实力不容小觑；与听众日常生活息息相关，集实用性、专业性、权威性和亲和性功能于一身的生活服务类节目也得到了47.3%铁杆听众的钟情，发展前景可观；排名第四位的是文艺类节目，有24.0%的听众把该类节目列为最喜欢收听的节目类型；然后依次为财经类节目（6.8%）、法制类节目（6.6%）和体育类节目（5.4%），三者所占比例均在5%以上；其他（2.0%）、社教类（1.9%）和外语类节目（0.5%）分居后三位（表1.3.6）。

表 1.3.6　2015 年 36 城市 15 岁及以上听众最喜欢收听的广播节目类型的选择比例（%，多选）

排名	节目类型	比例（%）
1	新闻/时事类	70.9
2	音乐类	56.6
3	生活服务类	47.3
4	文艺类	24.0
5	财经类	6.8
6	法制类	6.6
7	体育类	5.4
8	其他	2.0
9	社教类	1.9
10	外语类	0.5

数据来源：CSM 媒介研究

2. 新闻/时事、音乐、生活服务类节目在绝大多数城市中受青睐，但排名在各地存在差异

CSM 媒介研究的调查数据显示，在 2015 年全国 36 个重点城市 15 岁及以上的听众中，新闻/时事类节目普遍最受青睐，其次是音乐和生活服务类节目。以传播新闻资讯为主，内容丰富的新闻/时事类节目最受听众欢迎，位居 24 个城市的榜首，显示出该类节目在满足听众广泛需求方面的独有优势。音乐类节目在广州、合肥、南京、南宁、清远、汕头、厦门和郑州 8 个城市位列第一。生活服务类节目则在北京、大连、沈阳和太原 4 个城市位居首位（表 1.3.7）。

此外，排名第二的节目类型也主要集中在新闻/时事、音乐和生活服务 3 类节目中，反映出各地听众在收听偏好方面具有较强的共性。与排名第一的节目类型不同，在排名第二的梯队中，以音乐类节目为主，共有 19 个城市的听众最喜欢收听该类节目，新闻/时事类和生活服务类节目分列后两位，分别有 11 和 6 个城市的听众青睐这两类节目。

排名第三的节目类型更多样化一些，生活服务类节目占据主体，共有长沙、常州、成都和佛山等 23 个城市的听众对该类节目情有独钟，音乐类节目获得了北京、大连和杭州等 7 个城市听众的另眼相看，文艺类节目受到了长春、清远、沈阳和天津 4 个城市听众的青睐，新闻/时事类和法制类节目则分别得到了太原和重庆 2 个城市听众的欢心（表 1.3.7）。

由此可见，各地听众基于自身的生活习惯和当地的媒体发展状况，在最喜欢收听节目类型的选择上表现出了一定的差异性。因此重视本地听众收听内容偏好的差异，针对听众的收听喜好而“对症下药”是提高频率竞争力的重要策略之一。

表 1.3.7　2015 年 36 城市 15 岁及以上听众最喜欢收听的广播节目类型排名前 6 位

城市	1	2	3	4	5	6
北京	生活服务类	新闻/时事类	音乐类	文艺类	体育类	法制类
长春	新闻/时事类	生活服务类	文艺类	音乐类	法制类	体育类
长沙	新闻/时事类	音乐类	生活服务类	文艺类	法制类	体育类
常州	新闻/时事类	音乐类	生活服务类	文艺类	财经类	法制类
成都	新闻/时事类	音乐类	生活服务类	法制类	文艺类	体育类
重庆	新闻/时事类	音乐类	法制类	生活服务类	财经类	文艺类
大连	生活服务类	新闻/时事类	音乐类	其他类	文艺类	体育类
佛山	新闻/时事类	音乐类	生活服务类	文艺类	体育类	财经类
福州	新闻/时事类	音乐类	生活服务类	财经类	文艺类	法制类
广州	音乐类	新闻/时事类	生活服务类	文艺类	法制类	其他类
邯郸	新闻/时事类	音乐类	生活服务类	文艺类	法制类	体育类
杭州	新闻/时事类	生活服务类	音乐类	文艺类	财经类	体育类
哈尔滨	新闻/时事类	生活服务类	音乐类	文艺类	体育类	法制类
合肥	音乐类	新闻/时事类	生活服务类	文艺类	法制类	财经类
济南	新闻/时事类	音乐类	生活服务类	文艺类	法制类	体育类
南昌	新闻/时事类	音乐类	生活服务类	文艺类	财经类	法制类
南京	音乐类	新闻/时事类	生活服务类	其他类	文艺类	法制类
南宁	音乐类	新闻/时事类	生活服务类	文艺类	法制类	体育类
宁波	新闻/时事类	音乐类	生活服务类	文艺类	财经类	体育类
青岛	新闻/时事类	生活服务类	音乐类	文艺类	法制类	财经类
清远	音乐类	新闻/时事类	文艺类	生活服务类	财经类	社教类
泉州	新闻/时事类	音乐类	生活服务类	文艺类	财经类	法制类
上海	新闻/时事类	音乐类	生活服务类	文艺类	财经类	法制类
汕头	音乐类	新闻/时事类	生活服务类	文艺类	财经类	体育类
沈阳	生活服务类	新闻/时事类	文艺类	音乐类	体育类	法制类
深圳	新闻/时事类	音乐类	生活服务类	法制类	财经类	文艺类
石家庄	新闻/时事类	音乐类	生活服务类	文艺类	法制类	财经类
苏州	新闻/时事类	音乐类	生活服务类	文艺类	财经类	体育类
太原	生活服务类	音乐类	新闻/时事类	文艺类	财经类	法制类
天津	新闻/时事类	音乐类	文艺类	生活服务类	财经类	体育类
乌鲁木齐	新闻/时事类	生活服务类	音乐类	法制类	财经类	文艺类
武汉	新闻/时事类	音乐类	生活服务类	文艺类	其他类	财经类
无锡	新闻/时事类	生活服务类	音乐类	文艺类	财经类	法制类
西安	新闻/时事类	音乐类	生活服务类	文艺类	法制类	其他类
厦门	音乐类	新闻/时事类	生活服务类	财经类	文艺类	体育类
郑州	音乐类	新闻/时事类	生活服务类	文艺类	体育类	法制类

数据来源：CSM 媒介研究

3. 新闻/时事类节目广受各类听众追捧，对其他节目类型的偏好契合听众身份

2015 年，新闻/时事、音乐和生活服务类节目仍是各类目标听众的最爱。具体到各目标人群对各类节目按喜好程度排名，基本符合目标人群的身份特征，这也为广播媒体将细分听众群体与其节目偏好相结合提供了思路。

不考虑排名先后之分，36 城市的男女听众对新闻/时事类、音乐类和生活服务类这 3 个类型的节目都表现出了浓厚的兴趣。此外，在男女听众最喜欢的前 6 位节目类型中，女性听众选择了法制类节目，而男性听众对此不“感冒”；女性没有选择体育类节目，而男性听众对此则情有独钟（表 1.3.8）。

表 1.3.8　2015 年 36 城市不同听众群体最喜欢收听的广播节目类型排名前 6 位

目标听众	1	2	3	4	5	6
男	新闻/时事类	音乐类	生活服务类	文艺类	体育类	财经类
女	新闻/时事类	音乐类	生活服务类	文艺类	法制类	财经类
15～24 岁	音乐类	新闻/时事类	生活服务类	文艺类	体育类	法制类
25～34 岁	新闻/时事类	音乐类	生活服务类	文艺类	财经类	体育类
35～44 岁	新闻/时事类	音乐类	生活服务类	文艺类	财经类	法制类
45～54 岁	新闻/时事类	生活服务类	音乐类	文艺类	财经类	法制类
55 岁及以上	新闻/时事类	生活服务类	音乐类	文艺类	法制类	财经类
未受过正规教育	新闻/时事类	生活服务类	音乐类	文艺类	法制类	其他类
小学	新闻/时事类	生活服务类	音乐类	文艺类	法制类	其他类
初中	新闻/时事类	音乐类	生活服务类	文艺类	法制类	财经类
高中/技术学校	新闻/时事类	音乐类	生活服务类	文艺类	财经类	法制类
大学及以上	新闻/时事类	音乐类	生活服务类	文艺类	财经类	体育类
干部/管理人员	新闻/时事类	音乐类	生活服务类	文艺类	财经类	法制类
初级公务员/雇员	新闻/时事类	音乐类	生活服务类	文艺类	财经类	体育类
个体/私营企业人员	新闻/时事类	音乐类	生活服务类	文艺类	财经类	法制类
工人	新闻/时事类	音乐类	生活服务类	文艺类	法制类	体育类
学生	音乐类	新闻/时事类	生活服务类	文艺类	体育类	法制类
无业（包括退休）	新闻/时事类	生活服务类	音乐类	文艺类	法制类	财经类
其他	新闻/时事类	音乐类	生活服务类	文艺类	法制类	财经类

数据来源：CSM 媒介研究

不同年龄听众对节目内容的选择倾向显示出其受听众自身心理成熟程度、社会阅历、生活经历的影响。听众年纪越小，越是喜欢收听音乐类节目；年纪越大，则越对新

闻类、生活服务类节目感兴趣。15~24岁群体的收听偏好与其他听众群体明显不同，其最喜欢收听的前3类节目依次是音乐类、新闻/时事类和生活服务类，偏重于娱乐休闲类的节目；25~44岁的听众对新闻/时事类、音乐类和生活服务类节目的关注度更高；45岁及以上中老年听众群体则更偏好于收听新闻/时事类节目，其次是生活服务类节目。

从受教育水平来看，所有听众均最喜欢收听新闻/时事类节目。未受过正规教育和小学学历的听众还喜爱收听生活服务类节目，然后依次是音乐类、文艺类和法制类节目；初中和高中学历的听众对各类节目按喜好度高低排名依次为音乐类、生活服务类和文艺类节目，二者的区别在于，初中学历人群更偏好于收听法制类节目，而高中学历听众则更倾向于收听财经类节目；大学及以上学历听众对各类型节目的喜好度类似于高中学历听众，唯一的区别在于该类人群对体育类节目较为关注。

不同职业听众最喜欢收听的节目类型选择与不同教育水平听众有一定的相似之处，排名前3位的都集中在新闻/时事类、音乐类和生活服务类节目上。他们大体上可以分为3种类型，第一种类型是学生，此类人群对各类节目类型的喜好度特立独行，依其喜好程度排在前3位的节目类型依次为音乐类、新闻/时事类和生活服务类；第二种类型包括干部/管理人员、初级公务员/雇员、个体/私营企业人员、工人和其他人群，按其喜爱程度排在前3位的节目类型依次为新闻/时事类、音乐类和生活服务类；第三种类型包括无业（包括退休人员）人群，依据他们对节目的喜爱度，排在前3位的节目类型依次为新闻/时事类、生活服务类和音乐类。

四、频率竞争格局

2016年，传统广播继续在稳定中前行，移动化、伴随化、本土化依旧是其赖以在受众中维系影响力并持续焕发活力的法宝。无论是全国广播收听市场的稳中有变，还是重点城市市场的拓展前行，无不是各级广播频率依托固有的内容、品牌优势，在受众生活方式变迁、媒介接触多样化的环境下，保持初心、坚守创新、推陈出新的大胆尝试。本小节基于CSM媒介研究2015年36城市市场的四波收听率调查数据以及在北京、上海、广州市场的全年连续调查数据，对广播收听市场的频率竞争格局进行分析。

（一）全国36个重点城市市场整体的频率竞争格局

1. 各级频率市场份额保持基本稳定，省级频率领跑广播收听市场

2015年，全国36城市广播收听市场的频率竞争格局与上年相比保持基本稳定，省级频率以57.0%的市场份额领跑广播收听市场，市场份额较2014年下滑了0.2个百分点；市级频率共占据31.2%的收听市场，市场份额较2014年略提升了0.1个百分点；中央级频率在36城市共获得9.3%的收听份额，较2014年减少了0.3个百分点（图1.4.1）。

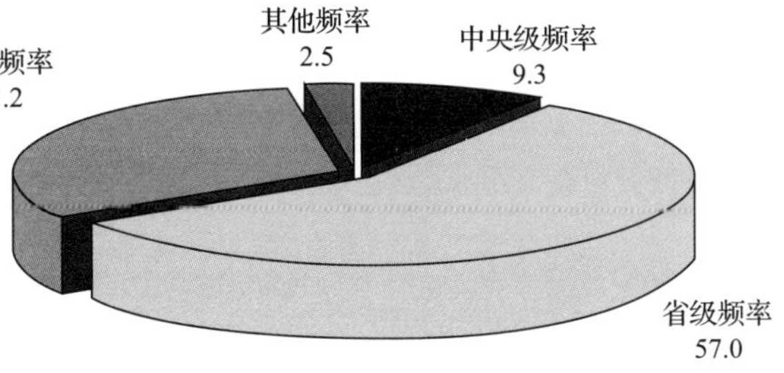

数据来源：CSM 媒介研究

图 1.4.1　2015 年 36 个城市市场各类频率的市场份额（四波调查数据）

2. 省、市两级频率全天时段竞争力此消彼长，中央级频率早、晚时段竞争优势相对较强

在全天不同时段的收听竞争中，在整体市场中占据前两位的省级和市级频率市场份额呈现此消彼长之势，省级频率在全天多数时段保持领先，在 13:00 ~ 14:00 以及 17:00 ~ 18:00 两个时段优势表现得尤为明显；市级频率在 2:00 ~ 5:00 时段领跑广播收听市场，此外在上午、下午、晚间几个省级频率竞争力下降的时段优势凸显。中央级频率在整体市场仅占不足 10% 的份额，但在早间 5:00 ~ 7:00 以及晚间 20:00 ~ 21:00 两个时段的竞争力明显提升，形成自身的相对优势时段（图 1.4.2）。

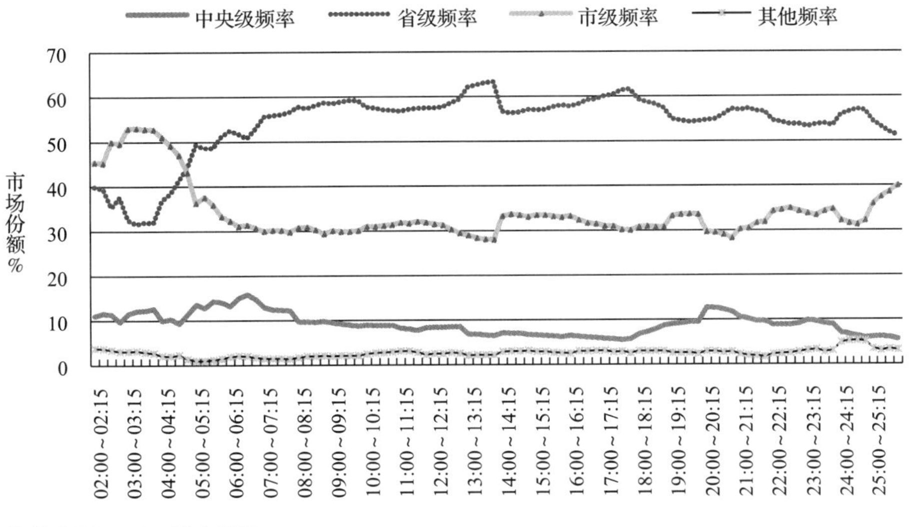

数据来源：CSM 媒介研究

图 1.4.2　2015 年 36 个城市市场各类频率全天不同时段的市场份额（四波调查数据）

3. 各级频率重度听众形成区隔，省级频率更吸引高端听众

2015 年，36 城市各级频率在细分受众的收听竞争中，凭借不同的定位、内容和品牌，形成了差异化的重度听众圈：中央级频率在男性、中老年、高学历、中高收入群体中的影响力相对较强，省级频率在女性、年轻、高学历、干部/管理人员、高收入听众

中竞争优势更为明显，市级频率在男性、中青年、中低学历、中低收入水平听众中有相对较强的竞争力（表1.4.1）。

表1.4.1 2015年36城市市场各级频率在不同目标听众中的市场份额（四波调查数据）

目标听众	中央级频率	省级频率	市级频率	其他频率
10岁及以上所有人	9.3	57.0	31.2	2.5
男	9.4	56.9	31.4	2.3
女	9.3	57.2	31.0	2.5
10~14岁	8.9	54.7	32.6	3.8
15~24岁	8.7	59.3	29.9	2.1
25~34岁	8.2	56.5	33.0	2.3
35~44岁	7.3	55.9	34.2	2.6
45~54岁	8.1	58.4	31.4	2.1
55~64岁	11.8	56.1	29.6	2.5
65岁及以上	12.6	57.1	27.8	2.5
未受过正规教育	9.8	41.2	40.2	8.8
小学	7.8	47.7	39.6	4.9
初中	8.9	55.2	33.2	2.7
高中/中专/职高/技校	9.3	58.2	30.6	1.9
大学及以上	10.3	60.6	27.3	1.8
干部/管理人员	9.8	60.8	27.5	1.9
初级公务员/雇员	9.2	59.7	29.0	2.1
个体/私营企业人员	6.5	54.6	36.0	2.9
工人	7.1	54.7	36.2	2.0
学生	10.4	58.8	28.6	2.2
无业（包括退休人员）	11.7	57.0	28.7	2.6
其他职业	7.3	48.2	39.2	5.3
没有收入	9.5	55.6	31.7	3.2
1~500元	10.3	31.6	52.0	6.1
501~1000元	8.7	46.8	42.2	2.3
1001~1500元	8.1	53.1	35.6	3.2
1501~2000元	9.0	57.5	31.8	1.7
2001~2500元	9.6	55.0	33.1	2.3
2501~3000元	8.9	56.9	32.2	2.0
3001~4000元	10.4	60.1	27.3	2.2
4001元及以上	8.8	58.2	30.6	2.4

数据来源：CSM媒介研究

具体来看，在以性别为细分标准的收听市场上，省级频率在女性听众中的市场份额略高于其在所有听众中的平均水平，而市级频率和中央级频率则依然保持了对男性听众的吸引力。

在以年龄为细分标准的收听市场上，中央级频率对55岁及以上中老年听众的吸引力明显更强，其中在65岁及以上老年听众中的收听份额达到12.6%，较在10岁及以上所有听众9.3%的平均水平有较大幅度的提升。省级频率对15~24岁听众的吸引力较强，收听份额达到59%以上，高于其在10岁及以上所有听众中57.0%的平均份额；市级频率对25~44岁中青年听众的吸引力最强，收听份额超过33%，较10岁及以上所有听众31.2%的平均水平高出近2个百分点。

在以学历为细分标准的收听市场上，在大学及以上高学历听众中，中央级频率和省级频率的收听份额明显高于各自在10岁及以上所有听众中的平均水平；市级频率则在小学及以下低学历听众中的收听份额明显更高，在39%以上，3级频率的竞争优势群体各有侧重。

在以职业为细分标准的收听市场上，在学生和以离退休人员为主体的无业听众中，中央级频率的收听份额较10岁及以上所有听众的平均水平明显更高；而在干部/管理人员和初级公务员/雇员中，省级频率取得了更高的收听份额，达到59%以上；市级频率在个体/私营企业人员、工人和其他职业听众中的吸引力更强，在3类听众中的收听份额均超过36%，明显高于其在所有听众中31.2%的平均水平。

在以收入为细分标准的收听市场上，在个人月收入1~500元、3001~4000元的听众中，中央级频率的收听份额高于10岁及以上所有听众平均水平，达到10%以上；而在个人月收入3001元及以上的听众中，省级频率的收听份额较高，在58%以上；市级频率相对更吸引个人月收入1000元及以下的低收入听众。

（二）北京广播收听市场的频率竞争格局

1. 北京人民广播电台领跑收听市场，中央人民广播电台市场份额达二成

2015年，在北京广播收听市场，北京人民广播电台仍以明显的优势保持领先地位，71.6%的市场份额较2014年提升了0.3个百分点；中央人民广播电台在北京市场拥有特殊的地缘、文化优势，所占据的市场份额也明显高于在其他市场，2015年共获得20.2%的市场份额，较2014年下降了0.7个百分点；中国国际广播电台在北京市场也获得了4.5%的市场份额，较2014年下滑了0.3个百分点（图1.4.3）。

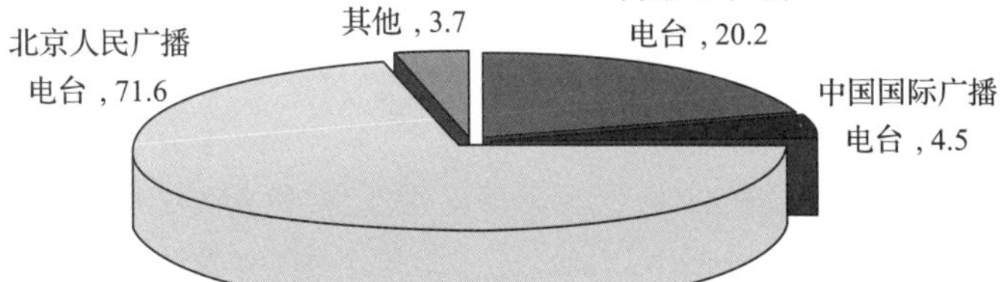

数据来源：CSM媒介研究

图1.4.3　2015年北京市场各类频率的市场份额（%）

2. 北京人民广播电台竞争优势遍布全天大多时段，中央台早晚竞争力较强

基于在整体市场中的领先优势，北京人民广播电台在全天绝大多数时段的收听竞争中保持着领先地位，并在午间13:00~13:30以及傍晚17:00~18:30时段收听份额突破80%，彰显出其强大的影响力。中央人民广播电台则在清晨5:00~5:30以及晚间22:30~24:00时段竞争力明显提升，其中清晨时段的收听份额一举突破50%，远超北京人民广播电台。中国国际广播电台在凌晨至6:00时段收听份额获得提升，但日间时段竞争优势不明显（图1.4.4）。

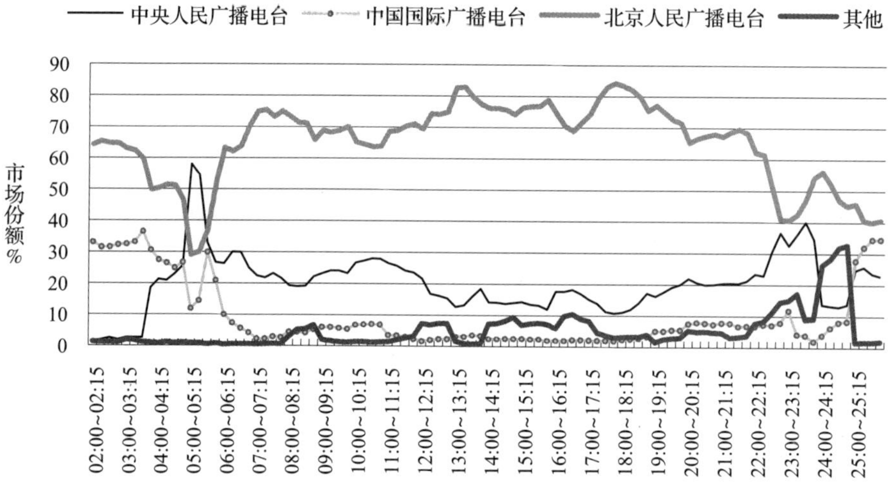

数据来源：CSM媒介研究

图1.4.4 2015年北京市场各类频率全天不同时段的市场份额（%）

3. 北京人民广播电台在大众收听群体中优势明显，中央人民广播电台和中国国际广播电台重度听众差异互补

在北京广播收听市场细分收听群体的竞争中，各级频率依托各自的特色品牌在听众中形成差异化的影响力。北京人民广播电台不仅在整体收听市场上雄踞首位，在对细分听众的竞争中也表现出强大的影响力，在男性、中青年、中高学历、中等收入的大众收听群体中优势更明显；而中央人民广播电台和中国国际广播电台则凭借各自的特色定位和传统优势在听众中形成差异化的竞争力（表1.4.2）。

在以性别为细分标准的收听市场上，北京人民广播电台和中国国际广播电台在男性听众中的收听份额高于在女性听众中的份额，中央人民广播电台则在女性听众中的收听份额明显高于在男性听众中的份额。

在以年龄为细分标准的收听市场上，北京人民广播电台在10~14岁和35~44岁年龄段听众中的收听份额更高，达到82%以上，较其在10岁及以上所有听众中71.6%的份额明显提升。中央人民广播电台更受55岁及以上中老年听众的喜爱，尤其是在55~64岁年龄段听众中，收听份额超过了35%，远高其在10岁及以上所有听众中20.2%的平

均水平。中国国际广播电台受到年轻听众的追捧，在15~34岁听众中的收听份额超过8%，较其在10岁及以上听众中4.5%的平均收听份额明显提升。

在以学历为细分标准的收听市场上，北京人民广播电台对高中及以上学历听众的吸引力较强，收听份额超过72%。中央人民广播电台对未受过正规教育的听众吸引力较强，收听份额达到68.1%，远高于其在10岁及以上所有听众中20.2%的平均水平。中国国际广播电台显然更受高学历听众的喜爱，在大学及以上学历水平听众中的收听份额达到5.8%，高于其在10岁及以上所有听众中4.5%的收听份额。

表1.4.2 2015年北京市场各类频率在不同目标听众中的市场份额（%）

目标听众	中央人民广播电台	中国国际广播电台	北京人民广播电台	其他
10岁及以上所有人	20.2	4.5	71.6	3.7
男	18.5	5.0	72.6	3.9
女	22.0	3.9	70.5	3.6
10~14岁	10.1	4.2	82.3	3.4
15~24岁	13.5	8.3	77.3	0.9
25~34岁	15.2	8.9	73.2	2.7
35~44岁	13.3	2.0	83.1	1.6
45~54岁	19.1	2.0	77.7	1.2
55~64岁	35.7	1.7	56.5	6.1
65岁及以上	24.2	5.6	61.0	9.2
未受过正规教育	68.1	0.4	30.0	1.5
小学	20.3	2.4	57.8	19.5
初中	20.8	3.8	70.3	5.1
高中/中专/职高/技校	19.1	3.5	73.9	3.5
大学及以上	20.0	5.8	72.8	1.4
干部/管理人员	15.4	2.7	81.1	0.8
初级公务员/雇员	18.7	4.6	75.3	1.4
个体/私营企业人员	15.0	2.3	80.5	2.2
工人	9.2	1.9	86.1	2.8
学生	12.0	12.1	74.8	1.1
无业（包括退休人员）	28.0	4.3	59.9	7.8
其他职业	27.5	0.4	65.5	6.6
没有收入	16.4	10.9	69.8	2.9
1~500元	*	*	*	*
501~1000元	6.1	5.6	88.3	0.0
1001~1500元	16.0	0.0	84.0	0.0
1501~2000元	7.6	1.0	89.7	1.7
2001~2500元	20.1	1.6	68.9	9.4
2501~3000元	25.6	2.4	65.3	6.7
3001~4000元	22.8	4.7	68.8	3.7
4001元及以上	18.6	4.5	75.6	1.3

注：“*”表示该目标听众样本量不足，无法进行统计推断。

数据来源：CSM媒介研究

在以职业为细分标准的收听市场上，在干部/管理人员、个体/私营企业人员和工人中，北京人民广播电台的收听份额明显更高，达到80%以上。以离退休人员为主体的无业听众和其他职业类别听众对中央人民广播电台表现出更高的收听份额，份额超过27%，高于其在10岁及以上所有听众的平均水平。中国国际广播电台对学生吸引力更大，他们对中国国际广播电台的收听份额达到12%以上，远高于其在所有职业类别听众中4.5%的平均市场份额。

在以收入为细分标准的收听市场上，在个人月收入501~2000元之间的听众中，北京人民广播电台的收听份额达到84%以上，高于其在所有听众中的平均水平；在个人月收入2501~4000元的中高收入听众中，中央人民广播电台的收听份额较高，达到22%以上，高于其在10岁及以上所有听众中20.2%的平均水平；中国国际广播电台则对个人月收入1000元以下的群体吸引力更大。

4. 北京人民广播电台频率垄断收听份额排名前4位，中国之声排名下滑

在北京广播收听市场单个频率的竞争中，北京人民广播电台频率垄断了排名前5位中的前4位，其中北京人民广播电台交通广播（FM103.9/CFM95.6）以29.6%的收听份额排名首位，但收听份额较2014年略有下滑；北京人民广播电台文艺广播（FM87.6/CFM93.8）、北京广播电台新闻广播（FM100.6/AM828/CFM90.4）也均以超过10%的份额排名第二、第三位。中央级频率中，中央人民广播电台第一套节目中国之声由2014年的第四位下滑至第五位，收听份额也下降了超过2个百分点（表1.4.3）。

表1.4.3　2015年北京市场收听份额排名前5位的频率

排名	频率	收听份额%	收听率%
1	北京人民广播电台交通广播（FM103.9/CFM95.6）	29.6	1.5
2	北京人民广播电台文艺广播（FM87.6/CFM93.8）	13.6	0.7
3	北京广播电台新闻广播（FM100.6/AM828/CFM90.4）	10.1	0.5
4	北京人民广播电台音乐广播（FM97.4/CFM94.6）	8.2	0.4
5	中央人民广播电台第一套节目中国之声	6.2	0.3

数据来源：CSM媒介研究

（三）上海广播收听市场的频率竞争格局

1. SMG频率垄断优势进一步增强，中央人民广播电台市场份额有所下滑

在上海广播收听市场，本土频率SMG集团多年来一直处于市场霸主地位，且近两年其垄断优势不断增强。2015年SMG集团频率共占据95.9%的市场份额，较2014年增长了3个百分点；其中上海人民广播电台上海新闻广播FM93.4/AM990一个频率就占据了三成的收听市场，表现非常抢眼。在这样的市场空间中，其他频率的生存堪忧，2015年中央人民广播电台仅占据3.3%的收听份额，且较2014年减少了1个百分点；中国国际广播电台的收听份额较小，稳定在0.4%的水平（图1.4.5）。

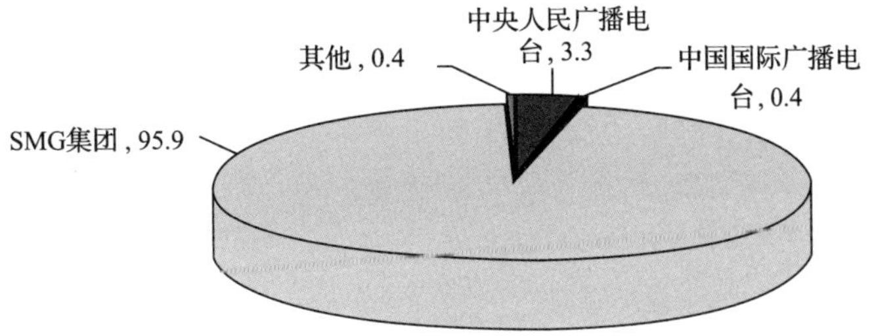

数据来源：CSM 媒介研究

图 1.4.5　2015 年上海市场各类频率的市场份额（%）

2. SMG 集团垄断优势遍布全天时段，中央人民广播电台相对优势仅在早晚

在整体市场中强势领先的 SMG 频率，在全天所有时段均保持了明显的竞争优势，仅在清晨和深夜23:00左右时段竞争力略有下滑。中央人民广播电台虽然整体竞争力较弱，但在清晨4:00～6:00、晚间22:00～24:00两个时段，凭借其传统优势内容在收听市场上有所突破，市场份额获得显著提升。中国国际广播电台在上海市场的份额较低，但相对于自身的平均水平而言，其在早间8:00～9:00、午间11:00～12:00以及晚间18:00～20:00的市场份额有所提升，形成了自己的波峰时段（图 1.4.6）。

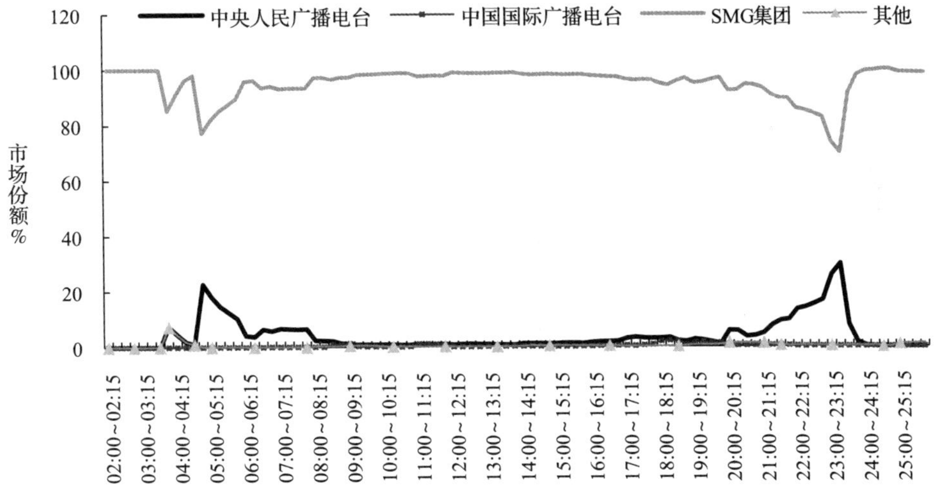

数据来源：CSM 媒介研究

图 1.4.6　2015 年上海市场各类频率全天不同时段的市场份额（%）

3. SMG 频率保持在各类收听群体中的竞争优势，中央级频率凭借传统内容形成差异优势

在上海广播收听市场细分听众的竞争中，SMG 集团频率继续保持在各类收听群体中的竞争优势，并凭借贴近本土的内容，在女性、10～14 岁、45～54 岁、个体/私营企业人员、工人等收听群体中的竞争力更强。中央人民广播电台和中国国际广播电台虽然整体上难以与 SMG 频率相匹敌，但依然凭借各自自身的传统优势，在局部广播收听市场上

影响特定的收听人群，形成了差异化的竞争优势（表 1.4.4）。

在以性别为细分标准的收听市场上，中央人民广播电台在男性听众中的收听份额略高于在女性听众中的收听份额；SMG 频率和中国国际广播电台则是在女性听众中的收听份额略高于在男性听众中的收听份额。总体来看，各级频率在男性、女性听众中的收听份额差异都不大。

表 1.4.4　2015 年上海市场各类频率在不同目标听众中的市场份额（%）

目标听众	中央人民广播电台	中国国际广播电台	SMG 集团	其他
10 岁及以上所有人	3.3	0.4	95.9	0.4
男	3.6	0.4	95.8	0.2
女	3.1	0.5	96.1	0.3
10~14 岁	0.0	0.0	100.0	0.0
15~24 岁	1.1	0.8	97.7	0.4
25~34 岁	2.9	0.3	96.4	0.4
35~44 岁	1.8	1.4	96.5	0.3
45~54 岁	1.7	0.1	98.0	0.2
55~64 岁	6.4	0.0	93.4	0.2
65 岁及以上	4.6	0.2	94.8	0.4
未受过正规教育	*	*	*	*
小学	1.0	0.0	98.9	0.1
初中	3.3	0.3	96.1	0.3
高中/中专/职高/技校	4.7	0.3	94.8	0.2
大学及以上	2.1	0.7	96.7	0.5
干部/管理人员	5.9	0.0	93.5	0.6
初级公务员/雇员	3.3	0.9	95.7	0.1
个体/私营企业人员	0.9	0.1	98.4	0.6
工人	1.5	0.0	98.0	0.5
学生	0.1	1.7	98.2	0.0
无业（包括退休人员）	4.3	0.2	95.3	0.2
其他职业	*	*	*	*
没有收入	0.7	1.4	97.9	0.0
1~500 元	*	*	*	*
501~1000 元	*	*	*	*
1001~1500 元	*	*	*	*
1501~2000 元	0.3	0.6	99.0	0.1
2001~2500 元	0.5	0.0	98.1	1.4
2501~3000 元	5.0	0.1	94.8	0.1
3001~4000 元	5.1	0.2	94.2	0.5
4001 元及以上	2.1	0.6	97.1	0.2

注：“*”表示该目标听众样本量不足，无法进行统计推断。

数据来源：CSM 媒介研究

在以年龄为细分标准的收听市场上，SMG 频率在 10～14 岁以及 45～54 岁听众中的收听份额明显更高，达到 98% 以上，对这些重度收听群体的把握能使其在整体收听市场竞争中更胜一筹。中央人民广播电台在 55 岁及以上中老年群体中的收听份额较其在 10 岁及以上所有听众中的平均水平更高，达到 4% 以上。中国国际广播电台在 15～24 岁、35～44 岁听众中的收听份额表现突出。

在以学历为细分标准的收听市场上，在小学学历的听众中，SMG 频率的收听份额明显高于其在 10 岁及以上所有听众中的平均水平。中央人民广播电台则对高中学历水平的听众吸引力相对更强。中国国际广播电台更受高学历听众的喜爱，其在大学及以上学历听众中的收听份额明显高于其在 10 岁及以上所有听众中的平均水平。

在以职业为细分标准的收听市场上，在工人和个体/私营企业人员中，SMG 频率的收听份额明显更高，达到 98% 以上。中央人民广播电台受到干部/管理人员和以离退休人员为主体的无业听众的喜爱，他们对中央人民广播电台的收听份额达到 4% 以上。中国国际广播电台对初级公务员/雇员和学生群体吸引力相对更强，收听份额是其在 10 岁及以上所有听众中的平均水平的 2 倍以上。

在以收入为细分标准的收听市场上，在个人月收入 1501～2500 元的听众中，SMG 频率的收听份额较其在 10 岁及以上所有听众中的平均水平更高；而个人月收入 2501 元及以上的听众对中央人民广播电台的收听份额明显高于频率的平均水平，达到 5% 以上；中国国际广播电台对没有收入群体的吸引力相对更强。

4. 上海本土频率竞争优势明显，前 5 位占据四分之三收听市场

2015 年，在上海广播收听市场单个频率的竞争中，SMG 集团频率凭借着强劲的竞争优势继续领跑收听市场，收听份额排名前 5 位频率全部被 SMG 频率占据，市场份额合计超过 75%，排名前 3 位的频率共占据近六成的收听市场，马太效应尽显。上海人民广播电台上海新闻广播 FM93.4/AM990 以 30.4% 的收听份额保持领跑之势，且较上年增长了 1 个百分点以上；上海流行音乐广播动感 101 FM101.7 以 18.6% 的收听份额位居其次，较 2014 年也有超过 1 个百分点的增长；此外，2015 年排名第四位的第一财经广播 FM97.7 收听份额较 2014 年增长了近 4 个百分点，达到 10.0%（表 1.4.5）。

表 1.4.5 2015 年上海市场收听份额排名前 5 位的频率

排名	频率	收听份额%	收听率%
1	上海人民广播电台上海新闻广播 FM93.4/AM990	30.4	1.5
2	上海流行音乐广播动感 101 FM101.7	18.6	0.9
3	上海流行音乐广播 Love Radio FM103.7	10.2	0.5
4	第一财经广播 FM97.7	10.0	0.5
5	上海交通广播 AM648/FM105.7	6.6	0.3

数据来源：CSM 媒介研究

(四)广州广播收听市场的频率竞争格局

1. 广东广播电视台占据六成收听市场,广州广播电视台竞争力提升

在广州广播收听市场,多元的文化造就了多样化的收听环境,相对开放的广播收听市场形成了丰富的频率竞争格局。总体来看,广东广播电视台在市场中以绝对优势领先,2015 年共占据 60.5% 的市场份额,广州广播电视台以 29.7% 的市场份额位居其次,二者共占据九成的收听市场。值得一提的是,广州广播电视台 2015 年的市场份额较 2014 年增长了近 3 个百分点,近年来一直处于上升通道。佛山人民广播台、中央人民广播电台、中国国际广播电台分割剩余 10.0% 左右的收听市场,其中佛山人民广播台获得 3.5% 的份额,中央人民广播电台获得 3.2% 的份额,中国国际广播电台仅获得 0.7% 的份额,三者竞争力较 2014 年均有不同程度的下降(图 1.4.7)。

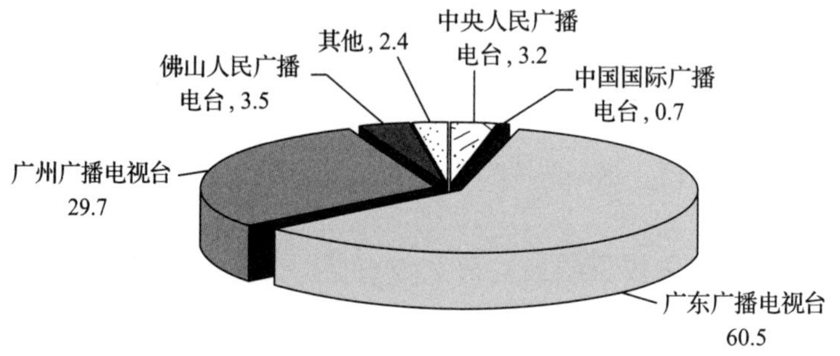

数据来源:CSM 媒介研究

图 1.4.7 2015 年广州市场各类频率的市场份额(%)

2. 广东广播电视台在全天多时段保持领先,凌晨时段市场竞争呈胶着之势

在广州广播收听市场全天不同时段的收听竞争中,广东广播电视台在全天多数时段保持着明显的领先优势,且在 8:00~14:00、19:00~23:00 的竞争力更强。在广东广播电视台的优势时段之外,其他频率凭借各具特色的广播内容打造自身的相对优势时段,其中凌晨 3:00~7:00时段整体市场的频率竞争格局较为复杂多变,中央人民广播电台在 3:00~4:30 时段市场份额领先,佛山人民广播电台竞争力次之;4:30~6:00 时段广东广播电视台保持领先位置,中央人民广播电台市场份额下滑;6:00~7:00 时段广州广播电视台市场份额明显提升,但并未超越广东广播电视台。此外,在晚间 23:00 后的时段,整体市场中广州广播电视台的市场份额持续上涨,主导收听市场(图 1.4.8)。

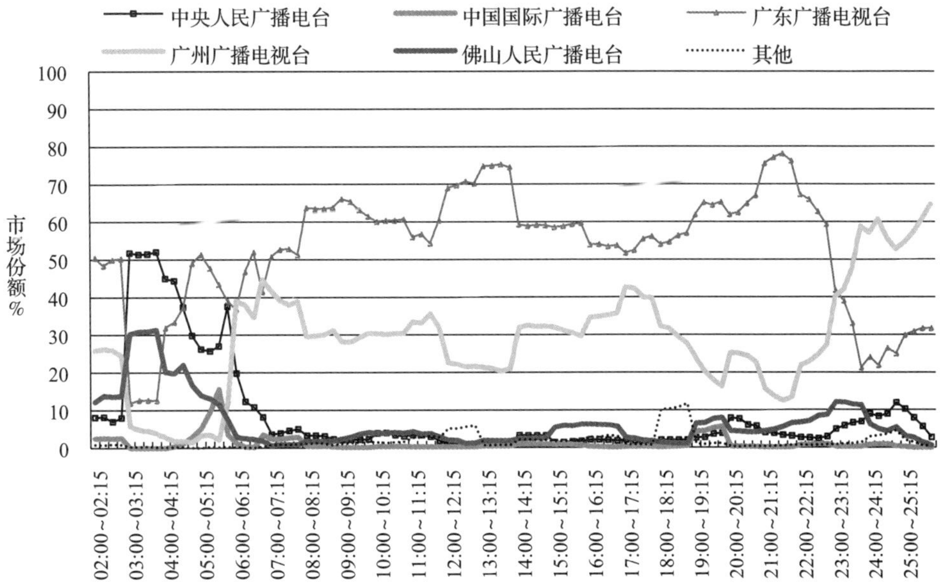

数据来源：CSM 媒介研究

图 1.4.8　2015 年广州市场各类频率全天不同时段的市场份额（%）

3. 细分收听市场呈现多元化竞争格局，不同频率彰显不同收听特点

在对细分听众群体的竞争中，广州市场各级频率呈现出多元化的竞争格局，本地台和中央台依托自己长期以来在目标听众中形成的影响力和频率品牌各显神通，彰显不同收听特点（表 1.4.6）。

在以性别为细分标准的收听市场上，中央人民广播电台、广州广播电视台和佛山人民广播电台均在男性听众中收获了略高于在女性听众中的收听份额，而广东广播电视台则是在女性听众中收听份额领先。

在以年龄为细分标准的收听市场上，中央人民广播电台对 25 ~ 34 岁、45 ~ 54 岁听众的影响力更强，其收听份额达到 4% 以上，中国国际广播电台在 15 ~ 24 岁以及 65 岁及以上听众中的收听份额更高。广东广播电视台则更吸引 15 ~ 24 岁的年轻听众和 65 岁及以上的老年听众。在 25 ~ 34 岁、55 ~ 64 岁听众中，广州广播电视台的竞争力更强，佛山人民广播电台的重度听众是 45 ~ 54 岁的中年收听群体。

在以学历为细分标准的收听市场上，中央人民广播电台受到大学及以上高学历听众的追捧，中国国际广播电台在高中及以上学历听众中的收听份额较高。广州广播电视台和佛山人民广播台的重度听众集中于未受过正规教育的群体，广东广播电视台在小学学历听众中的市场份额更高。

在以职业为细分标准的收听市场上，中央人民广播电台更吸引初级公务员/雇员和其他职业类别的听众，中国国际广播电台在学生听众中的市场份额更是明显高于其在 10 岁及以上听众中的平均收听份额。与之形成差异的是，学生、无业和其他职业群体对广东广播电视台的收听份额更高；干部/管理人员对广州广播电视台的收听份额更高；佛山人民广播电台更吸引工人和学生。

表 1.4.6　2015 年广州市场各类频率在不同目标听众中的市场份额（%）

目标听众	中央人民广播电台	中国国际广播电台	广东广播电视台	广州广播电视台	佛山人民广播电台	其他频率
10 岁及以上所有人	3.2	0.7	60.5	29.7	3.5	2.4
男	3.3	0.7	57.2	33.3	3.6	1.9
女	3.0	0.7	64.6	25.2	3.4	3.1
10～14 岁	0.0	0.1	63.5	24.0	1.5	10.9
15～24 岁	1.1	1.9	69.1	22.5	3.6	1.8
25～34 岁	5.5	0.2	54.6	34.1	4.0	1.6
35～44 岁	2.6	0.0	60.0	32.0	3.1	2.3
45～54 岁	4.0	0.8	57.3	29.0	5.8	3.1
55～64 岁	2.8	0.3	54.9	37.5	2.3	2.2
65 岁及以上	3.0	1.6	70.5	19.5	2.4	3.0
未受过正规教育	0.1	0.0	38.0	32.2	9.3	20.4
小学	1.0	0.4	73.7	21.5	1.5	1.9
初中	3.1	0.4	58.3	31.7	4.1	2.4
高中/中专/职高/技校	3.7	0.9	59.8	30.7	3.3	1.6
大学及以上	4.0	0.9	59.7	29.4	3.7	2.3
干部/管理人员	3.4	0.0	45.4	39.0	1.0	11.2
初级公务员/雇员	5.9	0.2	61.1	28.5	2.3	2.0
个体/私营企业人员	1.9	0.2	60.4	32.3	3.4	1.8
工人	4.1	0.5	55.7	32.5	5.1	2.1
学生	1.2	3.1	67.9	20.1	4.5	3.2
无业（包括退休人员）	2.3	0.9	63.6	28.2	2.4	2.6
其他职业	8.6	0.0	83.0	7.9	0.4	0.1
没有收入	1.4	0.9	70.2	22.1	3.6	1.8
1～500 元	0.0	0.0	91.4	6.8	1.8	0.0
501～1000 元	1.5	0.0	74.5	11.5	4.4	8.1
1001～1500 元	7.8	0.0	52.3	26.7	11.8	1.4
1501～2000 元	2.2	1.9	68.1	20.0	5.5	2.3
2001～2500 元	5.0	0.0	62.0	27.8	2.0	3.2
2501～3000 元	2.0	0.6	62.3	28.6	4.2	2.3
3001～4000 元	3.5	1.2	56.7	34.0	2.3	2.3
4001 元及以上	3.9	0.3	51.5	39.3	2.9	2.1

数据来源：CSM 媒介研究

在以收入为细分标准的收听市场上，在个人月收入1001~1500元的听众中，中央人民广播电台的收听份额明显高于其在10岁及以上所有听众中的平均水平；而在个人月收入1501~2000元的听众中，中国国际广播电台的收听份额明显高于其在10岁及以上听众中的平均水平。广东广播电视台对个人月收入1~1000元的听众吸引力相对更强；广州广播电视台在个人月收入3001元及以上的听众中收听份额最高，超过34%；佛山人民广播电台更吸引个人月收入1001~2000元的听众，收听份额超过5%。

4. 广东广播电视台频率垄断收听市场前三甲，珠江经济广播份额略有下滑

在广州市场单个频率的竞争中，本土的广东广播电视台和广州广播电视台垄断了收听份额排名前5位，其中广东广播电视台垄断前3位：广东广播电视台珠江经济广播电台（E FM财富974）、广东广播电视台音乐之声FM99.3、广东广播电视台羊城交通广播台FM105.2这3个频率占据了近五成的收听份额。广东广播电视台珠江经济广播电台以18.4%的收听份额排名首位，但这一数值较2014年减少了0.8个百分点。广州交通电台FM106.1、广州新闻电台FM96.2分列第四、第五位，收听份额均超过10%，其中广州交通电台的收听份额较2014年有2.2个百分点的增长（表1.4.7）。

表1.4.7 2015年广州市场收听份额排名前5位的频率

排名	频率	收听份额%	收听率%
1	广东广播电视台珠江经济广播电台（E FM财富974）	18.4	0.6
2	广东广播电视台音乐之声FM99.3	15.1	0.5
3	广东广播电视台羊城交通广播台FM105.2	13.0	0.4
4	广州交通电台FM106.1	11.3	0.4
5	广州新闻电台FM96.2	10.6	0.3

数据来源：CSM媒介研究

五、节目竞争格局①

（一）北京广播收听市场的节目竞争格局

1. 北京节目收听市场竞争格局基本稳定，生活服务节目收听份额稳居市场之首

2015年北京广播市场各类节目收听份额变化不大，除体育和财经外各类节目收听份额排序与2014年一致，市场竞争格局基本稳定。2015年生活服务类节目稳居北京广播收听市场第一位，收听份额接近25%，新闻/时事类节目居市场第二位，收听份额接近19%（图1.5.1）；文艺和音乐类节目收听份额依次降低，都在10%以上；社教类节目收听份额超过6%，体育和财经类节目收听份额均超过2%，法制和外语类节目收听份额

① 本部分对节目市场竞争格局的分析，主要针对央视市场研究（CTR）所提供的具有节目监播数据的频率而进行。

不足0.5%。相比2014年，各类节目收听份额的变化都未超过3个百分点，其中生活服务类节目收听份额增幅最大，达2.6个百分点，体育和财经类节目增幅分别为0.8个和0.5个百分点；新闻/时事、文艺和法制类节目收听份额都有所下降，其中新闻/时事类节目收听份额降幅最大，达2.2个百分点，文艺和法制类节目降幅不大。

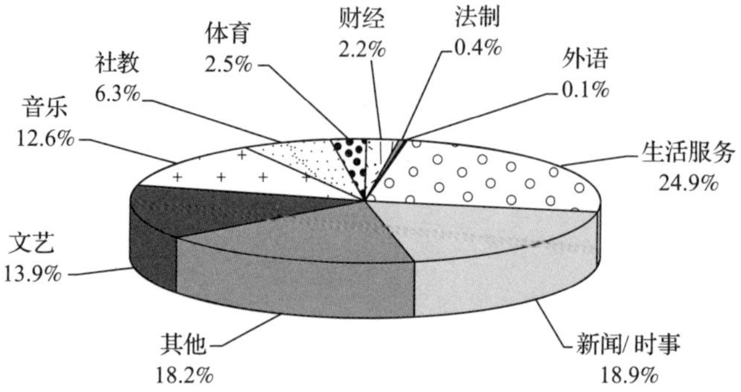

数据来源：CSM 媒介研究

图 1.5.1　2015 年北京市场各类节目的收听份额（%）

2. 北京人民广播台在本地超半数节目市场份额获得增长，中央人民广播台在类型节目市场多居亚军位置

2015年北京人民广播电台在法制、体育和生活服务节目市场的绝对领先优势保持不变，收听份额保持在95%以上；在社教、文艺、新闻/时事和音乐类节目市场的收听份额也在55%以上，占市场主导位置（图1.5.2）。相比2014年，2015年北京人民广播电台在本地多个类型节目市场扩大了领先优势，在社教、新闻/时事和文艺类节目市场的收听份额分别上升了4.8个、2.8个和1.5个百分点，在财经、体育和生活服务类节目市场的收听份额增幅不到1个百分点。相比2014年，北京人民广播电台在音乐类节目市场的份额有所下降，降幅达4.5个百分点。

2015年中央人民广播电台在财经类节目市场仍占据绝对优势，收听份额超过98%，在其余节目市场则基本处于亚军位置，其中在新闻/时事和音乐类节目市场的市场份额超过30%。与2014年相比，2015年中央人民广播电台在北京外语和音乐类节目市场的收听份额有所增长，增幅分别达17.1个和6.8个百分点；在社教、新闻/时事和文艺类节目市场，中央人民广播电台的收听份额分别下降了4.5个、2.5个和1.6个百分点；在财经、体育和生活服务类节目市场，中央人民广播电台的收听份额降幅较小，幅度均不超过1个百分点。

2015年中国国际广播电台在北京市场的竞争优势仍仅限于外语节目市场，收听份额超过80%，其余类型节目市场的收听份额都未超过15%。相比2014年，中国国际广播电台在北京外语类节目市场的收听份额下降了17.1个百分点，在音乐类节目市场的收听份额下降了2.3个百分点，在其余类型节目市场收听份额的变化幅度均未超过0.5个百分点。

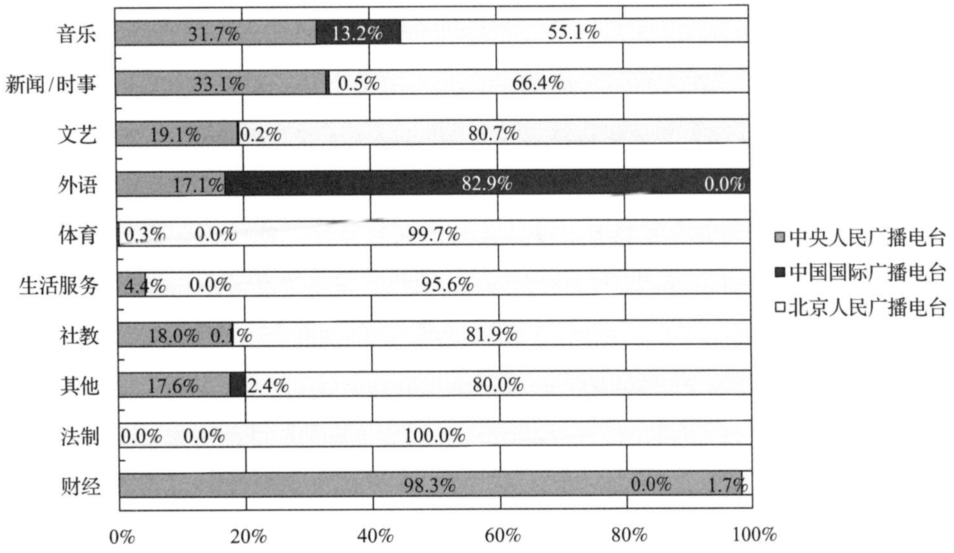

数据来源：CSM 媒介研究

图 1.5.2　2015 年各级广播频率在北京市各类节目市场上的收听份额（%）

3. 不同听众群体收听倾向不同，类型节目收听选择分化

2015 年北京市场，男性听众在法制、社教、生活服务、体育、外语和新闻/时事节目上的收听集中度更高，女性听众在财经、文艺和音乐类节目上的收听集中度超过 100%（表 1.5.1）。

表 1.5.1　2015 年北京市场不同性别和年龄听众收听各类节目的集中度（%）

节目类别	性别		年龄						
	男	女	10～14 岁	15～24 岁	25～34 岁	35～44 岁	45～54 岁	55～64 岁	65 岁及以上
财经	97.5	102.6	16.3	21.2	42.2	54.2	196.7	242.9	165.4
法制	109.3	90.3	6.6	60.7	34.7	87.6	137.4	161.6	228.4
社教	107.2	92.6	34.5	64.4	61.4	99.4	130.2	158.2	151.1
生活服务	110.9	88.7	12.7	73.0	95.2	115.6	144.4	85.1	95.6
体育	141.4	57.0	9.5	117.0	67.0	33.8	232.9	36.6	163.8
外语	102.7	97.2	83.0	73.2	52.1	93.6	153.2	15.6	275.6
文艺	98.0	102.1	37.8	61.2	54.4	93.3	159.4	116.0	185.2
新闻/时事	104.5	95.3	57.6	53.8	43.6	66.5	103.9	207.3	247.0
音乐	89.6	110.7	35.1	87.5	101.8	117.7	122.9	80.7	84.6
其他	106.3	93.5	24.7	70.2	84.0	110.0	134.9	107.7	122.0

数据来源：CSM 媒介研究

2015 年北京 10～14 岁听众对广播节目的收听兴趣依旧低迷，集中度均不超过 100%。15～44 岁听众的收听兴趣相对单一，其中 15～24 岁的听众仅对体育类节目的收听集中度超过 100%，25～34 岁的听众仅对音乐节目具有较浓厚的收听兴趣，35～44 岁的听众对生活服务和音乐类节目的收听倾向明显。北京市场45~54岁的听众收听兴趣最为广泛，对各类节目的收听集中度都超过100%。55~64岁的听众对财经、法制、社教、文艺和新闻/时事类节目的收听兴趣较强。65岁及以上北京听众对除生活服务和音乐节目外的各类节目都具有较高的收听偏好（表1.5.1）。

2015年，未受过正规教育的北京听众对收听广播的兴趣依旧不高，收听各类节目的集中度均没有超过100%。小学教育程度的北京听众对财经、法制、文艺和新闻/时事类节目的收听兴趣浓厚，集中度都超过100%。初中教育程度的北京听众的收听兴趣较为广泛，对除财经、生活服务和外语之外的各类节目具有明显收听偏好。高中教育程度的听众收听爱好最广泛，对除财经以外的各类节目收听集中度均超过100%。大学及以上教育程度的北京听众收听兴趣较为集中，仅对财经和生活服务类节目的收听集中度在100%以上（表1.5.2）。

表1.5.2　2015年北京市场不同受教育程度听众收听各类节目的集中度（%）

节目类别	受教育程度				
	未受过正规教育	小学	初中	高中	大学及以上
财经	27.4	151.9	97.7	70.6	113.3
法制	22.9	199.8	150.7	123.8	62.3
社教	92.8	85.5	138.8	125.1	74.1
生活服务	40.2	79.7	86.5	101.1	107.0
体育	0.3	98.2	101.3	164.1	67.6
外语	21.3	63.3	95.8	193.9	56.3
文艺	97.6	118.8	148.9	109.1	75.7
新闻/时事	47.9	121.8	165.0	110.2	70.2
音乐	39.5	54.9	105.1	112.5	96.6
其他	44.6	82.0	108.3	109.7	94.3

数据来源：CSM媒介研究

2015年北京不同个人月收入的听众中，没有收入的听众对广播节目的收听兴趣仍然最小，此类听众仅对体育类节目的收听集中度超过100%。个人月收入501~1000元的北京听众对社教、生活服务、体育、文艺和新闻/时事类节目的收听兴趣较高，其中对体育类节目的收听集中度超过了450%。个人月收入1001~1500元的听众对除生活服务、体育、外语和音乐类外的各类节目的收听兴趣较突出。个人月收入1501~2000元的听众的收听兴趣也较为广泛，对除法制、社教、体育、外语和音乐节目外各类节目的收听集中度都超过100%。个人月收入2001~3000元的听众收听兴趣广泛，其中个人月收入2001~2500元的听众对除法制以外的各类节目的收听集中度都超过100%，个人月收入2501~3000元的听众对除财经以外的各类节目的收听倾向都较明显。个人月收入3001~4000元的听众对除体育、外语和音乐外的节目表现出较大的收听兴趣。个人月收入4001元及以上听众的收听兴趣相对单一，仅对生活服务和外语类节目表现出较大的收听兴趣（表1.5.3）。

表 1.5.3　2015 年北京市场不同个人月收入听众收听各类节目的集中度（%）

节目类别	个人月收入								
	没有收入	1～500 元	501～1000 元	1001～1500 元	1501～2000 元	2001～2500 元	2501～3000 元	3001～4000 元	4001 元及以上
财经	33.0	*	56.1	283.8	146.5	149.4	54.5	176.6	78.3
法制	30.1	*	60.9	111.8	86.3	33.2	162.8	223.8	58.7
社教	58.2	*	148.5	111.1	83.1	164.8	147.6	115.4	83.8
生活服务	47.9	*	146.3	54.1	105.6	100.7	102.0	110.8	116.7
体育	112.8	*	458.6	1.3	65.5	214.9	114.9	98.9	67.9
外语	76.4	*	79.3	0.0	7.3	128.8	172.0	65.9	115.7
文艺	62.9	*	165.8	202.7	115.1	152.0	170.1	115.8	73.8
新闻/时事	43.9	*	255.8	219.1	156.6	160.9	130.6	134.8	75.3
音乐	99.2	*	58.0	52.7	74.9	157.5	142.8	99.3	81.9
其他	55.6	*	94.4	88.8	110.8	122.7	120.8	115.4	100.5

注："*"表示该目标听众样本量不足，无法进行统计推断。

数据来源：CSM 媒介研究

从职业方面来看，2015 年北京市场干部/管理人员对财经和生活服务类节目的收听倾向明显；初级公务员/雇员的收听倾向较为集中，对生活服务、体育和音乐类节目有较强的收听倾向；工人的节目收听兴趣较广泛，对除财经、外语和新闻/时事以外的各类节目的收听集中度超过 100%；个体/私营企业人员对除财经、体育和新闻/时事节目外其余节目类型的收听集中度均超过 100%；北京市场学生听众收听兴趣单一，仅对体育类节目的收听集中度超过 100%；无业（包括退休人员）听众的收听兴趣最广泛，对除生活服务和音乐之外的各类节目都表现出明显的收听偏好（表 1.5.4）。

表 1.5.4　2015 年北京市场不同职业听众收听各类节目的集中度（%）

节目类别	职　业					
	干部/管理人员	初级公务员/雇员	工人	个体/私营企业人员	学生	无业（包括退休人员）
财经	145.2	71.8	55.1	28.9	22.6	194.7
法制	84.9	68.7	171.8	101.8	22.2	171.9
社教	81.9	78.3	169.2	130.3	50.3	134.0
生活服务	126.6	113.0	132.6	109.1	48.1	88.1
体育	24.7	123.3	124.1	6.8	143.4	108.4
外语	34.6	75.3	52.0	252.1	88.9	125.9
文艺	71.8	88.4	119.4	108.5	61.2	140.0
新闻/时事	75.2	72.7	81.5	70.8	48.9	191.6
音乐	69.9	115.4	109.5	114.7	87.8	88.2
其他	102.4	104.3	139.2	104.5	52.5	106.9

数据来源：CSM 媒介研究

4.《一路畅通》领跑优势进一步扩大，榜单前十半数为新闻/时事类节目

2015年北京市场收听份额排名前10位的节目中，3个是新上榜节目，分别是《中国歌曲排行榜》《天气预报》和《交通新闻》（表1.5.5）。排行榜首位仍由北京人民广播电台交通广播的《一路畅通》占据，且领先优势继续扩大，节目收听份额较2014年上升了0.21个百分点。多频率联袂播出的《路况信息》和《新闻和报纸摘要》分列第二、第三名，其中《路况信息》由2014年的第四位上升至本年度的第二位，收听份额超过3%，显示出听众对节目的高关注度，《新闻和报纸摘要》排名也有所上升，由2014年的第七位上升至2015年度的第三位，收听份额超过2.5%。由中央人民广播电台第一套节目中国之声播出的《新闻纵横》2015年排名下降一位，北京人民广播电台文艺广播的《空中笑林》2015年排名下降了三位，两档节目收听份额均超过1.5%。北京市场排名第六至第十位的节目的收听份额均低于1.5%，《北京新闻》由2014年的第十位上升至第六位，《新闻大视野》则保持榜单第九的位置。总体上，北京市场收听份额排名前10位的节目仍以新闻/时事类节目为主，半数节目为新闻/时事类节目，生活服务类节目占席3个，音乐和文艺节目各占1席。

表1.5.5　2015年北京市场收听份额排名前10位的节目

排名	节目名称	频　　率	收听份额（%）
1	一路畅通	北京人民广播电台交通广播（FM103.9/CFM95.6）	10.93
2	路况信息	多频率	3.02
3	新闻和报纸摘要	多频率	2.69
4	新闻纵横	中央人民广播电台第一套节目中国之声	1.70
5	空中笑林	北京人民广播电台文艺广播（FM87.6/CFM93.8）	1.59
6	北京新闻	北京广播电台新闻广播（FM100.6/AM828/CFM90.4）	1.48
7	中国歌曲排行榜	北京人民广播电台音乐广播（FM97.4/CFM94.6）	1.31
8	天气预报	多频率	1.28
9	新闻大视野	北京广播电台新闻广播（FM100.6/AM828/CFM90.4）	1.24
10	交通新闻	北京人民广播电台交通广播（FM103.9/CFM95.6）	1.23

数据来源：CSM媒介研究

（二）上海广播收听市场的节目竞争格局

1. 上海广播收听市场节目竞争格局变化不大，财经节目份额增长相对明显

2015年上海广播市场各类型节目的收听份额排名与2014年接近，除财经类节目外，各类节目收听份额的增减幅度均不超过2个百分点。2015年新闻/时事和音乐类节目依旧稳居上海广播市场的龙头位置，收听份额分别达30.3%和23.6%（图1.5.3），前者收听份额较2014年下降了1.1个百分点，后者下降了0.3个百分点。2015年文艺、生活服务和财经类节目收听份额都在8%~9%之间。相比2014年，财经类节目收听份额上升了4个百分点，涨幅在各类节目中最大；文艺类节目上升了0.4个百分点；生活服

务类节目下降了1.8个百分点，在各类节目中降幅最大。2015年，社教、体育和法制类节目在上海节目市场共获得5.8%的收听份额，3类节目收听份额较2014年变化不超过1个百分点。2015年上海收听市场外语类节目的收听份额仍然微小。

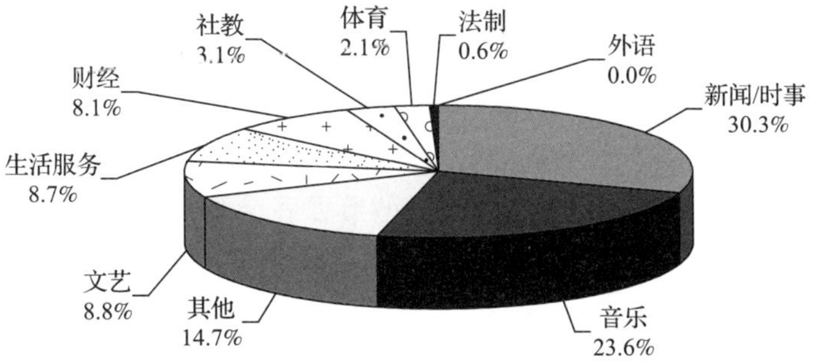

数据来源：CSM媒介研究

图1.5.3 2015年上海市场各类节目的收听份额（%）

2. 上海类型节目市场竞争格局稳定，本地频率在多数细分节目市场优势扩大

2015年，上海本地频率主控上海细分节目市场的格局未变，中央人民广播电台在各类节目市场中的收听份额均未超过10%，中国国际广播电台仅在外语节目市场居亚军位置（图1.5.4）。2015年中央人民广播电台在上海类型节目市场的竞争地位改观不大，仍在多数节目市场居亚军位置。受上海本地频率扩张的影响，2015年中央人民广播电台在财经节目市场的收听份额再次下滑，较2014年下降了12.4个百分点；在社教节目市场的收听份额下降了5.4个百分点；在外语节目市场的收听份额则上升了4.2个百分点；

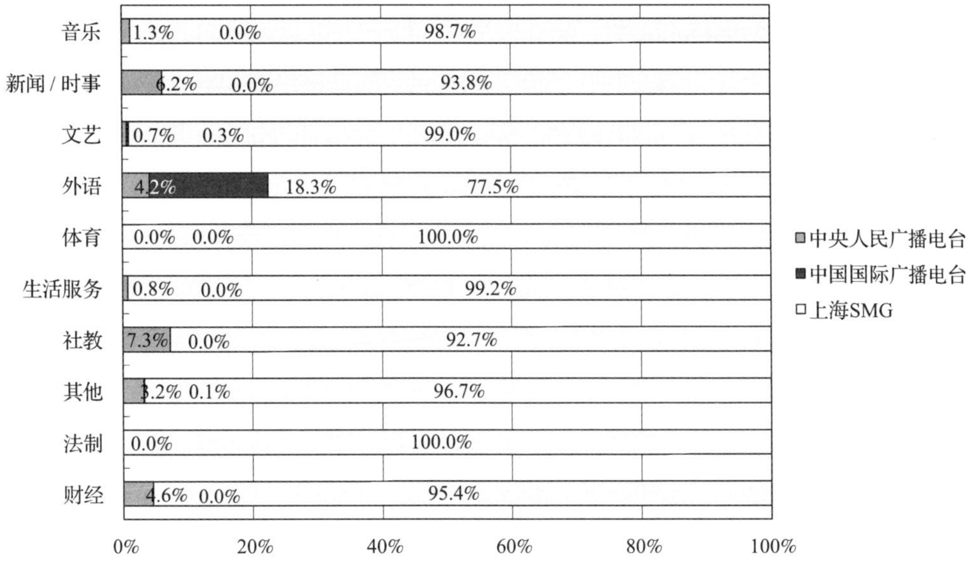

数据来源：CSM媒介研究

图1.5.4 2015年各级广播频率在上海各类节目市场上的收听份额（%）

而在其余类型节目市场的收听份额变化均未超过2个百分点。2015年中国国际广播电台在上海外语节目市场的收听份额为18.3%，市场表现较2014年下降了5.9个百分点，但仍然保持市场第二的位置。2015年上海本地频率仍然延续强势表现，在本地各类节目市场的收听份额均在九成以上，且在多个节目市场的收听份额有所扩大，其中在财经和社教类节目市场的增幅分别达12.4个百分点、5.4个百分点，在体育、外语、文艺和音乐类节目市场的增幅也有所提高，但未超过2个百分点。2015年上海SMG频率仅在新闻/时事类节目市场的收听份额有所下降，降幅仅为0.2个百分点。

3. 细分听众的收听倾向存在差异，类型节目满足听众的不同需求

2015年上海男性听众对财经、法制、社教、生活服务、体育和新闻/时事类节目更感兴趣，女性听众则在外语、文艺和音乐节目上的收听偏好更明显（表1.5.6）。

2015年上海青少年听众对广播的收听兴趣改观不大，10~14岁听众对任何类型节目的收听集中度均未超过100%，15~24岁听众仅在体育和音乐类节目上的收听集中度超过100%；25~44岁听众的节目收听兴趣相对有限，其中25~34岁听众对体育和音乐类节目的收听倾向明显，35~44岁听众收听生活服务、外语和音乐类节目的集中度超过100%；45岁及以上的上海听众收听兴趣相对广泛，其中45~54岁听众对除财经、生活服务和文艺外的类型节目收听集中度超过100%，55~64岁上海听众对财经、法制、社教和新闻时事类节目表现出明显的收听倾向，65岁及以上上海听众对除音乐以外的各类节目都表现出强烈的收听兴趣（表1.5.6）。

表1.5.6 2015年上海市场不同性别和年龄听众收听各类节目的集中度（%）

节目类别	性别		年龄						
	男	女	10~14岁	15~24岁	25~34岁	35~44岁	45~54岁	55~64岁	65岁及以上
财经	105.1	94.8	0.4	22.0	66.1	61.5	92.9	207.9	200.7
法制	118.2	81.2	56.3	21.3	59.7	91.0	158.4	109.0	200.4
社教	103.2	96.7	26.1	50.3	51.4	82.0	105.4	138.9	232.1
生活服务	119.7	79.6	12.5	45.2	89.3	140.4	86.0	77.7	191.2
体育	135.9	62.9	6.5	112.0	100.7	90.4	116.2	80.0	124.9
外语	93.9	106.2	0.0	50.5	32.4	136.4	182.7	44.0	213.3
文艺	96.3	103.8	34.3	52.1	55.9	69.2	90.9	92.1	314.8
新闻/时事	103.8	96.1	28.2	43.1	33.5	60.3	113.1	168.7	255.9
音乐	89.8	110.6	40.3	115.9	135.1	133.2	107.5	41.1	49.4
其他	100.3	99.7	28.0	74.3	89.7	99.6	102.2	107.1	153.5

数据来源：CSM媒介研究

在2015年的上海广播市场，小学和大学及以上教育程度听众的收听偏好相对单一，其中小学教育程度的听众仅对体育、文艺和新闻/时事类节目表现出较强的收听兴趣，大学及以上教育程度的听众仅对音乐类节目的收听集中度超过100%；初中和高中教育程度的上海听众节目收听兴趣较为广泛，初中教育程度的听众对除财经、体育和音乐以外的各类型的节目的收听集中度超过100%，其中对法制、社教和外语节目的收听集中度在各受教育程度听众中最高，高中教育程度的听众对除法制、外语和文艺以外的所有类型的节目表现出较高收听偏好，其中对财经和新闻/时事类节目的收听集中度更高（表1.5.7）。

表1.5.7　2015年上海市场不同受教育程度听众收听各类节目的集中度（%）

节目类别	教育程度				
	未受过正规教育	小学	初中	高中	大学及以上
财经	*	19.2	99.1	128.1	86.7
法制	*	70.4	109.3	98.0	99.4
社教	*	80.5	121.2	115.4	79.1
生活服务	*	28.0	104.2	105.4	99.4
体育	*	150.1	66.3	122.8	96.2
外语	*	25.7	257.8	45.8	63.2
文艺	*	206.4	127.2	95.0	68.6
新闻/时事	*	139.6	119.7	130.9	62.0
音乐	*	23.9	63.5	100.5	127.0
其他	*	57.1	93.4	112.6	97.7

注："*"表示该目标听众样本量不足，无法进行统计推断。

数据来源：CSM媒介研究

2015年上海没有收入的听众对广播节目的收听兴趣仍然不足，对各类节目的收听集中度均未超过100%；个人月收入1501~2500元的听众收听兴趣相对集中，其中个人月收入1501~2000元的听众对财经、体育、文艺和新闻/时事类节目保持较高的收听兴趣，个人月收入2001~2500元的听众对法制、社教、文艺和新闻/时事类节目的收听倾向突出，收听集中度超过100%；个人月收入2501~4000元的听众的广播收听相对广泛，其中个人月收入2501~3000元的上海听众对除法制、体育和音乐外各类节目的收听兴趣都较浓厚，个人月收入3001~4000元的听众对除音乐外的各类节目收听倾向都较突出。个人月收入4001元及以上听众的收听兴趣也较为广泛，对财经、生活服务、体育和音乐类节目的收听集中度都超过100%，收听倾向明显（表1.5.8）。

表 1.5.8 2015 年上海市场不同个人月收入听众收听各类节目的集中度（%）

节目类别	个人月收入								
	没有收入	1~500元	501~1000元	1001~1500元	1501~2000元	2001~2500元	2501~3000元	3001~4000元	4001元及以上
财经	11.7	*	*	*	122.9	42.6	133.6	119.0	102.1
法制	40.4	*	*	*	29.8	108.1	83.9	145.4	92.6
社教	43.0	*	*	*	30.8	101.3	134.2	131.7	82.6
生活服务	25.9	*	*	*	57.0	72.9	105.5	108.3	117.5
体育	56.0	*	*	*	153.8	36.8	90.3	113.8	110.8
外语	33.7	*	*	*	35.2	19.0	121.4	143.5	81.2
文艺	49.9	*	*	*	176.2	200.2	135.0	107.9	83.6
新闻/时事	39.5	*	*	*	101.1	150.9	131.9	139.4	70.0
音乐	97.5	*	*	*	87.5	48.4	70.3	90.1	126.0
其他	56.5	*	*	*	91.2	82.4	103.1	111.5	104.9

注：“*”表示该目标听众样本量不足，无法进行统计推断。

数据来源：CSM 媒介研究

2015 年上海干部/管理人员和初级公务员/雇员对广播节目的收听兴趣较为集中，这两类人群都只对音乐类节目表现出突出的收听兴趣；上海工人听众喜爱收听的节目类型较为多样化，对除财经外的各类节目的收听集中度都较高；个体/私营企业人员的收听兴趣也较为集中，仅对法制和音乐类节目的收听集中度超过100%，且在各职业类型的人群中最高；2015 年上海学生听众的广播收听兴趣仍不高，对各类节目的收听集中度都未超过100%；无业群体的收听兴趣也较广泛，对除体育和音乐之外的所有节目收听集中度都较高（表 1.5.9）。

表 1.5.9 2015 年上海市场不同职业听众收听各类节目的集中度（%）

节目类别	职业					
	干部/管理人员	初级公务员/雇员	工人	个体/私营企业人员	学生	无业（包括退休人员）
财经	60.1	77.8	40.1	54.8	5.8	208.9
法制	86.9	71.6	130.6	172.8	37.4	134.3
社教	49.7	69.6	129.4	57.1	32.9	172.5
生活服务	65.7	83.1	167.8	71.0	22.2	131.7
体育	97.4	83.4	195.9	70.1	61.3	97.1
外语	30.7	97.5	181.9	6.5	20.1	126.9
文艺	51.4	58.1	110.4	41.1	40.6	196.8
新闻/时事	78.6	55.1	110.6	55.9	34.4	193.8
音乐	115.3	118.1	126.9	141.2	73.5	59.5
其他	93.0	89.0	113.9	95.9	42.6	130.5

数据来源：CSM 媒介研究

4. 新闻节目占据上海节目收听榜单前十的大半壁江山，《990 早新闻》蝉联冠军

2015 年上海市场收听份额排名前 10 位的广播节目集中在新闻/时事、音乐和生活服务类节目上，其中 6 档为新闻/时事类节目，3 档为音乐类节目。相比 2014 年的上榜节目，2015 年上海市场收听份额排名前 10 位的节目中有 3 档节目为新上榜节目，分别是《市民政务通》《欢乐早高峰》和《光明优 + 音乐万花筒》。上海人民广播电台播出的《990 早新闻》2015 年蝉联上海节目收听份额冠军，收听份额较 2014 年上升了 0.63 个百分点。由上海流行音乐广播动感 101 FM101.7 播出的《光明植物活力音乐早餐》和多频率播出的《东广早新闻》分居亚军和季军，收听份额分别达到 4.79% 和 3.40%，前者较 2014 年上升了 1.62 个百分点，后者则下降了 1.79 个百分点。多频率播出的《市民政务通》和《新闻和报纸摘要节目》的收听份额也都在 3% 以上，在节目榜上排名第四和第五位。上海人民广播电台上海新闻广播 FM93.4/AM990 播出的新闻节目《八点新闻》和《清晨新闻》均以超过 2% 的收听份额排名第七、第八位，但相比 2014 年收听份额都有小幅下降，降幅不超过 0.2 个百分点。由上海交通广播 AM648/FM105.7 播出的《欢乐早高峰》、上海流行音乐广播 Love Radio FM103.7 播出的《早安新发现》和上海流行音乐广播动感 101 FM101.7 播出的《光明优 + 音乐万花筒》分列榜单第八至第十位（表 1.5.10）。

表 1.5.10 2015 年上海市场收听份额排名前 10 位的节目

排名	节目名称	频率	收听份额（%）
1	990 早新闻	上海人民广播电台上海新闻广播 FM93.4/AM990	7.81
2	光明植物活力音乐早餐	上海流行音乐广播动感 101 FM101.7	4.79
3	东广早新闻	多频率	3.40
4	市民政务通	多频率	3.10
5	新闻和报纸摘要节目	多频率	3.03
6	八点新闻	上海人民广播电台上海新闻广播 FM93.4/AM990	2.22
7	清晨新闻	上海人民广播电台上海新闻广播 FM93.4/AM990	2.06
8	欢乐早高峰	上海交通广播 AM648/FM105.7	1.86
9	早安新发现	上海流行音乐广播 Love Radio FM103.7	1.83
10	光明优 + 音乐万花筒	上海流行音乐广播动感 101 FM101.7	1.72

数据来源：CSM 媒介研究

(三)广州广播收听市场的节目竞争格局

1. 广州节目竞争格局延续均衡稳定态势,类型节目收听份额变化不大

2015 年广州广播市场各类节目收听竞争格局以均衡稳定为主,生活服务、音乐和文艺类节目的收听份额均在 15% ~20% 之间,新闻/时事类节目的收听份额为 14.9%,财经、社教、体育、法制和外语类节目的收听份额均不超过 6%(图 1.5.5)。相比 2014 年,2015 年生活服务类节目的收听份额上升了 0.2 个百分点,继续保持广州广播收听市场的冠军宝座;亚军位置仍由音乐类节目保持,收听份额上升了 0.4 个百分点;文艺和新闻/时事类节目的收听份额都有所下降,前者下降了 0.5 个百分点,后者下降了 1.8 个百分点;2015 年财经类节目的收听份额再次下滑,较 2014 年下降了 0.4 个百分点,但市场排位未发生变化;社教和体育类节目的收听份额双双超过了 3%,前者较 2014 年增加了 0.4 个百分点,后者则减少了 0.1 个百分点;法制类节目的收听份额略有增长,由 2014 年的 1.0% 增长为 2015 年的 1.3%,2015 年外语类节目的收听份额仍然很小。

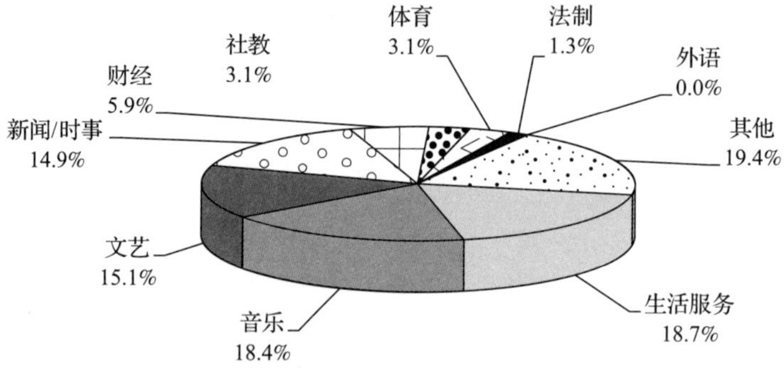

数据来源:CSM 媒介研究

图 1.5.5　2015 年广州市场各类节目的收听份额(%)

2. 本地电台保持竞争优势,中央台在外语类节目市场大幅扩张

2015 年广东广播电视台所属广播频率在广州非外语类节目市场保持竞争优势(图 1.5.6)。广东广播电视台在财经类节目市场的收听份额超过 80%,在音乐节目市场的收听份额均超过 70%,在文艺、生活服务和体育类节目市场的收听份额都超过 60%,在社教、新闻/时事和法制类节目市场收获的收听份额都在 30% ~50% 之间,在外语类节目市场竞争力较弱,收听份额不足 10%。相比 2014 年,2015 年广东广播电视台在新闻/时事和社教类节目市场的收听份额有所增长,分别增长了 4.7 个百分点和 3.8 个百分点;但相比增长的节目市场,广东广播电视台在更多类的节目市场中收听份额下滑,其中在法制和外语类节目市场的收听份额下滑均超过 10 个百分点,在体育、生活服务和财经类节目市场的降幅都在 4 ~6 个百分点不等,在音乐和文艺类市场降幅分别达 2.7 个百分点和 0.6 个百分点。

延续 2014 年的发展态势,2015 年广州广播电视台在本地超半数类型节目市场的收

听份额有所上升，其中在法制类节目市场的收听份额上升明显，涨幅达 11.5 个百分点，在体育节目市场的涨幅达 7.2 个百分点，在生活服务、新闻/时事、音乐、财经和文艺类节目市场的涨幅均不足 5 个百分点。相比之下，2015 年广州广播电视台收听份额下滑的节目市场不多，在社教类节目市场的降幅仅为 2.4 个百分点。因受压于广东广播电视台，广州广播电视台除在法制类节目市场居冠军位置外，在本地其他各类节目市场均居亚军位置，收听份额均不超过 60%。

2015 年，中央人民广播电台和中国国际广播电台在广州细分节目市场的竞争地位变化不明显。中央人民广播电台在外语节目市场竞争力提升明显，收听份额接近 40%，居市场亚军位置，但在其他细分节目市场的收听份额最高不超过 15%，市场竞争地位也不容乐观。中国国际广播电台在非外语类节目市场的收听份额都较小，但在外语类节目市场则以 52.6% 的收听份额居首位。相比 2014 年，2015 年中央人民广播电台在新闻/时事、文艺和体育类节目市场的收听份额均有所下滑，其中在新闻/时事类节目市场降幅最大，达 6.7 个百分点；中国国际广播电台在大多数节目市场的收听份额都有所下滑，其中在外语类节目市场降幅最大，达 24.3 个百分点，在社教和体育类节目市场的降幅分别达 1.9 个百分点、1.5 个百分点，在新闻/时事、财经、生活服务和文艺类节目市场的降幅不足 1 个百分点。

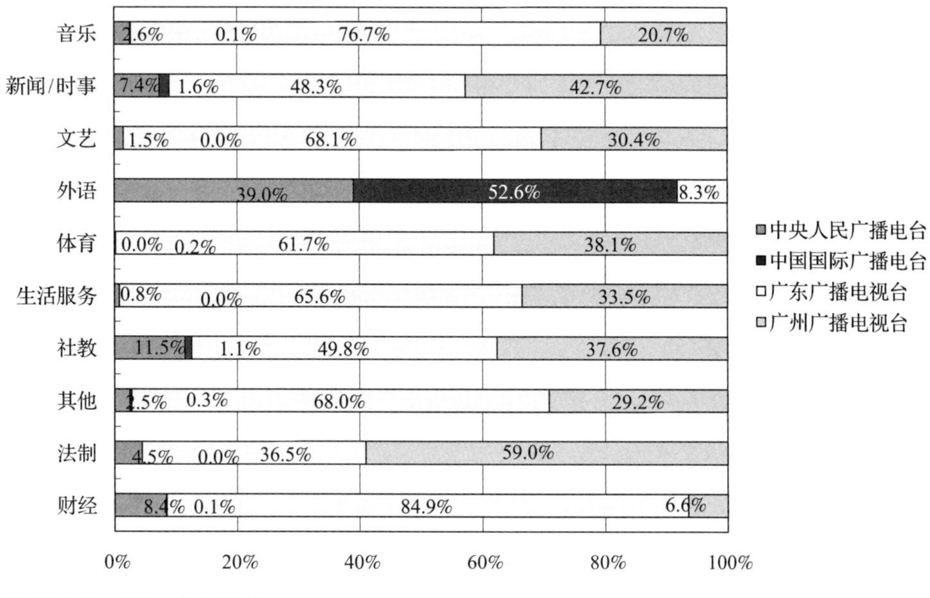

数据来源：CSM 媒介研究

图 1.5.6　2015 年各级广播频率在广州各类节目市场的收听份额（%）

3. 广州听众节目收听差异明显，细分听众倾向于不同类型的节目

2015 年广州男性听众对除外语和音乐类之外的各类节目都表现出较浓厚的收听兴趣，而女性听众仅对外语和音乐类节目有突出的收听倾向（表 1.5.11）。

2015 年广州 10～34 岁听众对广播节目的收听兴趣仍然低迷，对各类节目的收听集中度都低于100%；35岁及以上广播听众的收听兴趣相对广泛，其中35~44岁广州听众对除财经类节目外的各类节目都表现出较浓厚的收听兴趣，45~64岁广州听众对除外语类节目外的各类节目的收听集中度均超过100%，65岁及以上听众的收听兴趣最广泛，对各类节目的收听集中度都超过100%。

表1.5.11 2015年广州市场不同性别和年龄听众收听各类节目的集中度（%）

节目类别	性别		年龄						
	男	女	10~14岁	15~24岁	25~34岁	35~44岁	45~54岁	55~64岁	65岁及以上
财经	102.7	97.0	5.2	48.8	61.3	93.1	148.7	273.3	137.3
法制	112.9	85.7	10.3	34.7	62.0	125.3	199.3	172.4	130.5
社教	102.7	97.0	29.5	48.2	75.1	125.6	104.4	192.0	161.3
生活服务	111.2	87.6	29.1	41.2	83.3	133.6	117.2	146.4	169.5
体育	109.3	89.6	23.3	50.9	77.9	134.6	103.2	207.4	116.7
外语	68.0	135.7	16.6	35.9	29.4	201.7	19.5	43.1	394.2
文艺	108.7	90.3	54.2	57.5	73.3	101.6	125.9	180.5	170.3
新闻/时事	100.5	99.5	14.5	37.5	76.3	109.4	104.7	234.4	184.5
音乐	94.7	105.9	37.2	70.6	84.4	123.6	108.8	113.9	156.3
其他	108.2	90.9	26.8	48.8	82.1	131.0	121.3	156.9	144.5

数据来源：CSM媒介研究

2015年广州未受过正规教育的听众对社教、生活服务、文艺、新闻/时事和音乐类节目收听倾向明显，其中对社教、文艺和新闻/时事类节目的收听集中度为各受教育程度听众中最高的。小学教育程度的广州听众节目收听兴趣相对集中，对生活服务、文艺和音乐类节目的兴趣浓厚。初中教育程度听众对法制、生活服务、体育和外语节目的收听集中度都超过了100%。广州高中教育程度听众的节目收听兴趣较为广泛，对除生活服务和文艺外的各类节目的收听集中度都高于100%。2015年广州大学及以上教育程度听众的广播收听兴趣低迷，对各类型节目的收听集中度都不超过100%（表1.5.12）。

表1.5.12 2015年广州市场不同受教育程度听众收听各类节目的集中度（%）

节目类别	教育程度				
	未受过正规教育	小学	初中	高中	大学及以上
财经	47.0	56.3	85.8	147.8	63.9
法制	99.8	94.6	100.9	124.4	61.5
社教	156.8	88.8	90.6	118.9	84.5
生活服务	108.7	138.3	103.0	93.6	89.4
体育	83.8	72.7	120.7	110.3	72.1
外语	28.5	15.2	148.8	124.6	31.9
文艺	180.7	137.2	95.5	94.6	93.2
新闻/时事	224.5	82.0	91.0	119.1	83.5
音乐	101.6	108.1	91.7	108.1	95.0
其他	104.7	113.5	100.8	103.1	88.6

数据来源：CSM媒介研究

2015年的广州收听市场，没有收入的听众对各类节目的收听兴趣仍然不高；个人月收入501~1000元的广州听众对除财经和体育类节目之外的各类型节目均感兴趣，其中对生活服务、文艺、新闻/时事和音乐类节目的收听集中度为各收入水平人群中最高的，收听倾向明显；个人月收入1001~1500元的广州听众收听法制、生活服务、文艺和新闻/时事类节目的兴趣突出；个人月收入1501~2000元的听众节目收听兴趣较集中，对法制、社教和文艺类节目的收听集中度超过100%；个人月收入2001~4000元的听众收听兴趣相对广泛，个人月收入2001~2500元的听众对除法制和外语类节目外的各类节目的收听集中度都较高，个人月收入2501~3000元的听众对除文艺类节目外的各类节目的收听集中度都超过100%，个人月收入3001~4000元的听众对除财经和体育类节目外的各类节目的收听兴趣较高；个人月收入4001元及以上的广州听众收听兴趣也比较广泛，对除财经、体育、外语和文艺类节目外的各类节目表现出突出的收听倾向（表1.5.13）。

表1.5.13 2015年广州市场不同个人月收入听众收听各类节目的集中度（%）

节目类别	个人月收入								
	没有收入	1~500元	501~1000元	1001~1500元	1501~2000元	2001~2500元	2501~3000元	3001~4000元	4001元及以上
财经	64.6	232.9	73.8	75.3	101.7	106.6	111.1	152.4	76.1
法制	34.7	160.1	114.1	66.1	70.3	62.9	121.5	185.0	117.1
社教	47.2	235.6	67.5	101.0	104.7	96.4	108.6	147.0	108.8
生活服务	46.1	77.6	98.7	113.8	91.8	90.2	81.9	157.0	139.0
体育	51.7	96.1	69.2	112.2	95.6	97.2	105.4	131.6	128.4
外语	26.1	0.0	10.7	7.5	52.0	315.3	101.2	145.6	46.3
文艺	54.2	179.8	233.7	122.1	92.3	114.4	96.7	145.4	86.5
新闻/时事	47.0	187.4	136.6	128.7	99.7	126.5	113.6	131.7	92.2
音乐	81.9	204.2	89.7	71.1	126.1	99.9	90.2	126.5	97.1
其他	50.8	153.1	119.4	98.4	101.5	103.4	90.8	145.2	120.0

数据来源：CSM媒介研究

2015年广州干部/管理人员和初级公务员/雇员的广播节目收听兴趣较为集中，都只对体育节目的收听集中度超过100%。工人和个体/私营企业人员的收听兴趣相对广泛，工人对法制、社教、生活服务、体育和外语类节目的收听集中超过100%，个体/私营企业人员对非外语的各类节目的收听倾向都十分明显。学生听众的广播节目收听兴致依旧不高，收听集中度最高不超过70%。无业听众收听兴趣最广泛，对各类型节目均表现出较高的收听偏好，其中对财经、法制、社教、体育、外语、文艺、新闻/时事和音乐类节目的收听集中度在各职业听众中最高（表1.5.14）。

表 1.5.14　2015 年广州市场不同职业听众收听各类节目的集中度（%）

节目类别	职业					
	干部/管理人员	初级公务员/雇员	工人	个体/私营企业人员	学生	无业（包括退休人员）
财经	59.7	57.4	72.2	121.0	46.0	196.3
法制	76.8	87.0	112.3	111.6	18.4	148.2
社教	92.3	95.5	102.9	103.4	33.0	146.9
生活服务	89.0	71.9	106.3	142.2	27.1	137.8
体育	112.5	104.0	105.8	107.3	25.3	135.3
外语	0.0	33.2	148.0	35.2	27.6	192.9
文艺	80.0	83.7	94.7	105.8	46.9	158.0
新闻/时事	76.6	77.7	86.3	111.8	23.8	182.7
音乐	75.9	95.7	97.6	114.5	61.2	126.9
其他	97.8	80.5	104.1	130.6	34.7	135.3

数据来源：CSM 媒介研究

4. 节目收听榜单前 10 位节目有一定变化，《歌曲欣赏》跃居榜首

2015 年广州市场收听份额排名前 10 位的节目依旧类型丰富，其中 4 档节目为新闻/时事类节目，2 档为生活服务和文艺类节目，音乐和财经类各有 1 个节目上榜（表 1.5.15）。2015 年的收听榜冠军由《歌曲欣赏》占据，收听份额较 2014 年上升了 0.31 个百分点。2014 年的冠军《长篇小说》2015 年退至亚军位置，收听份额下降了 0.81 个百分点。多频率播出的《小说连播》为 2015 年新上榜节目，除此之外，由广州交通电

表 1.5.15　2015 年广州市场收听份额排名前 10 位的节目

排名	节目名称	频　　率	收听份额（%）
1	歌曲欣赏	多频率	3.10
2	长篇小说	多频率	2.52
3	小说连播	多频率	2.04
4	珠江第一线	广东广播电视台珠江经济广播电台（E FM 财富 974）	1.74
5	广州早晨	广州新闻电台 FM96.2	1.67
6	交通消息	多频率	1.27
7	新闻在线	广州新闻电台 FM96.2	1.11
8	即时交通消息	广州交通电台 FM106.1	1.09
9	股市第一线	广东广播电视台股市广播（FM95.3 财经广播）	1.08
10	好一个早晨	广东广播电视台音乐之声 FM99.3	1.00

数据来源：CSM 媒介研究

台FM106.1播出的《即时交通消息》和广东广播电视台音乐之声FM99.3播出的《好一个早晨》也是2015年新上榜的节目。广东广播电视台珠江经济广播电台播出的《珠江第一线》排名第四，收听份额较2014年上升了0.04个百分点，变化幅度不大。广州新闻电台的《广州早晨》位居第五，收听份额上升了0.2个百分点。多频率播出的《交通消息》保持排名第六，广州新闻电台的《新闻在线》和广东广播电视台股市广播的《股市第一线》分列第七、第九位，其中《交通消息》的收听份额与2014年相比下降了0.11个百分点，后两个节目则分别上升了0.03个百分点和0.02个百分点。

六、广播广告投放与竞争格局

1. 2015年中国广播广告投放额同比2014年下降0.4%

根据央视市场研究（CTR）发布的广告监测数据①，2015年中国广告投放额同比2014年下降了2.9%，其中传统媒体广告投放额下降了7.2%。报纸和杂志广告投放额出现较大下滑，同比2014年分别下降了35.4%和19.8%；电视广告投放额同比2014年下降了4.6%；广播广告在四大传统媒体中最为坚挺，投放额略有下降，同比2014年下降了0.4%。

2. 京、沪、穗三地广播广告投放额同比2014年下降5.4%

2015年京、沪、穗三地广播广告投放额合计为85.4亿元，同比2014年下降了5.4%。三地广播广告投放额最高的5个行业为商业及服务性行业、交通、金融、邮电通讯和房地产行业，五大行业广告投放额合计占到广播广告投放总额的66.0%（图1.6.1）。

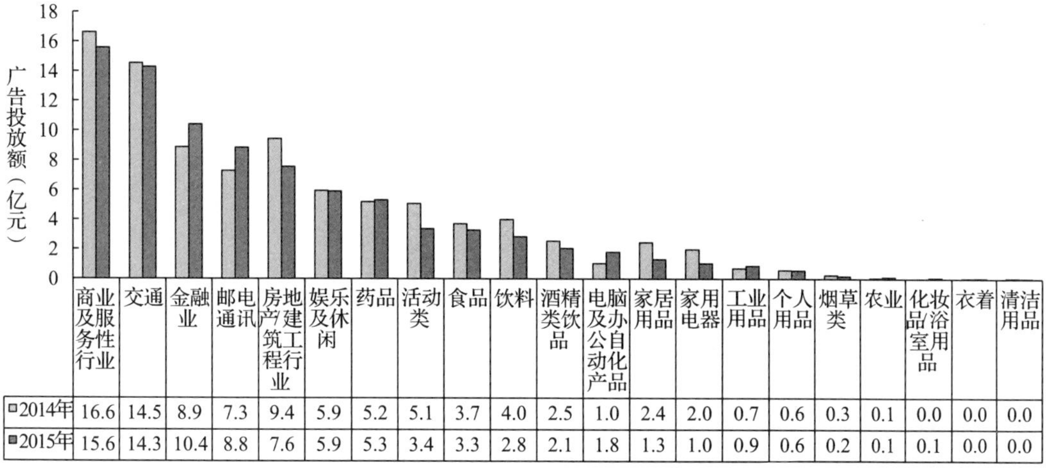

	商业及服务性行业	交通	金融业	邮电通讯	房地产建筑工程行业	娱乐及休闲	药品	活动类	食品	饮料	酒精类饮品	电脑及办公自动化产品	家居用品	家用电器	工业用品	个人用品	烟草类	农业	化妆品/浴室用品	衣着	清洁用品
□2014年	16.6	14.5	8.9	7.3	9.4	5.9	5.2	5.1	3.7	4.0	2.5	1.0	2.4	2.0	0.7	0.6	0.3	0.1	0.0	0.0	0.0
■2015年	15.6	14.3	10.4	8.8	7.6	5.9	5.3	3.4	3.3	2.8	2.1	1.8	1.3	1.0	0.9	0.6	0.2	0.1	0.1	0.0	0.0

数据来源：央视市场研究媒介智讯（CTR MI）

图1.6.1　2014年、2015年京、沪、穗三地分行业广播广告投放额（亿元）

① 2015年广告投放额以CTR2015年监测范围为基准进行统计，2015年广告投放增长情况以CTR2014年监测范围为基准进行比较；广告投放额以媒体公开报价为统计标准，不含折扣；广告监测时间为17:00~24:00。

2015年北京广播广告投放额排名前3位的行业是邮电通讯、交通和商业及服务性行业，金融业则由2014年的第二位下降到第四位。2015年上海广播广告投放额排名前3位的行业是交通、邮电通讯和金融业，房地产/建筑工程行业则由2014年的第二位下降到第五位。2015年广州广播广告投放额排名前3位的行业是商业及服务性行业、交通和金融业，房地产/建筑工程行业则由2014年的第三位的下降到第四位（表1.6.1）。

表1.6.1　2014年、2015年京、沪、穗三地广播广告投放额排名前10位的行业

排名	北京		上海		广州	
	2014年	2015年	2014年	2015年	2014年	2015年
1	商业及服务性行业	邮电通讯	交通	交通	商业及服务性行业	商业及服务性行业
2	金融业	交通	房地产/建筑工程行业	邮电通讯	交通	交通
3	交通	商业及服务性行业	邮电通讯	金融业	房地产/建筑工程行业	金融业
4	邮电通讯	金融业	商业及服务性行业	商业及服务性行业	药品	房地产/建筑工程行业
5	酒精类饮品	娱乐及休闲	金融业	房地产/建筑工程行业	金融业	药品
6	家居用品	家居用品	活动类	饮料	娱乐及休闲	娱乐及休闲
7	娱乐及休闲	活动类	饮料	活动类	食品	邮电通讯
8	活动类	酒精类饮品	娱乐及休闲	娱乐及休闲	邮电通讯	食品
9	食品	食品	食品	电脑及办公自动化产品	活动类	活动类
10	饮料	房地产/建筑工程行业	电脑及办公自动化产品	食品	饮料	酒精类饮品

数据来源：央视市场研究媒介智讯（CTR MI）

3. 京、沪、穗三地广播广告投放中邮电通讯和金融业上涨幅度最大

2015年，京、沪、穗三地广播广告投放额同比2014年呈现正增长的行业有8个，负增长的行业有13个。广播广告投放额同比增长超过1.5亿的有两个行业，邮电通讯行业和金融业同比2014年分别增长了21%和17%。在广告投放额同比2014年呈现负增长的13个行业中，房地产/建筑工程行业的广告投放额下滑幅度最大，同比下降了20%（图1.6.2）。

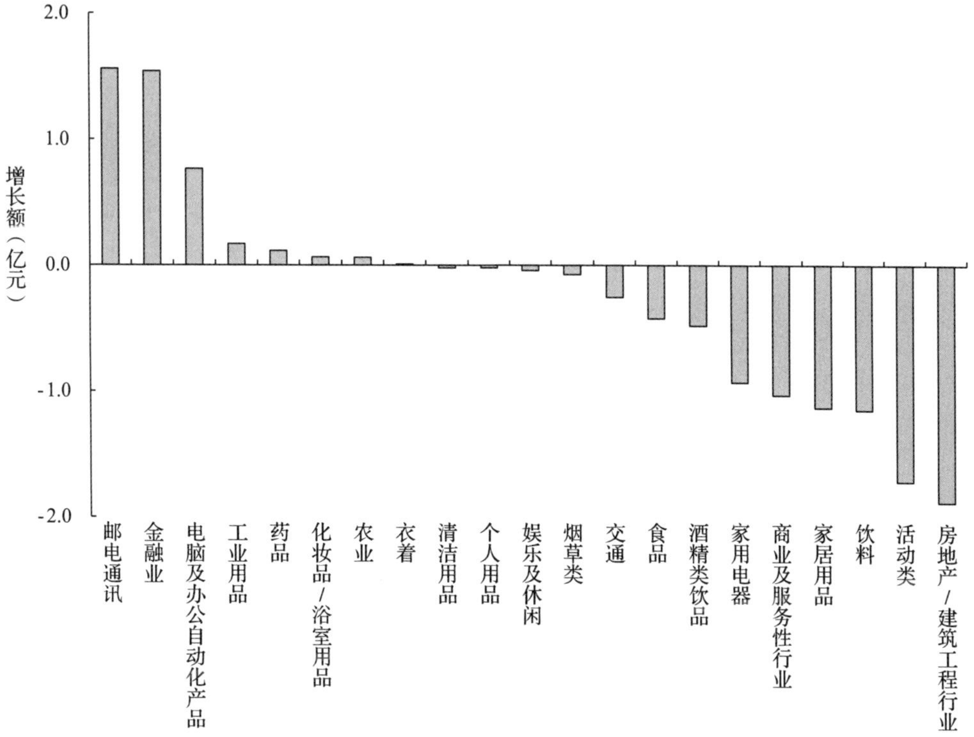

数据来源：央视市场研究媒介智讯（CTR MI）

图 1.6.2　2015 年京、沪、穗三地各行业广播广告投放额同比变化情况

4. 京、沪、穗三地广播广告投放额排名前 10 位的品牌中出现较多互联网“网站”①

京、沪、穗三地广播广告投放额排名前 10 位的品牌虽具有较大差异，但近年来出现了一个共性的变化：很多金融、地产、汽车、美食等互联网“网站”进入广播广告投放额排名的前 10 位，比如易贷、爱屋吉屋、链家、到家美食会、开买啦等。

2015 年北京广播广告投放额排名前 10 位的品牌主要来自邮电通讯、金融、药品、酒类、交通等行业等，排名前 3 位的品牌是易贷、中国人民财产保险和同仁堂。2015 年上海广播广告投放额排名前 10 位的品牌来自饮料、交通、邮电通讯、金融等行业，排名前 3 位的品牌是光明、上海大众和上海通用别克。2015 年广州广播广告投放额排名前 10 位的品牌来自药品、商业及服务、交通等行业，排名前 3 位的品牌是好视力、国美和好运来（表 1.6.2）。

① 根据央视市场研究（CTR）的分类标准，互联网“网站”广告归属于“邮电通讯”行业。

表 1.6.2　2015 年京、沪、穗三地广播广告投放额排名前 10 位的品牌①

排名	北京		上海		广州	
	品牌名称	所属品类	品牌名称	所属品类	品牌名称	所属品类
1	易贷	邮电通讯	光明	饮料、邮电通讯、活动类、食品	好视力	药品、个人用品、活动类
2	中国人民财产保险	金融业	上海大众	交通、活动类	国美	商业及服务性行业
3	同仁堂	药品、个人用品、食品、化妆品/浴室用品、酒精类饮品	上海通用别克	交通、活动类	好运来	商业及服务性行业
4	五粮液	酒精类饮品	一汽大众奥迪	交通	吉盛伟邦	商业及服务性行业、活动类、家居用品
5	上海通用别克	交通、活动类	链家	邮电通讯	雷克萨斯	交通、商业及服务性行业
6	爱屋吉屋	邮电通讯	沃尔沃	交通、活动类	峻可威	商业及服务性行业
7	茅台	酒精类饮品	爱屋吉屋	邮电通讯	开买啦	邮电通讯
8	北京现代	交通	到家美食会	邮电通讯	南湖 & 西部假期	娱乐及休闲
9	中国移动通信	邮电通讯	高博特	药品、食品	交通银行	金融业、活动类
10	中国建设银行	金融业、活动类	宁翼	金融业	时代	房地产/建筑工程行业、活动类

数据来源：央视市场研究媒介智讯（CTR MI）

5. 京、沪广播广告投放额排名前 5 位的频率中出现了体育频率

2015 年，北京广播广告投放额排名前 5 位的频率中除北京人民广播电台交通广播（FM103.9）、音乐广播（FM97.4）、文艺广播（FM87.6）和新闻广播（FM100.6）外，排在第五位的是体育广播（FM102.5）；上海广播广告投放额排名前 5 位的频率除上海人民广播电台动感流行音乐广播（FM101.7）、交通广播（FM105.7）、新闻广播（FM93.4）和魅力流行音乐广播（FM103.7）外，排第五位的是五星体育广播

① 由于同一品牌有不同的产品线，根据央视市场研究（CTR）的分类标准，以广告当中的产品判定品牌所属行业类别；此处统计的是某一品牌整体的广告投放额，因此可能出现某一品牌同时属于不同品类的情况。

(FM94.0)；广州广播广告投放额排名前5位的频率是广东电台羊城交通广播(FM105.2)、广州交通电台（FM106.1)、广东电台珠江经济广播电台（FM97.4)、广东电台音乐之声（FM99.3）和广州汽车音乐电台（FM102.7)（表1.6.3)。

表1.6.3　2015年京、沪、穗三地广播广告投放额排名前5位的频率

排名	北京	上海	广州
1	北京人民广播电台交通广播(FM103.9)	上海人民广播电台动感流行音乐广播（FM101.7)	广东电台羊城交通广播(FM105.2)
2	北京人民广播电台音乐广播(FM97.4)	上海人民广播电台交通广播(FM105.7)	广州交通电台（FM106.1)
3	北京人民广播电台文艺广播(FM87.6)	上海人民广播电台新闻广播(FM93.4)	广东电台珠江经济广播电台(FM97.4)
4	北京人民广播电台新闻广播(FM100.6)	上海人民广播电台魅力流行音乐广播（FM103.7)	广东电台音乐之声（FM99.3)
5	北京人民广播电台体育广播(FM102.5)	上海人民广播电台五星体育广播（FM94.0)	广州汽车音乐电台(FM102.7)

数据来源：央视市场研究媒介智讯（CTR MI)

2015年，北京广播广告投放额最高的频率是北京人民广播电台交通广播(FM103.9)，其广告投放额前3位的行业是商业及服务性行业、邮电通讯和交通；上海广播广告投放额最高的频率是上海人民广播电台动感流行音乐广播（FM101.7)，其广告投放额前3位的行业是交通、邮电通讯和房地产/建筑工程行业；广州广播广告投放额最高的频率是广东电台羊城交通广播（FM105.2)，其广告投放额前3位的行业是金融业、交通和商业及服务性行业（表1.6.4)。

表1.6.4　2015年京、沪、穗三地广播广告投放额最高的频率中投放额排名前10位的行业

排名	北京 北京人民广播电台交通广播(FM103.9)	上海 上海人民广播电台动感流行音乐广播（FM101.7)	广州 广东电台羊城交通广播(FM105.2)
1	商业及服务性行业	交通	金融业
2	邮电通讯	邮电通讯	交通
3	交通	房地产/建筑工程行业	商业及服务性行业
4	家居用品	金融业	房地产/建筑工程行业
5	金融业	商业及服务性行业	娱乐及休闲
6	娱乐及休闲	饮料	药品
7	食品	娱乐及休闲	邮电通讯
8	活动类	电脑及办公自动化产品	活动类
9	房地产/建筑工程行业	活动类	食品
10	电脑及办公自动化产品	食品	饮料

数据来源：央视市场研究媒介智讯（CTR MI)

2015年，北京人民广播电台交通广播（FM103.9）广告投放额最高的三大品牌是易贷、中国人民财产保险和同仁堂，它们分别来自邮电通讯行业、金融业和药品行业；上海人民广播电台动感流行音乐广播（FM101.7）广告投放额最高的三大品牌是光明、上海大众和绿地，它们分别来自饮料、交通和房地产行业；广东电台羊城交通广播（FM105.2）广告投放额最高的三个品牌是吉盛伟邦、大金和明兴，它们分别来自商业及服务性行业、家用电器和药品行业（表1.6.5）。

表1.6.5　2015年京、沪、穗三地广播广告投放额最大的频率中投放额排名前10位的品牌

排名	北京人民广播电台交通广播（FM103.9）		上海人民广播电台动感流行音乐广播（FM101.7）		广东电台羊城交通广播（FM105.2）	
	品牌名称	所属品类	品牌名称	所属品类	品牌名称	所属品类
1	易贷	邮电通讯	光明	饮料、邮电通讯、活动类	吉盛伟邦	商业及服务性行业、活动类
2	中国人民财产保险	金融业	上海大众	交通	大金	家用电器
3	同仁堂	药品、食品、酒精类饮品、个人用品	绿地	房地产/建筑工程行业	明兴	药品
4	北京现代	交通	到家美食会	邮电通讯	南湖&西部假期	娱乐及休闲
5	中国移动通信	邮电通讯	上海通用别克	交通、活动类	广之旅	娱乐及休闲
6	爱屋吉屋	邮电通讯	一汽大众奥迪	交通	雅居乐	房地产/建筑工程行业
7	强力	商业及服务性行业、家居用品	天喔	饮料、活动类、食品	中国银行	金融业
8	上海通用别克	交通	中国平安保险	金融业	九洲	房地产/建筑工程行业
9	鲁花	食品	北京现代	交通	中国工商银行	金融业
10	大智慧	电脑及办公自动化产品、金融业	爱屋吉屋	邮电通讯	中国建设银行	金融业

数据来源：央视市场研究媒介智讯（CTR MI）

第二部分
Part Two

专 题 Analysis Report

2015 年新闻综合类频率收听状况分析

目前我国广播收听市场面临一个全新的竞争环境，无论是网络电台 APP 的逐步兴起，还是来自如滴滴打车、Uber 等打车软件的冲击，新技术的发展使得接收和传播方式发生了翻天覆地的变化，这对传统广播造成了很大影响，新闻综合类频率作为其中的一个类别也未能幸免。新闻综合类频率作为各广播电台的“三驾马车”之一，历来扮演着“顶梁柱”的角色。那么该类型频率在2015 年的收听状况如何？有哪些新的特点？本文主要基于 CSM 媒介研究 2015 年 36 个城市收听率调查（四波调查）数据，对 2015 年新闻综合类频率的收听状况及一些典型的新闻综合类节目进行解析，以期对业内人士有所启发[①]。

一、新闻综合类频率在各专业类别频率中的竞争地位

1. 新闻综合类频率市场份额在各专业频率中仍保持首位，且较 2014 年有所提升

2015 年各类型专业频率所占市场份额表明，新闻综合类频率仍高居榜首，交通类频率位居第二，音乐类频率位列第三（图 1）；然后依次为文艺类、都市生活类和经济类频

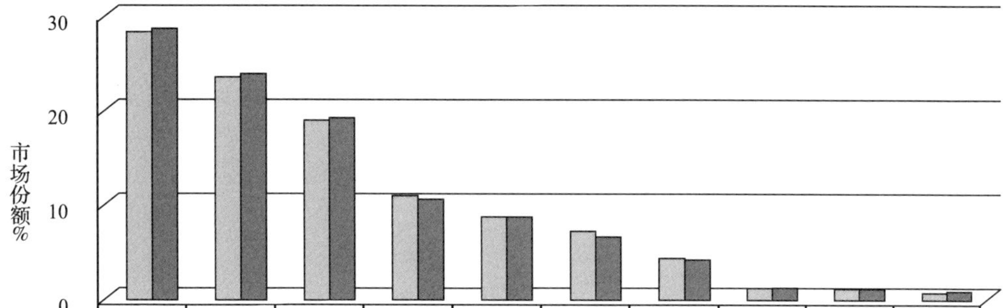

	新闻综合类	交通类	音乐类	文艺类	都市生活类	经济类	其他类	农村类	体育类	教育类
2014年	27.80	23.01	18.46	10.46	8.23	6.70	3.84	0.67	0.64	0.18
2015年	28.17	23.35	18.69	10.07	8.21	6.12	3.73	0.72	0.58	0.33

数据来源：CSM 媒介研究

图 1 2014 年、2015 年各专业频率市场份额（%）比较

① 如无特殊说明，本文涉及各年数据比较时所用数据均为每年所有调查城市组合四波调查数据。

率，所占市场份额均在5%～15%之间。交通类、新闻综合类和音乐类频率2015年所占市场份额均高于2014年，涨幅分别为1.48%、1.33%和1.25%。新闻综合类频率无论是所占市场份额还是表现出的增长态势，均反映出受众对这类频率的“刚需”特性。

2. 新闻综合类频率的听众规模及黏性均位居各类频率前列

平均到达率和平均忠实度是考量频率竞争力的两个维度，前者反映了频率的受众规模大小，后者反映了受众对频率的黏性高低，二者结合可以反映一类频率的竞争实力。2015年各类频率的平均到达率和平均忠实度数据显示，新闻综合类频率的听众规模遥遥领先于其他类别的频率，听众黏性也位居前三，竞争优势凸显（图2）。

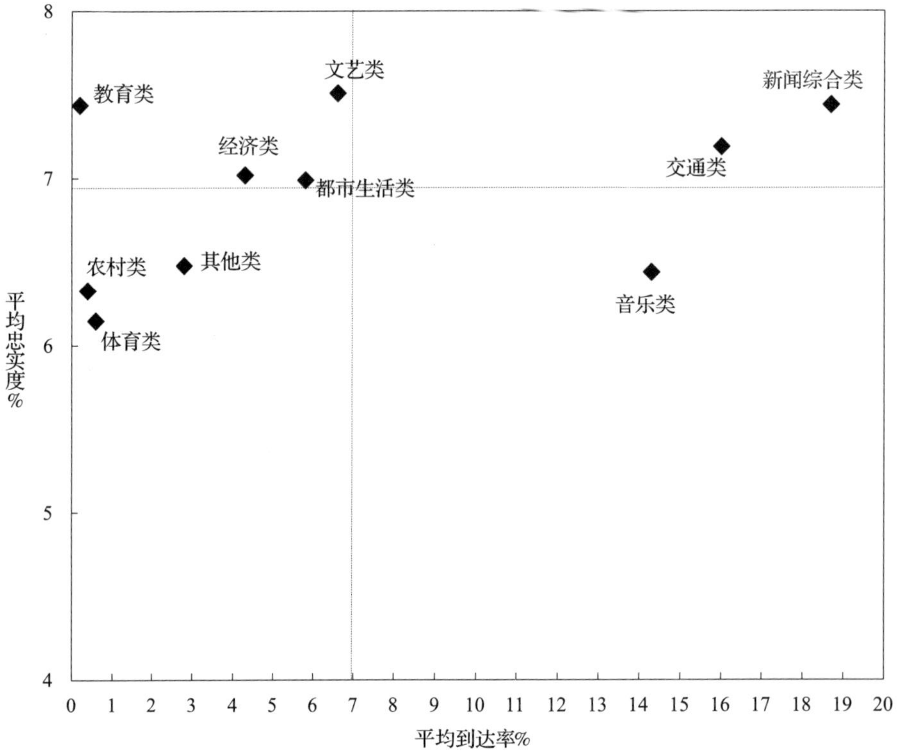

数据来源：CSM媒介研究

图2　2015年各类专业频率的平均到达率（%）和平均忠实度（%）

3. 新闻综合类频率家中听众规模优势明显，“车上”听众规模较2014年提升

2015年各专业频率在不同场所到达率（反映听众规模）数据显示（图3），在“所有场所”，交通类频率以微弱优势位列首位，新闻综合类频率紧随其后，音乐类频率位居第三，然后依次为都市生活类、文艺类和经济类频率；从“在家”听众规模来看，新闻综合类频率独占鳌头，音乐类和交通类频率位列后两位，都市生活类、文艺类和经济类频率分居第四、第五、第六位；不同于前两个场所，就“车上”听众规模而言，交通类频率一枝独秀，音乐类频率紧随其后，新闻综合类频率位列第三，相较于前两类频率，新闻综合类频率在车上不占优势，侧重于播报交通路况信息和放松、愉悦身心的交通类和音乐类频率更受听众的青睐。

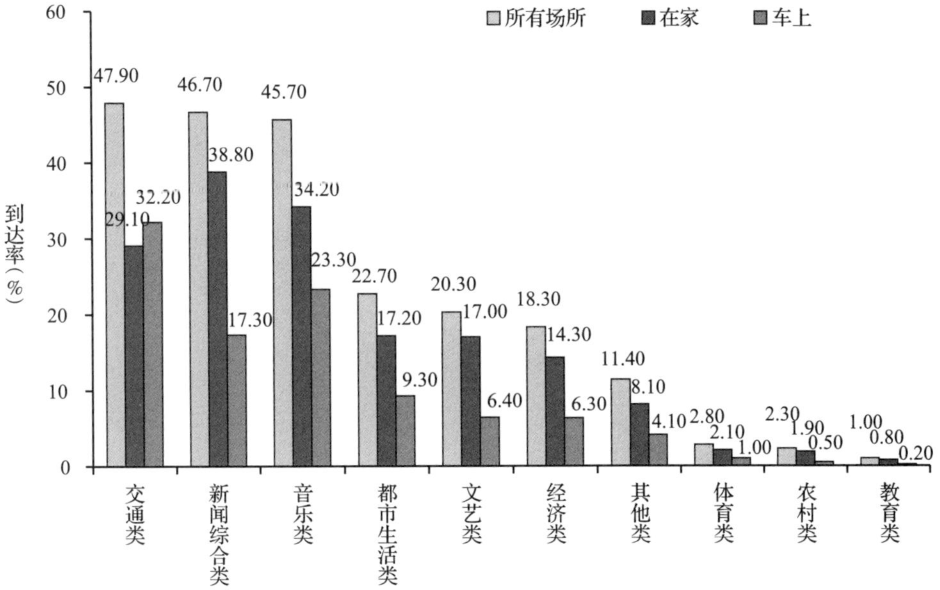

数据来源：CSM 媒介研究

图 3　2015 年广播收听市场各专业频率到达率（%）

各类频率听众规模 2015 年较 2014 年增减幅度显示，在“所有场所”和“在家”中，主要类别频率均有不同程度的下滑，“车上”新闻综合类、音乐类、都市生活类和体育类频率听众规模均有不同程度提升（图 4）。结合图 3、图 4 可以看出，新闻综合类频率“在家”听众规模优势明显，“车上”优势不及“在家”，但听众规模呈上升趋势。

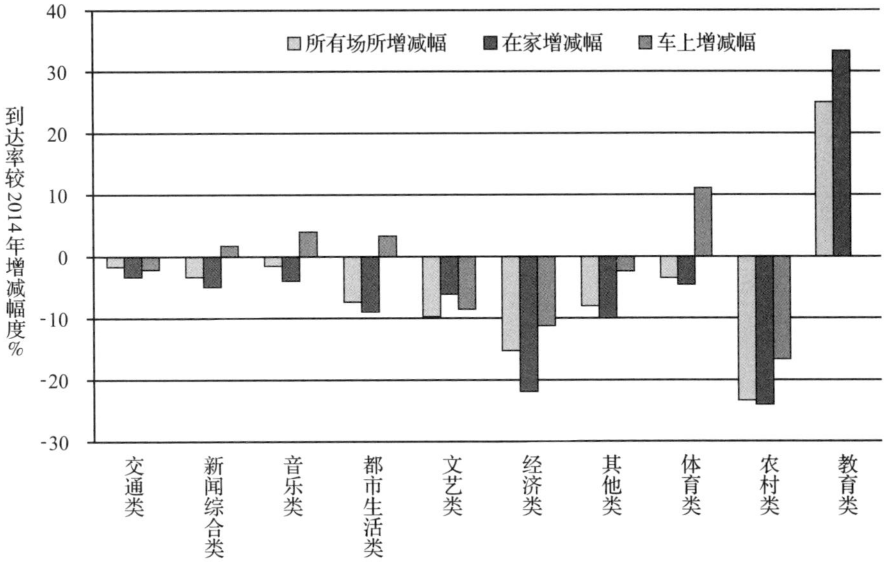

数据来源：CSM 媒介研究

图 4　2015 年广播收听市场各专业频率到达率（%）较 2014 年增减幅度（%）

二、新闻综合类频率整体收听状况

1. 新闻综合类频率早间收听一枝独秀

新闻综合类频率在早间时段一枝独秀，在全天多数时段引领收听市场。7:00左右新闻综合类频率达到全天收听率最高峰，峰值接近5.5%；在其余时段（9:30～12:00、18:30～20:00和21:00～24:00）的收听表现也优于其他类型的频率，居各类频率收听榜首。交通类和音乐类频率全天均有较好的收听表现，其中交通类频率在早晚上下班高峰期间的收听率有明显凸起。其他类型频率全天收听率走势较为平稳（图5）。

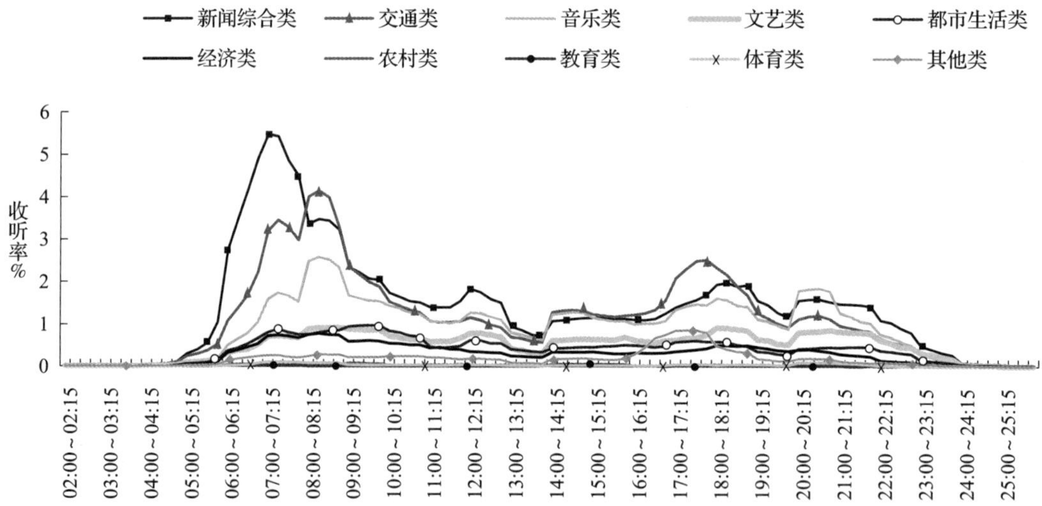

数据来源：CSM媒介研究

图5　2015年各专业频率全天收听率（%）走势

2. “在家”是主要收听地点，收听走势与所有场所一致

“在家”收听撑起了新闻综合类频率的全天收听表现，贡献了近80.00%的收听量，其余大约20%多的收听来自“在家”以外的其他场所。

“在家”的全天收听走势与所有场所一致，早晚高峰同步，早高峰出现在早晨的7:00～7:15，峰值为4.89%，占到了同时段收听率的86.50%；傍晚次高峰出现于18:45～19:00，峰值为1.54%，占到了同时段收听率的80.21%；全天大部分收听来自于“在家”收听的贡献（图6）。

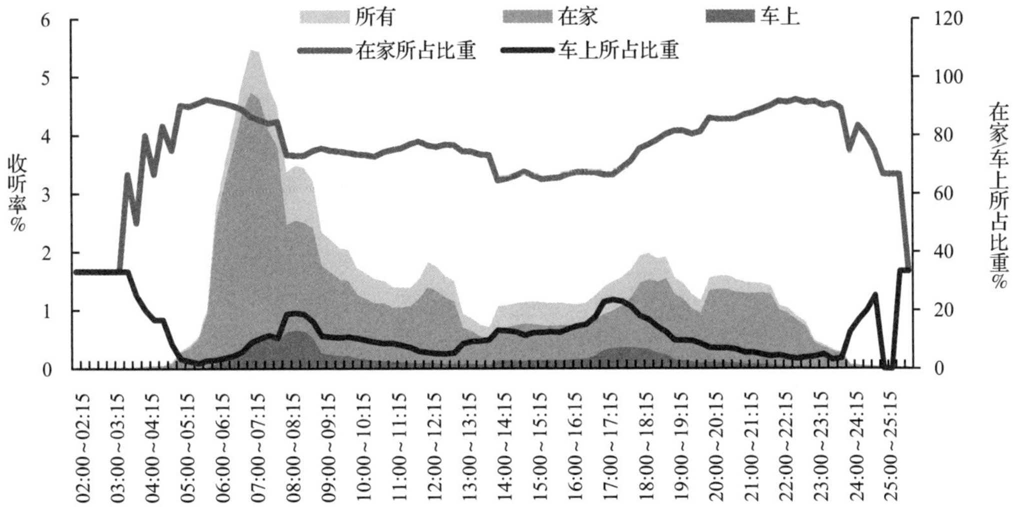

数据来源：CSM 媒介研究

图 6 2015 年新闻综合类频率主要场所全天收听率走势及不同场所所占比重

三、新闻综合类频率听众特征

1. 中老年人和中高收入人群是主体受众群体

新闻综合类频率在“所有场所”和“在家”的主体受众群体基本趋同，同中有异。相同之处在于：55 岁及以上、初高中学历和个人月收入 1501 ~ 5000 元的受众群体构成了两个场所中的主要听众群体，2501 ~ 5000 元听众在两场所的占比都超过 4 成以上。55 岁及以上、初中及以下学历和个人月收入 1 ~ 5000 元之间的听众群体对新闻综合类频率

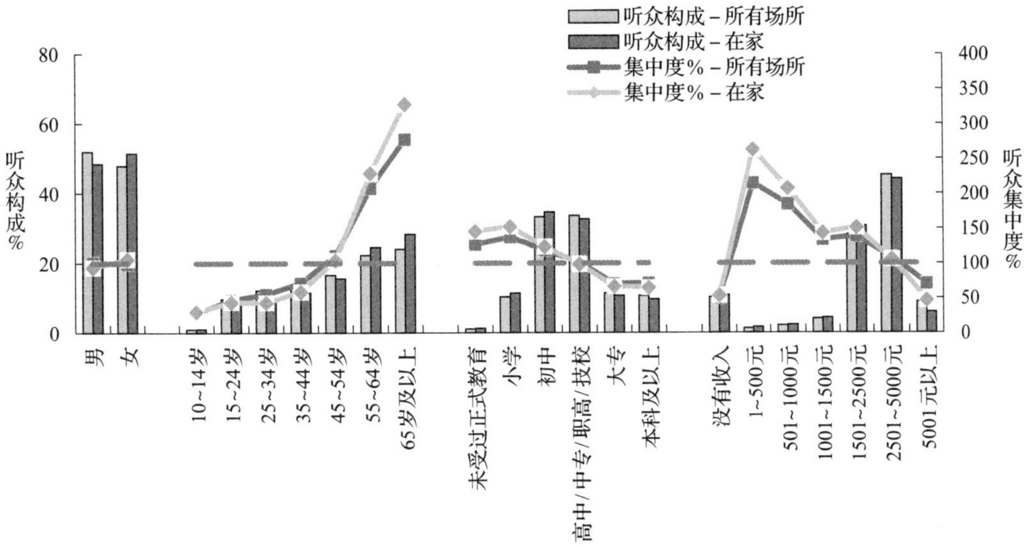

数据来源：CSM 媒介研究

图 7 2015 年新闻综合类频率听众构成（%）和集中度（%）（所有场所/在家）

的喜好度较高，更倾向于收听新闻综合类广播。不同之处在于：在“所有场所”，男性听众的比例较高且更喜欢收听新闻综合类频率；“在家”则女性听众比例较高且对新闻综合类频率的喜好度较高（图7）。

2. 中老年人和中低收入者人均收听时间较长

从分目标听众人均每天收听新闻综合类频率的时长来看，男女听众人均每天收听新闻综合类频率的时长均为20分钟，平于平均值；从年龄来看，45岁及以上听众群体人均收听时长长于平均水平（20分钟），55岁及以上听众收听新闻综合类频率的人均时长在40分钟以上，65岁及以上听众群体人均收听时长更是达到了56分钟，显著长于其他年龄段的听众；从受教育程度来看，初中及以下学历听众收听新闻综合类频率的人均时长较长，高于平均水平；从收入水平看，1~500元收入水平的听众群体人均收听时长最长，达到43分钟，超过平均值23分钟，5001元及以上收入水平的听众群体对该类频率的关注度较低，人均收听时长低于平均值，其他收入水平的人群对新闻综合类频率的关注度均较高。总体而言，中老年人和中低收入者收听新闻综合类频率的时间较长，均高于平均水平（图8）。

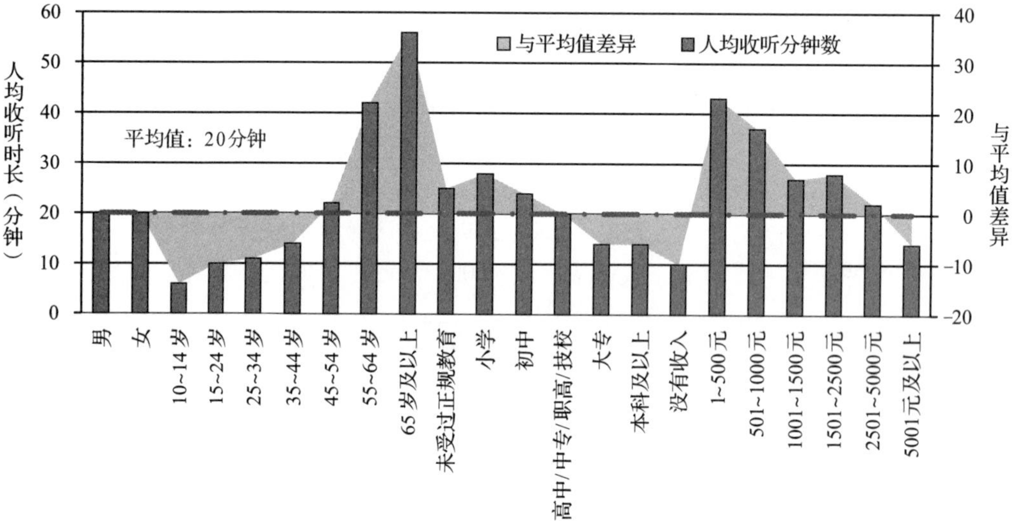

数据来源：CSM媒介研究

图8　2015年不同目标听众收听新闻综合类频率的人均时长及与平均值差异

3. 听众属性与收听场所高度契合

各目标人群与收听场所的对应分析表明，听众身份和工作生活习惯等属性与收听场所高度契合。女性、老年人和低收入或没有收入人群有更多的闲暇时间待在家里，因此他们更多地“在家”收听新闻综合类频率；白天大部分时间都在上班的中等收入、中等学历和男性听众则更多地在“工作/学习场所”收听该类频率；更多在“车上”收听新闻综合类频率人群的身份特征更为鲜明，主要是一些高学历、高收入和中青年人群，这几类人群开车和坐车的几率均高于其他类别人群，这决定了他们有更多的机会在“车上”收听广播（图9）。

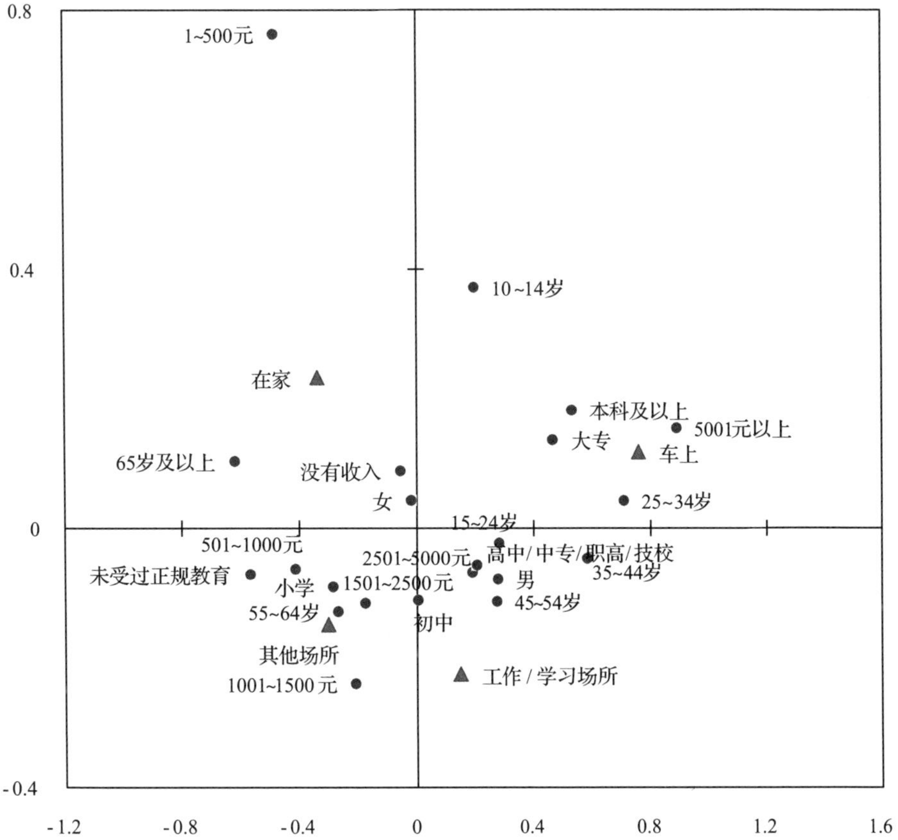

数据来源：CSM 媒介研究

图 9　2015 年新闻综合类频率各目标人群与不同收听场所的对应分析

四、新闻综合类频率在各城市的收听表现

1. 过半城市新闻综合类频率在本地市场收听时长比重超过 30%，居于重要地位

各城市受众收听新闻综合类频率的时长占收听所有频率时长的比重显示，绝大部分城市该类频率所占收听比重均较大。在 2015 年 CSM 媒介研究的 36 个收听率调查城市中，清远、汕头、邯郸和佛山 4 城市新闻综合类频率的收听时长所占比重均在 50% 以上，占所有调查城市的 11%；收听时长比重在 30% ~40% 之间的城市包括厦门、上海、无锡和广州等 15 个城市，占所有调查城市的 42%；南宁、长沙、福州和大连等 10 个城市收听时长比重在 20% ~30% 之间，占所有调查城市的 28%；沈阳、北京和南昌等 7 个城市新闻综合类频率的收听时长比重相对较低，在 20% 以下，占所有调查城市的 19%。总体而言，在 36 个调查城市中，有 53% 的城市受众收听新闻综合类频率的时长所占比重超过 30%，该类频率在各地广播收听市场占据着不容忽视的重要地位（图 10）。

2. 新闻综合类频率在各地竞争力水平参差不齐

从平均到达率和平均忠实度来看，新闻综合类频率在各地的竞争力有较大差异，竞争力水平参差不齐（图10）。处于第Ⅰ象限的汕头、佛山、邯郸、长春、青岛和济南等城市的新闻综合类频率竞争力较为强劲，听众规模和黏度双高；处于第Ⅱ象限的乌鲁木齐、南京、天津和长沙等城市的该类频率拥有一批忠实听众，但听众规模略逊一筹；处于第Ⅳ象限的成都、大连、清远和上海等城市的新闻综合类频率听众规模较大，但忠实度较低；处于第Ⅲ象限的南昌、重庆、太原等城市的新闻综合类频率竞争力稍弱，听众规模较小且忠实度也低（图11）。

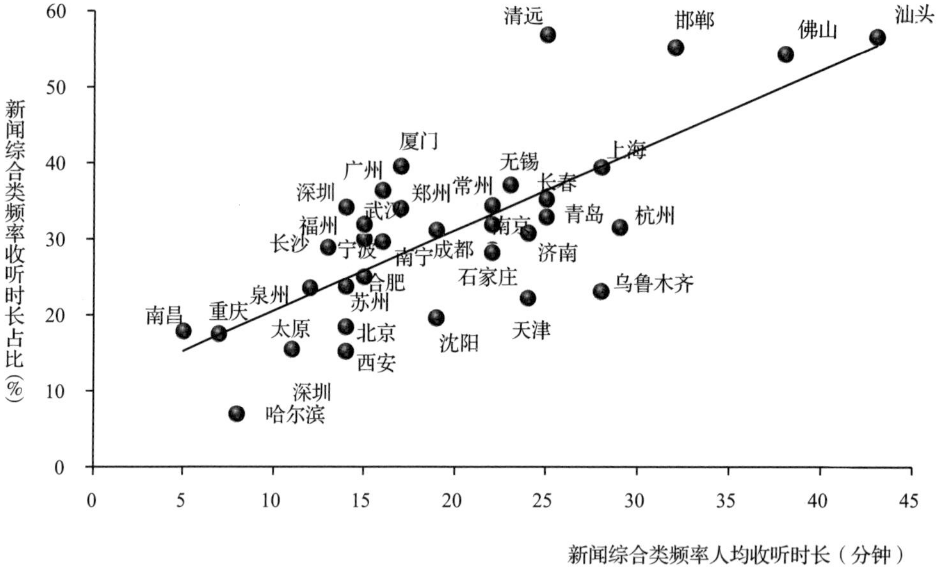

数据来源：CSM媒介研究

图10　2015年各城市新闻综合类频率人均收听时长及收听时长比重（%）

3. 本地新闻综合类频率在当地竞争力强劲

数据显示，新闻综合类广播频率在大多数城市的市场份额排名均名列前茅（表1）。其中佛山人民广播电台FM94.6、广东广播电视台珠江经济广播电台（E FM财富974）、中央人民广播电台第一套节目中国之声、浙江之声FM88/FM101.6/AM810、济南新闻广播FM106.6、清远综合广播FM88.7、上海人民广播电台上海新闻广播FM93.4/AM990、汕头人民广播电台经济广播（新闻993）和郑州人民广播电台新闻广播AM549/FM98.6分别在佛山、广州、邯郸、杭州、济南、清远、上海、汕头和郑州9个城市所占的市场份额排在所有频率的首位，且大多数为本地新闻综合类广播频率。

汕头人民广播电台经济广播（新闻993）的市场份额高达48.80%，清远综合广播FM88.7的市场份额为34.00%，佛山人民广播电台FM94.6的市场份额为31.67%，位居36城市收听率进入前10位的新闻综合类频率中市场份额的前3位。在36个城市中，

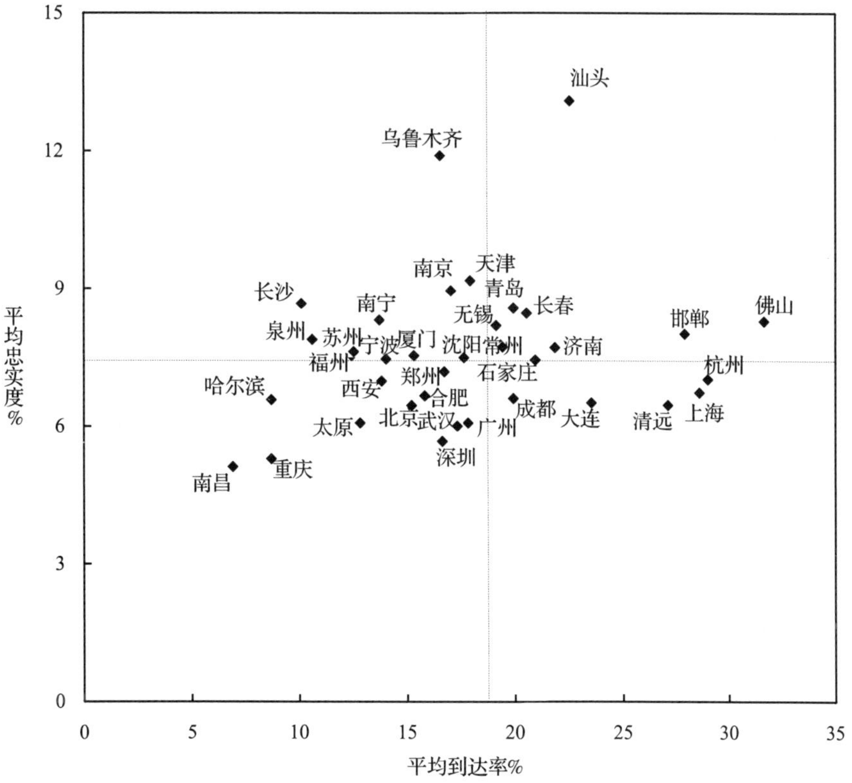

数据来源：CSM 媒介研究

图 11　2015 年新闻综合类频率在不同城市的平均到达率（%）和平均忠实度（%）

只有在邯郸一个城市，中央人民广播电台第一套节目中国之声的市场份额排名位居首位，达到了25.79%，可见本地新闻综合类广播频率在当地竞争力强劲。本地新闻综合类广播频率的属地性和贴近性特征在收听竞争中发挥着重要的作用（表1）。

表 1　各城市主要新闻综合类频率在当地市场的市场份额排名（收听率进入前 10 位的频率）

城市	排名	频　　率	收听率（%）	市场份额（%）
北京	3	北京广播电台新闻广播（FM100.6/AM828/CFM90.4）	0.54	10.19
	5	中央人民广播电台第一套节目中国之声	0.33	6.17
	10	中国国际广播电台环球资讯广播 FM90.5/AM900	0.11	2.09
长春	2	吉林人民广播电台新闻综合广播 FM91.6/AM738	0.72	14.60
	3	吉林人民广播电台资讯广播 FM100.1	0.41	8.26
	5	长春新闻广播 FM88.9/AM900	0.34	6.77
	6	中央人民广播电台第一套节目中国之声	0.26	5.29
长沙	3	湖南人民广播电台综合广播 FM102.8/FM93.0	0.31	9.81
	5	中央人民广播电台第一套节目中国之声	0.20	6.51
	7	湖南人民广播电台潇湘之声 FM93.8	0.18	5.91
	8	长沙人民广播电台新闻广播 FM105	0.18	5.74

续表

城市	排名	频　　率	收听率（%）	市场份额（%）
常州	2	常州人民广播电台新闻综合广播 FM103.4	0.74	16.69
	4	常州人民广播电台新闻综合广播 AM846	0.41	9.26
	10	中央人民广播电台第一套节目中国之声	0.22	4.85
成都	3	四川人民广播电台新闻频率 FM98.1/AM1116	0.46	10.86
	4	中央人民广播电台第一套节目中国之声	0.37	8.75
	5	四川人民广播电台新闻频率 FM106.1	0.25	5.94
	10	成都人民广播电台新闻广播 FM99.8/AM792	0.20	4.73
重庆	4	重庆人民广播电台重庆之声 FM96.8/AM1314	0.31	11.19
	6	中央人民广播电台第一套节目中国之声	0.08	2.82
	9	中国国际广播电台环球资讯广播 FM91.7	0.04	1.38
	10	四川人民广播电台新闻频率 FM98.1/AM1116	0.03	1.12
大连	2	大连广播电台第一套广播新闻广播 FM103.3/AM882	1.00	18.84
	3	中央人民广播电台第一套节目中国之声	0.35	6.50
	8	辽宁广播电视台资讯广播 FM90.6	0.14	2.54
佛山	1	佛山人民广播电台 FM94.6	1.55	31.67
	3	佛山人民广播电台 FM90.1	0.67	13.74
	8	鹤山人民广播电台 FM104.7	0.13	2.62
	9	广东广播电视台珠江经济广播电台（E FM 财富 974）	0.11	2.22
	10	广州新闻电台 FM96.2	0.08	1.64
福州	2	中央人民广播电台第一套节目中国之声	0.42	13.50
	4	福建新闻广播 FM103.6/AM882	0.24	7.67
	5	福州人民广播电台新闻广播 FM94.4/AM1332	0.21	6.79
广州	1	广东广播电视台珠江经济广播电台（E FM 财富 974）	0.58	18.90
	4	广州新闻电台 FM96.2	0.34	11.07
邯郸	1	中央人民广播电台第一套节目中国之声	1.04	25.79
	2	邯郸人民广播电台新闻综合广播 AM963/FM96.4	0.99	24.64
	7	河北人民广播电台新闻广播 FM104.3	0.20	4.98
杭州	1	浙江之声 FM88/FM101.6/AM810	0.84	13.07
	6	浙江电台 FM99.6 WiFi Radio	0.56	8.68
	10	浙江新闻广播 FM98.8/AM1530	0.19	3.02
哈尔滨	7	黑龙江新闻广播 AM621/FM94.6	0.39	4.90
合肥	3	中央人民广播电台第一套节目中国之声	0.39	9.36
	6	合肥新闻综合广播 AM666/FM91.5	0.26	6.19
	8	安徽新闻综合广播	0.21	5.07
济南	1	济南新闻广播 FM106.6	1.44	26.60
	9	山东广播新闻频道 AM918/FM95	0.14	2.65
南昌	3	中央人民广播电台第一套节目中国之声	0.22	11.20
	8	江西新闻广播 FM104.4/AM729	0.08	4.01

续表

城市	排名	频率	收听率（%）	市场份额（%）
南京	2	江苏新闻广播 FM93.7	0.63	13.15
	4	南京新闻台 AM1008	0.36	7.51
	8	南京新闻广播 FM106.9	0.22	4.56
	10	江苏新闻综合广播 AM702	0.21	4.28
南宁	2	中央人民广播电台第一套节目中国之声	0.52	13.91
	6	广西电台综合广播（新闻 910） AM792/FM91.0	0.34	8.96
	8	南宁人民广播电台综合广播 1014 新闻台 FM101.4	0.27	7.30
宁波	2	宁波电台新闻综合广播宁波之声 FM92.0 AM1323	0.41	11.77
	4	中央人民广播电台第一套节目中国之声	0.31	9.04
	7	浙江之声 FM88/FM101.6/AM810	0.16	4.50
	9	浙江电台 FM99.6 WiFi Radio	0.14	4.04
青岛	2	青岛广播新闻频率 FM107.6/AM1377	0.84	15.95
	3	中央人民广播电台第一套节目中国之声	0.44	8.33
	4	青岛新闻生活频率 AM819/FM97.3	0.31	5.91
清远	1	清远综合广播 FM88.7	1.03	34.00
	3	广东广播电视台珠江经济广播电台（E FM 财富 974）	0.43	14.04
	6	广州新闻电台 FM96.2	0.08	2.62
	8	广东广播电视台新闻广播 FM91.4/AM648	0.07	2.37
	9	佛山人民广播电台 FM94.6	0.06	2.13
	10	中央人民广播电台第一套节目中国之声	0.06	2.05
泉州	3	泉州人民广播电台 889 新闻频道 FM88.9/AM576	0.43	11.98
	5	中央人民广播电台第一套节目中国之声	0.30	8.32
	9	福建新闻广播 FM103.6/AM882	0.10	2.93
上海	1	上海人民广播电台上海新闻广播 FM93.4/AM990	1.51	30.73
	6	东广新闻台 AM1296/FM90.9	0.28	5.61
	9	中央人民广播电台第一套节目中国之声	0.12	2.53
汕头	1	汕头人民广播电台经济广播（新闻 993）	2.59	48.80
	4	中央人民广播电台第一套节目中国之声	0.21	4.01
	7	广东广播电视台新闻广播 FM91.4/AM648	0.06	1.05
	8	中央人民广播电台第六套节目神州之声	0.04	0.81
沈阳	4	沈阳广播电视台新闻广播 FM104.5/AM792	0.59	8.67
	7	中央人民广播电台第一套节目中国之声	0.46	6.75
	9	辽宁广播电视台综合广播 AM1089/FM102.9	0.27	4.07
深圳	3	深圳广播电台新闻频率 FM89.8	0.42	14.69
	5	广东广播电视台新闻广播 FM91.4/AM648	0.20	6.78
	7	中央人民广播电台第一套节目中国之声	0.10	3.61
	9	中央人民广播电台华夏之声	0.08	2.66
	10	中国国际广播电台环球资讯广播 FM107.1	0.07	2.59
石家庄	2	石家庄广播电视台新闻广播 AM882/FM88.2	0.83	15.39
	6	河北人民广播电台新闻广播 FM104.3	0.30	5.52

续表

城市	排名	频　　率	收听率（%）	市场份额（%）
石家庄	8	中央人民广播电台第一套节目中国之声	0.21	3.85
	9	河北人民广播电台新闻广播 AM1278/FM92.7	0.20	3.77
苏州	3	苏州广播电视总台新闻广播 FM91.1	0.40	9.87
	4	苏州广播电视总台综合广播 AM1080	0.30	7.42
	9	中央人民广播电台第一套节目中国之声	0.16	3.84
太原	7	中央人民广播电台第一套节目中国之声	0.25	5.15
	9	太原人民广播电台新闻频率 FM91.2	0.22	4.47
天津	4	天津人民广播电台新闻广播 FM97.2/AM909	0.87	11.68
	7	中央人民广播电台第一套节目中国之声	0.41	5.47
	8	天津人民广播电台滨海广播 FM87.8/AM747	0.34	4.60
乌鲁木齐	5	中央人民广播电台第一套节目中国之声	0.53	6.31
	7	新疆人民广播电台 924 民生广播 FM92.4	0.47	5.57
	10	新疆人民广播电台 961 新闻广播 FM96.1	0.22	2.61
武汉	2	中央人民广播电台第一套节目中国之声	0.45	13.57
	5	武汉广播电视台新闻综合广播 AM873/FM88.4	0.32	9.80
	6	湖北之声 AM774/FM104.6	0.25	7.73
无锡	2	无锡广播电视台新闻广播 FM93.7	0.63	14.82
	5	无锡广播电视台新闻综合广播 AM1161	0.31	7.33
	7	无锡广播电视台梁溪之声广播 FM92.6	0.27	6.34
	8	江苏新闻广播 FM93.7	0.18	4.32
西安	9	西安广播电视台新闻广播 AM810/FM95.0	0.39	6.19
厦门	3	厦门新闻广播 AM1107/FM99.6	0.48	16.41
	4	闽南之声广播 AM801/FM101.2	0.29	9.93
	5	中央人民广播电台第一套节目中国之声	0.20	6.62
	10	海峡之声综合广播 FM97.9	0.05	1.52
郑州	1	郑州人民广播电台新闻广播 AM549/FM98.6	0.82	23.6
	7	河南人民广播电台新闻广播 AM657/FM95.4/FM102.3	0.18	5.27
	9	中央人民广播电台第一套节目中国之声	0.12	3.50

数据来源：CSM 媒介研究

五、新闻综合类典型节目分析

1.《新闻快车道》（8:30～9:00，日播）——新疆人民广播电台 949 交通广播

《新闻快车道》是新疆人民广播电台 949 交通广播的一档优秀节目。从 2010 年至今，该节目在所有收听场所的市场份额以及车载场所的市场份额一直位居频率和同时段各节目的首位，2015 年该节目在所有收听场所的市场份额达到 30% 以上，车载场所的市场份额接近 60%。

该节目注重贴近性和服务性，大到市民百姓关注的政策法规、冬季供暖等问题，小到路况等生活琐事。该节目充分调动听众的收听兴趣和参与意识，注重权威性，增加节

目的深度和独家视角，以新、短、快的风格来树立节目品牌。从频率全天收听走势可以看出，该节目拉动了频率一天的收听，形成了全天收听的最高峰（图 12）。

男性、35～44 岁、初高中学历和个人月收入 1501～5000 元的人群构成了该档节目的主体受众群体，男性、35 岁及以上、高中和大专学历、个人月收入 501～1000 元和 1501～5000 元的人群更喜好收听该节目（图 13）。

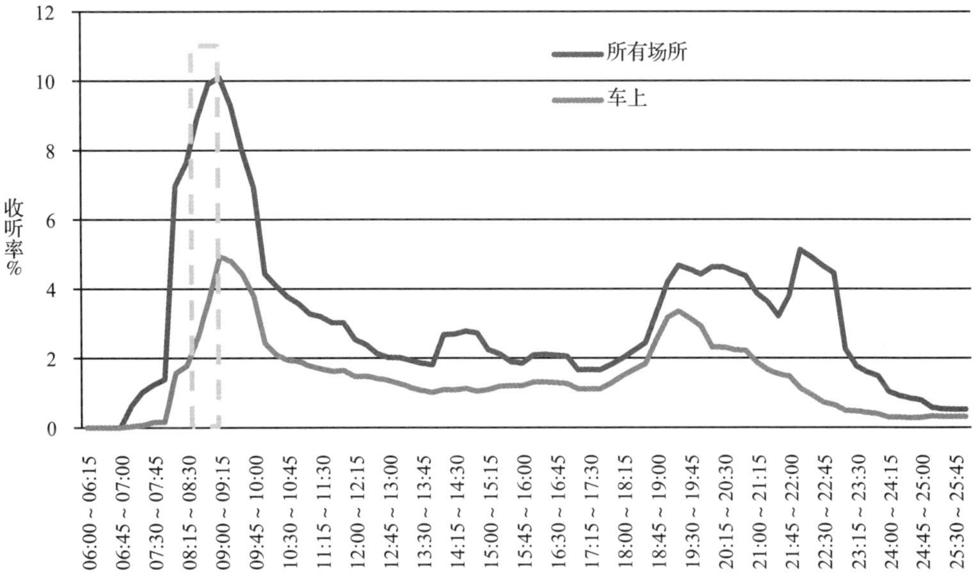

数据来源：CSM 媒介研究

图 12　2015 年新疆人民广播电台 949 交通广播全天收听率（%）走势

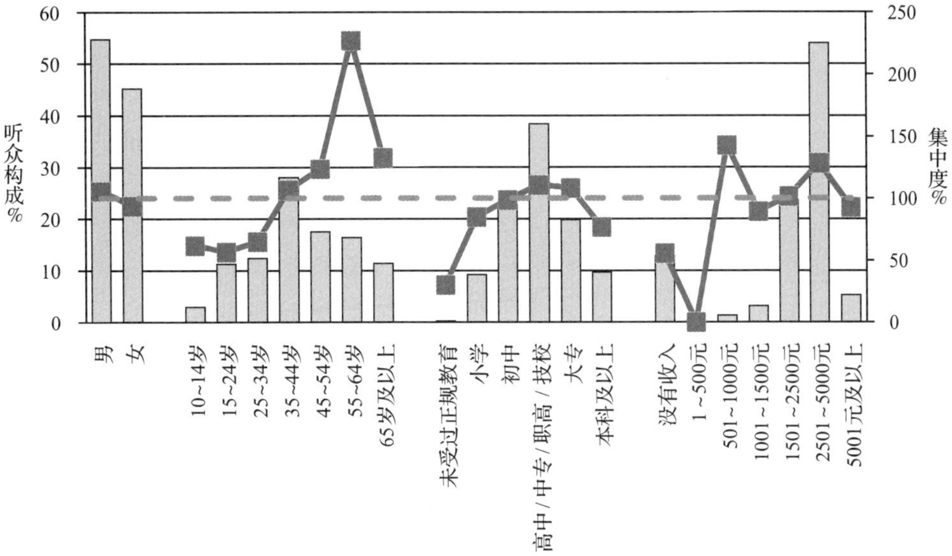

数据来源：CSM 媒介研究

图 13　2015 年《新闻快车道》听众构成（%）和集中度（%）

2.《1069 直播无锡》(7:00~9:00，日播)——无锡交通广播 FM106.9

《1069 直播无锡》是无锡地区早间优秀新闻资讯类栏目，2002 年开播，采用两个小时直播形态在公安交通指挥中心多媒体播出。节目以贴近民生的视角，为早高峰的“车上”移动人群提供即时路况，丰富资讯。节目节奏明快、编排紧凑，主持风格轻松活泼，具有良好的社会效益和经济效益。节目的收听率和市场占有率已经连续两年多位居无锡广播 10 套节目之首。随着新媒体和新技术的发展，节目同时还在微信平台与听友紧密互动，也收到了很好的效果。从频率的全天收听走势可以看出，该节目播出时段撑起了全天的收听高峰时段，竞争优势凸显（图 14）。

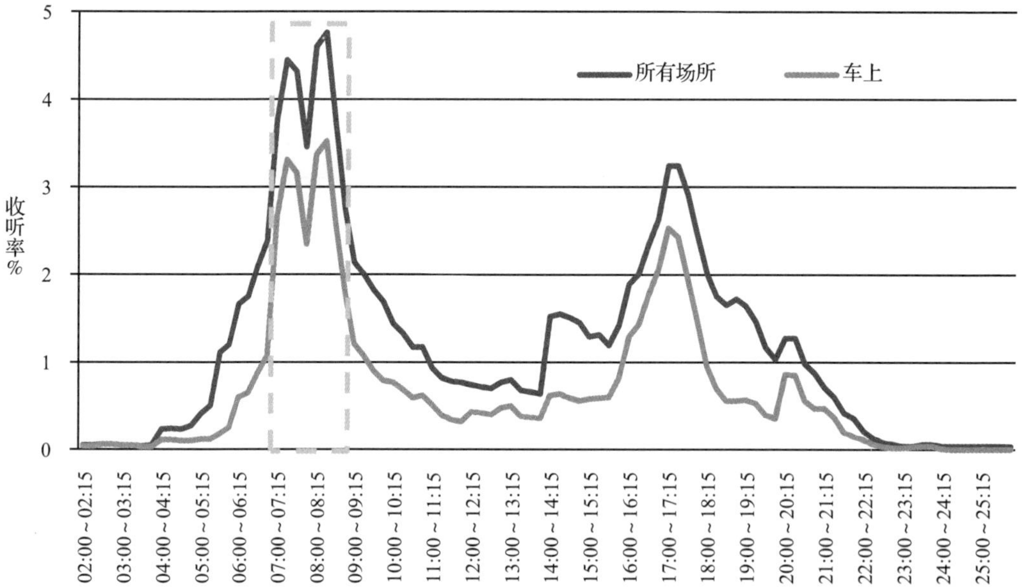

数据来源：CSM 媒介研究

图 14　2015 年无锡广播电视台交通广播 FM106.9 全天收听率（%）走势

男性、25~44 岁、初高中学历和个人月收入 2501~5000 元的听众构成了《1069 直播无锡》的主体受众群体；男性、25~54 岁、高中及以上学历和个人月收入 1501 元及以上的中高收入群体更偏好收听该节目，受众含金量较高（图 15）。

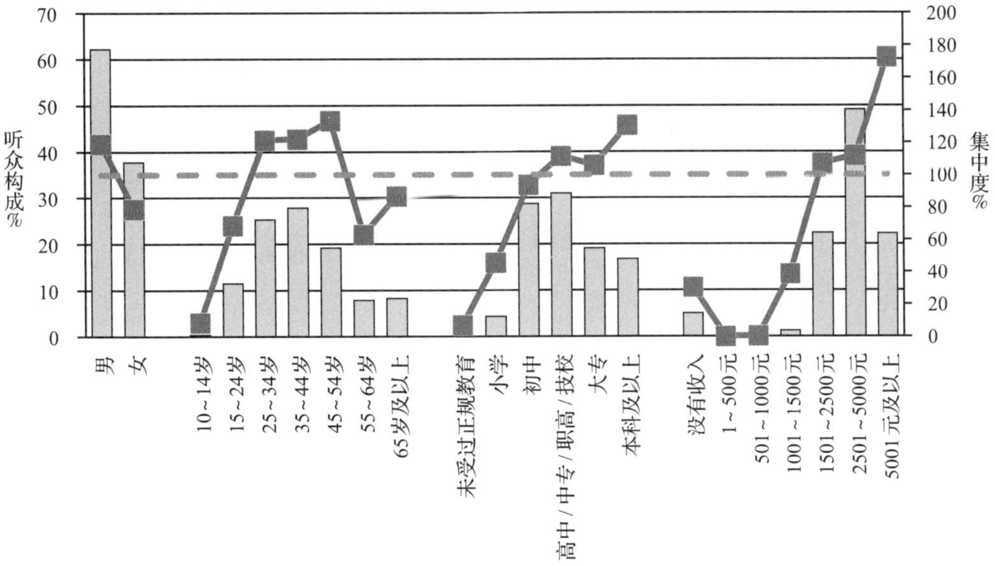

数据来源：CSM 媒介研究

图 15　2015 年《1069 直播无锡》听众构成（%）和集中度（%）

六、结语

2015 年，新闻综合类频率在各类频率中的“霸主”地位依然，在广播市场整体萎缩的情境下能做到如此实属不易。该类频率在各地竞争水平参差不齐，但总体来看，本地新闻综合类频率因属地性和贴近性特征，更能满足受众的需求，因此竞争实力也更胜一筹。同时我们也发现，在家中收听市场日益“衰败”的同时，“车上”收听市场呈现出兴盛的局面。因此，如何打好“车上”这张牌是未来需要认真思考的问题。

通过对典型节目的分析可以看出，一档节目的收听表现如何主要取决于以下几个方面：一是播出平台，平台效应在某种程度上会放大一个节目的分量；二是节目编排，一个表现好的节目与其所处的播出时段有很大的关系，早晚高峰时段受众体量大，放在这些时段播出的节目的表现自然水涨船高；三是节目的品牌效应，一档精致的、形成了自身品牌的节目拥有自己的忠实“粉丝”，这对发展和壮大一档节目有百利而无一害；四是节目内容，广播因受行政区域的限制，决定了它所播出的内容一定要贴近受众生活，一定要本着服务受众的理念，急受众所急，想受众所想，能解决受众实际的问题，这样的节目才更会受到受众的欢迎和喜爱，否则便可能会出现“有价无市”的局面。

目前广播身处“融时代”和“微时代”的情境之中，在这个各种概念“井喷”的时代，广大传统广播人一定要先认清自己，厘清现状，继而才能重振前行。

（作者：解永利）

2015年交通类频率收听状况分析

近年来，随着城市现代化进程的快速推进，我国汽车保有量逐年增长，我国已成为全球第二大汽车市场。得益于我国经济的飞速发展，广播车载收听市场已成为广告投放的新战场，交通类频率也从发展之初的疏导交通、播报路况、服务市民出行等服务目的发展到如今拥有更为明确的定位、更为丰富的交通信息资源和更为多元化的节目形态，在车载收听市场上竞争优势明显。在媒介融合的大环境之中，交通类频率也迎来了新的发展机遇及挑战。本文主要根据CSM媒介研究2015年36城市的四波收听调查数据，对交通类频率的竞争地位、听众特点以及其在各城市的收听表现进行分析，以回顾、总结2015年交通类频率的收听特征①。

一、近年来交通类频率收听概况

1. 交通类频率人均收听时长逐年走低

通过观察近三年交通类频率的人均收听分钟数我们可以了解到，听众在“所有场所”中收听交通类频率的人均时长逐年下降，从2013年的17.9分钟下降至2015年的16.6分钟。细分到不同收听场所，听众“在家”、“车上”、“工作/学习场所”收听交通类频率的人均收听时长均呈现下降趋势；其中作为交通类频率主要收听场所的车载收听市场，人均收听时长从2013年的9.4分钟下降至2015年的9分钟；“在家”与“工作/学习场所”，交通类频率的收听情况同样如此，人均收听时长从2013年的6.8分钟和1.3分钟，分别下降至2015年的6.1分钟和1.1分钟；而在“其他场所”，交通类频率人均收听时长基本保持不变（图1）。

2. 早晚收听高峰突出，“车上”早晚峰值逐年提升

比较近三年交通类频率的全天收听走势我们可以看出，所有场所全天收听走势基本一致，在早间7:00~9:00和傍晚17:00~18:30这两个出行高峰时段中，交通类频率迎来收听高峰。与前两年相比，2015年早高峰的收听表现有细微变化，7:00~8:00收听曲线略微下降，而8:00~9:00这一小时的收听表现则强于前两年，傍晚收听高峰时段与前

① 文中如无特殊说明，2013~2015年数据为历年所有调查城市的四波调查数据，目标听众为10岁及以上，时间段为全天。

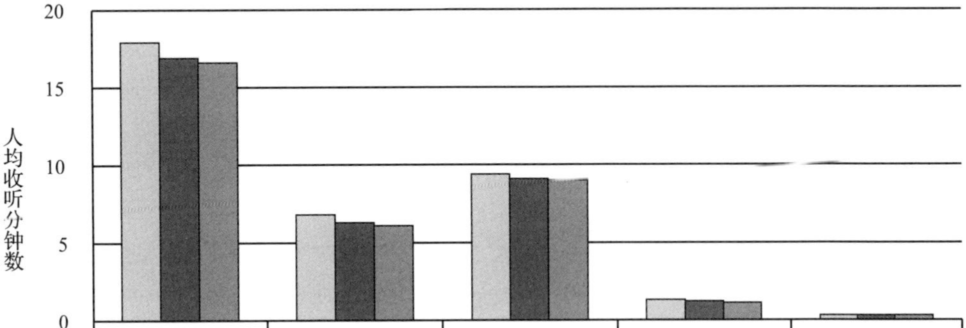

	所有场所	在家	车上	工作/学习场所	其他场所
2013年	17.9	6.8	9.4	1.3	0.3
2014年	16.9	6.3	9.1	1.2	0.3
2015年	16.6	6.1	9	1.1	0.3

数据来源：CSM 媒介研究

图 1　2013～2015 年交通类频率在不同场所的人均收听时长（分钟）

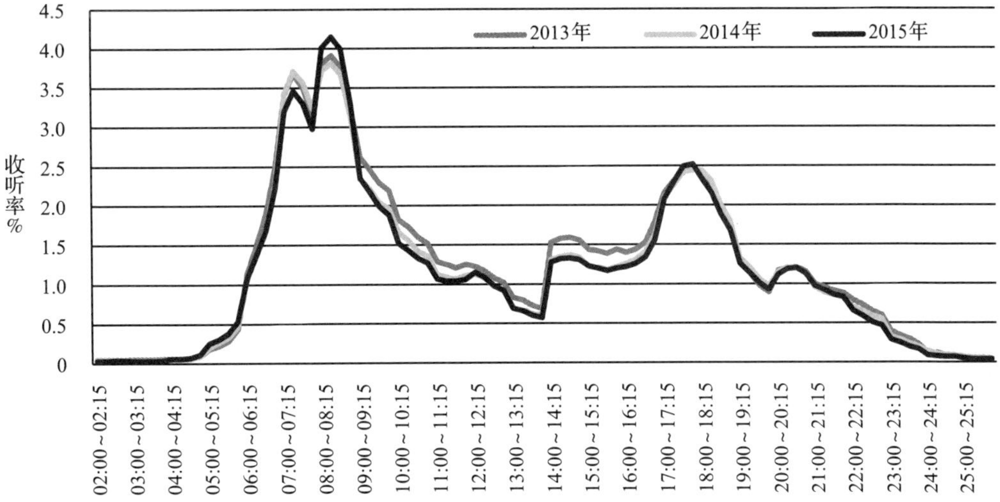

数据来源：CSM 媒介研究

图 2　2013～2015 年交通类频率全天收听率（%）走势（所有场所）

两年相比则无明显差异。其他时段中，2015 年 9:00～17:00 收听曲线明显低于 2013 年，与 2014 年基本持平（图 2）。

在交通类频率的主要收听场所车载收听市场中，早间 7:00～9:00 与傍晚 17:00～18:30 两个时段的收听峰值更为明显。其中与前两年相比，早高峰时段收听峰值进一步提升，由 2013 年的 2.61% 上升至 2015 年的 2.94%；傍晚收听高峰时段同样表现较好，由 2013 年的 1.67% 上升至 2015 年的 1.87%。而在 9:00～17:00 时段，情况与所有场所相似，2015 年的收听水平低于前两年（图 3）。

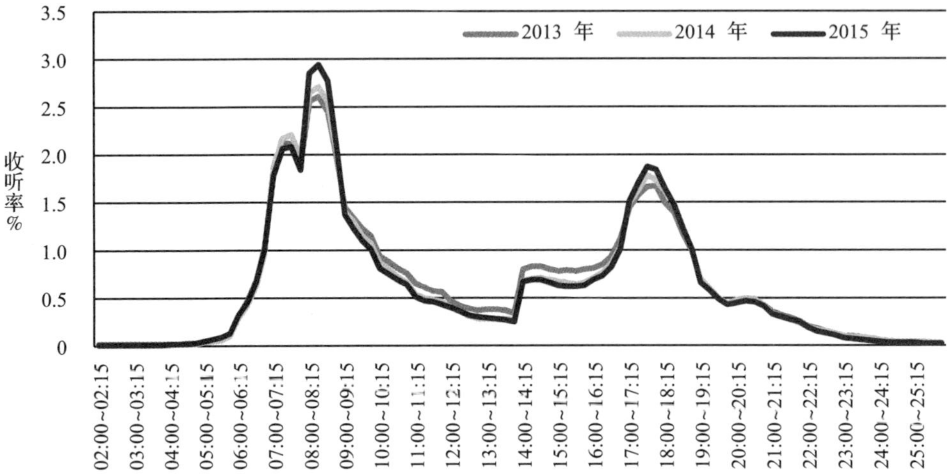

数据来源：CSM 媒介研究

图 3　2013～2015 年交通类频率全天收听率（%）走势（车上）

通过收听曲线对比我们可以发现，2015 年交通类频率在早间及傍晚两个收听峰值时段，不论是在“所有场所”还是在“车上”，均保持稳中有升或稳定的态势。但在白天 9:00～17:00 这一时段，2015 年交通类频率的收听率下降得较为明显，这也是导致交通类频率整体收听下降的主要原因。

3. 工作日收听水平优于周末，周一最高

再区分工作日和周末来观察交通类频率的收听表现，可以发现不论是在“所有场所”还是在“车上”，工作日的收听水平均高于周末，工作日中周一的收听水平最高，在所有场所的收听率达 1.28%，在车上的收听率为 0.74%，这与一周之中周一的路况往

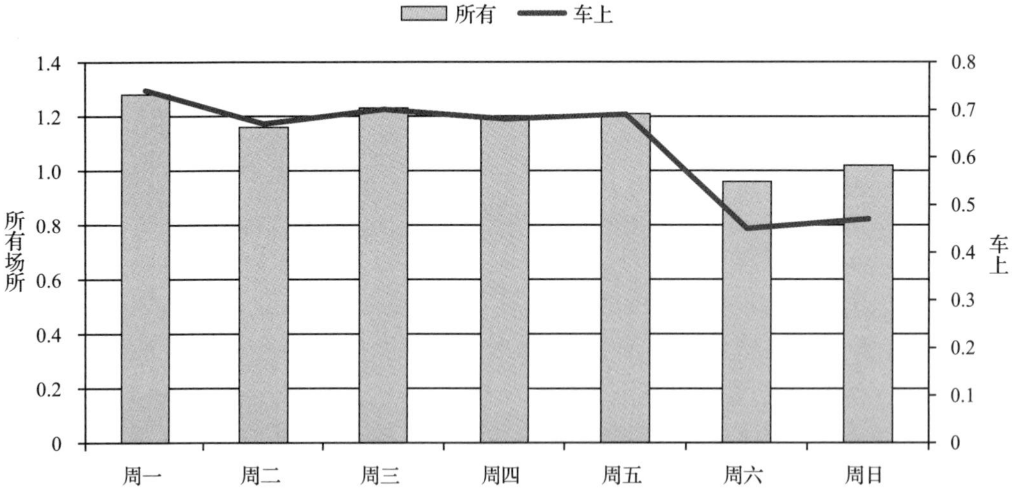

数据来源：CSM 媒介研究

图 4　2015 年交通类频率不同周天收听率（%）比较

往最复杂、最拥堵有一定的关联。相较于工作日，绝大部分听众周末处于休息状态，不用上班、上学及早起等，自然而然远离了工作日的拥堵时段，因而在收听选择上产生了一定的变化，收听量有所减少（图4）。

二、交通类频率整体竞争表现

1. 交通类频率听众规模位居首位，车载收听规模优势更为突出

在广播收听市场上，听众规模和忠实程度的大小对各类频率来说，是表现其竞争强弱的两个方面，我们通过到达率这一指标来反映各专业频率的听众规模，用忠实度来反映听众中有多大比例从始至终在收听，表达收听的忠实程度。数据显示，交通类、新闻综合类、音乐类三类强势频率依靠多元化的节目资源优势吸引大量的听众，形成了听众规模的第一梯队；其中交通类频率到达率为47.9%，居首位，其忠实度也同样位居前列。都市生活类、文艺类和经济类频率则形成了听众规模的第二梯队，听众到达率在20.0%左右。体育类、农村类、教育类等目标性较强的频率相对小众，听众的到达规模也相对较小（表1）。

表1　2015年广播收听市场各类专业频率到达率（%）和忠实度（%）（所有场所）

频率类型	到达率%	忠实度%
交通类	47.9	2.4
新闻综合类	46.7	3.0
音乐类	45.7	2.0
都市生活类	22.7	1.8
文艺类	20.3	2.4
经济类	18.3	1.7
其他类	11.4	1.6
体育类	2.8	1.3
农村类	2.3	1.2
教育类	1.0	1.7

数据来源：CSM媒介研究

将目光转移到车载收听市场上，交通类频率更是一枝独秀，不论是在听众规模还是在听众忠实程度上均表现得较为强势（表2）。交通类频率的听众到达率为32.2%，高出第二位的音乐类频率近10个百分点，音乐类频率听众规模也超越新闻综合类频率，上升至第二位。通过这组数据可以看出，听众在车上时，除了收听交通类的信息节目外，更倾向选择收听可以让自己放松的音乐类节目。在汽车保有量持续增长的背景下，借助传统媒体与新媒体融合的优势，增加听众的规模及忠实程度是进一步提升交通类频率竞争实力的有力手段。

表2 2015年广播收听市场各类专业频率到达率(%)和忠实度(%)(车上)

频率类型	到达率%	忠实度%
交通类	32.2	2.0
音乐类	23.3	1.2
新闻综合类	17.3	0.8
都市生活类	9.3	0.8
文艺类	6.4	0.7
经济类	6.3	0.6
其他类	4.1	0.6
体育类	1.0	1.0
农村类	0.5	0.5
教育类	0.2	0.7

数据来源：CSM媒介研究

2. 交通类频率在所有场所市场份额位居第二，领跑车载收听市场

在广播收听市场的竞争中，听众根据自身的爱好选择适合自己的专业化频率进行收听，市场份额可以让我们直观地了解到各专业频率的竞争格局。2015年，在“所有场所”中，新闻综合类、交通类和音乐类频率依旧为市场上竞争力较强的频率类型，新闻综合类频率保持强势竞争力，市场份额为28.17%；交通类频率位居次席，市场份额为23.35%；音乐类频率紧随其后，位居第三，市场份额为18.69%。文艺类、都市生活类和经济类等频率的竞争表现则较为相近。反观体育类、农村类、教育类等频率，受定位、节目内容、受众范围等因素的影响，整体竞争力相对较弱(图5)。

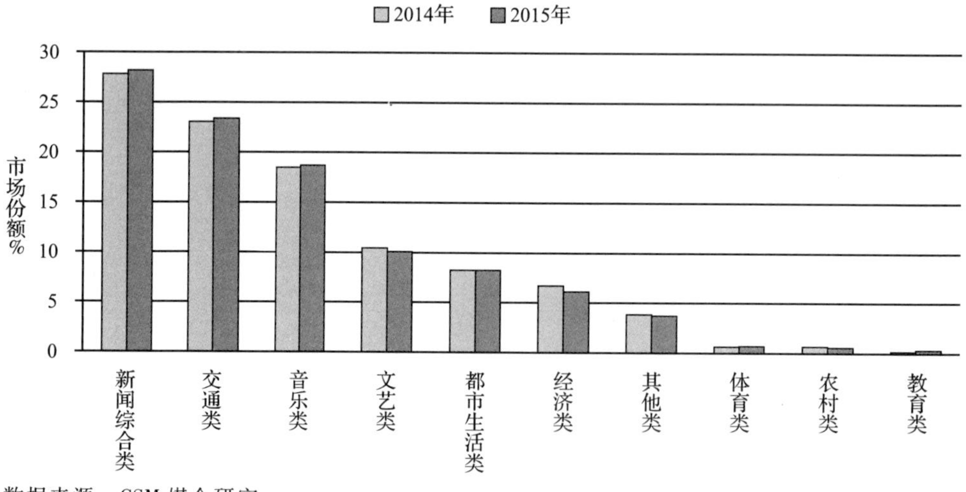

数据来源：CSM媒介研究

图5 2014~2015年各类型频率的市场份额(%)(所有场所)

在车载收听市场上，交通类频率以50%左右的市场份额领跑全天各个时段，与第二位的音乐类频率拉开了较大差距，竞争优势明显。新闻综合类频率在车载收听市场的竞争力则稍有逊色，退居第三。交通类频率在车载收听市场的强势竞争力来自全天各时段的稳定支撑，优势地位难以超越，这对广告商而言有着较强的吸引力(图6)。

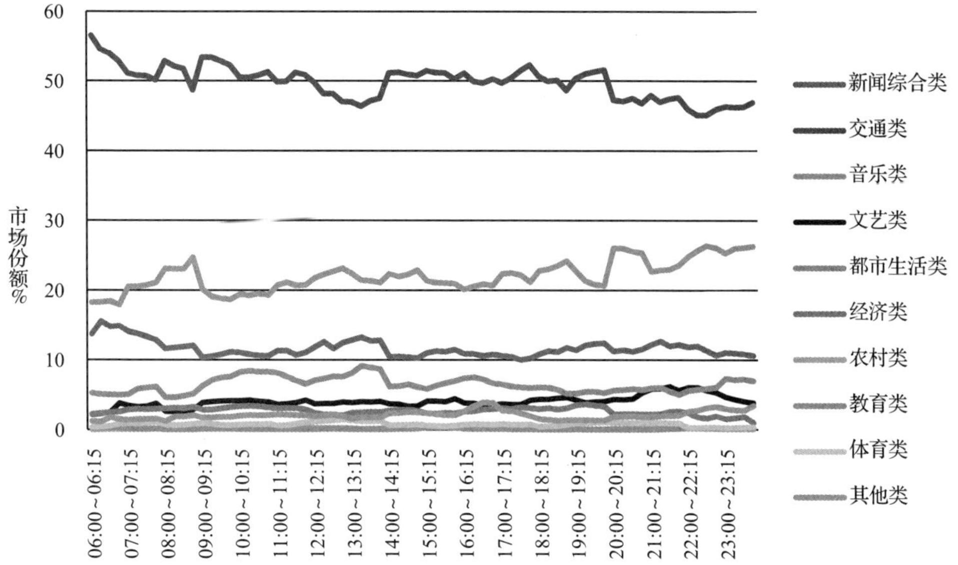

数据来源：CSM 媒介研究

图 6 2015 年各类型频率全天市场份额（%）走势（车上）

三、交通类频率听众特征

1. 男性、高学历、高收入群体是主体听众

听众构成与集中度两个指标可以反映交通类频率的主要听众是哪类人群，其更受哪一类听众的喜爱。

从听众构成可以看出，交通类频率不论是在“所有场所”还是在“车上”，男性听众所占比例都远远高于女性听众，其中在“车上”收听的男性比例达 70%，是女性听众的两倍。而在年龄分布上，25~54 岁中青年人群是交通类频率的主要收听人群，在“所有场所”及在“车上”，听众比例也均超过半数。从学历、职业及收入来看，大学、初

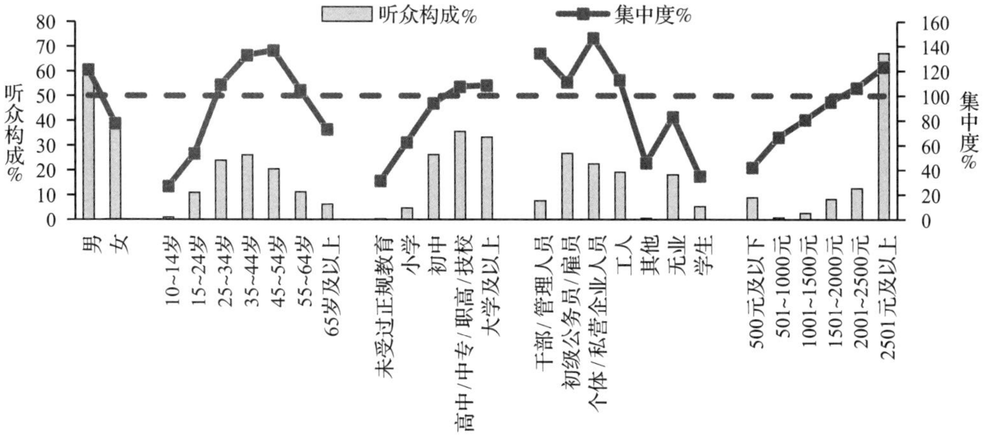

数据来源：CSM 媒介研究

图 7 2015 年交通类频率的听众构成（%）与集中度（%）（所有场所）

级公务员/雇员、个体/私营企业人员等高学历、高收入人群在交通类频率听众中的占比较大。从听众集中度来看，男性、中青年、大学及以上、干部/管理人员、个体/私营企业人员对交通类频率更为喜爱（图7、图8）

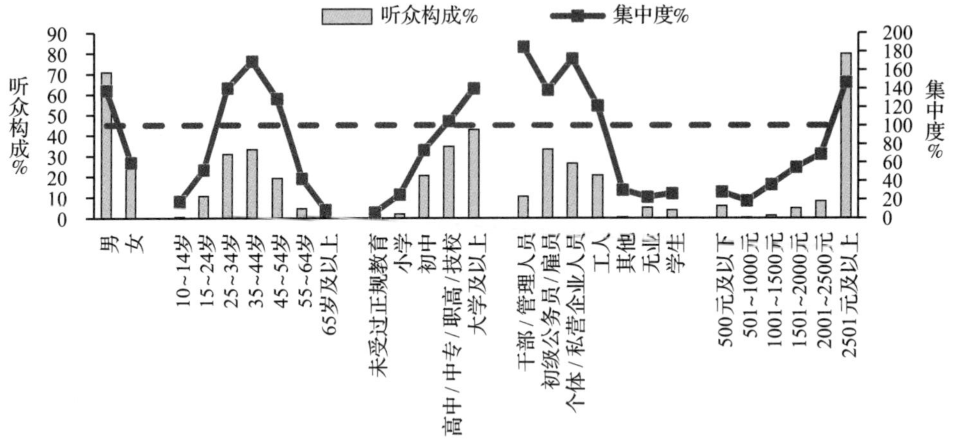

数据来源：CSM媒介研究

图8 2015年交通类频率的听众构成（%）与集中度（%）（车上）

2. 35~54岁、个体/私营企业人员群体人均收听时间长

从不同目标人群收听交通类频率的人均时长对比来看，男性听众人均收听时长达20分钟，远高于女性的12.9分钟；35~54岁人群人均收听时长最长，达22分钟；个体/私营企业人员人均收听时长最长，其次是干部/管理人员；高收入听众更为关注交通类频率（图9)。

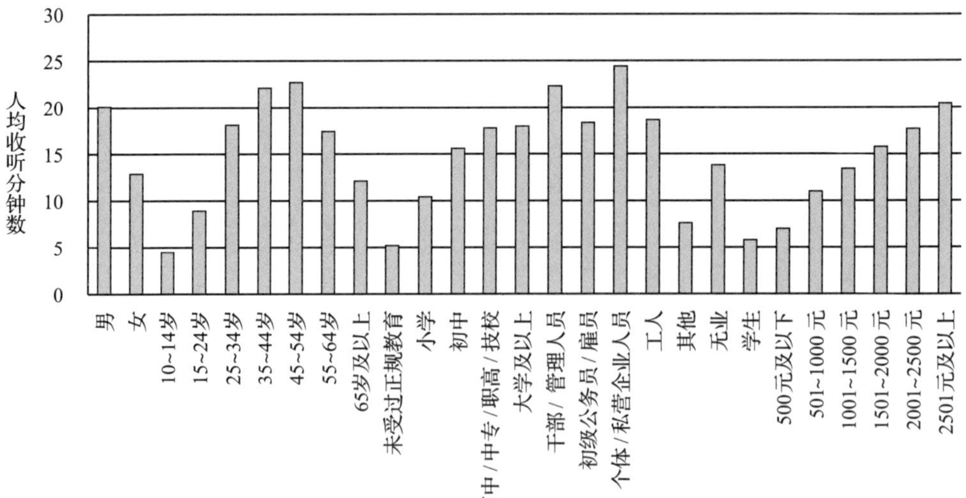

数据来源：CSM媒介研究

图9 2015年交通类频率不同目标听众人均收听分钟数

四、交通类频率在各城市的收听表现

1. 交通类频率在不同城市的竞争力差异较大

通过观察、比较36城市交通类频率的人均收听分钟数及市场份额，我们可以了解哪些城市的听众喜爱收听交通类频率，交通类频率又在哪些城市中竞争力较强。

以2015年36城市收听交通类频率的人均收听分钟数均值16.6分钟来划分，高于这一平均数的城市有16个，其中乌鲁木齐听众收听交通类频率的人均时间最长，达48.1分钟，位列首位，青岛与长春分列第二、第三位，人均收听时长分别为32和30.2分钟，上海及清远两地交通类频率的人均收听时长则相对较短。再从市场份额这一指标来看，交通类频率在各城市的竞争力差异明显，市场份额在30%以上的城市有12个，其中苏州、长春、青岛、泉州四个城市的市场份额达40%，表现出交通类频率在当地的强势竞争力；但在清远、上海、汕头等城市，该类频率所占的市场份额则相对较低（图10）。

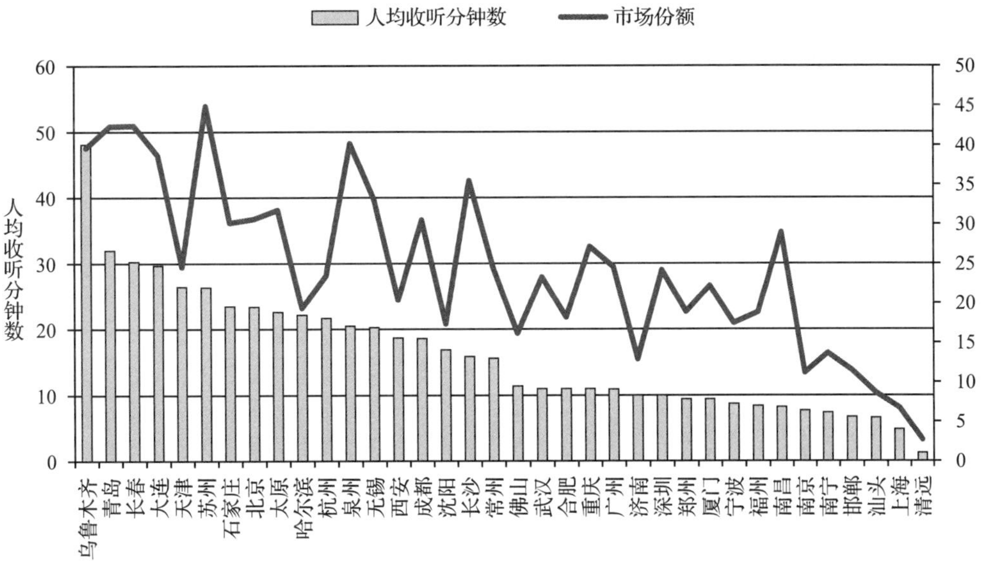

数据来源：CSM媒介研究

图10　2015年交通类频率在不同城市的人均收听时长（分钟）和市场份额（%）

2. 多数城市中交通类频率竞争力较强

以服务市民出行方便为目的的交通类频率在当地市场迅速发展，在各类频率中表现出强劲的竞争实力，从全国36城市交通类频率的市场份额排名来看，在多数城市中交通类频率排名靠前。在“所有场所”，交通类频率整体竞争表现较为稳定，有34个频率进入了当地市场份额排名的前3位，其中大连交通广播市场份额最高，达37.84%。而在“车上”，交通类频率的竞争力优势更为凸显，有53个频率进入当地市场份额排名的前3位，占据首位的达33个，北京交通广播、青岛交通广播、大连交通广播、长春交通之声等频率在当地车载市场占有的份额更是高达60%以上，这些交通类频率已经成为当地听众出行的首选频率，这也足以证明交通类频率在车载收听市场上的竞争地位难以撼动（表3）。

表3　2015年主要交通类频率在本地市场的市场份额（%）及排名情况

城市	频率	所有场所		车上	
		市场份额%	排名	市场份额%	排名
北京	北京人民广播电台交通广播（FM103.9/CFM95.6）	30.26	1	69.24	1
长春	长春交通之声广播电台FM96.8	34.26	1	62.13	1
	吉林人民广播电台交通广播FM103.8	8.19	4	11.93	2
长沙	湖南人民广播电台交通频道FM91.8/FM100.3	25.39	1	38.64	1
	长沙人民广播电台交通广播FM106.1	9.31	4	14.03	2
常州	常州人民广播电台交通广播FM90	19.22	1	39.86	1
	常州人民广播电台交通广播AM747	6.09	6	2.35	8
	江苏交通广播网FM101.1	5.22	8	8.70	4
成都	四川人民广播电台交通广播FM101.7	19.13	1	38.74	1
	成都人民广播电台交通文艺广播FM91.4	11.24	2	21.60	2
重庆	重庆人民广播电台交通频率FM95.5	27.16	1	55.87	1
大连	大连人民广播电台第四套广播交通广播FM100.8	37.84	1	66.96	1
	辽宁广播电视台交通广播FM97.5	0.88	12	0.59	10
佛山	佛山人民广播电台FM92.4	16.37	2	28.82	1
	广东广播电视台羊城交通广播台FM105.2	0.54	15	1.58	9
	广州交通电台FM106.1	0.31	19	0.45	16
福州	福建987私家车广播FM98.7	15.68	1	31.03	1
	福州交通之声FM87.6	10.86	3	16.90	2
	福建交通广播FM100.7	4.68	10	10.83	3
广州	广东广播电视台羊城交通广播台FM105.2	13.40	3	32.72	1
	广州交通电台FM106.1	10.85	5	22.88	2
邯郸	邯郸人民广播电台交通广播AM1008/FM106.8	6.16	4	27.89	1
	河北人民广播电台交通广播FM99.2	5.35	6	10.92	3
杭州	杭州交通经济广播FM91.8	12.39	2	25.69	1
	浙江人民广播电台交通之声FM93	4.67	8	8.09	4
哈尔滨	黑龙江交通广播FM99.8	10.82	4	31.33	1
	哈尔滨交通广播FM92.5	8.52	5	31.22	2
合肥	安徽交通广播	10.74	2	29.37	1
	合肥交通广播AM1053/FM102.6	7.46	4	17.06	2
济南	济南交通广播FM103.1	10.62	4	28.78	1
	山东广播电视台交通广播FM101.1	2.30	10	5.17	6
南昌	江西交通广播FM105.4	15.42	1	29.99	1
	南昌交通音乐广播FM95.1	10.58	4	15.21	2

续表

城市	频率	所有场所		车上	
		市场份额%	排名	市场份额%	排名
南京	江苏交通广播网 FM101.1	7.38	5	19.01	1
	南京交通台交通 FM102.4	3.79	12	11.73	4
南宁	广西电台交通广播 FM100.3	7.55	7	14.19	3
	南宁人民广播电台交通音乐广播 FM107.4	6.14	9	7.31	6
宁波	宁波电台交通广播 FM93.9 AM603	13.07	1	21.75	1
	浙江人民广播电台交通之声 FM93	4.38	8	7.51	3
青岛	青岛交通广播 FM89.7/AM900	36.18	1	67.48	1
	青岛私家车第一广播 FM96.4	3.26	8	6.00	3
	山东广播电视台交通广播 FM101.1	0.72	15	1.31	8
清远	广东广播电视台羊城交通广播台 FM105.2	0.86	14	2.57	7
	佛山人民广播电台 FM92.4	0.91	12	2.06	9
	广州交通电台 FM106.1	0.89	13	5.00	5
泉州	泉州人民广播电台 904 交通之声 FM90.4	35.60	1	47.73	1
	福建交通广播 FM100.7	4.57	6	6.37	5
上海	上海交通广播 AM648/FM105.7	6.73	5	21.32	2
沈阳	辽宁广播电视台交通广播 FM97.5	17.30	3	44.27	1
汕头	汕头人民广播电台综合广播（1072 交通之声）	8.66	3	33.27	1
深圳	深圳广播电台交通频率 FM106.2	23.33	1	43.05	1
	深圳私家车广播 I Radio FM94.2	1.80	13	2.91	7
石家庄	河北人民广播电台交通广播 FM99.2	17.23	1	39.43	1
	石家庄广播电视台交通广播 FM94.6	10.63	3	23.03	2
	河北人民广播电台私家车广播 AM900/FM90.7	2.28	13	1.63	8
苏州	苏州广播电视总台交通广播 FM104.8	33.67	1	58.93	1
	江苏交通广播网 FM101.1	5.79	6	8.45	3
	苏州广播电视总台汽车广播 FM102.8/AM603	5.35	7	2.31	7
太原	太原人民广播电台交通频率 FM107	16.40	1	40.68	1
	山西广播电视台交通广播 FM88	15.35	2	27.43	2
天津	天津人民广播电台交通广播 FM106.8	24.51	1	53.15	1
乌鲁木齐	新疆人民广播电台 949 交通广播 FM94.9	30.19	1	59.55	1
	新疆人民广播电台 FM107.4 维吾尔语交通文艺广播	14.19	2	3.60	6
	乌鲁木齐人民广播电台交通文艺广播维语 FM104.6	6.44	3	0.21	13
	乌鲁木齐人民广播电台交通广播 FM97.4	3.03	9	4.54	5

续表

城市	频率	所有场所		车上	
		市场份额%	排名	市场份额%	排名
武汉	楚天交通广播 FM92.7	15.47	1	37.27	1
	武汉广播电视台交通广播 FM89.6/AM603	6.01	7	9.27	3
	湖北私家车广播 FM107.8	1.80	12	5.81	5
无锡	无锡广播电视台交通广播 FM106.9	28.75	1	55.28	1
	江苏交通广播网 FM101.1	3.89	9	8.13	3
西安	陕西广播电视台 896 汽车调频 FM89.6	8.38	4	8.22	5
	陕西广播电视台交通广播 AM1323/FM91.6	7.71	6	27.95	1
	西安广播电视台交通旅游广播 FM104.3	3.67	14	8.74	4
厦门	厦门经济交通广播 FM107/AM1278	16.95	2	31.48	1
	福建交通广播 FM100.7	5.25	6	9.44	4
郑州	河南人民广播电台交通广播 FM104.1	8.00	4	20.56	2
	郑州广播电台都市广播汽车调频 FM91.2	8.54	3	26.06	1

数据来源：CSM 媒介研究

五、典型交通类节目收听分析

通过前面的分析我们可以看出，交通类频率在多数城市中有着较强的竞争力，这与交通类频率所播节目有着密切的关系。一档好的节目，在给频率带来大量听众的同时也会给频率带来良好的广告创收效益。随着媒体环境的不断变化，交通类频率的节目内容也已不仅仅局限于服务类节目内容，多元化的节目类型使得交通类频率的节目内容更为丰富。下文将对收听表现较佳的几档典型交通类节目进行简要分析，以期给业内提供借鉴。

1. 交通资讯服务类节目——高收听、高创收

交通资讯服务类节目一直是交通类频率的核心内容，通常也是交通类频率高收听、高创收的品牌栏目。以郑州都市广播汽车调频 FM91.2 为例，其早、晚时段播出的《交通互联网》以及时、丰富、权威的路况信息播报为主，作为频率的品牌栏目，从收听表现来看，支撑着频率的早、晚收听高峰，已然成为郑州市民车上收听的最优选择之一（图 11）。同样收听表现突出的还有新疆交通广播 FM94.9 的《开心路路通》和无锡交通广播 106.9 的《欢乐直通车》等品牌节目，它们在当地的收听表现及广告创收常年保持前列，车载收听份额更是高达 50% 以上，在当地获得了众多听众的喜爱及支持（表 4）。

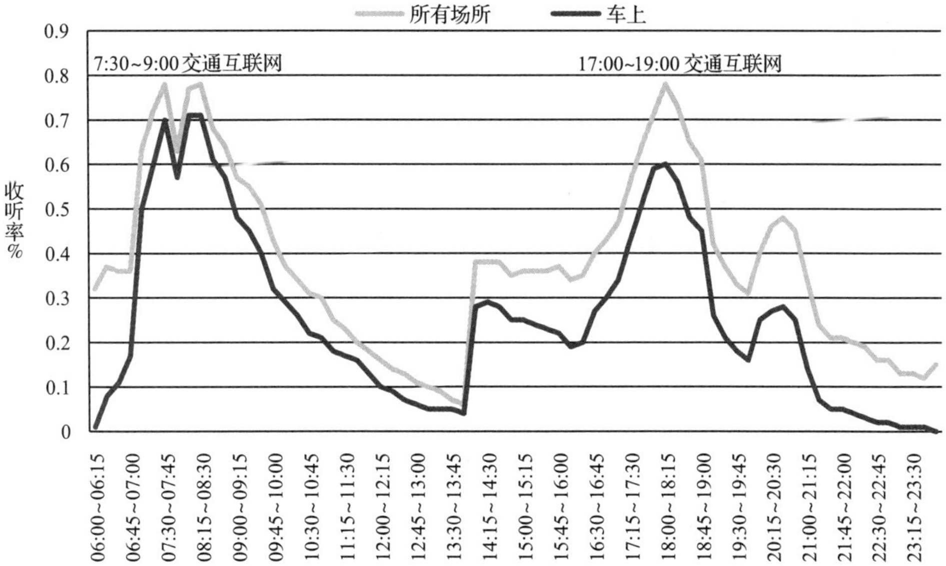

数据来源：CSM 媒介研究

图 11　2015 年郑州广播电台都市广播汽车调频 FM91.2 全天收听走势

表 4　2015 年《开心路路通》和《欢乐直通车》收听表现

节目	频率	所有场所			车上		
		收听率%	市场份额%	排名	收听率%	市场份额%	排名
开心路路通 9:00~10:00	新疆人民广播电台 949 交通广播 FM94.9	8.58	35.29	1	4.49	59.15	1
开心路路通 19:00~21:00	新疆人民广播电台 949 交通广播 FM94.9	4.50	36.63	1	2.71	62.99	1
欢乐直通车 16:00~18:00	无锡广播电视台交通广播 FM106.9	2.59	30.30	1	1.86	51.26	1

数据来源：CSM 媒介研究

2. 汽车资讯类节目——热线互动多，高端人群更青睐

城市经济的快速发展，使私家车拥有量逐年上升，购车、养车、修车等对新手司机来说是个大难题，因此不少频率推出了一些汽车资讯类的栏目，以满足广大听众的需求。常州交通广播 FM90 的《汽车世界》就是一档立足本地，为广大听众消费者提供有关本地购车、养车、修车及玩车方面信息的节目。节目播出以来，广告创收、电话热线互动、新媒体平台互动等表现均保持台内前列；听众集中度数据显示，该节目深受中青年、高学历、干部/管理人员、高收入人群的喜爱（图 12）。

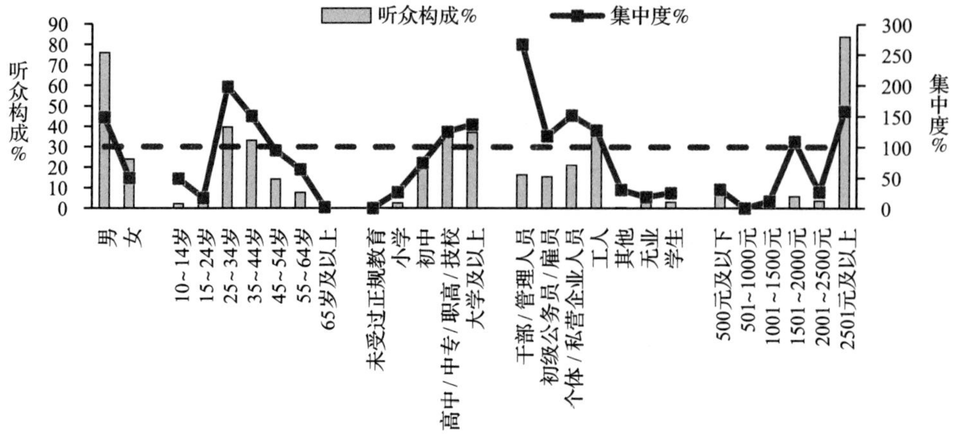

数据来源：CSM 媒介研究

图 12　2015 年《汽车世界》听众构成（%）和集中度（%）（车上）

3. 交通资讯音乐类节目——车载收听优势明显

随着城市生活节奏的加快，工作使人们感到压力越来越大，特别在一些城市的上下班出行高峰时段，堵车会使私家车驾驶员心情更为烦躁。在此种情况下，不少节目除了提供准确的交通信息外，还会适当加入一些歌曲，以缓解私家车驾驶员的烦躁情绪。汕头交通之声 1072 频率在早、晚出行高峰播出的《快乐出发》与《一路畅通》就是这样的节目。从收听表现来看，与在“所有场所”相比，两档节目在“车上”的收听优势明显，收听份额均达到 30% 以上（表 5）。

表 5　2015 年《快乐出发》和《一路畅通》收听表现

节目	频率	所有场所			车上		
		收听率%	市场份额%	排名	收听率%	市场份额%	排名
快乐出发 7:00~10:00	汕头人民广播电台综合广播（1072 交通之声）	0.70	9.31	3	0.23	32.65	1
一路畅通 16:30~19:00	汕头人民广播电台综合广播（1072 交通之声）	0.69	9.01	3	0.20	32.41	2

数据来源：CSM 媒介研究

六、结语

CSM 媒介研究收听调查数据显示，近三年来交通类频率在各场所（其他场所除外）的人均收听时长均有不同程度的减少。“车上”作为交通类频率的主要收听场所，早间和傍晚出行高峰的收听表现保持稳中有升的态势，9:00~17:00 时段收听表现下滑，是影响交通类频率收听整体下滑的主要原因。2015 年在“所有场所”中，交通类频率的市场份额为 23.35%，仅次于新闻综合类频率，在“车上”，交通类频率则独占鳌头，以 50%的市场份额遥遥领先于其他类型频率，且吸引着管理层、高学历、高收入等优质人群的较多关注。

从 36 个城市交通类频率的市场竞争力来看，在多数城市中该类频率有着较强的市场竞争力。在“所有场所”，共有 34 个频率进入各城市市场份额排名的前 3 位，在“车上”，则有 53 个频率进入市场份额排名的前 3 位。在当下媒介融合的巨浪之中，交通类频率应保持自身在车载收听市场上的优势，优化节目内容及结构，使其更适应目前媒体的发展环境，同时要合理编排不同类型的节目，以保证听众规模的持续扩大并增强听众对频率的忠实度，从而进一步巩固和提高交通类频率的竞争力。

（作者：曹金毅）

2015年音乐类频率收听状况分析

自互联网诞生以来，新媒体的发展日新月异、迅猛异常。随着网络电台越来越成熟，移动媒体特别是手机媒体的优势进一步凸显。新媒体从根本上改变了受众，影响着社会，变革着世界。当今传统媒体已经积极投身于媒体融合的时代大潮中，进入了融合发展的新阶段。虽说广播受到的新媒体的冲击与影响相对于其他传统媒体而言并不是最大的，但是以喜马拉雅、蜻蜓FM、豆瓣电台等为代表的网络电台都以丰富的节目内容和新鲜的节目形态吸引和分流着传统广播的受众，音乐类广播亦不能独善其身，所面临的挑战日益严峻。然而，机遇总是与挑战并存，一些音乐类频率积极与新媒体融合，通过大胆的实践与探索，在稳定节目收听表现的同时，在APP、微信等新媒体平台上也取得了良好的成绩，并搞活了线下活动，产生了较好的经济效益和社会效益。

本文主要依据CSM媒介研究2015年36城市广播收听的四波调查数据[①]，对音乐类频率的整体收听情况、听众特征以及区域市场音乐类频率的收听表现进行分析，并选取部分收听表现好或新媒体表现好、广告收益高的节目作为典型，对其节目特点、收听表现与受众特征进行简要分析，以期给业内人士提供参考。

一、音乐类频率的整体竞争力

1. 音乐类频率整体竞争实力强劲

新媒体的出现及推广，导致传统广播的发展环境发生了巨大的变化。当今传统广播受到新媒体与传统媒体的双重夹击，各频率的专业定位、节目编播及专业频率间的竞争状况对广播频率的发展尤为重要。

通过对新闻、交通、音乐、文艺、都市生活、经济、农村、教育和体育等各大专业频率2015年市场份额的比较，可以看出十大类频率大致分为3个梯队：新闻综合类、交通类及音乐类频率属于市场份额水平最高的梯队；文艺类、都市生活类和经济类频率属于位居中游的第二梯队；而农村、体育和教育类广播由于频率数量有限，所占份额之和不足2%，位居第三梯队。音乐类频率占据18.69%的份额，虽与新闻综合类和交通类频率有一定的差距，但强于其他类型的广播频率，竞争力不容小觑（图1）。

① 除非另有说明，文中所引用数据中的目标听众为10岁及以上所有人，时间段为全天。

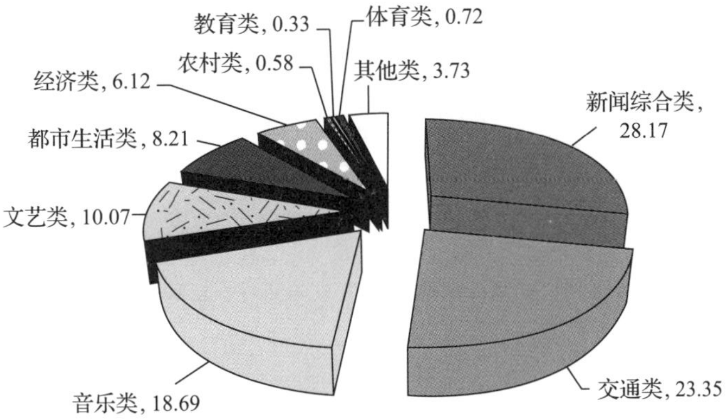

数据来源：CSM 媒介研究

图 1　2015 年各专业类别频率的市场份额（%）

2. 音乐类频率在不同场所的市场份额均较高，且相对较为均衡

在所有场所的整体市场中，音乐类广播频率有强大的竞争力；细分到各收听场所，音乐类广播频率也显示出自身的独特优势。从“在家”收听情况来看，市场份额排在首位的是新闻综合类频率，所占市场份额超过三分之一，音乐类广播频率市场份额为 16.15%，排名第二；从“车上”的收听情况来看，由于交通出行的特质，交通类广播频率市场份额居首位，占据总体收听量的一半以上，音乐类广播频率位居第二，所占市场份额达到 21.75%，是新闻综合类频率市场份额的近 2 倍；从“工作/学习场所”收听情况来看，音乐类广播频率的市场份额位居首位，达到 28.04%；其他场所中音乐类广播频率的市场份额也有 21.72%。不难看出，交通类广播频率由于播出的节目内容往往和交通路况、出行信息紧密相关，决定了其在“车上”占有绝对的收听优势。新闻类广播频率在家中和其他场所所占份额较大，而在“车上”和“工作/学习场所”表现一般。音乐类广播频率在各个场所的市场份额均较高，且相对较为均衡，体现出音乐类广播频率无处不在、伴随性强的特征（表 1）。

表 1　2015 年各类广播频率在不同收听场所的市场份额（%）

频率类别	在家	车上	工作/学习场所	其他场所
新闻综合类	35.07	11.67	23.66	31.51
交通类	13.55	50.73	18.66	15.58
音乐类	16.15	21.75	28.04	21.72
文艺类	12.61	3.69	9.84	10.02
都市生活类	8.97	6.08	8.81	8.24
经济类	7.38	2.90	6.00	6.60
农村类	0.73	0.19	0.50	0.81
教育类	0.37	0.12	0.71	0.15
体育类	0.73	0.79	0.53	0.53
其他类	4.42	1.99	3.23	4.83

数据来源：CSM 媒介研究

二、音乐类频率整体收听状况

1. 音乐类频率人均收听量略有下降

在广播收听市场存量竞争激烈、增长面临瓶颈、收听总量呈阶梯下降之势之际，观察2012年以来音乐类频率的人均收听量可以看出，其人均收听量虽然也略有下降，但降幅在逐年缩减。可见，音乐类频率作为传统的类型化广播频率，吸引听众的能力依然较强（图2）。

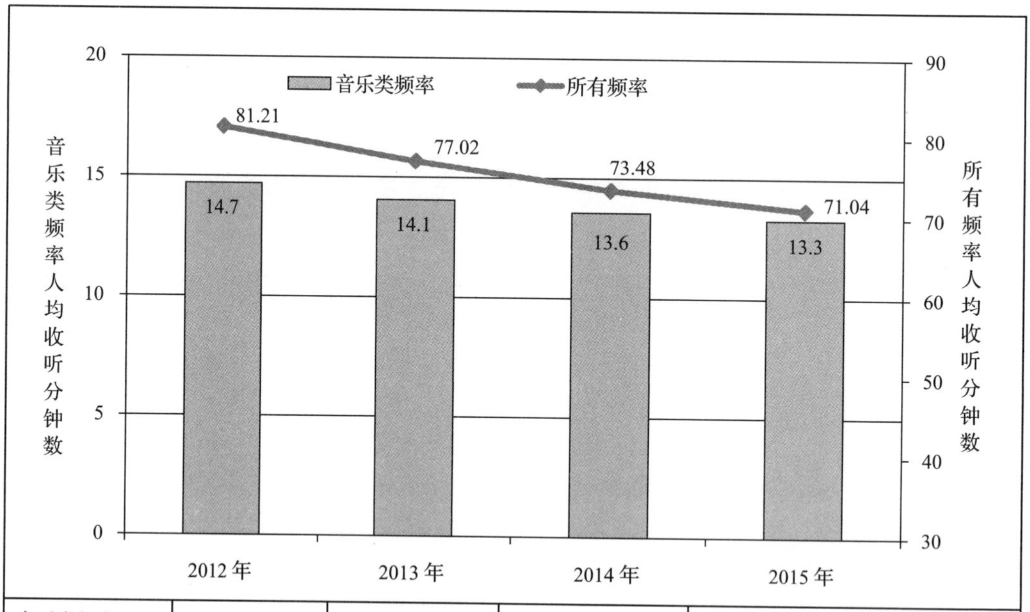

音乐类频率同比变化幅度	-	-4.4%	-3.4%	-2.1%

注：本图中历年数据为每年所有调查城市组合数据，非三年打通城市数据。

数据来源：CSM媒介研究

图2　2012～2015年广播市场所有频率和音乐类频率人均收听量变化

2. 音乐类频率收听早高峰延后，晚高峰突出

音乐类频率作为一类专业广播频率，其听众收听模式在一定程度上区别于其他类型的广播频率。观察2015年不同类型频率的全天收听走势可以发现，在早间6:00～8:00时段，新闻类频率依旧发挥着其在早间时段的传统优势，收听率遥遥领先，音乐类频率在这一时段虽然也拉起了小的收听高峰，但与新闻类频率相比仍有很大差距；早间8:00之后新闻类频率的早新闻大多结束。面对拥堵的路况，听众将更多的注意力转移至可以获得更多交通资讯的交通类广播；同时，好听的音乐也成为听众在拥堵中舒解压力、放松心情的良伴，因而音乐类广播频率在早间8:00～9:00时段表现突出，8:30左右升至频率全天的收听最高峰，峰值达2.6%（图3）。

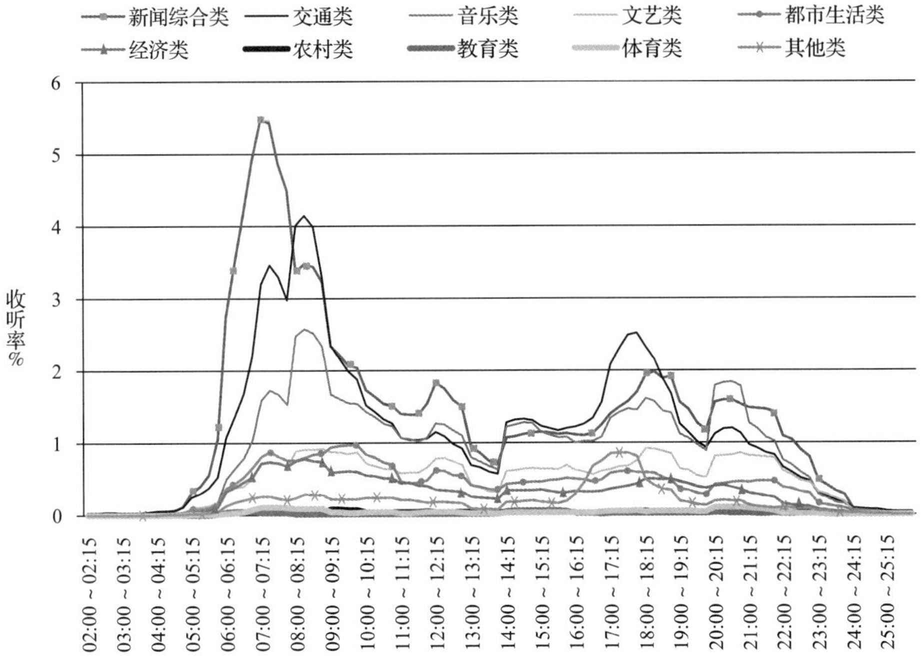

数据来源：CSM 媒介研究

图 3　2015 年各专业频率全天收听率（%）走势

早高峰结束后，与收听水平迅速下降的新闻类频率和交通类频率相比，音乐类频率继续保持稳定的收听表现，10:00～11:15、12:00～13:00 及 14:00～16:00 时段，音乐类频率的竞争优势较明显；特别是午后时段，音乐类频率成为众多频率中的佼佼者。傍晚时段由于晚高峰的到来，交通类频率优势凸显，音乐类频率虽较前者稍有逊色，但也形成了明显的收听高峰。晚间时段由于晚高峰的结束以及电视等传统媒体的分流，新闻类和交通类频率收听率大幅下降，而音乐类频率则在 20:00～21:15 时段一枝独秀，收听率明显高于其他频率类别。22:00 之后，各类广播频率收听率一路走低。这样的收听模式数据能为音乐类专业广播频率在不同时间段配置节目和广告资源提供参考。

3. 多数时段市场份额较 2014 年上升，傍晚时段上升明显

观察 2015 年与 2014 年音乐类频率市场份额的全天走势可以发现，与 2014 年相比，2015 年音乐类频率全天多数时段的市场份额有所提升。2015 年早间 7:00～8:15、上午 10:45～12:00、午后 12:45～15:00 及下午 16:00 之后的大多数时段均有程度不一的提升，凌晨时段及后晚间时段的市场份额则稍逊于 2014 年（图 4）。

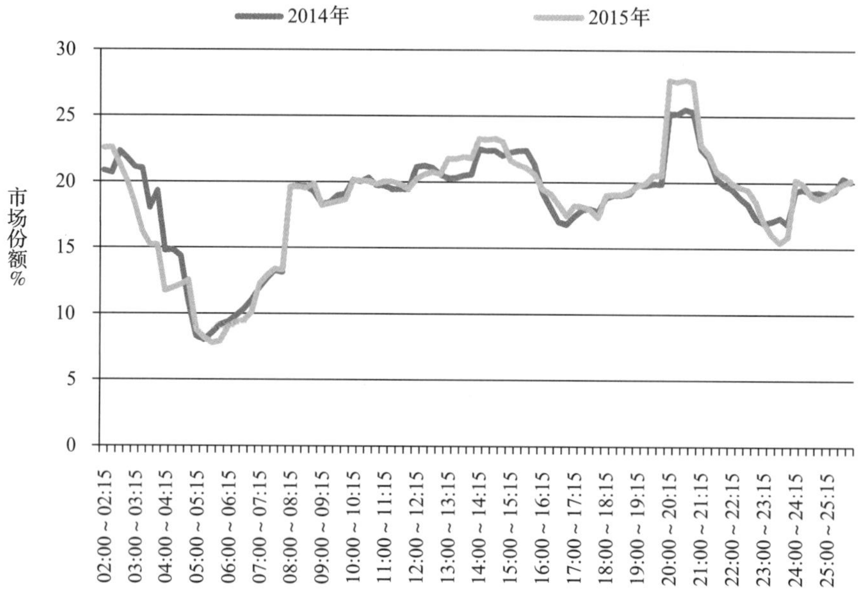

数据来源：CSM 媒介研究

图 4　2014～2015 年音乐类频率全天市场份额（%）走势

三、音乐类频率听众特征

1. 主体受众含金量较高

"使用与满足"理论将受众成员看作具有特定"需求"的个人，将他们的传媒接触活动看作基于特定的需求动机来"使用"媒介，从而使这些需求得到满足的过程。

音乐类频率的受众同样有其接触动机，如放松心情的需求、获得新曲目的需求、社交需求等。观察音乐类广播频率的听众构成可以发现，女性、10～44 岁、高中、大学本科及以上教育程度听众和各类在职人员听众所占比例均高于所有频率的平均水平，而无业听众的比例则明显低于所有频率的平均水平；从个人收入来看，月收入 2501 元及以上听众的比例明显高于所有频率同类别听众的水平。音乐类频率拥有更多的女性、中青年和在职人员群体，他们大多受过良好的教育且收入水平较高，这反映出音乐类频率受众的含金量较高。

从听众集中度来看，女性、25～44 岁（特别是 25～34 岁的年轻群体）、中高学历群体及中高收入群体更偏爱收听音乐类频率。基于音乐类频率所拥有的年轻、学历高和收入高的受众特点，音乐类频率应该能够成为时尚和奢侈品广告投放的一个不错选择（图 5）。

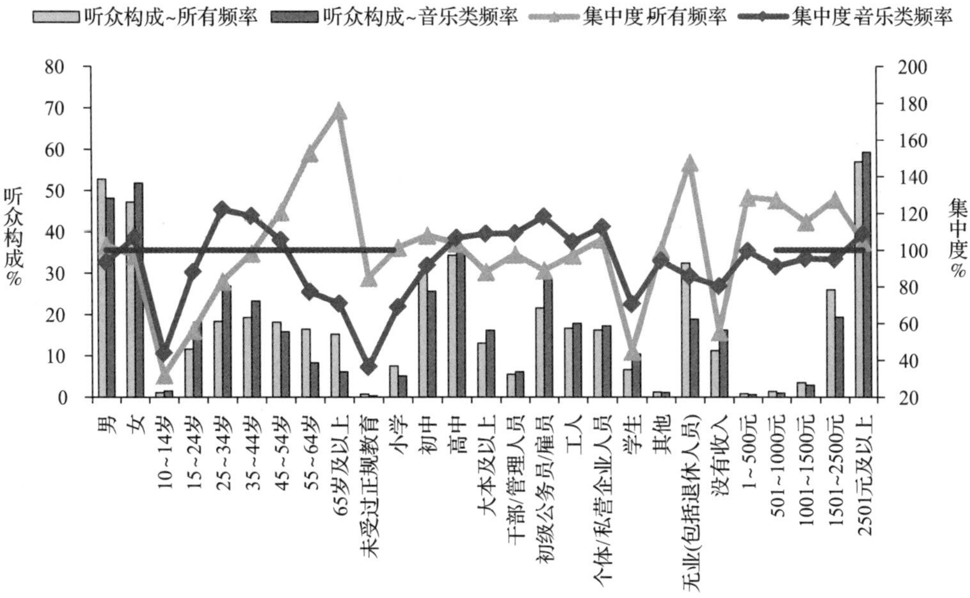

数据来源：CSM 媒介研究

图 5　2015 年音乐类广播频率及所有频率的听众构成（%）和集中度（%）

2. 目标听众收听地点与其社会属性密切相关

听众个人的媒介接触过程不仅受到性格、兴趣等个人因素的制约，还受到其社会属性的制约。通过各目标人群与其收听场所的对应分析可以看出，目标听众接触音乐类频

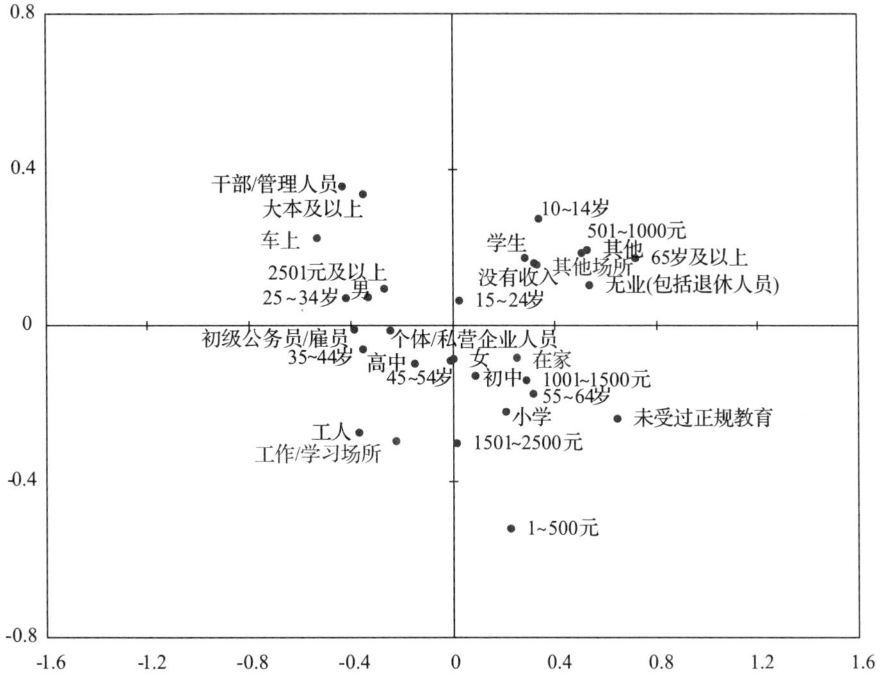

数据来源：CSM 媒介研究

图 6　2015 年音乐类频率不同目标听众与收听场所的对应分析

率的地点与其社会属性密切相关。例如，老年人、较低收入者、无业者有更多的闲暇时光待在家中，因而，这类人群更多地“在家”收听音乐类频率；白天大部分时间都在上班的25～54岁中青年人、中等学历、较高收入者更多地在“工作/学习场所”收听该类频率；“车上”收听较多者则体现出男性、年轻化、学历高和收入高的特征（图6）。

四、音乐类频率在区域市场的收听表现

不同区域市场音乐类广播频率的收听状况有所区别，这与各地受众的媒介使用习惯、广播收听习惯、收听选择密切相关，也与当地媒介市场的竞争情况以及音乐类广播频率的竞争力有较大关联。下文通过CSM媒介研究2015年36城市四波收听调查的数据简要分析各地音乐类频率的收听状况以及各地收听表现较好的音乐类广播频率。

1. 上海、汕头和南京音乐类频率人均收听时长名列前茅

2015年，全国36个城市音乐类频率的人均收听时长为13.28分钟，不同城市表现出明显的地域差异。其中，上海、汕头和南京的人均收听时长位列三甲，分别达到22.3、21.47和21.33分钟。南宁、沈阳、佛山、天津、石家庄、深圳、西安、武汉、厦门等城市的人均收听时长也均在所有城市平均水平之上，而南昌、邯郸、青岛、大连等几个城市受众对音乐类频率的平均收听时长尚不足5分钟。观察各城市听众收听音乐类频率的时长占收听所有频率时长的比重可以看出，深圳听众收听音乐类频率的比重最高，南宁、厦门、上海、南京和重庆的收听时长比重也均逾三成。总体来看，音乐类频率收听时长在多地占有较高的比重，只有哈尔滨、邯郸、长春、青岛、乌鲁木齐和大连等几个城市的音乐类频率在当地的收听时长比重低于10%（图7）。

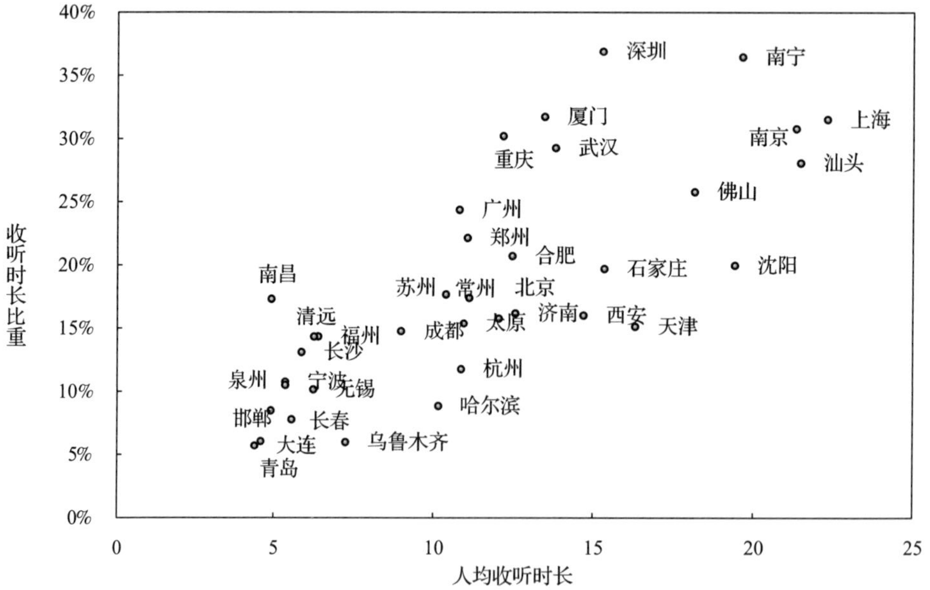

数据来源：CSM媒介研究

图7　2015年36城市音乐类频率人均收听时长（分钟）及收听时长比重（%）

2. 音乐类频率在各城市的竞争力差异较大

2015年，全国36个城市音乐类频率的平均市场份额为18.69%，以这一水平为基准线，36个城市的音乐类频率又分为两个阵营。深圳、南宁、厦门等14个城市的音乐类频率市场份额高于平均值，而苏州、常州、南昌等22个城市的音乐类频率所占市场份额则均低于平均水平。在竞争力较强的城市中，深圳地区音乐类频率的市场份额最高，达到36.90%；南宁、厦门、上海、南京、重庆等城市音乐类频率的市场份额也都超过了当地整体市场份额总额的三分之一，竞争力强劲。与上述城市形成较为鲜明的对比，在青岛、大连等城市，音乐类频率在当地仅占有5%~6%的市场份额（图8）。

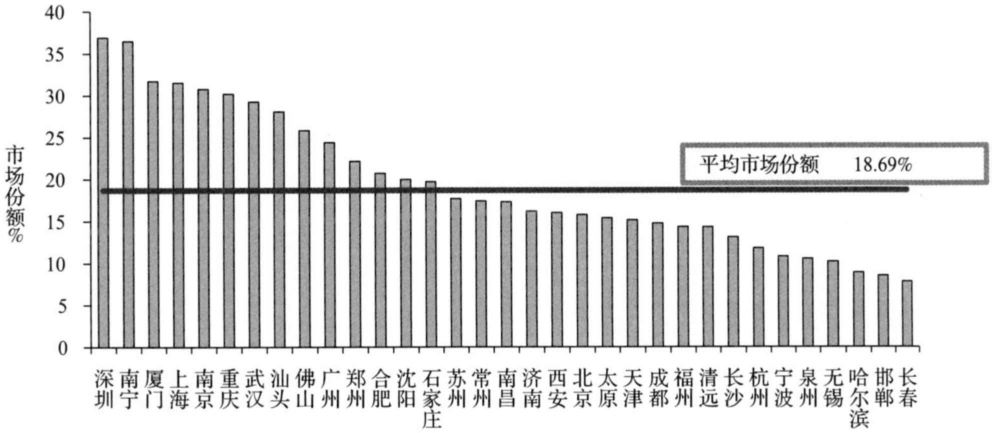

数据来源：CSM媒介研究

图8 2015年36城市音乐类频率的市场份额（%）

3. 本地音乐频率在当地更具竞争优势

数据显示，音乐类广播频率在大多数城市的市场份额排名名列前茅（表2）。其中重庆人民广播电台音乐频率FM88.1、安徽音乐广播、江苏经典流行音乐广播FM97.5、辽宁广播电视台音乐广播FM98.6、厦门音乐广播FM90.9在重庆、合肥、南京、沈阳和厦门5个城市的市场份额分别排在所有频率中的首位，且它们清一色为本地音乐类广播频率。

厦门音乐广播FM90.9的市场份额高达28.82%，重庆人民广播电台音乐频率FM88.1的市场份额为28.68%，汕头人民广播电台音乐广播（1025音乐广播）的市场份额为24.36%，位居36城市收听率进入当地排名前10位的音乐类频率中市场份额排名的前3位。中央人民广播电台第三套节目音乐之声在北京、大连、福州、邯郸、南宁、汕头、沈阳和深圳的收听率进入了当地排名的前10位，但是除在汕头外，在其他城市的市场份额排名均在前5名之外，可见本地音乐类广播频率是当地的佼佼者（表2）。

表2 各城市主要音乐类频率在当地的市场份额排名（收听率进入前10位的频率）

城市	排名	频　　率	收听率（%）	市场份额（%）
北京	4	北京人民广播电台音乐广播（FM97.4/CFM94.6）	0.42	7.91
	6	中央人民广播电台第三套节目音乐之声	0.22	4.19
长春	7	吉林人民广播电台音乐广播 FM92.7	0.18	3.61
	10	长春时尚音乐调频 MYFM88.0	0.13	2.55
长沙	6	长沙人民广播电台城市之声广播 FM101.7	0.19	6.26
	10	湖南电台 893 汽车音乐电台 FM89.3	0.13	4.12
常州	3	常州人民广播电台音乐广播 FM93.5	0.53	12.04
	7	江苏经典流行音乐广播 FM97.5	0.24	5.35
成都	6	四川人民广播电台岷江音乐 iRadio FM95.5	0.25	5.94
重庆	1	重庆人民广播电台音乐频率 FM88.1	0.80	28.68
	10	中国国际广播电台轻松调频（CRI EASY FM）	0.03	0.96
大连	6	中央人民广播电台第三套节目音乐之声	0.21	4.02
	9	大连人民广播电台第五套广播音乐广播 FM106.7	0.09	1.69
佛山	4	佛山人民广播电台 FM98.5	0.54	11.04
	5	广东广播电视台音乐之声 FM99.3	0.21	4.36
	6	佛山人民广播电台 FM88.3	0.20	4.04
	7	佛山人民广播电台 FM90.6	0.19	3.96
福州	6	中央人民广播电台第三套节目音乐之声	0.19	6.24
	9	福州 music radio FM893 女主播电台	0.16	5.18
广州	2	广东广播电视台音乐之声 FM99.3	0.44	14.37
	7	广州电台金曲 1027 汽车音乐广播 FM102.7	0.16	5.22
	10	广州电台青少年广播（MY FM88）	0.07	2.34
邯郸	5	邯郸人民广播电台音乐广播 AM1206/FM102.8	0.22	5.54
	9	中央人民广播电台第三套节目音乐之声	0.12	2.94
杭州	4	动听 968 音乐调频 FM96.8	0.70	10.9
哈尔滨	6	黑龙江音乐广播 FM95.8	0.42	5.33
合肥	1	安徽音乐广播	0.49	11.77
济南	3	济南电台音乐调频 88.7 FM88.7	0.59	11.00
	8	济南文艺广播私家车 936FM93.6	0.20	3.66
南昌	2	江西音乐广播 FM103.4	0.23	11.69
南京	1	江苏经典流行音乐广播 FM97.5	0.65	13.43
	3	江苏音乐广播 FM89.7	0.49	10.20
	6	南京音乐台 FM105.8	0.31	6.41
南宁	3	广西电台文艺广播（950 音乐广播）FM95.0	0.48	12.89
	4	广西电台经济广播（970 女主播）FM97.0	0.47	12.47
	6	南宁人民广播电台乡村生活广播（经典 1049）	0.34	9.20
	10	中央人民广播电台第三套节目音乐之声	0.07	1.84
宁波	3	宁波电台音乐广播私家车 986FM98.6	0.36	10.35
青岛	5	青岛音乐体育广播 FM91.5	0.27	5.06

续表

城市	排名	频　率	收听率（%）	市场份额（%）
清远	4	广东广播电视台音乐之声 FM99.3	0.14	4.68
	5	佛山人民广播电台 FM90.6	0.13	4.42
	6	佛山人民广播电台 FM98.5	0.08	2.58
泉州	4	泉州人民广播电台 923 私家车音乐广播 FM92.3	0.35	9.81
上海	2	上海流行音乐广播 动感 101 FM101.7	0.92	18.81
	4	上海流行音乐广播 Love Radio FM103.7	0.49	9.94
汕头	2	汕头人民广播电台音乐广播（1025 音乐广播）	1.29	24.36
	5	中央人民广播电台第三套节目音乐之声	0.11	2.13
	6	广东广播电视台音乐之声 FM99.3	0.09	1.60
沈阳	1	辽宁广播电视台音乐广播 FM98.6	1.20	17.78
	10	中央人民广播电台第三套节目音乐之声	0.15	2.19
深圳	2	深圳广播电台音乐频率 FM97.1	0.52	18.18
	4	广东广播电视台音乐之声 FM99.3	0.23	8.07
	6	中央人民广播电台第三套节目音乐之声	0.14	4.90
	9	深圳飞扬 971 数字音乐台 FM102.0	0.08	2.88
石家庄	4	石家庄广播电视台音乐广播 FM106.7	0.52	9.62
	5	河北人民广播电台音乐广播 FM102.4	0.48	8.85
苏州	2	苏州广播电视总台音乐广播 FM94.8	0.55	13.42
	10	江苏经典流行音乐广播 FM97.5	0.11	2.78
太原	4	山西广播电视台音乐广播 FM94.0	0.33	6.66
	5	太原人民广播电台音乐频率 FM102.6	0.32	6.46
天津	2	天津人民广播电台音乐广播 FM99	0.88	11.75
乌鲁木齐	8	新疆人民广播电台音乐广播 FM103.9	0.40	4.71
武汉	3	武汉广播电视台音乐广播 FM101.8	0.38	11.71
	4	湖北省广播电视总台经典音乐广播频道 FM103.8	0.33	9.94
	9	湖北省广播电视总台楚天音乐广播频道 FM105.8	0.17	5.29
无锡	4	无锡广播电视台汽车音乐广播 FM91.4/AM900	0.40	9.46
西安	2	陕西广播电视台音乐广播 FM98.8	0.55	8.64
	7	西安广播电视台音乐广播 FM93.1	0.46	7.14
厦门	1	厦门音乐广播 FM90.9	0.85	28.82
	7	中国国际广播电台轻松调频（CRI EASY FM）	0.07	2.31
郑州	2	河南人民广播电台音乐广播 FM88.1	0.48	13.89
	9	郑州人民广播电台音乐广播 FM94.4	0.12	3.53
	10	郑州经典音乐广播 FM107.9	0.11	3.05

数据来源：CSM 媒介研究

五、典型音乐类节目分析

内容是支撑频率发展的重要基础，音乐类频率之所以能在多数城市占有较高的市场份额，归根结底在于其拥有优秀的节目内容。本节选取收听表现好、广告创收能力强且在新媒体领域拓展较为突出的两档音乐节目进行分析，以期对音乐节目的建设与频率的发展提供有益的借鉴。

1. 江苏经典流行音乐广播 FM97.5《阳光倾城》

《阳光倾城》是江苏经典流行音乐广播的一档经典优秀节目，开播至今已逾九载。节目融合了动听的音乐、有吸引力的话题、实时更新的资讯及贴心实用的小百科，加之节目首席主播邓煌出色的个人魅力以及新媒体平台的有力拓展和丰富多彩的线下活动，节目在工作日早间的收听表现一枝独秀。

从2015年该频率在南京市场的全天收听走势可以看出，《阳光倾城》从早间6:00起便逐步拉起全天收听的高峰，至早间7:00收听达到峰值（南京收听率为2.5%），一直到早间9:00节目结束前，在长达3个小时的时间内，节目均保持了良好的收听态势（图9）。

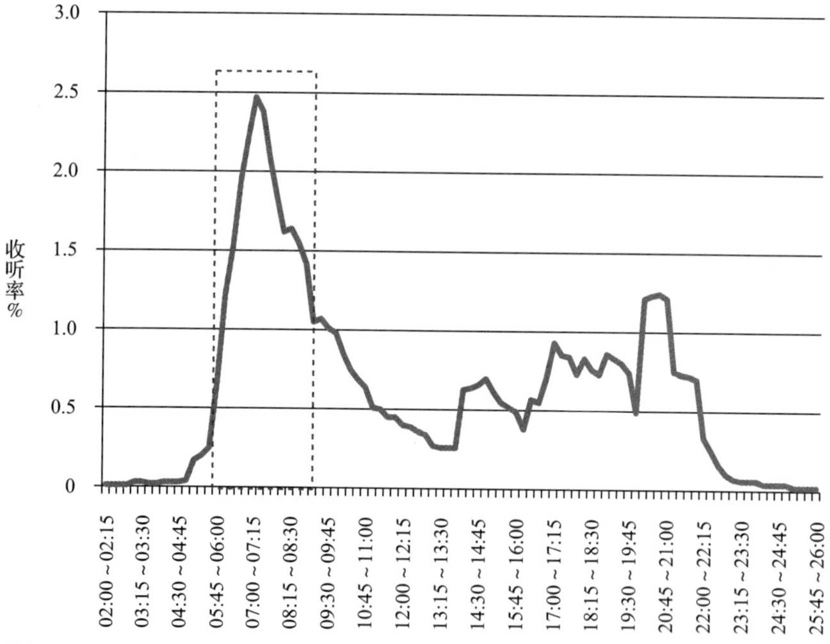

数据来源：CSM媒介研究

图9 2015年江苏经典流行音乐广播 FM97.5 全天收听率走势（南京，周一至周五）

从节目的听众构成与集中度来看，男性、35~54岁、中等学历和中等收入人群在听众中所占比例较高，男性、35岁及以上、中等学历和中等收入群体对《阳光倾城》有收听偏好（图10）。

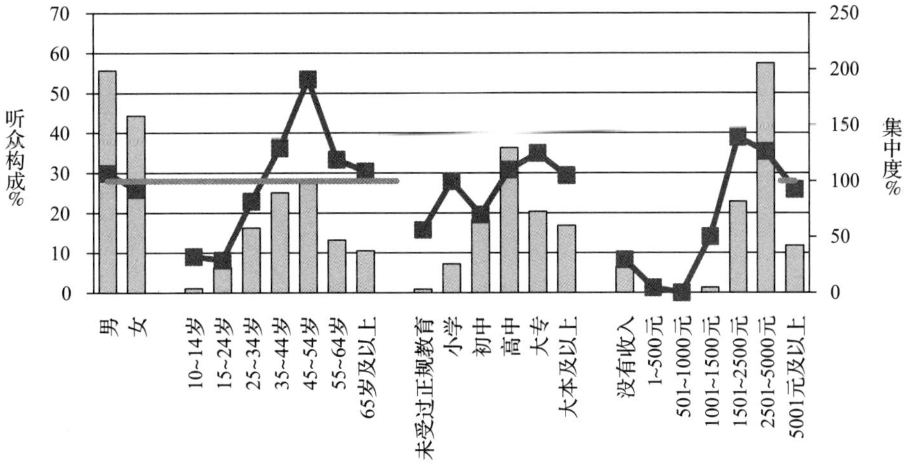

数据来源：CSM 媒介研究

图 10 2015 年《阳光倾城》的听众构成（%）和集中度（%）（南京）

在信息瞬息万变的“互联网 +”时代，一档音乐节目是如何在长达九年的时间内保持旺盛的生命力的呢？我们发现，该档节目除音乐、信息资讯等编排得当之外，还充分利用了微信、微博等的拓展功能，线下活动也搞得丰富多彩，从多方位共同提升了节目的影响力。

首先，《阳光倾城》通过微博、微信等平台有效地运用了征询性公关，通过采集信息、舆论调查等形式，及时发现问题，并通过解决问题获得公众的好感，防止各种细小的问题扩大化。例如，在节目的新浪微博平台，主持人邓煌会询问第二天听众想要听什么曲目，众多的粉丝纷纷留言，这便在无形中拉近了节目与受众之间的距离。在微信平台，节目微信公众号除了设有互动贴吧、节目点播之外，还设有清凉小调查，调查会询问听众喜欢的话题类型、曲目类型及意见建议等，成为听众与节目的重要沟通桥梁。

其次，《阳光倾城》节目还开展了丰富多彩的线下推广活动，培养了大批的忠实听众。如 2016 年清明节，节目主持人通过线下“清明诗会”的形式与广大听众见面。虽然演播现场大雨滂沱，但仍然有大批忠实听众聚集在此。此外，主持人还与听众进行了其他多种主题的见面活动。线下活动的成功举行一方面提升了节目的影响力，另一方面可观的活动收入也为节目的发展提供了有力支持。

2. 湖北经典音乐广播 FM103.8《音乐自由行》

《音乐自由行》于工作日早间 8:00 ~ 10:00 在湖北经典音乐频率播出，是该频率的一档明星节目。节目以经典老歌为主打阵容，间或播出与听众息息相关的资讯，其中在 8:00 ~ 9:00 节目的前半段，节目更多地播放交通资讯；9:00 之后伴随着大多数听众进入工作状态，新闻资讯的比重相应地得到提高。《音乐自由行》在现实与过往中穿行，在为受众提供及时、有用的资讯的同时，每个工作日早间段也传递着满满的正能量，从而获得了良好的收听表现与社会效益。

从收听表现来看，工作日早间伴随着节目的开播，收听高峰直线拉起，至早间9:00左右，收听率达到全天峰值（武汉，1.04%）。此外，在节目播出期间，除在家中保持了很高的收听水平之外，“车上”与“工作/学习场所”也表现出了此消彼长的收听格局，体现了该档音乐节目伴随性强的特征（图11）。从听众构成来看，女性、35～54岁、中等学历及中等收入的听众构成了《音乐自由行》的主要受众群体；女性、35岁及以上、中等学历和中等收入群体更偏好于收听该节目（图12）。

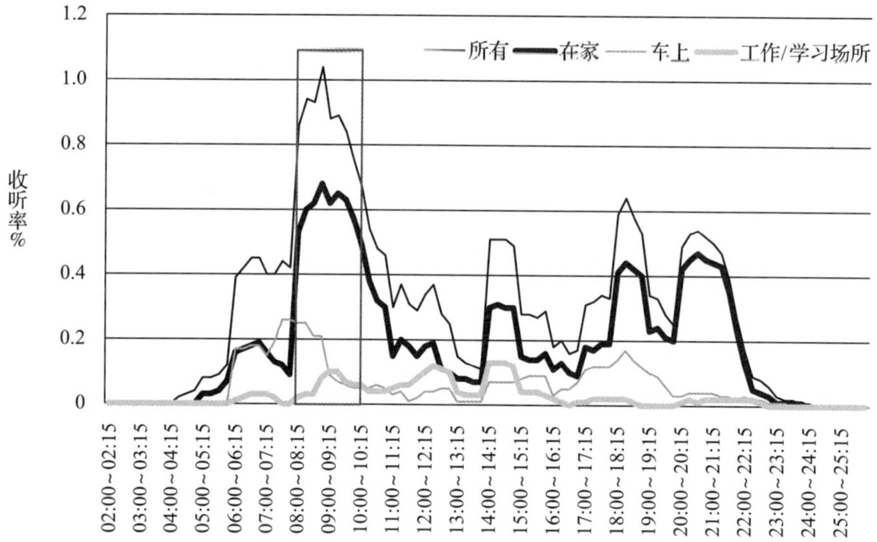

数据来源：CSM媒介研究

图11　2015年湖北经典音乐广播FM103.8全天收听率走势（武汉，周一至周五）

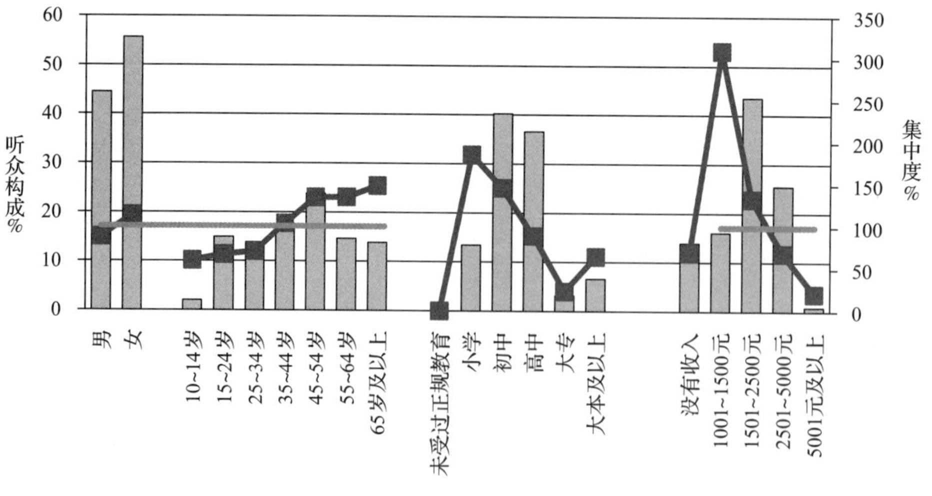

数据来源：CSM媒介研究

图12　2015年《音乐自由行》的听众构成（%）和集中度（%）（武汉）

在新媒体宣传方面，节目通过主持人程丹开通了新浪微博，每天有简单的天气资讯、激励人上进的话语与令人赏心悦目的美图，吸引了为数众多的粉丝，为节目的收听起到了一定的推动作用。

六、结语

置身于“互联网+”时代，媒体竞争格局已发生了翻天覆地的变化。音乐类频率原有的传统媒体竞争对手依然存在，而新媒体的迅猛发展又在冲击音乐类频率的渠道、听众与优势。虽然2015年音乐类频率依旧占据着举足轻重的地位，但每一个音乐广播人都应顺应潮流，以音乐为态度，积极拥抱新媒体，重回原点再远航，以塑造可持续发展的音乐广播。

（作者：张广彦）

2015年文艺类频率收听状况分析

文艺类频率是我国广播发展过程中逐渐形成的一类重要专业化频率，对人民群众的生产生活有着独特的传播价值。与以往的大而全、凝重和说教不同，目前分众传播和注重娱乐正在成为文艺类频率的特点。文艺类频率在为听众生活增添轻松娱乐气氛的同时，也构建了一个开放的文化互动平台，提供文艺资讯和传播相声、戏曲等传统文化，文艺类频率的听众忠实度一直以来居于收听市场之首。本文主要基于CSM媒介研究2015年全国36个城市的四波次收听调查数据，从市场竞争和听众收听行为等方面简析文艺类频率在2015年的收听状况①。

一、文艺类频率在收听市场中的竞争地位

1. 2013~2015年听众整体收听率下跌，但65岁及以上听众群体收听率上升

2013~2015年听众整体收听率呈持续下跌的走势，但跌幅有所收窄。2015年听众整体收听率为4.93%，对比2014年的5.10%，下降幅度为3.33%。从各年龄段听众来看，随着年龄的增长，收听率不断提升，2015年65岁及以上听众的收听率为8.69%，数倍于10~14岁听众的1.59%。2013~2015年，10~64岁听众的收听率与听众整体趋势相似，均呈持续下跌态势，在各年龄段中，只有65岁及以上听众的收听率持续上升(图1)。

2. 竞争格局稳定，文艺类频率市场份额保持第四位

近年来各类型频率的竞争仍保持较为稳定的格局，新闻综合类、交通类和音乐类频率的市场份额继续稳守前三甲，其中新闻综合类和音乐类频率竞争力三年来稳步提升。2015年文艺类频率的市场份额为10.07%，对比2014年下跌了3.73%，虽仍稳守第四位，但与前3位的差距进一步拉大；排在其后的都市生活类和经济类频率的市场份额也有不同程度的下跌，农村类和教育类频率虽然市场份额较小，也略有增长；整体上市场份额有向首尾两端延伸的趋势（图2)。

---

① 如无特殊说明，本文所涉及其他年份数据均为每年所有调查城市组合的四波调查数据。

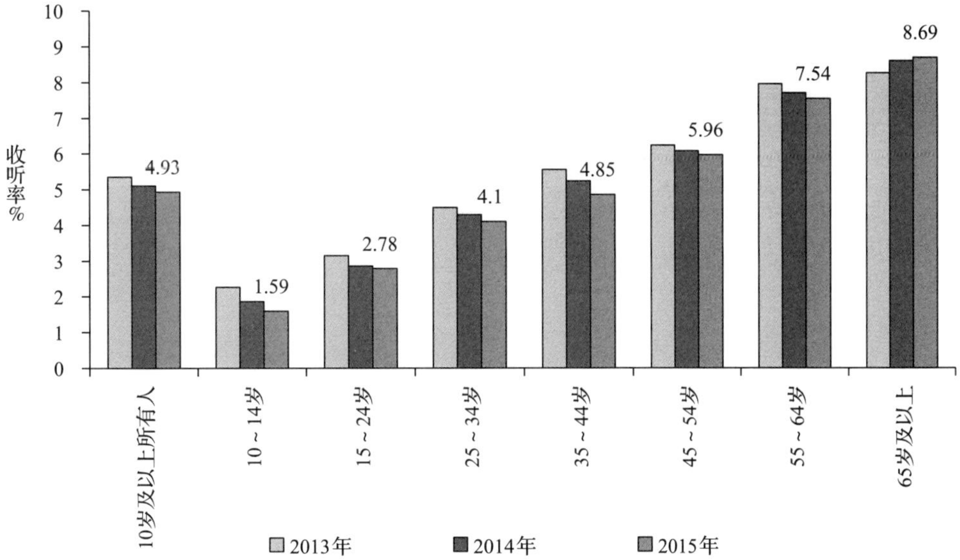

数据来源：CSM 媒介研究

图1　2013～2015 年所有听众及各年龄段听众收听率变化

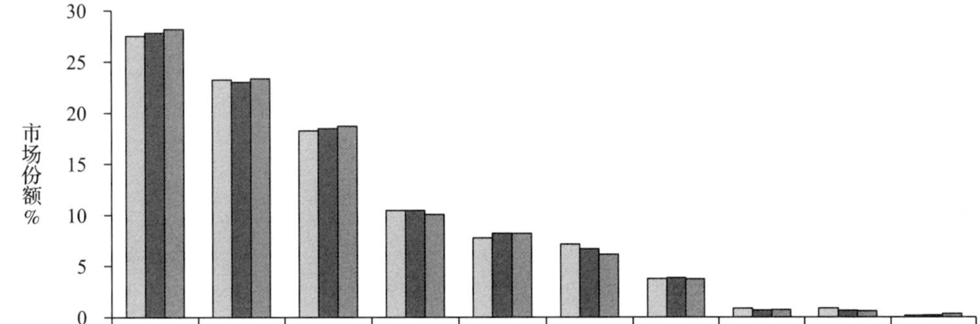

	新闻综合类	交通类	音乐类	文艺类	都市生活类	经济类	其他类	农村类	体育类	教育类
2013 年	27.50	23.24	18.24	10.46	7.77	7.15	3.75	0.86	0.87	0.16
2014 年	27.80	23.01	18.46	10.46	8.23	6.70	3.84	0.67	0.64	0.18
2015 年	28.17	23.35	18.69	10.07	8.21	6.12	3.73	0.72	0.58	0.33

数据来源：CSM 媒介研究

图2　2013～2015 年各类型频率所占市场份额（%）比较

3. 文艺类频率听众忠实度仍居第一

平均到达率和人均收听分钟数分别表征了听众规模和收听时长，稳居收听市场头把交椅的新闻综合类频率在这两个指标的排名中均夺得头名。2015 年文艺类频率平均到达率为 6.62%，人均收听分钟数为 7.15 分钟，两者的排名均为第四，且与前 3 位有较大差距。在整体收听市场下跌的影响下，2015 年大部分频率的听众规模和收听时长均有所下跌，仅音乐类、体育类和教育类频率逆市上扬。2015年听众平均每人收听文艺类频率108.11分钟，尽管比2014年下跌了0.91分钟，但仍居于各类型频率之首，听众忠实度也以微弱优势继续领先于其余类型的频率（表1）。

表1　2014年、2015年各类型频率平均到达率（%）和人均收听分钟数对比

频率类型	平均到达率%		人均收听分钟数		人均收听分钟数（听众）		平均忠实度%	
	2014年	2015年	2014年	2015年	2014年	2015年	2014年	2015年
新闻综合类	19.09	18.67	20.43	20.01	107.00	107.16	7.43	7.44
交通类	16.47	16.03	16.91	16.59	102.70	103.50	7.13	7.19
音乐类	14.18	14.31	13.57	13.28	95.68	92.81	6.64	6.44
文艺类	7.05	6.62	7.69	7.15	109.02	108.11	7.57	7.51
都市生活类	6.08	5.79	6.05	5.83	99.45	100.65	6.91	6.99
经济类	5.13	4.30	4.93	4.35	96.02	101.07	6.67	7.02
其他类	3.01	2.84	2.82	2.65	93.72	93.26	6.51	6.48
体育类	0.58	0.58	0.47	0.51	80.55	88.55	5.59	6.15
农村类	0.52	0.45	0.49	0.41	94.51	91.21	6.56	6.33
教育类	0.15	0.22	0.13	0.23	87.46	107.14	6.07	7.44

数据来源：CSM媒介研究

4. 文艺类频率在45岁及以上和低学历听众中竞争力较强

各类型频率以其各有特色的节目内容聚集不同类型的听众人群，形成各有差异的收听竞争特征。文艺类频率在女性人群中的竞争力略高于男性；从年龄段来看，文艺类频率在45岁及以上听众中的市场份额较大，其中在65岁及以上听众中的市场份额超过

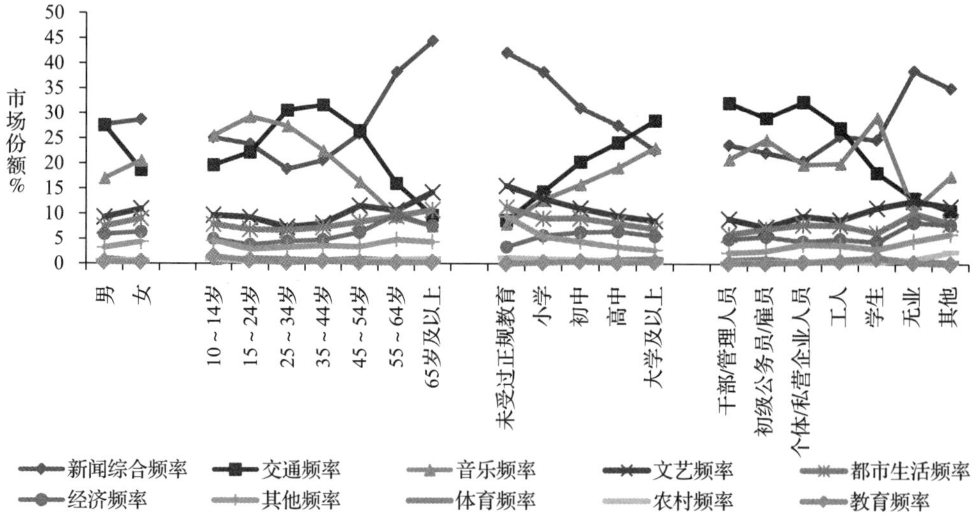

数据来源：CSM媒介研究

图3　2015年各类型频率在不同目标听众中的市场份额（%）

14%；在各年龄段中，文艺类频率的市场份额排名基本在第四位，在65岁及以上听众中则位列第二；在受教育程度方面，随着听众学历的上升，文艺类频率的竞争力呈下跌走势；在职业类别上，文艺类频率在学生、无业和其他职业人群中的市场份额均超过一成（图3）。

5. 文艺类频率“在家”的竞争力相对较强

从文艺类频率在不同收听场所的市场份额来看，相对而言，文艺类频率“在家”的竞争力较强，2015年占有12.61%的市场份额，虽然排在第四位，但与第三位交通类频率13.55%的市场份额相差已不大。交通类频率在“车上”占据半壁江山，其余频率瓜分余下的五成。2015年文艺类频率只争得3.69%的份额，竞争力弱于都市生活类频率。尽管文艺类频率在“工作/学习场所”和“其他场所”的竞争力保持在第四位，但与排在其后的频率实力较为接近。对比2014年，2015年文艺类频率在各收听场所的竞争力均有所下降（表2）。

表2　各类型频率在不同收听场所的市场份额（%）

频率类型	在家		车上		工作/学习场所		其他场所	
	2014年	2015年	2014年	2015年	2014年	2015年	2014年	2015年
新闻综合类	34.68	35.07	10.79	11.67	23.73	23.66	29.70	31.51
交通类	13.38	13.55	50.90	50.73	19.69	18.66	12.92	15.58
音乐类	15.80	16.15	22.22	21.75	25.42	28.04	25.26	21.72
文艺类	12.71	12.61	4.62	3.69	10.06	9.84	10.92	10.02
都市生活类	9.20	8.97	5.50	6.08	8.63	8.81	8.50	8.24
经济类	8.07	7.38	2.97	2.90	6.88	6.00	7.24	6.60
其他类	4.46	4.42	2.12	1.99	4.02	3.23	4.11	4.83
体育类	0.70	0.73	0.48	0.79	0.71	0.53	0.48	0.53
农村类	0.86	0.73	0.22	0.19	0.53	0.50	0.70	0.81
教育类	0.17	0.37	0.16	0.12	0.32	0.71	0.16	0.15

数据来源：CSM媒介研究

6. 文艺类频率在晚间时段竞争力较强

2015年文艺类频率在05:00～05:30、09:30～10:15、10:30～16:45和18:00～25:00时段的市场份额高于全天整体平均10.07%的水平，尤其在21:00～24:00时段，超过14%，为全天的收听高峰时段。相较而言，文艺类频率在06:00～08:00时段处于收听低谷，市场份额不足6%。在市场竞争中，文艺类频率的市场份额在全天大部分时段处于第四位，在23:00～24:00时段排名较好，仅次于新闻综合类频率，但在02:00～04:00、09:00～11:00和24:00～26:00时段都被都市生活类频率超越（图4）。

与2014年相比，2015年文艺类频率在02:00～04:00、05:30～06:30、09:00～10:00、11:30～12:45、18:30～19:15、21:45～22:30和22:45～26:00时段的市场份额有所提升，尤其在晚间和凌晨时段上升明显，但在04:30～05:15和16:00～17:45时段则有较大幅度的缩小，从而导致整体竞争力的下降（图5）。

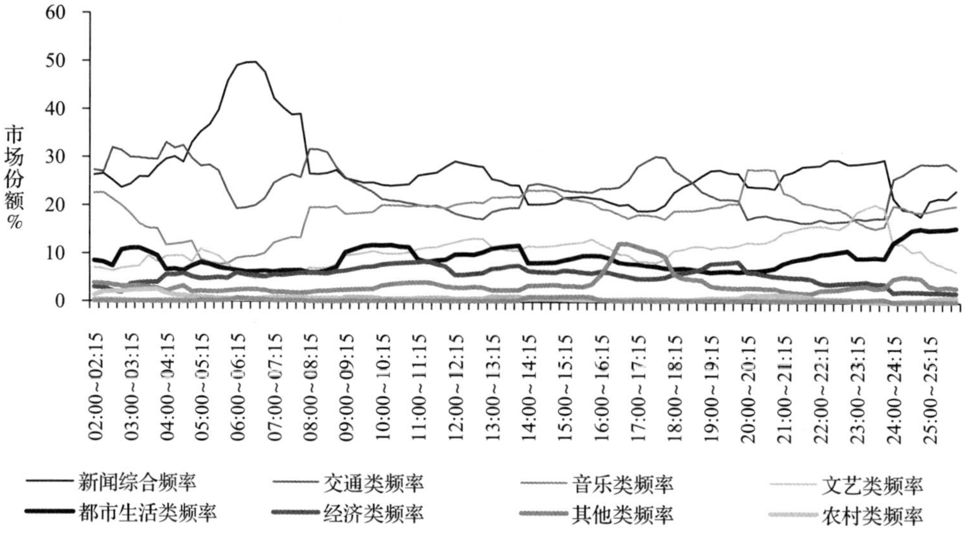

数据来源：CSM 媒介研究

图 4　2015 年各类型频率全天市场份额（%）走势

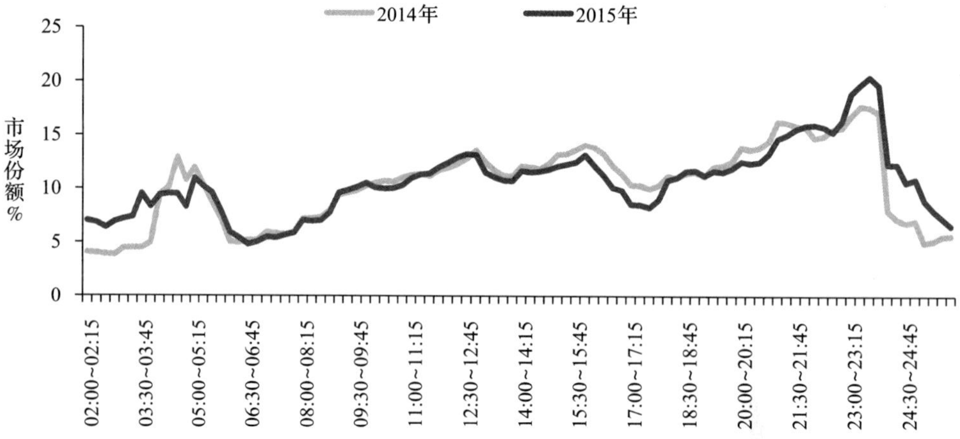

数据来源：CSM 媒介研究

图 5　2014 ~2015 年文艺类频率全天市场份额（%）走势对比

二、文艺类频率听众收听行为特征

1. 不同周天人均收听时长差异不大

文艺类频率在 2015 年的人均收听时长为 7.15 分钟，相比 2014 年减少了 0.54 分钟，未能停止跌势。从不同周天的人均收听时长来看，周一、周三、周五和周日的人均收听时长相对较高，但各周天之间的收听时长差异不大。与前两年相比，2015 年各周天的人均收听时长均有不同程度的缩短（图 6）。

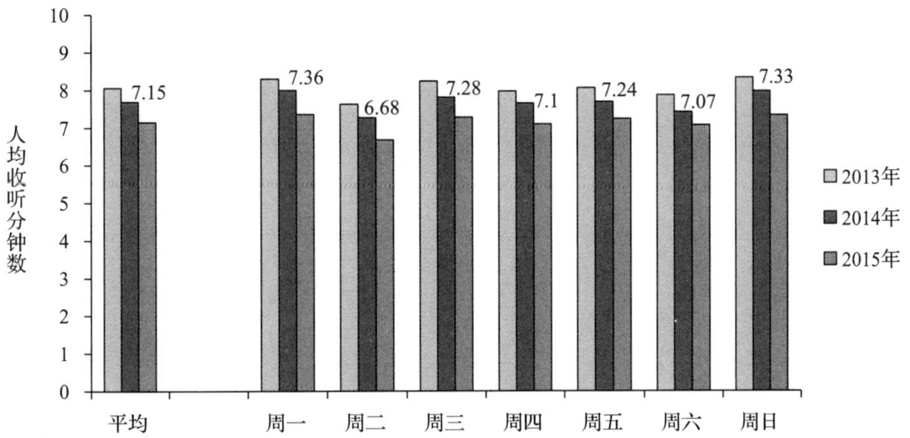

数据来源：CSM 媒介研究

图 6　2013～2015 年文艺类频率不同周天人均收听时长比较

2. 听众主要“在家”收听文艺类频率

听众主要“在家”收听文艺类频率，2015 年人均收听时长为 5.7 分钟，相比 2014 年减少了 0.29 分钟，占总体减少分钟数的五成以上；听众在“车上”、“工作/学习场所”和“其他场所”收听文艺类频率的人均时长较短，且均有不同程度的下跌（图 7）。

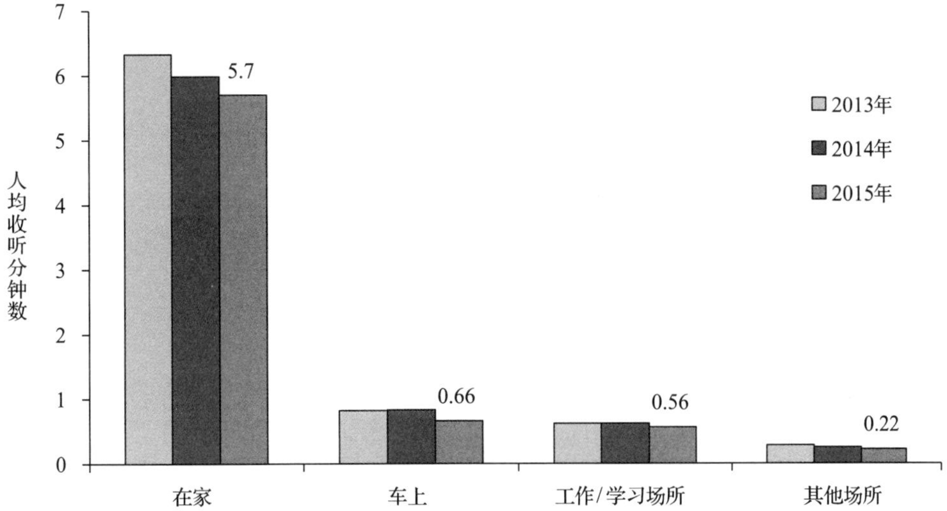

数据来源：CSM 媒介研究

图 7　2013～2015 年文艺类频率不同收听场所人均收听时长比较

3. 文艺类频率在不同收听场所的收听走势不同

由于听众主要“在家”收听文艺类频率，因而从全天收听走势来看，“在家”各时段的收听率均远高于其他场所，并在 07:00～10:30、12:00～13:00、17:45～19:30 和 20:00～22:15 时段出现明显的收听高峰，但 13:00～14:00 时段的低谷表现得也较为突出；“车上”收听则在上下班高峰时段 07:00～09:00 和 17:00～18:45 表现较好；在“工作/学习场所”的听众主要在 11:45～13:00 时段收听文艺类频率，相比之下，“其他场所”的全天收听走势较为平缓（图 8）。

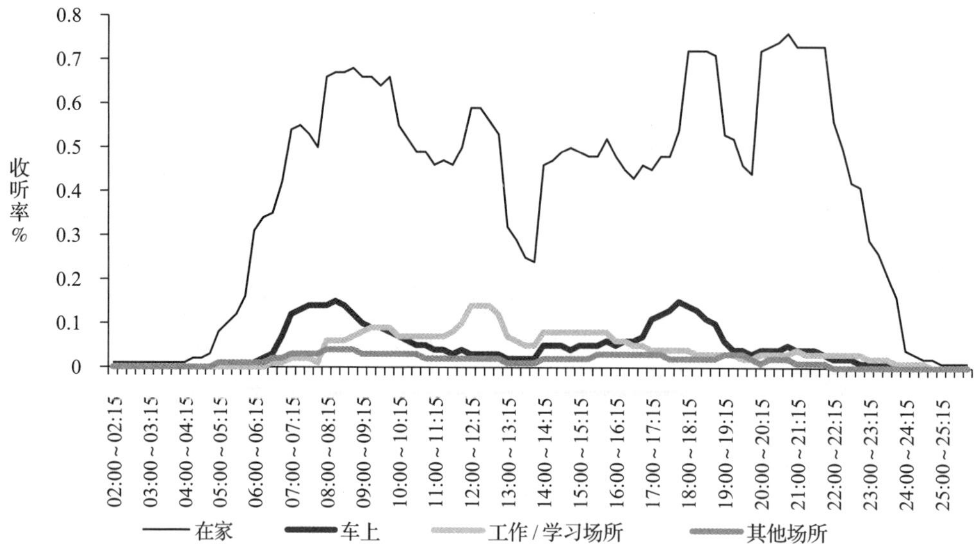

数据来源：CSM 媒介研究

图 8　2015 年文艺类频率在不同场所的全天收听率（%）走势

三、文艺类频率听众特征

1. 文艺类频率与所有频率听众特征各有异同

在文艺类频率的听众中，女性、45 岁及以上、中等学历和无业人群所占比例较大；与收听市场的整体听众相比，在性别构成上差异较大。

文艺类频率的重度听众为女性、45 岁及以上、中低学历、个体/私营企业人员和无业等群体；与整体听众相比，除性别差异外，老年听众的集中度更高，在受教育程度上更偏向于低学历人群，而在职业类别上则较为接近（图 9）。

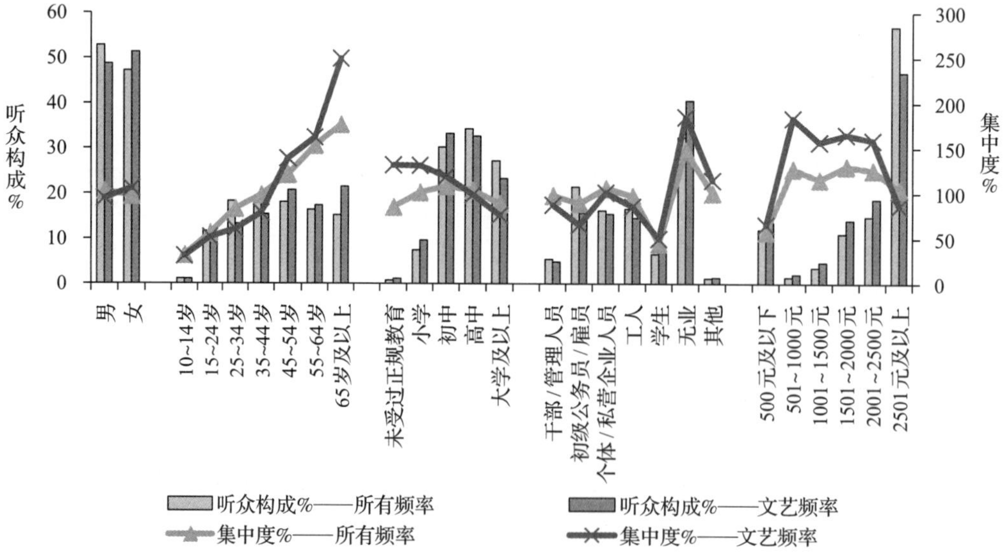

数据来源：CSM 媒介研究

图 9　2015 年文艺类频率与所有频率听众构成（%）及集中度（%）对比

2. 不同目标听众对文艺节目各有喜好

文艺节目内容丰富，可进一步细分为小说/评书、情感故事、地方戏曲、广播剧、电影/电视剧录音剪辑、综艺娱乐报道、综艺晚会和文艺其他等类别，其中文艺其他类播出量较大，占文艺节目播出时长的比重接近六成，而且也取得了较好的播出效益，其收听比重高于播出比重；小说/评书、情感故事播出比重高于10%，但市场需求已显饱和；综艺娱乐报道和综艺晚会播出比重较小，但收听比重相对较大，所以仍有一定的发展空间。

从不同听众对不同类型文艺节目的收听情况来看，女性听众收听情感故事、地方戏曲和广播剧的时长比例高于男性听众；小说/评书在10~14岁和45岁及以上听众中的收听比重较大，随着年龄段的上升，收听情感故事和综艺娱乐报道的时长比例逐渐下降，而地方戏曲、广播剧和综艺晚会的收听比重则稳步上升；在受教育程度方面，随着听众学历的提高，收听小说/评书、地方戏曲、广播剧和综艺晚会的时长比例下降，文艺其他类节目的比重有所上升，综艺娱乐报道的比重则相对平均；未受过正规教育的听众花了将近一半时间收听地方戏曲（表3）。

表3　2015年不同目标听众对不同类型文艺节目的收听比重（%）比较

目标听众	小说/评书	情感故事	地方戏曲	广播剧	电影/电视剧录音剪辑	综艺娱乐报道	综艺晚会	文艺其他
播出比重（%）	15.29	10.64	8.88	1.55	1.32	1.29	1.05	59.98
收听比重（%，10岁及以上所有人）	13.55	3.43	8.72	1.53	0.29	2.86	2.64	66.97
男	14.84	3.09	7.26	1.35	0.31	3.08	2.69	67.39
女	12.18	3.80	10.28	1.71	0.27	2.63	2.60	66.53
10~14岁	22.53	2.49	2.39	2.40	0.13	2.76	0.00	67.30
15~24岁	12.45	7.18	1.77	0.64	0.38	3.03	0.27	74.27
25~34岁	8.52	4.44	2.28	0.86	0.59	3.28	0.47	79.56
35~44岁	12.25	3.46	2.31	0.66	0.41	4.95	0.89	75.07
45~54岁	15.22	4.53	3.90	1.12	0.26	2.26	1.58	71.14
55~64岁	17.34	1.59	14.69	2.19	0.12	2.26	3.74	58.08
65岁及以上	15.32	0.67	24.17	3.20	0.04	1.55	7.59	47.46
未受过正规教育	10.27	0.17	48.92	11.34	0.00	0.17	7.46	21.67
小学	22.17	1.09	10.11	1.57	0.07	3.67	9.43	51.89
初中	17.44	2.73	12.83	1.89	0.32	3.16	1.71	59.91
高中	12.05	3.97	8.53	0.89	0.40	2.33	3.78	68.05
大学及以上	9.89	4.27	2.17	1.16	0.22	3.15	0.33	78.79
干部/管理人员	8.21	4.42	1.61	1.04	0.28	2.21	0.78	81.44
初级公务员/雇员	9.13	4.00	2.57	0.69	0.30	3.21	0.29	79.81
个体/私营企业人员	14.46	4.74	2.09	0.61	0.37	4.86	0.16	72.71
工人	15.57	2.92	4.62	0.92	0.61	3.70	3.68	67.98
学生	13.20	8.95	1.43	1.05	0.36	2.27	0.26	72.48
无业	16.18	1.61	19.68	2.87	0.13	1.70	5.60	52.23
其他	34.10	0.75	5.57	0.38	0.00	10.26	0.19	48.75

数据来源：CSM媒介研究，节目数据由CTR监播，有节目监播的所有频率。

四、文艺类频率在各地的收听表现

1. 文艺类频率整体在各地的竞争力参差不齐

2015年文艺类频率在36个城市的平均市场份额为10.07%，但在不同城市的竞争力存在着较大的地区差异。有10个城市收听不到文艺类频率或市场份额为0，只有9个城市文艺类频率的市场份额超过10.07%的平均水平。文艺类频率在西安表现较为突出，尽管对比2014年，2015年的市场份额下跌，但仍在当地占据了32.2%的市场份额。与2014年相比，2015年文艺类频率在乌鲁木齐、哈尔滨、南京、成都和南昌等城市的市场份额均有不同程度的提升（图10）。

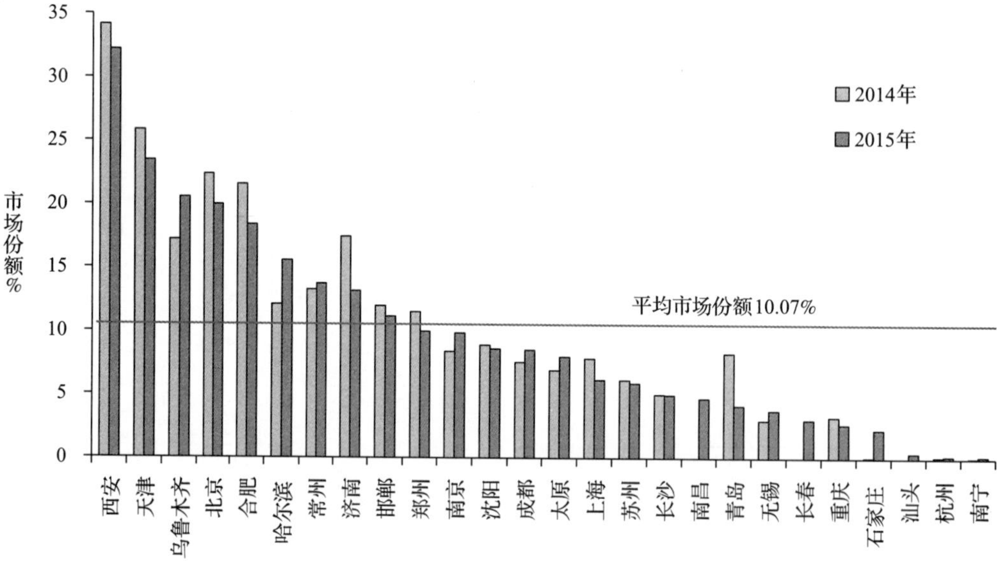

数据来源：CSM媒介研究

图10 2014~2015年文艺类频率在各城市的市场份额（%）

频率的市场竞争力体现在平均到达率（反映听众规模）和平均忠实度（反映听众忠诚度）两方面。文艺类频率整体之所以在西安和天津竞争力强劲，主要是因为吸引了较多的听众收听，其平均到达率均在20%以上，哈尔滨的听众规模也超过15%。该类频率在乌鲁木齐的竞争表现较好，这要归功于听众的忠实度较高，受众收听文艺类频率的时间较长。合肥则以平均到达率和平均忠实度发展较为均衡见长，也是文艺类频率的优势地区之一（图11）。

2. 文艺类频率在各城市的竞争力排名存在差异

从单个频率来看，文艺类频率在西安、天津、乌鲁木齐、北京、哈尔滨和邯郸等地竞争力较强，市场份额跻身前三甲之列（表4）。西安、北京、南京、苏州和无锡等收听市场有多个文艺类频率参与竞争，尤其在西安和北京，文艺专业频率细分程度更高。

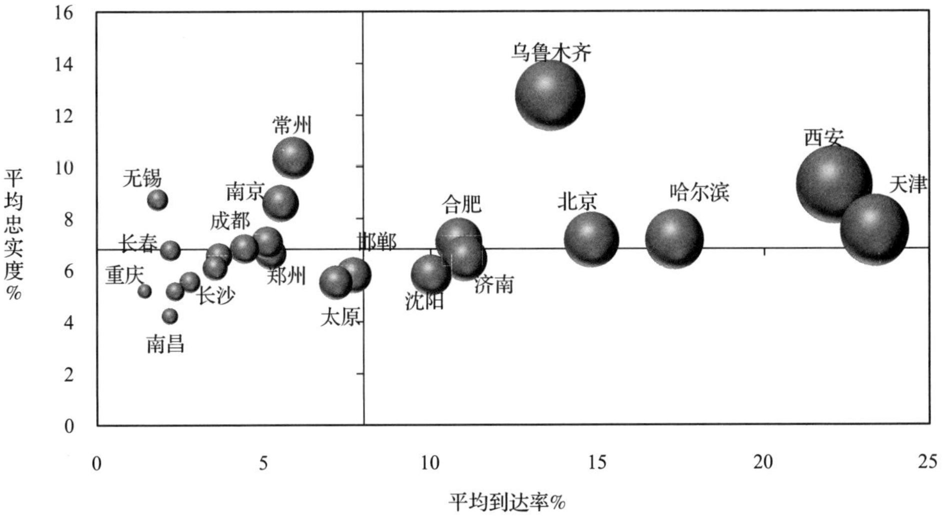

数据来源：CSM 媒介研究

图 11　2015 年文艺类频率在各地的平均到达率和平均忠实度

表 4　文艺类频率在各地的竞争力排名

城市	排名	频率	收听率%	市场份额%
西安	3	西安广播电视台综艺广播 FM102.4	0.54	8.54
	5	陕西广播电视台秦腔广播 FM101.1 西安乱弹	0.52	8.10
	8	陕西广播电视台青春广播 FM105.5	0.41	6.51
	10	陕西广播电视台故事广播 AM603/FM87.8	0.31	4.85
	13	陕西广播电视台戏曲广播 AM747/FM107.8	0.27	4.19
天津	2	天津人民广播电台相声广播 AM567/FM92.1	0.88	11.78
	5	天津人民广播电台文艺广播 AM1098/FM104.6	0.60	8.02
	10	天津人民广播电台小说广播 AM666	0.27	3.66
乌鲁木齐	2	新疆人民广播电台 FM107.4 维吾尔语交通文艺广播	1.19	14.19
	4	新疆人民广播电台 102.8 故事广播 FM102.8	0.54	6.36
北京	2	北京人民广播电台文艺广播（FM87.6/CFM93.8）	0.70	13.28
	9	中央人民广播电台第九套节目文艺之声	0.16	3.10
	15	北京人民广播电台故事广播（AM603/CFM89.1）	0.06	1.07
	16	北京人民广播电台长书广播有线（104.3）	0.05	0.99
	17	北京人民广播电台戏曲曲艺广播有线（105.1）	0.05	0.99
	21	北京人民广播电台欢乐时光广播有线（106.5）	0.02	0.31
	24	中央人民广播电台娱乐广播	0.01	0.22
合肥	5	合肥故事广播 FM98.8	0.30	7.28
	9	安徽小说评书广播	0.20	4.68
	11	安徽戏曲广播	0.16	3.76
	16	合肥故事广播 AM1170	0.11	2.66

续表

城市	排名	频率	收听率%	市场份额%
哈尔滨	3	哈尔滨文艺广播 FM98.4	1.24	15.56
常州	6	常州人民广播电台交通广播 AM747	0.27	6.09
	9	常州人民广播电台经济广播 AM1143	0.22	4.88
	11	常州人民广播电台音乐广播 AM927	0.12	2.75
济南	5	济南故事广播 FM104.3	0.35	6.52
	6	济南文艺广播 FM100.5	0.28	5.14
	14	山东广播电视台 iradio 女主播电台 FM97.5	0.08	1.50
邯郸	3	邯郸人民广播电台娱乐广播 AM846/FM100.3	0.28	6.90
	11	邯郸人民广播电台故事广播 AM1098	0.09	2.30
	12	河北人民广播电台故事广播 AM1125/FM107.9	0.07	1.67
	13	中央人民广播电台第九套节目文艺之声	0.01	0.28
郑州	6	河南人民广播电台娱乐 976 AM1143/FM97.6	0.19	5.41
	11	河南电台影视广播 My Radio FM90.0	0.09	2.52
	15	郑州文化娱乐广播私家车调频 FM91.8	0.07	2.03
南京	9	南京故事广播 AM801/FM101.7	0.21	4.29
	14	江苏故事广播 AM1206	0.12	2.41
	16	江苏文艺广播 AM1053	0.10	2.13
	19	江苏文艺广播 FM91.4	0.05	0.94
	24	中央人民广播电台第九套节目文艺之声	0.00	0.08
沈阳	5	辽宁广播电视台文艺广播 FM95.9/FM101.8/AM1053	0.58	8.61
成都	9	成都人民广播电台文化休闲频道 FM94.6/AM1485	0.21	4.88
	11	四川人民广播电台文艺广播快乐 900 FM90.0	0.11	2.52
	18	成都故事广播 FM88.2	0.04	0.90
	24	中央人民广播电台第九套节目文艺之声	0.01	0.22
太原	6	山西文艺广播 FM101.5	0.30	6.03
	15	山西故事广播 FM88.6	0.10	1.96
上海	7	上海戏剧曲艺广播 AM1197/FM97.2	0.23	4.77
	12	上海故事广播 FM107.2	0.07	1.36
苏州	8	苏州广播电视总台戏曲广播 AM846	0.18	4.53
	13	上海戏剧曲艺广播 AM1197/FM97.2	0.03	0.81
	20	江苏故事广播 AM1206	0.01	0.21
	21	无锡广播电视台故事戏曲广播 AM1008	0.01	0.19
	23	上海故事广播 FM107.2	0.01	0.15
长沙	9	湖南人民广播电台文艺频道 FM97.5	0.15	4.86
	18	中央人民广播电台第九套节目文艺之声	0.00	0.09
南昌	6	江西故事广播 FM96.9	0.09	4.69

续表

城市	排名	频率	收听率%	市场份额%
青岛	7	青岛快乐 603 长书频率 AM603/FM99.5	0.18	3.39
	14	山东广播电视台 iradio 女主播电台 FM97.5	0.04	0.73
无锡	10	无锡广播电视台故事戏曲广播 AM1008	0.13	3.07
	16	苏州广播电视总台戏曲广播 AM846	0.01	0.25
	17	江苏文艺广播 AM1053	0.01	0.24
	21	上海戏剧曲艺广播 AM1197/FM97.2	0.01	0.13
	24	常州人民广播电台交通广播 AM747	0.00	0.06
长春	9	长春生活故事广播 FM90/AM1332	0.15	3.01
重庆	7	重庆人民广播电台文艺广播 FM103.5	0.07	2.65
石家庄	14	河北人民广播电台故事广播 AM1125/FM107.9	0.12	2.16
	20	中央人民广播电台第九套节目文艺之声	0.01	0.09
汕头	10	中央人民广播电台第九套节目文艺之声	0.02	0.41
杭州	16	FM106.5 故事广播	0.01	0.18
南宁	13	中央人民广播电台第九套节目文艺之声	0.01	0.16

数据来源：CSM 媒介研究

五、典型文艺节目分析

——广东广播电视台羊城交通广播台《大吉利车队》

《大吉利车队》是广东广播电视台羊城交通广播台的一档王牌节目。该节目每天选取一些贴近老百姓生活的话题创作成广播剧，题材广泛，涉及生活中的各个层面，既有老百姓喜闻乐见的生活趣事，也有对老百姓深恶痛绝的不良社会行为的揭露。节

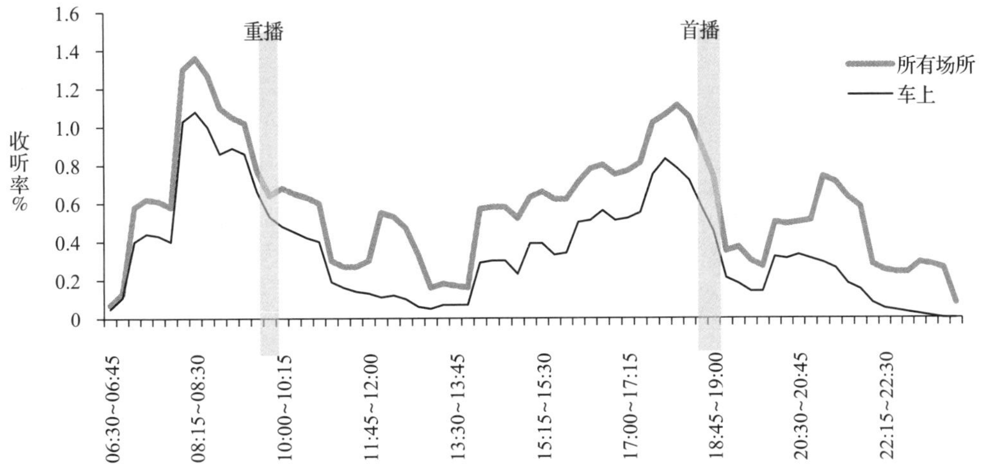

数据来源：CSM 媒介研究

图 12　2015 年《大吉利车队》在所有场所和车上的收听表现

目通过即时的新闻线索，用“幕表剧”的方式，将当天的新闻进行适当的创作、加工，甚至夸张，使节目既包含新闻的时效性、真实性，又具有通俗广播剧的幽默性与可听性。

节目已播出十多年，依然是本频率内的王牌节目之一。与2014年相比，该节目2015年的市场份额有所上升，在同时段市场上也有较强的竞争力（图12、图13）。

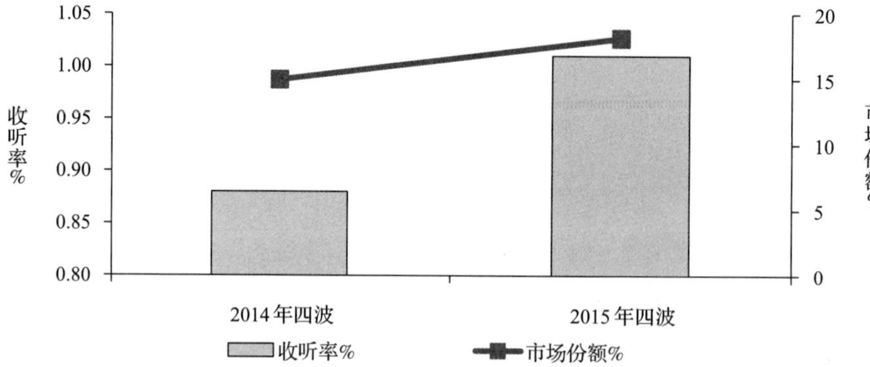

数据来源：CSM媒介研究

图13　2014年、2015年《大吉利车队》收听表现对比

在《大吉利车队》的听众中，以男性、25～44岁、高中及以上学历和工人、个体/私营企业人员为主，重度听众则为男性、25～54岁、小学和高中及以上学历、干部/管理人员、个体/私营企业人员和工人群体，听众含金量较高（图14）。

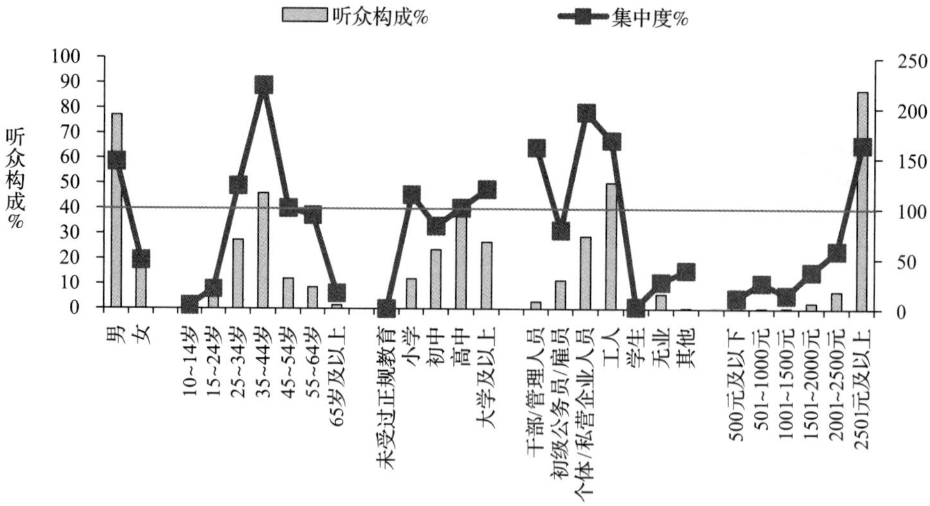

数据来源：CSM媒介研究

图14　2015年《大吉利车队》的听众构成（%）及集中度（%）

《大吉利车队》除在电台直播收听上表现耀眼外，还积极拓展产业链。

《大吉利车队》以节目为平台，举办了系列自我宣传活动，如“《大吉利车队》四宝见面会”、“《台庆嘉年华》之《我爱大吉利》”等；策划、推出了系列公益活动，如“播种希望，绿色广州”、“交通法宣传”系列活动；被第十六届广州亚运会组委会聘为亚运志愿艺术团。此外，《大吉利车队》还举办了走进车队、走进校园系列活动，吸引了更多的听众关注节目，让品牌深入民心。

《大吉利车队》还与广东电视台珠江频道强强合作，推出了《大吉利车队》动漫版，将广播版的《大吉利车队》配上搞笑、生动的动画，用鲜明的人物形象和丰富多变的卡通技术将《大吉利车队》的搞笑故事展现在电视屏幕上，既弥补了广播剧只可听不可看的遗憾，又赋予了动漫节目针砭时弊、幽默搞笑的风格。

从2004年起，羊城交通广播台陆续制作和推出了多辑《大吉利车队》精选CD，每一辑都受到听众的热捧。2009年，《大吉利车队》出版发行了漫画书，在广州市各大书店火热销售；从2012年开始，推出两辑《大吉利车队》动漫DVD。此外，羊城交通广播台还量身打造了一首节目公益主题歌《好司机》，有国语和粤语两个版本，并将其制作成彩铃放到互联网上让听众下载，让《大吉利车队》的品牌在通过新型载体进一步深入民心的同时，也获取可观的经济收入。

《大吉利车队》还有一系列衍生产品，如纪念邮戳、环保袋、套杯、扑克牌、利是封、GPS大吉利形象导航等。该节目还计划和地铁合作，推出列车动漫，把《大吉利车队》的漫画一格一格地画在地铁隧道的墙壁上，列车一开动，乘客就可以看到一辑完整的动漫。

六、结语

综上所述，2015年文艺类频率整体的市场份额为10.07%，虽然继续稳守第四的位置，但对比2014年有所下跌。在整体市场收听率下跌的影响下，文艺类频率的听众数量和人均收听时长也有所下跌，听众忠实度也在近年来首次出现下滑，几乎被新闻综合类和教育类频率追上。听众主要“在家”收听文艺类频率，其市场份额的下跌牵连文艺类频率整体的市场份额下滑。从听众特点来看，文艺类频率仍较偏重于中老年和低学历人群。随着“互联网+”概念的影响逐渐扩大，传统媒体已就运营模式进行多方探索，以加快与新媒体的融合，文艺类频率也可以借助新媒体作为渠道和方式，加强与用户的沟通互动，扩大受众规模和影响力，从而提升市场竞争力。

（作者：何庆全）

2015年都市生活类频率收听状况分析

日益发达的移动互联网使广播的受众不断分化，并趋于多元化，面对这种境况，都市生活类频率在坚守现有优势的前提下，积极努力创新发展，为满足听众日益增长的需求而不断摸索与实践。本文主要依据CSM媒介研究2015年全国36个调查城市的数据，对2015年都市生活类频率的竞争地位、整体收听状况、听众特征以及在不同城市的收听表现进行系统的梳理与分析①。

一、都市生活类频率的竞争地位

1. 都市生活类频率听众规模占第二阵营的首位

听众规模是衡量广播频率竞争力的重要因素，通常我们使用到达率这一指标来反映广播频率的听众规模。从2015年全国36个城市广播收听市场各专业频率到达率的比较可见，交通类、新闻综合类和音乐类频率凭借着其一贯较大的听众规模，处于各专业频率中第一阵营的位置；都市生活类频率听众规模处于第二阵营的首位，其播出节目内容广泛，吸引了较多听众的关注，以22.7%的到达率引领文艺类频率和经济类频率，占据了整体市场的中间位置；而专业频率中的体育类、农村类和教育类频率则较为小众，听众规模较小（图1）。

2. 都市生活类频率“在家”收听的竞争力较强

听众的收听量也是反映频率竞争力的重要指标之一。2015年广播收听市场各类型频率人均收听时长（听众）显示，都市生活类频率的人均收听时长为100.7分钟，排在各类型频率排名的第六位，人均收听时长略低于经济类频率，略高于其他小众的专业性频率。从不同收听场所的收听情况来看，听众“在家”收听都市生活类频率的时间相对最长，达到103.6分钟，其次是在“工作/学习场所”，为99.5分钟。从各类型频率间的竞争关系来看，都市生活类频率在家收听的表现相对于其他频率更突出，听众人均收听时长仅低于新闻综合类和文艺类频率（表1）。

① 如无特殊说明，本文涉及历年对比的数据为各年所有调查城市的四波调查数据。

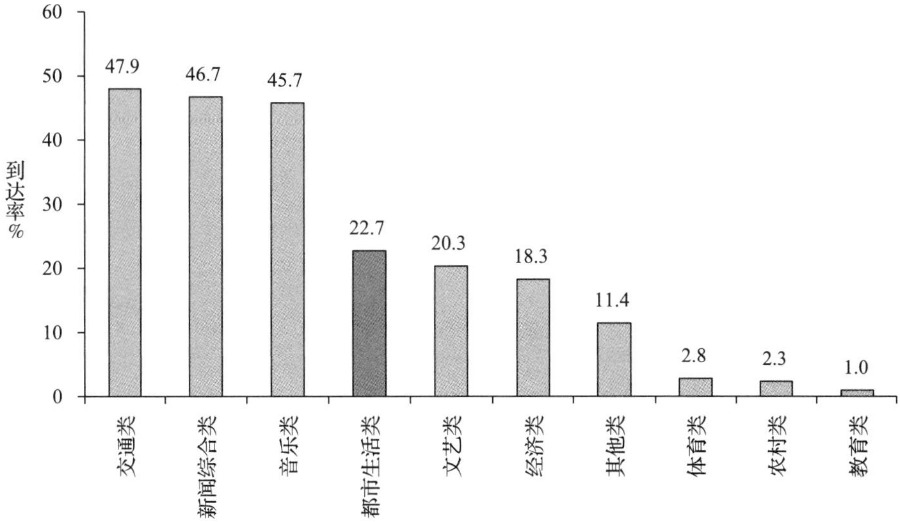

数据来源：CSM 媒介研究

图 1　2015 年广播收听市场各专业频率的到达率（%）

表 1　2015 年广播收听市场各类型频率在不同收听场所的人均收听分钟数（听众）

频率类别	所有场所	在家	车上	工作/学习场所	其他场所
文艺类	108.1	106.6	90.8	109.9	88.7
新闻综合类	107.2	107.2	81.1	106.6	89.3
教育类	107.1	98.8	104.3	123.6	97.7
交通类	103.5	98.2	100.6	118.3	84.8
经济类	101.1	102.5	82.7	102.0	82.8
都市生活类	100.7	103.6	81.0	99.5	78.6
其他类	93.3	93.6	77.1	107.0	81.7
音乐类	92.8	88.7	85.5	109.1	78.9
农村类	91.2	91.0	95.3	84.0	76.0
体育类	88.5	87.3	92.4	72.7	64.8

数据来源：CSM 媒介研究

3. 都市生活类频率全天市场份额走势较为平稳

各专业类型广播频率全天的市场份额走势都有各自鲜明的特点。都市生活类频率全天走势相比其他频率较为平稳，虽没有出现特别大的波峰，但全天呈现多个小高峰，上午 9:00～11:00 时段、午间 13:00～14:00 时段和夜晚 24:00 以后时段的市场份额均有一定竞争力。新闻综合类频率在早间时段的市场份额一枝独秀，竞争实力雄厚；交通类在早晚上下班时段竞争力较为突出，音乐类频率在晚间 20:00～21:00 时段的竞争实力不容小觑；其余类型频率与都市生活类广播频率的全天走势基本趋同，竞争实力较为均衡（图 2）。

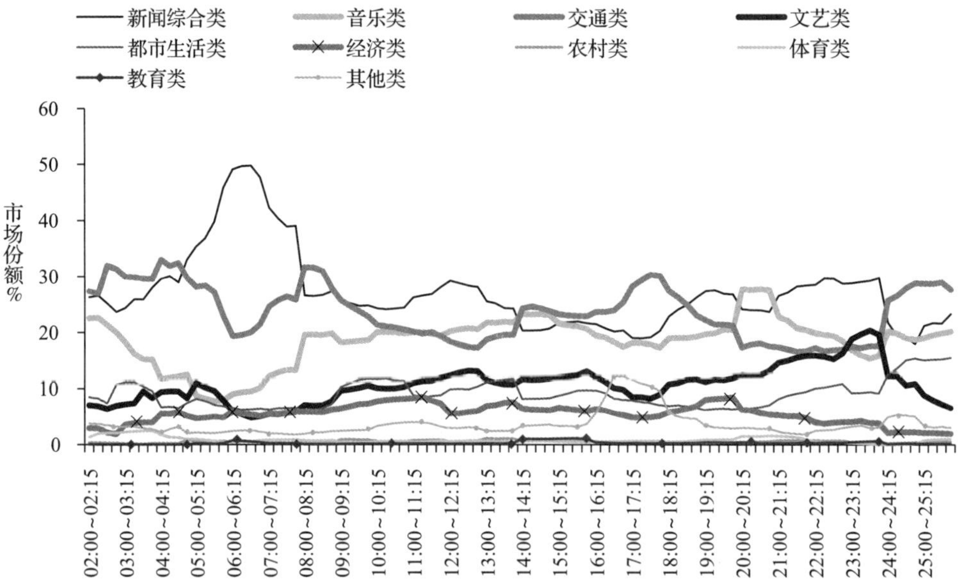

数据来源：CSM 媒介研究

图 2　2015 年广播收听市场各专业频率全天市场份额（%）走势

二、都市生活类频率整体收听状况

1. 整体广播收听市场呈下降态势

2015 年广播收听市场整体收听率持续走低，仅为 4.9%，较上一年同期下降幅度为 3.9%。从不同年龄层听众的收听率来看，广播市场仍以中老年听众为主体，随着年龄的下降，收听率也逐步下降。2015 年，65 岁及以上老年人群体的收听率为 8.7%，近三

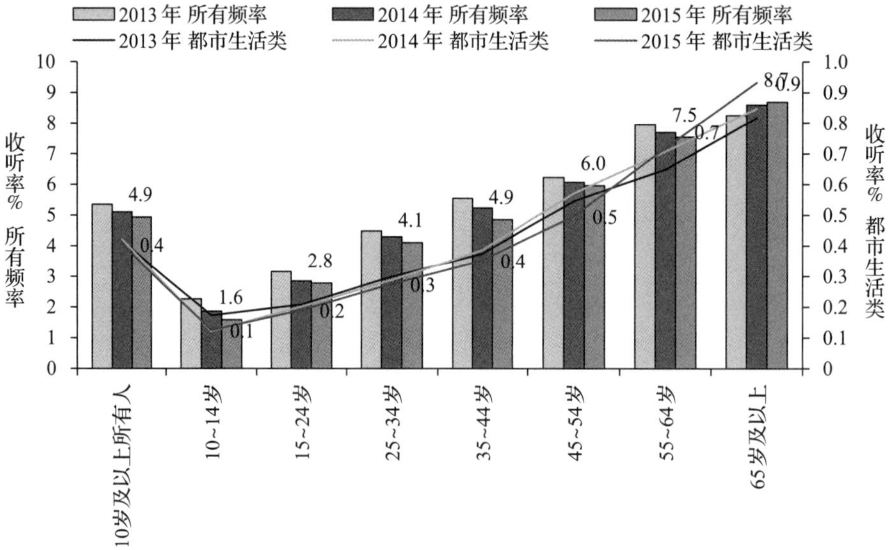

数据来源：CSM 媒介研究

图 3　2013～2015 年所有频率及都市生活类频率不同年龄听众收听率（%）对比

年呈稳步回升的态势，其余各年龄层听众的收听率均有不同程度的下滑。都市生活类频率各年龄层听众收听率的变化与整体广播收听市场所有频率收听率的变化状况基本相似，也呈现出老年听众收听量稳步增长的趋势；但从年龄层来看，相对于所有频率而言则听众更加年轻。55岁及以上人群的收听率近三年呈现上升态势。另外，10～14岁群体在2015年的收听率虽不及2013年同期，但较2014年也有一定的增长（图3）。

2. 都市生活类频率在“所有场所”的人均收听时长略有下降，“车上”收听时长有所回升

听众在“所有场所”收听都市生活类频率的人均时长在2015年出现小幅回落，略低于前两年的6.0分钟，仅为5.8分钟。从不同收听场所的人均收听时长来看，“车上”都市生活类频率的收听表现相对较好，听众每日人均收听时长从2013年和2014年的1分钟增长至2015年的1.1分钟；“在家”与在“所有场所”收听情况趋同，均呈现人均收听量下降的态势；在“工作/学习场所”和“其他场所”收听都市生活类广播频率的人均收听量保持稳定，但时长相对较短（图4）。

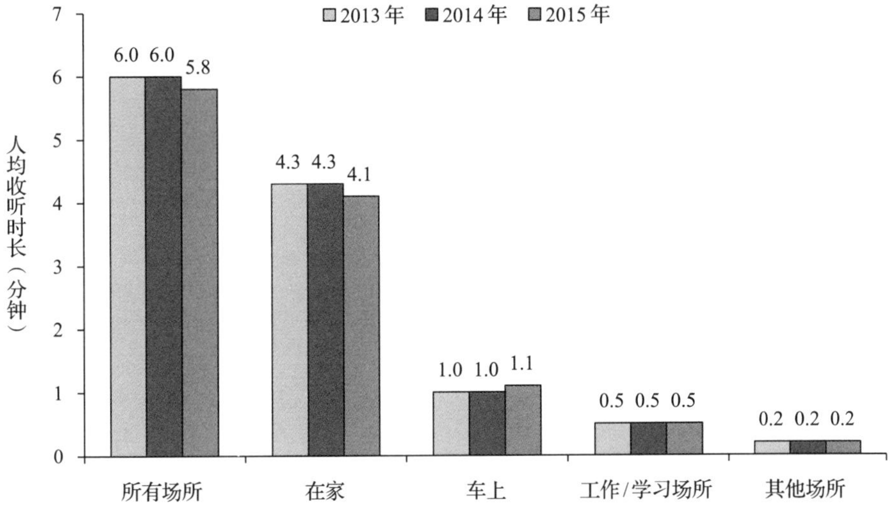

数据来源：CSM媒介研究

图4　2013～2015年都市生活类频率不同场所人均收听时长（分钟）对比

3. 都市生活类频率周末收听量略低于工作日

从2015年所有频率在所有场所不同周天的人均收听时长来看，周一的收听量最大，人均收听时长为75.5分钟，其次为周三、周五和周四。受部分广播电台停机检修的影响，周二的收听量明显下降，人均收听时长仅为68.8分钟。周末收听量略低于工作日。与所有频率不同周天的收听量变化基本一致，听众在周一收听都市生活类频率的时间最长，达到6.1分钟；周二是全周工作日中人均收听量最低的，仅有5.6分钟；收听量在周五回升至6.0分钟，周六、周日分别为5.5分钟和5.6分钟。由此可见，都市生活类频率工作日的人均收听量略高于周末（图5）。

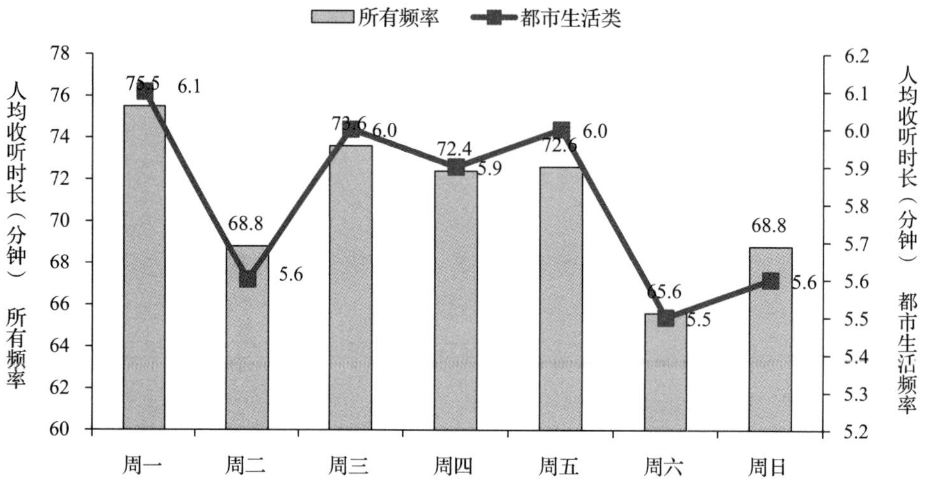

数据来源：CSM 媒介研究

图 5　2015 年所有频率与都市生活类频率不同周天人均收听时长（分钟）

4. 都市生活类频率工作日与周末全天收听走势基本趋同

2015 年都市生活类频率工作日与周末的全天收听率走势基本相似，全天呈现多个收听高峰，以早间时段收听表现最好。工作日的收听率在早间 6:00～9:00 时段、午间 11:15～14:00 时段和傍晚 17:00～22:00 时段均明显高于休息日；而在上午 8:45～11:00 时段和下午 14:00～16:45 时段，休息日的收听率则较工作日有一定提升，听众在周末收听广播的时间选择更为灵活，不仅仅是局限于早晚上下班的时段（图 6）。

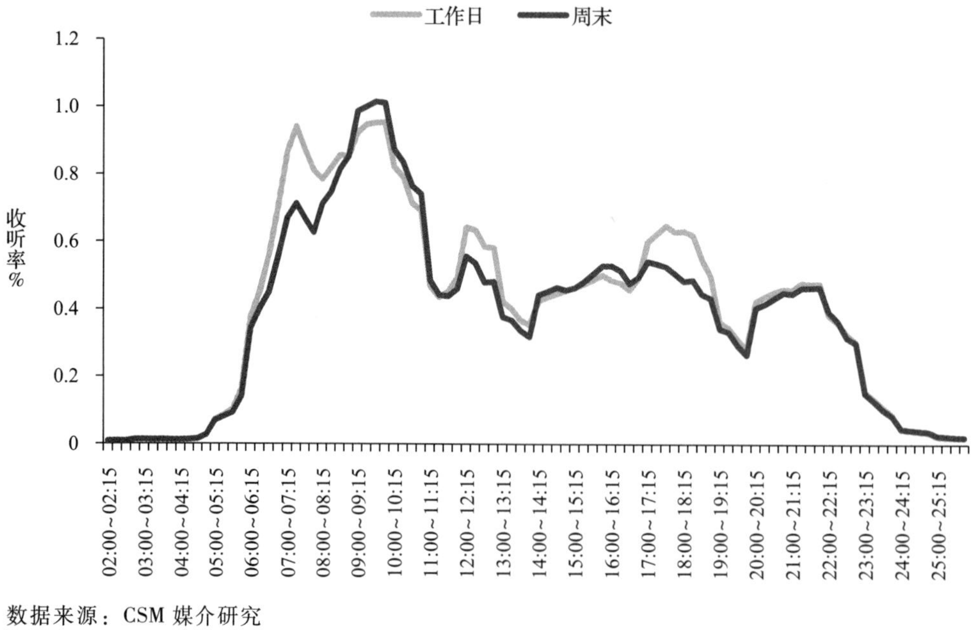

数据来源：CSM 媒介研究

图 6　2015 年都市生活类频率工作日与周末全天收听率（%）走势比较

三、都市生活类频率的听众特征

1. 女性、45 岁及以上、高中及以下教育程度、月收入 501～2500 元的听众更偏爱收听都市生活类频率

通过听众构成和集中度这两个指标，可以考察都市生活类频率的听众特征。2015 年收听都市生活类频率的听众与收听所有频率的听众整体特征基本相似，45 岁及以上、初高中学历、个人月收入 2501 元及以上的听众在都市生活类频率中所占比例较大；而女性、45 岁及以上、高中及以下教育程度、个人月收入 501～2500 元的听众更偏爱收听都市生活类频率，尤以个人月收入 1501～2000 元的听众表现最为突出（图 7）。

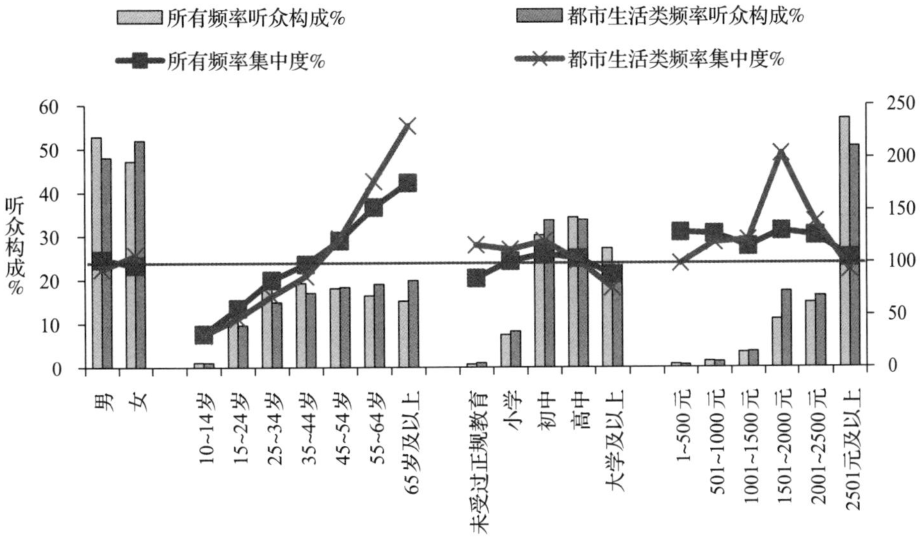

数据来源：CSM 媒介研究

图 7　2015 年都市生活类频率与所有频率听众构成（%）和集中度（%）对比

2. 在不同场所的听众特征具有明显差异

从不同场所收听都市生活类频率的听众特征来看，在家收听都市生活类频率的听众中女性、55 岁及以上、初高中学历、个人月收入 1501 元及以上的听众占较大比例；女性、45 岁及以上、中等学历及以下、个人月收入 2500 元及以下的听众更偏爱在家收听。在车上收听都市生活类频率的听众中，男性、25～44 岁、高中及以上学历、个人月收入 2501 元及以上的听众所占比例较大；男性、25～54 岁、高中以上学历、月收入 2501 元及以上的听众收听表现更为突出。在工作/学习场所收听都市生活类频率的听众中，男性、25～54 岁、初高中学历、个人月收入 2501 元及以上的听众比例较高；而男性、35～64岁、初高中学历、个人月收入 1001 元及以上的听众集中度相对于其他目标听众更高（图 8）。

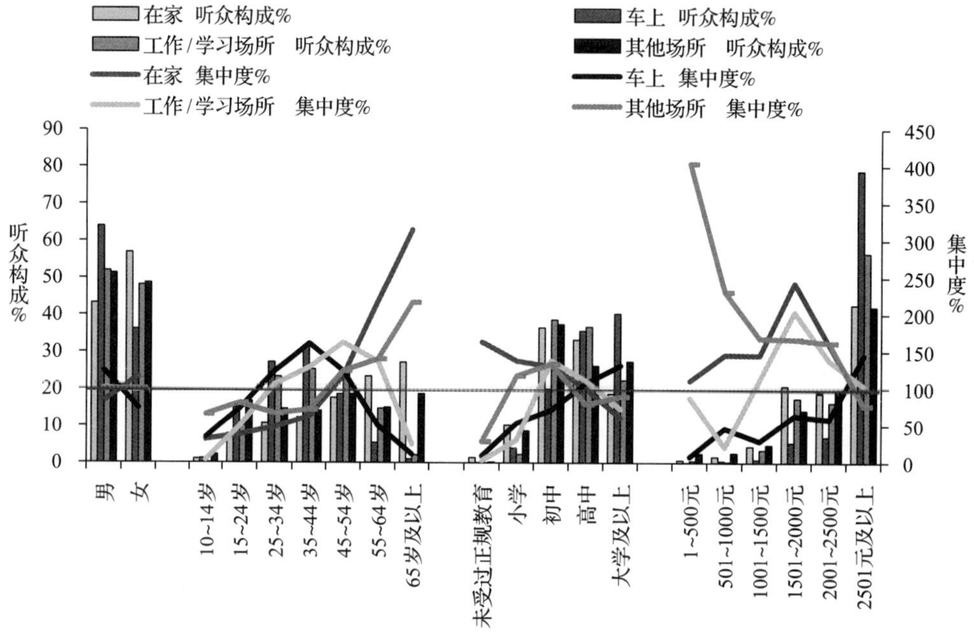

数据来源：CSM 媒介研究

图 8 2015 年都市生活类频率在不同收听场所的听众构成（%）和集中度（%）

3. 女性、中老年、中低教育程度、中等月收入听众收听时间最长

从不同目标听众收听都市生活类频率的人均收听时长情况来看，女性听众人均收听都市生活类频率的时长为6.2分钟，男性为5.4分钟，女性收听时长略长于男性；55岁及以上听众人均收听都市生活类频率的时长均超过10分钟，明显长于其他年龄段的听众；初中及以下学历的听众收听该类频率的时长略长于其他学历的听众；中等月收入水平的听众收听都市生活类广播频率的时间相对更长（图9）。

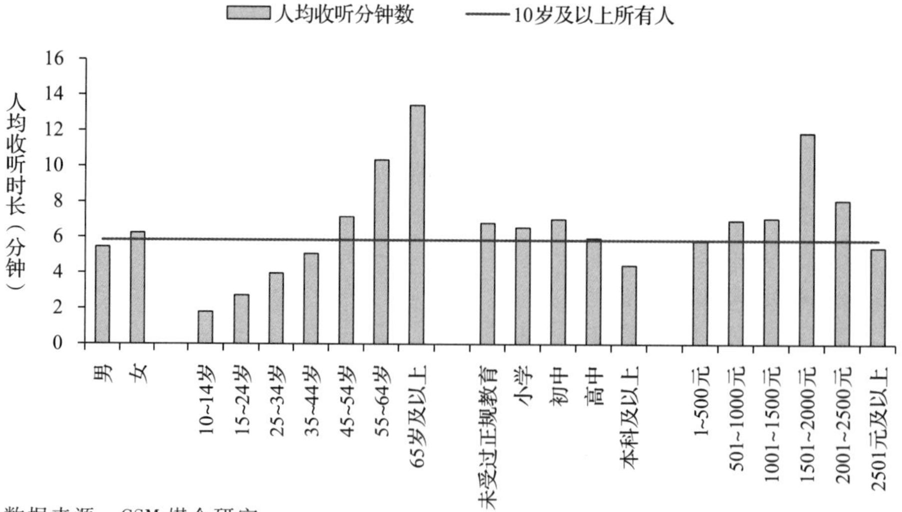

数据来源：CSM 媒介研究

图 9 2015 年都市生活类频率各目标听众人均收听时长（分钟）

四、都市生活类频率在不同城市的收听表现

1. 都市生活类频率在不同城市的收听率差异较大

2015年收听数据显示，都市生活类频率在全国36个城市的平均收听率为0.4%，但在不同城市的收听率水平存在较大差异。从城市数量来看，有11个城市都市生活类频率的收听率高于平均值，占不足三分之一的比例。其中，沈阳收听率最高，达到1.7%；哈尔滨紧随其后，列第二位，收听率为1.6%；杭州、西安、福州、南宁、太原、南京、泉州、乌鲁木齐和天津等城市的收听率均高于平均水平；排名后5位的城市收听率则较低（图10）。

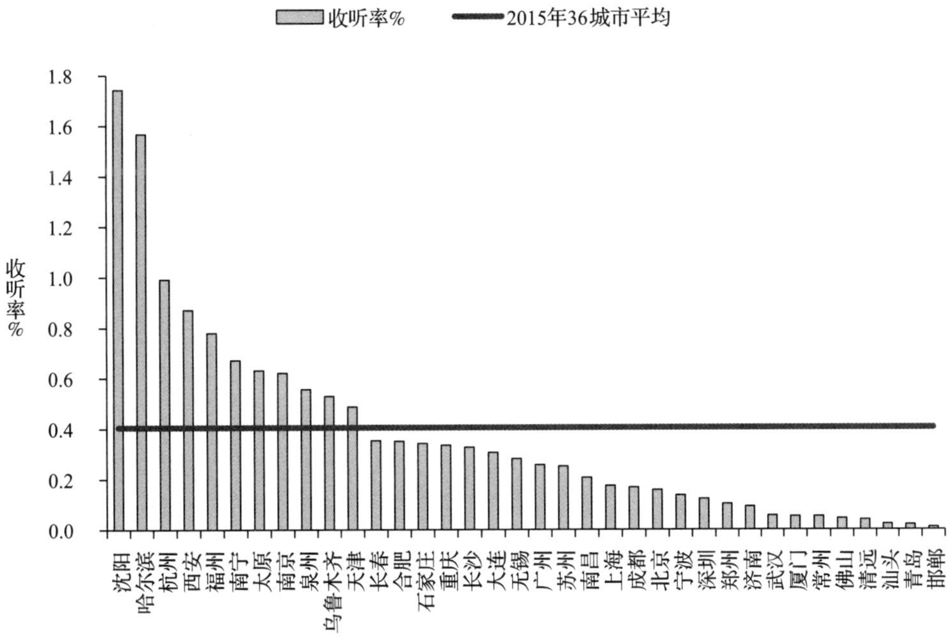

数据来源：CSM媒介研究

图10　2015年都市生活类频率在各城市的收听率（%）

2. 都市生活类频率在部分城市竞争表现出色

2015年都市生活类频率在多数城市的市场份额排名均较靠后，只有在大连、福州、哈尔滨、杭州、南宁、泉州、沈阳、苏州、太原、西安、长沙和重庆12个城市进入了当地市场份额排名的前5位。其中，广西电台教育生活广播（私家车930）FM93.0在南宁地区、福建987私家车广播FM98.7在福州地区、陕西广播电视台都市广播FM101.8/AM1008在西安地区具有较强的竞争力，市场份额在当地排名第一；黑龙江广播97频道（爱家频道）FM97.0、泉州人民广播电台1059刺桐之声FM105.9、辽宁广播电视台都市广播FM92.1/AM1341和湖南金鹰955 FM95.5在当地的竞争表现也相对较出色，在哈尔滨、泉州、沈阳和长沙地区的市场份额均排名第二位（表2）。

表2 2015年都市生活类频率在不同城市的市场份额(%)及排名

城市	频率	市场份额%	当地排名
北京	中央人民广播电台第四套节目都市之声	1.47	12
	北京城市广播 FM107.3/AM1026/CFM91.9	1.32	13
	北京人民广播电台爱家广播(AM927/CFM92.7)	0.19	28
常州	江苏健康广播 AM846/FM100.5	1.09	13
	江苏人民广播电台金陵之声 FM99.7	0.08	16
成都	四川人民广播电台旅游生活广播 FM97.0	2.42	12
	四川人民广播电台天府之声私家车广播 FM92.5	1.38	16
	中央人民广播电台第四套节目都市之声	0.18	25
大连	大连人民广播电台第六套广播都市广播 FM99.1	5.74	5
佛山	广东广播电视台城市之声 FM103.6	0.48	17
	广东广播电视台南方生活广播 FM93.6/AM999	0.42	18
福州	福建987私家车广播 FM98.7	15.68	1
	福州人民广播电台左海之声 FM90.1	5.85	7
	海峡之声汽车生活广播 FM90.6	3.58	12
	中央人民广播电台第四套节目都市之声	0.06	24
广州	广东广播电视台南方生活广播 FM93.6/AM999	5.73	6
	广东广播电视台城市之声 FM103.6	2.61	9
哈尔滨	黑龙江广播97频道(爱家频道) FM97.0	16.53	2
	黑龙江生活广播(私家车频道) FM104.5	3.15	9
邯郸	中央人民广播电台第四套节目都市之声	0.24	14
杭州	私家车107快乐广播城市之声 FM107/AM1530	12.00	3
	FM104.5女主播电台(旅游之声) FM104.5/AM603	3.39	9
	杭州丽人广播 FM102.1	0.05	17
合肥	安徽生活广播	5.45	7
	安徽健康之声	2.16	17
	安徽旅游广播	0.77	22
济南	山东广播电视台广播生活频道 FM105	1.68	13
南昌	江西旅游广播 FM97.4	4.24	7
	江西都市广播 FM106.5	3.12	11
	江西民生广播 FM101.9	3.12	12
南京	南京经济台 AM900/FM98.1	6.07	7
	江苏人民广播电台金陵之声 FM99.7	3.87	11
	江苏健康广播 AM846/FM100.5	2.46	13
	南京城市管理广播 FM96.6/AM1170	0.50	22
	中央人民广播电台第四套节目都市之声	0.02	25
南宁	广西电台教育广播(私家车930) FM93.0	16.22	1
	南宁人民广播电台成功895 FM89.5	1.72	11
	中央人民广播电台第四套节目都市之声	0.00	20
宁波	私家车107快乐广播城市之声 FM107/AM1530	3.39	10
	上海东方都市广播899驾车调频 FM89.9/AM792	0.56	14

续表

城市	频率	市场份额%	当地排名
青岛	山东广播电视台广播生活频道 FM105	0.38	18
清远	广东广播电视台南方生活广播 FM93.6/AM999	0.74	15
	广东广播电视台城市之声 FM103.6	0.53	17
	中央人民广播电台第四套节目都市之声	0.02	26
泉州	泉州人民广播电台 1059 刺桐之声 FM105.9	13.04	2
	福建 987 私家车广播 FM98.7	2.63	10
厦门	厦门旅游广播 AM1008/FM94	1.77	9
汕头	广东广播电视台城市之声 FM103.6	0.26	12
	中央人民广播电台第四套节目都市之声	0.15	15
上海	上海东方都市广播 899 驾车调频 FM89.9/AM792	3.55	8
深圳	深圳私家车广播 I Radio FM94.2	1.80	13
	宝安广播频率缤纷 FM104.3	1.31	14
	龙岗区广播电台星光 FM99.1	0.57	17
	广东广播电视台城市之声 FM103.6	0.57	18
沈阳	辽宁广播电视台都市广播 FM92.1/AM1341	17.31	2
	辽宁广播电视台生活广播 FM103.4/FM90.4/AM882	8.50	6
石家庄	河北电台旅游文化广播 AM603/AM1521/FM100.3	3.38	10
	河北人民广播电台生活广播 AM747/FM89	2.79	12
	中央人民广播电台第四套节目都市之声	0.16	19
苏州	苏州广播电视总台生活广播 FM96.5	6.05	5
	上海东方都市广播 899 驾车调频 FM89.9/AM792	0.11	28
	无锡广播电视台都市生活广播 FM88.1	0.02	31
太原	山西广播电视台健康之声广播 FM105.9	12.76	3
天津	天津人民广播电台生活广播 FM91.1/AM1386	6.27	6
	河北人民广播电台生活广播 AM747/FM89	0.23	14
乌鲁木齐	新疆人民广播电台城市广播私家车调频 FM92.9	6.29	6
无锡	无锡广播电视台都市生活广播 FM88.1	6.45	6
	上海东方都市广播 899 驾车调频 FM89.9/AM792	0.16	20
武汉	湖北省广播电视总台生活广播 auto radio FM96.6	1.66	13
西安	陕西广播电视台都市广播 FM101.8/AM1008	12.46	1
	陕西都市快报广播版 FM99.9	1.20	16
长春	长春城市精英广播 FM99.6/AM585	3.51	8
	吉林人民广播电台健康娱乐广播 FM101.9	2.62	10
	吉林人民广播电台旅游广播 FM103.3	0.99	15
长沙	湖南金鹰 955 FM95.5	9.83	2
	湖南旅游频道 FM106.9	0.66	15
	中央人民广播电台第四套节目都市之声	0.03	19
郑州	郑州人民广播电台 FM88.9/AM1008	2.20	14
	河南电台 1074 慢生活 FM107.4/AM900	0.72	20
重庆	重庆人民广播电台都市频率 FM93.8	11.96	3

五、都市生活类典型节目案例分析

1.《心龙门客栈》

播出频率：广西交通广播
播出周天：周一至周五
播出时间：16:30～17:30
节目类型：美食资讯类

《心龙门客栈》是广西交通广播近十年来打造的一档专业餐饮服务性节目，以虚拟的“龙门客栈”为节目载体，设置老板娘、店小二和龙大厨三个角色，在彼此互动谈话、插科打诨中传递信息。节目播出时间恰好在傍晚时段，旨在服务有车一族，为其提供吃喝玩乐信息，节目收听率及市场份额表现较好（图11）。

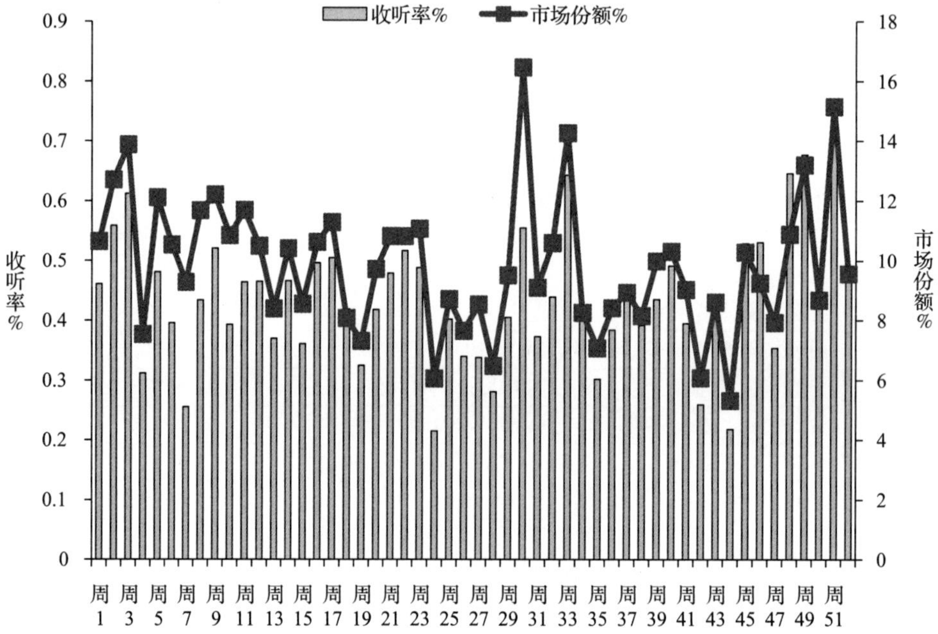

数据来源：CSM媒介研究

图11　2015年广西交通广播《心龙门客栈》在南宁市场的全年收听趋势

从听众收听《心龙门客栈》的场所选择上来看，在“车上”的收听表现最好，“在家”也有一定的收听量，在“工作/学习场所”和“其他场所”的收听量则相对较少（图12）。

从广西交通广播《心龙门客栈》在南宁地区的“车上”听众集中度可以看出，节目受到了男性、25～54岁中青年、高中学历、干部/管理人员、个体/私营企业人员、个人月收入3001元及以上高收入群体的青睐（图13）。

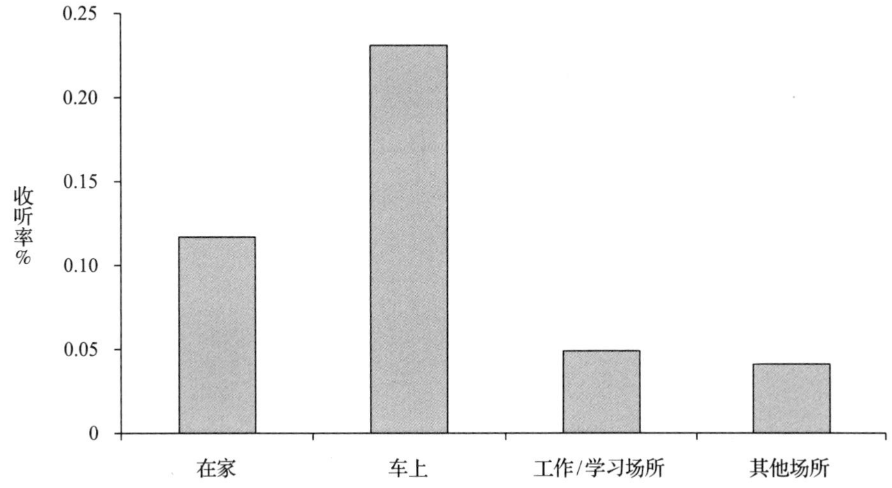

数据来源：CSM 媒介研究

图 12　2015 年广西交通广播《心龙门客栈》在南宁市场不同收听场所的收听率（%）对比

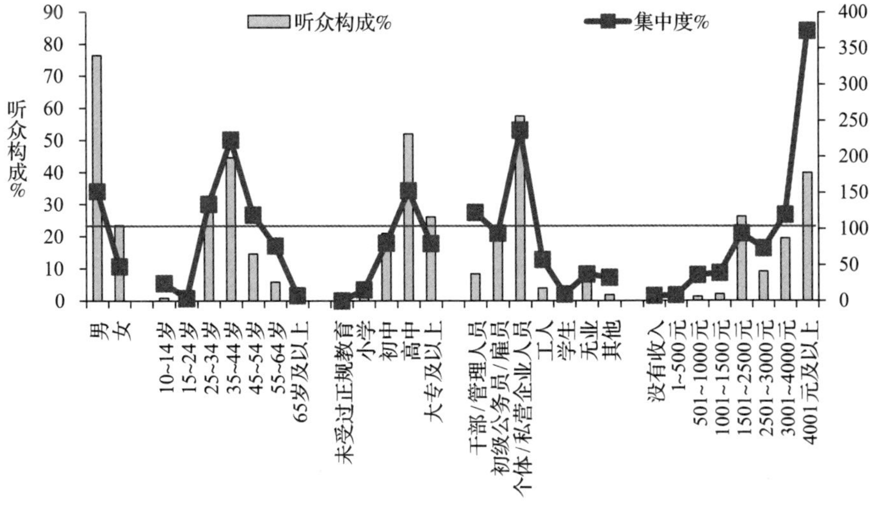

数据来源：CSM 媒介研究

图 13　2015 年广西交通广播《心龙门客栈》在南宁市场的车上听众构成（%）和集中度（%）

《心龙门客栈》首开广西电台的先河，推出视频版节目，让广播美食节目不止听得见，还能看得见。同时在微信平台也有固定的栏目信息推送，收到了良好的传播效果。

2.《吃喝玩乐搜城记》

播出频率：武汉交通广播

播出周天：每天

播出时间：17:00～19:00

节目类型：都市生活类

《吃喝玩乐搜城记》是武汉交通广播一档以大武汉吃喝玩（囊括美食、搜街、购物、娱乐、新奇资讯）为基础，以主持人快乐时尚的主持风格为特点，具有武汉本土气息的娱乐性服务类节目。该节目以地域文化为依托，采用或说、或学、亦逗、也唱等多种表现形式，将幽默的笑话融入生活的方方面面，每天傍晚17:00~19:00在下班的路上为听众带来两小时持续欢乐的开心大餐。

从武汉交通广播全天收听率走势来看，《吃喝玩乐搜城记》播出期间形成了傍晚时段较为明显的收听高峰（图14）。

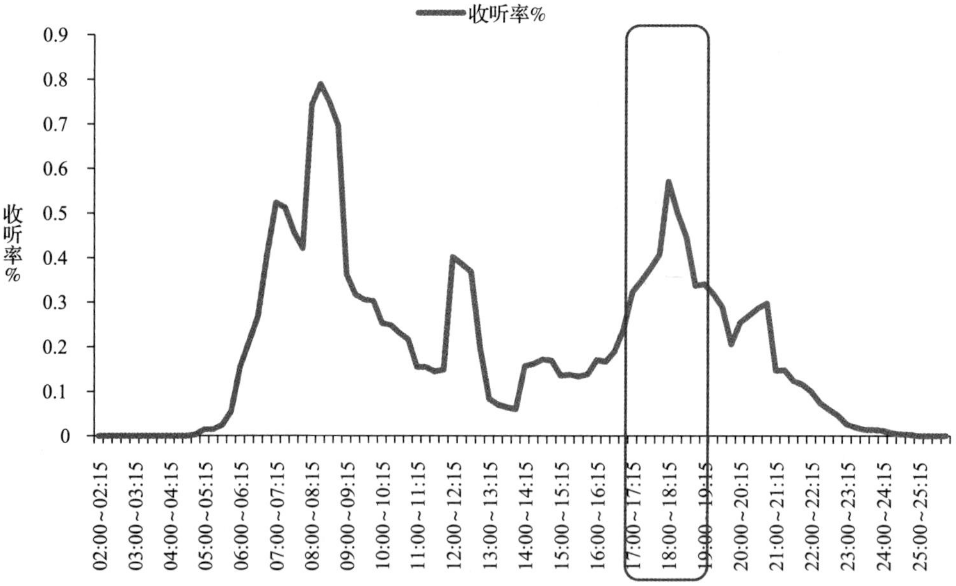

数据来源：CSM媒介研究

图14　2015年武汉交通广播在武汉市场的全天收听率（%）趋势

从《吃喝玩乐搜城记》的听众特征来看，男性、35~44岁中青年、初高中教育程度、个体/私营企业人员所占比例相对较高；个人月收入1501~2500元、3001~4000元的听众也占较大比例；男性、10~14岁青少年、25~54岁中青年、65岁及以上老年、中低教育程度、个体/私营企业人员、个人月收入3001元及以上的高收入听众更偏爱收听这档节目（图15）。

《吃喝玩乐搜城记》在广播APP、网络电台、微信等新媒体平台上均有良好的表现，有效地扩大了节目的影响力，增强了听众对节目的黏性。该节目同时定期举办“896试吃团”，线上美味线下同享，更与武汉市食品药品监督管理局紧密合作，发布权威食品安全信息。

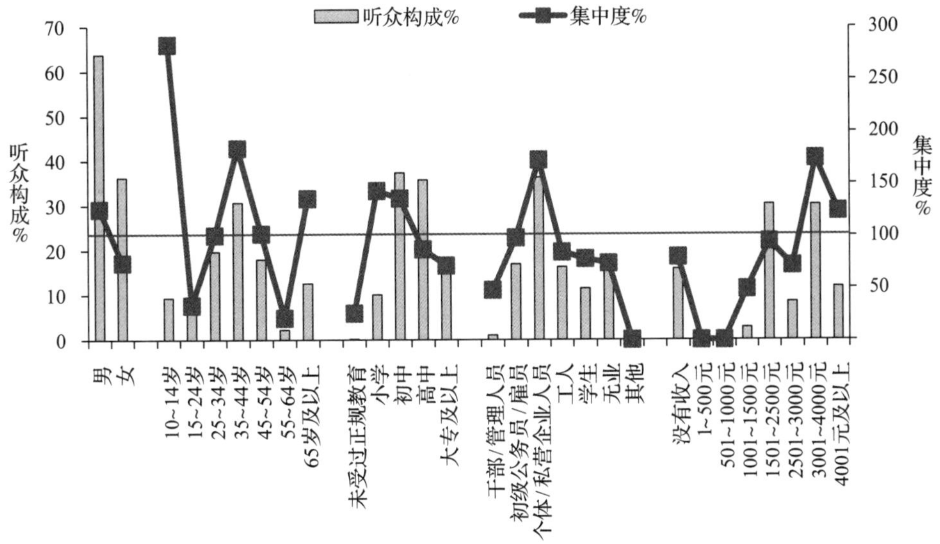

数据来源：CSM 媒介研究

图 15　2015 年武汉交通广播《吃喝玩乐搜城记》在武汉市场的听众构成（%）和集中度（%）

六、结语

综上所述，2015 年都市生活类频率凭借其播出节目内容的多样性吸引了较多的收听人群，听众规模在各专业频率中占据中间位置，与交通类、新闻综合类和音乐类频率仍有较大差距。听众在家收听都市生活类频率的时间最长，仅短于新闻综合类和文艺类频率，其次是在工作/学习场所收听。听众在所有场所人均每日收听都市生活类频率的收听量较前两年略有缩减，但在车上的收听量较之前两年略有提升。在不同收听场所收听该类频率的听众特征具有一定的差异性，女性、45 岁及以上、中等学历及以下、个人月收入 2500 元及以下的听众更偏爱在家收听都市生活类频率；在车上，则以男性、25～54 岁、高中及以上学历、个人月收入 2501 元及以上的听众收听表现最为突出；在工作/学习场所，男性、35～64 岁、初高中学历、个人月收入 1001 元及以上的听众集中度相对于其他目标听众更高。都市生活类频率在不同城市的收听表现略有不同，在少数城市中竞争优势明显，但在多数城市的竞争力相对较弱。

在近几年广播市场逐年萎缩的大环境和其他类型频率竞争的双重压力下，都市生活类频率应不断丰富节目类型，为听众提供更多的生活类信息，同时优化现有节目编排，以吸引更多听众的关注，有效地增强自己在各专业频率中的竞争优势。

（作者：张嫣）

一路上有你
——晚高峰时段广播市场动态浅析

广播市场收听高峰从来都不是一成不变的，随着社会经济的发展，广播听众群体的收听时间、收听习惯、收听喜好等一直在变化。上世纪90年代末以来，广播黄金收听时间主要集中于早、中、晚三个时段，而且早上的收听率明显高于其他时段①。近年来，随着城市私家车数量的急剧增加，有车一族逐渐成为收听广播的重要人群，收听广播的黄金时段也随之有了新的变化并呈现出新的特点。

晚高峰一般指都市上班族在下班时间段内形成的交通高峰，主要集中在17:00~19:00之间，该时段是目前广播收听市场公认的次黄金时段，而集中于这一时段的受众也以移动人群为主，是各广播频率竞相争夺的重点。那么，晚高峰时段广播收听市场表现到底如何？本文主要基于CSM媒介研究2015年36个城市前两波收听调查的数据，对晚高峰时段广播收听市场的整体收听状况、各级电台、各类频率的竞争格局进行分析，并对城乡二元市场晚高峰时段的收听差异进行简单比较，以期给业界提供借鉴。如无特别说明，本文使用的数据均为晚间17:00~19:00的数据。

一、晚高峰时段广播整体收听状况②

1. 晚高峰时段人均收听量基本保持稳定，车上收听比重持续走高

2011~2015年前两波收听调查数据显示，全天时段人均日收听时长逐年下降，5年间下降了近14分钟，这也反映出了近年来广播市场的整体发展态势。反观17:00~19:00的晚高峰时段，人均日收听时长基本稳定在10分钟左右，时段贡献呈现出上升的趋势，说明晚高峰时段广播市场具有稳定的拥趸听众（表1）。

① 於亚女：《论广播节目的编排策略》，《中国广播》，2011年第2期。

② 考虑数据的可比性，涉及历年对比数据时均使用2011~2015年前两波调查32城市的组合数据。

表 1　历年晚高峰时段人均收听分钟数及时段贡献（17:00～19:00）

年份	人均收听分钟数		时段贡献
	17:00～19:00	全天	17:00～19:00
2011 年（1～2 波）	10.48	85.22	12.30%
2012 年（1～2 波）	10.54	81.99	12.86%
2013 年（1～2 波）	10.24	77.79	13.16%
2014 年（1～2 波）	10.08	74.12	13.60%
2015 年（1～2 波）	9.63	71.39	13.49%

数据来源：CSM 媒介研究

观察晚高峰时段不同收听场所收听量与总体收听量的比值可以发现，近五年来，在家收听比重持续走低，从 2011 年的 66% 降低到 2014 年的 55%；车上收听比重则节节攀升，从 2011 年的 27% 上升到 2015 年的 39%。尽管当前晚高峰时段在家收听的比重依然最高，但下滑之势却难以逆转。在广播收听总量进入下行通道的大背景下，晚高峰时段车上收听比重却能逆势上扬，这与我国大中城市日渐拥堵的晚高峰交通状况紧密相关（图 1）。

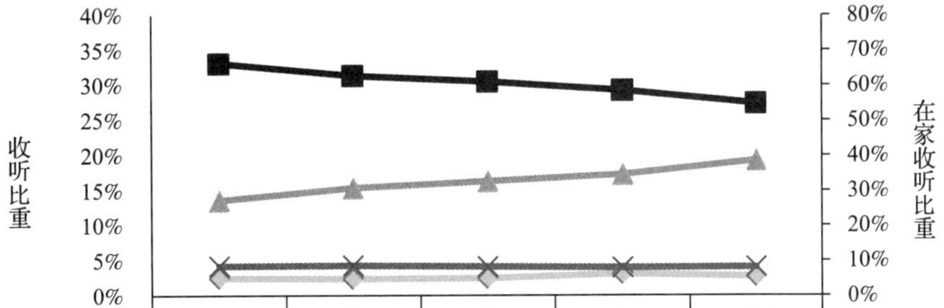

	2011年1~2波	2012年1~2波	2013年1~2波	2014年1~2波	2015年1~2波
其他场所	2%	2%	2%	3%	3%
工作/学习场所	4%	4%	4%	4%	4%
在家	66%	63%	61%	58%	55%
车上	27%	31%	33%	35%	39%

数据来源：CSM 媒介研究

图 1　历年晚高峰时段不同场所收听比重比较（17:00～19:00）

2. “前峰时段”，“在家”和“车上”收听齐头并进；“后峰时段”，“在家”收听更为突出

绝对黄金时间是由社会总的作息规律决定的，凝聚着最佳社会传播价值和效果。相对黄金时间则是由传播对象的作息规律决定的，凝聚着最佳对象传播价值和效果①。在

① MBA 智库·百科，http://wiki.mbalib.com/wiki/%E9%BB%84%E9%87%91%E6%97%B6%E9%97%B4。

对广播节目编排进行分析时，要从当地的社会环境和传媒接受者的作息习惯出发。心理学研究证明，人的注意力不可能在长时间内保持高度集中。广播因其伴随性传播的特点，大部分听众处于“半收听状态”，尤其是在晚高峰时段，开车、吃饭、做家务等干扰因素很多，听众的流动性也很大。因此，要根据听众的作息时间和习惯，将晚高峰时段进行合理划分。

17:00 ~ 18:00 时段，大部分听众都在下班回家的路上，环境嘈杂，听众注意力相对分散，可将这一时段划分为晚高峰的“前峰时段”；18:00 ~ 19:00 时段，听众基本到达了目的地，环境相对安静、单一，听众的注意力也相对集中，可将这一时段划分为晚高峰的“后峰时段”。从晚高峰时段不同场所的收听率走势我们可以看出，17:00 ~ 18:00之间的收听“前峰时段”，“在家”和“车上”收听均平稳爬升。这一时段，大部分听众在路上，因而“车上”的收听水平几乎可以与“在家”比肩。18:00 之后，随着车载听众逐渐到达目的地，“后峰时段”的“车上”收听一路走低，而“在家”收听则继续攀升。结合晚高峰“前峰时段”和“后峰时段”听众的不同收听场所及特点，只要合理安排前、后峰时段的节目内容，应该可以收到更好的收听效果（图2）。

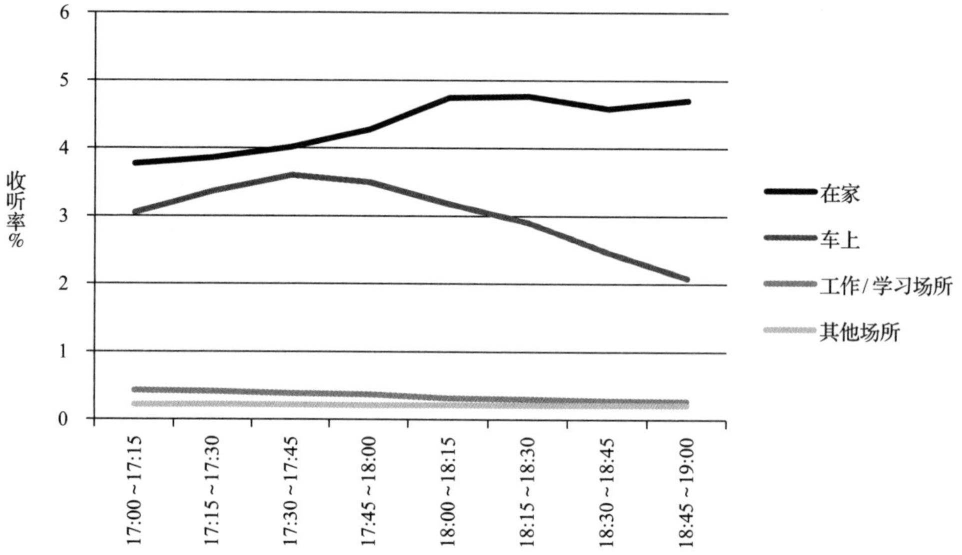

图2　2015年晚高峰时段不同场所收听率走势比较（17:00~19:00，前两波调查数据）

3. 多数目标听众收听高峰现于晚高峰的“前峰时段”

黄金时段具有连续性，在黄金时段中总有一个最高收听点。只要集中强势节目，编排得当，这个最高点就会相对稳定并向前后延伸，保持较长时间的高收听率，因而抓住收听高峰时段的最高收听点并对其进行分析具有重要的实际价值。

细分各目标听众从下午16:00至晚间21:00之间收听率高峰出现时段的分布情况可以发现（表2），绝大多数目标听众群体的收听率晚间最高峰出现在17:00~18:00的下班高峰时段，而10~14岁听众及初中学历听众的收听率最高峰出现得相对较晚，在18:00~19:00时段。收听率高峰出现时间最晚的听众群体是15~24岁听众，在

20:00~21:00时段，该类听众可能是夜间娱乐和谈话互动类节目的重要听众。针对不同的目标听众及其收听高峰，在编播节目时要特别考虑目标受众的收听环境、收听习惯和信息需求等问题。

表2　2015年不同目标听众16:00~21:00时段收听率（36城市，前两波调查数据）

目标听众 \ 时间	16:00~17:00	17:00~18:00	18:00~19:00	19:00~20:00	20:00~21:00
10岁及以上所有人	4.79	6.75	6.65	4.21	5.52
10~14岁	4.93	7.01	9.00	6.91	8.35
15~24岁	3.96	7.12	8.46	5.58	8.56
25~34岁	4.70	8.24	7.59	4.27	6.53
35~44岁	4.93	7.25	7.14	4.69	5.70
45~54岁	4.70	6.61	6.62	4.06	5.24
55~64岁	4.88	5.43	5.20	3.38	3.94
65岁及以上	5.32	5.63	4.99	3.38	3.61
小学及以下	5.47	6.03	5.85	4.28	4.86
初中	5.24	5.78	5.81	4.17	5.37
高中	4.65	6.28	6.17	4.03	5.38
大学及以上	4.26	8.65	8.46	4.47	6.05

数据来源：CSM媒介研究

二、晚高峰时段广播收听市场的电台竞争格局

1. 省级电台在竞争中独占鳌头

按照目前我国广播电台的层级结构，广播收听市场上的电台主要有中央级广播电台（中央人民广播电台、中国国际广播电台）、各省级广播电台以及市级广播电台。中央级电台各频率在不同城市的落地情况并不均匀，实际参与当地广播收听市场竞争的频率较为有限，而本地电台则区域性特征明显，节目内容更贴近听众的实际生活。因此，广播收听市场的竞争格局主要表现为省、市两级本地电台之间的竞争，两者占据市场主导地位。2014年前两波和2015年前两波调查数据显示，晚高峰时段各级电台所占市场份额此消彼长，省、市两级电台所占市场份额之和占九成左右，其中省级电台的市场份额约为市级电台的一倍，竞争力首屈一指（表4）。

表3　2014及2015年晚高峰时段各级广播电台的收听率及市场份额（17:00~19:00，前两波调查数据）

广播电台	收听率（%）		市场份额（%）	
	2014年1~2波	2015年1~2波	2014年1~2波	2015年1~2波
中央级	0.65	0.53	7.71	6.56
省级	5.02	4.92	59.81	61.29
市级	2.46	2.34	29.26	29.15
其他	0.27	0.24	3.22	3.00

数据来源：CSM媒介研究

2. 省级电台竞争优势主要体现在省会城市或直辖市

分城市来看，晚高峰时段省级电台的竞争优势主要体现在省会城市或直辖市。如在北京、长沙、成都、重庆、福州、广州、杭州、哈尔滨、合肥、南昌、南京、南宁、上海、沈阳、石家庄、太原、天津、乌鲁木齐、武汉、西安和郑州这21个城市，该类电台所占份额均在50%以上；其中在重庆、上海、天津、沈阳和北京5个城市，省级电台的市场份额超过80%。市级电台则在常州、大连、佛山、济南、青岛、清远、泉州、深圳 、苏州、无锡、厦门和汕头12个城市的市场份额超过50%，其中在11个城市所占的市场份额更是超过70%；中央级广播电台则仅在福州和邯郸两个城市获得了超过20%的市场份额（图3）。

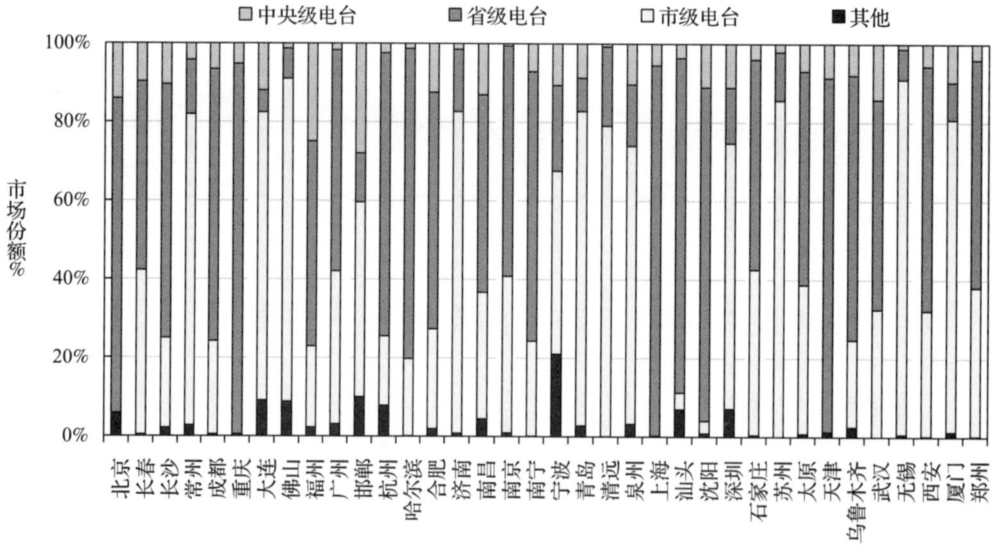

数据来源：CSM媒介研究

图3　2015年晚高峰时段不同城市中各级广播电台的竞争格局（17:00~19:00，前两波调查数据）

3. 省级电台在车上竞争力更强

观察不同场所各级广播电台的市场份额情况，中央级电台在不同场所的市场份额有较大差异，“在家”的市场份额几乎相当于“车上”与“工作/学习场所”的市场份额之和。反观省级电台和市级电台，二者在不同场所的市场份额相对均衡。在晚高峰时段，省级广播电台在“车上”的收听竞争力更强，市场份额达61.42%（图4）。

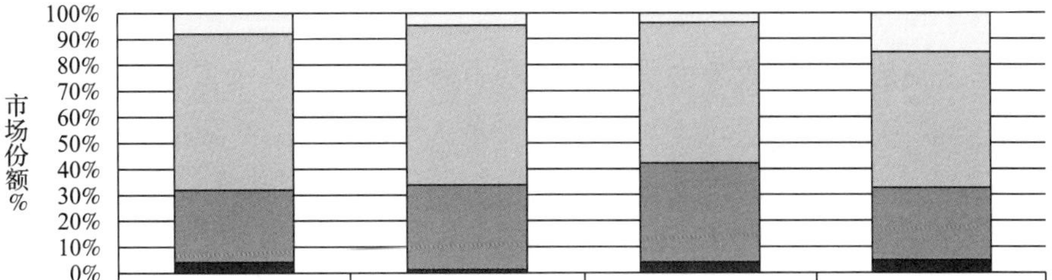

	在家	车上	工作/学习场所	其他场所
□中央级	7.92	4.67	3.75	15.19
□省级	60.03	61.42	54.05	52.19
■市级	27.94	32.64	38.11	27.80
■其他	4.11	1.27	4.09	4.82

数据来源：CSM 媒介研究

图 4　2015 年晚高峰时段各级广播电台在不同收听场所的市场份额（17:00～19:00，前两波调查数据）

三、晚高峰时段广播收听市场频率竞争格局

1. 晚高峰时段频率竞争"马太效应"凸显，交通频率市场份额高居榜首

在广播收听市场逐渐向移动收听偏移的大背景下，广播频率间的竞争优势日益向交通类、新闻类以及音乐类频率集中，晚高峰时段，新闻类、交通类和音乐类频率的累计市场份额接近七成，频率竞争的"马太效应"进一步凸显。与全天时段新闻综合类频率所占市场份额最高不同，晚高峰时段最受听众青睐的是交通类频率，2015 年前两波收听调查数据显示，交通类频率以 26.91% 的市场份额高居首位。拥堵的路况造就了服务于出行人员的交通类频率的辉煌，高收听率和强大的社会影响力使得交通类频率成为晚高峰广播收听市场的领军频率。新闻综合类和音乐类频率分别以 21.26% 和 18.01% 的市场份额占据第二、第三位。文艺类、都市生活类及经济类频率在晚高峰时段也占有一席之地（图 5）。

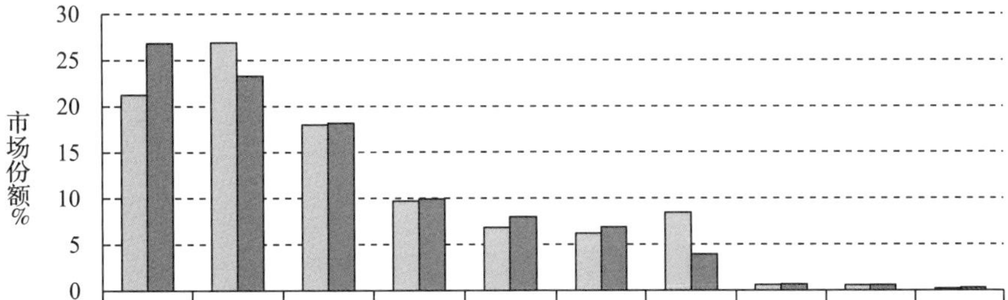

	新闻综合类	交通类	音乐类	文艺类	都市生活类	经济类	其他类	体育类	农村类	教育类
□17:00~19:00	21.26	26.91	18.01	9.70	6.84	6.20	8.44	0.62	0.58	0.20
■全天	26.82	23.29	18.17	9.93	7.98	6.88	3.93	0.66	0.59	0.30

数据来源：CSM 媒介研究

图 5　2015 年晚高峰时段各类别频率的市场份额（17:00～19:00，前两波调查数据）

2. 在车上交通类频率竞争力强劲，在家中新闻综合类频率占据优势地位

从2015年前两波调查数据显示的晚高峰时段各专业频率在不同收听场所的市场份额来看，在车上，交通类频率以绝对优势占据车上市场份额第一的位置，达到50.3%，音乐类频率位居第二，市场份额达23.3%，是排名第三的新闻综合类频率的市场份额的两倍有余；在家中，新闻综合类频率的市场份额位列第一，音乐类和交通类频率的市场份额比较接近，分列第二、第三位（表4）。

表4 2015年各类广播频率在不同收听场所的市场份额（%）比较（17:00~19:00，前两波调查数据）

频率类别	所有场所	在家	车上	工作/学习场所	其他场所
交通类	26.9	11.7	50.3	22.4	12.7
新闻综合类	21.3	28.9	10.3	16.5	28.3
音乐类	18.0	13.8	23.3	21.1	23.4
文艺类	9.7	13.5	4.2	10.2	8.4
都市生活类	6.8	7.7	5.4	7.6	7.7
经济类	6.2	8.0	3.5	6.4	7.6
体育类	0.6	0.7	0.6	0.3	0.5
农村类	0.6	0.8	0.3	0.4	0.3
教育类	0.2	0.3	0.1	0.2	0.1
其他类	8.4	13.1	1.8	7.7	9.8

数据来源：CSM媒介研究

3. 不同目标听众群体对各类频率的收听特征各不相同

目前，广播电台基本完成了频率专业化的转型，新闻综合类、交通类、音乐类等广播频率纷纷出现，但与此同时，节目的同质化倾向也愈加明显。面对此种情况，市场受众需求的进一步细分变得十分必要，而受众需求分析无疑是最好的切入口。观察晚高峰时段不同目标听众群体中各类频率的市场份额，可以看出不同目标人群对各类频率的收听关注程度。下文对市场份额较高的新闻综合类、交通类和音乐类频率进行目标听众的差异化分析。

从性别上看，男女听众的收听差异主要体现在交通类频率上，交通类频率在男性中所占的市场份额较高，为31.6%，较女性听众高出10个百分点，这与晚高峰时段车载收听群体以男性司机为主有密切联系。

从年龄上看，晚高峰时段各年龄段听众群体对各类型频率的收听表现出明显的差异。25~54岁的社会中坚力量在晚高峰时段一般都在下班途中，该类人群拥有私家车的比例较高，对交通路况等信息需求度更高，因此晚高峰时段更偏重于收听交通类频率；与外出上班的人群不同，55岁及以上的中老年人群体更青睐于收听新闻综合类频率，这类人群多数赋闲在家，晚高峰期间通过新闻综合类频率了解一天内发生的大事小情；相对于听众特征明显的新闻综合类和交通类频率，能放松和娱乐身心的音乐类频率除对55

岁及以上的中老年听众吸引力稍显不足外，对其他各年龄段听众的吸引力均较强。拥堵的下班途中，音乐可以舒缓无聊和堵车带来的烦躁，均衡的市场份额也反映出音乐类频率伴随性强的特征。

从学历层次上看，初中及以下较低教育程度人群在晚高峰时段对新闻综合类频率的关注度较高，新闻综合类频率在该类人群中所占的市场份额达到25%以上，高学历人群在晚高峰时段则对交通类和音乐类频率的关注度更高，这两类频率在大学及以上人群中所占的市场份额分别为37.08%和23.21%。

从收入水平上看，各收入阶层对新闻综合类频率的关注度差异不大，交通类和音乐类频率的特征较为明显，交通类频率所占市场份额与受众收入成正向关系，基本随收入的增长而增长：高收入人群在晚高峰时段对交通类频率的收听远高于低收入人群。音乐类频率在晚高峰时段呈现出两端高、中间低的特征，该类频率在低收入者和5001元及以上高收入人群中所占的市场份额分别为24.26%和23.97%（表5）。

表5　2015年晚高峰时段各类频率在不同目标听众群体中的市场份额（%，17:00~19:00，前两波调查数据）

目标听众	新闻综合类	交通类	音乐类	文艺类	都市生活类	经济类	其他类
10岁及以上所有人	21.26	26.91	18.01	9.70	6.84	6.20	8.44
男	20.80	31.60	16.67	9.20	6.35	5.94	6.76
女	21.79	21.48	19.55	10.27	7.40	6.51	10.38
10~14岁	21.58	22.44	21.87	7.67	10.38	4.80	8.50
15~24岁	21.64	25.24	24.64	9.43	7.22	3.81	4.84
25~34岁	13.73	35.68	25.65	5.28	6.27	5.44	6.15
35~44岁	15.23	34.40	21.29	8.14	6.07	5.41	6.96
45~54岁	21.61	29.13	14.20	11.73	5.79	6.23	8.70
55~64岁	28.35	16.56	9.44	12.05	7.49	9.99	13.42
65岁及以上	36.43	8.67	5.92	15.23	9.20	7.56	13.24
未受过正规教育	25.63	3.48	1.90	24.08	12.30	2.32	12.47
小学	30.05	13.43	10.03	12.20	9.11	6.77	9.64
初中	25.12	20.62	13.98	10.65	7.63	7.35	12.51
高中	21.58	26.76	17.58	10.28	6.07	6.60	8.66
大学本科及以上	16.75	37.08	23.21	6.21	6.65	5.13	3.43
没有收入	22.61	16.93	24.26	12.70	6.38	5.20	7.27
1~500元	25.59	12.03	14.69	3.49	8.01	6.95	12.99
501~1000元	31.77	13.45	10.13	18.07	6.60	4.10	10.57
1001~1500元	19.67	16.50	13.23	13.52	7.58	6.63	17.47
1501~2500元	21.86	19.51	12.37	12.22	8.28	7.64	15.20
2501~5000元	22.08	30.83	18.14	8.59	6.12	6.18	6.16
5001元及以上	15.91	38.88	23.97	5.20	6.86	4.77	2.90

数据来源：CSM媒介研究

4. 交通类频率在多数城市竞争力强劲，广播媒体的地域性和贴近性特征明显

观察晚高峰时段各城市收听率排名第一的广播频率可以发现，交通类频率在晚高峰时段无疑最具竞争力，36个城市中晚高峰收听率最高为交通频率的城市高达23个。新闻综合类频率在晚高峰时段收听率最高城市数量排名中位居第二，共有6个城市位列第一。音乐类和都市生活类频率在晚高峰时段也颇具竞争力，当地晚高峰时段音乐类频率收听率最高的城市数为4个，都市生活类为2个（表6）。

表6　2015年各城市晚高峰时段收听率排名第一的频率（17:00～19:00，前两波调查数据）

城市	频率	类别	级别	收听率%	市场份额%
北京	北京人民广播电台交通广播（FM103.9/CFM95.6）	交通	省级	4.72	48.52
长春	长春交通之声 FM96.8	交通	市级	2.46	35.04
长沙	湖南人民广播电台交通频道 FM91.8/FM100.3	交通	省级	1.45	28.99
常州	常州人民广播电台交通广播 FM90	交通	市级	2.25	23.99
成都	四川人民广播电台交通广播 FM101.7	交通	省级	1.39	20.39
重庆	重庆人民广播电台交通频率 FM95.5	交通	省级	1.96	37.85
大连	大连人民广播电台第四套广播交通广播 FM100.8	交通	市级	2.50	42.30
佛山	佛山人民广播电台 FM94.6	新闻综合	市级	2.72	32.26
福州	福建987私家车广播 FM98.7	都市生活	省级	0.94	20.80
广州	广东广播电视台羊城交通广播台 FM105.2	交通	省级	0.89	19.05
邯郸	中央人民广播电台第一套节目中国之声	新闻综合	中央级	0.84	21.05
杭州	浙江之声 FM88/FM101.6/AM810	新闻综合	省级	2.41	14.76
哈尔滨	黑龙江都市女性广播 FM102.1	其他	省级	12.97	63.39
合肥	安徽交通广播	交通	省级	0.90	15.95
济南	济南新闻广播 FM106.6	新闻综合	市级	1.48	21.22
南昌	江西交通广播 FM105.4	交通	省级	0.43	13.11
南京	江苏经典流行音乐广播 FM97.5	音乐	省级	0.85	12.20
南宁	广西电台教育广播（私家车930）FM93.0	都市生活	省级	1.27	23.68
宁波	宁波电台音乐广播私家车986FM98.6	音乐	市级	1.24	17.19
青岛	青岛交通广播 FM89.7/AM900	交通	市级	3.96	45.54
清远	清远综合广播 FM88.7	新闻综合	市级	1.81	36.01
泉州	泉州人民广播电台904交通之声 FM90.4	交通	市级	1.86	32.93
上海	上海流行音乐广播 动感101 FM101.7	音乐	省级	1.53	21.80
汕头	汕头人民广播电台经济广播（新闻993）	新闻综合	市级	3.10	44.76
沈阳	辽宁广播电视台交通广播 FM97.5	交通	省级	1.57	19.10
深圳	深圳广播电台交通频率 FM106.2	交通	市级	1.38	32.28
石家庄	河北人民广播电台交通广播 FM99.2	交通	省级	1.56	23.73
苏州	苏州广播电视总台交通广播 FM104.8	交通	市级	2.95	36.24
太原	太原人民广播电台交通频率 FM107	交通	市级	1.25	19.56
天津	天津人民广播电台交通广播 FM106.8	交通	省级	3.04	26.68
乌鲁木齐	新疆人民广播电台949交通广播 FM94.9	交通	省级	2.10	25.28
武汉	楚天交通广播 FM92.7	交通	市级	0.87	21.07
无锡	无锡广播电视台交通广播 FM106.9	交通	市级	2.37	25.04
西安	西安广播电视台综艺广播 FM102.4	文艺	市级	0.97	13.72
厦门	厦门经济交通广播 FM107/AM1278	经济	市级	1.51	32.21
郑州	河南人民广播电台音乐广播 FM88.1	音乐	省级	0.72	17.12

数据来源：CSM媒介研究

晚高峰时段不同城市的收听表现也具有突出的地域性差异。在哈尔滨、北京、青岛、汕头和大连这5个城市，晚高峰时段收听率最高的频率在本地市场的份额占到40%以上，哈尔滨都市女性广播在晚高峰时段的市场份额甚至占到了六成以上，竞争力十分强劲。而在太原、沈阳、广州、宁波和郑州等10个城市，晚高峰时段收听率最高的频率收听表现相对不太突出，即使是收听率最高的频率，其市场份额也不到20%。

从收听率最高频率所属的频率组别来看，属于省级电台（包括直辖市）的有18个、市级电台的有17个、中央级电台的有1个。近年来，广播媒体在净化广告市场、发挥属地特点、丰富节目内容、注重节目互动、重视资讯贴近性等方面进一步得到强化，在各自的覆盖市场内竞争优势得以凸显。

四、省级广播收听市场晚高峰时段收听特点

2015年CSM媒介研究提供了安徽、福建和辽宁3省的收听调查数据，省级市场数据包括城市和乡村的收听数据，在此我们对省级广播收听市场晚高峰时段的收听特点做一个简要分析。

1. 城市人均收听时长远长于乡村，“在家”是乡村收听的主要场所

与其他媒体相比，广播媒体的一大优势就在于其设备的便携性及伴随收听性，听众可以不受时间和空间的限制，享受“流动媒体”的便利。不少专业人士都将田间地头视作农村听众消费广播的潜力场所，然而，实际情况表明，农村听众的收听习惯限制了广播媒体优势的发挥。数据显示，在乡村，晚间17:00~19:00时段“在家”收听广播的比重超过80%，仅有不足3%的收听来自“工作/学习场所”。

观察城市和农村在不同场所的人均收听量，晚高峰时段城市中的人均收听时长远长于乡村，城市为7.31分钟，乡村为2.80分钟，城市人均收听时长约为乡村的2.6倍，“其他场所”也表现出城市长于乡村的特点（表7）。

表7　2015年晚高峰时段省级市场不同场所人均收听时长及收听比重对比
（17:00~19:00，前两波调查数据）

收听场所	人均收听分钟数			收听比重%		
	10岁及以上所有人	城市	乡村	10岁及以上所有人	城市	乡村
所有场所	4.93	7.31	2.80	100.00%	100.00%	100.00%
在家	3.41	4.62	2.32	69.17%	63.20%	82.86%
车上	1.17	2.12	0.32	23.73%	29.00%	11.43%
工作/学习场所	0.20	0.33	0.08	4.06%	4.51%	2.86%
其他场所	0.16	0.24	0.08	3.25%	3.28%	2.86%

数据来源：CSM媒介研究

2. 城乡差异呈现出地域性特征

从各省晚高峰时段不同级别电台所占市场份额来看，省级电台所占市场份额均明显高于中央级电台。细分到各省，省级电台所占市场份额又各具特色。安徽的省级电台在城乡两个市场的发展较为均衡，所占市场份额旗鼓相当；辽宁的省级电台在城乡两个市场则表现出明显的差异，在城市所占的市场份额高出在乡村所占市场份额近20个百分点；福建与辽宁恰恰相反，省级电台在城市所占的市场份额为25.6%，在乡村所占的市场份额则高达45.56%，差距十分明显。这与频率信号覆盖、当地经济发展水平、私家车保有量及受众的收听习惯等有密切关系（表8）。

表8 2015年晚高峰时段各省城市和乡村中央级、省级电台市场份额比较
(17:00~19:00，前两波调查数据)

省份	中央级电台			省级电台		
	10岁及以上所有人	城市	乡村	10岁及以上所有人	城市	乡村
安徽	13.96	13.48	14.72	66.12	62.78	71.34
辽宁	14.04	12.83	18.59	45.33	49.45	29.95
福建	20.95	18.37	24.97	33.40	25.60	45.56

数据来源：CSM媒介研究

五、结语

傍晚17:00~19:00历来被认为是广播收听市场的次黄金时段，这一时段的受众中有一大部分是参与交通晚高峰的移动人群，这个时段是各广播频率竞相争夺的重点。近年来，在广播市场收听总量进入下行通道的大背景下，晚高峰的收听量依然坚挺。频率之间的竞争呈现出“马太效应”，市场份额进一步向交通类、新闻综合类以及音乐类频率集中，其中交通类频率的竞争优势尤为突出。晚高峰时段，地域性和贴近性特征明显的省市级频率在各自的覆盖市场内竞争优势得以凸显。与城市地区突出的收听晚高峰相比，农村市场由于听众作息习惯等方面的原因，收听晚高峰并不明显。

随着广播移动听众规模的加大，收听终端势必会进一步向车载收听和移动互联收听拓展，收听行为将更加碎片化、伴随化，资讯获取也将更加快捷化。这对晚高峰这一以“车上”为重要收听场所的时段在广播节目创新、节目编排和营销方面都提出了新的命题。晚高峰时段广播节目的编排应积极适应移动互联语境的需要，尝试引入大数据时代的关系网络分析方法，以适应不同终端受众收听诉求的改变，攀登傍晚收听新高峰。

（作者：张广彦）

重大新闻事件在各媒体平台的传播表现
——以“9.3”抗战胜利阅兵为例

2015年，对于全体中国人而言，注定是一个不平凡的年份。2015年既是抗战胜利暨世界反法西斯战争胜利70周年，又是“十二五”规划的收官之年。一边是承前的历史，一边是启后的未来，中华儿女倍感振奋，为如今国富兵强的盛世而自豪。2015年9月3日是中国第二个法定“中国人民抗日战争胜利纪念日”，也是首个决定放假的抗战胜利纪念日。为了铭记这个重要的日子，我国政府举办了一系列纪念活动，其中，作为纪念中国人民抗日战争暨世界反法西斯战争胜利70周年纪念活动的重要组成部分，由陆海空三军、第二炮兵、武警部队和四总部直属部队组成的联合阅兵仪式在天安门地区组织实施。本次抗战胜利日阅兵是新中国历史上的第十五次大阅兵，是进入21世纪以来的第二次大阅兵，同时也是新中国成立以来第一次在非国庆节举行的大阅兵。

纪念抗战胜利阅兵期间，中央电视台CCTV-1综合频道、CCTV-2经济频道、CCTV-3综艺频道等10个中央台频道，以及全国多家上星频道对本次阅兵进行了同步直播，另有多家境外媒体也进行了全程转播，阅兵前后相关的网络收视和微博网络讨论量也掀起了一波高潮。本文以本次阅兵为例，对重大新闻事件在各媒体平台的传播表现做一个简要分析。

一、电视直播收视表现

由于各频道的转播时间有所差异，因此本文截取阅兵式正式开始和结束的8:50~11:40时段展开分析，下文涉及的时段数据部分均以此时间段为计算标准。

1. 重大新闻事件收视，中央台频道更受青睐

从CSM媒介研究全国收视调查网数据来看，中央台频道在直播阅兵期间的各项指标都高于8月平均水平，收视率为18%，人均收视时长31分钟，均是8月同时段平均水平的10倍以上；市场份额达到59.4%，相比8月同时段增幅达到了262%；观众规模也是8月的近3倍。相比中央台频道的高歌猛进，省级卫视频道表现相对较为平缓，收视率和市场份额虽较自身8月平均水平提升近1倍，但仍不及中央台频道的一半；观众规模有小幅提升，但相比中央台频道提升幅度并不明显；市场份额仅占24.3%，相比8月

平均值反而有较大下滑。这说明当遇到重大新闻事件时，中央台频道仍是大家获取信息的主要来源。从整体数据来看，本次《纪念中国人民抗日战争暨世界反法西斯战争胜利70周年大会》全国并机播出的总收视率达25.4%，总市场份额达83.7%，吸引了全国超过5亿电视观众的关注。纵观8月的平均水平，省级卫视的各项收视指标都高于中央台频道，但阅兵仪式直播期间则全部被中央台频道反超。说明在有重大新闻事件发生时，中央台频道仍是各类观众的优先选择（表1）。

表1　阅兵式直播频道收视表现（全国测量仪，直播时段）

频道	中央台转播频道		省级卫视转播频道		全部并机播出频道	
指标＼日期	9月3日	8月平均	9月3日	8月平均	9月3日	8月平均
收视率%	18.0	1.6	7.4	3.9	25.4	5.5
市场份额%	59.4	16.4	24.3	40.7	83.7	57.1
人均收视时长（分钟）	31.0	3.0	13.0	7.0	43.0	9.0
平均到达率%	26.4	9.7	16.4	14.6	39.2	18.1
平均到达率（000）	337706	123427	210178	186809	500501	231328

数据来源：CSM媒介研究

2. 阅兵盛会收获全民关注，年轻观众强劲回归

从不同目标观众收看阅兵式的规模可以看出，不同性别、不同年龄的观众均对本次阅兵盛会倾注了空前热情，最明显的表现是中央台频道在直播纪念抗战胜利阅兵期间，各目标观众群体的平均到达率皆为平时的2倍以上，其中提升最为明显的是15~44岁人群。由于阅兵式播出当天全国处于放假状态，平时大多为上学族、上班族的该年龄段观众平均到达率达到8月同期平均水平的3倍以上，提升最为明显。相比平时，对新闻类节目关注度较弱的女性观众规模也有较大比例的提升，阅兵直播期间有超过四分之一的女性观众关注了本次阅兵式直播，是8月的2.9倍，而男性观众规模相比8月份则提升了2.6倍。反观省级卫视频道，虽然大多数目标观众的平均到达率相比平时也有不同程度的提升，但提升幅度远低于中央台频道，以往65岁及以上主力观众人群在阅兵仪式直播期间的到达规模反而有所下滑。（表2）

表2　阅兵式中央台频道和省级卫视频道不同目标观众的平均到达率（%，全国测量仪，直播时段）

目标观众＼日期	中央台转播频道		省级卫视频道	
	9月3日	8月平均	9月3日	8月平均
男性	27.2	10.5	16.3	14.1
女性	25.6	8.8	16.6	15.1
4~14岁	25.1	11.5	32.4	31.3
15~24岁	19.4	5.7	11.6	10.2
25~34岁	21.4	5.4	12.2	9.1
35~44岁	24.7	7.2	14.8	10.5
45~54岁	30.7	11.0	14.2	13.1
55~64岁	32.9	15.3	18.1	17.0
65岁及以上	39.2	18.0	15.9	17.4

数据来源：CSM媒介研究

3. 中央台高开高走，省级卫视相对平缓

中央台频道和省级卫视频道阅兵式直播期间的分钟收视走势显示，中央台频道的收视呈现“高开高走”的态势，且一路上扬，从习近平同志迎接各国代表开始，中央台频道以12.7%的收视水平进入，之后逐渐上升，在我军方队入场期间收视率突破20%，之后上升速度放缓，在我军装备方队入场期间达到收视峰值21%，之后直至阅兵式结束，都维持在21%左右的收视水平。相比中央台频道的一路凯歌，省级卫视则呈现出相对“走低”的态势。在阅兵式直播开始时以4%左右的收视水平进入，之后较为平缓地上升，在11:05期间达到收视峰值8.9%；在到达收视顶峰后，省级卫视的收视曲线开始呈现缓慢回落的趋势，直至阅兵仪式结束，收视下滑至8.1%（图1）。

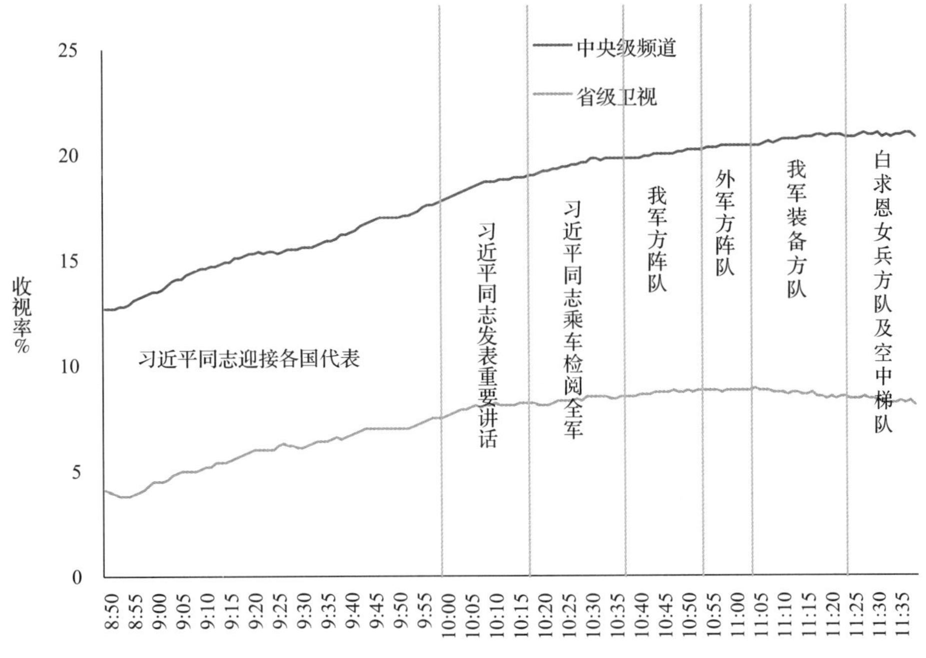

数据来源：CSM媒介研究

图1　中央台频道及省级卫视频道阅兵式直播期间收视率分钟走势（全国测量仪）

4. 西部城市关注度高，北、上、广、深收视乏力

从全国分城市平均到达率来看，71个城市中收看阅兵式直播观众规模最大的城市是包头，平均到达率为62.5%，最低的城市为拉萨，仅为5.8%，北、上、广、深几大城市均未进入前10名，进入前10名的城市以西部城市居多（图2）。

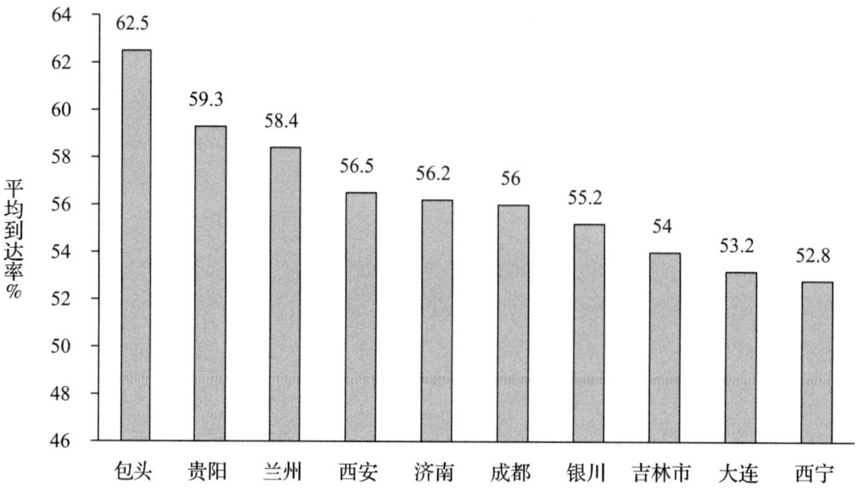

数据来源：CSM 媒介研究

图 2　阅兵直播期间 71 个城市中平均到达率前 10 位的城市（直播时段）

二、电视时移收视表现

电视媒体的一大优势就是其节目资源可以重复利用和深度发掘，而时移收视最能体现这一点。时移观看这一收看模式使观众能更加自由、自主地选择观看自己喜欢的节目，不受时间的制约，从而使电视节目资源得到更深度的挖掘，扩大节目的影响力。表3为中央台参与转播阅兵的频道在9月3日阅兵式之后6天的时移收视表现。可以看出，一档节目除了直播当日受到观众的关注外，在播出之后也同样会有不同程度的收视表现。如何把这些因素纳入考评范围，对于全面评估一档节目的价值具有重要的意义。

表 3　中央台各频道阅兵式直播节目时移收视表现（12 城市时移收视数据）

频道	时移收视%	时移到达%
CCTV－1	0.15	0.62
CCTV－2	0.01	0.07
CCTV－3	0.01	0.04
CCTV－4	0.02	0.10
CCTV－5	0.01	0.15
CCTV－7	0.00	0.01
CCTV－10	0.00	0.01
CCTV－12	0.00	0.00
CCTV－新闻	0.01	0.11
CCTV－英语	0.00	0.05
中央台频道组	0.21	1.07

数据来源：CSM 媒介研究

三、广播媒体收听表现

本文以中国广播界最具权威性和影响力、唯一能覆盖全国的广播频率——中国之声为例，截取9月3日9:45~11:40时段的数据，对阅兵期间广播的收听表现进行分析。

1. 阅兵式广播收获甚微，新闻频率收听无明显变化

从2015年8月全国分城市新闻类频率整体收听表现来看，中国之声在大多数地区的竞争并不占优。在邯郸和太原，中国之声占据当地收听率第一位，邯郸新闻广播和太原新闻广播则紧随其后，与其差距并不明显；在合肥、南昌、南宁、沈阳、乌鲁木齐和武汉，中国之声的收听表现优于当地新闻频率；在其他20城中，中国之声都与当地新闻频率差距较大，在多数地区收听排名都未能进入前5名，在佛山、广州、杭州、哈尔滨、济南、南京、苏州和无锡8地，中国之声的收听排名跌出前10位。

从2015年9月3日全国28连续调查城市组平均数据来看，相比8月同时段平均水平，中国之声的收听表现都有小幅提升，当地新闻频率的收听表现变化不明显。阅兵式直播期间，中国之声28城市的收听率为0.24%，听众规模不足300万。这说明在这种可预见的重大新闻事件发生时，广播所受的影响微乎其微，受众还是把更多的目光转向了电视（表4）。

表4　阅兵式前后中国之声与当地新闻频率收听表现（28连续调查城市）

频率	中国之声		当地新闻频率	
日期 / 指标	9月3日	8月平均	9月3日	8月平均
收听率%	0.24	0.22	1.33	1.34
市场份额%	5.25	4.66	28.91	28.02
平均到达率%	3.56	3.44	18.84	18.53
人均收听分钟数	3.49	3.21	19.22	19.34
平均到达率（000）	2935	2836	15542	15280

数据来源：CSM媒介研究

2. 广播受众转战电视，收听水平提升不明显

相比8月的平均水平，中国之声在阅兵式直播期间的大多数目标听众群体收听水平提升并不明显，相反平时重度收听人群——65岁以上听众在阅兵当日的收听表现还有所下滑（表5）。这也说明在这种可预见的重大事件发生时，受众对广播的关注度相比电视媒体而言较低。

表5 阅兵式前后中国之声与当地新闻频率各类目标听众的收听率(%)(2015年28连续调查城市)

目标听众＼日期	中国之声		当地新闻频率	
	9月3日	8月平均	9月3日	8月平均
男性	0.26	0.23	1.33	1.33
女性	0.23	0.21	1.34	1.35
4~14岁	0.04	0.07	0.31	0.49
15~24岁	0.11	0.09	0.68	0.73
25~34岁	0.12	0.10	0.77	0.73
35~44岁	0.16	0.15	0.99	0.99
45~54岁	0.26	0.23	1.50	1.53
55~64岁	0.57	0.48	2.72	2.58
65岁及以上	0.70	0.73	3.52	3.65

数据来源：CSM媒介研究

3. 视觉盛宴吸引受众，声音媒体表现平平

与电视收视表现进行对比可以发现，CCTC－1由阅兵式开始时段开始，收视率便出现猛增的迹象，直至仪式直播完成，拉起一个突出的收视波峰，而中国之声收听的表现在同时段却呈现下滑趋势（图3）。本次阅兵式是一次“全要素”的阅兵表演，与历届阅兵式相比，此次阅兵式不仅参与的飞机数量创下历史之最，空中方队的规模也为历届阅兵式之最，包括空中护旗方队、领队机梯队、预警指挥机梯队、轰炸机梯队、歼击机梯队、海军舰载机梯队、海上巡逻机梯队、加受油机梯队、直升机梯队，涵盖了我军现有先进作战和保障机种。战机编队“拉彩烟”飞越长安街为观众带来了一场震撼人心的“视觉盛宴”，因此人们更倾向于选择电视媒体这种更直观、更立体的表现形式。

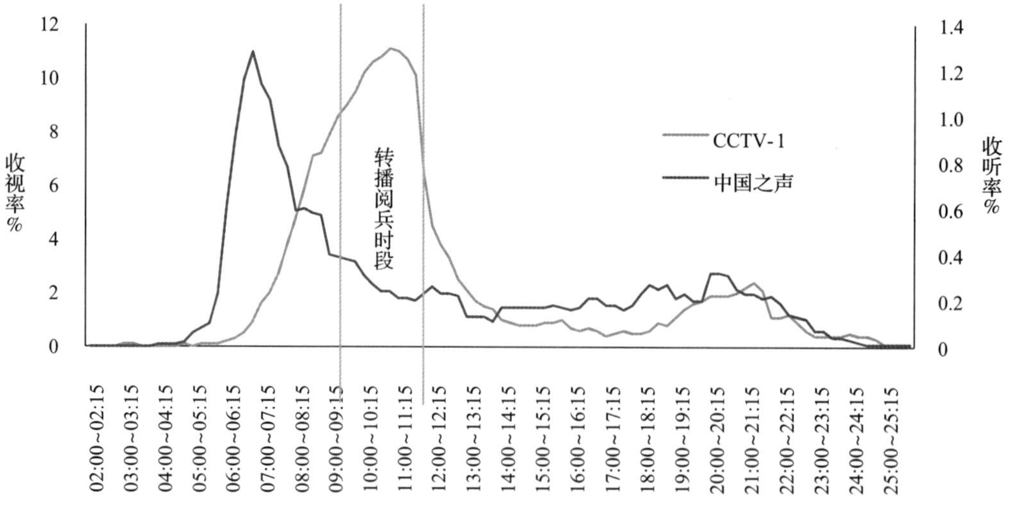

数据来源：CSM媒介研究

（广播为28连续调查城市数据，电视为全国测量仪收视调查网数据）

图3 阅兵式CCTV－1收视率走势与中国之声收听率走势对比

四、微博电视指数

1. 阅兵引发全媒体互动，微博讨论持续时间更长

可预见性大事件发生时，相比电视媒体收视表现从直播时开始上升到直播结束时回落，微博电视指数则呈现出不太一样的表现形式。虽然无论是提及次数还是提及人数都在直播当天到达顶峰，但在事件发生前后时段，微博上都有针对相关内容的持续讨论和提及。本次阅兵直播期间当天，共有700多万人次参与了阅兵主题的事件讨论，在阅兵开始前一周至阅兵结束后一周，微博上有7.9万～169万人次参与了阅兵事件的讨论（图4）。

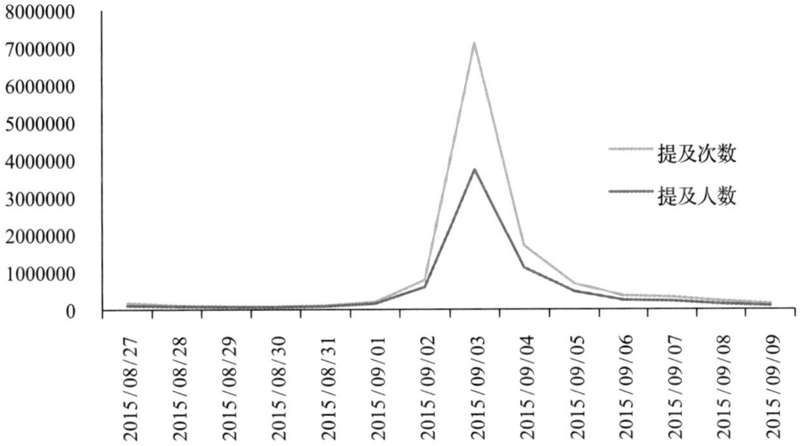

数据来源：微博电视指数

图4 微博电视指数分天走势

2. 阅兵直播人均提及1次以上，直播后微博讨论持续升温

阅兵式直播期间，微博电视指数提及人数和提及次数的曲线走势基本一致，人均提及次数1.07次，整体呈现上扬趋势。从早间8:40开始指数曲线开始上升，在习主席迎接外国代表、乘车检阅队伍和我军方阵队列时，分别对应出现了3个波峰式的上扬。相

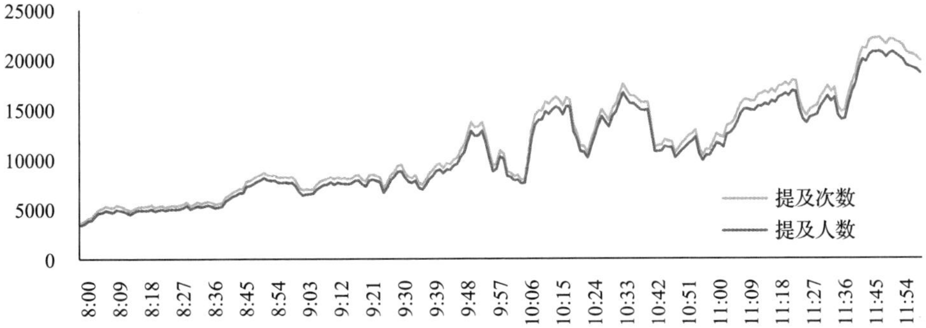

数据来源：微博电视指数

图5 微博电视指数分时走势

比电视媒体在阅兵式结束后收视表现的规律性下滑，微博电视指数在直播结束后反而上升更加明显（图5）。这是与电视截然不同的表现，看完电视直播后再上微博进行评论是该类媒体独有的特色。

3. 微博讨论量呈现区域分化，经济发达省份用户参与度高

从各地区微博用户讨论量来看，排在前10位的地区多是沿海经济发达省份，广东地区用户占比最高，达到9.13%，北京、上海、浙江均在前10位以内（图6）。用户参与最少的是西藏地区，为0.10%。

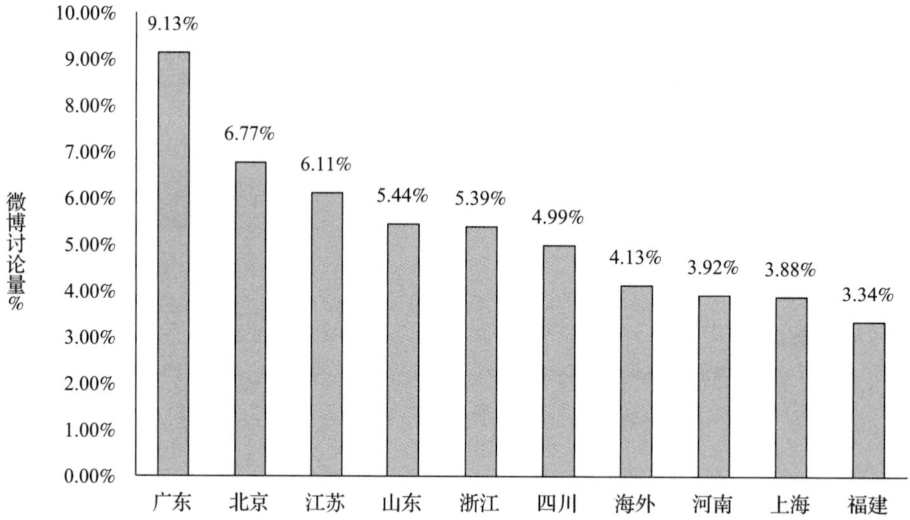

数据来源：微博电视指数

图6　阅兵式直播期间微博用户分布前10位的省份及直辖市

五、网络媒体收视表现

9月3日的抗战胜利70周年大阅兵受到了国内外网民的高度关注，通过互联网渠道观看阅兵式直播和相关视频的播放总量超过5亿人次。在各大主流媒体中，央视网（CNTV）表现优异，多项直播数据创历史新高。由于网络平台众多无法一一统计，下文仅以央视网及腾讯网的收视表现数据为例。

截至9月3日19:00时，各大视频网站共有“9.3阅兵”主题视频1381个，其中五成以上视频内容来自中央电视台，全网累计播放量近5亿。央视网在境外平台的直播同样抢眼，在Facebook、YouTube等社交平台进行的阅兵式直播以及直播期间发布的相关主题帖总曝光量超过958万次，独立用户浏览次数突破808万次，超过16.5万人参与互动，获赞7.1万次。此外，日本最大的视频网站Niconico于当地时间上午11:00左右通过央视网提供的视频流对中国“9.3阅兵”进行直播，截至上午12:40直播结束时，

Niconico直播页面的在线人数达8万人以上，留言数超过12万条。

截至11:40直播结束，央视网多终端独立用户达4779万人，较2009年国庆阅兵直播增长了240%；视频直播收视次数为4909万次，较2009年国庆阅兵直播增长了234%。国内腾讯等多家视频网站也对阅兵式进行了网上直播。仅腾讯视频网站一天内就有超过2亿人次观看，其中直播用户超过2500万。

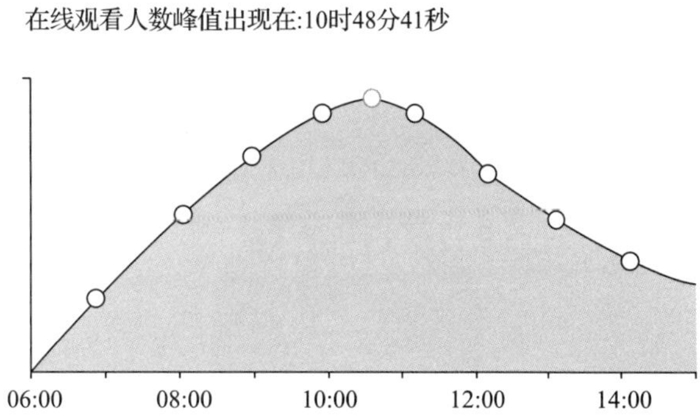

数据来源：腾讯网

图7　腾讯网阅兵式直播在线观看人数分钟走势

网络直播观看人群与电视收视人群的收看特点略有差异，按腾讯在线直播数据统计，用户收看峰值出现在10:48分左右，早于电视观视人群，顶点之后观视人群规模出现大幅回落（图7）。

相比电视观众，网络直播观众更为年轻化，男性观众热情更高。腾讯直播数据显示，18~29岁观众超过了总人群的半数以上，男性观众占比达到70%（图8）。

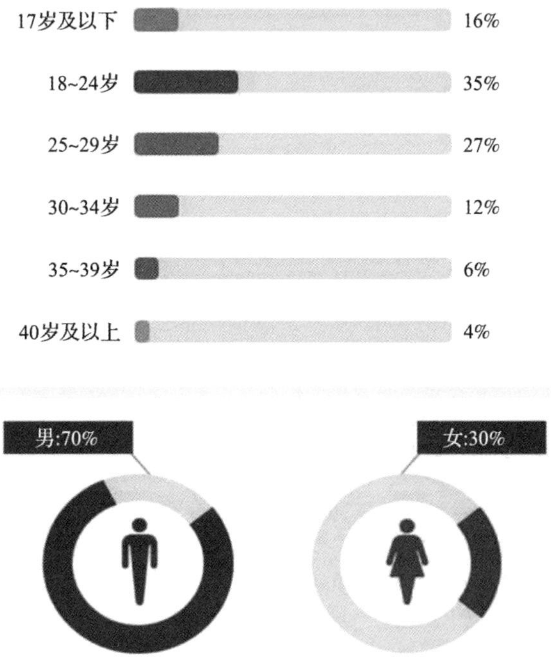

数据来源：腾讯网

图8　腾讯网阅兵式直播在线观看观众构成（%）

网络直播收看人群更多地集中在一、二线发达城市。腾讯直播数据显示，观众集中度最高的前5个城市分别为北京、深圳、西安、广州和成都（图9）。

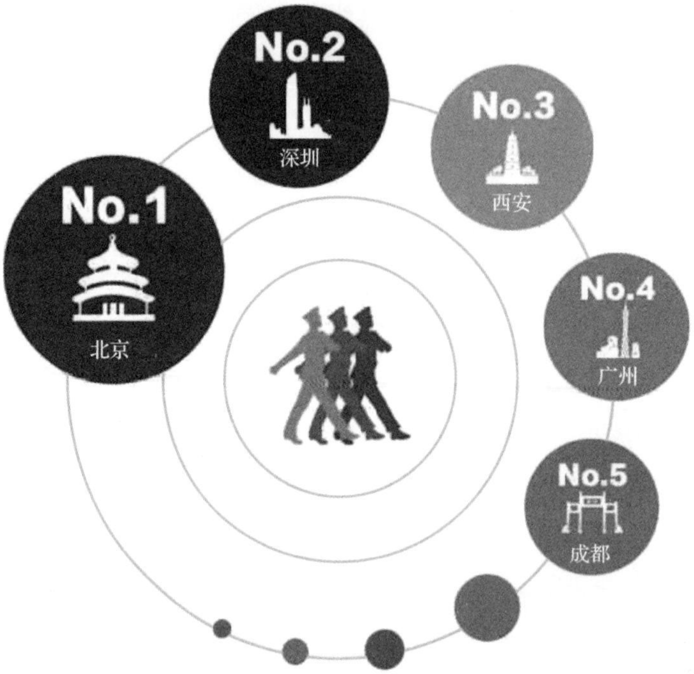

数据来源：腾讯网

图9　腾讯网直播收看人群地区分布

结语

通过以上对“9.3阅兵”事件在不同媒体平台传播表现的分析可以发现，在可预见的重大新闻事件发生时，传统电视媒体这块最大的“屏”依然是收视的“主战场”，风头依旧，而且中央台频道仍是大多数观众的首选；广播在这时优势不再，让位于可视性更强的电视媒体；时移收看数据和网络视频点播则反映出了一档节目在重复消费、深度消费后所产生的效应，对重新认识一档节目的价值具有重要意义；网络媒体与传统媒体相互借势、相互补充，其传播表现各有千秋。在新的媒介生态环境下，在无处不视屏的竞争环境中，这种多屏竞争的格局势必会成为一种常态，未来谁主江山还需时间的验证。

（作者：卢文钊）

方言类广播节目发展现状及特色

我国地域宽广，各地的方言可谓千奇百态、各有特色。方言类广播节目指各地地方广播媒体，以所在地区为目标市场，以区域性听众为主要定位，以方言这一独特的语言表达形式推出的一些节目。这些节目往往很受当地听众的欢迎，且方言类广播节目往往很有自己独特的风格与特色，这些节目所体现出的小众化、贴近性、亲近性等特色，更容易得到地域内听众的认同和支持，从而产生较大的社会影响力。目前，方言类广播节目已成为中国广播节目发展过程中的一个特色组成部分。本文将列举我国目前主要类型的方言类节目并对其特色进行分析。

一、方言类广播节目概况

方言类广播节目是在我国社会生产力水平飞速提高的情况下，伴随着社会文化的多样态发展而兴起的。它利用方言主持节目，更有利于丰富当地受众的精神文化生活，增强小众化的文化娱乐空间。这种节目形式让本地人感觉亲近而新鲜，对于已经习惯了字正腔圆的普通话节目的地方受众来讲，这样的节目无疑与他们的生活更加贴近，因此方言类节目受到热烈的追捧就不难理解。

目前，基本上各地广播频率都有自己的方言类广播节目（表1），其中有些在本地甚至全国范围内都小有名气。不仅如此，这些节目还涵盖了多种节目范围，有新闻类、美食娱乐类、民生服务类、娱乐脱口秀、体育评论类、音乐类、广播剧等各个类型。无论是什么节目类型，方言类节目内容多以地域民俗风情、地方故事及邻里之间发生的事情等为主，贴近人们的日常生活，表现自然，而不是粉饰出来的故事情节，让人们觉得就像是在欣赏自己的生活琐事一样。

表1　部分方言类广播节目

节目名称	播出频率	播出时段	播出周期
经广好吃狗	重庆人民广播电台经济频率 FM101.5	17:00～18:30	每天
吃在重庆	重庆人民广播电台都市频率 FM93.8	17:00～18:30	每天
小刚方言	成都台经济频率 FM105.6	08:00～09:30	周一至周五
方言社会	四川电台经济频率 FM94.0	08:00～09:30	周一至周五
健康山海经	无锡新闻综合 AM1161	10:00～10:30	周六

续表

节目名称	播出频率	播出时段	播出周期
吴语山海经	无锡新闻综合 AM1161	10:00～10:30	周日至周五
小说连播	广东广播电视台珠江经济广播电台 FM97.4	12:00～13:00（周二 12:30～13:00）	周一至日
1027 好戏连场	广州电台金曲 1027 汽车音乐广播	12:00～13:00	周一至日
苏阿姨谈家常	苏州综合广播 AM1080	11:00～12:00 19:00～19:40	每天
天天有嘴劲	武汉新闻综合 FM88.4	11:30～13:00	周一至周五
899 下班路上	上海东方都市广播 899 驾车调频	16:00～19:00	周一至周五
大戏“晓”说	武汉新闻综合 FM88.4	16:00～17:00	周一至周五
老吴一家亲	无锡经济频率 FM104	10:10～11:00	周一至周六
广东民声热线	广东广播电视台珠江经济广播电台 FM97.4	11:00～12:30	周二
体坛 360 度	广东广播电视台珠江经济广播电台 FM97.4	18:30～19:00（周一至五） 18:00～19:00（周六日）	每天
无锡老法头	无锡经济频率 FM104	10:10～11:00	周日
大嘴毛丫头	常州 FM103.4 新闻综合广播	9:00～10:00	周一至周六
小堵大开心	南京交通台交通 FM102.4	17:00～18:30	周一至周六
阿万茶楼	苏州交通广播 FM104.8	14:00～16:00	每天
消闲午间—日常版	宁波经济广播 FM102.9/AM747	12:00～13:00	周日
阿拉大世界	宁波老少广播 FM90.4/AM1251	11:00～12:00	周一至周五
吃喝玩乐搜城记	武汉交通 FM89.6/AM603	17:00～19:00	每天
珠江第一线	广东广播电视台珠江经济广播电台 FM97.4（EFM 财富 974）	07:30～09:00	周一至周五
听着音乐去旅行	广东广播电视台音乐之声 FM99.3	08:00～10:00	周六日
音响世界	广东广播电视台音乐之声 FM99.3	10:00～12:00	周日
小说连播	广东广播电视台音乐之声 FM99.3	12:00～12:30	每天
全球华语歌曲排行榜	广东广播电视台音乐之声 FM99.3	10:00～11:00	周六
国际音乐榜	广东广播电视台音乐之声 FM99.3	15:00～16:00	周六
文艺小两口	大连广播电台第七套广播新城乡广播 FM95.6/AM1575	18:00～18:30	每天
越说越有味	FM104.6 湖北之声	16:45～18:00	每天
快活嘴	楚天交通广播 FM92.7	11:30～12:00	周一至周五
好吃佬	楚天交通广播 FM92.7	17:00～18:30	每天
泡茶话仙	福建东南广播 FM585	14:00～15:00	每天
有缘来斗阵	福建东南广播 FM585	15:00～16:00	每天
风情海峡	福建东南广播 FM585	16:00～17:00	每天
讲东讲西讲东西	佛山人民广播电台 FM94.6	15:00～17:00	周一至周五
讲故台	佛山人民广播电台 FM94.6	12:00～12:30	每天
午间新闻接力	佛山人民广播电台 FM94.6	12:30～12:45	周一至周五
今日舆论场	佛山人民广播电台 FM94.6	18:00～19:30	周一至周五
禅城面对面	佛山人民广播电台 FM94.6	09:00～10:00	周六
佛山一家人	佛山人民广播电台 FM94.6	12:45～13:00	周一至周五
小说连播	佛山人民广播电台 FM90.1	12:00～12:30	周一至周六
午间新闻专辑	佛山人民广播电台 FM94.6	12:30～13:00	周六日
民生直通车	佛山人民广播电台 FM94.6	10:00～11:30	周六
新闻专辑	佛山人民广播电台 FM94.6	18:00～18:30	周六日
福州好乡音	左海之声 901	15:00～16:00	每天

数据来源：各广播电台总编室提供

二、新闻类方言节目

相比较而言，方言播报有比普通话播报更丰富生动得多的生活和情感用语，特别是在动作和对一定事物的性状描述等方面更具体、形象，而以普通话来讲述却不能很准确地加以体现。正是因为这种文化特色，才会让新闻类方言节目，尤其是民生新闻类方言节目的表现形式更加多样化，使这类型节目的可听性和亲和力都比普通话播报的新闻节目更具独特的优势。

1.《小刚方言》（8:00~9:30，周一至周五）——成都台经济频率 FM105.6

《小刚方言》是成都当地最资深、最有影响力的广播方言栏目，自节目开播以来，它就以自己独特的播报形式，成为本土方言类节目的标杆。主持人罗小刚自创的“罗氏幽默”选取社会焦点、热点新闻，配合各种趣闻野史、文化常识，播报语言不拘泥于是普通话还是方言（四川威远话），亦庄亦偕之间言谈天下，针砭时弊。节目宗旨为影响有影响的人和启迪有思想的人。

从成都台经济频率 FM105.6 的全天收听走势来看，《小刚方言》播出期间（8:00~9:30），成都台经济频率形成了全天第一个收听高峰时段；如果单从“车上”收听走势来看，该节目时段为该频率在“车上”全天收听的最高峰时段（图1）。

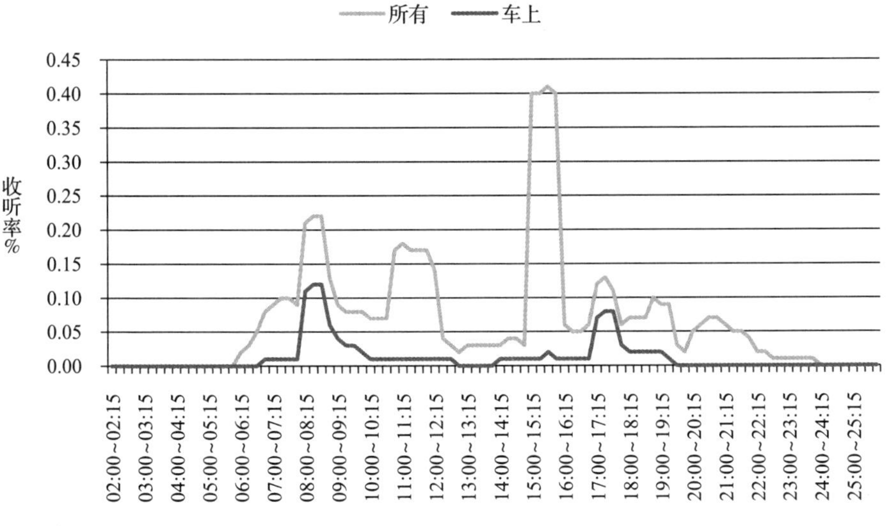

数据来源：CSM 媒介研究

图1　2015 年 1~10 月成都台经济频率 FM105.6 全天收听率走势（成都）

2.《小堵大开心》（17:00~18:30，周一至周六）——南京交通台交通 FM102.4

《小堵大开心》是江苏全省唯一的一个南京方言类节目，两位主持人为秦岭和晨晨。秦岭天马行空，诙谐幽默；晨晨伶牙俐齿，嬉笑怒骂。节目以独特的视角、独特的语言演绎一幕幕新闻故事，陪伴晚高峰路上的开车人“堵车也开心”。此外，节目在多媒体融合方面也做得十分全面，微博、微信、贴吧等应有尽有，这些互动方式无疑进一步扩大了节目的影响力并增强了听众的黏合度。

从南京交通台交通 FM102.4《小堵大开心》2015 年 1～10 月在南京地区车上听众的构成与集中度可以看出，节目受到了 35～54 岁中青年、大专及以上高学历、个人月收入 5001 元及以上高收入群体的青睐（图 2）。

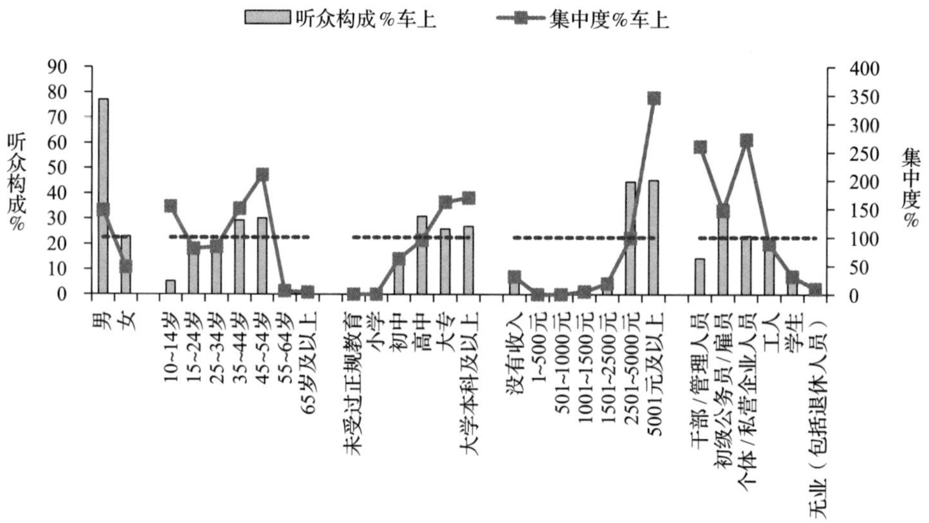

数据来源：CSM 媒介研究

图 2　2015 年 1～10 月南京交通台交通 FM102.4《小堵大开心》车载听众构成与集中度（南京）

三、美食娱乐类方言节目

方言节目的主角是平民，素材几乎都是源自老百姓日常生活和体验的原生事件。本着“三贴近”的原则，在注重“贴近实际、贴近群众、贴近生活”的同时，方言类节目将视角更多地投向平民百姓的日常生活。美食娱乐类方言节目便是这样一类能极大限度地贴近平民生活的广播节目，它打破了以往百姓参与广播的模式，让广播走进百姓，让媒体真正成为百姓生活中的一分子。与此同时，这类节目也为众多餐饮行业搭建了宣传平台，扩大了节目的经济效益。

1.《经广好吃狗》（17:00～18:30）——重庆人民广播电台经济频率 FM101.5，《吃在重庆》（17:00～18:30）——重庆人民广播电台都市频率 FM93.8

《经广好吃狗》是重庆人民广播电台经济频率 FM101.5 播出的一档节目，特点是口播、重庆方言，主持人与听众参与性及节目互动性强。听众中以 18～65 岁年龄段人群居多，其目标听众有主城区市民、大中专学生、政府要员、出租车司机、私家车老板、民营企业老板、都市白领族、周边地区居民等。节目宗旨是为重庆餐饮企业参与市场竞争搭建媒体平台，为喜爱美食的听众朋友提供更多的餐饮消费选择空间。节目从 2003 年开播以来在餐饮业内树立了良好的口碑，同时吸引了一大批听众，为重庆的众多餐饮企业构筑起了一个餐饮美食互动的宣传平台，特别是在主城区范围内和周边地区的影响力不断扩大，成为大中型餐饮企业指定的广播媒体。《经广好吃狗》节目由餐饮企业确定菜品种类，主持人介绍餐饮企业招牌特色菜的做法、历史来源，在哪家餐厅能品尝到正宗的口味，以及餐厅的订座电话、就餐地址、停车场地等。节目通过电台热线直播的方式，介绍菜品特色、用餐环境、餐厅定位等，拉近了与听众的距离。

《吃在重庆》则是重庆人民广播电台都市频率于2003年起重点打造的一档生活服务类节目，旨在介绍重庆的特色美食，传播巴渝特色美食和巴渝饮食文化，推荐优质餐饮，倡导健康美食理念。该节目与重庆饮食行业协会、中新社拼图、大渝网共同推出“走甲方”美食探访节目，已走访重庆十几个区县，积累了丰富的美食资料。

从两档节目的收听率走势来看，重庆人民广播电台经济频率与都市频率在节目播出时段（17:00～18:30）均在车载收听上出现了一个小高峰（图3）。

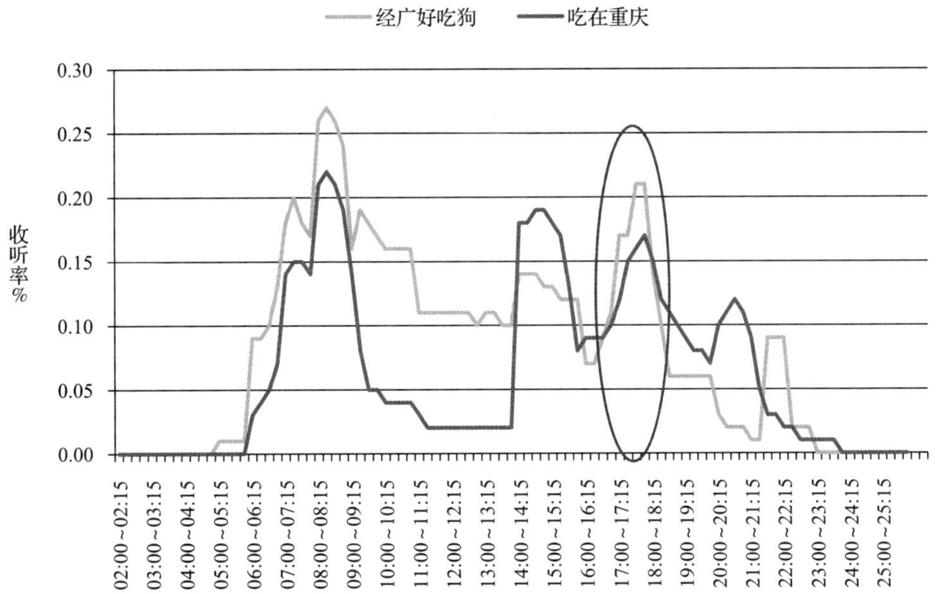

数据来源：CSM媒介研究

图3　2015年1～10月重庆人民广播电台经济频率FM101.5与都市频率FM93.8全天车载收听走势（重庆）

2.《天天有嘴劲》（11:30～13:00，周一至周五）——武汉新闻综合FM88.4

与上述两档节目不同，《天天有嘴劲》采用了情景剧的模式。从严格意义上讲，《天天有嘴劲》不是一档专业的美食节目，而是一个融合了各种娱乐方式的方言综艺广播节目，是一档含有浓厚方言因素、有地方特色的午间休闲娱乐节目。节目包括以短小精悍的情景剧为内容的“开心甜点”、每天以一个武汉方言词的来源或趣闻构成的“开心武汉话”、盘点国内各种趣闻的“奇趣中国”、以武汉特色吃喝玩乐购为内容的“江城大搜街”等环节，以期让听众在午间休闲时间获得快乐，放松身心，同时获得实用的生活资讯。

从武汉新闻综合 FM88.4 全天收听走势来看，在《天天有嘴劲》播出期间(11:30~13:00)，武汉新闻综合 FM88.4 形成了午间较为明显的收听高峰（图4)。

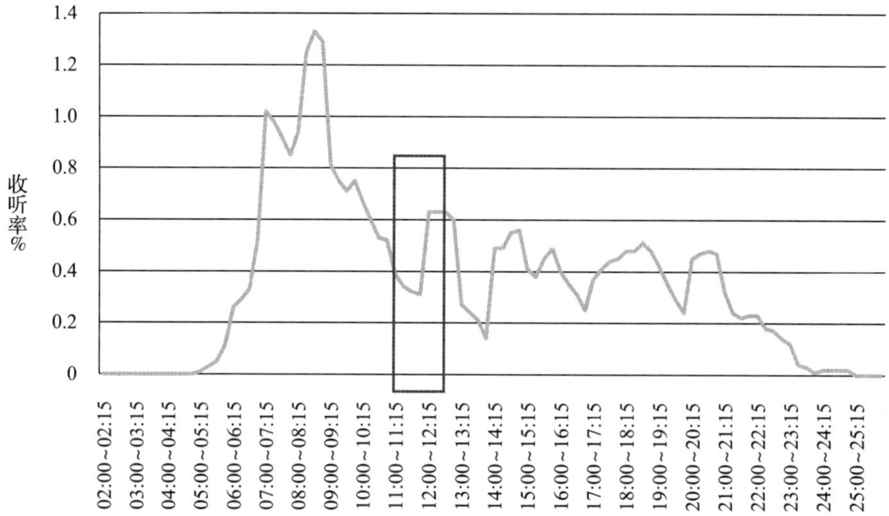

数据来源：CSM 媒介研究

图4　武汉新闻综合 FM88.4 全天收听率走势（2015 年前两波调查数据，武汉）

四、民生服务类方言节目

著名媒介经济学家皮卡德（Picard）曾经说过，受众最欢迎的节目是本土化的节目，其次是贴近地域文化的节目，排在第三位的才是好莱坞之类的以世界娱乐为舞台的节目。本土化的节目因为契合了受众的贴近性要求，必然会受到青睐。方言话民生，便是这一贴近性的极好体现。

1.《苏阿姨谈家常》(11:00~12:00、19:00~19:40，每天）——苏州综合广播 AM1080

《苏阿姨谈家常》于 1977 年开播，是苏州地区开办时间最长的方言节目，曾获评江苏省广播电视十佳名优栏目。30 多年来，在历任主持人的精心打磨下，《苏阿姨谈家常》已成为一档成熟的生活服务类节目，话题涵盖生活中的柴米油盐、孩子教育、邻里关系、时令节气、科学养生、烹饪技巧、健康咨询、家庭环境布置、天气报告等内容，蕴含着生活的智慧，帮助市民走出生活误区，引导健康的生活方式，加上主持人平易近人的主持风格以及苏州话的独特魅力，节目几十年来一直保持着较高的收听率，聚集了一批固定的听众群体。聊聊家长里短，听听苏州闲话，已成为不少老苏州、家庭主妇生活中不可或缺的一部分，“苏阿姨”也因此而成为苏州的一个响当当的品牌。

从听众集中度来看，该节目受到了中老年退休听众的青睐，尤其是 65 岁及以上听众，集中度达到 485.5%（图5)。

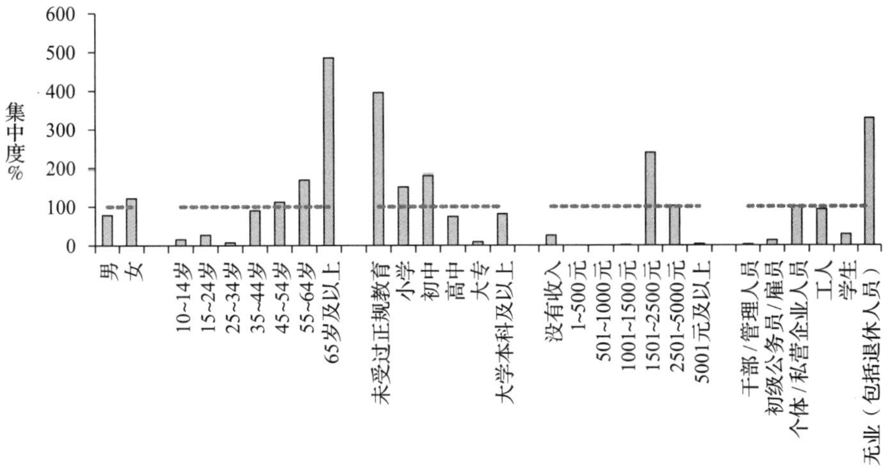

数据来源：CSM 媒介研究

图 5　2015 年 1～10 月苏州综合广播 AM1080《苏阿姨谈家常》听众集中度（苏州）

2.《民生直通车》（10:00～11:30，周六）——佛山人民广播电台 FM94.6

《民生直通车》以直播政府各职能部门及公共服务单位主要负责人通过热线电话与群众对话的形式，为各职能部门及公共服务单位宣传部门职责、相关法规和行风建设情况以及“倾听民声、了解民意、纾解民难”搭建平台，有效地促进了政府机关及公共服务单位的政风、行风建设，加强了政府与群众的相互沟通理解。这类型节目原本比较多，但以方言形式呈现的并不多见。

从听众构成来看，该节目的听众中，中青年、中高收入听众占比较大；从集中度来看，管理干部人员对节目的青睐程度非常高（图 6）。

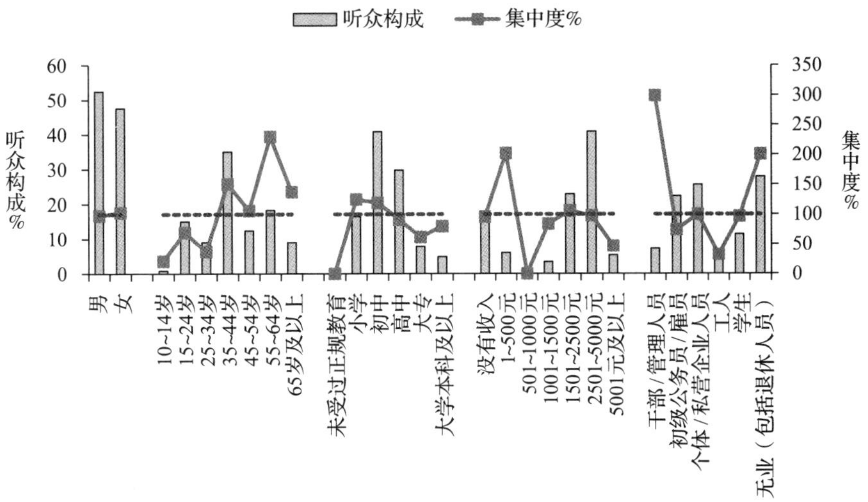

数据来源：CSM 媒介研究

图 6　2015 年 1～10 月佛山人民广播电台 FM94.6《民生直通车》听众构成和集中度（佛山）

五、历史沿革类方言节目

方言是地域文化的载体，它记录、保存、传播着地域优秀文化，是古汉语的活化石。它承载的是人类最草根、最贴近生活的文化，具有极其丰富生动的词汇，蕴藏着深厚的文学价值，最能体现一个地方文化的多样性。根据这一地域特色，广播从业人员推出了一些历史沿革类的广播节目来探究方言的由来，进而扩展到整个地域文化的普及。

1.《吴语山海经》(10:00~10:30，周日至周五)——无锡新闻综合 AM1161

无锡新闻综合的《吴语山海经》是一档用无锡话解读方言起源的节目。节目从人们习以为常的无锡俚语展开话题，探寻方言的出处，讲述与此相关的传说故事，通过锡剧、越剧、沪剧等地方戏剧中的方言表达，寓方言知识于戏曲欣赏之中，既好听有趣又让人长见识。节目每周日至周五播出。

从听众集中度来看，中老年听众、中高收入群体、管理干部人员对该节目的青睐度较高（图7）。

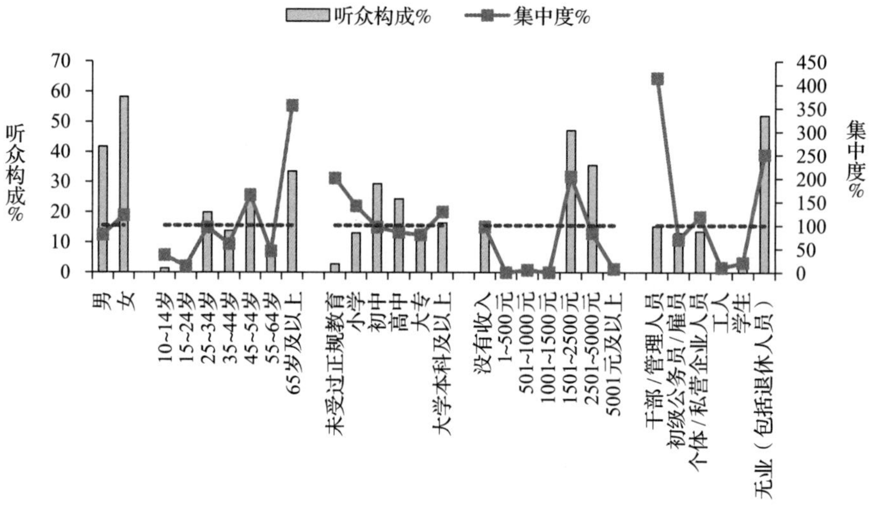

数据来源：CSM媒介研究

7　2015年1~10月无锡新闻综合AM1161的《吴语山海经》听众构成和集中度（无锡）

2.《无锡老法头》(10:10~11:00，周日)——无锡经济频率 FM104

无锡经济频率的《无锡老法头》特邀民俗专家讲述旧时无锡的风貌和百姓生活，展现无锡工商文化名城的历史沿革。节目内容有趣，嘉宾讲述生动，每周日上午10:10~11:00是无锡市民的集体怀旧时间。

从无锡经济频率周日全天收听走势来看，《无锡老法头》播出期间形成了上午时段较为明显的收听高峰（图8）。

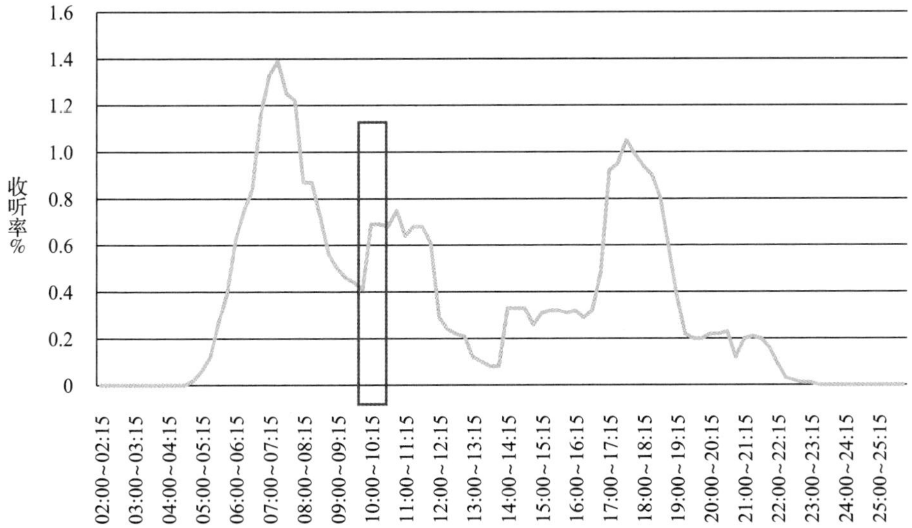

数据来源：CSM 媒介研究

图 8　2015 年 1～10 月无锡经济频率 FM104 周日全天收听率走势（无锡）

六、方言情景剧

相对于其他节目，方言类节目的特点是轻松娱乐、老少皆宜、雅俗共赏，具有很强的贴近性和地域色彩，能够满足一部分受众听乡音、知乡音的心理需求。方言类节目的另一特点是创新程度高，节目形式和表现手段不断翻新，形态多姿多彩而且节目资源渠道与取材均本土化。方言情景剧便是方言类节目的一大创新模式。

《老吴一家亲》（10:10～11:00，周一至周六）——无锡经济频率 FM104

无锡经济频率的《老吴一家亲》是无锡经济频率 FM104 的第一档广播情景剧节目，该节目以幸福大街 104 号为虚拟场景，主持人以角色化方式演绎无锡本土百姓的日常生活。节目风趣诙谐，音响丰富，形式活泼。

从无锡经济频率周一至周六的听众构成与集中度来看，《老吴一家亲》特殊的情景剧模式也得到了中老年女性听众的认可，其集中度较高（图 9）。

方言类广播节目除上述类型外，还有其他类型，如方言类故事、方言类评书、方言类音乐节目等，这里不再赘述。

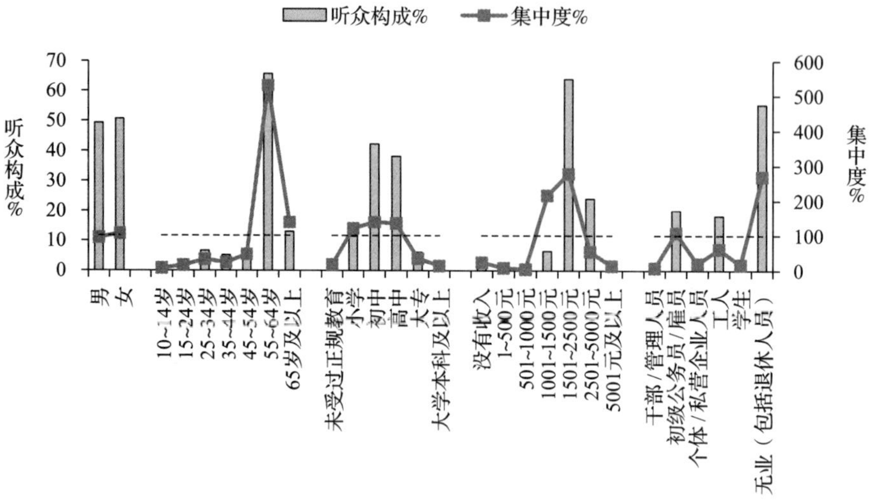

数据来源：CSM 媒介研究

图9　2015 年 1～10 月无锡经济频率《老吴一家亲》听众构成与集中度（无锡）

七、结语

形式新颖、贴近百姓、走进群众是方言节目的优势所在。无论如何改变，方言类节目都离不开“以平民视角关注平民生活”的初衷，其最大特点就是以普通民众作为主要的采访对象和目标收听群体。所以，无论是从节目内容还是从节目的形态和包装来看，方言类节目都沿袭了“平民化”的风格，如何延续这一风格并不断扩大其影响力，是摆在广播相关从业人员面前最大的课题。

（作者：马超）

坚守优势，破茧重塑
——2015年广播广告市场新观察

传统媒体持续滑落，广播也难以独善其身，体现在广告层面，业界颇感下行压力巨大、增长乏力。很多广播电台经营者积极进行转型调整，尽管想继续保持广播广告曾经的繁荣、扭转颓势显得力不从心，但广播人仍在坚守自己的阵地，同时积极开拓与新媒体融合的路径，探索多渠道盈利模式。根据央视市场研究（CTR）媒介智讯2015年的数据，传统媒体广告市场整体同比下滑了7.2%，其中，广播广告同比出现了0.4%的负增长，虽然在传统媒体中表现尚可，但也已身处下行轨道。本文认为广播之所以尚未出现大面积塌方，主要归功于收听价值高地——车载收听市场——依旧在微量递增。CSM媒介研究35① 城市收听率调查数据显示，家中收听市场的持续性缩水是广播整体收听市场萎缩的主因，2015年总收听率同比下滑幅度为4.3%，而车载收听率同比微涨0.81%。虽然车载收听市场的微小繁荣尚不能弥补家中收听对整体的影响，但是车载收听市场庞大、高含金量的职业听众群体能够吸纳足够多的广告投放，各地以交通、音乐为主的频率都能够收获满满。本文基于CSM媒介研究、央视市场研究（CTR）的收听调查数据和广告监测数据，对北京、上海、广州和深圳四大一线城市2015年的广播广告投放情况进行梳理和分析，以一窥广播广告市场的发展态势和动向。

一、正规广播中的医疗专题广告大幅缩水，黑电台泛滥

国家相关部门对违法医疗保健品广告的持续打击和管控政策的进一步收紧，加上本地合法经营广播频率的自律和经营方式、策略的改变，使得医疗保健品类广告在正规广播电台广告中的占比大幅度缩减。但实际上一些违法药品广告仍然通过电波媒体影响普通听众、毒害广大百姓。这些寻找出路的非法药品广告催生了一批以卖药为生的“黑电台”，它们无孔不入，无处不在，屡禁不止，主要依靠推广一些来路不明、无法进入正规市场的“药品”而牟取暴利。“黑电台”不但扰乱了正常的收听秩序，给广大听众带来了无穷的危害，更给广播媒体的公信力带来了巨大的冲击和伤害。相关执法部门也一直坚持不懈地与这些非法黑电台的架设者兼经营者展开较量。相关报道显示，从2014年

① 因涉及2014年和2015年对比，此处所用城市组合为两年能打通的35个城市组合四波调查数据。

至今，仅北京一地查出的非法广播电台设备就超过50套，有7名犯罪嫌疑人被拘留。但有效打击并铲除这种“黑电台”现象是一项长期的任务，这种现象也将继续影响并损害广播收听市场和广告市场。

二、坚挺的车载收听市场是广告营收的基石

传统广播收听市场近年来一直受到新兴媒体的冲击和挤压，2015年城市广播收听市场仍旧保持这种态势，但降幅明显减缓，有些城市还有回升的迹象。往年“在家”的收听总量下降幅度较大，但2015年的降幅与2014年基本相当；而“车上”收听市场2015年同比还有0.81%的涨幅；除此之外，其余场所的收听率仍呈现下降态势。比较收听市场中最主要的两个市场——“在家”和“车上”2014、2015两年的月度收听率走势，“在家”收听率的下降趋势明显趋缓，2015年年底甚至呈现出回升的态势；“车上”收听市场则一直比较稳定（图1）。

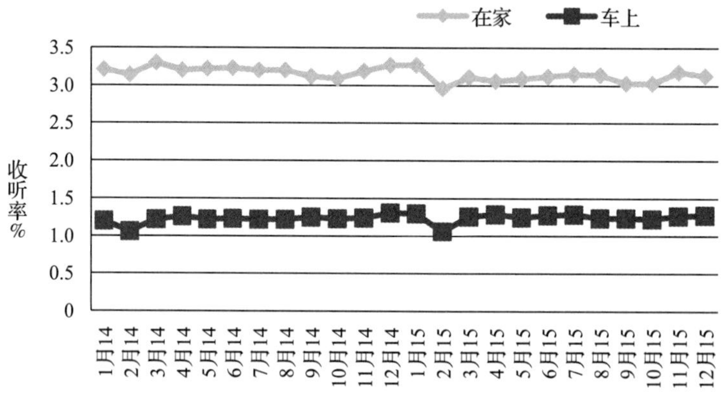

数据来源：CSM媒介研究

图1　2014年和2015年“在家”和“车上”收听率走势（全国25连续调查城市组①）

三、城市移动收听人群更显广告投放价值

除了收听总量的变化，受众的结构分化更加明显。在家户内收听的听众基本上以中老年、女性、受教育程度低、收入较少的退休人员为主；而在“车上”、“工作/学习场所”，则以男性、中青年、受教育程度高和收入较高的职业人群为主（图2）。“在家”及“车上”两个市场差异明显的听众群体吸引不同的广告，大量品牌硬广告更多地流向含金量更高的车载收听市场，而家户内收听市场则基本上成了医疗专题的天下，其影响的对象还是以中老年群体为主。部分城市的医疗专题有了转型和替代。除一线城市外，有些城市电台在分频的频率中大量开辟医药专题节目，但收听率不高，影响面有限。

① 因涉及两年的收听率月度走势，此处所用城市组合为2014～2015年能打通的25个全年连续调查城市组合。

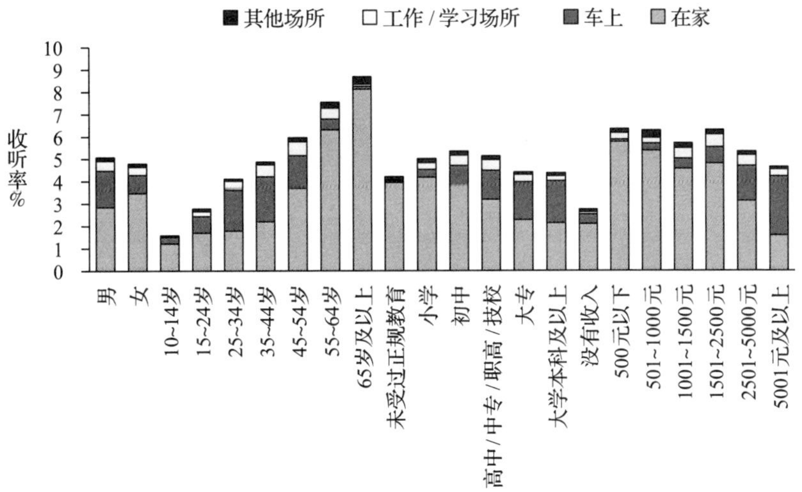

数据来源：CSM 媒介研究

图 2　2015 年全国 36 城市组各目标听众在不同地点的收听率（%）

四、频率听众定位决定广告流向

一个城市广播市场基本上有二三十家开路广播频率，播出的节目有对象性，各个频率聚集了不同人口特征的目标听众。近年来，在以车载收听为主的移动收听市场中，交通类和音乐类频率聚集了大量的城市上班族，这些人多是有车族，有活力，有稳定收入，受教育程度高。广告对于产品目标消费群体的追逐具有天生的敏感性，于是移动收听中高含金量的听众成为广告主不懈的追逐目标。因此，在车载收听市场上斩获颇丰的交通类、音乐类频率在广告市场上同样成为广播电台广告额贡献最大的频率类型，大量品牌硬广告流向这两类频率。而在家户内收听占据优势的频率，如新闻类、文艺类频率则以嘉宾节目、健康保健品类节目等软性广告为主，也获得了不错的广告收益。

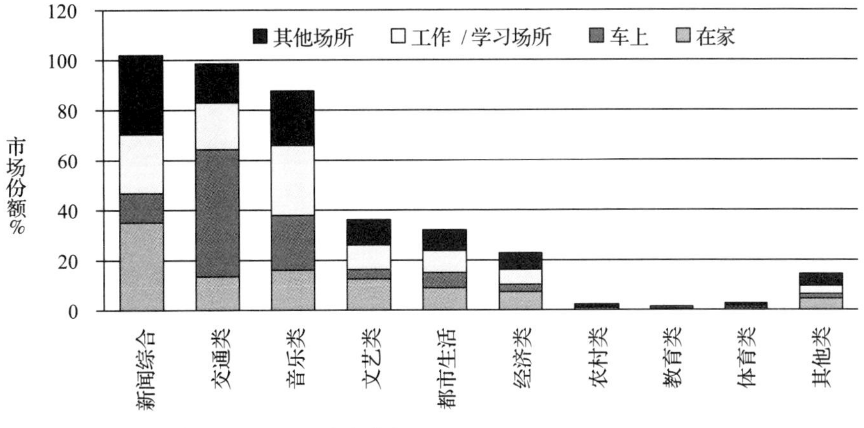

数据来源：CSM 媒介研究，36 城市数据

图 3　2015 年各类频率在不同收听场所的市场份额（%）

CSM 媒介研究 2015 年 36 个城市组合的收听调查数据显示，交通类频率在车载收听市场中占有超过一半以上的市场份额，另一类伴随性特征较强的音乐类频率在“车上”的市场份额也达到了 21.75%（图 3），二者之和超过 70%。音乐类频率更受年轻人的青睐，伴随性强，在“工作/学习场所”占有 28% 以上的市场份额。这些特征无疑对广告商具有巨大的吸引力，结果硬广告的吸纳量便随之水涨船高。

北京、上海、广州、深圳 4 个一线城市中各类频率的广告投放量在当地市场硬广告投放总量中所占的比重清楚地表明了交通类和音乐类频率对硬广告的吸纳能力。数据显示：北京的交通类和音乐类频率数量占当地频率总量（已有广告监测）的 29.00%，它们的广告投放量比重合计达 35.92%，广告收入（按刊例价）占到 49.74%，收听比重更是高达 71.59%；上海的交通类和音乐类频率占频率总量（已有广告监测）的 38.00%，其广告投放量比重达 52.10%，广告收入（按刊例价）达 43.06%，收听比重高达 63.73%；广州这两类频率占频率总量（已有广告监测）的 33.30%，而其广告投放量比重达 47.60%，广告收入（按刊例价）达 54.61%，收听比重更是高达 70.53%；深圳这两类频率占频率总量（已有广告监测）的 44.00%，其广告投放量比重达 53.78%，广告收入（按刊例价）达 48.39%，收听比重更是高达 77.39%。综合来看，在 4 个一线城市中，交通类和音乐类频率仅占已有广告监测频率总量的 29% ~44%，但广告吸纳量却占据了当地硬广告总量的 35% ~54%，广告收入比重占了总量的 50% 左右，收听表现更是惊人，收听比重达到 63% ~78% 的水平。定位于车载收听市场的频率凭借其在收听市场斩获的收听份额所建立起的优势竞争地位，成为吸引更多品牌广告、获得更多广告投放的核心因素。

进一步考察 4 个城市中交通类和音乐类频率所吸纳的广告品类，我们不难发现：4 个城市既有趋同的特征，但又有差别。在交通类频率中，趋同的特征是在 4 城市中，“商业及服务性行业”、“交通类”广告都进入了投放量的前 3 位；不同的是广州、深圳两市的“房地产/建筑工程”行业投放量比例较突出，而北京、上海的“邮电通信”较突出，深圳的“金融业”比较突出。在音乐类频率中，共同的特征是“交通类”、“商业及服务性行业、娱乐及休闲”类广告基本处于靠前的位置，但各个城市又各具特色，北京、上海的“邮电通信”占比也较高，都是两位数，而深圳的“金融业”占比较高（表 1）。4 个一线城市中，无论是交通类频率还是音乐类频率，投放比重较大的广告类型具有高度的趋同性，说明这些品类的广告主对这两类广播频率高度认同；同时，四大城市也具有各自的特点，反映出不同城市同类频率吸纳广告的差异，也彰显出在地域特征和频率重度听众特征上的差异。

品牌广告主把移动收听人群（主要是私家车主）作为主要目标，而数量庞大的以家户内收听为主的听众则成为大量嘉宾节目、医疗保健品节目等软性广告瞄准的目标听众群体。这些以家户内收听为主的频率类别主要有：新闻综合类、文艺类（小说、故事、评书、相声、戏曲等）、经济类、农村类等，这些频率一直也是广播电台广告创收的重要平台。2015 年，由于政策管控力度的加大以及电台本身自律性的加强，大量医疗保健品广告节目退出广播广告市场，这虽然对电台的经营造成了一定程度的影响，但不少电台转变经营思路，启动转型，开辟多元渠道，获益匪浅。

表1 2015年不同品类广告在四大一线城市交通类、音乐类频率的投放量比重（%）

品类	交通类频率				音乐类频率			
	北京	广州	上海	深圳	北京	广州	上海	深圳
电脑及办公自动化产品	2.62	1.04	2.87	1.92	2.34	2.23	3.59	3.00
房地产/建筑工程行业	3.65	16.63	9.18	14.29	1.98	2.92	10.83	1.62
个人用品	0.43	0.14	0.48	0.09	0.54	0.34	0.81	0.50
工业用品	2.11	0.96	0.82	0.95	1.00	0.61	0.33	0.61
化妆品/浴室用品	0.00	0.16	0.00	0.01	0.14	0.08	0.20	0.10
活动类	7.51	2.20	6.78	3.87	4.62	4.01	6.72	5.74
家居用品	8.52	0.52	3.99	8.53	3.99	1.30	1.57	1.62
家用电器	0.72	2.82	3.09	1.51	0.90	1.50	1.39	1.29
交通	13.75	13.67	24.41	8.82	22.63	17.51	19.86	19.95
金融业	7.04	10.88	6.85	16.87	5.82	5.97	6.31	12.07
酒精类饮品	1.43	1.23	2.34	0.67	2.63	1.08	1.17	0.84
农业	0.88	0.02	0.01	0.02	0.00	0.00	0.00	0.00
清洁用品	0.15		0.00		0.00	0.00	0.00	0.00
商业及服务性行业	17.61	18.54	14.06	11.77	14.63	23.30	8.86	18.47
食品	3.78	3.12	1.04	1.85	3.84	7.03	3.94	5.18
药品	0.92	0.51	0.00	4.38	1.67	0.07	1.01	1.76
衣着	0.08	4.47	0.12	0.04	0.01	9.02	0.13	0.00
饮料	2.06	2.30	3.02	1.72	2.04	2.16	4.53	3.12
邮电通讯	17.89	4.96	16.54	6.62	11.34	6.61	17.63	9.72
娱乐及休闲	7.52	9.39	4.35	6.73	19.35	11.58	10.91	11.84
杂类	1.34	6.44	0.03	9.35	0.51	2.69	0.23	2.56

注："杂类"中不包含"免费项目"和"公用事业"项

数据来源：央视市场研究（CTR），CSM媒介研究

与此同时，硬广告也并未远离以家户内收听为主的频率，这通过分析投放到四大一线城市新闻综合类频率的硬广告便可窥一斑。在四大城市的新闻综合类频率中，"酒精类饮品"、"药品"在4个城市中也跻身于投放量前三甲之列。除了具有的共性外，每个市场还各具特色。北京市场中，投放新闻综合类频率的广告类别比较突出的还有"交通"和"金融业"，比例高达两位数；"食品"和"商业及服务性行业"类在广州市场的投放比例也不低；上海的"饮料"和"邮电通信"也名列前茅，达到两位数；深圳广播市场的"金融业"也步入前三甲之列（表2）。

表2　2015年不同品类广告在四大一线城市新闻综合类频率的投放量比重（%）

品类	新闻类频率			
	北京	广州	上海	深圳
电脑及办公自动化产品	5.45	0.25	0.93	0.29
房地产/建筑工程行业	1.07	1.81	4.78	3.03
个人用品	2.78	2.27	3.12	2.22
工业用品	0.91	0.48	0.62	0.53
化妆品/浴室用品	0.08	0.07	0.10	0.07
活动类	1.53	0.57	3.04	1.09
家居用品	7.70	6.36	7.34	6.50
家用电器	6.07	4.52	5.46	4.34
交通	10.88	6.57	9.30	5.85
金融业	10.16	8.68	8.13	16.51
酒精类饮品	15.36	9.87	10.62	8.61
农业	0.94	0.63	0.73	0.62
清洁用品	0.55		0.03	
商业及服务性行业	4.00	10.24	4.42	6.81
食品	4.22	9.33	4.55	4.81
药品	11.90	24.47	10.50	22.74
衣着	0.00	0.00	0.20	
饮料	8.08	3.59	11.93	3.48
邮电通讯	2.69	2.64	10.13	5.37
娱乐及休闲	4.70	2.73	3.33	1.47
杂类	0.93	4.94	0.74	5.68

注："杂类"中不包含"免费项目"和"公用事业"项

数据来源：央视市场研究（CTR）、CSM媒介研究

五、广告花费的变化反映行业动态

一线城市中不同类别广告投放花费的变化，彰显出当年的行业发展风向。数据显示，在北、上、广、深4个一线城市中，有普遍上涨的行业，也有普遍下降的行业，不同的城市还有各自的特征。

2015年四大城市的广播广告投放花费（刊例价，下同）同比不尽相同，其中北京和上海呈下降态势，北京的降幅较小，接近4%，上海的降幅达到近四分之一；相反，广州和深圳的增长都超过20%。

4城市中普遍上涨的品类包括"电脑及办公自动化产品"，广州和深圳的增长幅度超过三位数，上海只有0.33%的增幅；普遍上涨的还有"农业"、"食品"和"药品"。在北京，涨幅较大的还有"邮电通信"、"房地产/建筑工程行业"和"工业用品"；在上海，涨幅较大的还有"衣着"和"清洁用品"；广州的"邮电通信"、"商业及服务性行业"、"金融业"和"个人用品"等涨幅超过30%；深圳与广州类似，不过"邮电通信"

和“商业及服务性行业”的涨幅超过40%。

有些品类的投放花费在四大城市中普遍降低，主要有“活动类”、“化妆品/浴室用品”和“饮料”等。“烟草类”继续下滑，北京、上海两城市甚至没有投放。

其余品类（除上述几类外）在各个城市表现不同，有升有降，冰火两重天。在北京，升降的品类各占一半，上海只有35%的品类有上升，广州有62%的品类有上升，深圳则有81%的品类有上升，其中“衣着”的升幅最大（表3）。

表3 2015年四城市不同品类广告花费（刊例价）同比涨跌幅度（%）

品类	北京	广州	上海	深圳
总体	-3.99	22.74	-22.86	24.17
电脑及办公自动化产品	65.68	151.21	0.33	239.70
房地产/建筑工程行业	22.09	29.01	-61.40	9.20
个人用品	-2.82	34.36	5.61	39.93
工业用品	19.48	27.63	-19.96	20.16
化妆品/浴室用品	-49.20	-58.99	-69.12	-75.07
活动类	-38.11	-24.40	-60.59	-12.92
家居用品	4.30	-6.30	-9.89	9.41
家用电器	8.88	-5.50	-11.68	2.67
交通	4.86	19.27	-2.19	6.56
金融业	-21.64	34.58	-35.98	38.61
酒精类饮品	-30.44	38.07	-16.74	22.55
农业	225.17	72.03	156.42	86.44
清洁用品	-46.43	-0.13	12.64	11.13
商业及服务性行业	-18.90	38.02	-53.52	42.26
食品	22.65	32.97	3.21	47.83
烟草类	-	-9.81	-	-100.00
药品	39.86	25.63	23.54	36.96
衣着	-59.39	-100.00	17.46	1544.18
饮料	-6.49	-8.24	-19.74	-2.65
邮电通讯	21.08	39.73	-13.92	45.06
娱乐及休闲	-12.37	17.61	-30.88	1.60
杂类	-47.78	36.87	-72.88	84.97

注：“杂类”中不包含“免费项目”和“公用事业”项

数据来源：央视市场研究（CTR），CSM媒介研究

六、传统广播广告仍是电台的主要创收来源，部分电台积极探索新的盈利模式

传统广播与新媒体的融合仍然需要经历一个较长的时期，目前各自还保持着相对完整的状态。传统广播收听市场存量经年累月被蚕食、被削减，听众不断被分化、分流，要想实现广告增量变得异常艰难，天花板似乎难以突破。目前，以音频产品和服务为主的运营机构也并没有特别理想的盈利模式，虽然这些产品及服务处于上升时期，但是增加的听众（用户）并没有完全转化为货币价值。据了解，目前传统广告仍然占据着各个电台创收主角的地位，新媒体部分占比极小甚至没有。

电台面临的现状是：一方面传统广播听众流失，另一方面新型媒体并没有实现这部分听众的价值变现，却要在不断衰减的传统收听市场中完成逐年上涨的广告创收任务，这似乎是一个矛盾体。面对困境，部分广播媒体及时主动地调整战略方向，采用灵活多变的战术，把这个市场震荡期转化为自身经营转型和调整的契机，打破僵化机制，重新激发并释放经营活力。经过近一年的努力，已经取得显著成效。除了传统业务保持稳定外，因转型调整而带来的新业务增量成为亮点。例如北京人民广播台针对各类APP的爆发式增长和阿里、神州等大客户的市场扩张，改变代理策略，及时抓住机遇，推动APP市场广告创收近1亿元，较为有效地弥补了传统市场下滑带来的亏损，促进了全台广告经营生态系统的健康发展①。

城市移动收听市场一向是商家看好的市场。2015年交通类、音乐类频率继续在移动收听市场斩获颇丰，同时其他类频率也不甘示弱，纷纷调整内容，主动适应移动收听人群的喜好，通过内容软性合作增加硬广告的投放力度，线下频繁组织大型活动，拓宽了单一频率的覆盖广度和营销深度，力图为广告经营带来实效。

有些电台在转型发展时期积极主动拥抱互联网，尤其是移动互联网，为广播做加法，即打造“广播+”。很多城市台纷纷推出了自己的移动音频APP终端并取得了可观的效果。它们利用微信、微博、微信摇一摇等开展商业化运作，开发、开拓音频产品商业导流新途径，打破广播媒体广告盈利的单一模式，以期实现多途径下的广播增量价值变现。

还有一些电台打造适应新媒介生态的节目内容制作团队、工作室，面向市场，主动出击，了解听众的收听需求，制作既具有广播特色又适合新型传播的节目，为多平台播出服务；同时在传统广播领域打造创收型节目团队，为广告增收添砖加瓦。

不管何时何地，只要有声音存在、有收听需要，就一定有为之服务的广播、音频传输机构存在！无论是“互联网+”还是“广播+”，它们都会使出浑身解数为听众（用户）服务。传统广播的经营者和以技术见长的新媒体运营商难以有一家通吃的本领，各自都有自己的优势和短板。内容生产一直是媒介产业链的顶端，牢牢占据着价值高地的位置。以做内容见长的传统广播已经充分意识到内容版权的重要性，也在行动起来打响

---

① 郑金诗：《北京电台：利用市场调整契机，加速经营改革转型》，《广告人》，2016年第1期。

内容版权的保卫战。2015 年年末，28 家省级广播电台联合签署了《全国广播音频版权联盟发起成立倡议书》，保护广播媒体音频资源的合法权益，坚决反对侵权盗版行为。处于下端的音频产品运营机构必将在一段时间内面临无源之水的尴尬，这为传统广播媒体整合资源、转型提速、增强竞争力、发掘多元盈利模式争取了宝贵的时间。

七、结语

2015 年，传统媒体广告市场的生存困境没有任何缓解的迹象，“全面下降”可能成为不得不引用的对传统媒体广告市场的注脚。根据央视市场研究（CTR）媒介智讯的数据，平面媒体的下降面在继续扩大，霸主电视的广告投放量同比下降 4.5%，广播媒体降幅虽仅为 0.4%，但毫无疑问，广播广告也已处于下行通道中。2016 年如果坚守不住，悲观地估计，这样的趋势可能将成为广播的常态。

市场瞬息万变，广播媒体在 2014 年的利好并没有给 2015 年带来有利的延展，而是市场的急转直下。广告对于经济动态和行业景象具有天然的敏感度，从前文中观察的四大一线城市的品类广告不难看出，以往电波媒体中的广告宠儿“化妆品和浴室类用品”在四大城市的广播广告中大幅度衰减；而“药品”则成为增幅最大的品类之一。这当中不排除有些频率将专题广告改头换面、化整为零，将长时段讲座卖药设计成短小的硬广告形式多频次播出。另一普遍增长幅度较大的是“电脑及办公自动化产品”，这似乎都与“互联网 +”密切相关。

2015 年，顽强坚守传统广告这块阵地毕竟还能给电台带来较为显著的收益，同时很多电台也在不断探索、尝试与新媒体融合的途径、方式等，有些取得了显著效益。但这部分目前还处在初生期，需要打破旧束缚，适应大环境、新生态，在锻炼中成长，才能最终实现反哺传统广播。

进入 2016 年，宏观经济环境和传媒生态不会有大的改变，经济结构调整仍将继续，经济增长也将继续沿着下行通道前行，新媒体对传统媒体的挤压将常态化，传统广告必将受其影响，传统广播亦不能幸免。随着收听市场存量的继续减少，广播媒体也将会失去一定的广告资源。在新的竞争大环境下，在坚守传统广告优势的同时，主动转型、融合、重塑将成为广播媒体生存的主题。

（作者：梁帆）

广播受众新媒体接触与消费状况分析

随着网络技术和新媒体的快速发展，媒体生态和舆论环境发生了深刻的变化。传统广播运用互联网思维，借力新媒体传播渠道，与新媒体加速融合已成为广播发展的重要趋势。本文使用CSM媒介研究2013~2015年12城市“电视广播视听率调查基础研究问卷调查”① 的数据，在对广播受众主要特点进行分析的基础上，重点就广播受众对新媒体的接触与消费状况进行分析，以期给业界人士提供借鉴。

一、广播受众的主要特点

1. 广播听众占据受访者人数3成，其中重度听众超过7成

根据2015年的调查数据，广播听众在整个受访者中占32%的比例，与2014年相比减少了4.4个百分点，而这个比例2014年仅较2013年降低了0.5个百分点。在所有广播听众中，重度听众②的比例依然保持在七成以上（73.9%），比2014年增长了2.2个百分点，中度听众比例为20%，轻度听众比例仅为6.1%，中度和轻度两个程度的听众所占比例较2014年均有小幅下降（图1）。

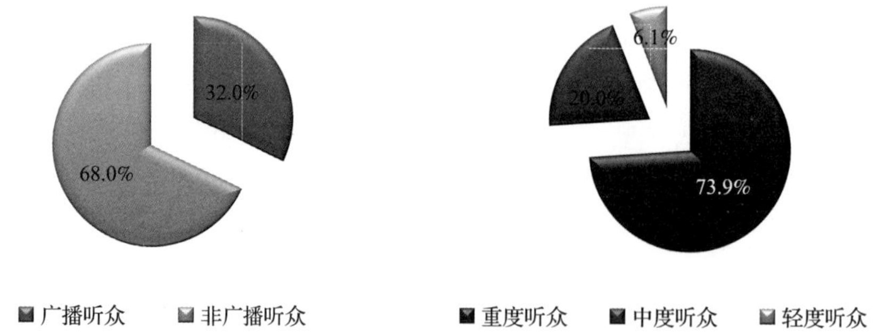

数据来源：CSM媒介研究“电视广播视听率调查基础研究问卷调查”

图1　2015年不同类型广播听众及非广播听众的分布比例（%）

---

① 本文中使用的数据来自2013~2015年成都、深圳、重庆、武汉、沈阳、广州、南京、北京、上海、天津、长沙和西安共计12个城市的基础研究调查数据。

② “重度听众”指“过去半年内每周接触广播3次或以上的受众”；“中度听众”指“过去半年内接触广播频次每周至少1次和每两周至少1次的受众”；“轻度观众”指“过去半年内接触广播频次为每月/每个季度/半年内至少1次的受众”；“非广播听众”指“过去半年内未接触过广播的受众”。

2. 广播听众中男性、中青年、中等学历、初级公务员/雇员、中等收入受众占比较高

2015年的广播听众构成数据显示，男性所占比例明显高于女性；与其他不同年龄段听众占比相对接近的情况相比，45～54岁的听众占比明显较低；具有初中和高中/技术中学教育背景的广播听众占比较高，合计占据了受访者的5.5成以上，而大专及以上高学历听众的占比也达到近四成；初级公务员/雇员、退休无工作、工人和个体/私营企业人员构成了广播的主体受众群；虽然个人月收入2001～3500元的听众所占比例较2014年有小幅下降，但依然保持首位，而3501元及以上较高收入人群的听众虽然占比优势不突出，但2015年较2014年有不同程度的提升，值得关注（图2）。

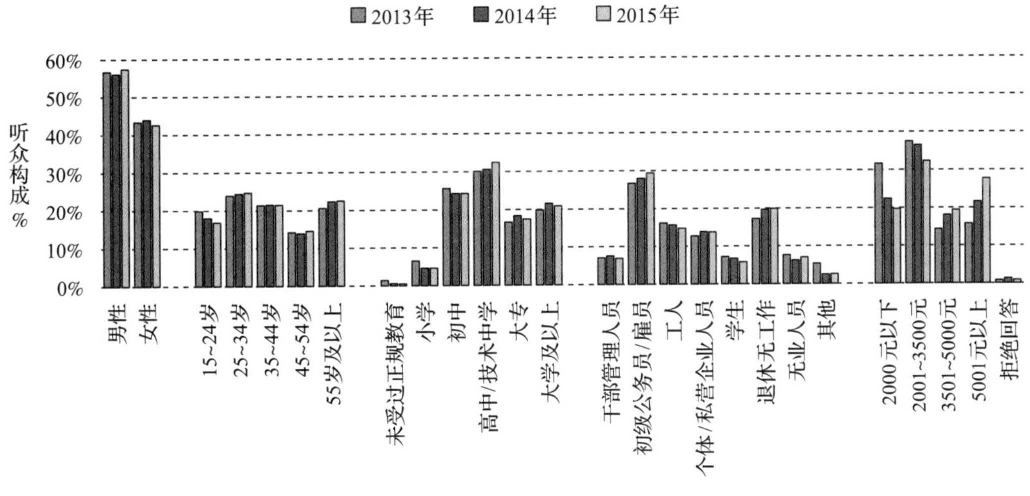

数据来源：CSM媒介研究“电视广播视听率调查基础研究问卷调查”

图2　2013～2015年广播听众构成（%）

3. 重度听众中男性、老年、中等学历、退休、中等收入听众占比较突出

通过对不同程度广播听众构成的横向比较可以看出，性别构成的差异主要体现在重度听众方面，男性听众占重度听众的60%，明显高于同程度听众中女性所占的比例；其他程度听众中女性与男性听众比例相对均衡。从年龄构成来看，55岁及以上和25～44岁听众在重度听众中所占比例较为突出，而15～24岁听众在中度听众中的比例最高。从受教育程度构成来看，具有高中/技术中学和初中学历的受众在重度听众中所占比例较大，而在非广播听众中，具有初中和小学教育背景的听众所占比例明显高于其他不同程度听众中同样受教育程度听众的比例。从职业构成来看，初级公务员/雇员在重度听众和轻度听众中所占的比例均较高，而退休无工作的受访者在重度听众和非广播听众中所占的比例也比较突出。从个人月收入构成来看，2001～3500元和5001元及以上收入的重度听众均占据了超过3成以上的比例（图3）。

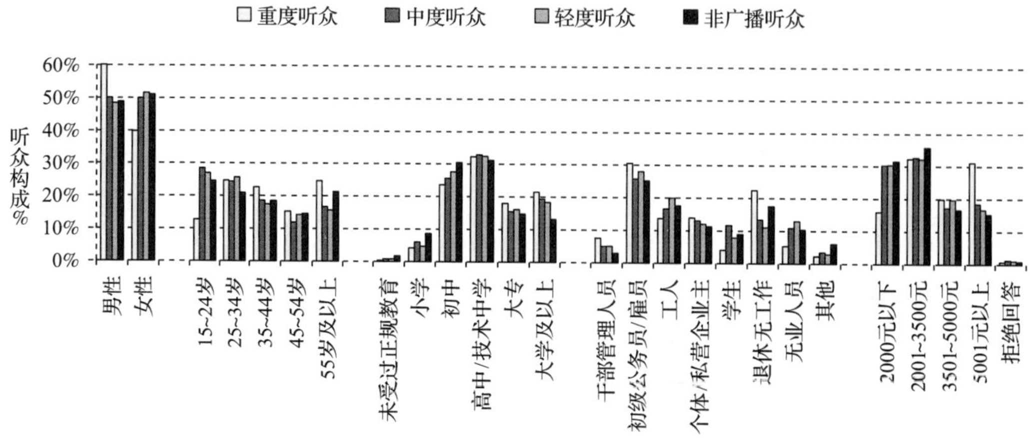

数据来源：CSM 媒介研究“电视广播视听率调查基础研究问卷调查”

图3　2015 年不同程度广播听众和非广播听众的人口构成（%）

二、广播受众对新媒体的接触与消费状况

1. 互联网使用人数逐年递增，电视仍是广播听众接触最多的媒体

为了进一步了解受访者个人的媒体接触情况，“电视广播视听率调查基础研究问卷调查”安排了针对包括广播在内的六大类 18 种媒体接触频率的调查，所有受访者对自己在过去半年内接触每一种媒体的情况均进行回答，图 4 选择了主要的四大类媒体 2013~2015 年受访者接触比例情况进行对比分析。结果显示，2015 年广播听众接触度最高的媒体是电视，选择人数占总受访者的 97.1%，说明收听广播的受众在过去半年之内几乎都收看过电视。另外，对四大类媒体 2013~2015 年接触情况的纵向对比发现，除了

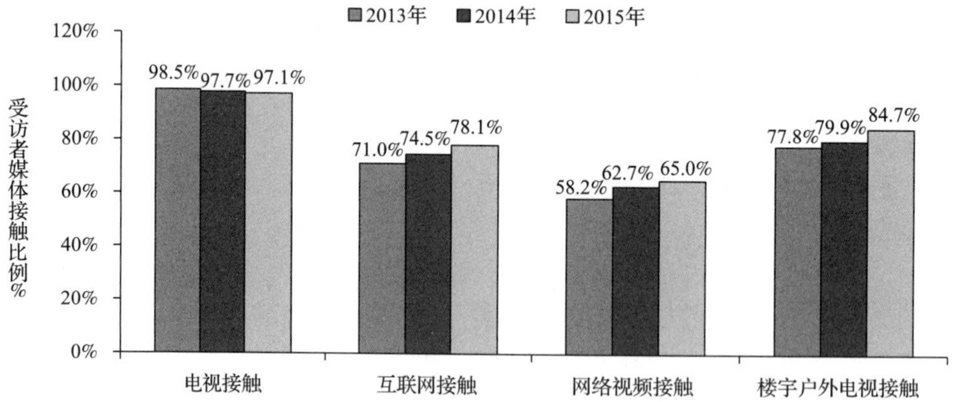

数据来源：CSM 媒介研究“电视广播视听率调查基础研究问卷调查”

图4　2013~2015 年广播听众接触其他媒体的比例情况①

① 此处 4 类媒体接触比例均是通过若干相关类型媒体接触频率的单选题整理得出的，例如电视媒体接触包括电视（在家里收看）和电视（在家庭以外收看传统电视）的接触频率；此处的“互联网接触”类别特指非视频的互联网接触。

接触电视媒体的比例呈现逐年下降的走势外，接触互联网、网络视频和楼宇户外电视的比例均呈现逐年上升的走势。

从广播听众接触网络的地点来看，2015 年近 8 成广播听众选择“在家”上网，选择在工作单位上网的广播听众占 45.2%，超过 5 成的广播听众选择“在家”或单位以外的地方上网，这个比例与 2013 年比较增长了 58.3%。从广播听众对网络视频的接触情况来看，在线观看网络视频点播和在线观看网络视频直播的广播听众比例均超过五成，而选择下载网络视频的听众比例为 45.3%。数据表明，广播听众中使用互联网和收看网络视频的比例基本呈逐年递增的态势，尤其是选择“在家”或单位以外的地方上网的情况表现尤胜，这一现象与 4G、Wi-Fi 等网络技术的不断普及不无关系（表 1）。

表 1 2013～2015 年广播听众接触互联网情况（多选）

互联网接触	2013 年	2014 年	2015 年	2015 年较 2013 年增长幅度
在家里上网	67.8%	73.1%	77.8%	14.7%
在工作单位上网	36.6%	42.3%	45.2%	23.5%
在家或单位以外的地方上网	33.8%	48.6%	53.5%	58.3%
在线观看网络视频点播	45.4%	52.2%	54.6%	20.2%
在线观看网络视频直播	43.9%	46.0%	51.8%	18.0%
下载网络视频	38.2%	45.6%	45.3%	18.5%

数据来源：CSM 媒介研究“电视广播视听率调查基础研究问卷调查”

从广播听众上网经常使用的功能和服务比例来看，2015 年超过八成的广播听众选择社交媒体类（如微博、微信等）和新闻类（与新闻内容相关的各类服务）的功能服务，选择使用视频类和搜索引擎类功能服务的听众比例也均超过六成，另外有四成左右的受访听众还会选择上网使用购物类、音乐/广播类和游戏类的功能服务。透过数据我们可以发现，多数广播听众在上网时经常使用的功能和服务更偏向于生活休闲方面（图 5）。

2. 广播听众接触互联网时长在 30 分钟以内的比例最高，互联网使用的移动性较明显

2015 年广播听众在接受访问的最近一周收听广播时长的数据显示，在工作日，收听时长在 30 分钟左右的听众比例最高，达到 30.6%；其次是收听时长约在 1 小时的听众比例，为 21.0%。而从周末两天广播收听时长的分布比例情况来看，收听时长在 30 分钟和 1 小时左右的听众比例与工作日相似，这两类听众所占比例加总超过四成（图 6）。

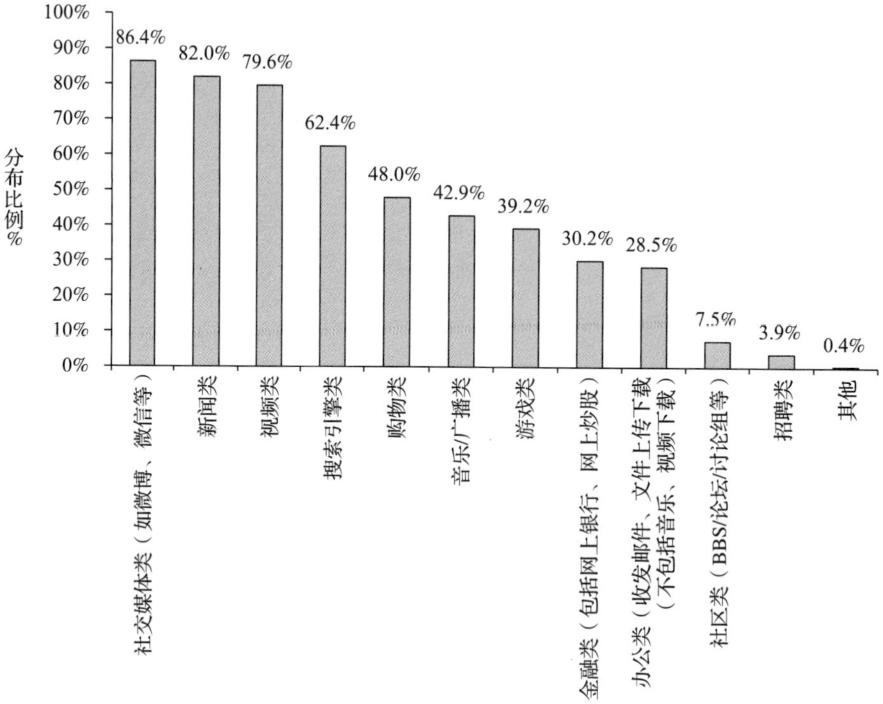

数据来源：CSM 媒介研究“电视广播视听率调查基础研究问卷调查”

图 5　2015 年广播听众上网时经常使用的功能和服务分布比例（%，多选）

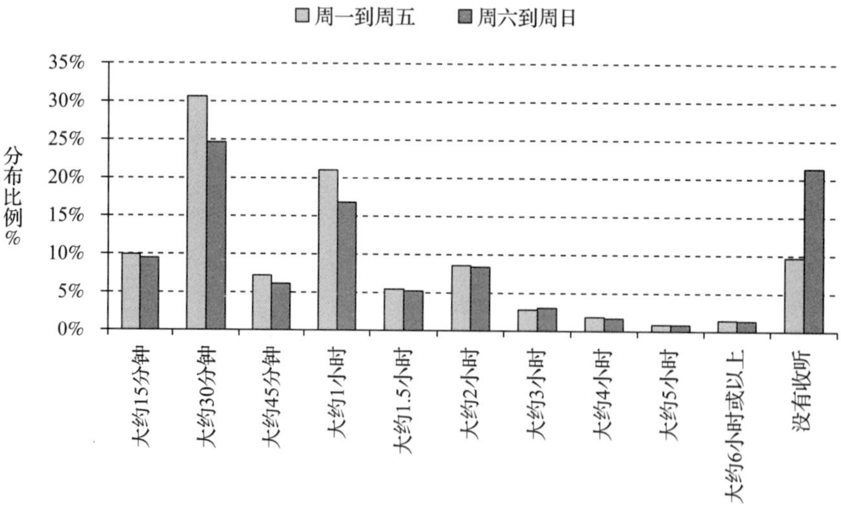

数据来源：CSM 媒介研究“电视广播视听率调查基础研究问卷调查”

图 6　2015 年广播听众最近一周收听广播时长的分布比例（%）

从广播听众最近一周接触互联网的情况来看，在家中，无论是工作日还是周末，选择接触时长在0.5小时以内和1～2小时的比例均排名前两位；而接触网络时长在3小时以上的比例在工作日和周末差异明显，具体表现为32.3%的听众在周末接触互联网的时长超过3小时，而工作日接触网络时长超过3小时的比例仅占20.0%，说明广播听众在周末接触网络更加频繁（图7）。而从在单位和其他地方接触互联网的时长分布情况来看，除了周末接触时长在0.5小时以内的听众比例明显高于工作日外，接触时长超过30分钟以上的听众比例在工作日均高于周末；另外，受工作环境的限制，无论是工作日还是周末，广播听众对60分钟以上互联网接触时长的选择比例几乎都低于10%（图8）。

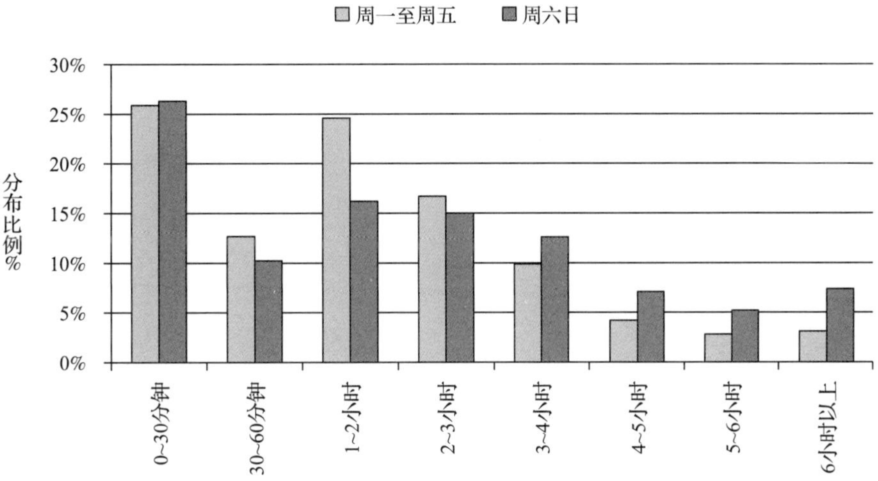

数据来源：CSM 媒介研究“电视广播视听率调查基础研究问卷调查”

图7　2015年广播听众最近一周在家接触互联网时长的分布比例（%）

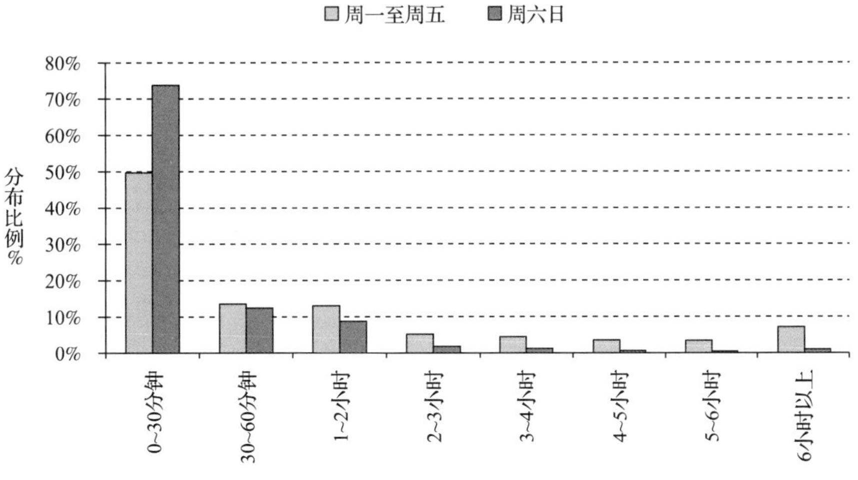

数据来源：CSM 媒介研究“电视广播视听率调查基础研究问卷调查”

图8　2015年广播听众最近一周在单位和其他地方接触互联网时长的分布比例（%）

从2015年广播听众最近一周每天观看网络视频时长的分布情况来看，听众在工作日和周末观看时长的分布比例有一定差异，在工作日观看半小时以内和1小时左右时长的选择比例明显高于在周末，尤其每天观看1小时左右的选择比例超过回答者的7成；而在观看网络视频时长超过2小时以上的听众比例中，工作日的选择比例均低于周末同时长的选择比例（图9）。

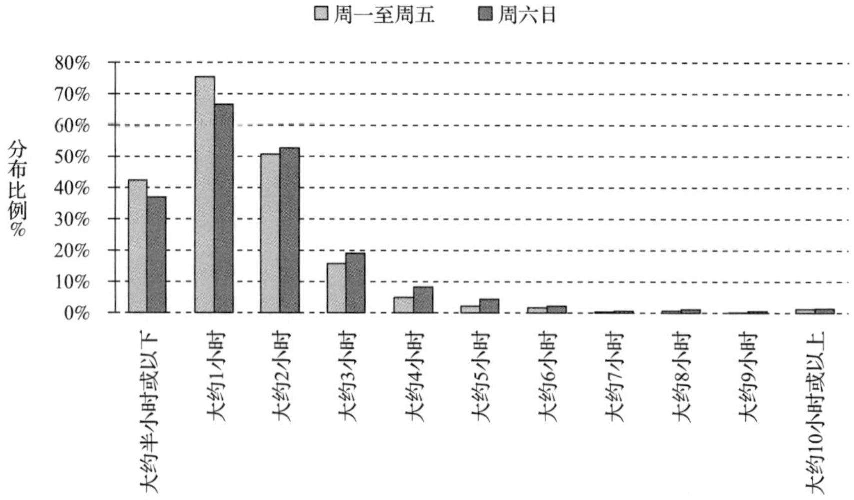

数据来源：CSM媒介研究“电视广播视听率调查基础研究问卷调查”

图9　2015年广播听众最近一周每天观看网络视频时长的分布比例（%）

从2015年广播听众最近一周使用互联网地点分布的选择比例可以看出，在家里使用互联网的选择比例遥遥领先于其他地点的比例，超过99%，说明受访的广播听众几乎人人都会“在家”使用互联网；其次是其他公共场所和单位两个选项，选择比例均超过五成；另外，在公交车、地铁等交通工具上使用互联网的广播听众比例也接近三成，随着Wi-Fi和4G网络的逐步普及以及受众上网习惯的日渐改变，移动上网的比例还会进一步加大（图12）。

3. 广播听众更青睐新闻/时事类和音乐类节目，收看网络视频时更热衷于综艺类和电视剧类节目

广播听众喜欢收听的广播节目类型可以分为三个阵营。新闻/时事类和音乐类节目属于第一阵营，这两类节目一直都是大多数听众喜欢收听的广播节目类型，而且2015年二者的听众选择比例均比2014年有小幅度的上升。生活服务类和文艺类节目居于广播听众喜爱节目类型的第二阵营，文艺类节目2015年的听众选择比例较2014年有小幅度提升。作为受欢迎程度均低于10%的第三阵营节目类型，法制类、财经类和社交类2015年的选择比例较2014年也均有所增长，财经类节目的选择比例更是呈现出逐年递增的趋势；余下的体育类和外语类节目2015年的选择比例较2014年呈现不同程度的下降，尤其是体育类节目，其比例变化更是表现为逐年下降的走势（表2）。

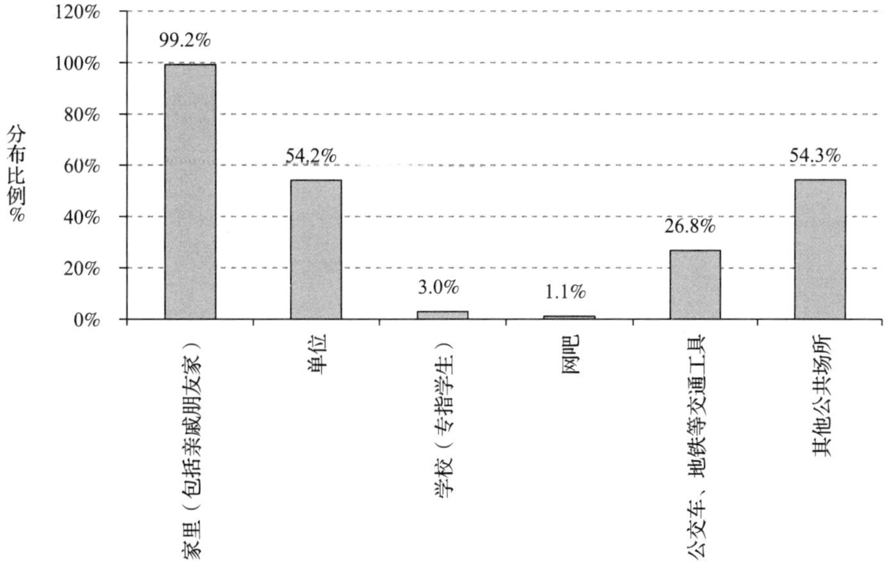

数据来源：CSM 媒介研究“电视广播视听率调查基础研究问卷调查”

图 10 2015 年广播听众最近一周使用互联网的地点分布比例（%，多选）

表 2 2013～2015 年广播听众喜欢收听的广播节目类型分布比例（%，多选）

节目类型	2013 年	2014 年	2015 年
新闻/时事类	67.4%	65.0%	65.4%
音乐类	53.1%	51.3%	53.5%
生活服务类	37.6%	40.3%	40.0%
文艺类	26.9%	22.6%	24.1%
法制类	7.4%	6.2%	6.9%
财经类	4.6%	5.0%	6.1%
体育类	5.6%	5.0%	4.1%
社教类	1.3%	1.3%	1.4%
外语类	0.5%	0.6%	0.2%
其他类	2.6%	2.0%	2.5%

数据来源：CSM 媒介研究“电视广播视听率调查基础研究问卷调查”

广播听众喜爱收看的网络视频内容类型也可以分为三个阵营。2015 年位列第一阵营的是综艺类节目和电视剧，被选择比例均超过受访听众的五成；最大的变化在于与前两年的排名相比较，综艺类节目由原来的第二名跃居首位，2015 年的选择比例较 2014 年的增长幅度高达 48.0%，这在一定程度上说明 2015 年网络视频的综艺类节目对广播听众的吸引力不可小觑。电影类和新闻/时事类节目位于广播听众喜爱收看网络视频内容的第二阵营，但两者 2015 年的选择比例较 2014 年均有不同程度的下降；尤其是新闻/时事类节目，降幅达到 18.0%。余下的 10 类节目类型属于第三阵营，听众喜欢收看的选择比例均在 10% 以下，除了法制类节目、财经类节目和戏剧类节目的选择比例相对稳定外，其余7种节目类型2015年的选择比例较2014年均有不同程度的下降；尤其是体育类节目，下降幅度达到了27.0%（表3）。

表3　2013～2015年广播听众喜欢收看的网络视频内容类型分布比例（%，多选）

视频内容类型	2013年	2014年	2015年
综艺类节目	52.3%	45.2%	66.8%
电视剧	58.7%	59.0%	58.0%
电影类节目	45.7%	44.4%	42.6%
新闻/时事类节目	41.5%	46.2%	38.1%
体育类节目	12.1%	12.3%	9.0%
音乐类节目	9.2%	9.0%	8.5%
生活服务类节目	7.5%	6.6%	5.7%
专题类节目	6.6%	5.9%	5.3%
法制类节目	3.1%	4.1%	4.1%
财经节目	3.7%	3.8%	3.9%
青少类节目	2.0%	2.3%	1.4%
教学类节目	1.4%	1.9%	0.9%
戏剧类节目	0.5%	0.5%	0.5%
外语类节目	0.8%	0.6%	0.2%
其他	0.8%	1.1%	0.8%

数据来源：CSM媒介研究“电视广播视听率调查基础研究问卷调查”

4. 广播听众的新媒体终端收听更倾向于电台直播，电脑和手机是其观看网络视频的主要终端

从2015年广播听众使用手机、平板电脑或PC等新媒体终端收听内容的情况来看，近八成的广播听众收听广播电视台直播频率播出的内容；有超过二成的广播听众选择收听手机电台APP（非广播电台APP）播出的内容；还有不到一成的广播听众选择这些终端收听广播电台网站上的音频内容。数据表明，大部分广播听众虽然使用了手机、平板电脑或PC等新媒体终端收听广播，但收听的内容还是侧重于相对传统的直播频率（图11）。

从2015年广播听众观看网络视频的终端和方式来看，在使用台式电脑或笔记本电脑时，超过八成的广播听众选择在视频网站上直接观看网络视频；在使用平板电脑（如iPad）时，有近三成的广播听众选择直接在视频网站上观看，同时有超过六成的听众表示不使用这个终端收看网络视频；在使用手机时，有超过六成的广播听众选择直接在视频网站观看，有超过四成的听众选择下载后使用播放软件观看；而超过九成的广播听众表示不使用MP4、PSP或智能互联网电视等其他终端收看网络视频。因此，我们可以得出结论：大多数广播听众收看网络视频的终端是台式电脑、笔记本电脑或手机等相对比较大众化的终端设备（表4）。

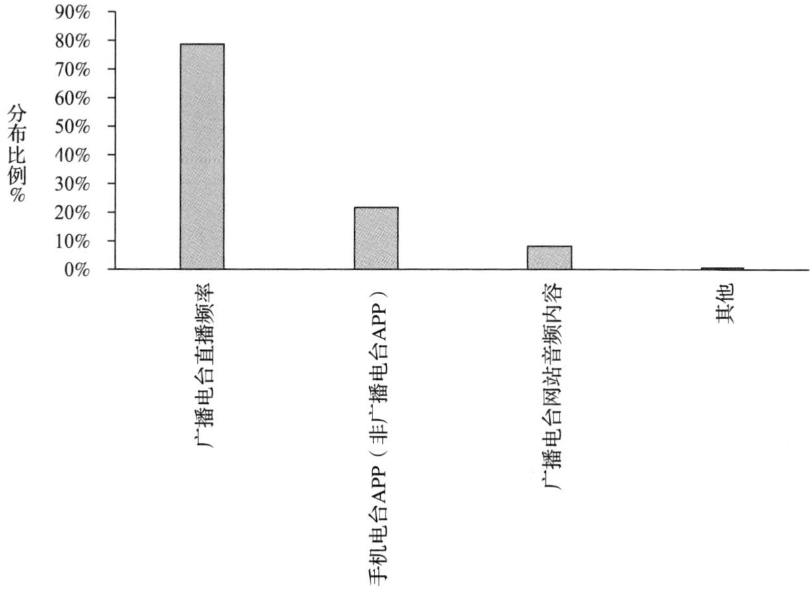

数据来源：CSM 媒介研究“电视广播视听率调查基础研究问卷调查”

图 11 2015 年广播听众使用手机、平板电脑或 PC 端收听内容的分布比例（%，多选）

表 4 2015 年广播听众观看网络视频的终端和方式（%，多选）

观看终端	在视频网站观看	使用客户端或 APP 观看	下载后使用播放软件观看	不使用
台式电脑或笔记本电脑	82.9%	9.7%	25.7%	15.3%
平板电脑（如 iPad）	27.2%	15.7%	12.0%	66.8%
手机	67.4%	34.6%	40.2%	18.7%
其他终端（如 MP4、PSP 或智能互联网电视等）	2.0%	1.1%	0.3%	97.7%

数据来源：CSM 媒介研究“电视广播视听率调查基础研究问卷调查”

三、结语

2013～2015 年 CSM 媒介研究“电视广播视听率调查基础研究问卷调查”的数据统计结果显示，受访者中广播听众的比例呈逐年小幅下降的走势，但 2015 年重度听众的比例依然占据广播听众的七成以上，并比 2014 年有 2.2 个百分点的增长。从广播听众构成方面来看，随着国民消费水平的不断提高以及私家车数量的不断增加，广播听众也持续向拥有较强消费能力的群体发展，2015 年广播听众中男性、中青年、中等学历、初级公务员/雇员、中等收入群体所占比例较高，而重度广播听众则主要集中在男性、老年、高学历、退休、高收入的受众群中。

从广播听众接触其他媒体的情况来看，虽然电视依然以 97.1% 的选择比例成为广播听众接触度最高的媒体，但这个比例近三年来呈现出持续小幅下滑的态势；与此同时，听众接触互联网、网络视频和楼宇户外电视3个媒体类型的比例均呈现逐年上升的走势。广播听众在互联网和网络视频媒体接触上也有一定变化，2015年“在家”或单位以外的地方上网的比例较2013年的增幅高达58.3%；同时，从广播听众上网经常使用的功能和服务比例来看，超过八成的听众选择社交媒体类（如微博、微信等）和新闻类的功能服务。广播听众花费在收听广播和使用新媒体上的时长数据则显示了时间碎片化利用的特点。广播听众在家中或单位以及其他地方接触互联网时长在30分钟以内的比例最高，同时广播听众每天收看网络视频时长约1小时的比例也在七成左右。另外，广播听众使用新媒体终端收听内容的分布数据显示，他们收听广播时更倾向于收听电台直播频率，在收看网络视频时更多选择使用电脑和手机。

伴随着新媒体对民众生活渗透的不断增强，越来越多的受众，尤其是中青年更加频繁地使用新媒体终端来获取信息或交流沟通，广播媒体面对如此激烈的竞争环境，也在加快进军新媒体的步伐，尝试从不同层面和角度与新媒体进行各种形式的互动和融合。在考虑到新媒体技术优势的同时，广播媒体应更加密切地关注广播听众需求和消费习惯的变化，尽力迎合广播听众收听口味的调整，立足于自身的特点，开发更加适合广播市场需求的台网互动方式和内容。

（作者：张琼子）

老广播，新动向
——基于客户访谈的综述

新媒体以迅猛之势快速发展，媒体融合在当下也正如火如荼地展开，各传统媒体都在积极探索融合转型之道，转型被提到了至关重要的位置，传统广播也不例外。在这样的媒介生态大环境下，传统广播人对此有何见解？又采取了哪些应对措施？为此，我们对北京广播电台新闻广播、上海人民广播电台上海新闻广播、上海交通广播、江苏交通广播网、南京新闻广播、广东广播电视台羊城交通广播台、广州新闻电台、深圳广播电台新闻频率、佛山人民广播电台 FM94.6 和佛山人民广播电台 FM92.4 十个新闻类或交通类频率的台长或总监进行了深度访谈。

此次访谈主要针对广播“三驾马车”中的两类频率——新闻类频率和交通类频率——展开，访谈内容主要包括以下几个方面：第一，与新媒体融合的时机是否成熟？以何种形式融合？第二，与新媒体相比广播的核心竞争力是什么？互联网时代如何做强广播？第三，有些观点认为与新媒体的融合不是简单地把电台节目放到网上去播，如何看待此问题？第四，在与新媒体融合的过程中要注意哪些问题？第五，广播市场呈现一种区域化特征，对广播跨区域联合怎么看？下文将根据访谈收集到的资料信息，分别对以上五个方面进行详细阐述。

一、与新媒体融合的时机是否成熟？以何种形式融合？

“时不我待”，这恐怕是目前所有广播人的一致心态。时机已然成熟，与新媒体融合已迫在眉睫。随着互联网的进一步发展，广播在“车上”的阵地也会被攻击，所以一定要提前与新媒体融合，这是被访者的共识。

如何融合？目前最普遍的形式之一是把传统广播的节目放到互联网音频上去播，但这并不是广播人理想的融合模式，或者说这并不是他们的最终目的。一种观点认为，目前互联网音频虽然发展势头很好，但总体而言还不是特别成熟，但因为它们有大数据支撑，自我更新、自我完善的能力较强，因此成长速度相对也很快，比传统媒体仅凭几十个员工慢慢摸索要快许多。因此，有实力的媒体现在不应该单单是融合的问题，而是直接进去，直接做互联网的音频产品，因为传统媒体的基因就不是互联网的基因，而是传统媒体的基因，要想有所突破就得完全做一个互联网的产品才行。音频也是同样的道理，总想二者兼顾是行不通的。这个考验的是频率或节目的经济实力。

另外一种观点则认为，广播媒体可以与新媒体形成一种互惠互利、合作共赢的模式。如果仅仅把新媒体作为传统媒体产品的一个新的出口，还是非常原始的方式，不能将其称为媒体融合，最多叫媒体联合，希望出现的一种融合模式是各自发挥各自的优势和长处，互惠互利，合作共赢。举例来说，假如要做一档交友类节目，传统广播媒体可以与互联网形成一个闭合的环。简单而言就是通过传统广播媒体的品牌影响力、公信力等吸引一些优质的嘉宾会员资源，然后把这些嘉宾会员的资料放在传统电台中展现，背靠的是一个大的网站。网站里有很多嘉宾会员资料，需要的时候就从这里抽取资料放到传统广播平台上展示，通过展示继续吸引更多的人入会，从而聚集越来越多的人气。这些被吸引来的人可以在线上线下进行互动、发酵，形成一种自用户的营销和用户与客户之间的营销，同时所有的内容都是从这个圈子自发产生的，主持人甚至不用挖空心思去找材料，所有的内容就都可以从网站这样一个平台里面生成。传统广播在这个闭合的环里扮演的是展示窗口的角色，而网站则扮演一个提供养分的角色，二者互为补充、互为裨益，形成一个良性循环。这样做的好处在于：不同的媒体各自发挥自己的优势和长处，能够很好地融合在一起。这不是单一的渠道与内容的关系，并且由此可以产生很多凭单一媒体无法收到的效果。

二、与新媒体相比传统广播的核心竞争力是什么？互联网时代如何做强广播？

与新媒体相比传统广播的核心竞争力是什么？被访者众说纷纭，但可以归结为以下几点。

一是传统广播的本土性和公信力。全国性的一些大媒体或者新媒体对地方受众有足够的影响力，但他们更多地关注的是全国层面的信息。如果受众想了解本地的信息，本地广播媒体还是具有得天独厚的优势的，这是全国性媒体无法比拟的。另外就是传统广播媒体的公信力，这是传统广播媒体最大的优势，其所播出的内容是可靠的、真实的，是值得信赖的，这是当下一些新媒体无法企及的。

二是传统广播自身的品牌影响力。这种品牌在当地的影响力一直存在而且深入人心，在一段时间内仍然是传统广播的优势，受众多年积淀下来的对传统广播的感情和依赖不是一朝一夕就能被打消的。但这种优势能存在多久确实是个未知数，所以还需要未雨绸缪。

三是传统广播的专业人才。人是根本，没有人，一切设想、设计以及与新媒体的融合等都是空话。这些专业人才对音频产品深入骨髓的理解、对受众收听习惯的良好把握等，都是互联网音频等目前尚不具备的特质。

广播媒体与新媒体的融合是大势所趋，要想做强广播，就必须主动拥抱互联网，这是所有受访者的共识。互联网搜集数据信息的能力远远超过传统手段，数据反馈的渠道也多种多样，通过对这些数据的分析可以知道目标受众的真实需求，从而把想象中的受众变成看得见、摸得着的实体，进而为受众提供更专业、更有深度、更加个性化的高质量定制服务。在这个过程中，广播媒体可以借力微博、微信等互联网新手段，达到互惠互利的目的。

那么在互联网时代如何做强广播？有些广播电台和频率试水与新媒体融合的新模式，也实施过一段时间，但由于涉及复杂的体制机制问题最终不了了之，因为与新媒体的合作必须在体制、机制没有壁垒、没有屏障的状态下才可以长期实施下去。举例而言，电台做网站必须与公司合作，因为传统媒体中没有这样的专业机构，也就不可能有专业的队伍去专门做一个非常棒的网站，这时就必须借助社会力量，而涉及社会力量的时候就存在很多问题，如数据来源是否一样、理念是否一致、利益如何分配等，诸多问题只要有一个谈不拢合作就无以为继。并不是这种模式做不下去，而是这种合作关系有很多理不顺的地方，最后只能以失败告终。但这种方式无疑是一个好的方式，是未来可以努力的方向，也是在互联网时代做大做强广播的有效途径之一。实际上，各台均有各自的尝试，程度也有深有浅，形式也多种多样。无论过程怎样，最终还是结果说了算，谁能借着互联网的东风将传统广播做大，做出一套新的模式，谁就成功，而且模式肯定不止一种。

广播媒体与新媒体的融合也并非一朝一夕就可以完成，而是一个循序渐进的过程。完全抛开现状转而进入新媒体似乎也不太现实，也不科学，很容易产生混乱。一定要立足于现有的状态做一些改变和尝试，急于求成容易出现不可控的局面，稳扎稳打才是传统广播目前应该采取的战术。

三、有观点认为与新媒体的融合不是简单地把电台节目放到网上去播，如何看待此问题？

把线上播出的内容原封不动或稍做剪辑后放到网上去播，是目前绝大多数频率与新媒体融合的方式，但事实证明效果并不是特别好。互联网的传播和接收规律与传统广播有很大的差异，因此直接把音频搬到互联网上必然会遇到很大的问题。同时，有观点认为，无论是微博还是微信互动，实际上还是把这些途径当成工具而不是当成事业来做，那么做大做强的就是别人，增加的人气也是别人的。因为入口是互联网的，后台的大数据也归属于互联网，传统广播什么也没有得到，也不会得到新的用户。没有用户就没有商业模式，也无法盈利，长此以往就会对传统广播形成致命的打击。

也有观点认为，如果单纯把新媒体当作传统广播媒体传播的一个载体是一件比较愚蠢的事，因为新媒体给传统广播媒体提供的不仅仅是多一个传播渠道，更多的是以用户的体验来指导传统广播节目的设置甚至对目标受众做出调整，是以用户体验为核心的一种传播思维方式。途径之一就是通过截取信息、获得数据，了解更多的具体情况后，针对目标人群研发一些新的节目。这些节目指向性更强，面向的是一个一个的定向个体，不像原来一个大广播面对一个大群体。新媒体也可以为传统广播提供很多内容来源，广播媒体如果要追求内容上的丰富性就要尽量向新媒体靠拢，真正有吸引力、有影响力的节目必然是专业的，新媒体和传统广播的合作应该是一个互利的过程。

还有较为乐观的观点认为，传统广播播出的内容很学术、很文化，是长期积累和沉淀下来的，不必担心别的媒体会偷艺成功，因为这是简单的技术手段根本无法代替的。传统广播媒体在实际生活当中与其他媒体一样，占有适合它的合理市场位置，有跨界，也参与新媒体，新媒体也会反过来利用传统广播的内容。但这并不是简单的谁侵吞谁的问题。对于优秀人才流失的问题，部分受访者也认为大多数优秀人才还是会选择留在传统广播行业里，用最合适、最动听的语言做内容传播。

四、在与新媒体融合的过程中要注意哪些问题?

传统广播媒体与新媒体融合的方式多种多样，目前还有一种常见的方式就是利用微博、微信等平台。但利用这样的平台也有一个担心，就是在这个过程中传统广播媒体自己没有得到任何实惠，只是扩大了别人的影响力，也就是通常所说的“为别人做嫁衣”。如何正确认识这个问题？如何摆正自己的位置？这恐怕也是广大传统广播人目前首先要考虑的问题。针对这个状况，大多数受访者较为乐观，认为自己能被利用也是对自身价值的一种肯定。如果目的是扩展频率或节目的影响力，那这些平台就仅仅是一种手段而不是所谓的“为别人做嫁衣”，社会分工总会不同，明确自己的最终目的最重要。这是一个共赢的过程，关键在于要保证你中有我、我中有你，不能迷失自己。

除此之外，传统广播媒体在与新媒体融合的过程中面临的最大问题有两个：一是流程改造。世界上任何一个新事物出现，要接受它的过程都很漫长，广播也不例外。即使像 BBC、澳大利亚 ABC 这样的世界级媒体，它们在传统媒体与新媒体融合的过程中也花费了十几年的时间才使人们的观念发生了彻底转变。它们遇到的一些困难后来者可以借鉴，所以后来者相对可以缩短这一过程的时间，但整个运营过程仍然艰难而漫长。这其中包括技术的改造和流程的改造，相较于可以用钱解决的技术改造而言，流程改造更为艰难，因为这关系到每个人工作习惯和岗位职责的变化，以及做事的先后顺序等很多细节的改变。所以有很多流程需要重新设计，而要完成这一切的前提条件是传统广播整个体系具备了这个能力，这是一个从硬件到软件技术改造、从流程到能力建设直至观念整个转变的系统工程。工作量之大、之难、之细无法想象。

二是能力提升。在整个融合过程中，每个参与其中的人至少要做好以下六个能力建设，即全媒体信息的策划能力、多性能信息的采集能力、多媒体的编辑能力、多平台的分发能力、后台用户的数据管理能力以及对大数据的分析能力。此外，在新媒体环境之下，还要具备同用户打交道的能力等。只有团队中的每位成员都具备了这几种能力，才能保证这个团队整体的竞争力；如果不具备这些能力，则无法适应移动互联网这种激烈的竞争环境。因为这种挑战不是针对某一类频率的，也不是针对某一类节目的，而是对整个传统广播发起的挑战。市场快速变化，非常残酷，如果不未雨绸缪，最后的结果就是温水煮青蛙，因此一定要放下包袱，一路往前走。

总之，不管是流程的改造，还是能力的提升，传统广播和新媒体的融合一定要遵循一个原则，就是“先进技术为支撑，优质内容为基础”。一是必须依靠先进的技术，二是追求内容的极致。只有把内容做到极致，才能在这个市场上赢者通吃。

五、广播市场呈现区域化特征，对广播跨区域联合怎么看?

省钱、高效是传统广播跨区域联合播出带来的最大好处，但广播的属地性特征决定了这种联盟能发挥的作用有限，尤其是对于受访的新闻和交通类频率而言，它们受该特征的制约更强。因此，目前绝大多数是建立这样一个联盟：有需要的时候就整合在一起进行联播，平时仍然各自为政。

对这种状况的看法有两种截然不同的观点。一种观点认为，在新媒体的冲击下，可能只有建立这种联盟传统广播才有生存的机会，最终这会成为一个趋势。另一种观点则认为，这种区域联合在目前的情形下很难做到，一是当下的行政架构、行政体系决定了这种联合很难有大的作为；二是区域联合的前提必须有经济和人文的交流在里头，而且它们必须成为较为核心的主流之后才能水到渠成地实现联合，而目前来看并不具备这样的条件。因此整体而言，广播跨区域联合当前仍然作为一种应急机制而存在，并没有形成一种常态机制，未来如何发展尚有待观望。

整体而言，传统广播与互联网的融合转型是大势所趋，在这个过程中，传统广播并不是没有任何可坚守之处。相反，在媒体影响力不断稀释、人人皆可成为媒体的当下，源源不断的碎片化信息并没有得到妥善而有效的整理。而充斥在互联网中的大量信息也是鱼龙混杂、泥沙俱下，并不具有传统媒体那样较高的可信度和公信力。传统广播沉淀多年的卓越的故事讲述方式、锐利而透彻的报道内容以及深思熟虑的编辑流程，仍然深受听众的欢迎。传统广播要做的不过是将其内容以不同的形式加以呈现而已。广大广播人也意识到了这一点，他们并没有作壁上观，而是在积极应对，试图找到一种与新媒体融合的最佳模式。

坚守自己的职业操守，承担媒体应有的担当，发挥长期以来沉淀的影响力和公信力，同时积极拥抱互联网，找到与新媒体融合的最佳模式，发挥自己的长处，这个具有百年历史的老媒体——广播，就必定会散发出新的光芒。

（作者：解永利）

CSM 广播虚拟测量仪调查法解析及与日记卡法比较

广播媒体具有天然的移动性和伴随性特征。在“互联网+”时代，传播平台的多样性和接收终端的多样化不但强化了这些特征，而且还大大丰富了广播媒体，使之从单一的声音维度扩展为音、视、文字、图片等多维度。传统的听众也转变为生产和消费音频产品的用户或产销者（prosumer），个性化特征更加突出。面对这种变化趋势，市场对广播传播效果的测量提出了更高的要求和期待，对传统听众收听行为的测量也需要升级为对音频用户使用行为的测量。

为顺应市场的需求，CSM 媒介研究引进了国际先进的测量技术——MRL 虚拟测量技术。经过两年多的测试和试运行，已成功应用到本土广播收听市场的测量，目前已经在北京、上海和深圳三地实现商用。虚拟测量仪调查方法的原理是什么？有什么优缺点？其调查数据结果与日记卡方法相比有何异同？这些都是业界普遍关心的问题。本文先对 CSM 虚拟测量仪调查方法进行简要介绍，然后对这两种方法取得的调查数据进行比较分析。

一、从日记卡法到测量仪法的变迁

最早的日记卡调查方法出现在上世纪 20 年代的美国，随后其他一些西方发达国家也纷纷采用。经过近一个世纪的发展，这种方法目前仍是世界上最主要的广播收听率调查方法。由于人工配合会对收听行为的记录造成影响，加上较大时间刻度的数据颗粒度会导致数据的精确性和准确性不足，因此日记卡调查方法存在天然的短板，导致长期以来这种调查方法饱受诟病。上世纪 90 年代，国外研制出了便携式人员测量仪（PPM），并在一些国家实现了商用。这种方法通过在频率上加码来测量受众的收听行为和多媒体的接触行为，CSM 媒介研究在 2008 年曾经在国内对部分频率进行过测试工作，但是这种方法需要对目标市场中的所有频率进行全面测量，这就需要业界的广泛共识和协作并得到政府相关部门的支持，当时因条件不成熟、执行难度较大而难以为继。近几年来，随着新媒体的快速发展以及对传统媒体的影响加深，随着听众收听行为的变化，市场对广播收听测量方法提出了更高的要求，CSM 媒介研究顺应市场的这种需求，适时推出了目前国际上最新的虚拟测量仪技术。

二、CSM 虚拟测量仪调查法简介

1. CSM 虚拟测量仪的测量方式

CSM 媒介研究采用目前国际最新的基于智能手机的虚拟测量技术——“MRL 虚拟测量仪”（MRL Virtual Meter）技术，使用虚拟测量软件对听众在不同场所使用不同收听设备的全部收听行为进行完整测量。具体操作流程是：首先在手机上安装一个 APP 软件，手机开启后，虚拟测量仪自动开始工作，它仿佛是人的耳朵，可以采集到周围所有的声音，自动接收音频信息，然后把接收到的音频实时转换为不可解读、不可还原的数字音频码，通过无线 3G、4G、Wi-Fi 等方式传送到后台并与广播节目数字音频码资源库进行匹配，过滤掉冗余信息，最终准确识别出听众收听的频率。

2. CSM 虚拟测量仪的技术特点

第一，这种测量方法不增加、不减少、不改变样本人员的收听设备或收听方式，不影响样本人员的收听行为，样本人员使用自己原有的收听设备自主收听，虚拟测量仪客观记录样本人员的收听行为。该调查方式严格遵循不改变样本人员收听习惯、不影响样本人员收听行为的收听率调查基本原则，符合国际调查标准。

第二，这种测量方法对听众个性化的收听进行全覆盖测量，听众无论是收听直播节目、点播节目，还是时移收听，其收听行为都能被完整准确地记录下来。

第三，无论听众在哪里收听，无论使用什么收听设备——收音机、手机内置广播、手机 APP、车载音响、数字电视等，这种测量方法都能够完整地进行测量。

第四，采集到的音频特征码不可还原为原始声音，这样既能有效地保证样本的隐私，同时也能有效地保证数据的安全。而且声音特征码占用的空间很小，数据能方便快捷地回传到公司后台。

第五，这种测量方法采用有专利的算法，能高效精确地匹配数字音频特征码，准确率高达 95% 以上。

3. CSM 虚拟测量仪调查法的抽样方法

基于在内地广播收听市场十多年的调查经验和实证数据，低龄人群在听众中所占比例较低且收听量较小（如据北京日记卡法调查数据显示，10～14 岁听众占听众总量的 0.6%），同时也考虑到低龄人群携带智能手机的人数较少，CSM 媒介研究将调查总体界定为调查区域内 15 岁及以上且在过去 3 个月内收听过广播的常住人口。在测量技术升级的同时，抽样方法改变为以个人为抽样单位来建立样本组，与日记卡调查法以户为抽样单位的方法相比，CSM 虚拟测量仪调查法更适合广播的个人收听特征。

4. CSM 虚拟测量仪调查法的优劣势

相较于日记卡，虚拟测量仪自动采集音频信息，不像日记卡需要人工配合来填涂，减少了人为误差；虚拟测量仪数据可以精细到秒级，目前处理的数据最小单位为 1 分钟，比日记卡的15分钟精细很多；虚拟测量仪可以实现隔夜提供数据，而日记卡为隔周提供数据，从而大大缩短了数据的提供周期；虚拟测量仪法对于重大事件、节目调整和广告投放变化的反应更清晰和敏感，但投入和维护成本也更高。

三、日记卡法升级为测量仪法的数据变化解读

近15年来，CSM媒介研究在全国70多个城市的电视收视率调查网和10个省级收视调查网完成了从日记卡法到测量仪法的升级，数据变化规律可供借鉴。相比日记卡调查数据，测量仪调查数据呈现出规律性差异，主要有以下几个方面：

- 总收视率下降，平均达到率上升，平均收视时长缩短；
- 市场份额较高的主要频道所占份额有所降低，次要频道的市场份额上升，但频道间的竞争格局近似；
- 收视高峰时段的收视率数值下降，非高峰时段的收视率上升。

延伸至广播收听调查后，由日记卡法转变为测量仪法后数据有哪些变化？是否与电视收视调查有共性？下文将进行详述。

（一）日记卡法升级为测量仪法后收听调查数据的变化规律①

北京、上海两地的调查数据分析显示，广播收听调查法由日记卡法升级为测量仪法后，调查数据所呈现的变化规律基本上与电视收视调查数据的变化规律一致。

1. 听众规模上升，收听总量下降

北京、上海两地表现出同样的变化规律。从听众规模来看，无论是日均听众规模、周均听众规模，还是四周累计听众规模，测量仪数据都明显高于日记卡数据。听众规模得以更准确、更完整地呈现。

从听众收听量来看，测量仪数据明显低于日记卡数据，幅度为42%～43%。测量仪数据还原了听众真实的收听时长（表1）。

表1　北京、上海两地相关收听指标日记卡数据与测量仪数据对比

指标	北京		上海	
	日记卡	测量仪	日记卡	测量仪
日平均到达率（%）	58.7	64.3	64.7	65.6
周平均到达率（%）	76.0	86.5	80.1	90.7
四周到达率（%）	82.4	96.0	83.1	97.1
收听率（%）	5.5	3.2	5.3	3.0
人均收听分钟数	79.6	46.4	75.9	43.6
人均收听分钟数（听众）	135.8	72.0	117.4	66.0

数据来源：CSM媒介研究

① 本文采用2015年11月1～11月28日共4周数据作为对比周期，目标听众为15岁及以上所有人，地区为北京、上海两个城市。

2. 全天收听率走势更为平滑

在北京、上海两个地区，两种测量方法的全天收听率走势基本一致。测量仪数据的全天走势更平滑，早晚高峰时段没有日记卡数据那么突出，尤其晚高峰时段更加明显。在早间6:00之前和夜间23:00以后时段，测量仪数据略高；基本体现出黄金时段下降而非黄金时段上升的特征（图1、图2）。

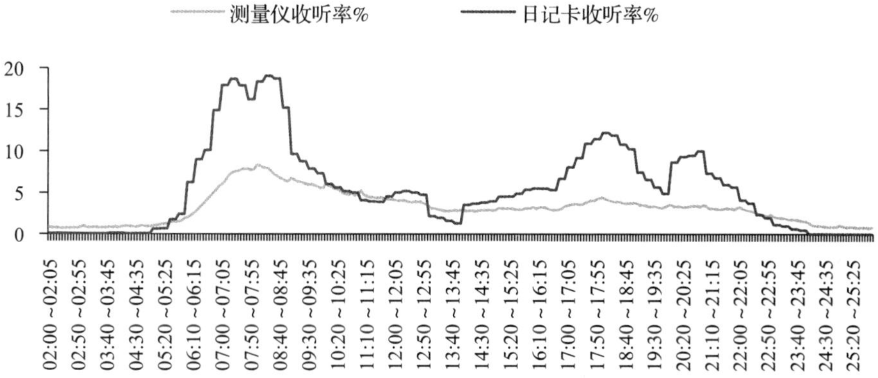

数据来源：CSM媒介研究

图1 北京市场日记卡数据与测量仪数据全天收听率走势对比

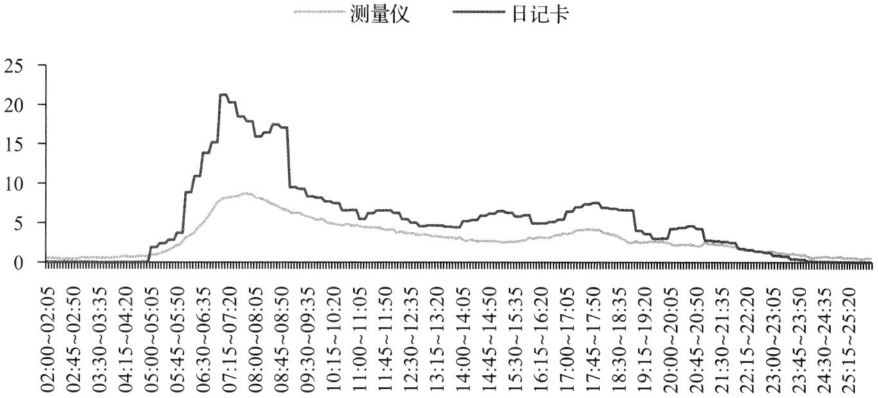

数据来源：CSM媒介研究

图2 上海市场日记卡数据与测量仪数据全天收听率走势对比

3. 周末收听率低于工作日，测量仪数据显示的二者差异远小于日记卡数据

从工作日与周末的收听率对比来看（表2），北京、上海两地的测量仪数据与日记卡数据都是周末低于平时，不同之处在于日记卡数据的差异更大，日记卡数据周末和工作日相对差异超过15%，而测量仪数据则小很多（表2）。

表2　北京、上海两地日记卡数据与测量仪数据工作日与周末收听率（%）对比

方法	北京			上海		
	工作日	周末	相对差异（%）	工作日	周末	相对差异（%）
测量仪	3.24	3.17	-2.2	3.08	2.88	-6.5
日记卡	5.79	4.87	-15.9	5.59	4.48	-19.9

数据来源：CSM媒介研究

日记卡数据显示，周末的早晚高峰时段明显低于工作日，其余时段基本持平；而测量仪数据的早高峰时段低于工作日而且峰值明显后移半小时左右，其余时段基本相近，更清晰地反映出听众周末与工作日作息时间的差异（图3～图6）。

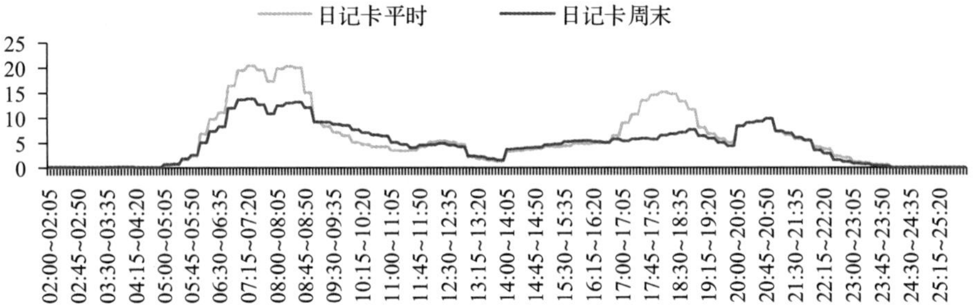

数据来源：CSM媒介研究

图3　北京日记卡数据工作日与周末全天收听率走势对比

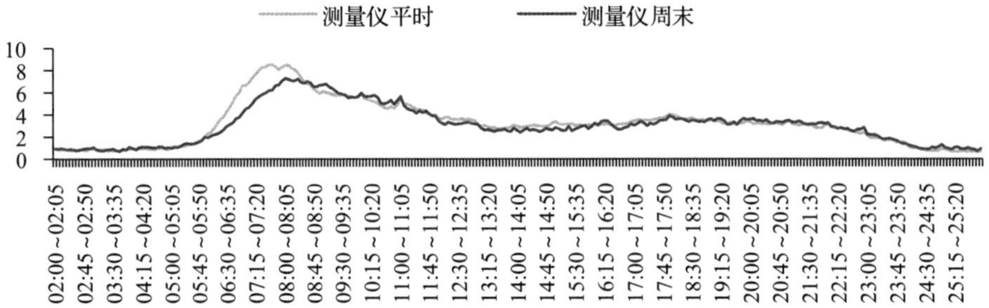

数据来源：CSM媒介研究

图4　北京测量仪数据工作日与周末全天收听率走势对比

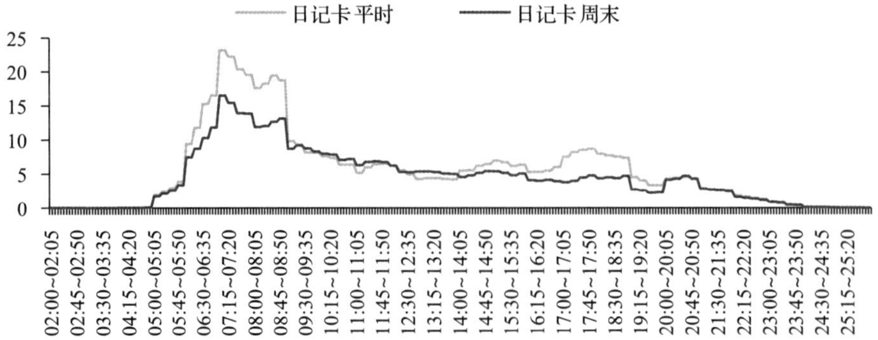

数据来源：CSM媒介研究

图5　上海日记卡数据工作日与周末全天收听率走势对比

数据来源：CSM 媒介研究

图 6　上海测量仪数据工作日与周末全天收听率走势对比

4. 收听率随年龄增长而增加的特点一致

北京、上海两个地区从日记卡法转为测量仪法后，听众年龄下限为 15 岁，没有10 ~ 14 岁的听众。与日记卡数据相比，测量仪数据所有目标听众的收听率都有所下降，但收听率随年龄的增长而增加的趋势与日记卡数据一致（表 3）。

表 3　北京、上海测量仪数据与日记卡数据各目标听众收听率（%）对比

目标听众	北京			上海		
	测量仪	日记卡	绝对差异	测量仪	日记卡	绝对差异
15 岁及以上所有人	3.2	5.5	2.3	3.0	5.3	2.3
男	3.4	5.5	2.1	3.2	5.2	2.0
女	3.0	5.3	2.3	2.8	5.1	2.3
15 ~ 24 岁	2.7	3.6	0.9	1.4	3.2	1.8
25 ~ 34 岁	2.4	4.0	1.6	2.3	3.9	1.6
35 ~ 44 岁	2.5	4.7	2.2	1.9	5.1	3.2
45 ~ 54 岁	3.6	7.0	3.4	3.5	4.9	1.4
55 ~ 64 岁	5.2	7.2	2.0	3.7	6.0	2.3
65 岁及以上	6.3	9.6	3.3	5.2	10.0	4.8

数据来源：CSM 媒介研究

5. 强势电台市场份额下降，弱势电台市场份额上升

北京、上海两地整体的变化规律一致。在日记卡数据中强势电台的市场份额在测量仪数据中有所下降，如北京台、上海台，而在日记卡数据中市场份额较低的电台，如中央人民广播电台（图中简称“中央台”）、中国国际广播电台（图中简称“国际台”）的市场份额则在测量仪数据中均有不同程度的上升（图 7、图 8）。

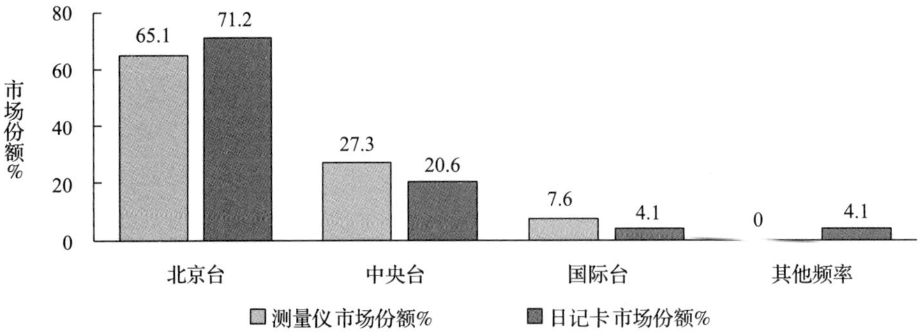

数据来源：CSM 媒介研究

图 7　北京市场各类频率市场份额测量仪数据与日记卡数据对比

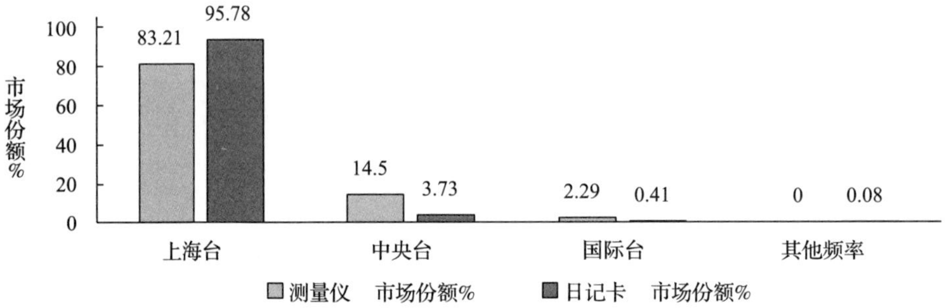

数据来源：CSM 媒介研究

图 8　上海市场各类频率市场份额测量仪数据与日记卡数据对比

6. 主要频率相对竞争地位变化不大

从北京市场主要频率的市场份额排名来看，测量仪数据与日记卡数据中排名前 6 位的频率相同，只是在第四位以后位次上略有差别；两种测量方法数据的前 15 位频率占有市场 90% 左右的份额，频率重叠度高达 80%。在表 4 中，我们也可以很清楚地看到主要频率市场份额下降、次要频率市场份额上升这一从日记卡法到测量仪法转换时数据变化的一般规律（表 4)。

表 4　北京市场测量仪数据与日记卡数据市场份额（%）排名前 15 位频率对比

排名	测量仪		日记卡	
	频率	市场份额	频率	市场份额
1	北京交通广播	22.75	北京交通广播	29.66
2	北京文艺广播	13.16	北京文艺广播	12.75
3	北京新闻广播	9.78	北京新闻广播	10.53
4	中国之声	8.59	北京音乐广播	8.25
5	北京音乐广播	5.83	中国之声	7.19
6	经济之声	4.47	经济之声	3.91
7	环球资讯广播	4.15	北京体育广播	3.85

续表

排名	测量仪		日记卡	
	频率	市场份额	频率	市场份额
8	高速公路	4.11	音乐之声	3.65
9	音乐之声	3.82	文艺之声	2.47
10	文艺之声	3.38	环球资讯广播	1.88
11	北京体育广播	2.54	劲曲调频	1.61
12	北京动听调频	2.30	都市之声	1.54
13	劲曲调频	2.11	北京城市广播	1.54
14	北京城市广播	1.59	北京长书广播有线	1.24
15	北京长书广播有线	1.27	北京怀旧金曲广播有线	0.99
累计		89.85		91.06

数据来源：CSM 媒介研究

上海的市场集中度较高，这一现象在日记卡数据中表现得更为明显，日记卡中排名前3位的频率市场份额之和超过60%，在测量仪数据中也超过42%。从主要频率的市场份额排名来看，测量仪数据与日记卡数据中排名前两位的频率相同，但在日记卡数据中的份额较在测量仪中有大幅度的下降；测量仪数据中第三位后的频率间的市场份额差异较在日记卡中小许多。在表5中，我们也可以很清楚地看到主要频率市场份额下降、次要频率市场份额上升这一从日记卡法到测量仪法转换时数据变化的一般规律（表5）。

表5　上海市场测量仪数据与日记卡数据市场份额（%）排名前15位频率对比

排名	测量仪		日记卡	
	频率	市场份额	频率	市场份额
1	上海新闻广播	21.78	上海新闻广播	32.99
2	动感 101	10.71	动感 101	18.58
3	第一财经	9.78	Love Radio	9.59
4	东广新闻台	9.77	第一财经	8.49
5	Love Radio	8.53	上海交通	5.89
6	中国之声	7.12	上海戏剧曲艺	4.86
7	上海交通	5.90	东广新闻台	4.81
8	899 驾车调频	5.06	899 驾车调频	4.04
9	上海戏剧曲艺	4.38	中国之声	2.72
10	经济之声	4.19	经典 947	2.24
11	经典 947	3.59	上海五星体育	1.92
12	上海故事	2.34	上海故事	1.74
13	劲曲调频 FM87.9	2.17	经济之声	0.78
14	音乐之声	1.78	劲曲调频 FM87.9	0.41
15	上海五星体育	0.98	浦江之声	0.33
累计		98.08		99.39

数据来源：CSM 媒介研究

7. 强势频率峰值回落

由日记卡法改为测量仪法后，频率全天收听走势一般会有两种变化：第一种是，在日记卡数据中表现强势的频率，在测量仪数据中都会有较大幅度的下滑，尤其在高峰时段表现得更加明显；但在非高峰时段，两者相差无几，甚至在有些时段测量仪数据的表现还较为突出（图9～图14）。

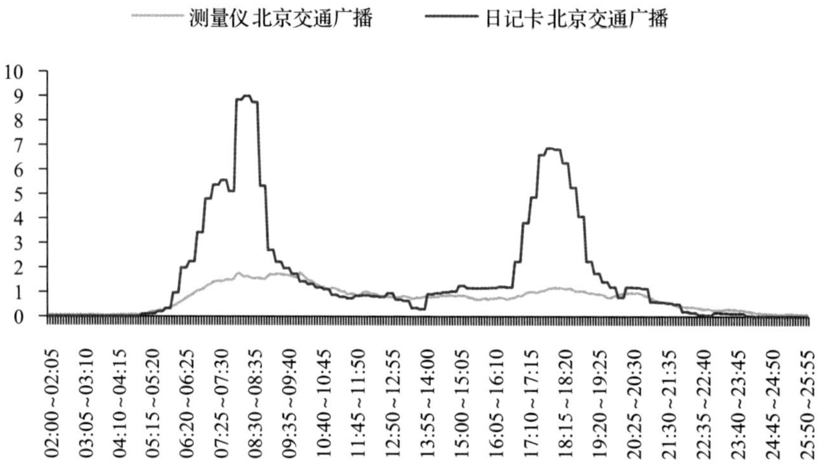

数据来源：CSM媒介研究

图9　北京交通广播测量仪数据与日记卡数据全天收听率走势对比

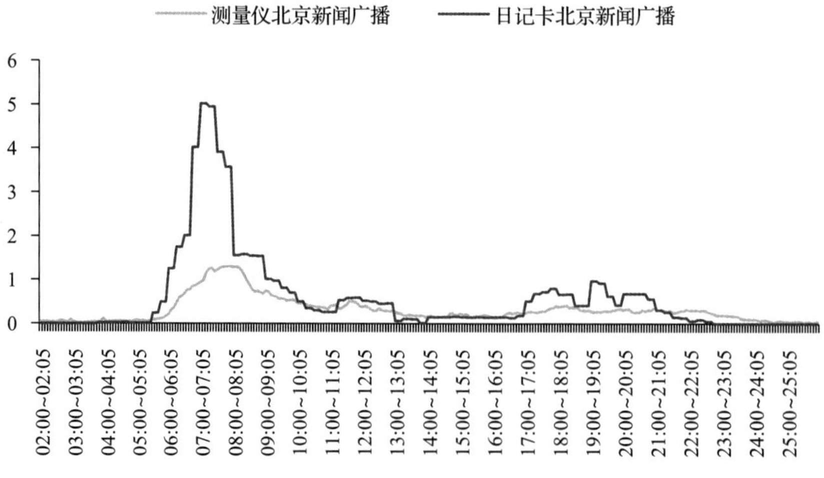

数据来源：CSM媒介研究

图10　北京新闻广播测量仪数据与日记卡数据全天收听率走势对比

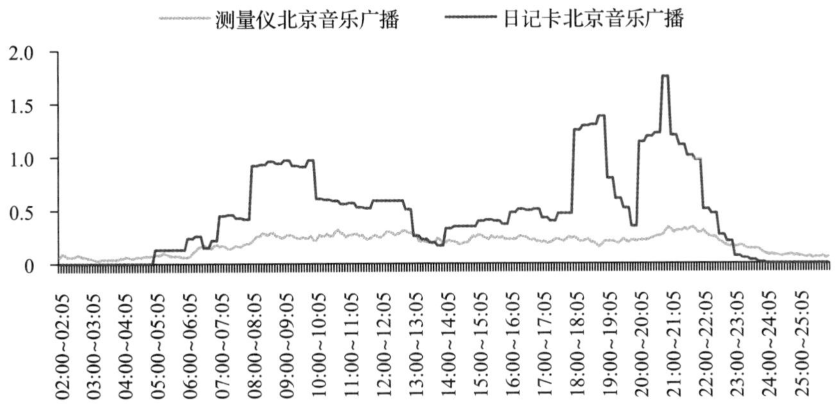

数据来源：CSM 媒介研究

图 11 北京音乐广播测量仪数据与日记卡数据全天收听率走势对比

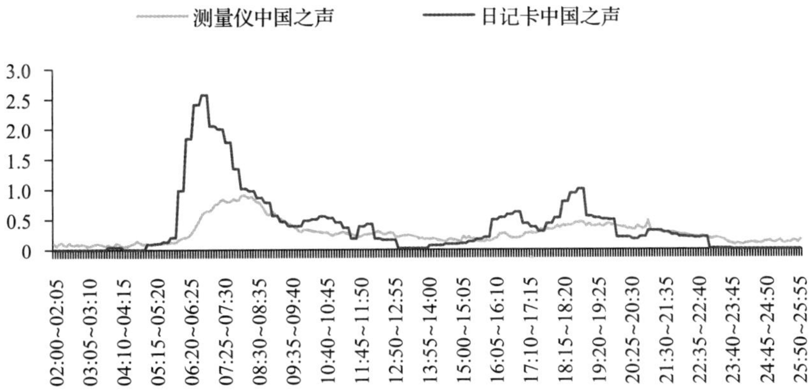

数据来源：CSM 媒介研究

图 12 中国之声测量仪数据与日记卡数据全天收听率走势对比

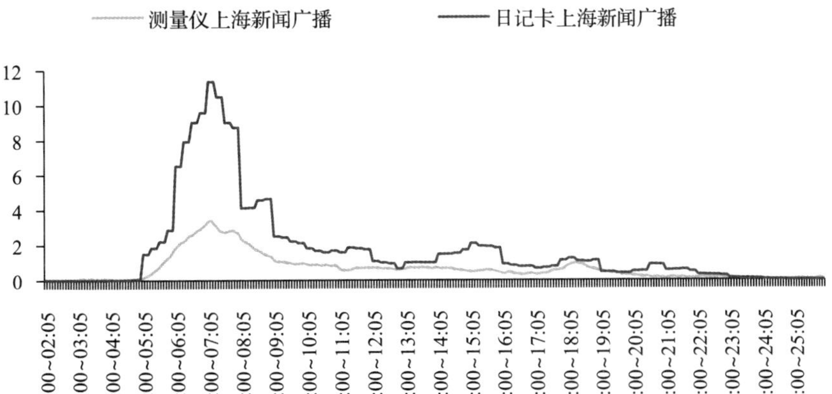

数据来源：CSM 媒介研究

图 13 上海新闻广播测量仪数据与日记卡数据全天收听率走势对比

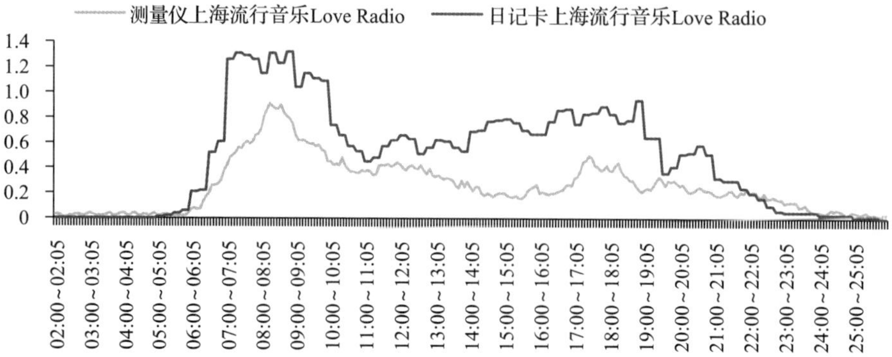

数据来源：CSM 媒介研究

图 14　上海流行音乐 Love Radio 测量仪数据与日记卡数据全天收听率走势对比

第二种是，在日记卡数据中表现弱势的频率，在测量仪数据中会有较大幅度的提升，尤其在全天时段的细节上表现得更加明显，完整地还原了在日记卡数据中被低估的收听状态（图 15 ~ 图 17）。

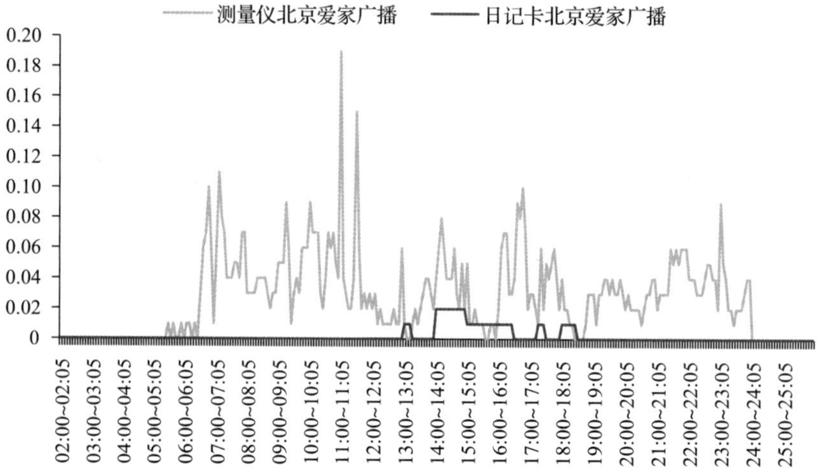

数据来源：CSM 媒介研究

图 15　北京爱家广播测量仪数据与日记卡数据全天收听率走势对比

数据来源：CSM 媒介研究

图 16　北京动听广播测量仪数据与日记卡数据全天收听率走势对比

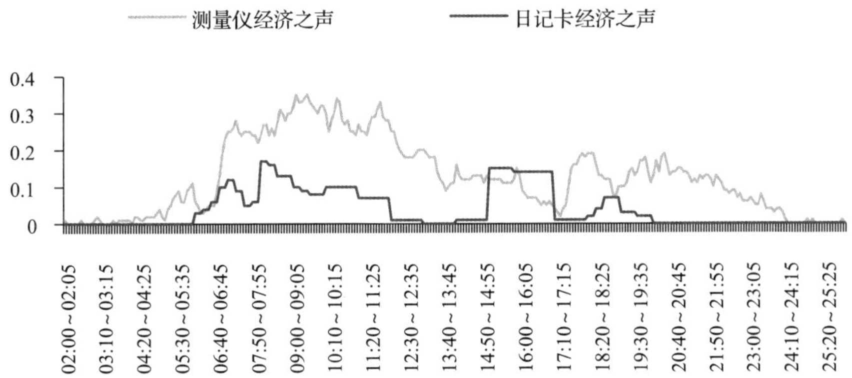

数据来源：CSM 媒介研究

图 17　经济之声测量仪数据与日记卡数据全天收听率走势对比（上海）

（二）日记卡数据和测量仪数据产生差异的主要原因

日记卡法和测量仪法数据之所以产生差异，主要原因是日记卡法自身不可避免的弊端和测量仪法的科学性二者相结合导致的。

首先，日记卡数据夸大了整体收听水平。因为日记卡数据的最小记录单位是 15 分钟，按照日记卡的记录规则，收听 8 分钟至 15 分钟都被记录为 15 分钟，从而使得收听率的整体水平被夸大。

其次，日记卡数据夸大了主要频率、高收听率时段和知名度较高的节目的收听率，低估了次要频率、低收听率时段和知名度不高的节目的收听率。因为日记卡每 15 分钟对应一个频率，有些样本人员靠“回忆”来填写收听情况，记忆不准确和主观判断往往导致他们夸大主要频率、高收听率黄金时段和一些知名度较高的节目的收听时间，而忽略或减少次要频率、非黄金时段和一些知名度不高的节目的收听时间。

最后，测量仪数据客观、真实、准确地反映了受众的收听情况。仪器记录排除了人为因素的影响，既不可能对整体收听水平、主要频率、黄金时段及知名度较高的节目的收听时间产生夸大作用，也不可能减少或忽略次要频率、非黄金时段及知名度不高的节目的收听时间，测量结果更为科学准确。

四、结语

基于虚拟测量仪的收听率调查更适合当前广播移动化、伴随性、泛收听的发展趋势和受众个性化、碎片化、多终端收听的特点，可以随时随地采集收听行为数据，不仅能精准地测量传统广播平台上的听众价值，同时也能测量广播媒体在更多平台上、在多终端上聚合的人群价值，从而有助于推动广播媒体在增量发展中实现价值变现，更完整地反映广播媒体的市场价值全貌。CSM 媒介研究首次采用搭载在手机上的虚拟测量仪开展广播收听率多终端调查业务，并在北京、上海、深圳3个城市实现了商用，成为继美国、德国、韩国、波兰后又一重要的虚拟测量仪商用市场，而且是首个凭此技术成功实现广播收听率测量的市场。虽然内地广播收听率调查的历史不长，但在对先进技术的引进和应用上，在数据调查及生产中坚持国际化、规范化的标准上，CSM媒介研究的虚拟测量仪调查已进入了国际前列。

（作者：梁帆）

创新调查方法，提升广播价值

2014年8月18日，在中央全面深化改革领导小组第四次会议上，媒体融合被提高到了国家战略的高度。2015年“互联网+”成为产业升级换代的新途径，也成为各个行业的新热门词汇。那么CSM媒介研究如何看待“互联网+”对自身的影响？在此背景下又如何改进调查方法，为业界提供更全面、精准的调查结果，以更好地去测量广播的价值？如何在新的媒介环境下为传统广播发展更新思路，寻找新的提升广播价值的路径和方法？下文将一一详述。

一、从“互联网+”到“收听率+”

“互联网+”是指在互联网平台上利用一些可能的技术和方法，为传统行业寻求发展的新路径。在“互联网+”的概念下，电子商务也好，互联网金融也罢，包括媒介传播的方式，都增加了无限的可能性。对于媒体而言，“互联网+”影响了媒体传播的三个要素：第一，对内容有影响，尤其是给内容制作和传播、营销带来了很大的影响。无论是广播还是电视，这方面的影响都是显著的，对电视的影响更显著一些；第二，对渠道的影响，渠道发生了多元化的变化，受众使用媒介的方式更加多元；第三，对终端的影响，对广播终端的影响就是从传统意义上的车载和收音机的收听，变成了手机收听，还出现了集成式的APP广播软件和广播应用。

具体而言，“互联网+”对用户、技术、资本、广告与消费都存在影响。一是对用户的影响。在“互联网+”环境下，广播听众面临着向用户身份的转化。如何实现这种转化，即听众+用户，是广播现在面对的最大问题。二是对技术+资本的影响。传统广播技术发展到现在，更多的是强调新技术的融入，尤其是数字化、互动化、即时性的广播，要把广播和社区及互联网应用结合在一起；技术更新涉及资本的问题，所以技术+资本是传统广播在应用方面要解决的最大问题。三是对广告+消费的影响。在互联网平台上，除了资讯消费之外，“互联网+”对以电子商务推动的用户消费的影响更加深刻。O2O的方式在实现消费的过程中弱化甚至省去了广告代理和媒介代理的环节，消费和媒体之间由此可以实现直接连接，这是“互联网+”带来的变化。

这些影响带来的结果就是媒介环境和媒介关系发生了深刻变化，主要表现在内容、形式、关系和场景四个方面。就内容而言，从制播分离、社会化、自媒体、长视频到短视频，都是基于内容而发生的变化。就内容的传递形式而言，渠道实现了垂直化和多元化，终端也走向了互动化、个人化和泛化。就媒体与受众的关系而言，受众已从原来传统意义上“大众”的听众群体变成了分众，变成了小众，变成了粉丝，变成了微信上的朋友圈。随着移动互联网的日益发达和广播接入移动互联网，以及手机的普及，受众收听广播的场景也发生了翻天覆地的变化，从公共空间拓展为个人空间，从固定场景收听转变为移动场景收听，随时随地听广播已不再是一种概念，而是实实在在发生着的事情。这同样也促使传统广播和受众之间的关系发生了质的改变。

新环境、新形势对传统广播也提出了新的要求，即在“互联网+”的背景下如何实现“广播+”。“广播+”包含三个方面的内涵：首先是在线+离线，即除了实时广播之外，还要有离线和在线的融合。其次是随时随地+全终端，把广播可随时随地收听的特性和移动互联网的便利性相结合，实现全终端传播，全终端包含了智能手机在内的各种各样的视频终端。在智能手机上也要有实时收听、在线收听和APP的集成收听，因为传统广播的竞争对手除了其他广播媒体之外，还包括互联网媒体和智能媒体。再次是互动+入口，在互动中找到新的增量。广播传统的互动方式是热线节目，听众可以实时打电话进来与嘉宾进行互动，但现在的互动已经远远超越了这种概念上的互动，不仅可以从线上到线下，还可以从个人到广播，从广播到互联网。互联网已经成为一种新的入口，用户可以从互联网入口进入广播，也可以从广播入口进入互联网。通过这种新的入口，可以把消费和媒体使用连接起来，对电视而言就是T2O模式，就是电视+电商；对广播来讲也可以称之为R2O，就是广播和电子商务融合。所以，“广播+”非常重要。

在新的传播样态下，终端多元化直接导致了用户收听广播的行为呈现碎片化、多元化的样态，这就要求对广播收听的测量方式也要与时俱进。对这种新的测量方式的要求是其要能够反映不同收听行为模式的价值。第一是多终端的价值，它不仅要能够反映传统意义上的收音机和车载收听，而且还要反映当前更加多元化的收听行为所产生的价值。第二是碎片化的叠加，眼下很多收听行为越来越分散，新的测量方式应该具备把碎片化的行为叠加到一起的功能。第三是跨平台的整合测量，新的测量方式同时也应具备对各种平台进行整合测量的能力。通过新的测量方式得到的收听率可以称之为“收听率+”。应该说是“广播+”催生了“收听率+”的出现。

二、“收听率+”的实现：多终端收听测量解决方案的应用

经过一年时间的不懈努力，CSM媒介研究成功完成了收听率调查新技术和系统的测试，我们称之为“广播虚拟测量仪收听率调查系统”。这套调查系统和所使用的测量技术，是适应移动互联网和智能手机迅猛发展的趋势而生的。

相较于传统的日记卡测量方式，虚拟测量仪收听率调查系统生产的数据具有更准确、更精细、更及时、更高成本的特征。传统日记卡由样本记录收听频率，虚拟测量仪则可以做到自动采集听众收听的音频信息，受到的人为因素的干扰更少，准确度更高；传统日记卡的最小时间单位为15分钟，而虚拟测量仪的精度可以到秒级，收听率数据的最小时间单位为1分钟，精确度更高；传统日记卡隔周提供数据，虚拟测量仪则隔天

提供前一天的数据，反馈更及时有效；但相较于日记卡的低成本，虚拟测量仪则因为专利技术许可应用、数据传输和匹配等原因而费用高昂，同时需要在样本个人的智能手机上安装软件，从而导致样本配合的难度加大，抽样和维护样本的投入更高，因此成本更高。

虚拟测量仪实际上是基于智能手机 APP 的广播听众被动测量，通过在手机上安装一个 APP 软件，自动接收环境中的音频信息，把接收到的音频实时转换为不可解读、不可还原的数字音频码，传送到远程后台并与广播节目的数字音频码资源库进行匹配，最终准确地识别出听众收听的频率和节目。后台采集的音频数据库比较大，即使是点播或时移节目，如果能和数据库里存储的数字音频码匹配上，这种收听也是可以被测量的。因此，这种测量方式不仅可以测量直播的节目，还可以测量时移和点播的节目。它可以涵盖多终端、多种收听方式，是对听众个人收听行为的全记录。实时性也是虚拟测量仪的一个突出特点，手机 APP 实时采集到的听众收听数据，可以做到每一分钟或每十分钟实时回传数据（图 1）。

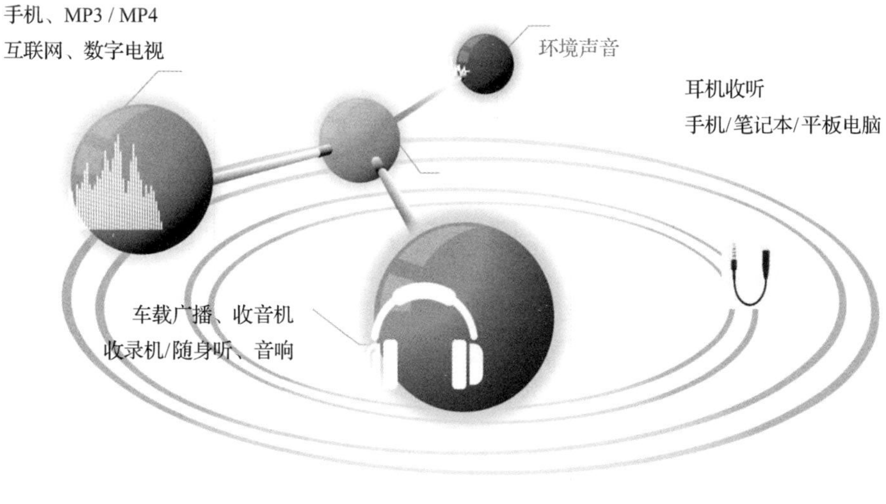

图 1　虚拟测量仪的技术特点示意图

当使用耳机收听广播时，通过在耳机上增加一个小的配套接头，即可实现对耳机收听的追踪。整体而言，这是一个非常完整的技术解决方案。从技术角度来讲，这套解决方案在落地执行过程中也较为容易。首先通过抽样选取样本，样本的手机会收到安装 APP 的通知短信，样本直接点击短信中的链接即可安装，安装过程非常简便快捷。其次，手机开启后，APP 自动运行，自动采集音频，自动上传数据，其间有任何异常都可以通过后台的运行状况进行判断，然后反馈到服务器上。这意味着所有的质量问题都可以在后台得到解决。这种测量方式实现了手机和终端的结合，已超越了单纯的终端可以提供的功能和服务。在此意义上，这个手机 APP 不仅可以被视为收集和分析数据的平台，甚至还可以成为管理用户的平台（图 2）。

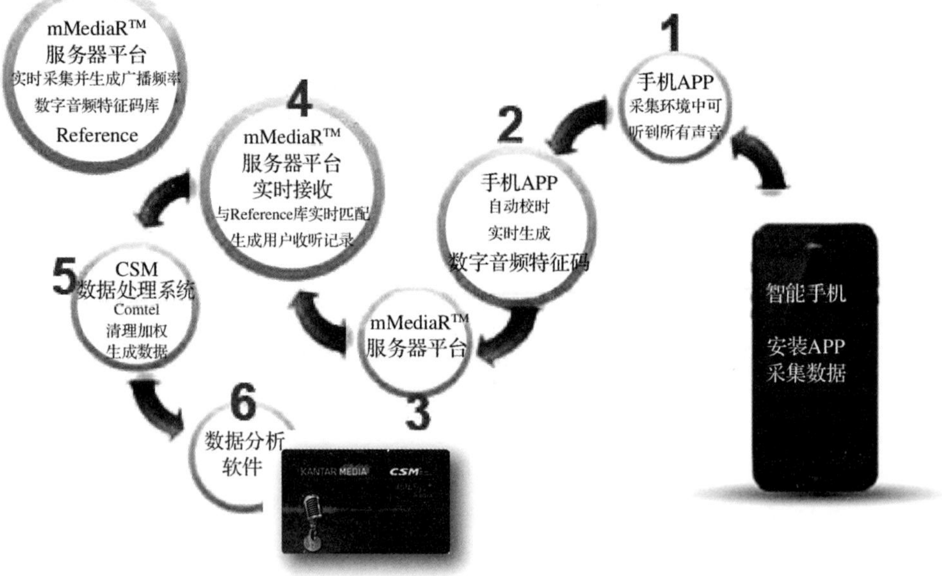

图 2　虚拟测量仪技术实现全流程

三、重新认识广播收听的长尾和碎片化：广播虚拟测量仪收听率实例

广播虚拟测量仪的数据精准度更高、时效性更强。下面以在北京进行的收听率测量为例，佐证新的测量方法如何更全面地反映广播的价值所在。北京虚拟测量仪测试数据的调查总体是 3 个月内收听过广播的 15 岁及以上的样本，500 个样本主要分布在北京的东城、西城、海淀、朝阳、房山、丰台、门头沟和石景山 8 个城区。

北京虚拟测量仪数据和日记卡数据对比显示，每天平均到达率水平相差不多，但听众的周累积到达率有明显增加，这说明新的测量方式捕捉到了细小的、碎片化的到达率，这是传统日记卡调查方式做不到的。另外一个明显的变化是人均收听时长减少了，这是为什么？因为传统日记卡时间的记录刻度为 15 分钟，15 分钟内只要收听超过 8 分钟就算在这个 15 分钟内收听了，所以日记卡有夸大现象，对每个人的收听时间肯定有高估，而新的测量方法以 1 分钟为单位，是对收听行为客观真实的反映，不会有高估。这就使虚拟测量仪得到的收听率数据值相较于传统日记卡小一些，这与当年电视收视由日记卡调查转变为测量仪调查的情况类似，二者虽然数据有变化，但仍有很大的可比性，而且变化的规律也体现出一致性（表 1）。

表 1 2015 年 5 月 10 日至 7 月 4 日北京市场两种测量方法全天收听总量对比

指标	测量仪	日记卡
每周累积到达率%	85.0	74.0
每天平均到达率%	56.1	57.7
每天人均收听时长（听众）	81.5	134.7
每天人均收听时长（分钟）	45.7	77.7
平均收听率%	3.2	5.4

数据来源：CSM 媒介研究

虚拟测量仪的收听率曲线相较于传统日记卡有很大的变化。在早上 6:00 以前和深夜，日记卡收听曲线基本上显示为没有收听率，数据非常低，接近 0。但虚拟测量仪收听曲线则不同，凌晨和深夜的个性化、碎片化收听行为都会被记录下来。另外，早高峰期间，日记卡收听曲线的收听率非常高，测量仪收听曲线的收听率则没有那么高。在傍晚下班时段，日记卡收听曲线中有明显的小高峰，测量仪收听曲线中则没有。究其原因，是因为北京下午14:00～19:00基本上都是高峰，测量仪更真实地反映了受众收听广播的现状，反映在收听率曲线上，则拉长、拉平了这个高峰和时段（图 3）。

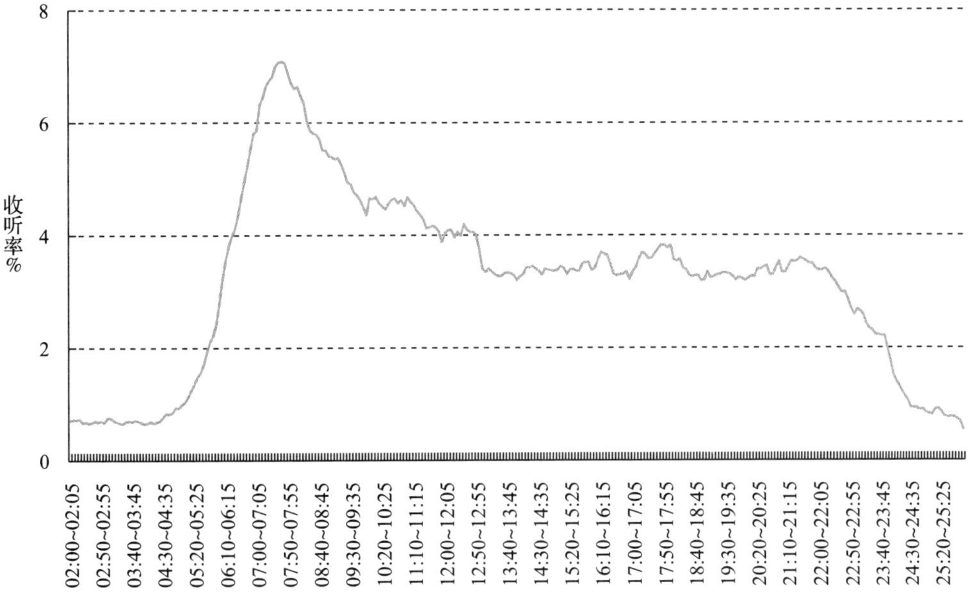

数据来源：CSM 媒介研究

图 3 2015 年 5 月 10 日至 7 月 4 日北京市场全天收听率走势（测量仪数据）

对比虚拟测量仪及日记卡的到达率曲线走势可以发现，原来没有收听表现的时段现在均有收听，原来被高估的早高峰时段、被低估的午间时段通过虚拟测量仪数据则更加接近客观情况，同时傍晚的小高峰也被拉平，不再明显（图 4）。这充分反映了广播的价值变化，这种变化也涉及不同的人群、不同类型的广播频率及广告等。

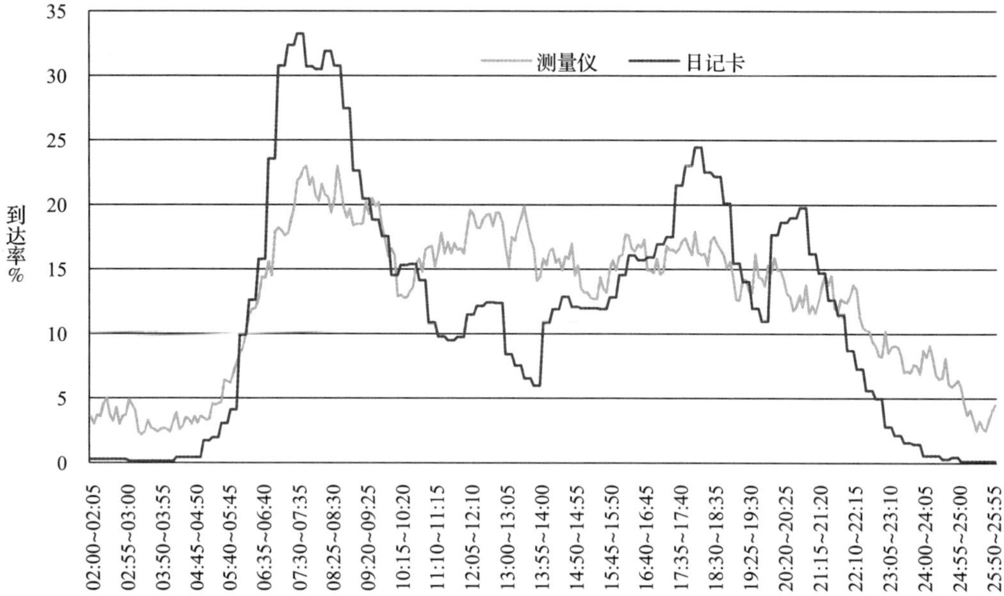

数据来源：CSM 媒介研究

图4　2015 年 6 月 21 日至 6 月 27 日北京市场两种测量方法到达率曲线走势对比

四、化解竞争压力，提升广播价值

在日记卡调查方法下，广播收听量每年都在下降，且这种下降趋势在大部分城市都有表现，是普遍现象；同时，不同目标人群的“在家”收听率也普遍降低，收听场所出现转移，收听行为呈碎片化。下降的原因主要是传统收听被新媒体分解，有些碎片化的收听行为用日记卡调查方法无法捕捉。收听率节节下滑带来的后果就是广告的流失。而虚拟测量仪方法则可以解决“互联网+”环境中行业关心的许多问题，可以追踪、变现这些碎片化的收听行为，化解传统广播的竞争压力，提升广播的价值。

广播发展有压力，要为广播寻找价值增量，测量技术的升级只是一个方面，更重要的是要从以下五个方面在广播电台内部寻找突破口。

第一是 M&M，第一个 M 是汽车，第二个 M 是手机。传统广播要更好地做好车载和手机两端的增量。现在交通广播遇到很多阻力，一是因为很多手机软件、导航软件已经可以实现实时播报，交通广播播报的信息就显得没有原来那么重要了；二是因为移动手机有很多互动应用和智能软件，这些实际上都在削减出租车司机收听广播的时长。因此车载和手机两端虽有增量，但结构发生了变化，所以还要仔细研究车载和手机的问题。第二是 CPCD（Cross Platform Cross Devices），即如何实现跨平台多终端的传播模式，充分反映广播的价值。第三是 OTO，即打通线上线下的收听模式，实现听众向用户身份的转换。第四是 Radio to Audio，即如何看待和广播 APP 的合作问题，通俗而言就是内容和集成平台之间的关系问题，如何把广播Radio扩展到音频Audio，开启大音频产业模式，形成增量。第五是如何基于“互联网+”做到入口即平台、融合即发展。

广播媒体和新技术、新传播形态的融合速度正在逐步加快，定制化、可视化、信息化等已成为广播媒体转型发展的大方向。基于互联网思维做好广播，还有很多值得探讨的地方，虽然我们不能很快找到答案，但在探索发展之中确实有机会、有前景。

（作者：郑维东）

新传播环境下广播媒体面临的挑战及对策

“互联网+”时代的到来，为传统广播带来了新的变化、新的需求和新的挑战。新的变化要求广播建立新的发展模式，制定新的“标准”；新的需求也决定了广播必须有新的“增量”，以此提供变化的动力。广播媒体目前面临的三大挑战是广告下行压力增大、融媒体生态对传统广播市场挤压明显、内容领域创新匮乏，应对措施应该包括突破“广告+”、终端倒逼变革以及内容的社会化生产。

一、广播媒体面临的三大挑战

1. 广告下行压力加大

近年来，伴随着新媒体的快速发展，传统媒体广告投放增速放缓，2015年传统媒体广告投放同比骤降7.2%（图1）。尽管2016年第一季度以广播为代表的传统媒体广告投放有回暖的迹象，但从市场未来的发展态势来看，传统广播媒体广告面临的形势依然严峻。

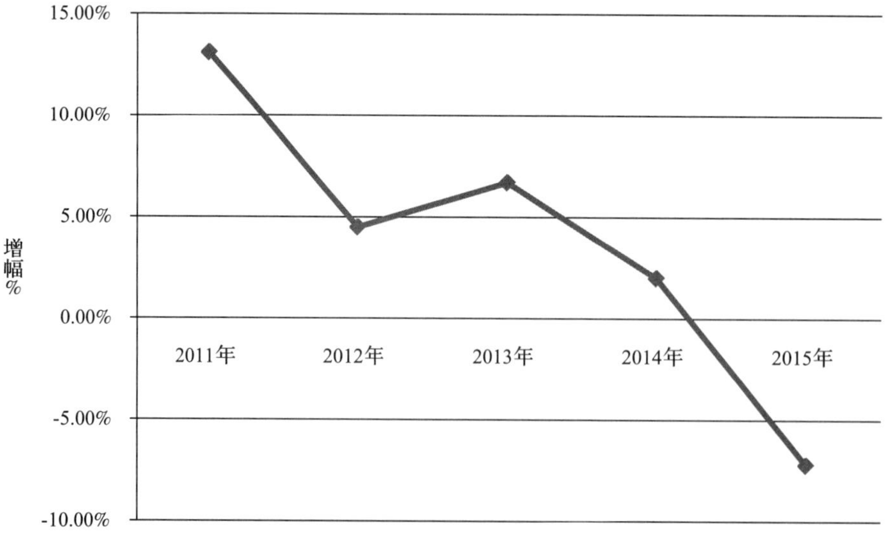

数据来源：央视市场研究（CTR）媒介智讯

图1　2010～2015年传统媒体广告刊例花费同比增幅（%）

2. 融媒体生态对传统广播市场挤压明显

在新的传播环境下，融媒体生态对传统广播市场的挤压非常明显。互联网快速崛起，瓜分着各媒体的受众，广播听众也被分流。这种分流意味着这些流失掉的听众群变成了其他平台的受众增量，如互联网、户外电视等。

3. 内容领域创新匮乏

为适应媒介融合时代媒体发展的需要和受众传媒产品消费习惯的变化，广播在内容生产与传播方面必须要创新。创新是推动广播发展的不竭动力，有利于广播形成自己的核心竞争力，从而进一步增强广播的影响力。因此，对于传统广播而言，目前更大的挑战是如何创新内容。但现在存在的问题就在于，相对于电视节目创新的力度和频次，广播节目市场显现出创新不足的问题，创新节目很少，创新力度不够。

二、广播媒体应对挑战的三大对策

1. 突破"广告+"

目前，广告下行压力较大，四大传统媒体的广告在2015年下行幅度均较大，电台广告投放在2015年也出现了负增长，虽然2016年第一季度有反弹，但预测全年形势仍不容乐观。这些变化与整个宏观经济环境高度相关，这从广告投放负增长的行业主要集中在房地产/建筑工程行业便可一见端倪（图2），目前房地产行业仍存在很多泡沫，虽然2016年第一季度略有反弹，但也是昙花一现。

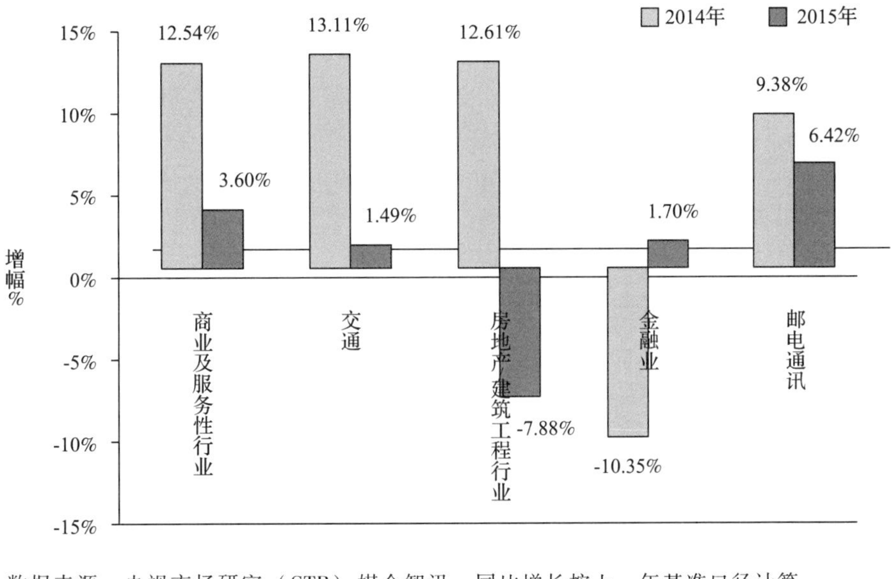

数据来源：央视市场研究（CTR）媒介智讯，同比增长按上一年基准口径计算

图2　2014年、2015年电台广告刊例花费TOP5行业同比增幅（%）

想要突破“广告+”，首先要在用户、资本和消费三个层面做文章。新的传播生态决定了听众正在或最终会变成用户，所以占有用户、接入资本、激活消费就成为广播从原有平台向新平台迈进时要做的三件事。一方面要通过车载、收音机、数字广播占有用户，但更重要的还是要通过移动化占有用户；另一方面要形成良好的机制，通过市场化的孵化和创新接入资本，继而用广告撬动营销、激活消费。

其次是要实现“在线+离线”的发展。广播最大的特点是伴随性，只要有一个接入设备就可以实现“随时随地”收听广播，现在要把“随时随地”变成全终端，即所有的终端都要覆盖。所谓全终端，其实是一种场景化的情况，包括在办公室、在路上、在家里等。一个不同的场合就是一个场景，不同的场景里面，终端的渗透和使用程度决定了媒体传播的效果。

最后是要实现平台化发展。传统上，广播电台与听众通过热线电话等方式加强互动，但时至今日，这样的互动已远远不够。现在要做的是把听众变成用户，从听众收听广播开始，就要逐渐把他们引导到大平台的内容里。如蜻蜓 FM 导入电商，微信接入京东电商等，两者扮演的都是导流入口的角色。这是未来的一个发展趋势，而且发展前景必将更宽泛、更深入。

基于此，就需要广播电台创新经营格局，继续做好车载和手机两端的增量，考虑跨平台、多终端收听行为及其价值测量，打通线上线下，推进听众/用户的互换，开启大音频产业模式，同时实现入口的合理布局，融合发展。这实际上满足了广播在“互联网+”时代的五大变化，即移动化、门户化、数字化、族群化和跨平台应用延伸。

2. 终端倒逼变革

传统广播必须面对以互联网终端为代表的新的媒体形式对广播市场的分流和挤压。现在的听众，实际上是一个多媒介的消费者。从目前的情况来看，在各种媒介消费此消

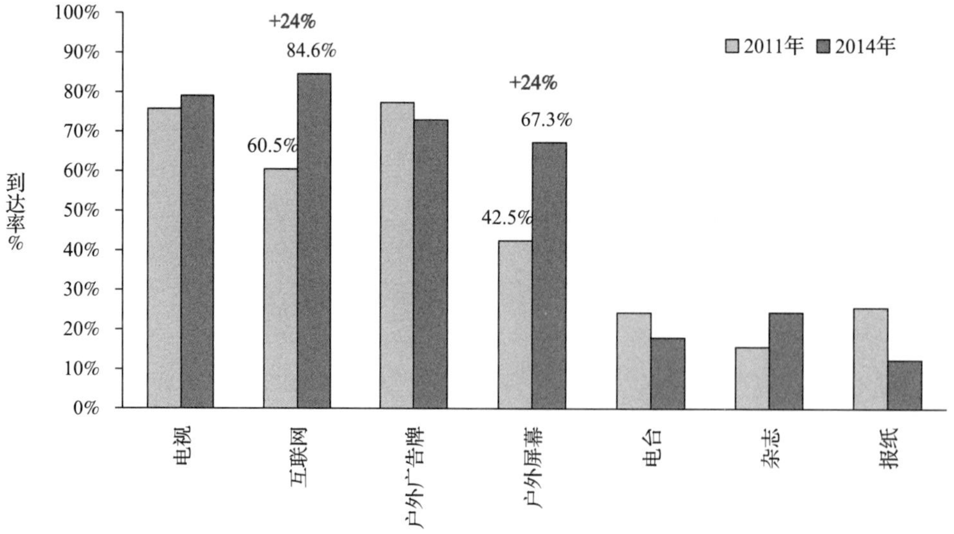

数据来源：星传媒体扬子中国志（1～5线市场研究），2014～2015

图3　2011年及2014年各类媒体的到达率（%）比较

彼长的过程中，相当一部分听众的注意力转向了互联网、户外屏幕和户外移动媒体等，对传统广播电台的触达率明显下降（图3）。在这种情境下，广播如何接入新的传播生态圈就显得尤为重要。在这里，最核心的一个词就是“融合”。融合之后从小变大，从一个简单的广播事业和产业，变成面向全PUGC媒体的大范围经济。在此过程中要体现传统广播的价值，以创新来驱动变革。

这种创新变革改变的是整个广播经营的模式。从传统的由频率、节目和广告组成的一个闭环的经营模式，转变为互联网生态下一个开放的模式。在这种开放的情境下，三个要素都会发生质的变化。

一是节目产品化。以节目为平台，做产品化发展，发展粉丝经济，开展线下活动等。

二是听众用户化。听众通过移动终端收听广播时，除了“收听”这个最基本的行为外，还以音频为入口，衍生出许多其他他们更为需要的行为，如电商、金融和支付等，所有这些行为都表明听众实际上已经变成了用户。

三是广告变成了数据。目前流行的自动化广告投放和程序化广告购买等行为，均以大量数据为依据。新的传播形态带来了产品、用户和数据之间的重新整合，因此出现一个非常热的词——“用户画像”。通过“用户画像”指导产品，通过提升产品标准和传播范围，使用户的价值在内容生产上得到更好的体现和回报。这实际上是媒介市场的变化，无论是电视还是广播都面临着这种变革。

在这样的大环境下，如何适应产品化的需求，把听众当成用户，做多维度的开发，进而对大数据进行掌控和挖掘，挑战着一个电台的变革能力。电台要走溢出和扩张的价值变现路径，从传统的收音机广播，到多终端的音频产品，再到社交化的圈层，直至消费化的入口，这是广播价值嬗变的一条路径（图4）。

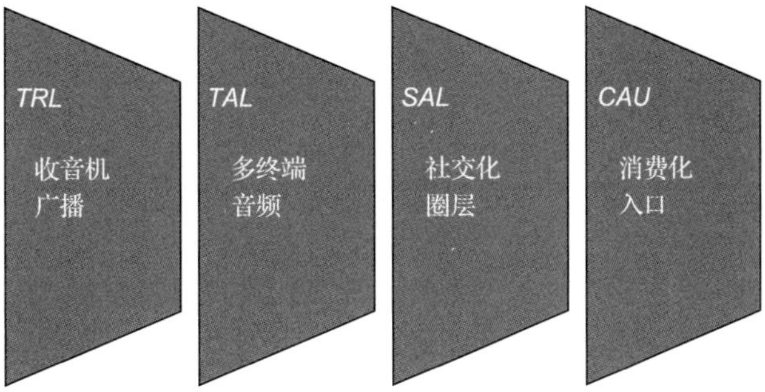

数据来源：CSM媒介研究

图4　广播价值嬗变路径

在原来的竞争环境下，100%的市场都属于传统广播，但随着竞争环境的改变，传统广播想要继续发展，如果不拓展广播传播的价值路径，前三步没有及时跟进，那么原来100%的市场就很有可能只能剩下50%，另外50%会跑到新的市场去，这是广播必须要面对的新的现实。因此，重建广播生态圈，通过终端倒逼变革，启动所谓生态链的重建就显得尤为重要。

3. 内容的社会化生产

相对于电视，广播的创新节目很少，甚至没有。表现在三个方面：一是目前传统广播的创新和增量还仅限于做车载，这可以理解为是传统的移动，而不是新移动的概念；二是目前的频率还以类型化为主，内容之间互不交叉，还在争抢所有的交通、音乐内容，没有做更好的细分，使之变成一个更加虚拟化、灵活化的数字柔性频率集成；三是还没有一个非常好用的、以移动端为主的平台来接纳用户的发展新模式，听众老龄化和离线化趋势非常明显。所有这一切，都是广播创新不足的表现。

创新不足带来的后果，一是存量分流加剧，自身没有创新，原有的内容又被客户端低成本或者无偿地吸纳并变成它的内容；二是移动端自己做的主播、新内容、自媒体内容等用户渗透率日渐加深（图5），但却没有返流回到广播电台，因此增量没有回来，这就使得广播自身的发展因为内容创新不足而面临的挤压效应更加明显。一方面存量被分流了，另一方面新的增量又没有回来，存量分流加剧与增量回流不足，两者共同作用，加剧了广播受众的分流。在这种情况下，传统媒体依然要坚守内容为王，以内容为依托进行平台化发展，从而促进整个产业的变革。而这种内容创新是从用户出发的创新，往往需要联动机制来同时实现创新。

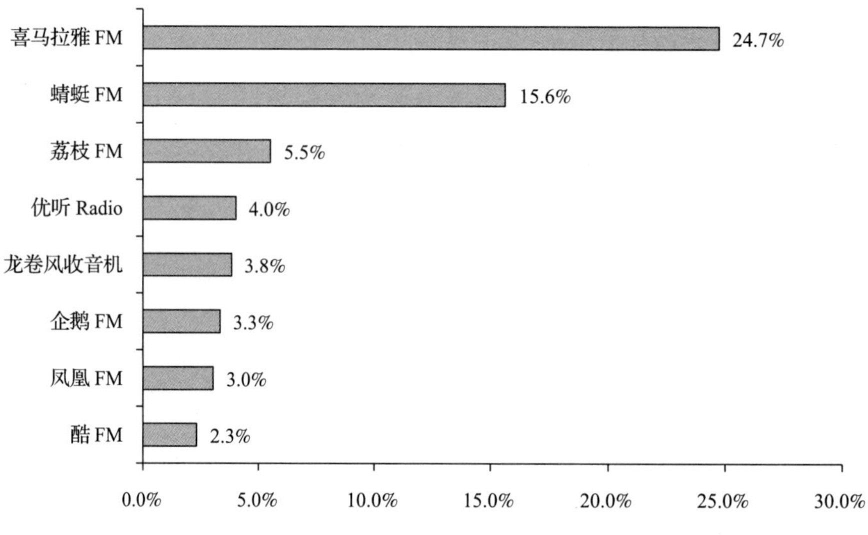

数据来源：Analysys易观智库

图5　2015年12月中国主流移动电台用户渗透率情况

说到联动机制创新，以喜马拉雅FM为例。目前来看，这些移动电台发展的大致范式是一样的，都是通过机制创新，通过对于用户多需求的满足来接入更多的资源，从而形成一个整合平台。这种机制创新都是以用户需求为导向的（图6）。

这就引出了内容社会化生产这个概念，即PUGC。在此情境下，即便是传统广播电台也不得不与社会节目公司、社交媒体机构、版权代理机构和网络音频机构等合作，而

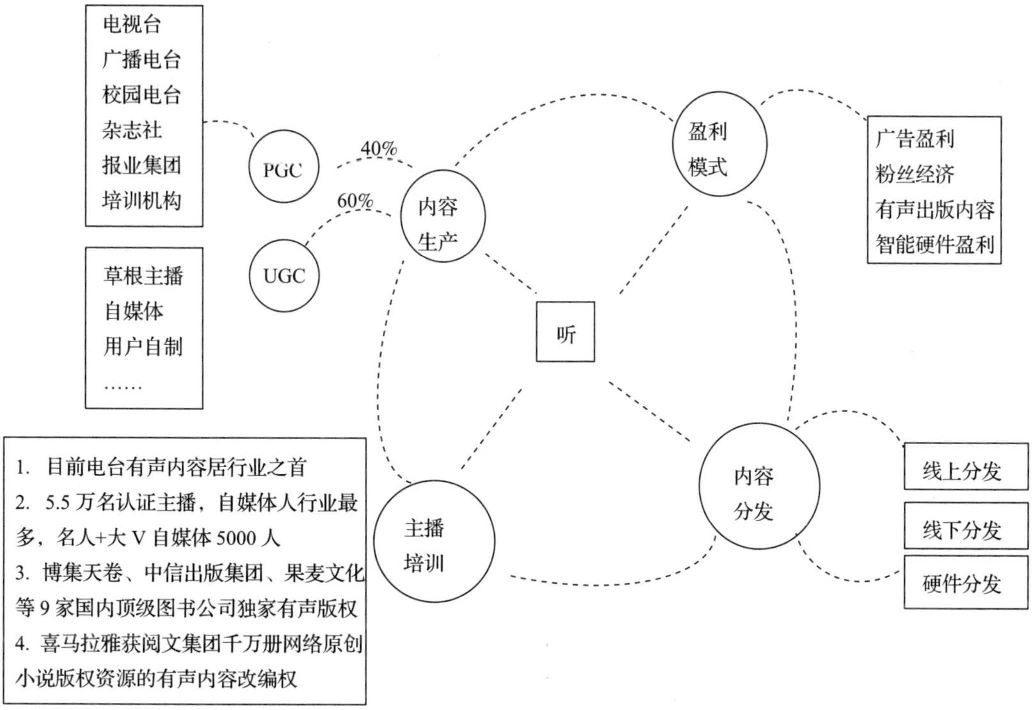

数据来源：Analysys 易观智库

图 6　中国移动电台市场典型厂商分析——喜马拉雅 FM

这些机构往往能够左右市场。简单而言，合作得好，就可以发展；合作得不好，则会受制于人。

随着新媒体新技术的发展，传统广播这块“蛋糕”变小了，想变大怎么办？答案是走出去，做“互联网 +”。同时，电台还要承受人才流失、资本流转的变化，因此模式创新就变得非常重要。模式创新需要从传统电台转变为移动电台，电台移动化发展是一个大趋势。

从长远发展来看，还要考虑将来可能出现的技术层面的更多挑战，例如基于移动端的直播。从原来意义上而言，如果广播实现了离线收听，可以回听，基本就可以算作是一个音频。而随着技术的发展，这种结论可能将不再成立。技术发展至今日，完全可以把移动端的直播和广播结合起来，将来极有可能出现只在互联网上播出的广播频率，而且是直播，通过手机端就可以实现。这种音视频、移动端直播的影响，恐怕会加深对电台的影响。将来，作为一个跨音视频的全媒体平台，广电也需要考虑基于移动端直播带来的商业商机，这一步要走出去。

当然，传统广播电台也并不是束手无策、坐以待毙。北京人民广播电台的听听 FM 和上海人民广播电台的阿基米德就做出了很好的范式，它们至少做了一件事，就是应对挑战进行了机制创新，进行了整个生态圈的重建。以传统内容为优势重新整合市场资源，以此和纯市场化的移动电台进行竞争，实现基于传统广播的融合发展。所以融合从某种意义上而言就是变革。

所有的这一切都在描绘广播未来发展的新蓝图，而这个蓝图已经在路上，已经有实践者和践行者。

（作者：郑维东）

第三部分
Part Three

数 据 Rating Data

一、北京收听数据

表 3.1.1 2013～2015 年北京各目标听众人均收听时间(分钟)

目标听众		2013 年	2014 年	2015 年
10 岁及以上所有人		72	74	75
性别	男	76	78	78
	女	67	70	72
年龄	10～14 岁	29	25	27
	15～24 岁	44	35	50
	25～34 岁	54	54	52
	35～44 岁	71	78	68
	45～54 岁	87	81	98
	55～64 岁	102	107	100
	65 岁及以上	119	154	128
文化程度	未受过正规教育	*	24	43
	小学	77	116	90
	初中	69	80	95
	高中	87	85	83
	大学及以上	62	61	63
职业	干部/管理人员	61	57	66
	初级公务员/雇员	66	66	68
	个体/私营企业人员	70	67	71
	工人	82	93	84
	学生	35	28	44
	无业(包括退休人员)	103	116	105
	其他	*	*	52
个人月收入	没有收入	38	34	46
	1～500 元	85	90	*
	501～1000 元	*	199	111
	1001～1500 元	85	115	90
	1501～2000 元	86	113	81
	2001～2500 元	90	100	114
	2501～3000 元	83	97	97
	3001～4000 元	81	83	90
	4001 元及以上	62	65	65

注:北京为全年连续调查城市。“*”表示目标听众样本量不足,无法进行统计推断。

表 3.1.2 2013～2015 年北京听众在不同地点的人均收听时间(分钟)

地点	2013 年	2014 年	2015 年
家中	42	44	46
车上	24	26	24
工作/学习场所	4	3	3
其他场所	2	2	2

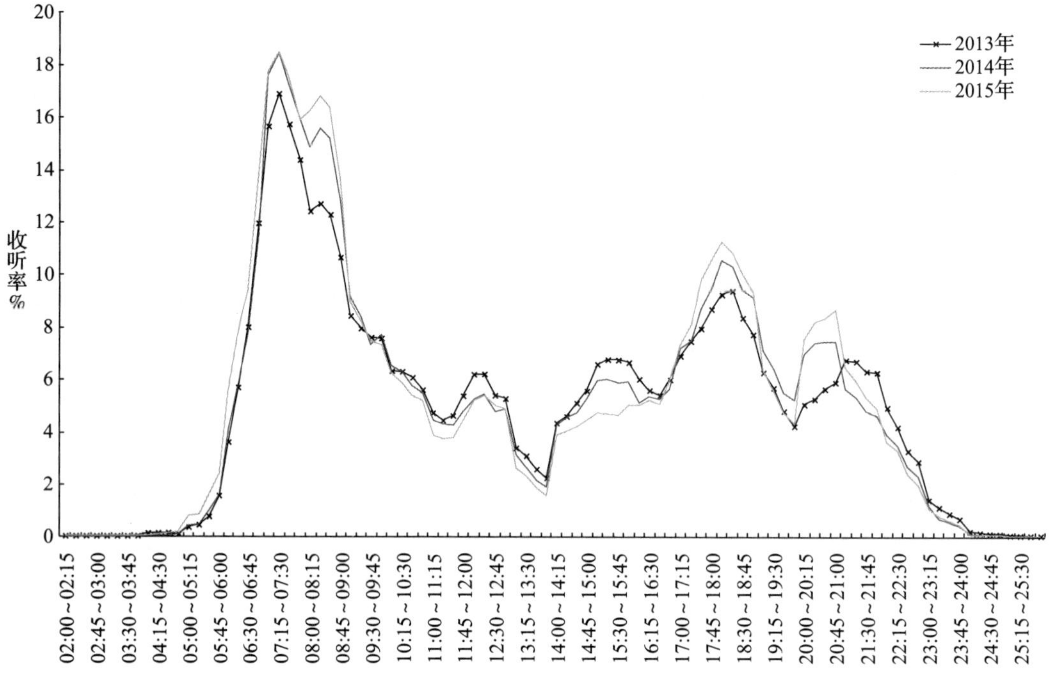

图 3.1.1　2013～2015 年北京听众全天收听率走势

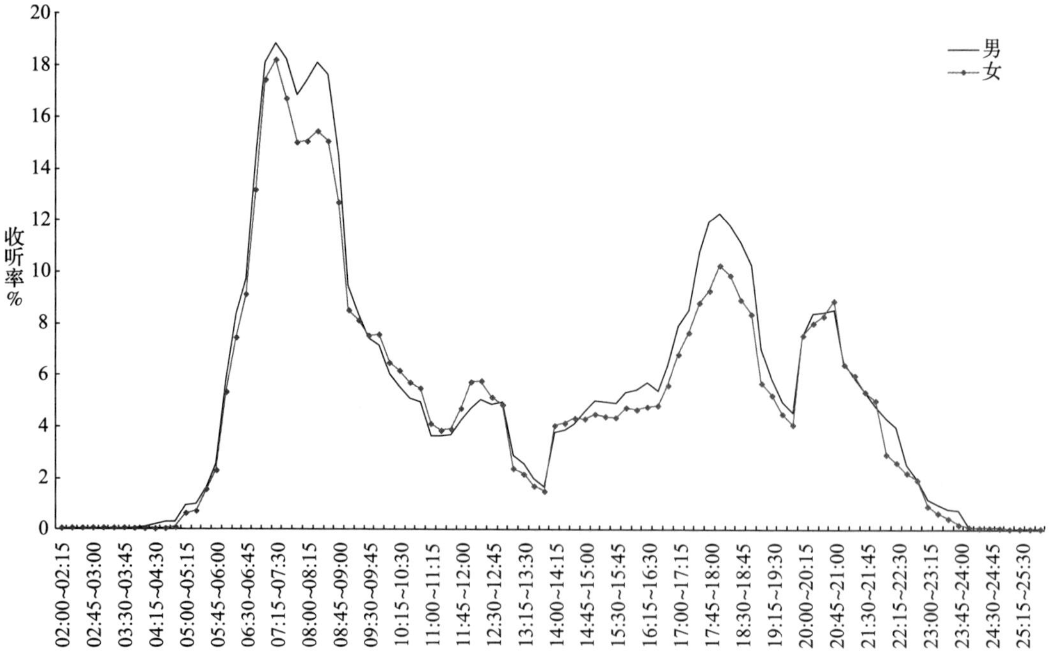

图 3.1.2　2015 年北京不同性别听众全天收听率走势

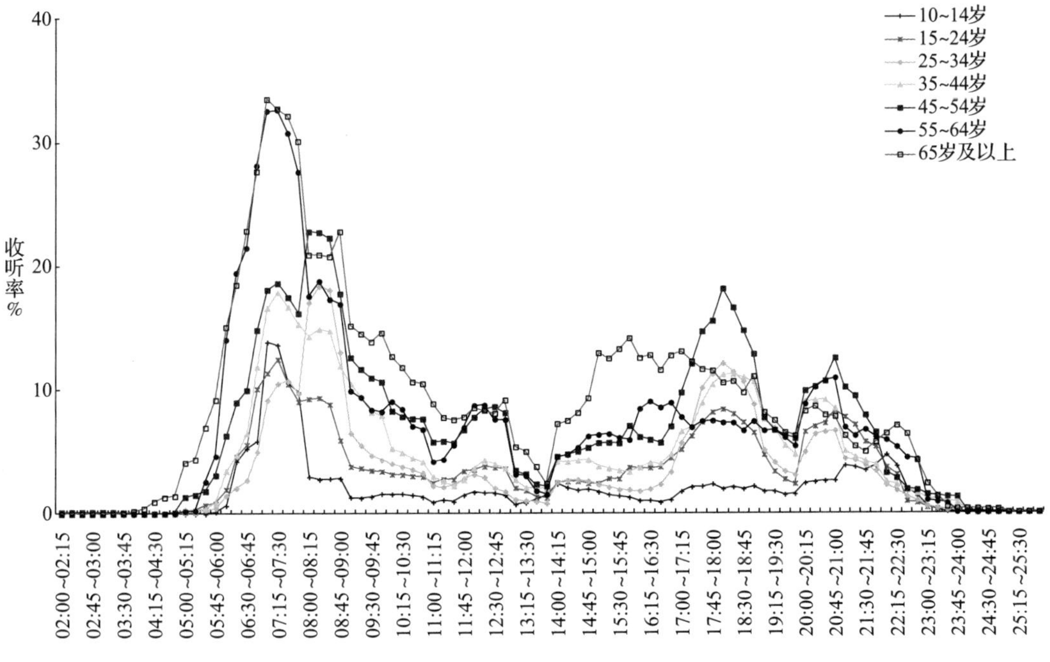

图 3.1.3　2015 年北京不同年龄听众全天收听率走势

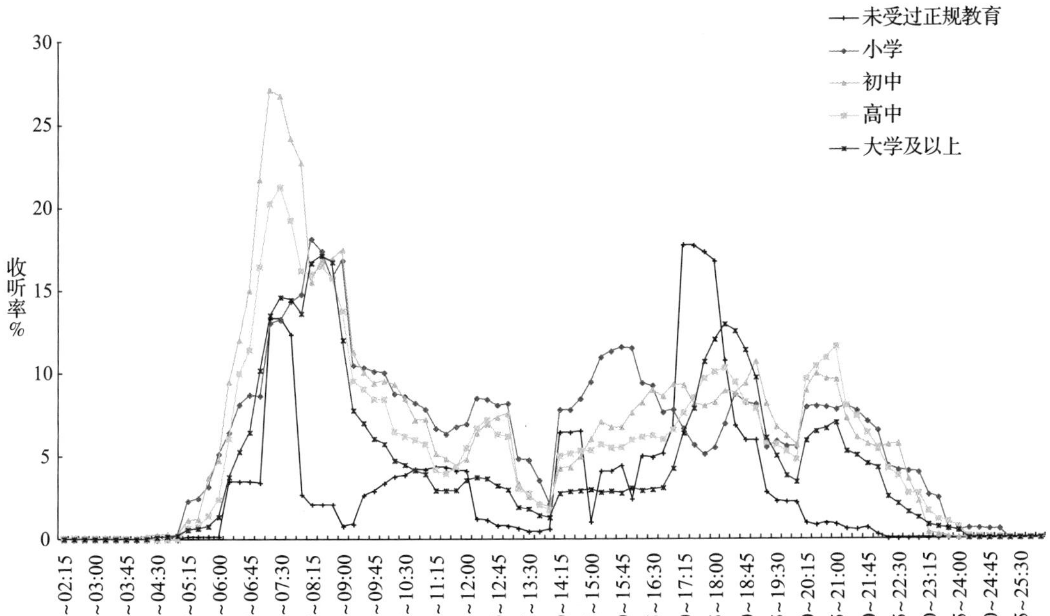

图 3.1.4　2015 年北京不同文化程度听众全天收听率走势

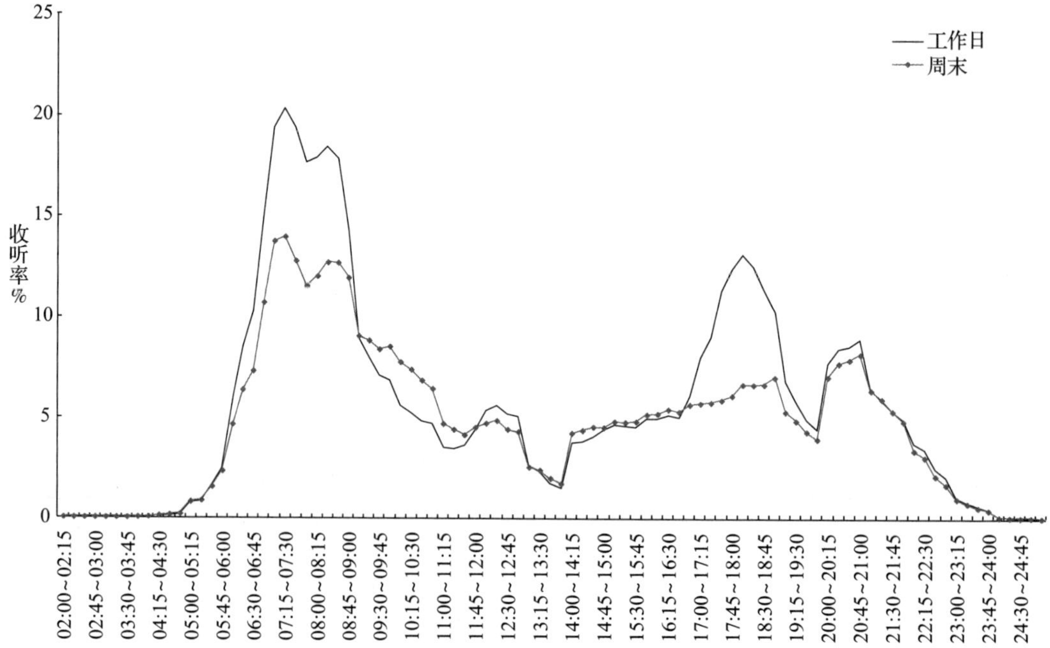

图 3.1.5　2015 年北京听众工作日与周末全天收听率走势

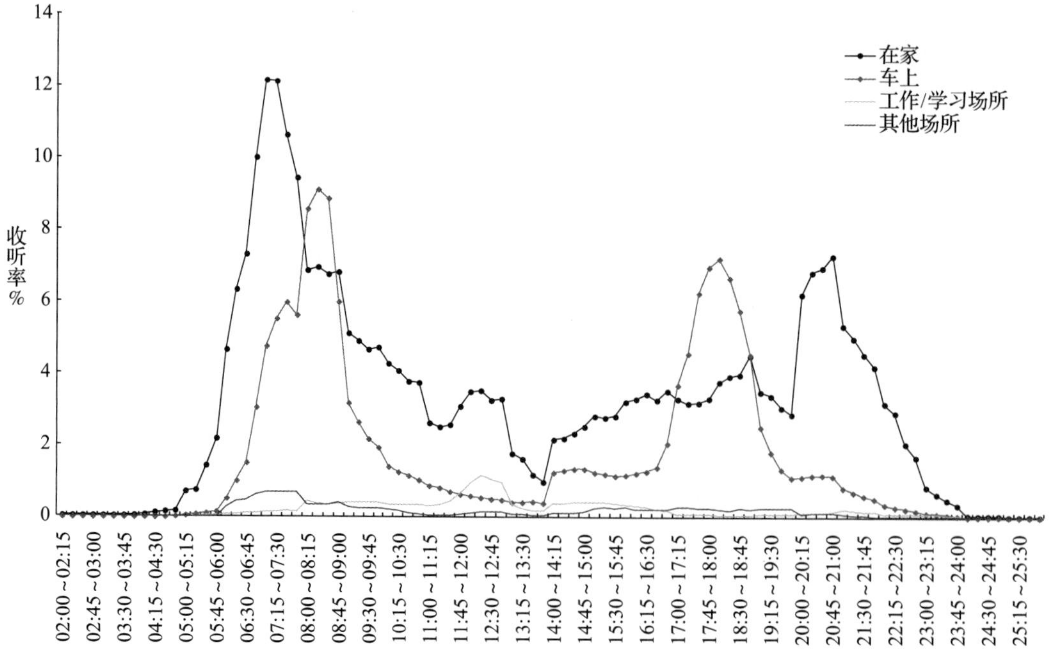

图 3.1.6　2015 年北京听众在不同收听地点全天收听率走势

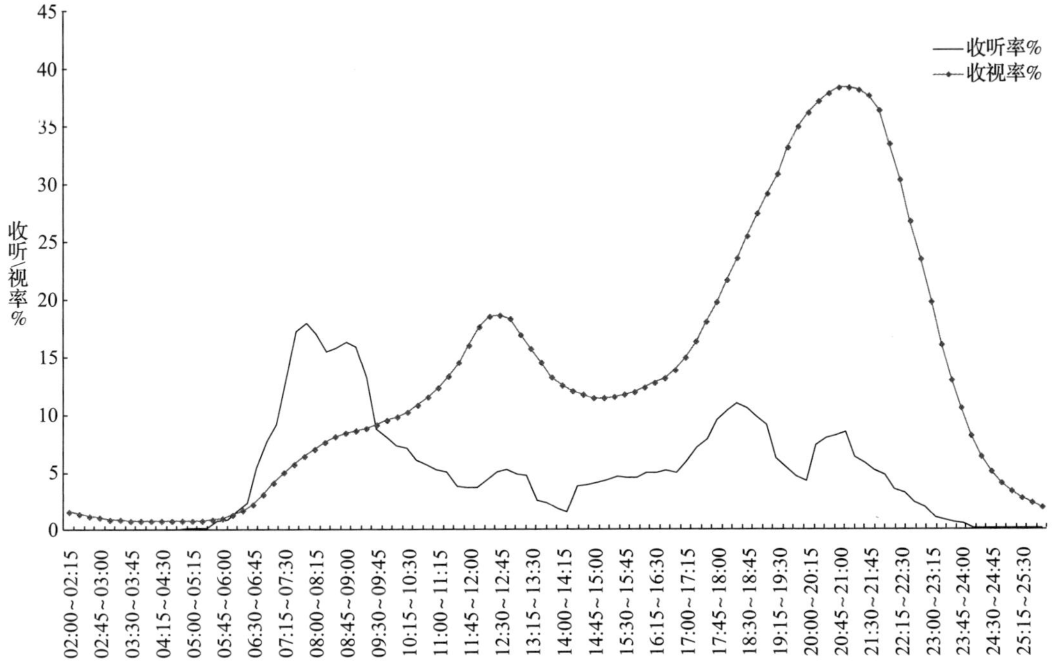

图 3.1.7　2015 年北京受众全天收听率、收视率走势比较(目标受众为 10 岁及以上)

表 3.1.3　2015 年北京市场听众构成(%)

目标听众		听众构成(%)
10 岁及以上所有人		100.0
性别	男	53.0
	女	47.0
年龄	10~14 岁	0.8
	15~24 岁	11.3
	25~34 岁	16.5
	35~44 岁	17.9
	45~54 岁	19.8
	55~64 岁	15.1
	65 岁及以上	18.5
文化程度	未受过正规教育	0.5
	小学	5.2
	初中	23.0
	高中	29.1
	大学及以上	42.2
职业类别	干部/管理人员	8.9
	初级公务员/雇员	31.2
	个体/私营企业人员	9.0
	工人	7.7
	学生	7.8
	无业(包括退休人员)	34.8
	其他	0.6
个人月收入	没有收入	10.4
	1~500 元	*
	501~1000 元	1.1
	1001~1500 元	1.2
	1501~2000 元	2.8
	2001~2500 元	11.8
	2501~3000 元	11.4
	3001~4000 元	27.0
	4001 元及以上	33.5

"*"表示目标听众样本量不足,无法进行统计推断。

表 3.1.4　2013~2015 年北京市场各广播电台的市场份额(%)

广播电台	2013 年	2014 年	2015 年
中央人民广播电台	21.7	20.9	20.2
中国国际广播电台	6.1	4.8	4.5
北京人民广播电台	70.4	71.3	71.6
其他广播电台	1.8	3.0	3.7

表 3.1.5　2015 年北京市场各广播电台在不同目标听众中的市场份额(%)

目标听众		中央人民广播电台	中国国际广播电台	北京人民广播电台	其他广播电台
10 岁及以上所有人		20.2	4.5	71.6	3.7
性别	男	18.5	5.0	72.6	3.9
	女	22.0	3.9	70.5	3.6
年龄	10~14 岁	10.1	4.2	82.3	3.4
	15~24 岁	13.5	8.3	77.3	0.9
	25~34 岁	15.2	8.9	73.2	2.7
	35~44 岁	13.3	2.0	83.1	1.6
	45~54 岁	19.1	2.0	77.7	1.2
	55~64 岁	35.7	1.7	56.5	6.1
	65 岁及以上	24.2	5.6	61.0	9.2
文化程度	未受过正规教育	68.1	0.4	30.0	1.5
	小学	20.3	2.4	57.8	19.5
	初中	20.8	3.8	70.3	5.1
	高中	19.1	3.5	73.9	3.5
	大学及以上	20.0	5.8	72.8	1.4
职业类别	干部/管理人员	15.4	2.7	81.1	0.8
	初级公务员/雇员	18.7	4.6	75.3	1.4
	个体/私营企业人员	15.0	2.3	80.5	2.2
	工人	9.2	1.9	86.1	2.8
	学生	12.0	12.1	74.8	1.1
	无业(包括退休人员)	28.0	4.3	59.9	7.8
	其他	27.5	0.4	65.5	6.6
个人月收入	没有收入	16.4	10.9	69.8	2.9
	1~500 元	*	*	*	*
	501~1000 元	6.1	5.6	88.3	0.0
	1001~1500 元	16.0	0.0	84.0	0.0
	1501~2000 元	7.6	1.0	89.7	1.7
	2001~2500 元	20.1	1.6	68.9	9.4
	2501~3000 元	25.6	2.4	65.3	6.7
	3001~4000 元	22.8	4.7	68.8	3.7
	4001 元及以上	18.6	4.5	75.6	1.3

注:“*”表示目标听众样本量不足,无法进行统计推断。

表 3.1.6　2015 年北京市场份额排名前 5 位的频率

名　次	频率名称	市场份额(%)
1	北京人民广播电台交通广播(FM103.9/CFM95.6)	29.6
2	北京人民广播电台文艺广播(FM87.6/CFM93.8)	13.6
3	北京广播电台新闻广播(FM100.6/AM828/CFM90.4)	10.1
4	北京人民广播电台音乐广播(FM97.4/CFM94.6)	8.2
5	中央人民广播电台第一套节目中国之声	6.2

二、长春收听数据

表 3.2.1　2013 ~ 2015 年长春各目标听众人均收听时间(分钟)

目标听众		2013 年	2014 年	2015 年
10 岁及以上所有人		67	72	70
性别	男	70	79	76
	女	63	66	65
年龄	10 ~ 14 岁	29	25	21
	15 ~ 24 岁	38	39	40
	25 ~ 34 岁	56	55	59
	35 ~ 44 岁	81	96	75
	45 ~ 54 岁	80	75	86
	55 ~ 64 岁	95	102	103
	65 岁及以上	83	119	111
文化程度	未受过正规教育	55	*	57
	小学	31	41	50
	初中	79	93	77
	高中	67	70	74
	大学及以上	60	59	61
职业类别	干部/管理人员	57	69	67
	初级公务员/雇员	63	53	60
	个体/私营企业人员	77	84	74
	工人	73	77	73
	学生	30	26	30
	无业(包括退休人员)	84	104	99
	其他	*	*	*
个人月收入	没有收入	42	45	40
	1 ~ 500 元	*	*	*
	501 ~ 1000 元	101	*	*
	1001 ~ 1500 元	87	71	79
	1501 ~ 2000 元	77	97	89
	2001 ~ 2500 元	65	83	81
	2501 ~ 3000 元	72	72	78
	3001 ~ 4000 元	72	69	63
	4001 元及以上	70	89	89

注:长春为全年连续调查城市。“*”表示该目标听众样本量不足,无法进行统计推断。

表 3.2.2　2013 ~ 2015 年长春听众在不同地点的人均收听时间(分钟)

地　　点	2013 年	2014 年	2015 年
在家	41	45	45
车上	19	18	17
工作/学习场所	5	8	7
其他场所	2	2	1

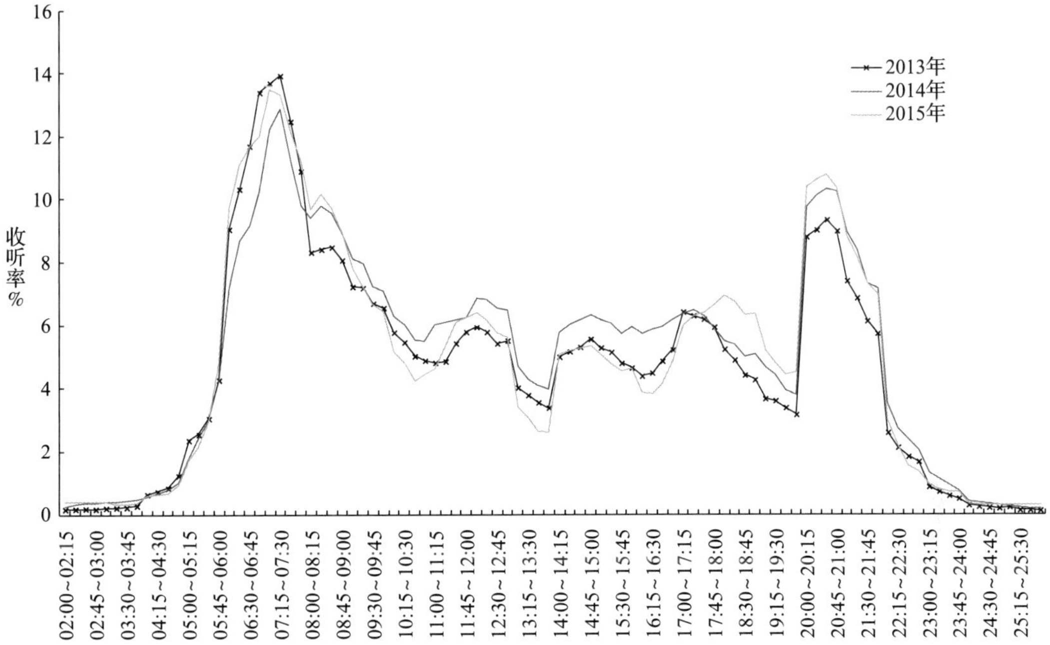

图 3.2.1　2013 ~2015 年长春听众全天收听率走势

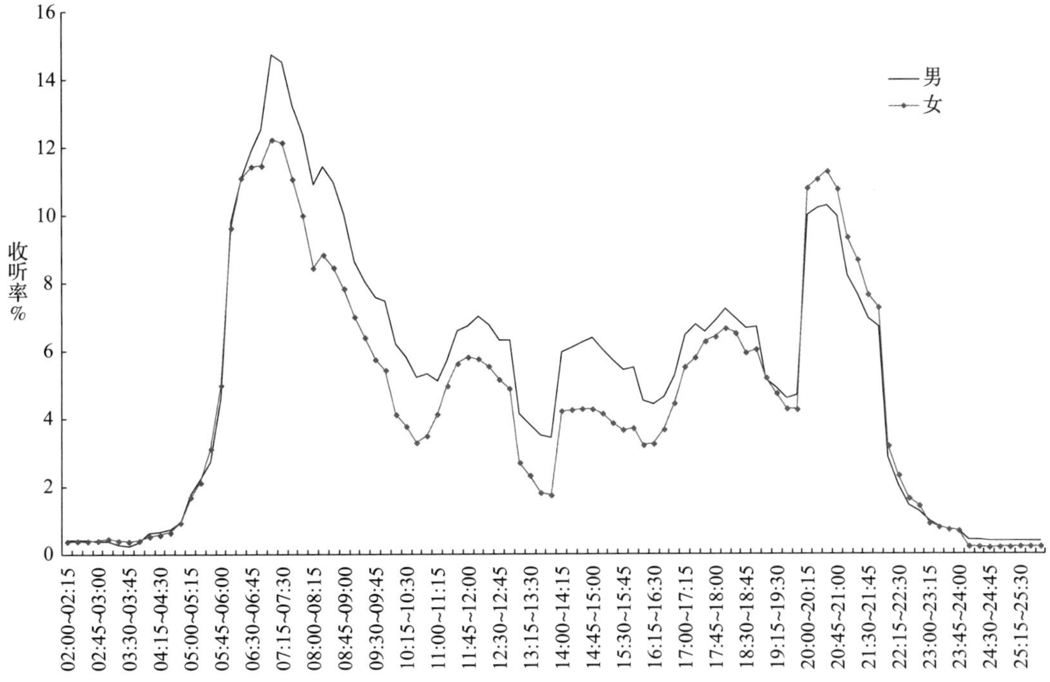

图 3.2.2　2015 年长春不同性别听众全天收听率走势

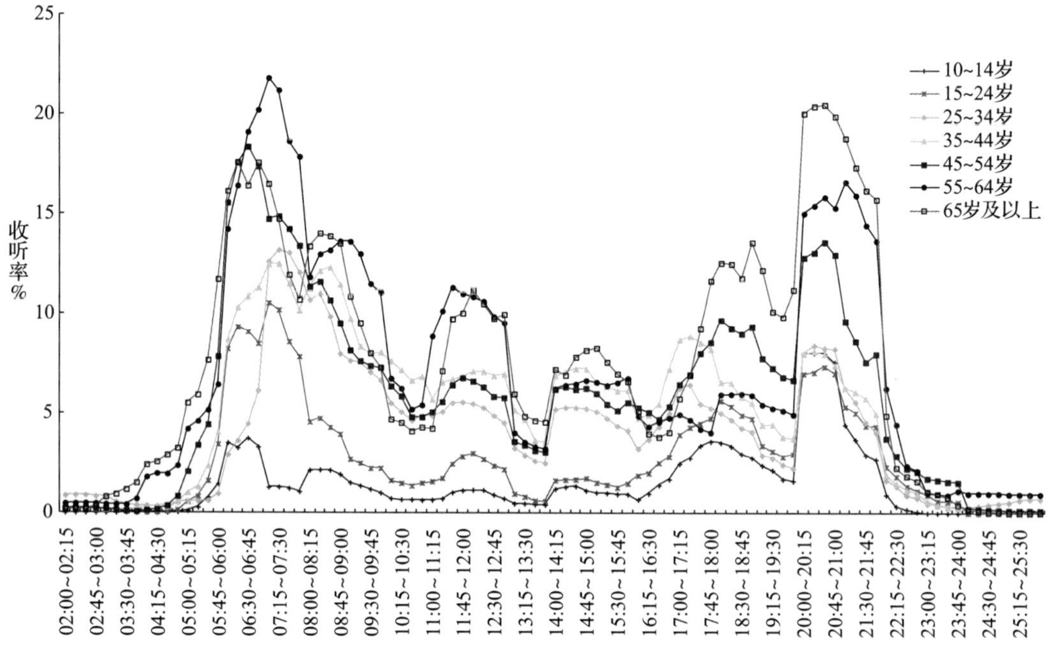

图 3.2.3　2015 年长春不同年龄听众全天收听率走势

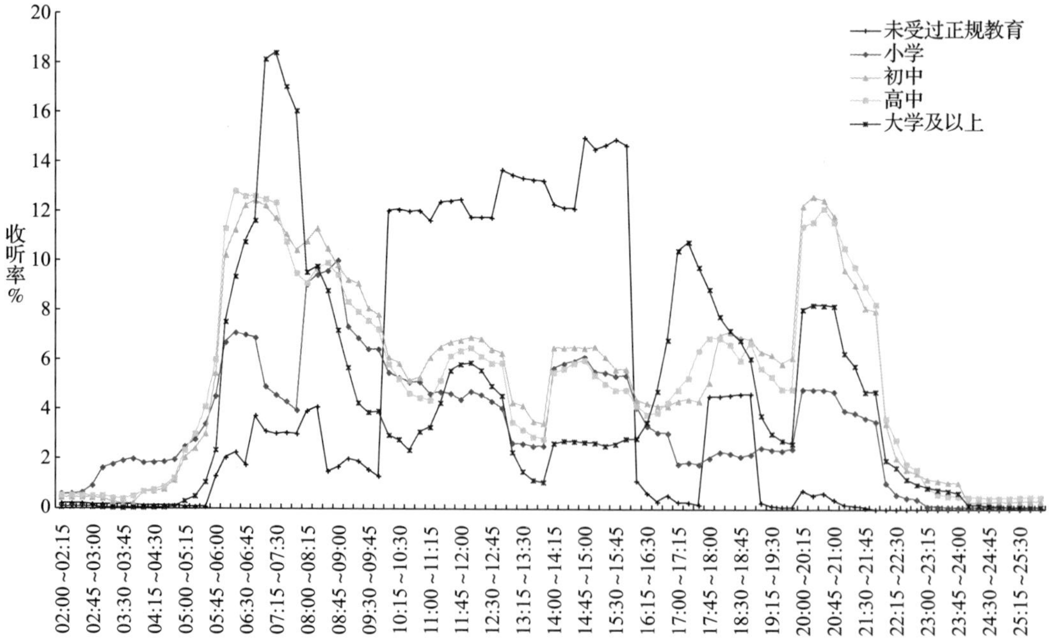

图 3.2.4　2015 年长春不同文化程度听众全天收听率走势

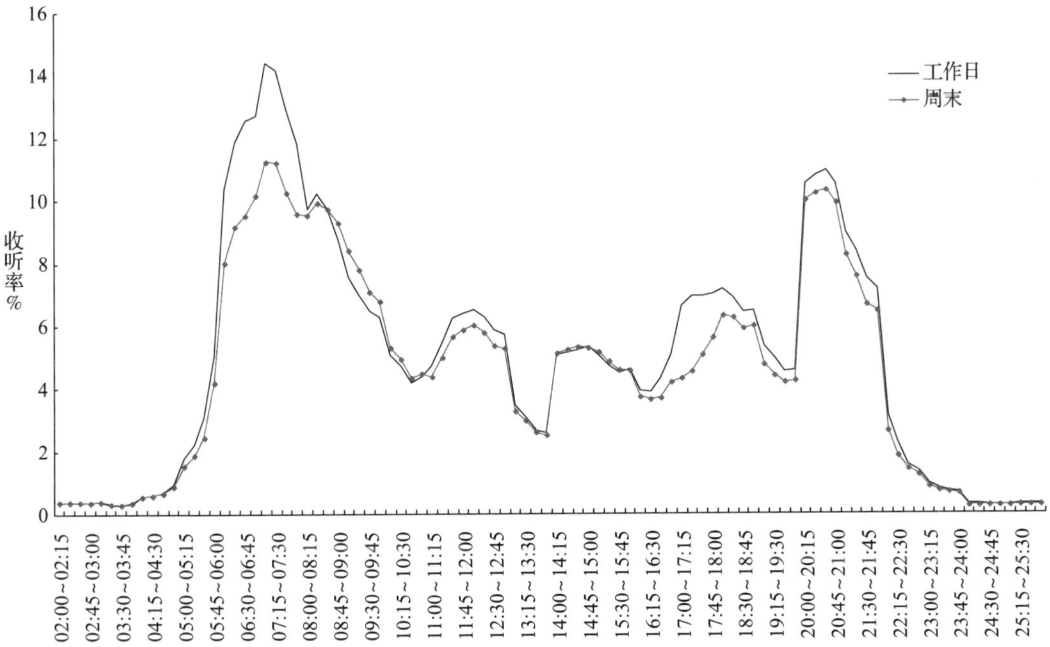

图 3.2.5　2015 年长春听众工作日与周末全天收听率走势

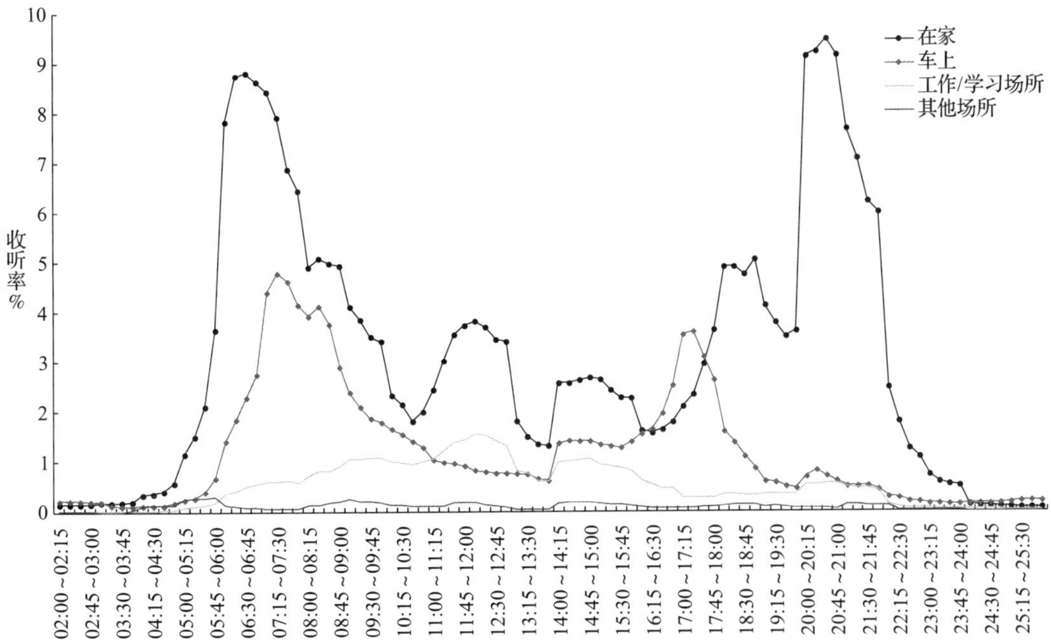

图 3.2.6　2015 年长春听众在不同收听地点全天收听率走势

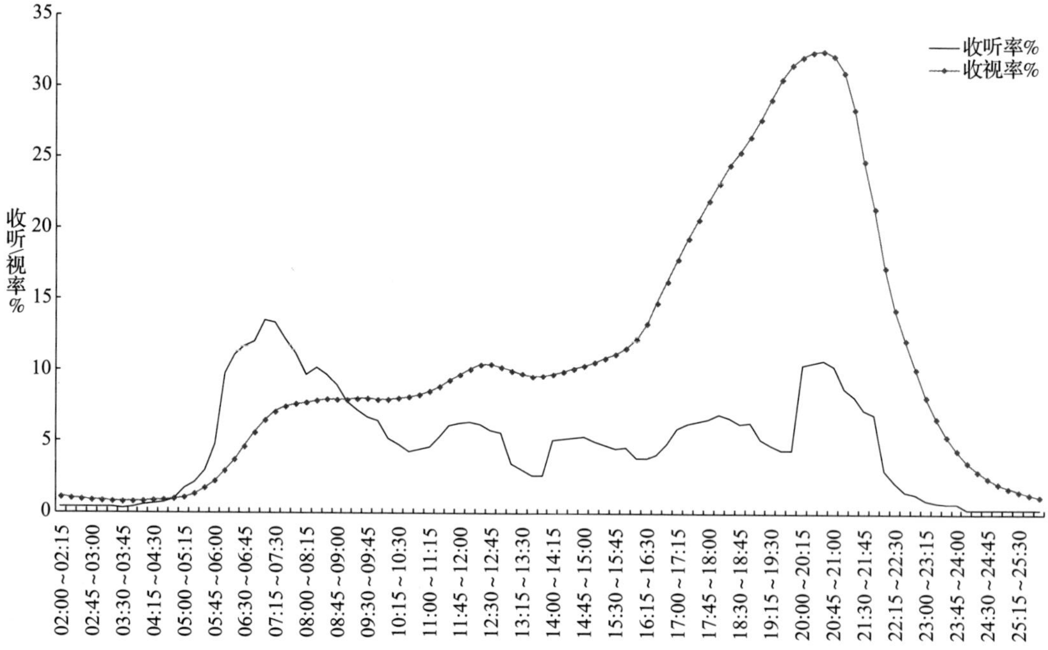

图 3.2.7　2015 年长春受众全天收听率、收视率走势比较(目标受众为 10 岁及以上)

表 3.2.3　2015 年长春市场听众构成(%)

目标听众		听众构成
10 岁及以上所有人		100.0
性别	男	53.4
	女	46.6
年龄	10~14 岁	1.1
	15~24 岁	12.3
	25~34 岁	16.2
	35~44 岁	20.3
	45~54 岁	20.9
	55~64 岁	16.6
	65 岁及以上	12.6
文化程度	未受过正规教育	0.5
	小学	3.2
	初中	33.0
	高中	40.4
	大学及以上	22.9
职业类别	干部/管理人员	4.0
	初级公务员/雇员	12.8
	个体/私营企业人员	17.2
	工人	25.7
	学生	6.6
	无业(包括退休人员)	33.7
	其他	*
个人月收入	没有收入	13.3
	1~500 元	*
	501~1000 元	*
	1001~1500 元	3.6
	1501~2000 元	15.3
	2001~2500 元	17.5
	2501~3000 元	14.9
	3001~4000 元	17.6
	4001 元及以上	17.8

注:“*”表示该目标听众样本量不足,无法进行统计推断。

表 3.2.4　2013~2015 年长春市场各广播电台的市场份额(%)

广播电台	2013 年	2014 年	2015 年
中央人民广播电台	8.2	9.2	6.2
中国国际广播电台	0.0	0.0	0.0
吉林人民广播电台	36.8	38.8	41.9
长春人民广播电台	54.4	51.0	51.3
其他广播电台	0.7	1.0	0.5

表 3.2.5　2015 年长春市场各广播电台在不同目标听众中的市场份额(%)

目标听众		中央人民广播电台	中国国际广播电台	吉林人民广播电台	长春人民广播电台	其他广播电台
10 岁及以上所有人		6.2	0.0	41.9	51.3	0.5
性别	男	4.9	0.0	40.4	54.1	0.5
	女	7.8	0.0	43.6	48.1	0.5
年龄	10～14 岁	0.3	0.0	37.8	60.8	1.1
	15～24 岁	7.8	0.0	40.9	50.6	0.8
	25～34 岁	3.1	0.0	40.1	56.2	0.6
	35～44 岁	3.3	0.0	40.4	55.8	0.5
	45～54 岁	6.0	0.0	41.2	52.2	0.7
	55～64 岁	7.1	0.0	46.6	46.0	0.4
	65 岁及以上	13.2	0.0	43.2	43.3	0.2
文化程度	未受过正规教育	0.7	0.0	21.6	74.7	3.1
	小学	8.2	0.0	45.3	46.4	0.2
	初中	4.1	0.0	42.5	53.0	0.5
	高中	7.0	0.0	40.4	52.2	0.4
	大学及以上	7.9	0.0	43.8	47.5	0.8
职业	干部/管理人员	3.0	0.0	35.5	60.4	1.1
	初级公务员/雇员	5.6	0.0	38.0	55.8	0.5
	个体/私营企业人员	1.5	0.0	42.9	55.5	0.2
	工人	5.8	0.0	39.8	53.3	1.1
	学生	9.0	0.0	41.5	49.1	0.4
	无业(包括退休人员)	9.1	0.0	45.4	45.3	0.2
	其他	*	*	*	*	*
个人月收入	没有收入	7.1	0.0	43.0	49.6	0.3
	1～500 元	*	*	*	*	*
	501～1000 元	*	*	*	*	*
	1001～1500 元	17.4	0.0	46.1	35.9	0.7
	1501～2000 元	8.9	0.0	49.0	42.0	0.2
	2001～2500 元	5.5	0.0	35.9	57.5	1.1
	2501～3000 元	7.6	0.0	39.1	52.6	0.7
	3001～4000 元	4.0	0.0	36.6	59.1	0.3
	4001 元及以上	2.9	0.0	47.8	48.7	0.5

注:“*”表示该目标听众样本量不足,无法进行统计推断。

表 3.2.6　2015 年长春市场份额排名前 5 位的频率

名　次	频　率	市场份额(%)
1	长春交通之声 FM96.8	34.3
2	吉林人民广播电台新闻综合广播 FM91.6/AM738	14.6
3	吉林人民广播电台交通广播 FM103.8	8.1
4	吉林人民广播电台资讯广播 FM100.1	8.0
5	长春新闻广播 FM88.9/AM900	6.7

三、长沙收听数据

表 3.3.1 2013～2015 年长沙各目标听众人均收听时间(分钟)

目标听众		2013 年	2014 年	2015 年
10 岁及以上所有人		41	39	43
性别	男	48	45	48
	女	35	33	39
年龄	10～14 岁	14	14	8
	15～24 岁	27	26	29
	25～34 岁	40	42	41
	35～44 岁	47	41	44
	45～54 岁	42	45	55
	55～64 岁	47	42	49
	65 岁及以上	68	71	81
文化程度	未受过正规教育	13	*	*
	小学	32	25	31
	初中	38	36	38
	高中	50	43	47
	大学及以上	39	39	46
职业	干部/管理人员	40	42	54
	初级公务员/雇员	34	36	34
	个体/私营企业人员	51	46	45
	工人	45	42	60
	学生	21	22	26
	无业(包括退休人员)	49	45	48
	其他	32	25	20
个人月收入	没有收入	22	23	25
	1～500 元	67	59	36
	501～1000 元	24	27	22
	1001～1500 元	48	40	48
	1501～2000 元	44	42	47
	2001～2500 元	47	43	48
	2501～3000 元	43	44	49
	3001～4000 元	41	40	43
	4001 元及以上	59	49	57

注:长沙自 2014 年 5 月 25 日改为连续调查城市。"*"表示目标听众样本量不足,无法进行统计推断。

表 3.3.2 2013～2015 年长沙听众在不同地点的人均收听时间(分钟)

地　　点	2013 年	2014 年	2015 年
在家	19	15	19
车上	18	19	20
工作/学习场所	2	3	2
其他场所	2	2	2

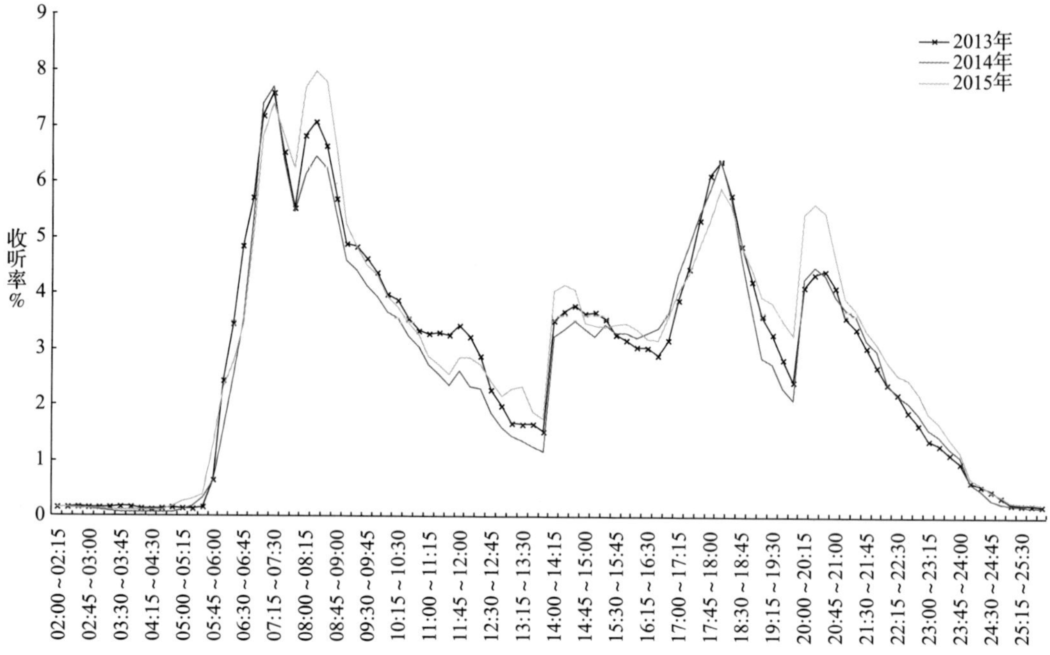

图 3.3.1　2013 ~2015 年长沙听众全天收听率走势

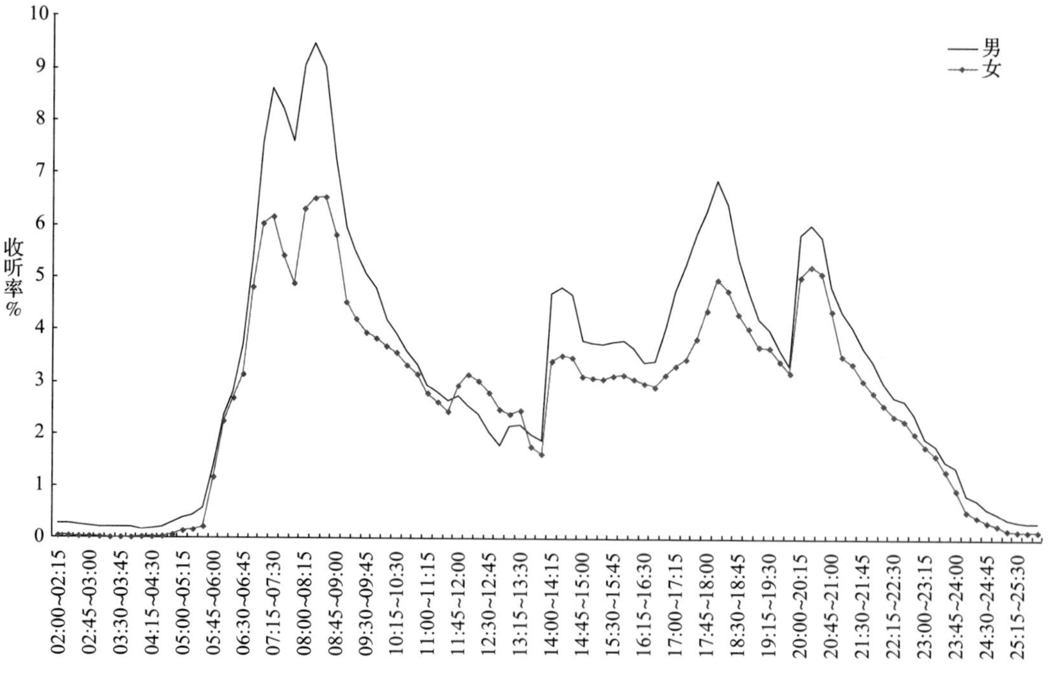

图 3.3.2　2015 年长沙不同性别听众全天收听率走势

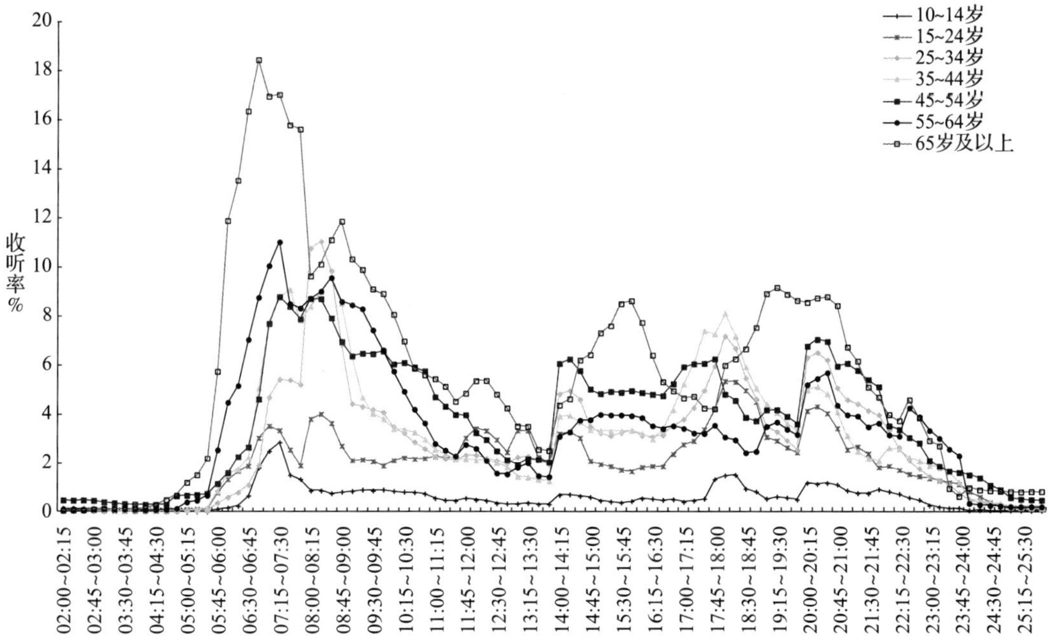

图 3.3.3　2015 年长沙不同年龄听众全天收听率走势

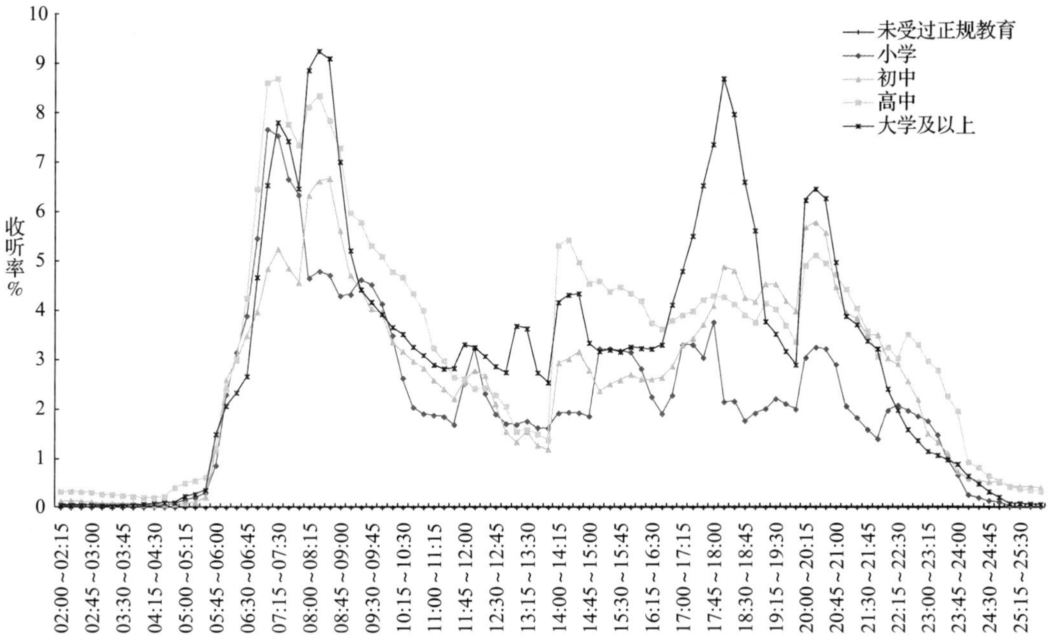

图 3.3.4　2015 年长沙不同文化程度听众全天收听率走势

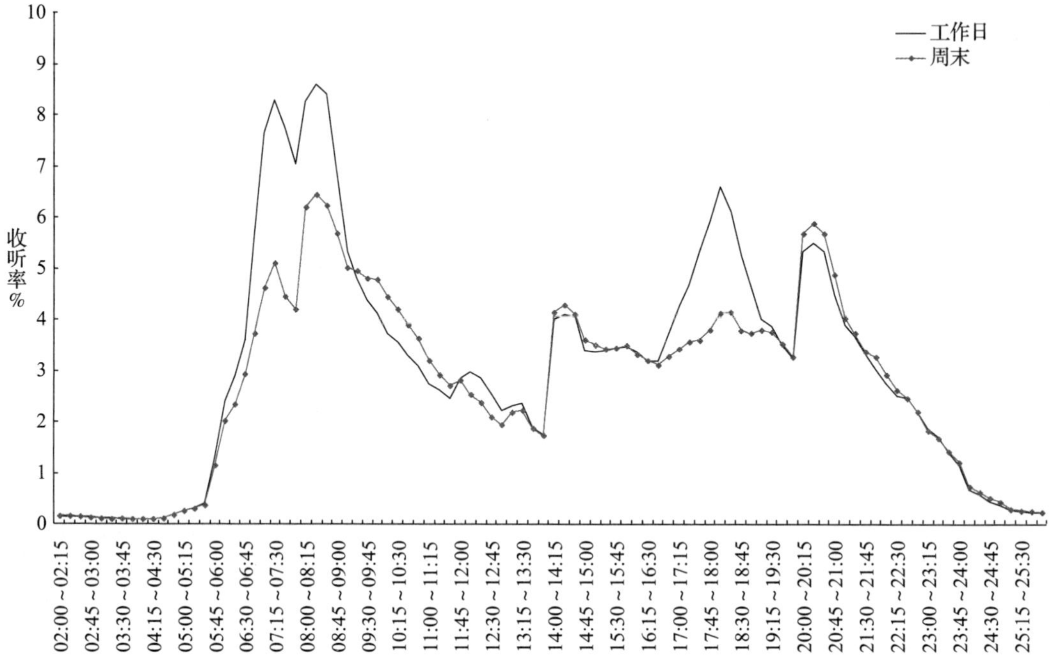

图 3.3.5　2015 年长沙听众工作日与周末全天收听率走势

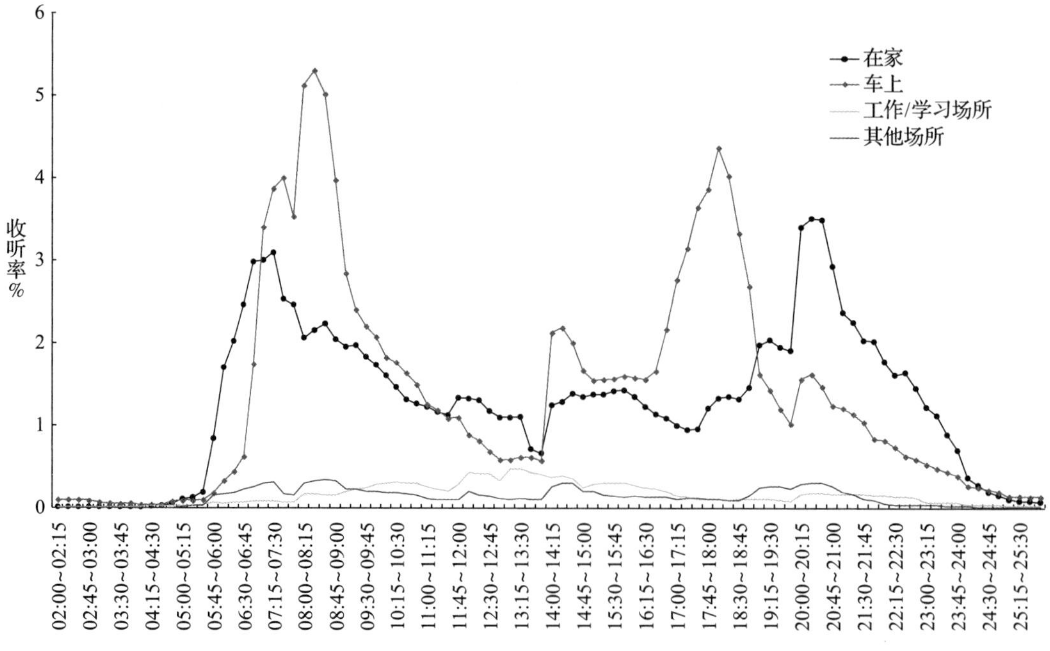

图 3.3.6　2015 年长沙听众在不同收听地点全天收听率走势

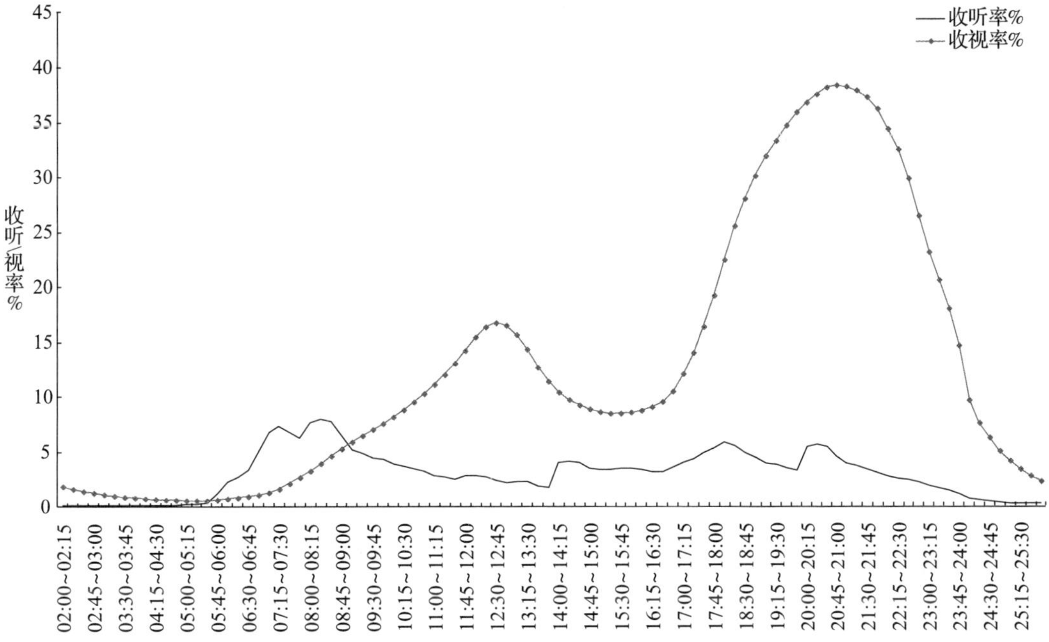

图 3.3.7　2015 年长沙受众全天收听率、收视率走势比较(目标受众为 10 岁及以上)

表 3.3.3　2015 年长沙市场听众构成(%)

目标听众		听众构成(%)
10 岁及以上所有人		100.0
性别	男	54.7
	女	45.3
年龄	10～14 岁	0.6
	15～24 岁	16.6
	25～34 岁	19.6
	35～44 岁	21.2
	45～54 岁	16.9
	55～64 岁	11.7
	65 岁及以上	13.4
文化程度	未受过正规教育	*
	小学	4.6
	初中	21.7
	高中	34.5
	大学及以上	38.9
职业	干部/管理人员	6.2
	初级公务员/雇员	17.4
	个体/私营企业人员	20.9
	工人	21.4
	学生	8.4
	无业(包括退休人员)	25.3
	其他	0.4
个人月收入	没有收入	12.7
	1～500 元	1.0
	501～1000 元	0.6
	1001～1500 元	4.0
	1501～2000 元	11.1
	2001～2500 元	13.2
	2501～3000 元	12.2
	3001～4000 元	19.5
	4001 元及以上	25.6

“*”表示目标听众样本量不足,无法进行统计推断。

表 3.3.4　2013～2015 年长沙市场各广播电台的市场份额(%)

广播电台	2013 年	2014 年	2015 年
中央人民广播电台	6.5	8.6	8.3
中国国际广播电台	0.0	0.1	0.3
湖南人民广播电台	48.2	52.3	53.8
湖南金鹰之声	6.9	9.5	9.6
长沙人民广播电台	30.2	24.6	23.4
其他广播电台	8.2	4.9	4.6

表 3.3.5 2015 年长沙市场各广播电台在不同目标听众中的市场份额(%)

目标听众		中央人民广播电台	中国国际广播电台	湖南人民广播电台	湖南金鹰之声	长沙人民广播电台	其他广播电台
10 岁及以上所有人		8.3	0.3	53.8	9.6	23.4	4.6
性别	男	7.2	0.4	55.7	9.8	23.1	3.8
	女	9.6	0.1	51.5	9.3	23.8	5.7
年龄	10~14 岁	2.4	0.9	38.7	7.2	45.1	5.7
	15~24 岁	11.8	0.0	43.6	13.2	25.5	5.9
	25~34 岁	3.5	0.2	54.1	11.9	24.7	5.6
	35~44 岁	6.2	0.6	51.9	8.8	26.0	6.5
	45~54 岁	5.0	0.1	58.4	8.2	25.1	3.2
	55~64 岁	10.8	0.5	53.4	10.1	22.6	2.6
	65 岁及以上	16.4	0.2	64.3	4.3	12.6	2.2
文化程度	未受过正规教育	*	*	*	*	*	*
	小学	13.8	0.0	50.7	10.1	21.3	4.1
	初中	6.8	0.1	62.3	7.8	19.3	3.7
	高中	7.7	0.1	56.0	10.0	21.8	4.4
	大学及以上	8.6	0.5	47.9	10.2	27.4	5.4
职业	干部/管理人员	1.9	0.0	48.1	11.9	31.8	6.3
	初级公务员/雇员	6.5	0.7	48.7	10.3	29.1	4.7
	个体/私营企业人员	5.5	0.1	55.3	14.5	19.9	4.7
	工人	6.5	0.1	55.3	7.5	26.7	3.9
	学生	17.4	0.1	47.5	4.7	23.3	7.0
	无业(包括退休人员)	12.0	0.4	58.3	7.7	17.6	4.0
	其他	6.0	1.2	43.5	14.4	30.6	4.3
个人月收入	没有收入	13.0	0.3	46.6	9.3	23.3	7.5
	1~500 元	37.0	0.2	33.4	9.1	17.3	3.0
	501~1000 元	2.4	0.1	48.2	7.5	40.3	1.5
	1001~1500 元	15.2	0.0	65.1	2.5	15.1	2.1
	1501~2000 元	8.5	0.0	66.0	6.7	15.9	2.9
	2001~2500 元	12.4	0.7	49.8	6.0	27.9	3.2
	2501~3000 元	6.5	0.1	58.5	7.4	21.1	6.4
	3001~4000 元	4.8	0.6	53.8	12.5	23.7	4.6
	4001 元及以上	4.9	0.1	51.3	12.8	26.6	4.3

“*”表示目标听众样本量不足,无法进行统计推断。

表 3.3.6 2015 年长沙市场份额排名前 5 位的频率

名次	频率	市场份额(%)
1	湖南人民广播电台交通频道 FM91.8/FM100.3	25.4
2	湖南人民广播电台综合广播 FM102.8/FM93.0	9.6
2	湖南金鹰 955 FM95.5	9.6
4	长沙人民广播电台交通广播 FM106.1	9.3
5	中央人民广播电台第一套节目中国之声	6.3

四、常州收听数据

表 3.4.1　2013～2015 年常州各目标听众人均收听时间(分钟)

目标听众		2013 年	2014 年	2015 年
10 岁及以上所有人		79	66	64
性别	男	82	68	68
	女	77	63	59
年龄	10～14 岁	29	19	16
	15～24 岁	33	35	24
	25～34 岁	74	48	50
	35～44 岁	67	62	59
	45～54 岁	102	71	70
	55～64 岁	133	109	113
	65 岁及以上	139	133	134
文化程度	未受过正规教育	135	55	15
	小学	76	79	77
	初中	96	75	75
	高中	80	65	59
	大学及以上	67	49	50
职业	干部/管理人员	83	63	56
	初级公务员/雇员	60	55	56
	个体/私营企业人员	79	64	64
	工人	78	56	55
	学生	30	26	11
	无业(包括退休人员)	125	101	111
	其他	110	102	115
个人月收入	没有收入	40	41	26
	1～500 元	*	108	130
	501～1000 元	92	88	98
	1001～1500 元	93	103	95
	1501～2000 元	111	83	86
	2001～2500 元	91	66	83
	2501～3000 元	80	66	66
	3001～4000 元	85	64	59
	4001 元及以上	64	59	59

注:常州为全年连续调查城市。“*”表示该目标听众样本量不足,无法进行统计推断。

表 3.4.2　2013～2015 年常州听众在不同地点的人均收听时间(分钟)

地　点	2013 年	2014 年	2015 年
在家	54	42	38
车上	17	18	19
工作/学习场所	7	4	5
其他场所	1	1	1

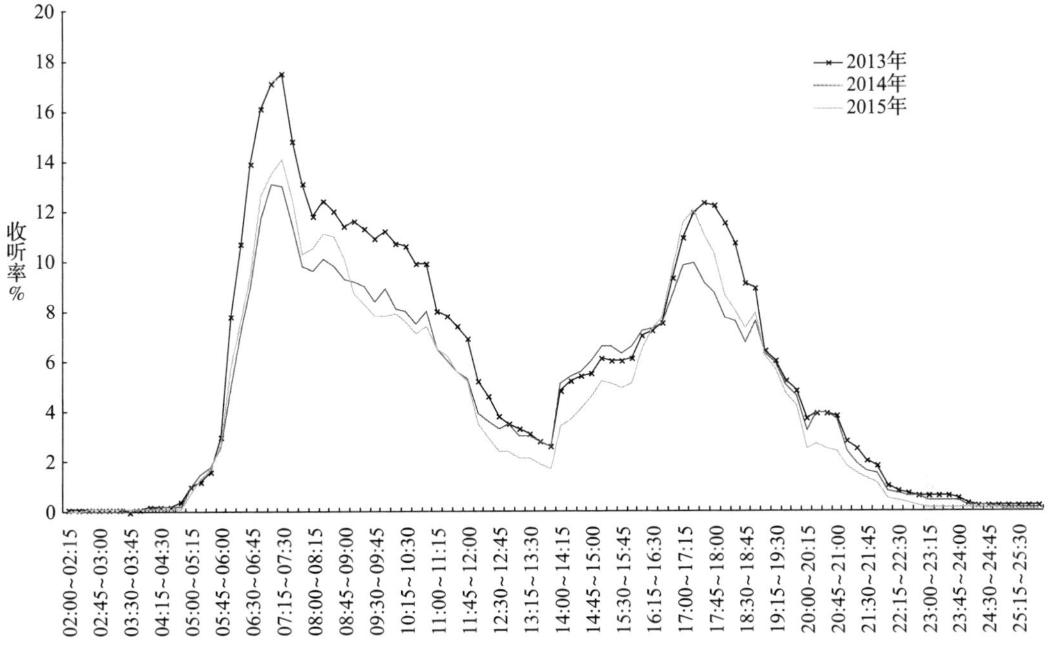

图 3.4.1　2013 ~2015 年常州听众全天收听率走势

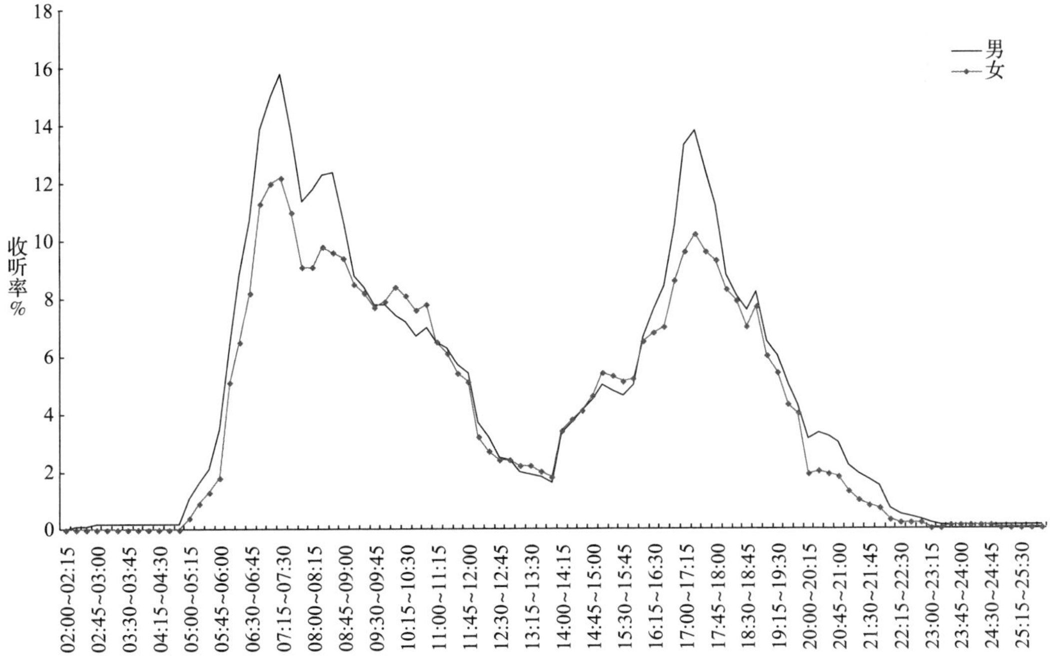

图 3.4.2　2015 年常州不同性别听众全天收听率走势

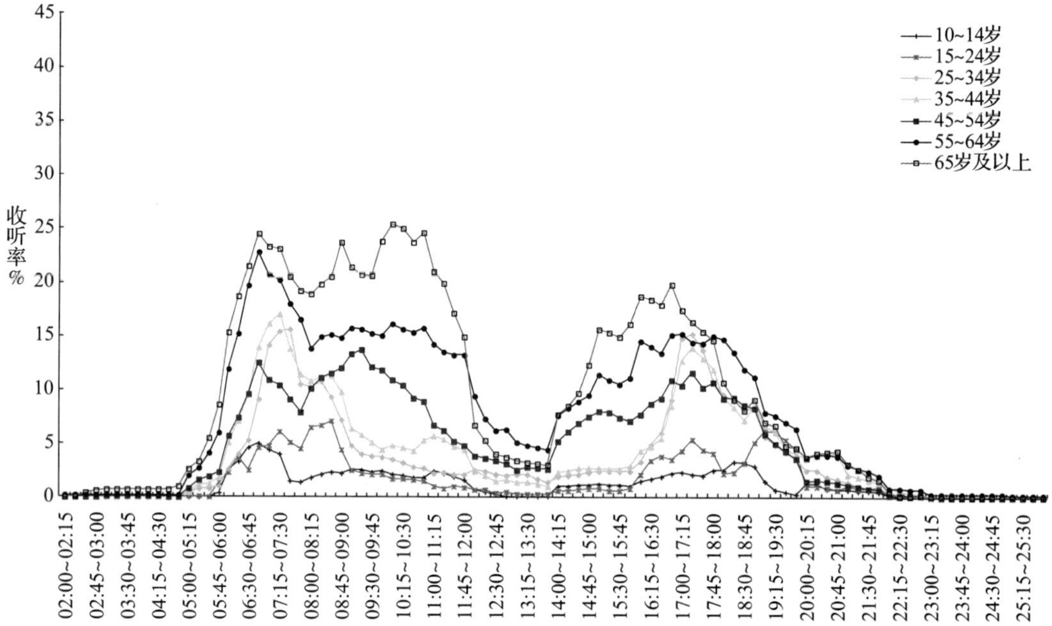

图 3.4.3 2015 年常州不同年龄听众全天收听率走势

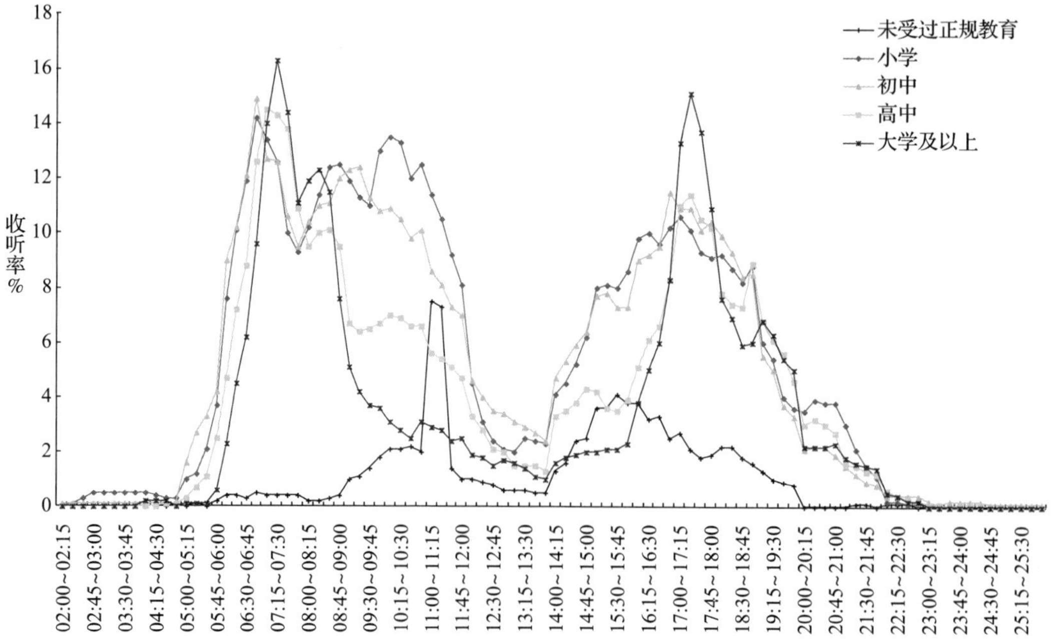

图 3.4.4 2015 年常州不同文化程度听众全天收听率走势

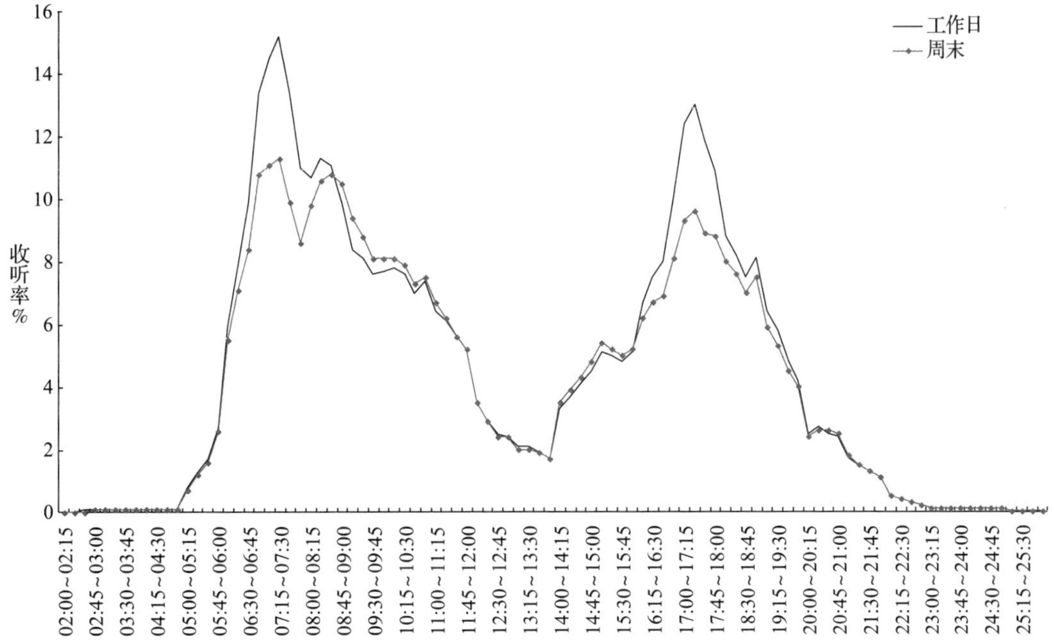

图 3.4.5　2015 年常州听众工作日与周末全天收听率走势

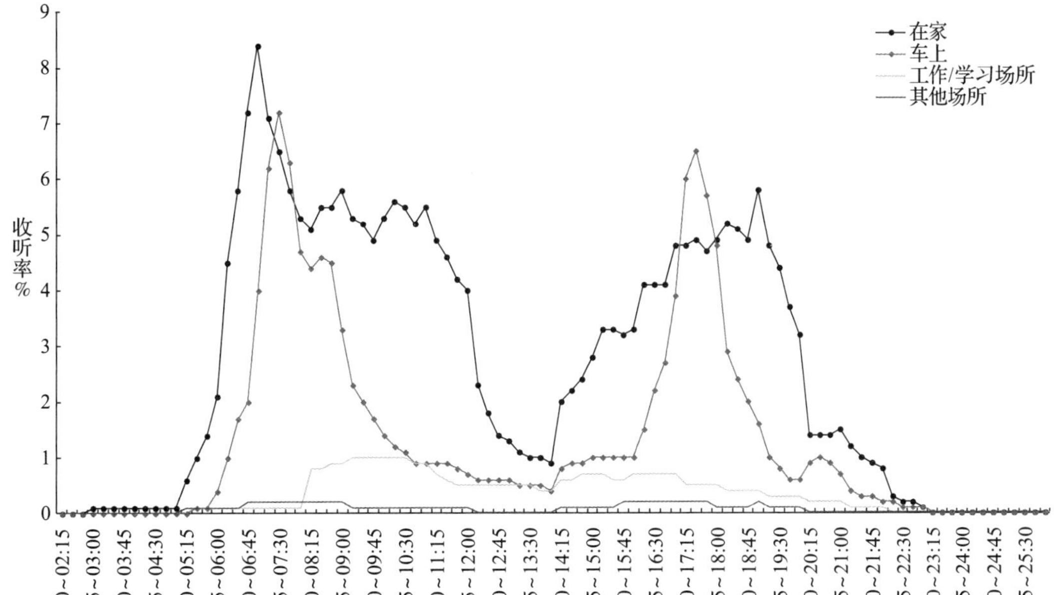

图 3.4.6　2015 年常州听众在不同收听地点全天收听率走势

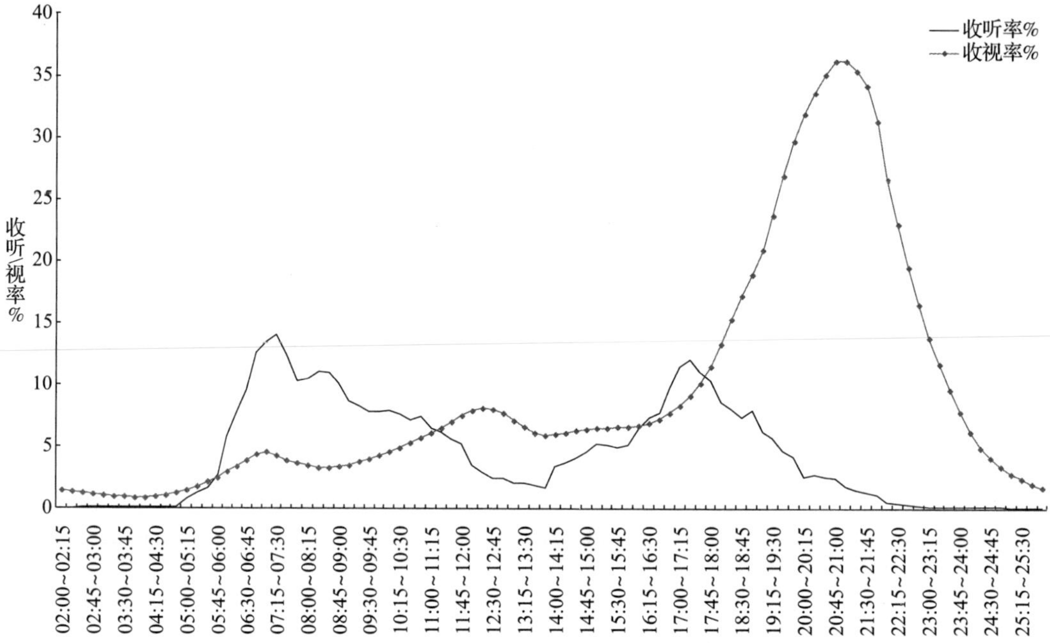

图 3.4.7　2015 年常州受众全天收听率、收视率走势比较(目标受众为 10 岁及以上)

表 3.4.3 2015 年常州市场听众构成(%)

目标听众		听众构成(%)
10 岁及以上所有人		100.0
性别	男	54.9
	女	45.1
年龄	10~14 岁	1.2
	15~24 岁	6.8
	25~34 岁	15.8
	35~44 岁	20.3
	45~54 岁	16.4
	55~64 岁	21.4
	65 岁及以上	18.1
文化程度	未受过正规教育	0.2
	小学	12.9
	初中	39.0
	高中	26.7
	大学及以上	21.2
职业	干部/管理人员	5.4
	初级公务员/雇员	12.2
	个体/私营企业人员	13.9
	工人	27.6
	学生	2.0
	无业(包括退休人员)	32.7
	其他	6.2
个人月收入	没有收入	7.4
	1~500 元	5.4
	501~1000 元	3.8
	1001~1500 元	6.6
	1501~2000 元	8.6
	2001~2500 元	17.3
	2501~3000 元	18.0
	3001~4000 元	19.5
	4001 元及以上	13.4

表 3.4.4 2013~2015 年常州市场各广播电台的市场份额(%)

广播电台	2013 年	2014 年	2015 年
中央人民广播电台	7.4	7.5	5.0
中国国际广播电台	0.1	0.0	0.0
江苏广播电视总台	8.2	12.0	15.2
常州广播电视台	80.5	76.8	77.3
其他广播电台	3.8	3.7	2.5

表 3.4.5　2015 年常州市场各广播电台在不同目标听众中的市场份额(%)

目标听众		中央人民广播电台	中国国际广播电台	江苏广播电视总台	常州广播电视台	其他广播电台
10 岁及以上所有人		5.0	0.0	15.2	77.3	2.5
性别	男	5.3	0.0	14.8	77.8	2.1
	女	4.7	0.0	15.8	76.7	2.8
年龄	10~14 岁	13.9	0.0	35.0	50.7	0.4
	15~24 岁	5.9	0.0	15.7	78.0	0.4
	25~34 岁	0.8	0.0	20.3	77.9	1.0
	35~44 岁	5.6	0.0	17.1	75.8	1.5
	45~54 岁	1.9	0.0	14.2	80.1	3.8
	55~64 岁	6.1	0.0	16.0	75.0	2.9
	65 岁及以上	8.7	0.0	7.3	80.0	4.0
文化程度	未受过正规教育	1.4	0.0	20.8	77.4	0.4
	小学	7.1	0.0	10.4	78.8	3.7
	初中	5.4	0.0	14.3	76.9	3.4
	高中	5.8	0.0	17.1	75.1	2.0
	大学及以上	2.1	0.0	17.4	79.9	0.6
职业	干部/管理人员	0.7	0.0	19.0	80.3	0.0
	初级公务员/雇员	4.4	0.0	23.0	72.4	0.2
	个体/私营企业人员	3.1	0.0	11.5	82.3	3.1
	工人	4.0	0.0	16.8	76.8	2.4
	学生	12.9	0.0	24.4	61.9	0.8
	无业(包括退休人员)	7.7	0.0	12.4	76.3	3.6
	其他	0.9	0.0	10.2	86.3	2.6
个人月收入	没有收入	7.4	0.0	12.5	75.8	4.3
	1~500 元	4.1	0.0	16.7	76.2	3.0
	501~1000 元	1.1	0.0	6.7	84.8	7.4
	1001~1500 元	2.3	0.0	18.8	76.7	2.2
	1501~2000 元	5.8	0.0	19.0	72.8	2.4
	2001~2500 元	7.7	0.0	13.8	75.5	3.0
	2501~3000 元	7.3	0.0	12.5	78.5	1.7
	3001~4000 元	3.2	0.0	18.6	76.3	1.9
	4001 元及以上	1.6	0.0	13.6	83.7	1.1

表 3.4.6　2015 年常州市场份额排名前 5 位的频率

名　次	频率名称	市场份额(%)
1	常州人民广播电台交通广播 FM90	19.0
2	常州人民广播电台新闻综合广播 FM103.4	16.6
3	常州人民广播电台音乐广播 FM93.5	12.3
4	常州人民广播电台新闻综合广播 AM846	9.2
5	常州人民广播电台经济广播 FM105.2	6.7

五、成都收听数据

表 3.5.1 2013～2015 年成都各目标听众人均收听时间(分钟)

目标听众		2013 年	2014 年	2015 年
10 岁及以上所有人		49	52	60
性别	男	49	54	62
	女	50	50	59
年龄	10～14 岁	8	16	16
	15～24 岁	41	40	46
	25～34 岁	45	44	55
	35～44 岁	49	52	57
	45～54 岁	60	65	76
	55～64 岁	62	66	81
	65 岁及以上	68	73	85
文化程度	未受过正规教育	44	38	25
	小学	36	37	50
	初中	55	58	61
	高中	49	52	63
	大学及以上	51	50	61
职业	干部/管理人员	52	49	71
	初级公务员/雇员	45	45	54
	个体/私营企业人员	45	54	61
	工人	51	54	64
	学生	22	27	23
	无业(包括退休人员)	67	70	84
	其他	79	*	59
个人月收入	没有收入	28	29	36
	1～500 元	*	*	*
	501～1000 元	46	40	*
	1001～1500 元	53	59	52
	1501～2000 元	61	58	74
	2001～2500 元	49	60	63
	2501～3000 元	54	53	58
	3001～4000 元	49	42	58
	4001 元及以上	52	66	72

注:成都为全年连续调查城市。“*”表示该目标听众样本量不足,无法进行统计推断。

表 3.5.2 2013～2015 年成都听众在不同地点的人均收听时间(分钟)

地点	2013 年	2014 年	2015 年
在家	33	32	34
车上	11	15	19
工作/学习场所	3	3	4
其他场所	2	2	3

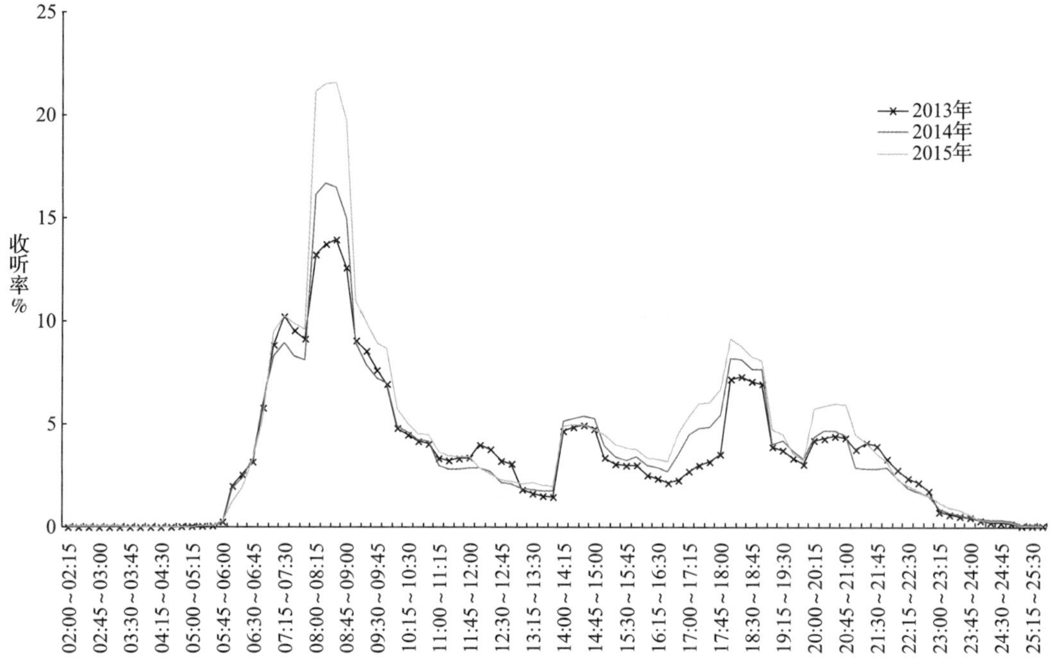

图 3.5.1　2013～2015 年成都听众全天收听率走势

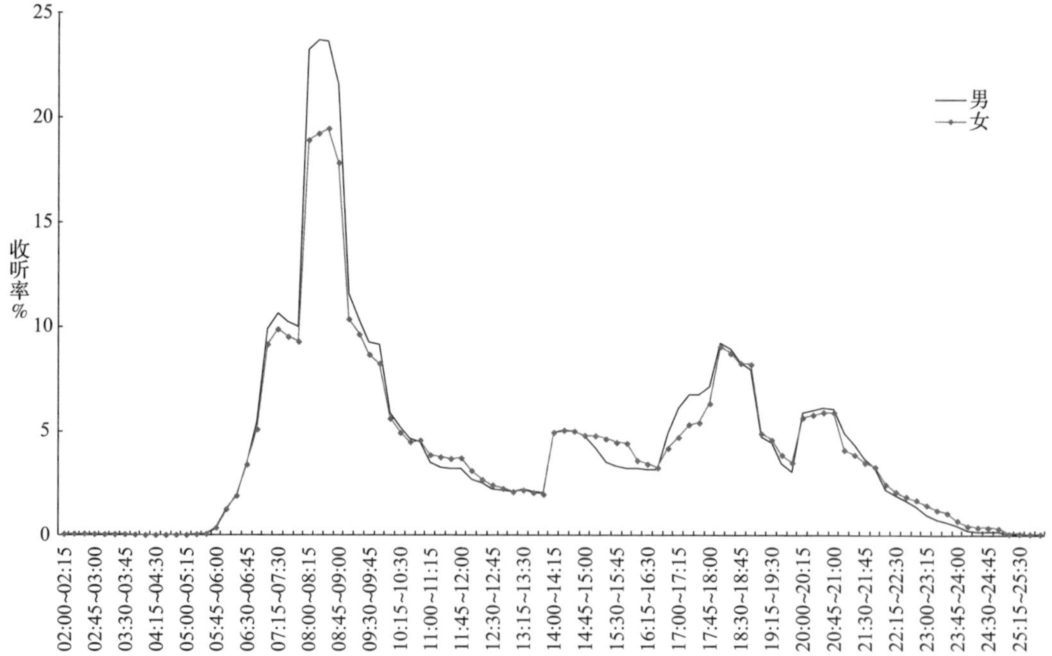

图 3.5.2　2015 年成都不同性别听众全天收听率走势

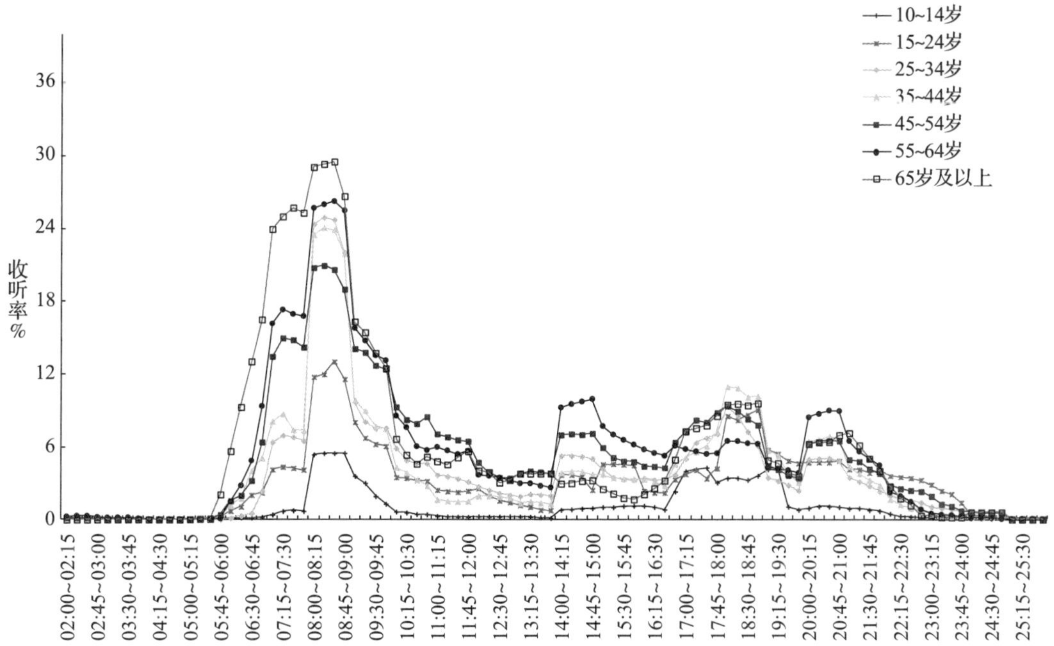

图 3.5.3　2015 年成都不同年龄听众全天收听率走势

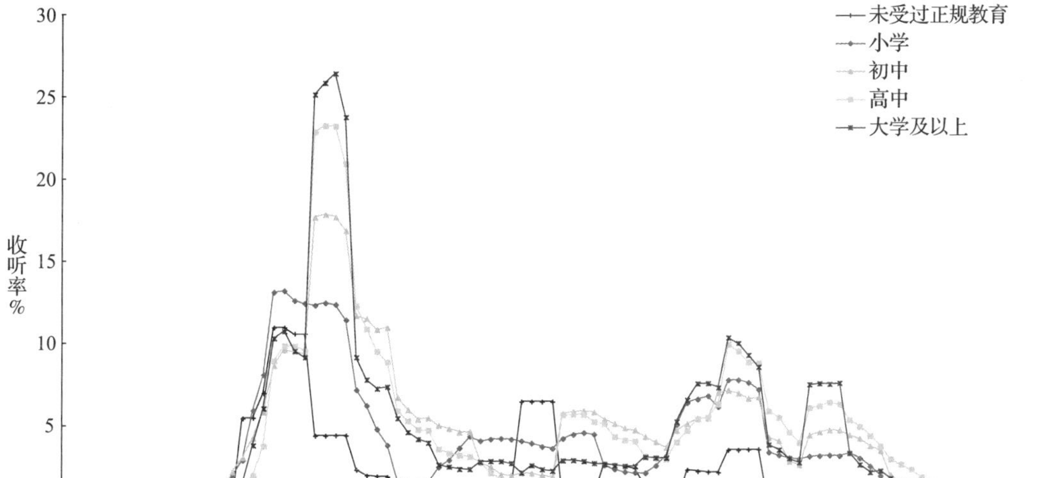

图 3.5.4　2015 年成都不同文化程度听众全天收听率走势

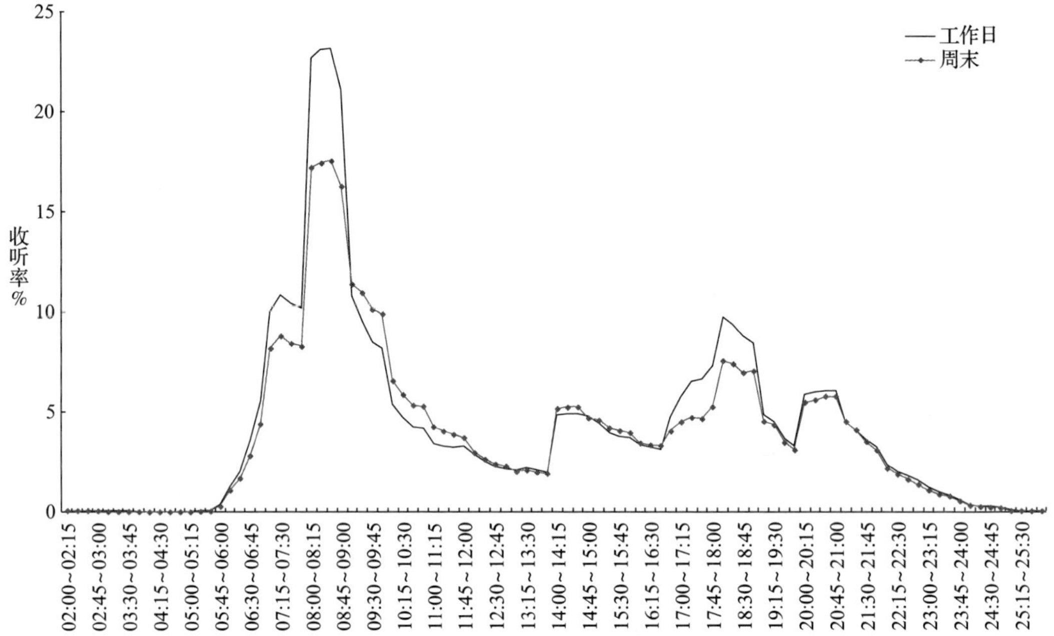

图 3.5.5　2015 年成都听众工作日与周末全天收听率走势

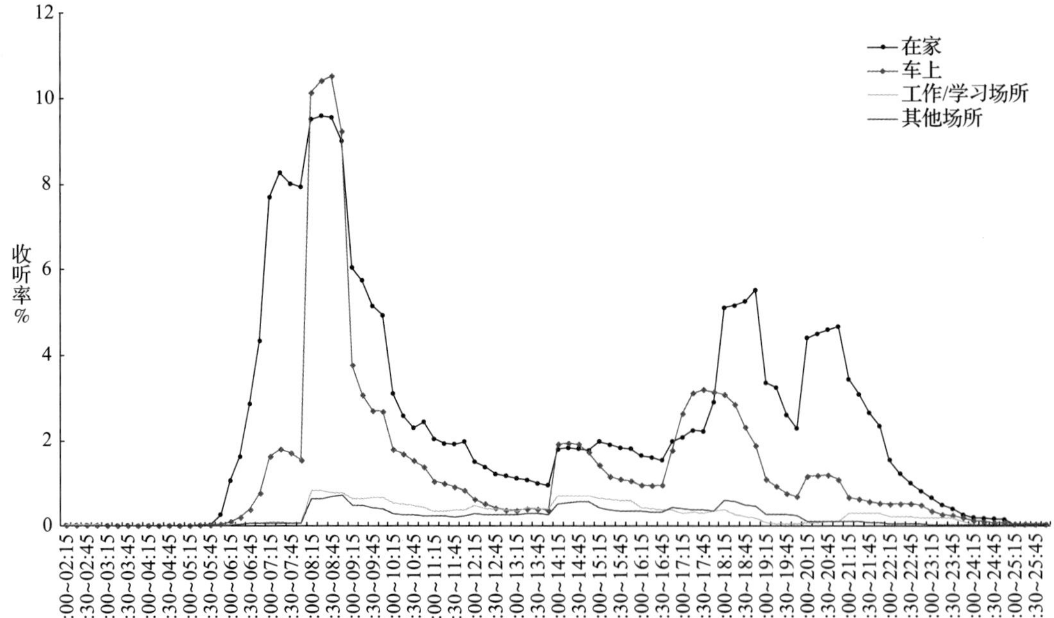

图 3.5.6　2015 年成都听众在不同收听地点全天收听率走势

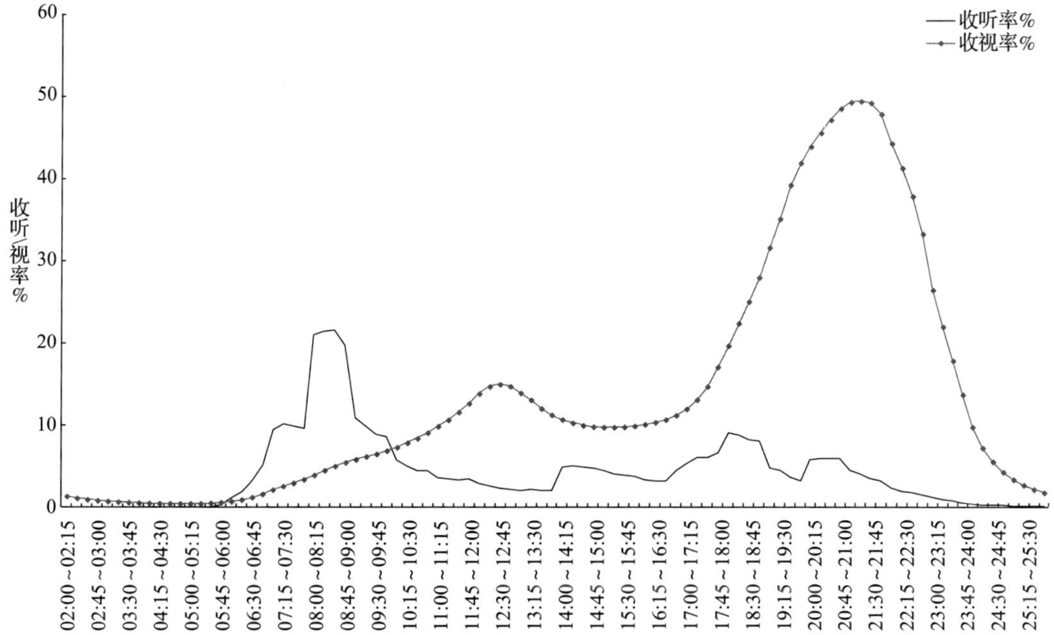

图 3.5.7　2015 年成都受众全天收听率、收视率走势比较(目标受众为 10 岁及以上)

表 3.5.3　2015 年成都市场听众构成(%)

目标听众		听众构成(%)
10 岁及以上所有人		100.0
性别	男	52.3
	女	47.7
年龄	10~14 岁	1.1
	15~24 岁	12.4
	25~34 岁	19.5
	35~44 岁	23.8
	45~54 岁	20.7
	55~64 岁	12.3
	65 岁及以上	10.2
文化程度	未受过正规教育	0.5
	小学	5.7
	初中	26.7
	高中	43.1
	大学及以上	24.0
职业	干部/管理人员	7.0
	初级公务员/雇员	20.3
	个体/私营企业人员	21.9
	工人	20.7
	学生	4.1
	无业(包括退休人员)	25.0
	其他	1.0
个人月收入	没有收入	8.5
	1~500 元	*
	501~1000 元	*
	1001~1500 元	1.7
	1501~2000 元	9.5
	2001~2500 元	13.5
	2501~3000 元	13.5
	3001~4000 元	19.5
	4001 元及以上	33.8

“*”表示该目标听众样本量不足,无法进行统计推断。

表 3.5.4　2013~2015 年成都市场各广播电台的市场份额(%)

广播电台	2013 年	2014 年	2015 年
中央人民广播电台	9.7	11.6	12.7
中国国际广播电台	0.0	0.6	0.7
四川广播电视台	60.6	61.6	61.2
成都人民广播电台	29.7	26.2	25.2
其他广播电台	0.0	0.0	0.2

表 3.5.5 2015 年成都市场各广播电台在不同目标听众中的市场份额(%)

目标听众		中央人民广播电台	中国国际广播电台	四川广播电视台	成都人民广播电台	其他广播电台
10 岁及以上所有人		12.7	0.7	61.2	25.2	0.2
性别	男	12.0	0.7	62.7	24.5	0.1
	女	13.5	0.8	59.6	25.9	0.2
年龄	10～14 岁	11.7	2.5	50.4	34.4	1.0
	15～24 岁	8.5	1.4	51.4	38.5	0.2
	25～34 岁	6.7	0.8	69.1	23.2	0.2
	35～44 岁	10.0	0.2	67.6	22.1	0.1
	45～54 岁	13.0	1.0	59.8	26.0	0.2
	55～64 岁	23.1	0.8	56.1	19.6	0.4
	65 岁及以上	22.4	0.2	53.4	23.9	0.1
文化程度	未受过正规教育	28.7	0.2	46.5	24.6	0.0
	小学	20.5	0.6	64.0	14.7	0.2
	初中	14.6	0.9	61.8	22.4	0.3
	高中	9.7	0.7	59.8	29.6	0.2
	大学及以上	13.8	0.6	62.9	22.6	0.1
职业	干部/管理人员	11.3	0.2	68.9	19.5	0.1
	初级公务员/雇员	10.9	0.5	65.2	23.3	0.1
	个体/私营企业人员	7.4	0.9	59.2	32.0	0.5
	工人	13.8	1.1	59.0	26.0	0.1
	学生	7.1	0.9	62.7	29.0	0.3
	无业(包括退休人员)	19.7	0.6	57.9	21.6	0.2
	其他	1.4	0.0	84.8	13.8	0.0
个人月收入	没有收入	7.5	0.5	64.6	27.0	0.4
	1～500 元	*	*	*	*	*
	501～1000 元	*	*	*	*	*
	1001～1500 元	10.0	0.6	71.6	15.2	2.6
	1501～2000 元	17.0	1.8	62.9	18.3	0.0
	2001～2500 元	15.7	0.5	52.4	31.3	0.1
	2501～3000 元	20.3	0.3	59.7	19.6	0.1
	3001～4000 元	11.8	0.8	57.2	29.9	0.3
	4001 元及以上	9.3	0.5	66.1	24.0	0.1

“*”表示该目标听众样本量不足,无法进行统计推断。

表 3.5.6 2015 年成都市场份额排名前 5 位的频率

名次	频率	市场份额(%)
1	四川人民广播电台交通广播 FM101.7	18.6
2	四川人民广播电台新闻频率 FM98.1/AM1116	11.3
3	成都人民广播电台交通广播 FM91.4	11.0
4	中央人民广播电台第一套节目中国之声	8.8
5	四川人民广播电台岷江音乐 iRadio FM95.5	6.0

六、重庆收听数据

表 3.6.1　2013～2015 年重庆各目标听众人均收听时间(分钟)

目标听众		2013 年	2014 年	2015 年
10 岁及以上所有人		49	47	41
性别	男	49	49	42
	女	49	45	39
年龄	10～14 岁	23	34	24
	15～24 岁	40	39	25
	25～34 岁	49	43	40
	35～44 岁	43	50	49
	45～54 岁	57	52	37
	55～64 岁	55	54	55
	65 岁及以上	66	49	57
文化程度	未受过正规教育	37	28	*
	小学	36	38	40
	初中	52	47	45
	高中	48	51	41
	大学及以上	52	45	35
职业	干部/管理人员	75	82	60
	初级公务员/雇员	47	39	33
	个体/私营企业人员	47	51	40
	工人	46	45	42
	学生	32	35	21
	无业(包括退休人员)	58	50	52
	其他	*	*	*
个人月收入	没有收入	35	33	23
	1～500 元	*	6	*
	501～1000 元	45	30	*
	1001～1500 元	41	41	43
	1501～2000 元	53	42	35
	2001～2500 元	56	50	50
	2501～3000 元	48	54	48
	3001～4000 元	49	52	46
	4001 元及以上	59	55	41

注:重庆为全年连续调查城市。“*”表示该目标听众样本量不足,无法进行统计推断。

表 3.6.2　2013～2015 年重庆听众在不同地点的人均收听时间(分钟)

地　点	2013 年	2014 年	2015 年
在家	34	29	23
车上	9	13	14
工作/学习场所	3	2	2
其他场所	2	2	2

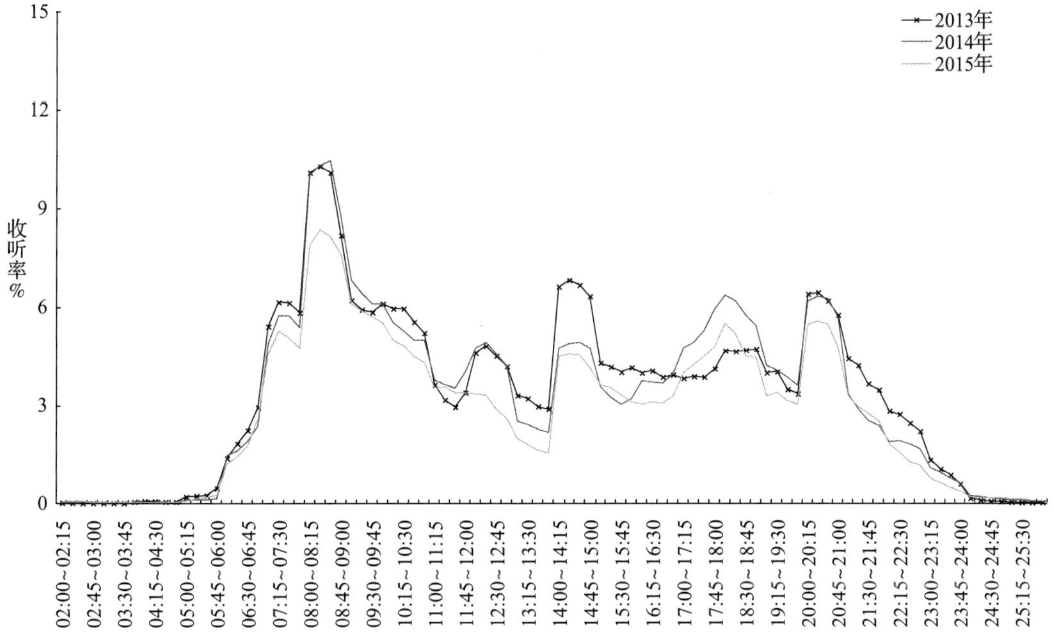

图 3.6.1　2013～2015 年重庆听众全天收听率走势

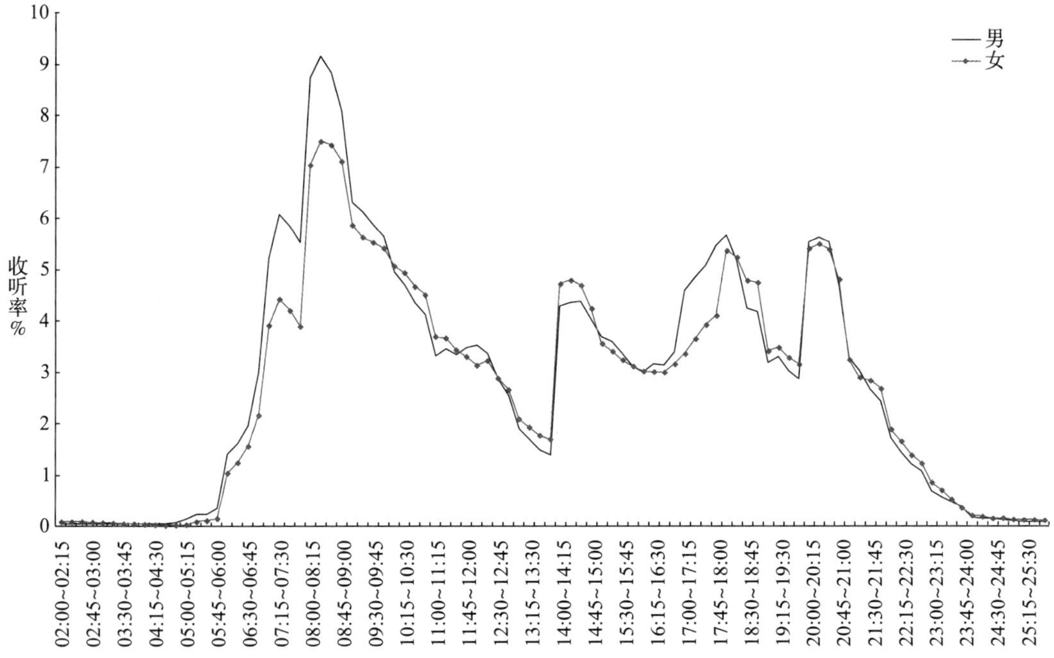

图 3.6.2　2015 年重庆不同性别听众全天收听率走势

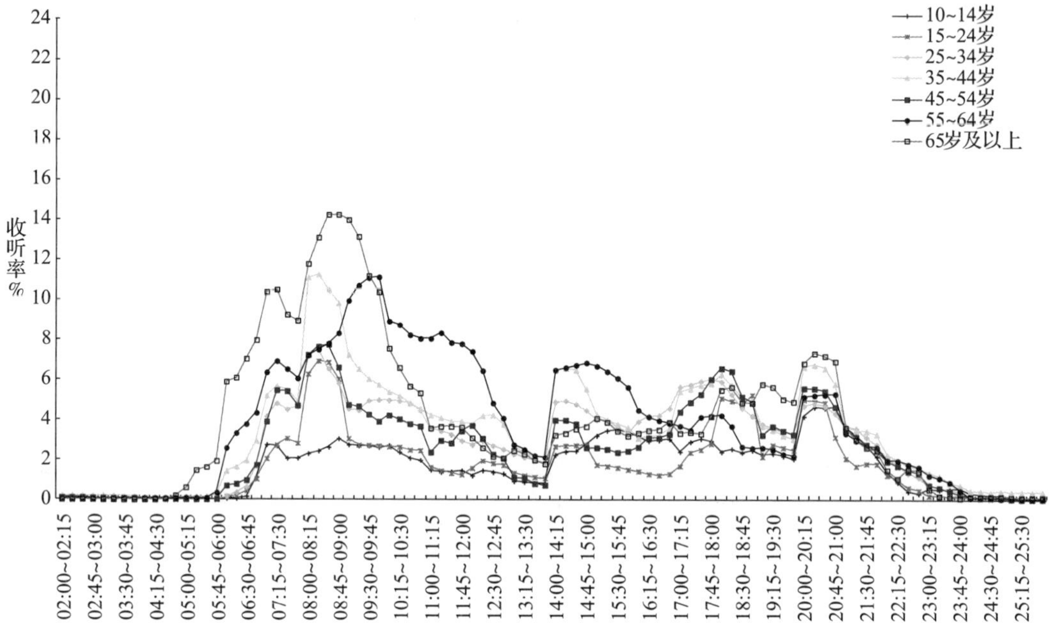

图 3.6.3　2015 年重庆不同年龄听众全天收听率走势

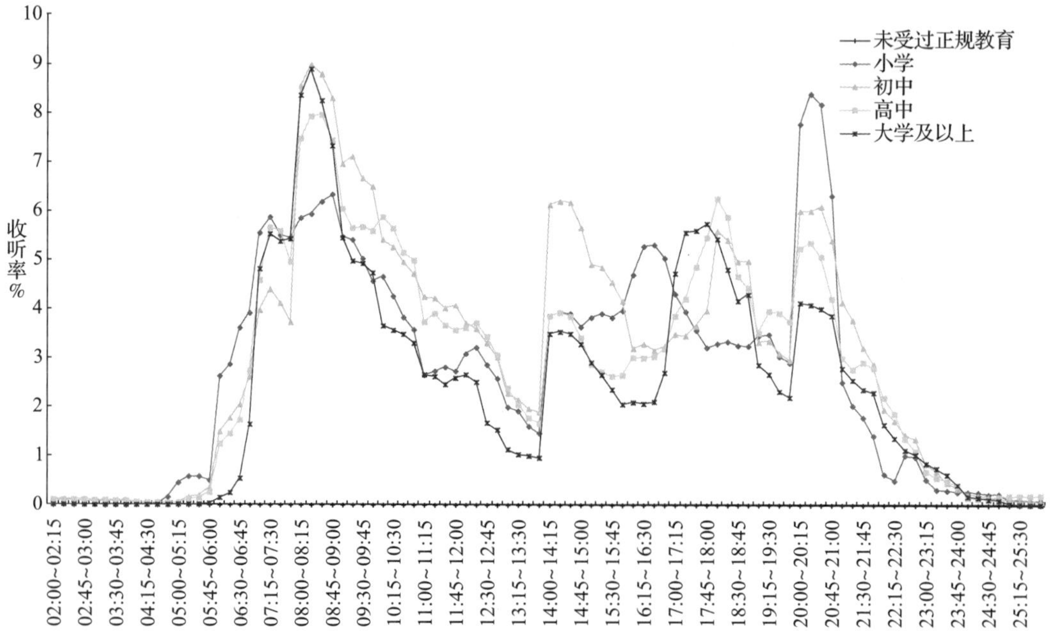

图 3.6.4　2015 年重庆不同文化程度听众全天收听率走势

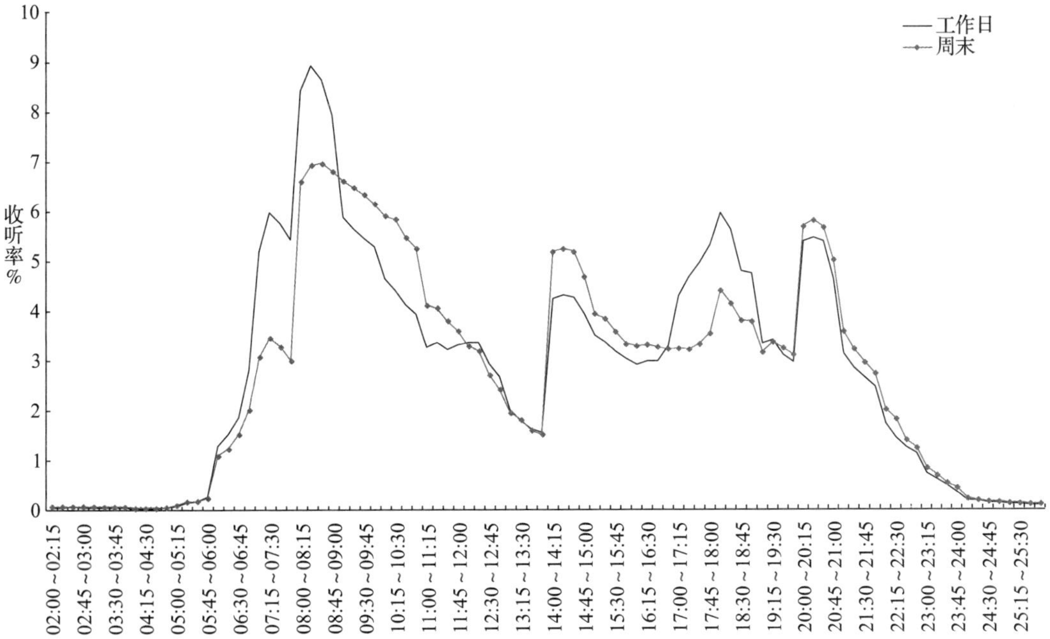

图 3.6.5　2015 年重庆听众工作日与周末全天收听率走势

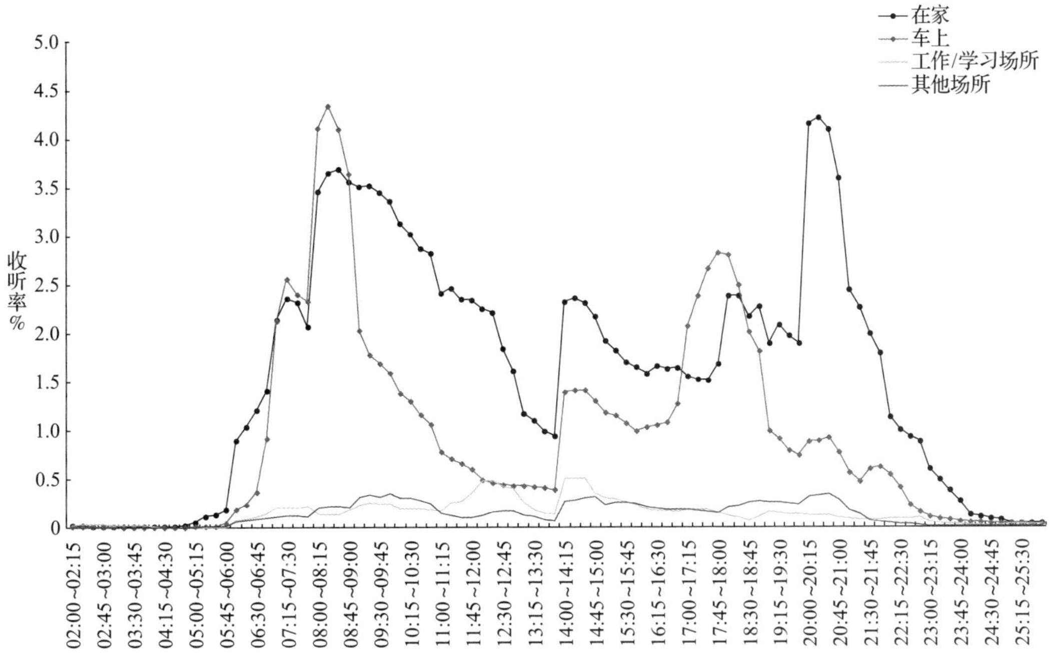

图 3.6.6　2015 年重庆听众在不同收听地点全天收听率走势

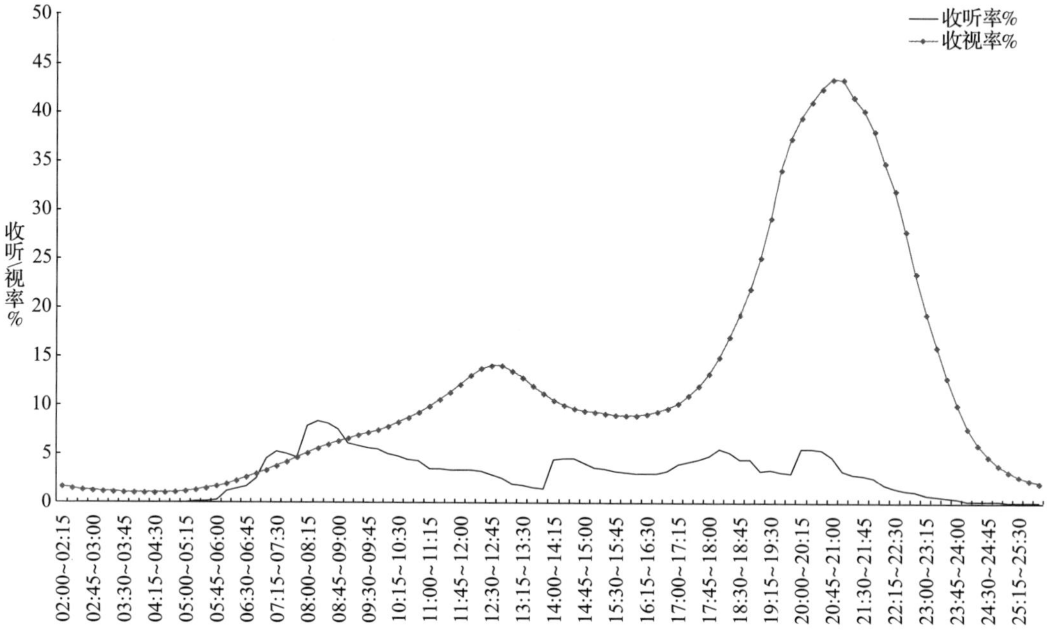

图 3.6.7　2015 年重庆受众全天收听率、收视率走势比较(目标受众为 10 岁及以上)

表 3.6.3 2015 年重庆市场听众构成(%)

目标听众		听众构成(%)
10 岁及以上所有人		100.0
性别	男	52.4
	女	47.6
年龄	10~14 岁	2.5
	15~24 岁	13.4
	25~34 岁	19.6
	35~44 岁	22.6
	45~54 岁	14.6
	55~64 岁	15.7
	65 岁及以上	11.6
文化程度	未受过正规教育	*
	小学	10.0
	初中	35.9
	高中	32.6
	大学及以上	21.5
职业	干部/管理人员	8.8
	初级公务员/雇员	8.0
	个体/私营企业人员	25.3
	工人	21.3
	学生	7.7
	无业(包括退休人员)	28.9
	其他	*
个人月收入	没有收入	10.1
	1~500 元	*
	501~1000 元	*
	1001~1500 元	2.0
	1501~2000 元	6.8
	2001~2500 元	18.4
	2501~3000 元	17.9
	3001~4000 元	24.9
	4001 元及以上	19.9

“*”表示该目标听众样本量不足,无法进行统计推断。

表 3.6.4 2013~2015 年重庆市场各广播电台的市场份额(%)

广播电台	2013 年	2014 年	2015 年
中央人民广播电台	7.1	6.1	5.3
中国国际广播电台	0.9	1.3	2.4
重庆广播电视集团(总台)	88.7	90.8	90.9
其他广播电台	3.3	1.8	1.4

表 3.6.5　2015 年重庆市场各广播电台在不同目标听众中的市场份额(%)

目标听众		中央人民广播电台	中国国际广播电台	重庆广播电视集团(总台)	其他广播电台
10 岁及以上所有人		5.3	2.4	90.9	1.4
性别	男	5.4	2.8	90.5	1.3
	女	5.1	1.9	91.3	1.7
年龄	10～14 岁	4.7	5.6	89.3	0.4
	15～24 岁	4.2	0.9	93.0	1.9
	25～34 岁	5.5	2.4	91.0	1.1
	35～44 岁	2.4	1.9	94.2	1.5
	45～54 岁	3.3	1.4	94.1	1.2
	55～64 岁	8.4	2.3	87.4	1.9
	65 岁及以上	10.0	5.6	82.7	1.7
文化程度	未受过正规教育	*	*	*	*
	小学	6.0	5.6	87.5	0.9
	初中	5.1	1.9	90.9	2.1
	高中	5.9	1.8	90.5	1.8
	大学及以上	4.3	2.6	92.8	0.3
职业	干部/管理人员	3.6	2.2	93.8	0.4
	初级公务员/雇员	2.9	3.3	93.3	0.5
	个体/私营企业人员	3.5	1.1	93.2	2.2
	工人	4.1	1.5	93.4	1.0
	学生	5.0	2.7	91.0	1.3
	无业(包括退休人员)	8.8	3.9	85.4	1.9
	其他	*	*	*	*
个人月收入	没有收入	4.1	2.8	90.8	2.3
	1～500 元	*	*	*	*
	501～1000 元	*	*	*	*
	1001～1500 元	8.2	1.1	88.8	1.9
	1501～2000 元	9.4	1.1	87.9	1.6
	2001～2500 元	3.8	2.7	92.4	1.1
	2501～3000 元	6.3	3.8	87.9	2.0
	3001～4000 元	6.0	2.4	90.9	0.7
	4001 元及以上	3.7	1.3	93.5	1.5

“*”表示该目标听众样本量不足,无法进行统计推断。

表 3.6.6　2015 年重庆市场份额排名前 5 位的频率

名　次	频　　率	市场份额(%)
1	重庆人民广播电台音乐频率 FM88.1	28.0
2	重庆人民广播电台交通频率 FM95.5	27.6
3	重庆人民广播电台都市频率 FM93.8	11.6
4	重庆人民广播电台重庆之声 FM96.8/AM1314	11.5
5	重庆人民广播电台经济频率 FM101.5	9.7

七、大连收听数据

表 3.7.1 2013～2015 年大连各目标听众人均收听时间(分钟)

目标听众		2013 年	2014 年	2015 年
10 岁及以上所有人		84	75	76
性别	男	87	75	83
	女	81	75	69
年龄	10～14 岁	26	23	20
	15～24 岁	40	37	24
	25～34 岁	65	61	69
	35～44 岁	85	76	79
	45～54 岁	110	92	88
	55～64 岁	112	114	126
	65 岁及以上	133	102	112
文化程度	未受过正规教育	89	33	*
	小学	89	75	60
	初中	86	83	83
	高中	85	75	78
	大学及以上	77	62	68
职业	干部/管理人员	77	59	87
	初级公务员/雇员	75	68	54
	个体/私营企业人员	87	82	98
	工人	87	74	75
	学生	33	27	19
	无业(包括退休人员)	116	102	105
	其他	78	72	*
个人月收入	没有收入	46	40	37
	1～500 元	49	*	*
	501～1000 元	142	*	79
	1001～1500 元	107	73	58
	1501～2000 元	103	101	95
	2001～2500 元	98	76	89
	2501～3000 元	80	87	76
	3001～4000 元	83	72	78
	4001 元及以上	104	92	112

注:大连为全年连续调查城市。“*”表示该目标听众样本量不足,无法进行统计推断。

表 3.7.2 2013～2015 年大连听众在不同地点的人均收听时间(分钟)

地 点	2013 年	2014 年	2015 年
在家	57	49	47
车上	18	18	22
工作/学习场所	7	7	5
其他场所	2	1	2

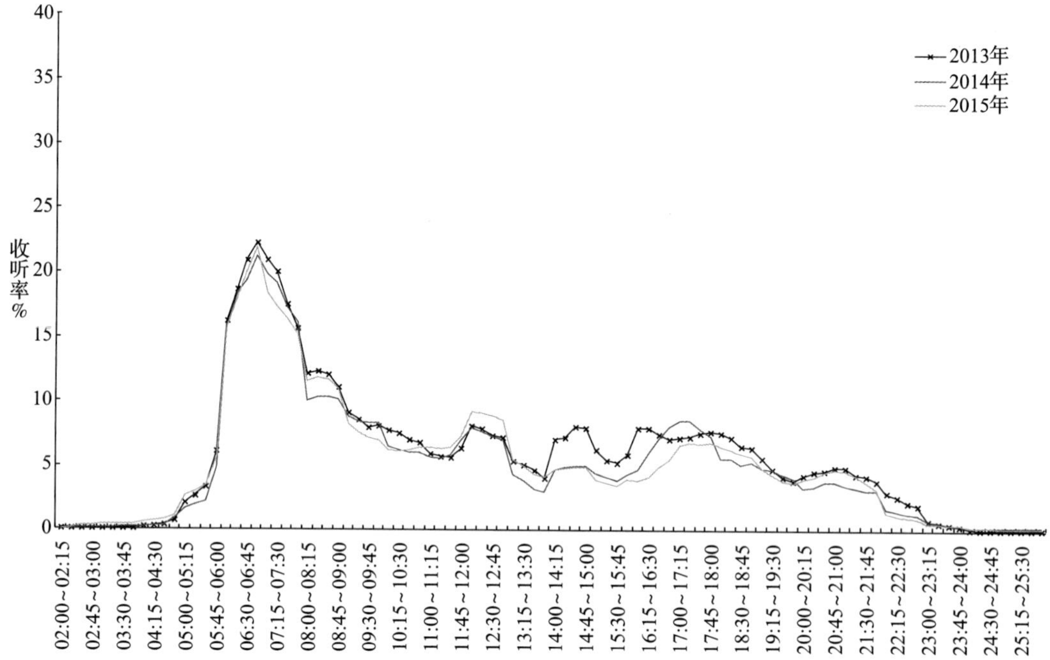

图 3.7.1 2013～2015 年大连听众全天收听率走势

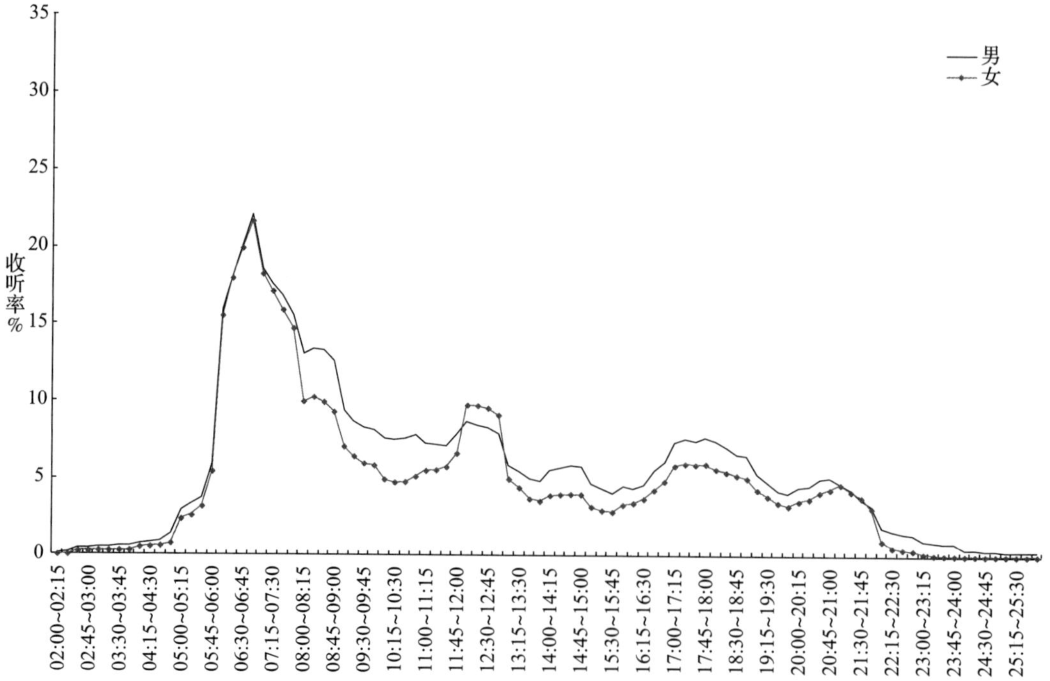

图 3.7.2 2015 年大连不同性别听众全天收听率走势

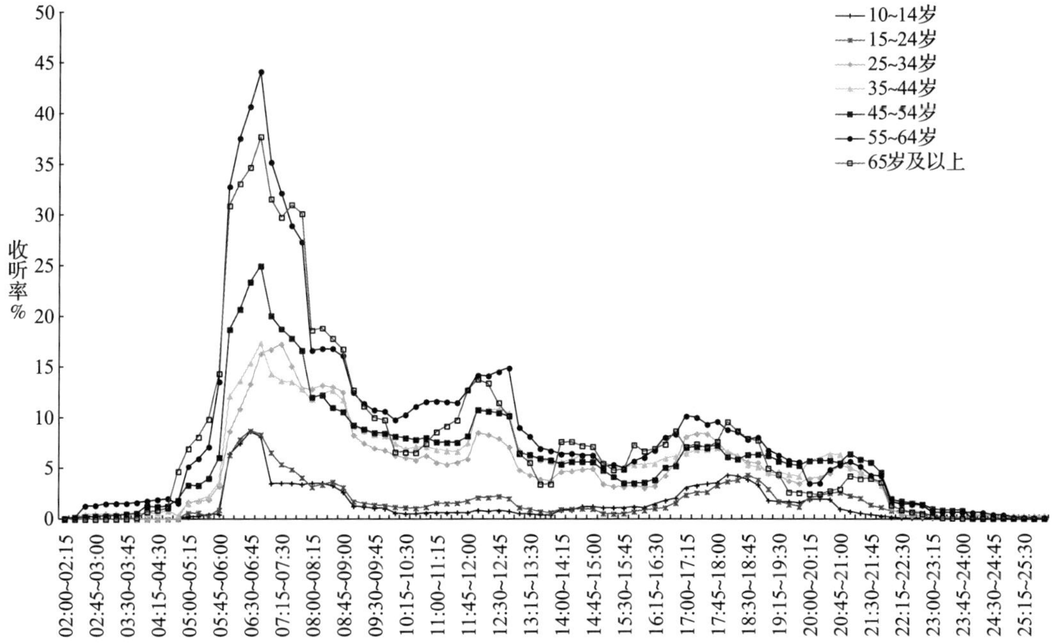

图 3.7.3　2015 年大连不同年龄听众全天收听率走势

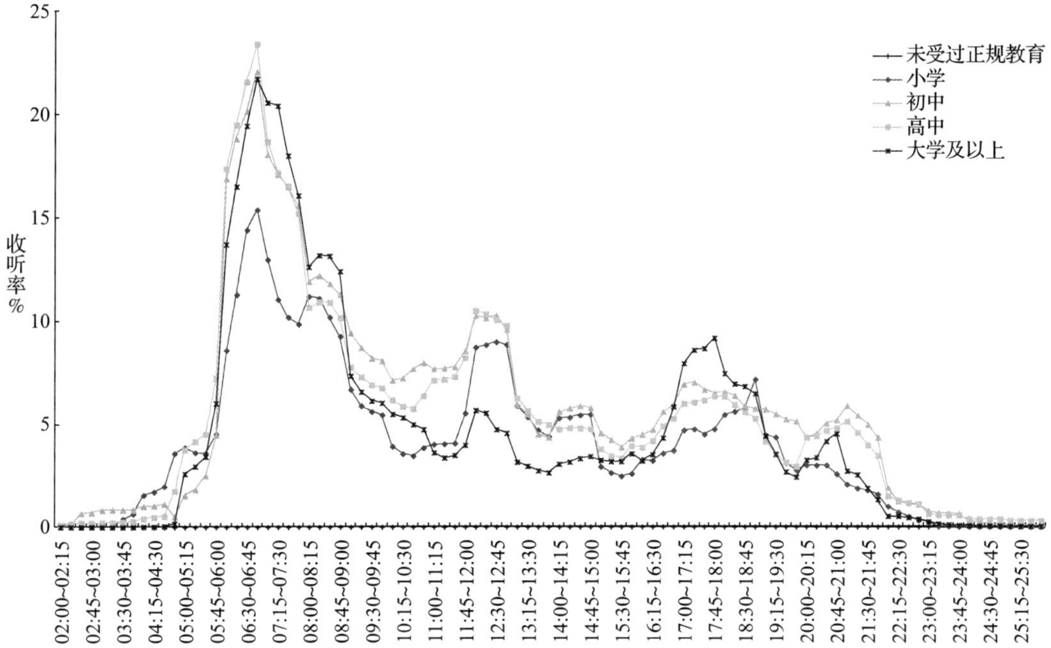

图 3.7.4　2015 年大连不同文化程度听众全天收听率走势

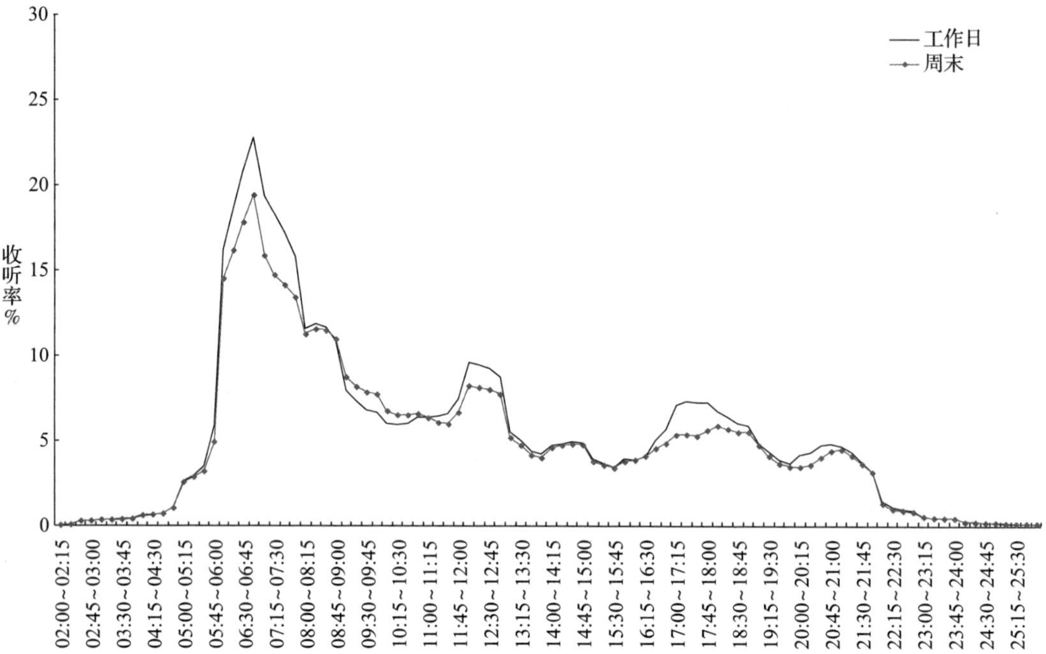

图 3.7.5　2015 年大连听众工作日与周末全天收听率走势

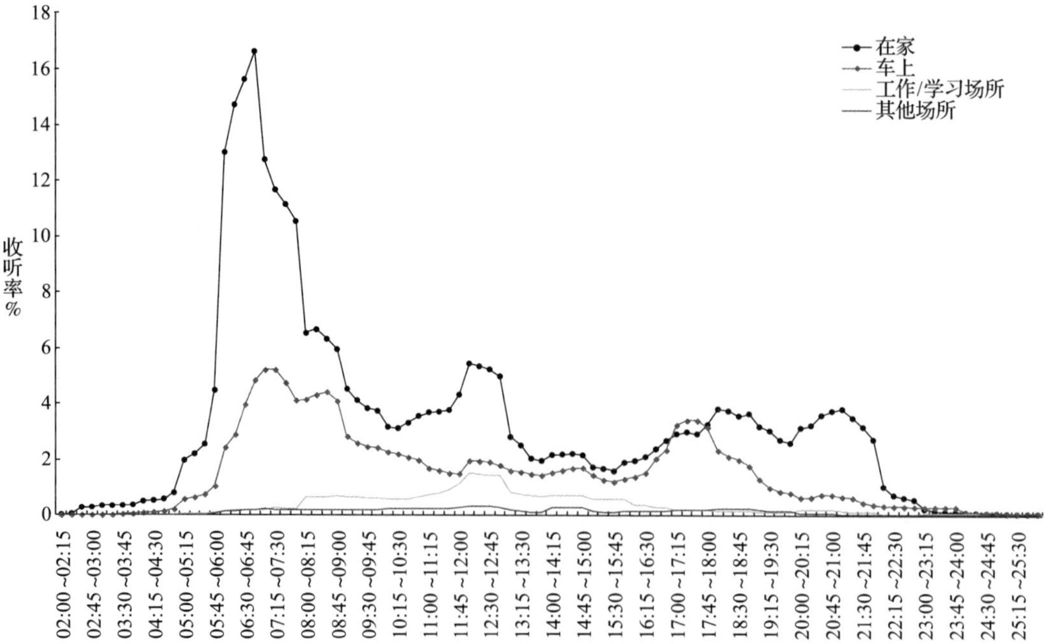

图 3.7.6　2015 年大连听众在不同收听地点全天收听率走势

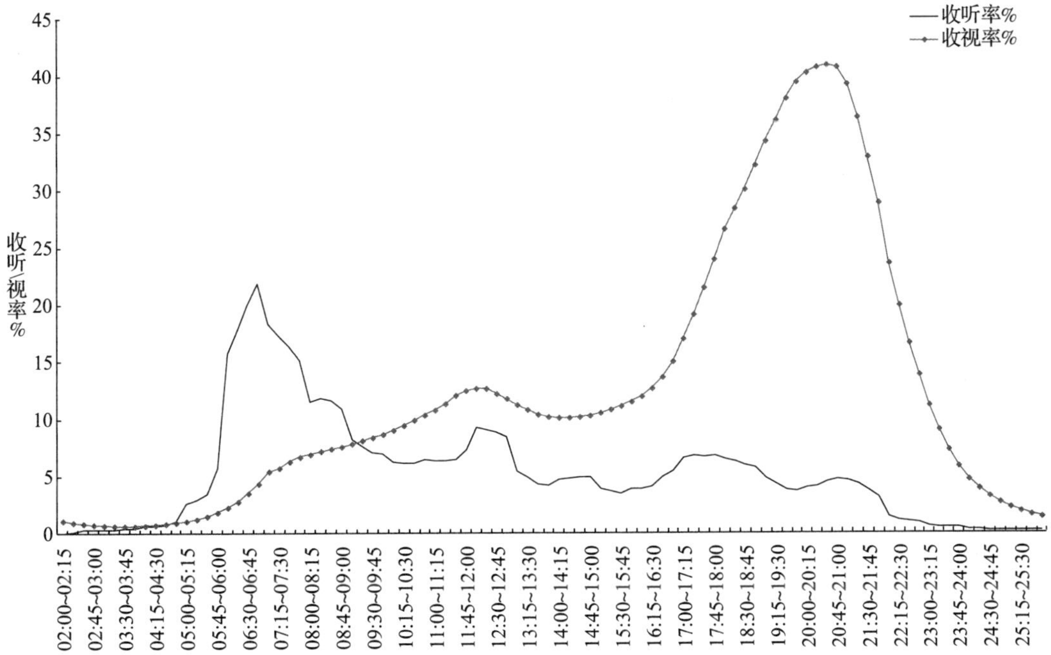

图 3.7.7　2015 年大连受众全天收听率、收视率走势比较(目标受众为 10 岁及以上)

表 3.7.3　2015 年大连市场听众构成(%)

目标听众		听众构成(%)
10 岁及以上所有人		100.0
性别	男	54.7
	女	45.3
年龄	10~14 岁	0.8
	15~24 岁	5.8
	25~34 岁	18.3
	35~44 岁	20.7
	45~54 岁	19.1
	55~64 岁	21.3
	65 岁及以上	13.9
文化程度	未受过正规教育	*
	小学	5.5
	初中	41.6
	高中	34.1
	大学及以上	18.8
职业	干部/管理人员	4.1
	初级公务员/雇员	11.4
	个体/私营企业人员	18.5
	工人	25.3
	学生	3.5
	无业(包括退休人员)	37.3
	其他	*
个人月收入	没有收入	10.4
	1~500 元	*
	501~1000 元	0.7
	1001~1500 元	2.6
	1501~2000 元	10.2
	2001~2500 元	22.1
	2501~3000 元	15.4
	3001~4000 元	19.9
	4001 元及以上	18.8

“*”表示该目标听众样本量不足,无法进行统计推断。

表 3.7.4　2013~2015 年大连市场各广播电台的市场份额(%)

广播电台	2013 年	2014 年	2015 年
中央人民广播电台	11.4	11.5	11.9
中国国际广播电台	0.0	0.0	0.0
辽宁广播电视台	12.9	12.2	4.3
大连广播电视电台	71.7	70.8	74.8
其他广播电台	3.9	5.5	9.0

表 3.7.5 2015 年大连市场各广播电台在不同目标听众中的市场份额(%)

目标听众		中央人民广播电台	中国国际广播电台	辽宁广播电视台	大连广播电视台	其他广播电台
10 岁及以上所有人		11.9	0.0	4.3	74.8	9.0
性别	男	12.3	0.0	3.7	75.9	8.1
	女	11.4	0.0	4.9	73.5	10.2
年龄	10~14 岁	9.9	0.0	3.2	67.1	19.8
	15~24 岁	18.5	0.0	3.9	71.3	6.3
	25~34 岁	13.5	0.0	2.9	72.1	11.5
	35~44 岁	8.6	0.0	4.8	80.2	6.4
	45~54 岁	8.6	0.0	3.1	81.5	6.8
	55~64 岁	13.1	0.0	5.3	70.0	11.6
	65 岁及以上	14.7	0.0	5.3	70.5	9.5
文化程度	未受过正规教育	*	*	*	*	*
	小学	9.5	0.0	9.9	66.0	14.6
	初中	8.8	0.0	4.0	74.9	12.4
	高中	17.9	0.0	4.2	71.0	6.8
	大学及以上	8.5	0.0	3.2	83.7	4.5
职业	干部/管理人员	20.4	0.0	1.0	76.2	2.5
	初级公务员/雇员	9.1	0.0	4.2	78.9	7.7
	个体/私营企业人员	7.0	0.0	3.6	81.0	8.5
	工人	15.7	0.0	4.5	73.8	6.0
	学生	19.6	0.0	3.5	69.2	7.7
	无业(包括退休人员)	11.1	0.0	4.6	71.6	12.8
	其他	*	*	*	*	*
个人月收入	没有收入	12.1	0.0	5.1	61.3	21.5
	1~500 元	*	*	*	*	*
	501~1000 元	0.2	0.0	0.0	95.1	4.7
	1001~1500 元	13.7	0.0	6.7	67.4	12.3
	1501~2000 元	16.1	0.0	2.8	73.3	7.9
	2001~2500 元	13.3	0.0	3.7	73.7	9.3
	2501~3000 元	10.5	0.0	4.7	77.7	7.2
	3001~4000 元	12.2	0.0	5.7	74.0	8.2
	4001 元及以上	8.4	0.0	3.0	83.9	4.7

“*”表示该目标听众样本量不足,无法进行统计推断。

表 3.7.6 2015 年大连市场份额排名前 5 位的频率

名次	频率	市场份额(%)
1	大连人民广播电台第四套广播交通广播 FM100.8	38.1
2	大连广播电台第一套广播新闻广播 FM103.3/AM882	18.7
3	中央人民广播电台第一套节目中国之声	6.7
4	大连人民广播电台第三套广播体育广播 FM105.7	6.1
5	大连人民广播电台第六套广播都市广播 FM99.1	6.0

八、佛山收听数据

表 3.8.1　2013～2015 年佛山各目标听众人均收听时间(分钟)

目标听众		2013 年	2014 年	2015 年
10 岁及以上所有人		85	80	70
性别	男	85	84	71
	女	86	75	69
年龄	10～14 岁	46	29	19
	15～24 岁	61	53	50
	25～34 岁	79	75	63
	35～44 岁	113	99	82
	45～54 岁	104	103	91
	55～64 岁	98	97	88
	65 岁及以上	85	87	90
文化程度	未受过正规教育	88	40	*
	小学	84	73	67
	初中	93	90	73
	高中	78	78	71
	大学及以上	82	66	66
职业	干部/管理人员	107	91	85
	初级公务员/雇员	86	82	67
	个体/私营企业人员	105	98	80
	工人	91	79	66
	学生	47	37	39
	无业(包括退休人员)	89	88	90
	其他	46	44	34
个人月收入	没有收入	61	50	42
	1～500 元	56	50	69
	501～1000 元	86	91	*
	1001～1500 元	86	88	87
	1501～2000 元	106	112	78
	2001～2500 元	95	80	78
	2501～3000 元	89	72	79
	3001～4000 元	89	74	67
	4001 元及以上	73	88	77

注:自 2014 年 6 月 1 日起,佛山由波次调查转为连续调查。2014 年的数据范围包括:2 月 23 日至 3 月 15 日的第一波次调查数据与 6 月 1 日至 12 月 31 日的连续调查数据。

“*”表示该目标听众样本量不足,无法进行统计推断。

表 3.8.2　2013～2015 年佛山听众在不同地点的人均收听时间(分钟)

地　点	2013 年	2014 年	2015 年
在家	48	43	36
车上	15	16	15
工作/学习场所	18	17	15
其他场所	4	3	3

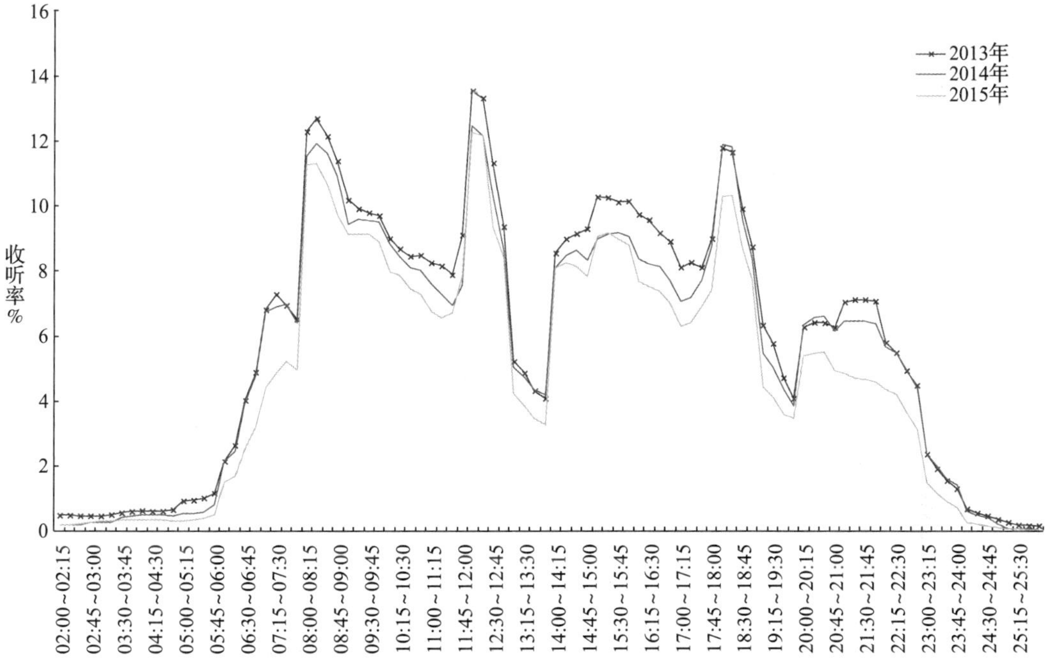

图 3.8.1　2013～2015 年佛山听众全天收听率走势

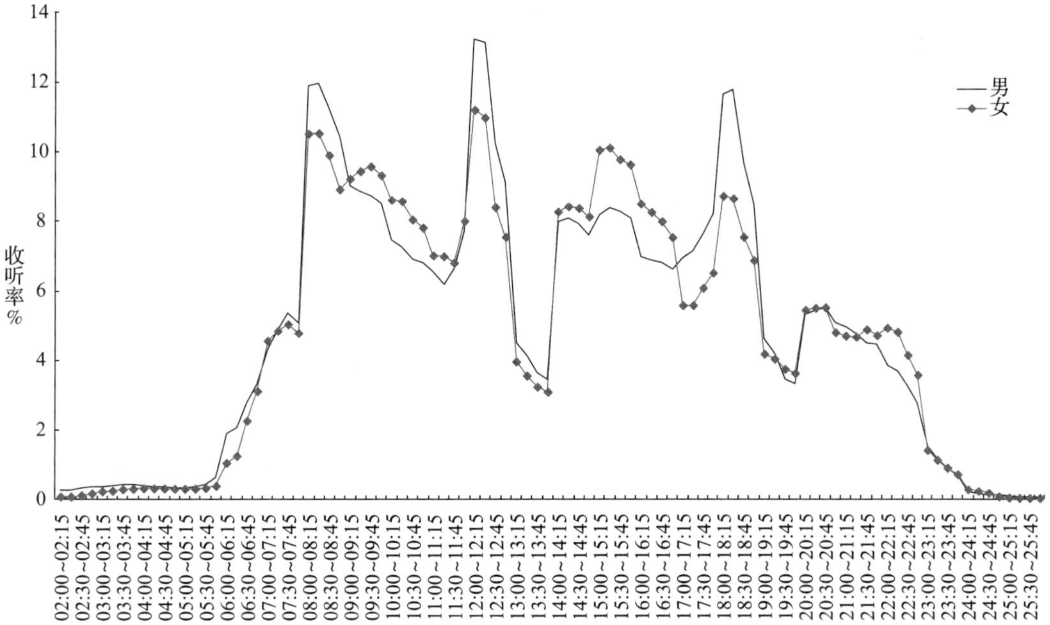

图 3.8.2　2015 年佛山不同性别听众全天收听率走势

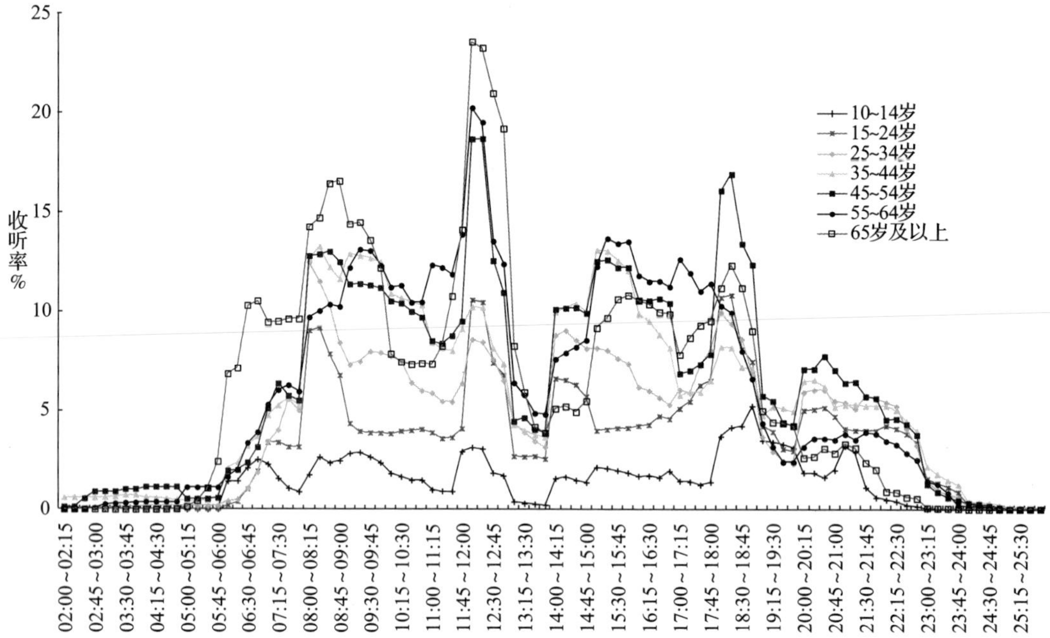

图 3.8.3　2015 年佛山不同年龄听众全天收听率走势

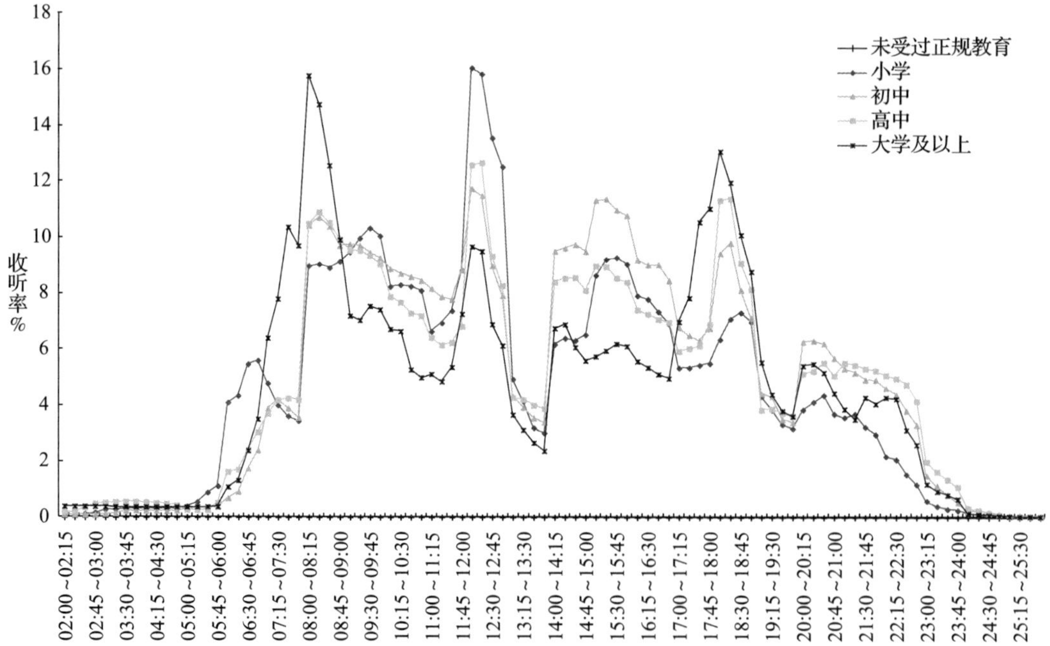

“*”表示该目标听众样本量不足，无法进行统计推断。

图 3.8.4　2015 年佛山不同文化程度听众全天收听率走势

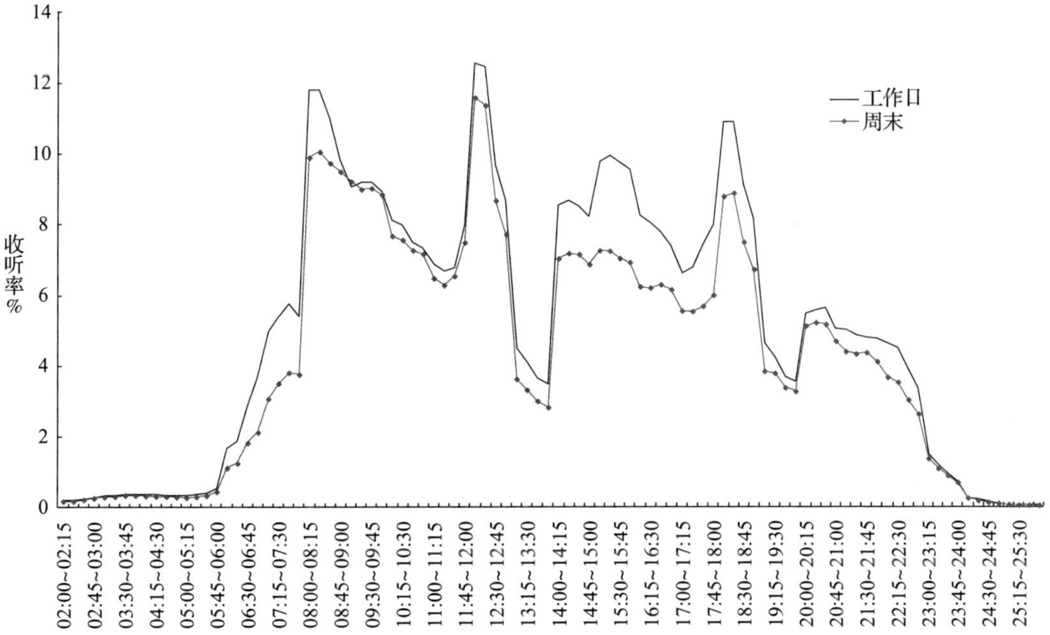

图 3.8.5　2015 年佛山听众工作日与周末全天收听率走势

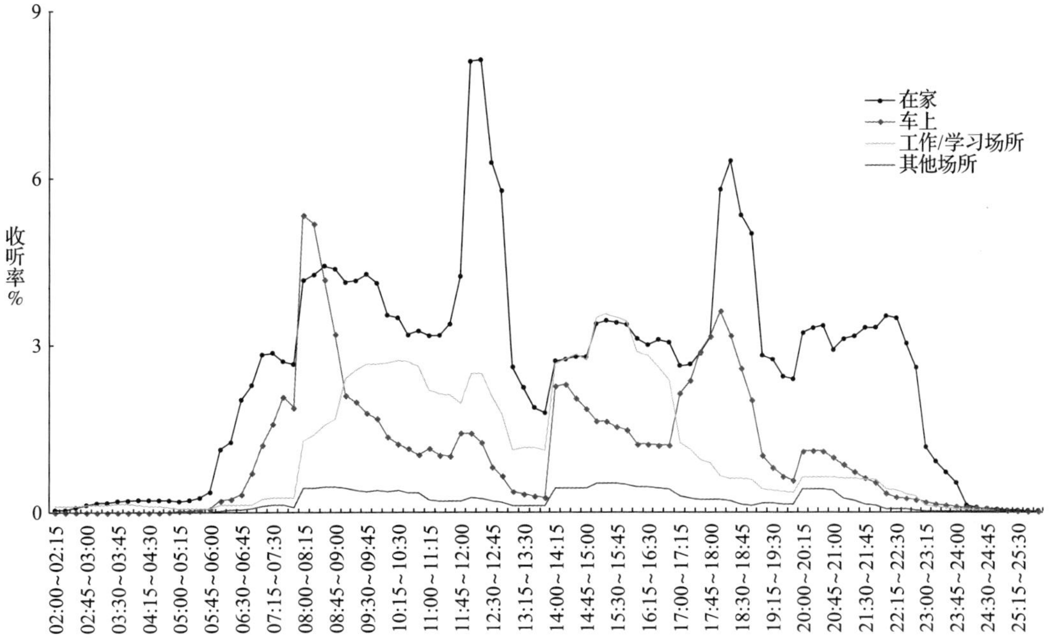

图 3.8.6　2015 年佛山听众在不同收听地点全天收听率走势

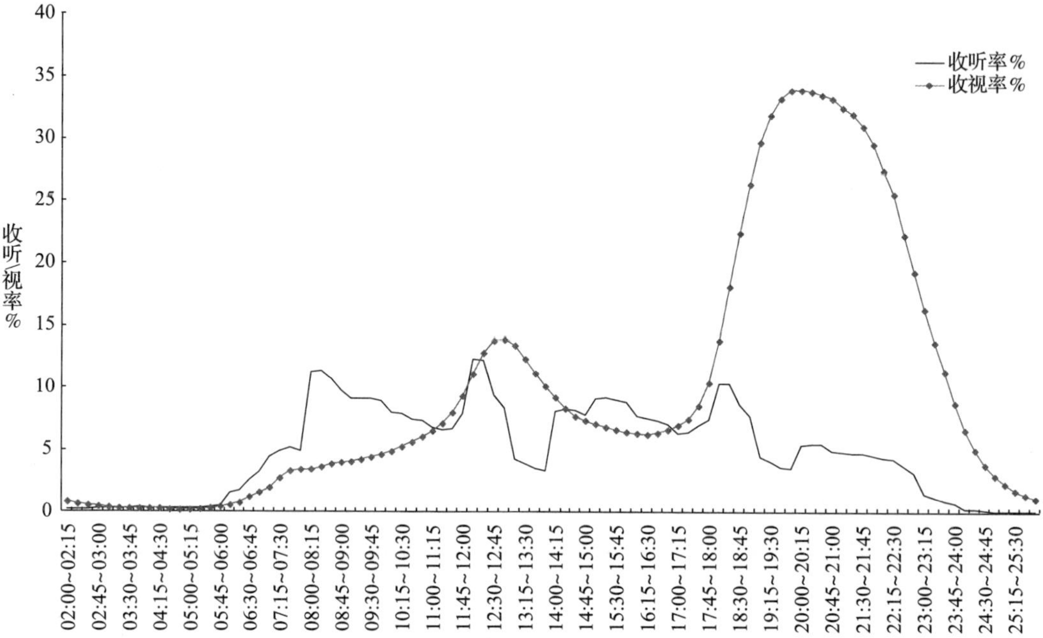

图 3.8.7　2015 年佛山受众全天收听率、收视率走势比较(目标受众为 10 岁及以上)

表 3.8.3　2015 年佛山市场听众构成(%)

目标听众		听众构成(%)
10 岁及以上所有人		100.0
性别	男	54.2
	女	45.8
年龄	10~14 岁	1.0
	15~24 岁	15.5
	25~34 岁	22.4
	35~44 岁	27.2
	45~54 岁	15.4
	55~64 岁	10.0
	65 岁及以上	8.5
文化程度	未受过正规教育	*
	小学	12.8
	初中	35.6
	高中	33.1
	大学及以上	18.2
职业	干部/管理人员	2.9
	初级公务员/雇员	29.6
	个体/私营企业人员	29.2
	工人	12.9
	学生	6.7
	无业(包括退休人员)	17.7
	其他	1.0
个人月收入	没有收入	9.6
	1~500 元	3.0
	501~1000 元	*
	1001~1500 元	4.9
	1501~2000 元	10.0
	2001~2500 元	13.9
	2501~3000 元	15.5
	3001~4000 元	20.3
	4001 元及以上	21.2

注:"*"表示该目标听众样本量不足,无法进行统计推断

表 3.8.4　2013~2015 年佛山市场各广播电台的市场份额(%)

广播电台	2013 年	2014 年	2015 年
中央人民广播电台	2.0	1.5	1.4
中国国际广播电台	0.2	0.3	0.3
广东广播电视台	13.7	12.2	9.7
广州广播电视台	4.2	4.0	2.9
佛山人民广播电台	73.0	75.4	79.5
鹤山人民广播电台	3.1	3.0	2.8
其他广播电台	3.8	3.6	3.4

注:2014 年 4 月 23 日,广东人民广播电台更名广东广播电视台。

表 3.8.5　2015 年佛山市场各广播电台在不同目标听众中的市场份额(%)

目标听众		中央人民广播电台	中国国际广播电台	广东广播电视台	广州广播电视台	佛山人民广播电台	鹤山人民广播电台	其他广播电台
10 岁及以上所有人		1.4	0.3	9.7	2.9	79.5	2.8	3.4
性别	男	1.3	0.1	11.1	2.8	79.1	2.5	3.1
	女	1.5	0.5	8.0	3.0	80.1	3.1	3.8
年龄	10~14 岁	3.1	0.0	7.9	4.2	72.2	11.7	0.9
	15~24 岁	2.2	0.1	9.4	3.0	82.3	1.4	1.6
	25~34 岁	0.7	1.0	16.3	2.2	75.6	2.1	2.1
	35~44 岁	1.7	0.1	8.2	3.7	77.7	4.1	4.5
	45~54 岁	0.8	0.0	6.1	2.4	82.5	4.4	3.8
	55~64 岁	2.0	0.0	6.9	3.0	80.6	1.2	6.3
	65 岁及以上	0.9	0.0	8.1	3.0	84.8	0.8	2.4
文化程度	未受过正规教育	*	*	*	*	*	*	*
	小学	1.4	0.0	7.2	1.1	82.6	5.7	2.0
	初中	1.4	0.0	9.3	2.9	80.9	2.2	3.3
	高中	1.0	0.0	10.3	3.1	78.8	2.8	4.0
	大学及以上	2.2	1.3	11.2	3.7	76.5	1.9	3.2
职业	干部/管理人员	1.4	0.0	11.6	3.5	81.4	0.8	1.3
	初级公务员/雇员	0.8	0.1	11.7	3.2	79.9	2.0	2.3
	个体/私营企业人员	1.9	0.7	10.0	2.1	75.5	3.7	6.1
	工人	1.1	0.0	10.5	1.6	79.8	4.7	2.3
	学生	2.6	0.0	3.7	3.8	86.2	3.0	0.7
	无业(包括退休人员)	1.5	0.0	6.2	3.9	84.1	1.5	2.8
	其他	0.0	0.0	26.4	10.0	57.3	1.5	4.8
个人月收入	没有收入	2.1	0.1	4.2	3.4	85.2	3.7	1.3
	1~500 元	0.1	0.0	4.6	4.8	77.4	12.8	0.3
	501~1000 元	*	*	*	*	*	*	*
	1001~1500 元	2.0	0.0	3.5	1.6	83.0	2.8	7.1
	1501~2000 元	1.1	0.0	13.9	1.0	70.4	3.5	10.1
	2001~2500 元	1.1	0.0	8.0	3.1	85.5	1.1	1.2
	2501~3000 元	1.4	0.1	12.5	4.5	77.1	2.6	1.8
	3001~4000 元	1.8	0.0	12.8	3.2	77.9	1.5	2.8
	4001 元及以上	1.4	1.1	8.4	2.1	79.9	3.1	4.0

注:"*"表示该目标听众样本量不足,无法进行统计推断。

表 3.8.6　2015 年佛山市场份额排名前 5 位的频率

名　次	频　率	市场份额(%)
1	佛山人民广播电台 FM94.6	31.2
2	佛山人民广播电台 FM92.4	15.4
3	佛山人民广播电台 FM90.1	13.8
4	佛山人民广播电台 FM98.5	11.1
5	佛山人民广播电台 FM90.6	4.1

九、福州收听数据

表 3.9.1 2013～2015 年福州各目标听众人均收听时间(分钟)

目标听众		2013 年	2014 年	2015 年			
				第 1 波	第 2 波	第 3 波	第 4 波
10 岁及以上所有人		60	49	43	43	47	46
性别	男	66	55	48	49	55	54
	女	54	44	39	37	39	37
年龄	10～14 岁	27	12	11	20	14	8
	15～24 岁	35	23	20	22	27	21
	25～34 岁	47	46	44	38	43	46
	35～44 岁	57	47	38	44	53	47
	45～54 岁	74	64	58	61	59	57
	55～64 岁	80	65	66	58	65	67
	65 岁及以上	116	103	83	70	70	81
文化程度	未受过正规教育	36	13	6	5	16	13
	小学	42	36	43	49	40	36
	初中	76	57	41	37	47	37
	高中	61	52	45	49	51	51
	大学及以上	50	44	43	40	45	50
职业	干部/管理人员	51	47	51	53	59	74
	初级公务员/雇员	53	49	49	49	53	51
	个体/私营企业人员	74	68	52	41	49	45
	工人	48	33	25	32	36	34
	学生	31	16	12	23	26	18
	无业(包括退休人员)	88	70	58	52	55	60
	其他	*	*	*	*	*	*
个人月收入	没有收入	40	23	17	24	27	20
	1～500 元	*	*	*	*	*	*
	501～1000 元	122	192	233	193	213	160
	1001～1500 元	61	59	50	55	91	49
	1501～2000 元	84	75	64	51	62	61
	2001～2500 元	50	36	35	49	34	42
	2501～3000 元	53	48	43	49	55	50
	3001～4000 元	66	63	62	49	53	55
	4001 元及以上	64	50	45	43	52	53

注:福州为四波调查城市。2015 年四波调查时间分别为:第一波 3 月 1 日至 3 月 21 日;第二波 5 月 24 日至 6 月 13 日;第三波 8 月 23 日至 9 月 12 日;第四波 11 月 1 日至 11 月 21 日。
"*"表示目标听众样本量不足,无法进行统计推断。

表 3.9.2 2013～2015 年福州听众在不同地点的人均收听时间(分钟)

地　点	2013 年	2014 年	2015 年
在家	40	30	26
车上	13	13	14
工作/学习场所	4	3	2
其他场所	3	3	2

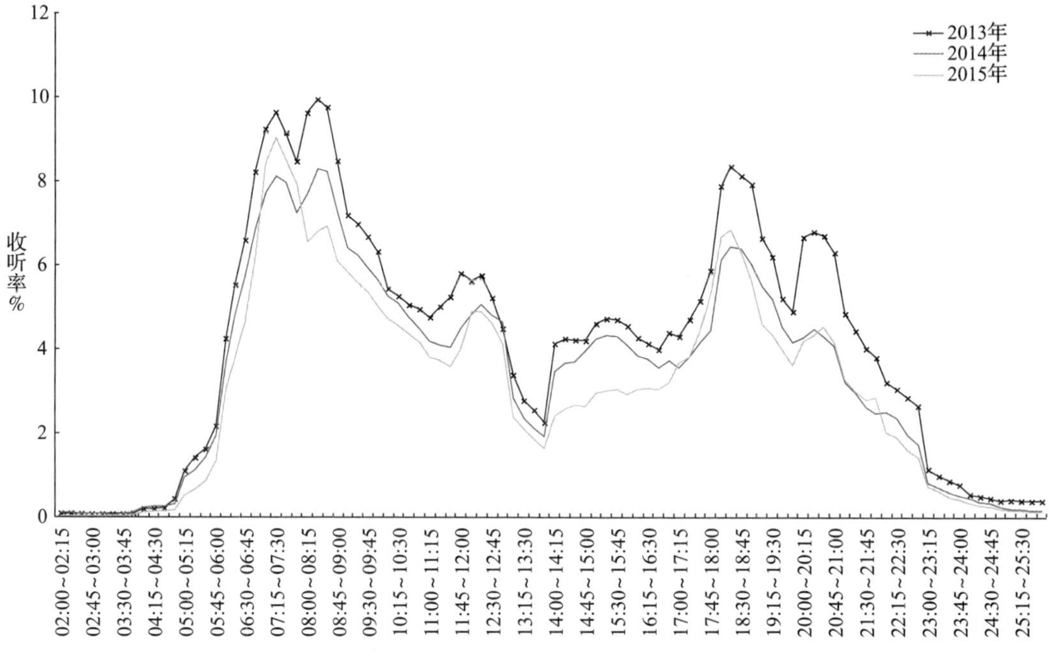

图 3.9.1　2013～2015 年福州听众全天收听率走势

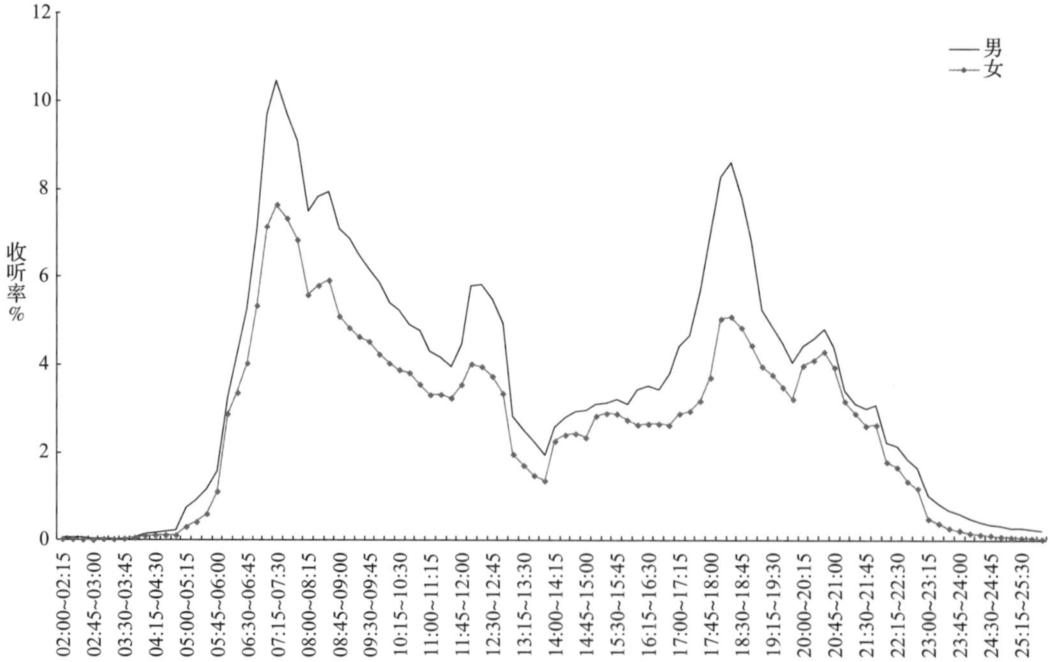

图 3.9.2　2015 年福州不同性别听众全天收听率走势

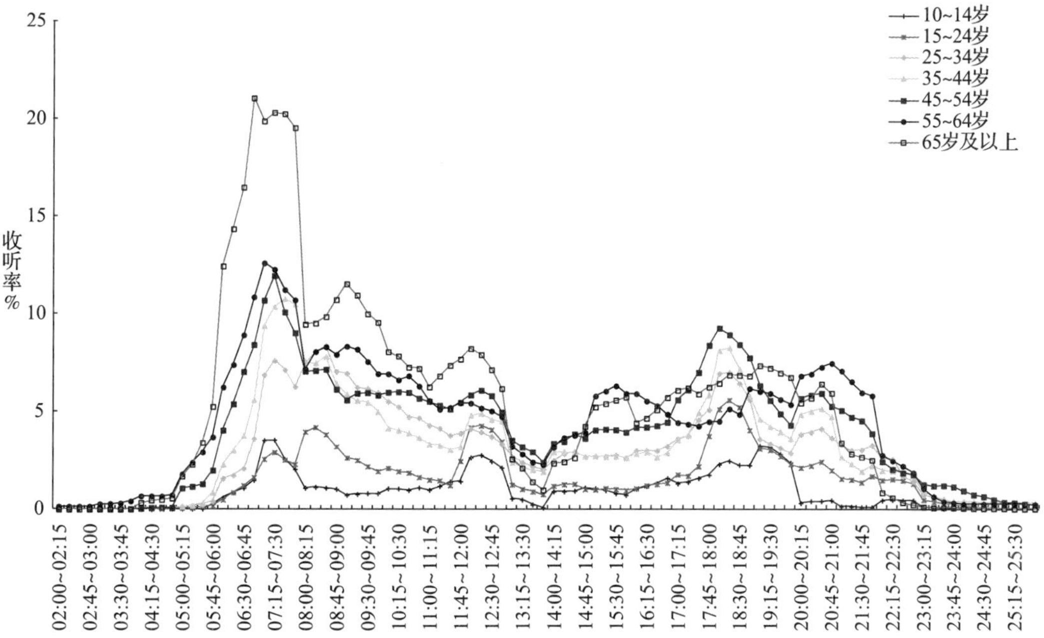

图 3.9.3　2015 年福州不同年龄听众全天收听率走势

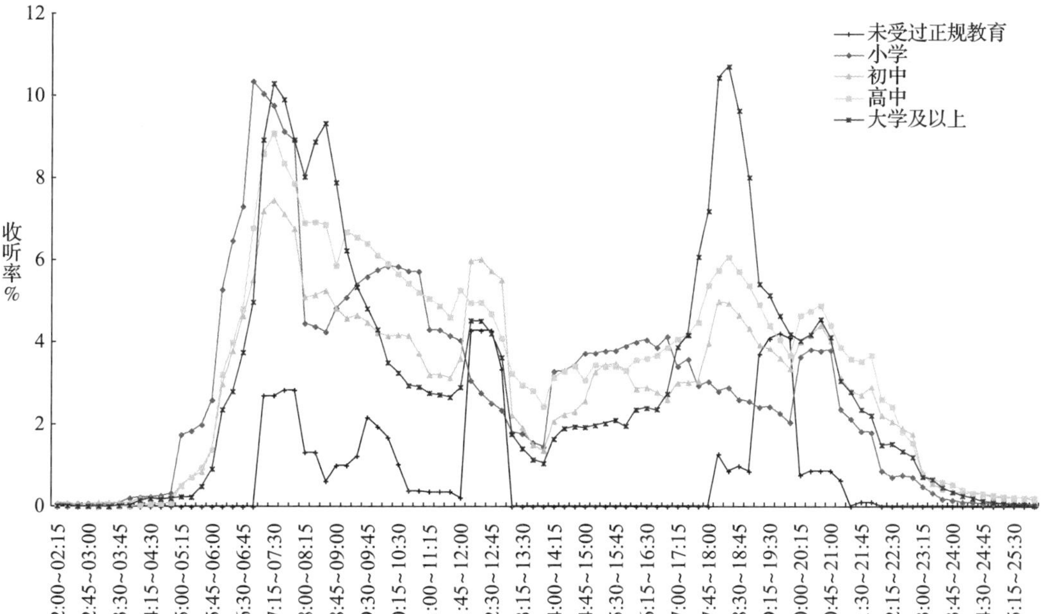

图 3.9.4　2015 年福州不同文化程度听众全天收听率走势

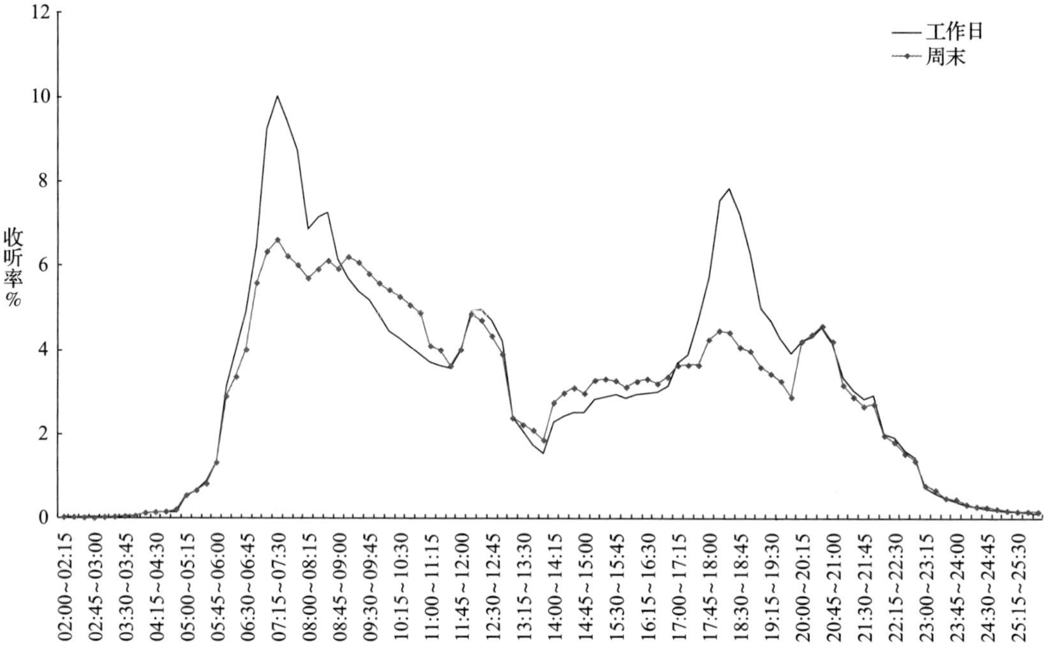

图 3.9.5　2015 年福州听众工作日与周末全天收听率走势

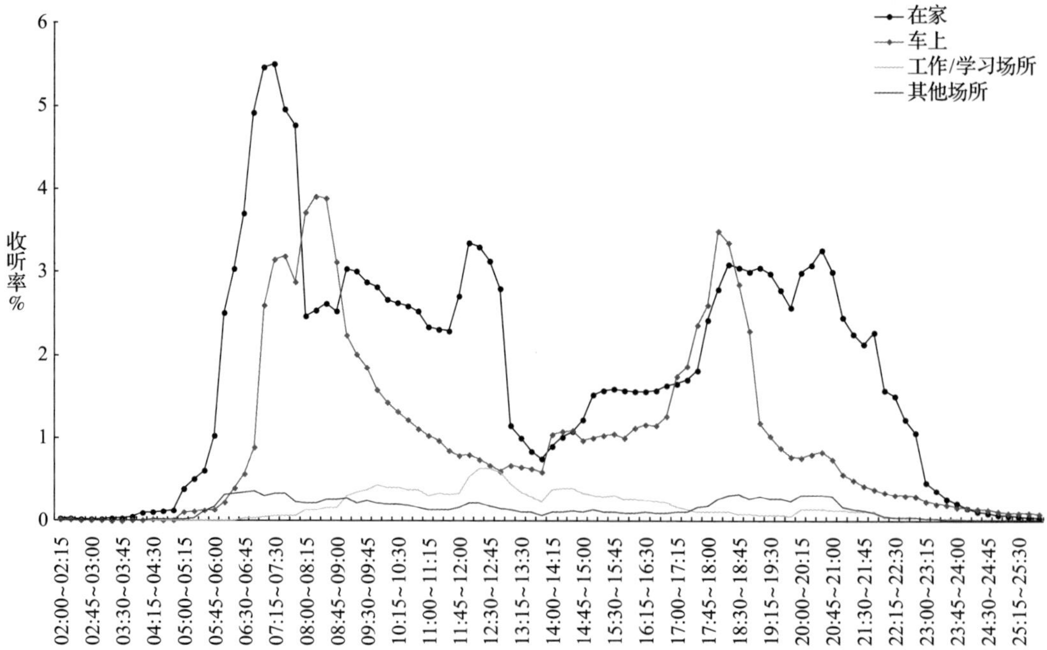

图 3.9.6　2015 年福州听众在不同收听地点全天收听率走势

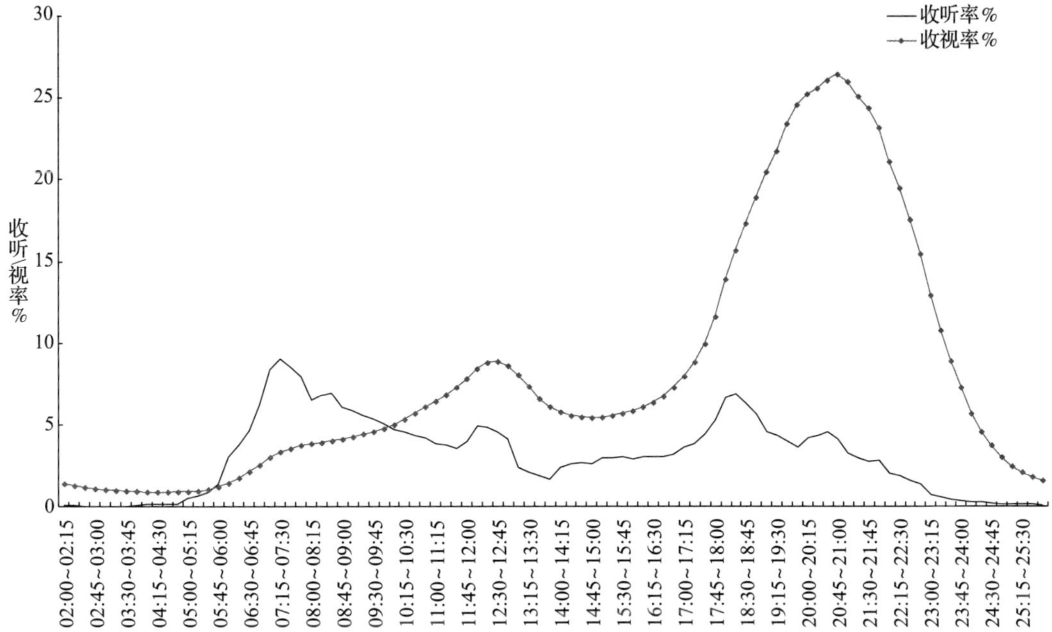

图 3.9.7 2015 年福州受众全天收听率、收视率走势比较(目标受众为 10 岁及以上)

表 3.9.3　2015 年福州市场听众构成(%)

目标听众		听众构成(%)
10 岁及以上所有人		100.0
性别	男	57.6
	女	42.4
年龄	10~14 岁	1.3
	15~24 岁	10.5
	25~34 岁	21.7
	35~44 岁	21.4
	45~54 岁	18.5
	55~64 岁	13.8
	65 岁及以上	12.8
文化程度	未受过正规教育	0.2
	小学	8.5
	初中	22.2
	高中	39.1
	大学及以上	30.0
职业	干部/管理人员	5.6
	初级公务员/雇员	37.3
	个体/私营企业人员	15.3
	工人	7.4
	学生	7.0
	无业(包括退休人员)	27.4
	其他	*
个人月收入	没有收入	11.4
	1~500 元	*
	501~1000 元	3.0
	1001~1500 元	2.5
	1501~2000 元	7.5
	2001~2500 元	9.1
	2501~3000 元	13.2
	3001~4000 元	27.2
	4001 元及以上	26.0

“*”表示目标听众样本量不足,无法进行统计推断。

表 3.9.4　2013~2015 年福州市场各广播电台的市场份额(%)

广播电台	2013 年	2014 年	2015 年			
			第 1 波	第 2 波	第 3 波	第 4 波
中央人民广播电台	26.8	25.5	25.1	25.3	23.7	23.8
中国国际广播电台	0.2	0.1	0.1	0.6	0.2	0.2
福建广播影视集团	36.8	38.8	36.7	35.8	37.6	36.9
福州广播电视集团	25.7	25.3	28.4	29.4	28.3	28.8
海峡之声广播电台	8.6	7.9	7.2	6.2	8.9	8.0
中国华艺广播电台	1.3	1.6	1.6	1.6	0.8	1.7
其他广播电台	0.7	0.8	0.9	1.2	0.6	0.7

注:2013 后年东南广播公司归属于福建广播影视集团。

表 3.9.5　2015 年福州市场各广播电台在不同目标听众中的市场份额(%)

目标听众		中央人民广播电台	中国国际广播电台	福建广播影视集团	福州广播电视集团	海峡之声广播电台	中国华艺广播电台	其他广播电台
10 岁及以上所有人		24.4	0.3	36.8	28.7	7.6	1.4	0.9
性别	男	23.7	0.2	38.0	27.2	8.7	1.4	0.9
	女	25.4	0.3	35.0	30.7	6.2	1.5	0.9
年龄	10~14 岁	42.0	0.0	39.5	12.3	3.3	0.8	2.1
	15~24 岁	26.6	0.6	37.9	21.1	10.9	1.9	1.1
	25~34 岁	18.7	0.2	40.3	30.4	8.2	1.4	0.9
	35~44 岁	21.7	0.3	41.3	27.9	6.7	1.6	0.7
	45~54 岁	26.0	0.4	37.6	24.3	9.3	1.3	1.2
	55~64 岁	27.9	0.1	33.8	31.9	4.6	1.1	0.6
	65 岁及以上	29.2	0.0	23.9	38.0	7.0	1.4	0.5
文化程度	未受过正规教育	76.9	0.0	13.9	9.2	0.0	0.0	0.0
	小学	21.3	0.2	22.0	40.1	14.7	1.0	0.7
	初中	33.2	0.4	33.9	24.3	5.9	1.7	0.7
	高中	19.7	0.2	36.7	33.6	7.5	1.4	0.9
	大学及以上	24.6	0.2	43.3	22.4	7.1	1.5	0.9
职业	干部/管理人员	26.4	0.0	48.6	19.3	2.8	1.4	1.5
	初级公务员/雇员	19.0	0.2	39.1	30.9	8.1	2.0	0.8
	个体/私营企业人员	21.7	0.3	42.0	26.8	7.9	0.8	0.6
	工人	29.9	0.8	32.9	21.1	13.2	0.4	1.7
	学生	36.7	0.7	36.7	14.0	9.4	1.3	1.2
	无业(包括退休人员)	28.1	0.1	29.1	34.6	6.1	1.4	0.7
	其他	*	*	*	*	*	*	*
个人月收入	没有收入	35.5	0.5	36.8	16.9	7.8	1.3	1.2
	1~500 元	*	*	*	*	*	*	*
	501~1000 元	31.9	0.0	23.0	37.2	7.1	0.5	0.2
	1001~1500 元	28.7	0.7	23.8	28.1	17.6	0.4	0.7
	1501~2000 元	24.8	0.1	29.6	37.2	6.8	1.1	0.4
	2001~2500 元	26.8	0.3	39.7	27.9	3.1	0.9	1.3
	2501~3000 元	28.8	0.6	26.1	38.1	3.6	1.7	1.0
	3001~4000 元	22.8	0.1	35.1	29.8	9.1	2.5	0.6
	4001 元及以上	16.1	0.2	48.7	24.1	9.4	0.6	0.9

“*”表示目标听众样本量不足,无法进行统计推断。

表 3.9.6　2015 年福州市场份额排名前 5 位的频率

名　次	频　率	市场份额(%)
1	福建 987 私家车广播 FM98.7	15.7
2	中央人民广播电台第一套节目中国之声	13.5
3	福州交通之声 FM87.6	10.9
4	福建新闻广播 FM103.6/AM882	7.7
5	福州人民广播电台新闻广播 FM94.4/AM1332	6.8

十、广州收听数据

表 3.10.1　2013～2015 年广州各目标听众人均收听时间(分钟)

目标听众		2013 年	2014 年	2015 年
10 岁及以上所有人		55	50	45
性别	男	57	53	47
	女	53	46	42
年龄	10～14 岁	16	11	15
	15～24 岁	34	31	23
	25～34 岁	44	34	36
	35～44 岁	59	53	53
	45～54 岁	70	67	54
	55～64 岁	102	92	74
	65 岁及以上	80	76	70
文化程度	未受过正规教育	59	67	76
	小学	51	52	49
	初中	62	59	43
	高中	55	46	47
	大学及以上	49	40	39
职业	干部/管理人员	57	38	43
	初级公务员/雇员	45	37	36
	个体/私营企业人员	43	47	52
	工人	64	55	45
	学生	29	21	19
	无业(包括退休人员)	77	73	64
	其他	50	67	42
个人月收入	没有收入	39	33	26
	1～500 元	79	*	68
	501～1000 元	75	97	59
	1001～1500 元	55	63	52
	1501～2000 元	54	45	48
	2001～2500 元	56	53	46
	2501～3000 元	61	54	42
	3001～4000 元	60	55	62
	4001 元及以上	70	52	48

注:广州为全年连续调查城市。“ * ”表示该目标听众样本量不足,无法进行统计推断。

表 3.10.2　2013～2015 年广州听众在不同地点的人均收听时间(分钟)

地　点	2013 年	2014 年	2015 年
在家	35	32	27
车上	10	9	10
工作/学习场所	8	7	5
其他场所	2	2	2

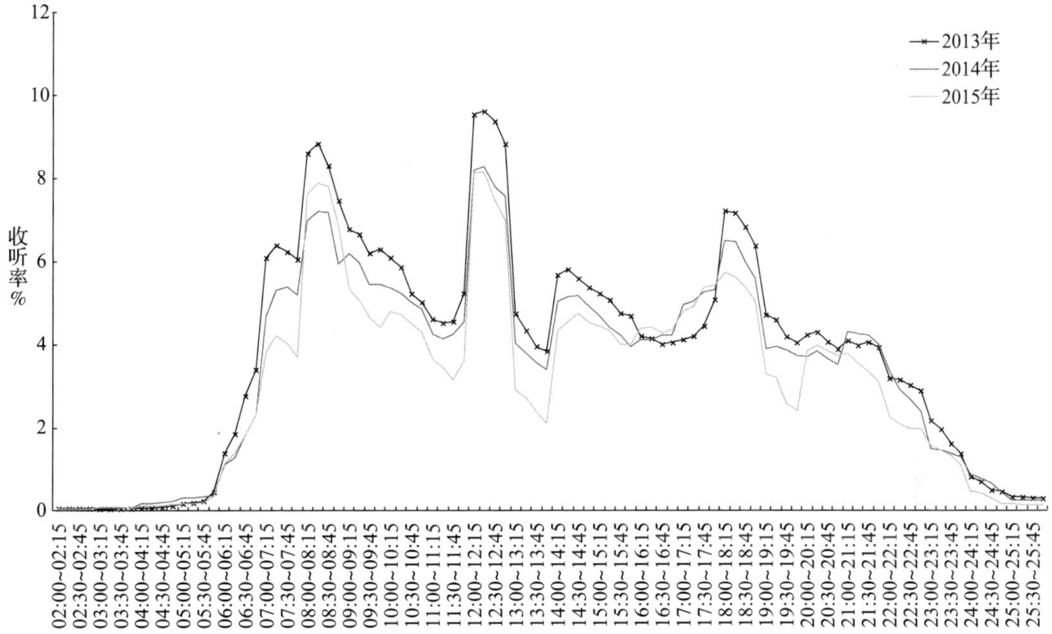

图 3.10.1 2013～2015 年广州听众全天收听率走势

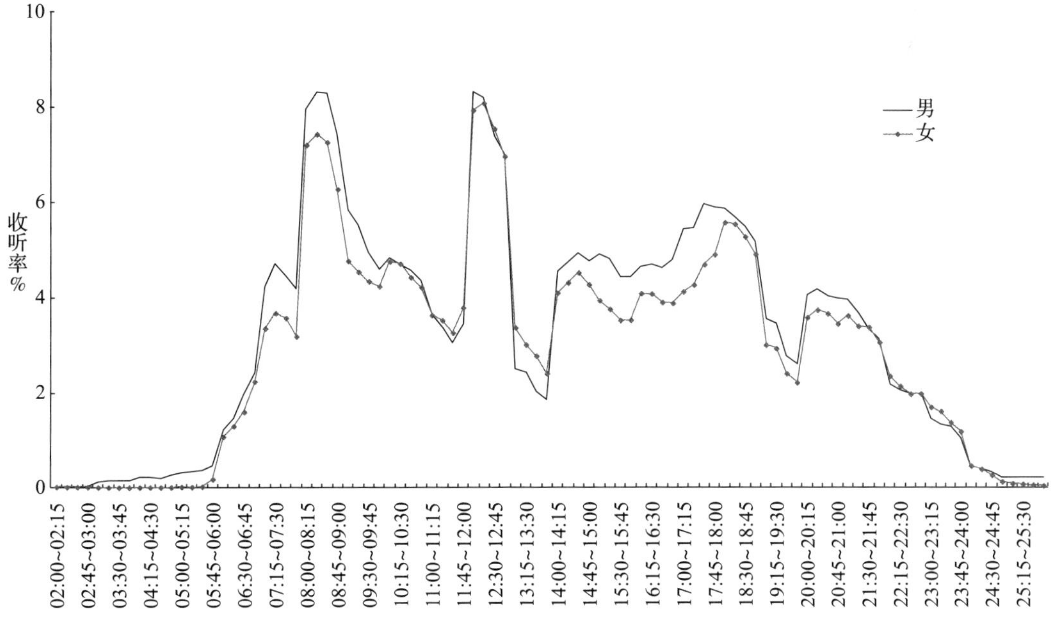

图 3.10.2 2015 年广州不同性别听众全天收听率走势

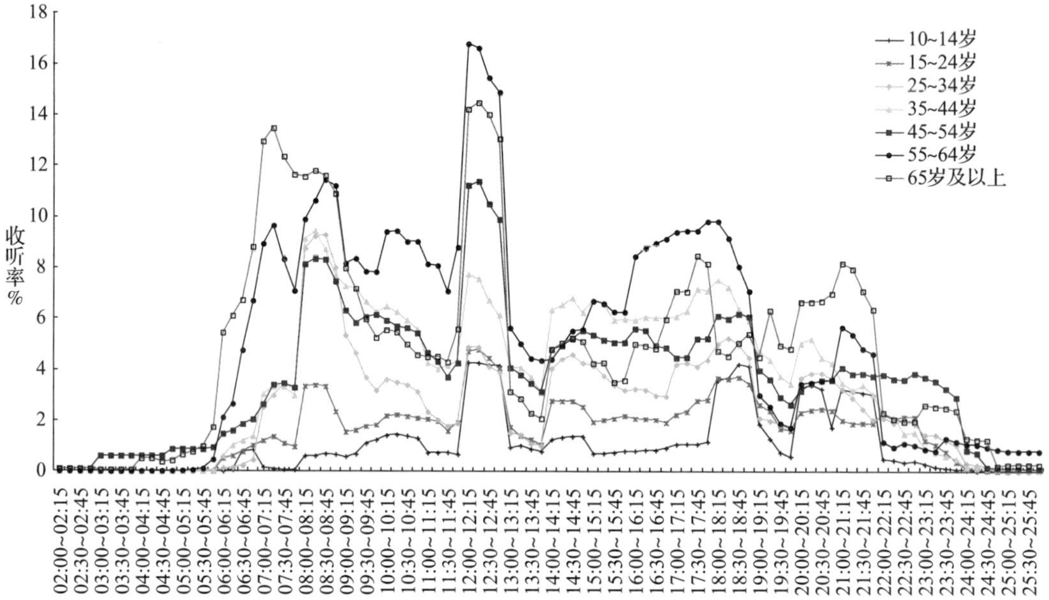

图 3.10.3　2015 年广州不同年龄听众全天收听率走势

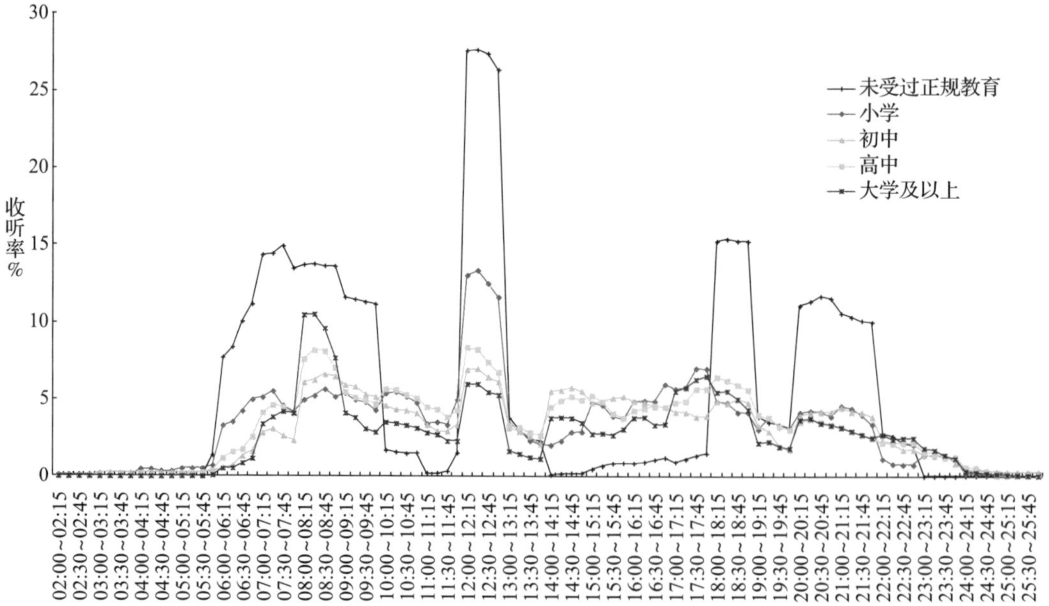

图 3.10.4　2015 年广州不同文化程度听众全天收听率走势

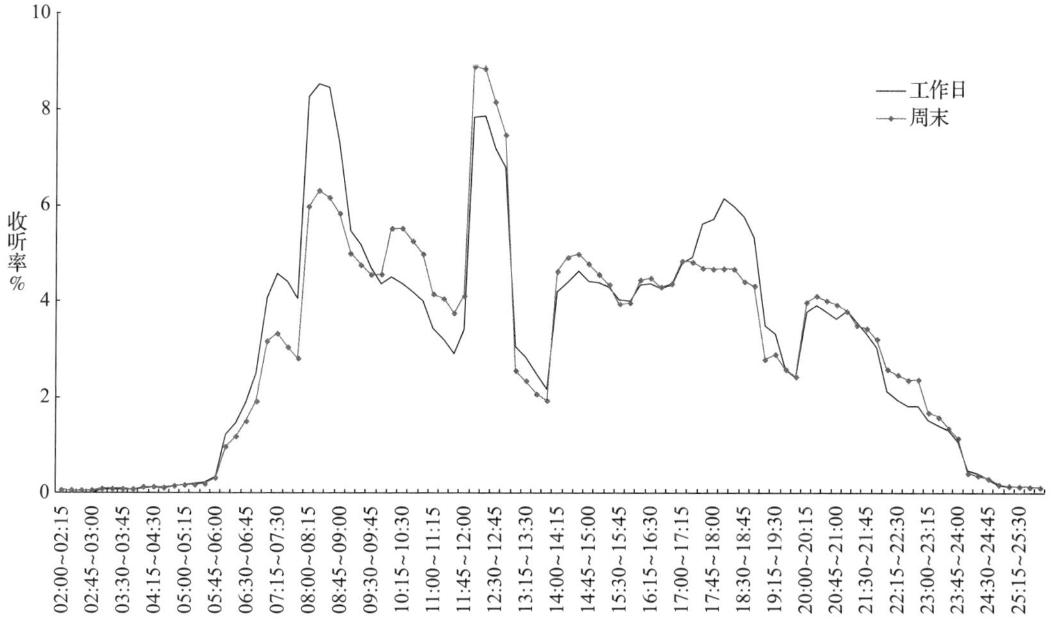

图 3.10.5　2015 年广州听众工作日与周末全天收听率走势

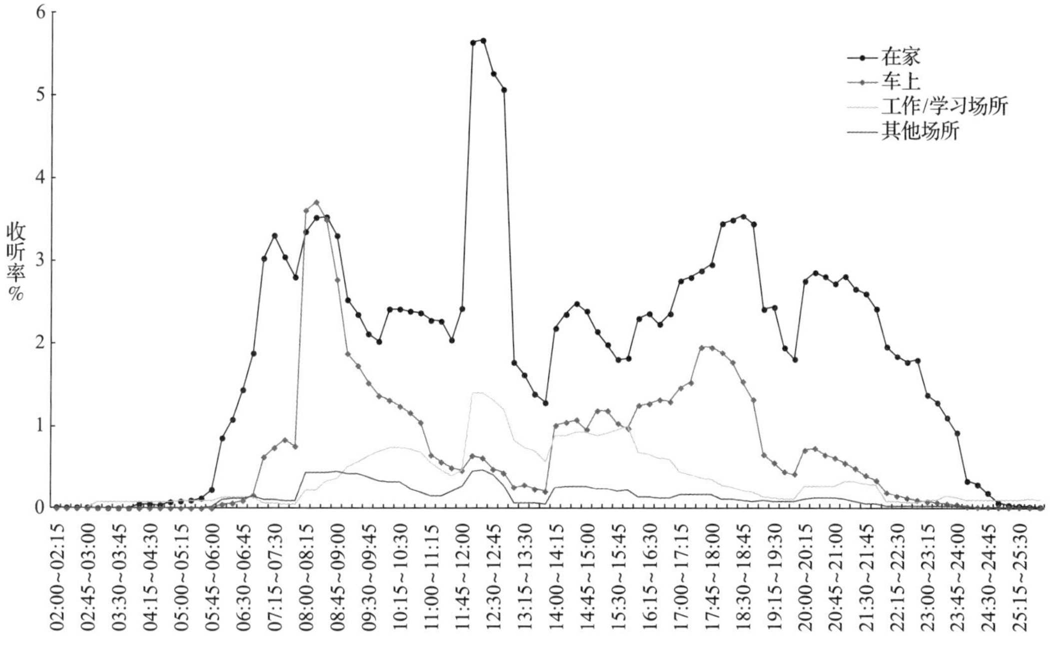

图 3.10.6　2015 年广州听众在不同收听地点全天收听率走势

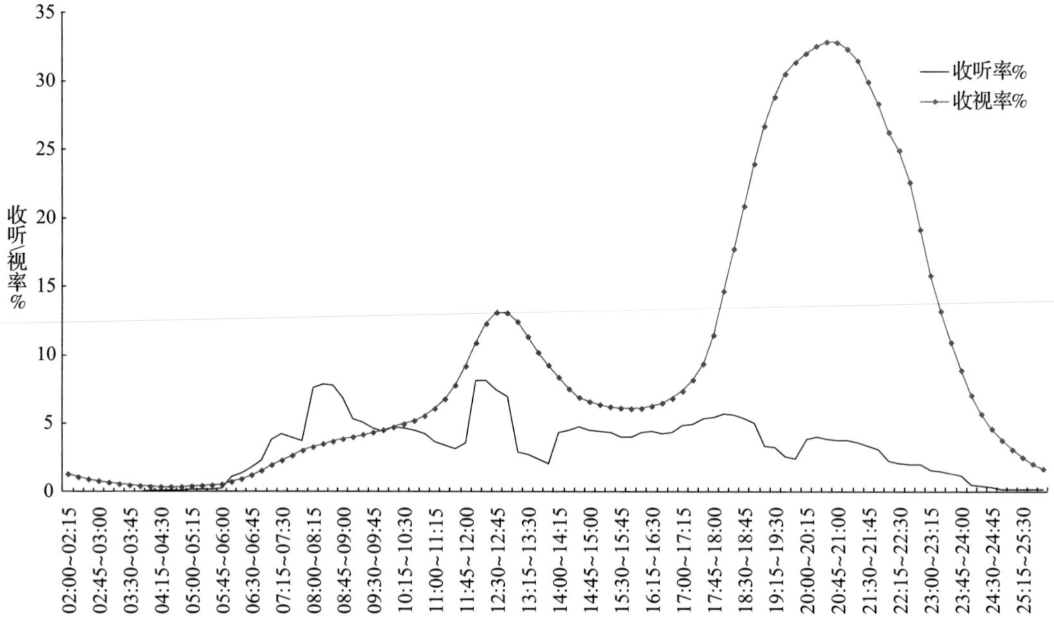

图 3.10.7　2015 年广州受众全天收听率、收视率走势比较(目标受众为 10 岁及以上)

表 3.10.3 2015 年广州市场听众构成(%)

目标听众		听众构成(%)
10 岁及以上所有人		100.0
性别	男	55.2
	女	44.8
年龄	10~14 岁	1.2
	15~24 岁	12.1
	25~34 岁	18.0
	35~44 岁	24.4
	45~54 岁	14.6
	55~64 岁	15.1
	65 岁及以上	14.6
文化程度	未受过正规教育	1.9
	小学	11.5
	初中	27.8
	高中	39.2
	大学及以上	19.6
职业	干部/管理人员	2.0
	初级公务员/雇员	11.5
	个体/私营企业人员	17.0
	工人	30.2
	学生	6.9
	无业(包括退休人员)	31.6
	其他	0.8
个人月收入	没有收入	13.2
	1~500 元	1.1
	501~1000 元	2.3
	1001~1500 元	3.4
	1501~2000 元	7.1
	2001~2500 元	11.8
	2501~3000 元	17.1
	3001~4000 元	25.9
	4001 元及以上	18.1

表 3.10.4 2013~2015 年广州市场各广播电台的市场份额(%)

广播电台	2013 年	2014 年	2015 年
中央人民广播电台	6.3	4.3	3.2
中国国际广播电台	1.2	1.1	0.7
广东广播电视台	61.3	60.9	60.5
广州广播电视台	25.2	26.8	29.7
佛山人民广播电台	3.6	4.3	3.5
其他广播电台	2.4	2.6	2.4

注:2014 年 4 月 23 日,广东人民广播电台更名为广东广播电视台。

表 3.10.5　2015 年广州市场各广播电台在不同目标听众中的市场份额(%)

目标听众		中央人民广播电台	中国国际广播电台	广东广播电视台	广州广播电视台	佛山人民广播电台	其他广播电台
10 岁及以上所有人		3.2	0.7	60.5	29.7	3.5	2.4
性别	男	3.3	0.7	57.2	33.3	3.6	1.9
	女	3.0	0.7	64.6	25.2	3.4	3.1
年龄	10~14 岁	0.0	0.1	63.5	24.0	1.5	10.9
	15~24 岁	1.1	1.9	69.1	22.5	3.6	1.8
	25~34 岁	5.5	0.2	54.6	34.1	4.0	1.6
	35~44 岁	2.6	0.0	60.0	32.0	3.1	2.3
	45~54 岁	4.0	0.8	57.3	29.0	5.8	3.1
	55~64 岁	2.8	0.3	54.9	37.5	2.3	2.2
	65 岁及以上	3.0	1.6	70.5	19.5	2.4	3.0
文化程度	未受过正规教育	0.1	0.0	38.1	32.2	9.3	20.3
	小学	1.0	0.4	73.7	21.5	1.5	1.9
	初中	3.1	0.4	58.3	31.6	4.1	2.5
	高中	3.6	0.9	59.8	30.7	3.3	1.7
	大学及以上	4.0	0.9	59.7	29.4	3.6	2.4
职业	干部/管理人员	3.4	0.0	45.4	39.0	1.0	11.2
	初级公务员/雇员	5.9	0.2	61.1	28.5	2.3	2.0
	个体/私营企业人员	1.9	0.2	60.4	32.3	3.4	1.8
	工人	4.1	0.4	55.7	32.5	5.1	2.2
	学生	1.2	3.1	67.9	20.1	4.5	3.2
	无业(包括退休人员)	2.3	0.9	63.6	28.2	2.4	2.6
	其他	8.6	0.0	83.0	7.9	0.4	0.1
个人月收入	没有收入	1.4	0.9	70.2	22.1	3.7	1.7
	1~500 元	0.0	0.0	91.4	6.8	1.8	0.0
	501~1000 元	1.5	0.0	74.5	11.5	4.5	8.0
	1001~1500 元	7.8	0.0	52.3	26.7	11.8	1.4
	1501~2000 元	2.2	1.9	68.1	20.0	5.5	2.3
	2001~2500 元	5.0	0.0	62.0	27.8	2.0	3.2
	2501~3000 元	2.0	0.6	62.3	28.6	4.1	2.4
	3001~4000 元	3.5	1.2	56.7	34.0	2.3	2.3
	4001 元及以上	3.9	0.3	51.5	39.3	2.9	2.1

表 3.10.6　2015 年广州市场份额排名前 5 位的频率

名　次	频　率	市场份额(%)
1	广东广播电视台珠江经济广播电台(E FM 财富 974)	18.4
2	广东广播电视台音乐之声 FM99.3	15.1
3	广东广播电视台羊城交通广播台 FM105.2	13.0
4	广州交通电台 FM106.1	11.3
5	广州新闻电台 FM96.2	10.6

十一、邯郸收听数据

表 3.11.1　2014～2015 年邯郸各目标听众人均收听时间（分钟）

目标听众		2014 年	2015 年
10 岁及以上所有人		68	58
性别	男	69	55
	女	68	61
年龄	10～14 岁	13	7
	15～24 岁	29	17
	25～34 岁	51	41
	35～44 岁	68	62
	45～54 岁	82	73
	55～64 岁	128	123
	65 岁及以上	116	87
文化程度	未受过正规教育	82	90
	小学	78	58
	初中	72	62
	高中	64	54
	大学及以上	64	56
职业	干部/管理人员	62	66
	初级公务员/雇员	74	63
	个体/私营企业人员	69	60
	工人	56	51
	学生	17	10
	无业（包括退休人员）	102	88
	其他	*	*
个人月收入	没有收入	35	25
	1～500 元	97	85
	501～1000 元	77	72
	1001～1500 元	70	67
	1501～2000 元	81	85
	2001～2500 元	89	82
	2501～3000 元	96	55
	3001～4000 元	89	57
	4001 元及以上	78	56

注：邯郸为全年连续调查城市。“*”表示目标听众样本量不足，无法进行统计推断。

表 3.11.2　2014～2015 年邯郸听众在不同地点的人均收听时间（分钟）

地　点	2014 年	2015 年
家中	50	42
车上	10	7
工作/学习场所	4	4
其他场所	5	5

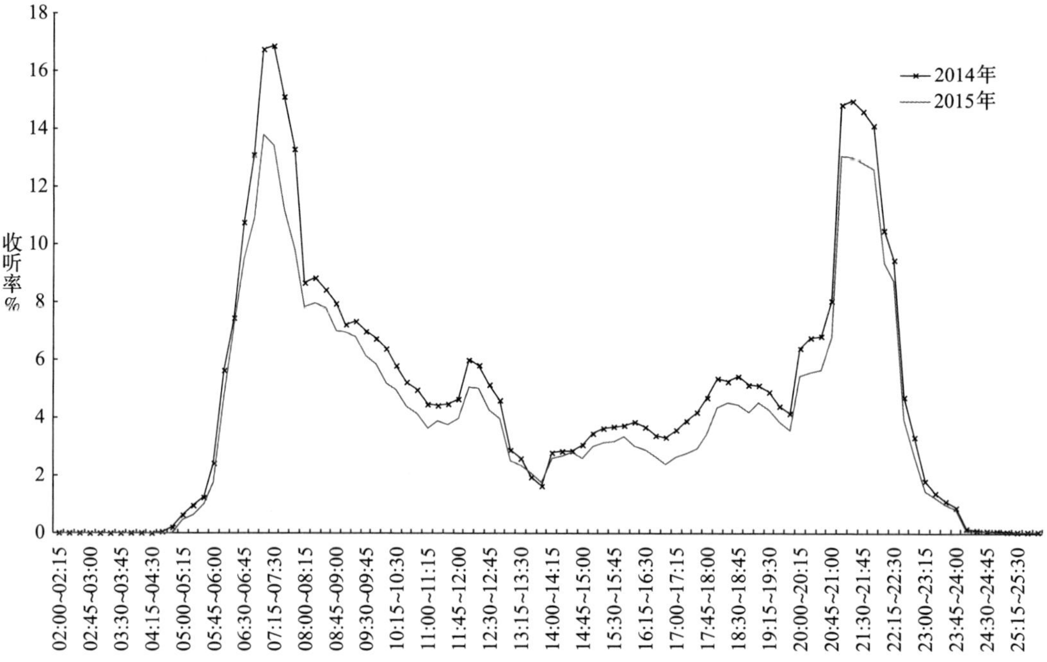

图 3.11.1　2014～2015 年邯郸 听众全天收听率走势

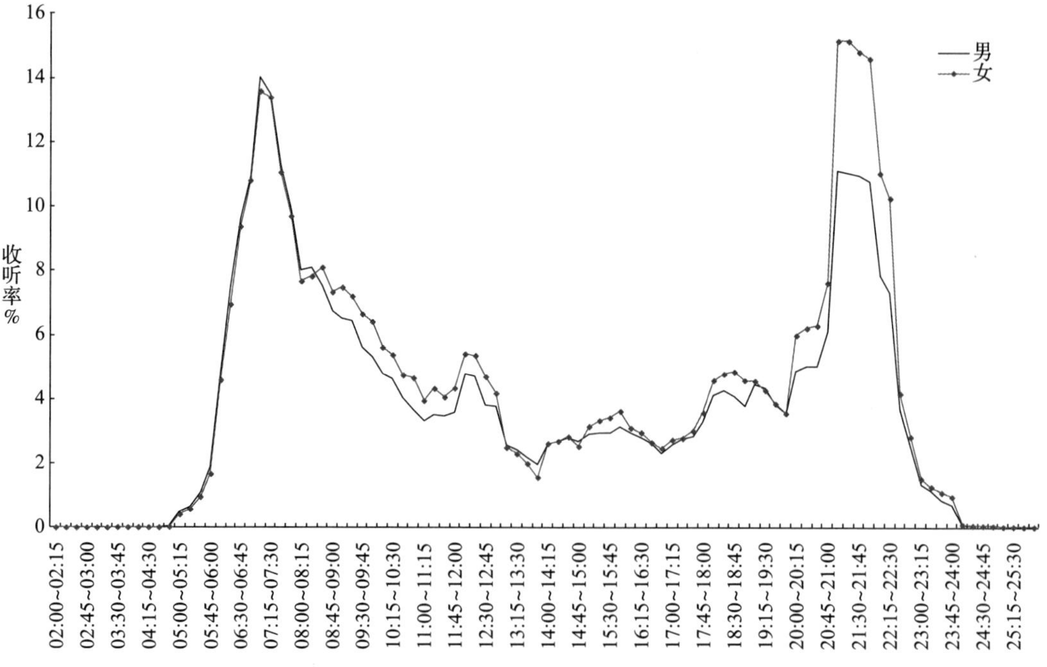

图 3.11.2　2015 年邯郸不同性别听众全天收听率走势

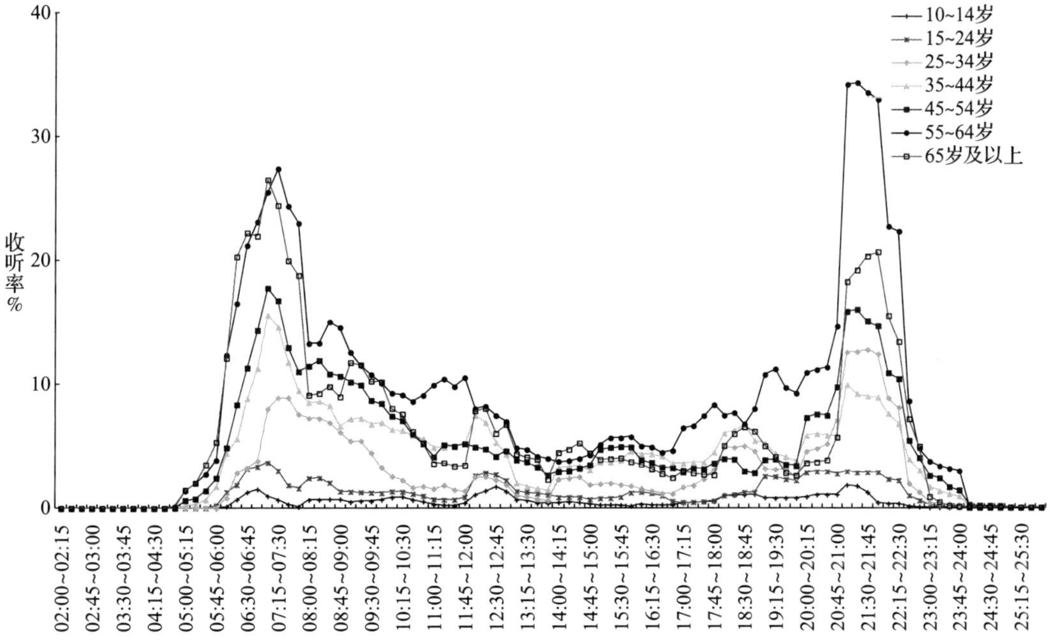

图 3.11.3 2015 年邯郸不同年龄听众全天收听率走势

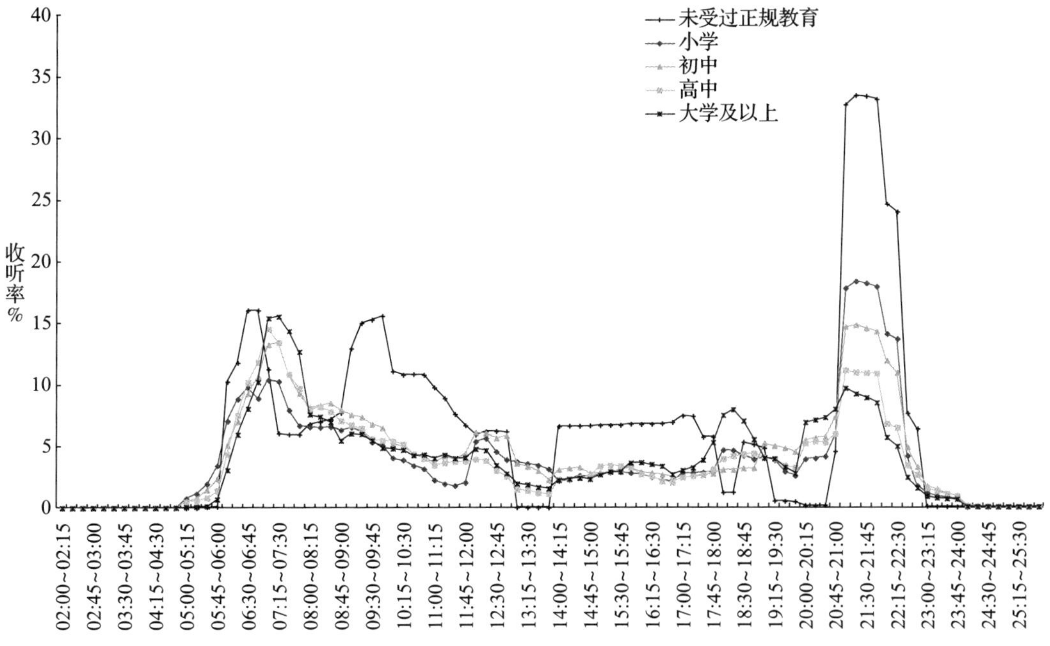

图 3.11.4 2015 年邯郸不同文化程度听众全天收听率走势

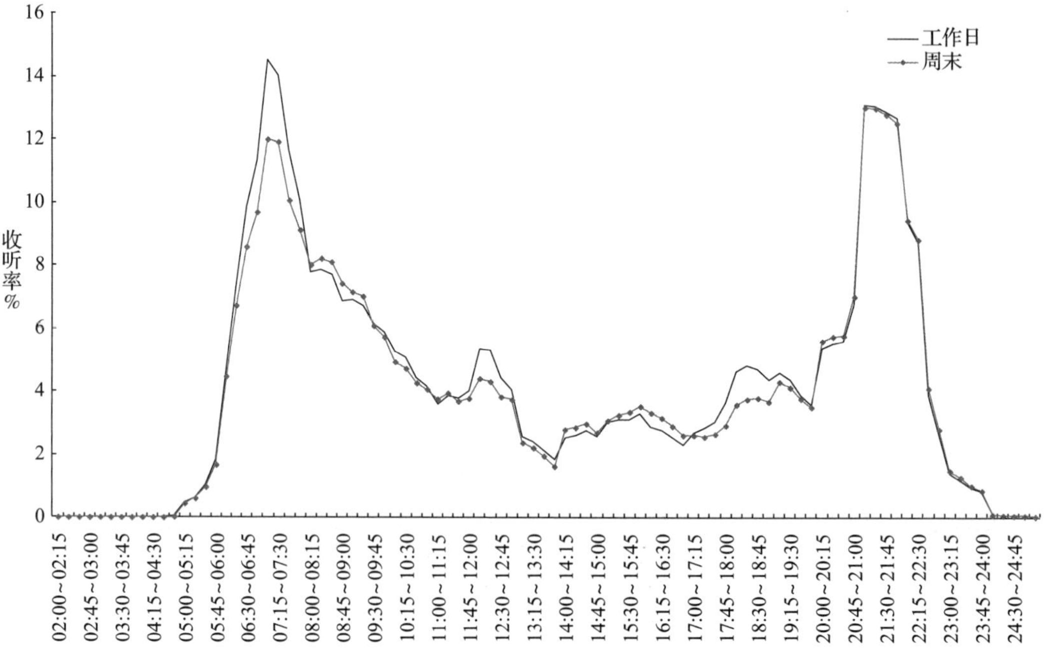

图 3.11.5　2015 年邯郸听众工作日与周末全天收听率走势

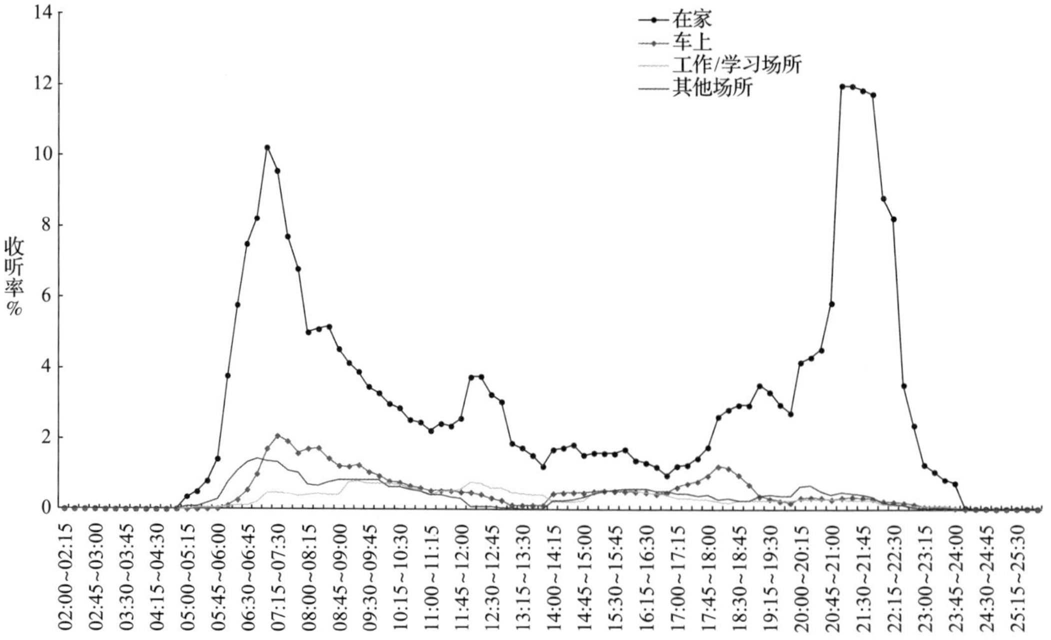

图 3.11.6　2015 年邯郸听众在不同收听地点全天收听率走势

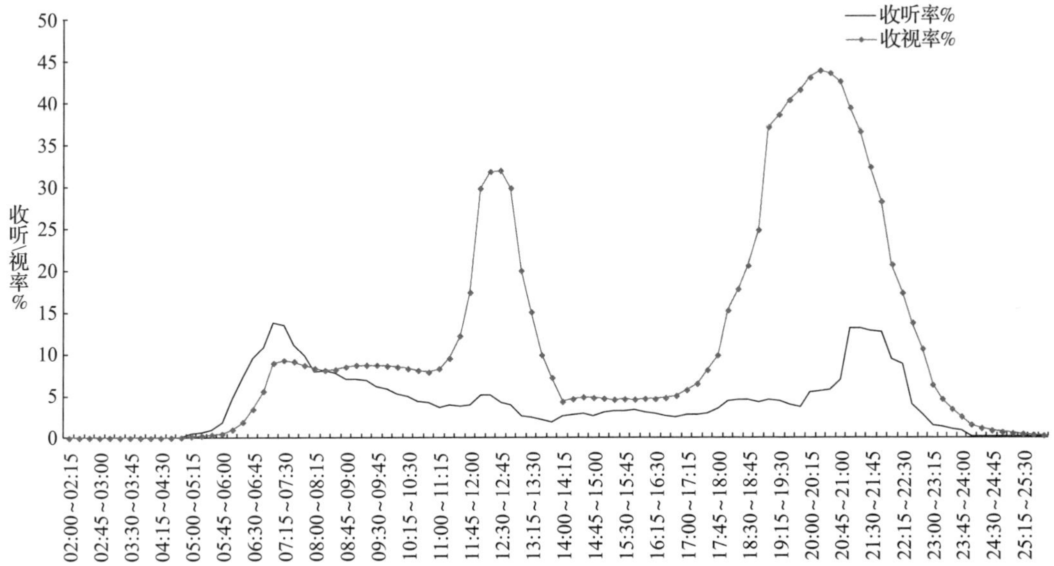

图 3.11.7 2015 年邯郸受众全天收听率、收视率走势比较(目标受众为 10 岁及以上)

表 3.11.3　2015 年邯郸听市场听众构成(%)

目标听众		听众构成(%)
10 岁及以上所有人		100.0
性别	男	48.6
	女	51.4
年龄	10~14 岁	0.6
	15~24 岁	5.7
	25~34 岁	11.4
	35~44 岁	23.2
	45~54 岁	21.7
	55~64 岁	23.7
	65 岁及以上	13.7
文化程度	未受过正规教育	2.1
	小学	9.3
	初中	38.7
	高中	32.1
	大学及以上	17.8
职业类别	干部/管理人员	5.8
	初级公务员/雇员	14.0
	个体/私营企业人员	24.7
	工人	11.0
	学生	3.1
	无业(包括退休人员)	41.3
	其他	*
个人月收入	没有收入	12.3
	1~500 元	2.3
	501~1000 元	5.4
	1001~1500 元	16.5
	1501~2000 元	24.5
	2001~2500 元	21.7
	2501~3000 元	8.1
	3001~4000 元	6.7
	4001 元及以上	2.5

“*”表示目标听众样本量不足,无法进行统计推断。

表 3.11.4　2014~2015 年邯郸市场各广播电台的市场份额(%)

广播电台	2014 年	2015 年
中央人民广播电台	30.6	32.0
中国国际广播电台	0.0	0.0
河北人民广播电台	13.8	15.8
邯郸人民广播电台	50.9	45.8
其他广播电台	4.7	6.5

表 3.11.5　2015 年邯郸市场各广播电台在不同目标听众中的市场份额(%)

目标听众		中央人民广播电台	中国国际广播电台	河北人民广播电台	邯郸人民广播电台	其他广播电台
10 岁及以上所有人		32.0	0.0	15.8	45.8	6.5
性别	男	34.3	0.0	16.1	44.0	5.7
	女	29.8	0.0	15.5	47.4	7.2
年龄	10～14 岁	36.8	0.0	7.1	44.8	11.3
	15～24 岁	35.4	0.1	24.1	36.2	4.2
	25～34 岁	27.8	0.0	7.6	58.8	5.8
	35～44 岁	33.9	0.0	16.1	44.6	5.4
	45～54 岁	28.1	0.0	15.7	45.8	10.4
	55～64 岁	32.7	0.0	17.0	44.7	5.6
	65 岁及以上	35.5	0.1	17.0	42.7	4.8
文化程度	未受过正规教育	53.1	0.0	10.7	32.0	4.3
	小学	25.9	0.0	20.4	49.0	4.7
	初中	31.7	0.0	14.1	44.8	9.4
	高中	31.1	0.0	17.4	46.8	4.7
	大学及以上	35.5	0.0	14.5	45.4	4.6
职业类别	干部/管理人员	28.3	0.0	17.6	48.0	6.1
	初级公务员/雇员	22.7	0.0	22.7	49.3	5.3
	个体/私营企业人员	39.8	0.0	11.0	41.1	8.1
	工人	33.6	0.0	12.4	47.8	6.3
	学生	38.9	0.0	19.7	38.1	3.3
	无业(包括退休人员)	30.1	0.0	16.7	46.9	6.2
	其他	*	*	*	*	*
个人月收入	没有收入	26.2	0.1	19.6	48.1	6.1
	1～500 元	27.7	0.0	11.6	41.4	19.3
	501～1000 元	33.6	0.0	13.3	50.0	3.0
	1001～1500 元	31.2	0.0	10.2	49.4	9.2
	1501～2000 元	34.9	0.0	14.3	43.3	7.5
	2001～2500 元	33.3	0.0	18.6	42.9	5.2
	2501～3000 元	32.4	0.0	15.9	45.9	5.7
	3001～4000 元	27.5	0.0	22.2	48.5	1.9
	4001 元及以上	34.2	0.0	13.2	46.3	6.3

"*"表示目标听众样本量不足,无法进行统计推断。

表 3.11.6　2015 年邯郸市场份额排名前 5 位的频率

名　次	频率名称	市场份额(%)
1	中央人民广播电台第一套节目中国之声	24.9
2	邯郸人民广播电台新闻综合广播 AM963/FM96.4	24.6
3	邯郸人民广播电台娱乐广播 AM846/FM100.3	7.2
4	邯郸人民广播电台交通广播 AM1008/FM106.8	6.1
5	邯郸人民广播电台音乐广播 AM1206/FM102.8	5.6

十二、杭州收听数据

表 3.12.1　2013～2015 年杭州各目标听众人均收听时间(分钟)

目标听众		2013 年	2014 年	2015 年
10 岁及以上所有人		112	104	95
性别	男	115	105	97
	女	110	103	92
年龄	10～14 岁	80	66	55
	15～24 岁	108	86	82
	25～34 岁	99	96	86
	35～44 岁	108	105	94
	45～54 岁	111	110	101
	55～64 岁	142	120	107
	65 岁及以上	145	153	138
文化程度	未受过正规教育	97	68	40
	小学	99	91	94
	初中	116	108	101
	高中	127	110	87
	大学及以上	103	104	98
职业	干部/管理人员	90	107	78
	初级公务员/雇员	106	105	100
	个体/私营企业人员	147	110	95
	工人	98	96	85
	学生	82	68	66
	无业(包括退休人员)	128	130	126
	其他	119	105	79
个人月收入	没有收入	73	70	70
	1～500 元	*	*	*
	501～1000 元	95	100	130
	1001～1500 元	105	80	62
	1501～2000 元	125	96	77
	2001～2500 元	130	118	104
	2501～3000 元	126	112	110
	3001～4000 元	132	118	103
	4001 元及以上	104	114	98

注:杭州为全年连续调查城市。“*”表示该目标听众样本量不足,无法进行统计推断。

表 3.12.2　2013～2015 年杭州听众在不同地点的人均收听时间(分钟)

地　点	2013 年	2014 年	2015 年
在家	70	59	54
车上	28	30	30
工作/学习场所	11	10	7
其他场所	4	5	4

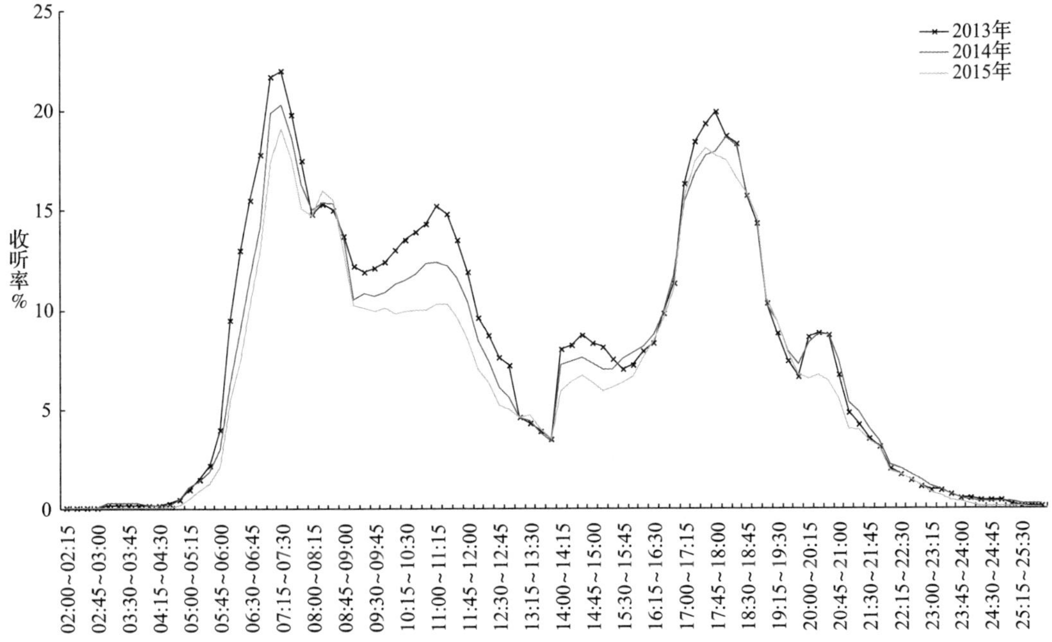

图 3.12.1　2013 ~ 2015 年杭州听众全天收听率走势

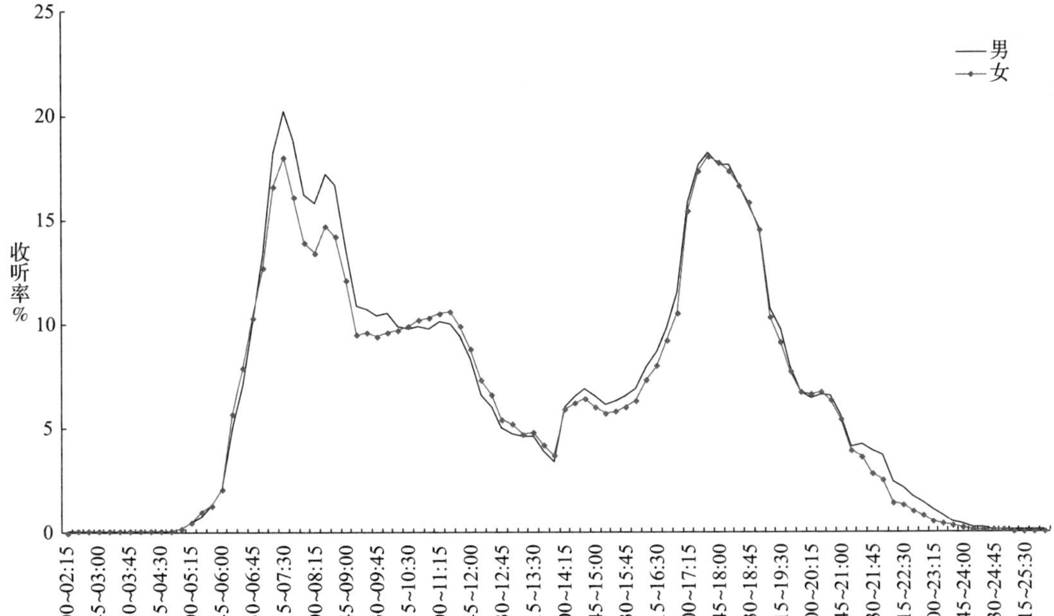

图 3.12.2　2015 年杭州不同性别听众全天收听率走势

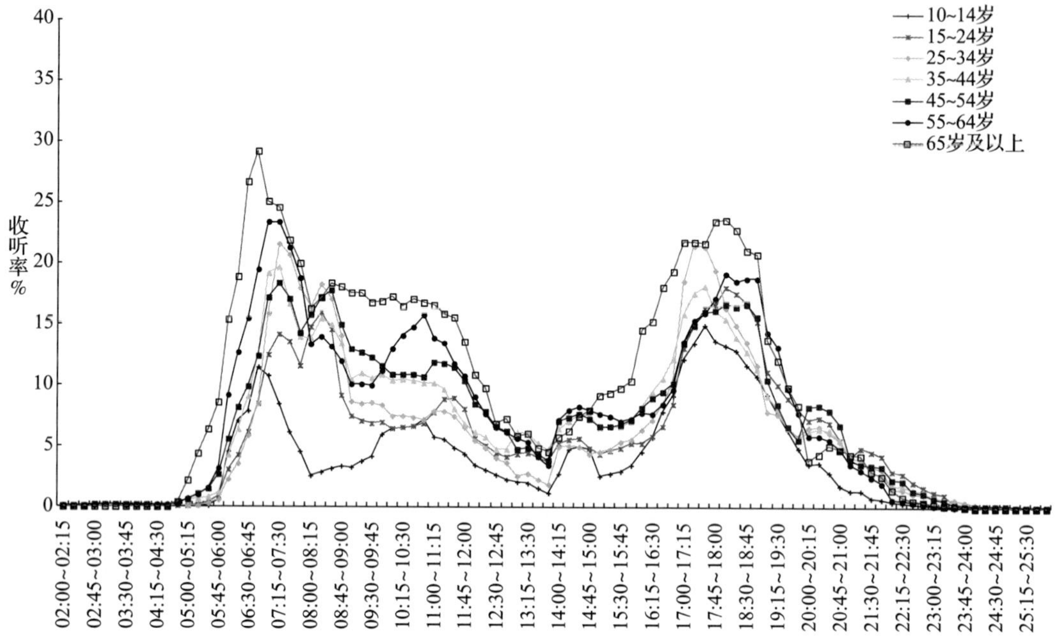

图 3.12.3　2015 年杭州不同年龄听众全天收听率走势

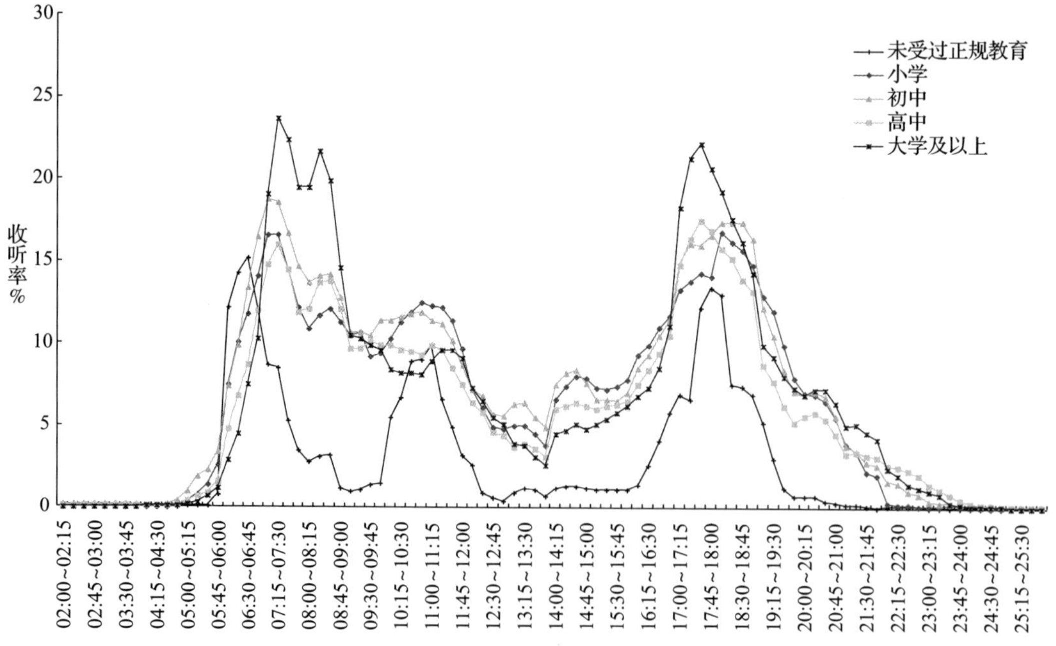

图 3.12.4　2015 年杭州不同文化程度听众全天收听率走势

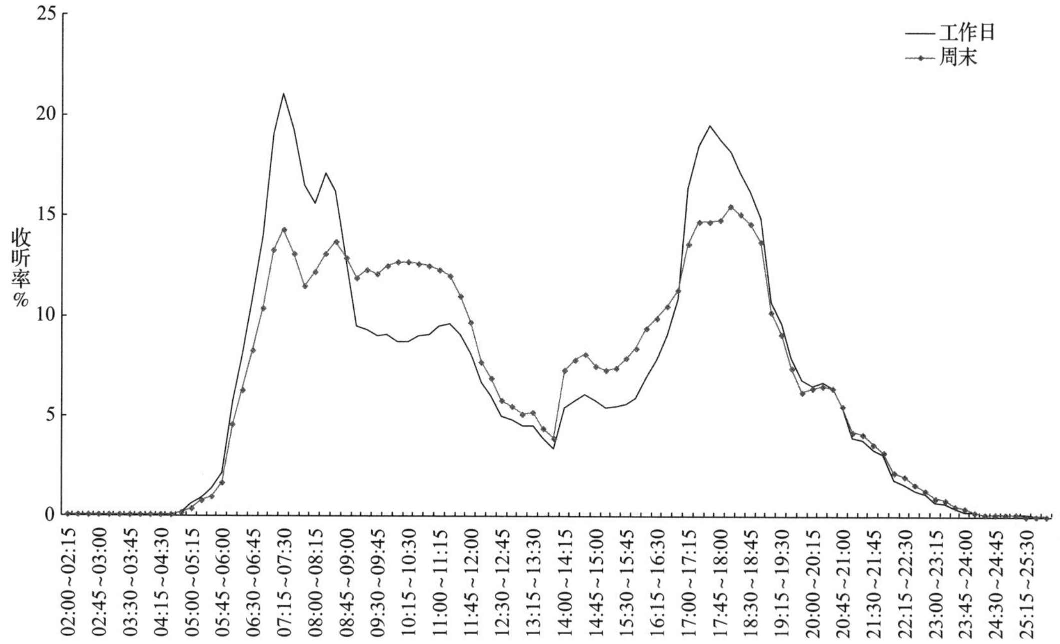

图 3.12.5 2015 年杭州听众工作日与周末全天收听率走势

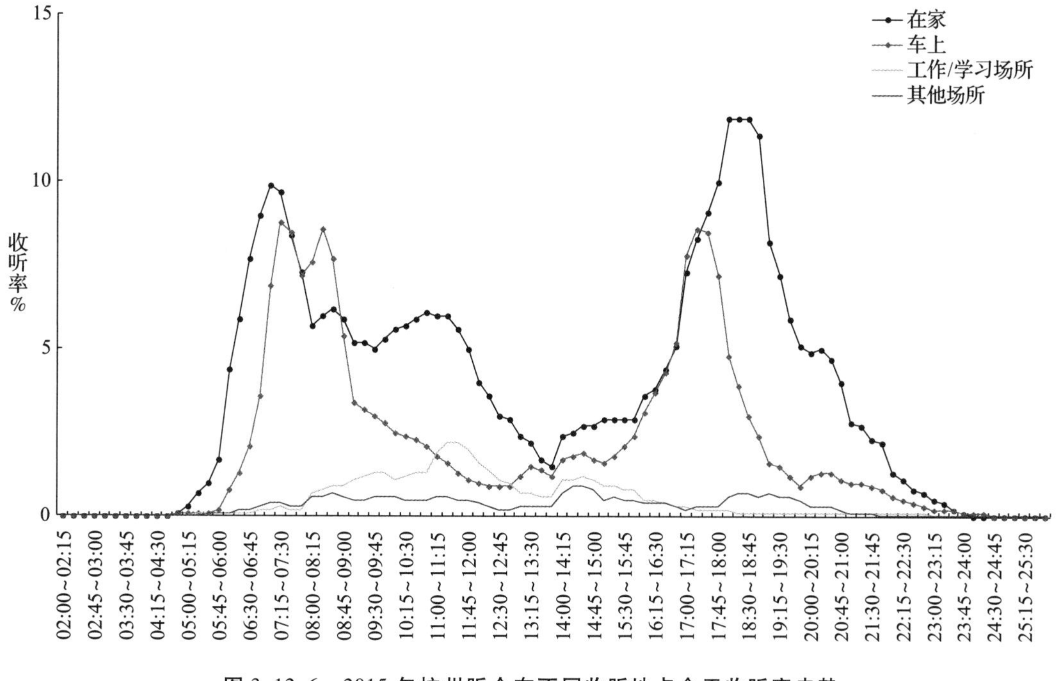

图 3.12.6 2015 年杭州听众在不同收听地点全天收听率走势

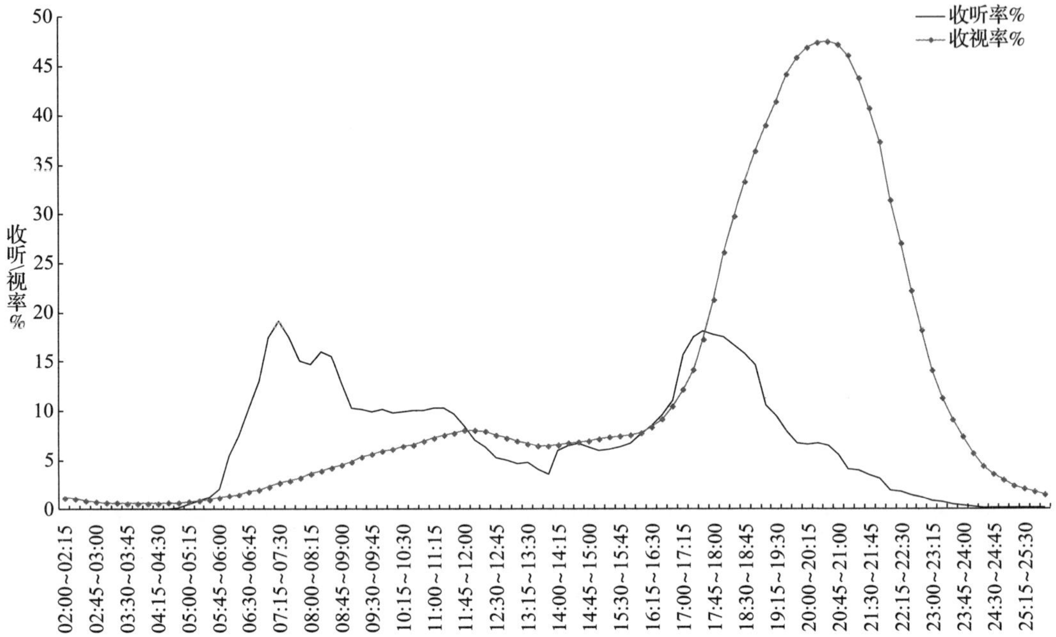

图 3.12.7　2015 年杭州受众全天收听率、收视率走势比较(目标受众为 10 岁及以上)

表 3.12.3 2015 年杭州市场听众构成(%)

目标听众		听众构成(%)
10 岁及以上所有人		100.0
性别	男	52.5
	女	47.5
年龄	10~14 岁	2.0
	15~24 岁	18.8
	25~34 岁	18.6
	35~44 岁	19.2
	45~54 岁	16.4
	55~64 岁	11.9
	65 岁及以上	13.1
文化程度	未受过正规教育	0.7
	小学	11.6
	初中	31.3
	高中	23.1
	大学及以上	33.3
职业	干部/管理人员	5.8
	初级公务员/雇员	31.2
	个体/私营企业人员	14.9
	工人	14.6
	学生	9.1
	无业(包括退休人员)	22.2
	其他	2.2
个人月收入	没有收入	12.4
	1~500 元	*
	501~1000 元	0.8
	1001~1500 元	1.1
	1501~2000 元	2.4
	2001~2500 元	6.9
	2501~3000 元	11.0
	3001~4000 元	25.8
	4001 元及以上	36.3

注:"*"表示该目标听众样本量不足,无法进行统计推断。

表 3.12.4 2013~2015 年杭州市场各广播电台的市场份额(%)

广播电台	2013 年	2014 年	2015 年
中央人民广播电台	3.6	3.9	4.7
中国国际广播电台	0.0	0.0	0.0
浙江广播电视集团	63.6	61.5	65.2
杭州文化广播电视集团	22.1	25.8	23.4
其他广播电台	10.7	8.8	6.7

表 3.12.5　2015 年杭州市场各广播电台在不同目标听众中的市场份额(%)

目标听众		中央人民广播电台	中国国际广播电台	浙江广播电视集团	杭州文化广播电视集团	其他广播电台
10 岁及以上所有人		4.7	0.0	65.2	23.4	6.7
性别	男	4.8	0.0	64.5	25.0	5.7
	女	4.7	0.0	66.1	21.6	7.6
年龄	10~14 岁	9.1	0.0	66.4	14.1	10.4
	15~24 岁	3.8	0.0	66.3	24.0	5.9
	25~34 岁	4.1	0.0	63.5	27.0	5.4
	35~44 岁	3.5	0.0	62.2	27.8	6.5
	45~54 岁	3.5	0.0	66.8	23.3	6.4
	55~64 岁	4.7	0.0	66.5	16.9	11.9
	65 岁及以上	9.6	0.0	67.5	18.6	4.3
文化程度	未受过正规教育	2.9	0.0	26.4	4.4	66.3
	小学	3.3	0.0	66.9	17.5	12.3
	初中	4.7	0.0	68.9	19.3	7.1
	高中	5.5	0.0	63.2	24.9	6.4
	大学及以上	4.7	0.0	63.6	28.7	3.0
职业	干部/管理人员	4.3	0.0	52.0	38.9	4.8
	初级公务员/雇员	3.5	0.0	64.9	27.0	4.6
	个体/私营企业人员	3.7	0.0	64.8	24.1	7.4
	工人	3.2	0.0	66.3	21.2	9.3
	学生	6.4	0.0	67.1	18.4	8.1
	无业(包括退休人员)	7.5	0.0	68.7	18.3	5.5
	其他	5.5	0.0	59.6	11.2	23.7
个人月收入	没有收入	5.9	0.0	67.4	15.8	10.9
	1~500 元	*	*	*	*	*
	501~1000 元	1.7	0.0	77.9	10.7	9.7
	1001~1500 元	2.8	0.0	66.1	9.4	21.7
	1501~2000 元	7.9	0.0	55.1	11.8	25.2
	2001~2500 元	3.8	0.0	75.4	14.7	6.1
	2501~3000 元	3.7	0.0	62.8	27.4	6.1
	3001~4000 元	5.0	0.0	65.8	24.6	4.6
	4001 元及以上	4.9	0.0	61.9	27.9	5.3

注:"*"表示该目标听众样本量不足,无法进行统计推断。

表 3.12.6　2015 年杭州市场份额排名前 5 位的频率

名　次	频　率	市场份额(%)
1	浙江之声 FM88/FM101.6/AM810	13.4
2	杭州交通经济广播 FM91.8	12.1
3	私家车 107 快乐广播城市之声 FM107/AM1530	12.0
4	动听 968 音乐调频 FM96.8	11.0
5	浙江电台 FM99.6 WiFi Radio	8.7

十三、哈尔滨收听数据

表 3.13.1 2013～2015 年哈尔滨各目标听众人均收听时间(分钟)

目标听众		2013 年	2014 年	2015 年
10 岁及以上所有人		128	119	115
性别	男	124	116	110
	女	131	123	120
年龄	10～14 岁	72	56	38
	15～24 岁	79	69	62
	25～34 岁	97	99	105
	35～44 岁	130	117	104
	45～54 岁	125	127	116
	55～64 岁	198	177	173
	65 岁及以上	204	192	193
文化程度	未受过正规教育	72	119	*
	小学	138	121	109
	初中	146	138	123
	高中	125	120	126
	大学及以上	102	94	88
职业	干部/管理人员	99	88	94
	初级公务员/雇员	95	97	90
	个体/私营企业人员	112	109	118
	工人	130	121	107
	学生	75	66	60
	无业(包括退休人员)	185	177	166
	其他	149	160	43
个人月收入	没有收入	90	80	71
	1～500 元	82	59	*
	501～1000 元	115	154	127
	1001～1500 元	153	142	115
	1501～2000 元	152	147	146
	2001～2500 元	123	122	123
	2501～3000 元	121	122	125
	3001～4000 元	134	116	109
	4001 元及以上	98	95	93

注:哈尔滨为全年连续调查城市。“*”表示该目标听众样本量不足,无法进行统计推断。

表 3.13.2 2013～2015 年哈尔滨听众在不同地点的人均收听时间(分钟)

地点	2013 年	2014 年	2015 年
在家	100	92	82
车上	20	16	16
工作/学习场所	7	10	14
其他场所	1	1	2

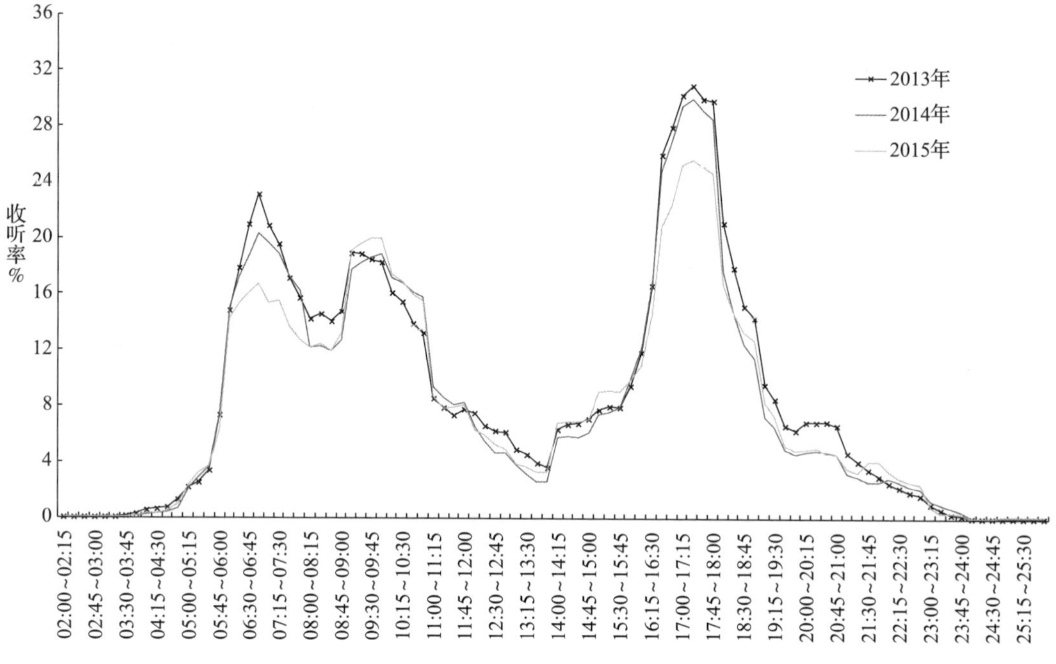

图 3.13.1　2013～2015 年哈尔滨听众全天收听率走势

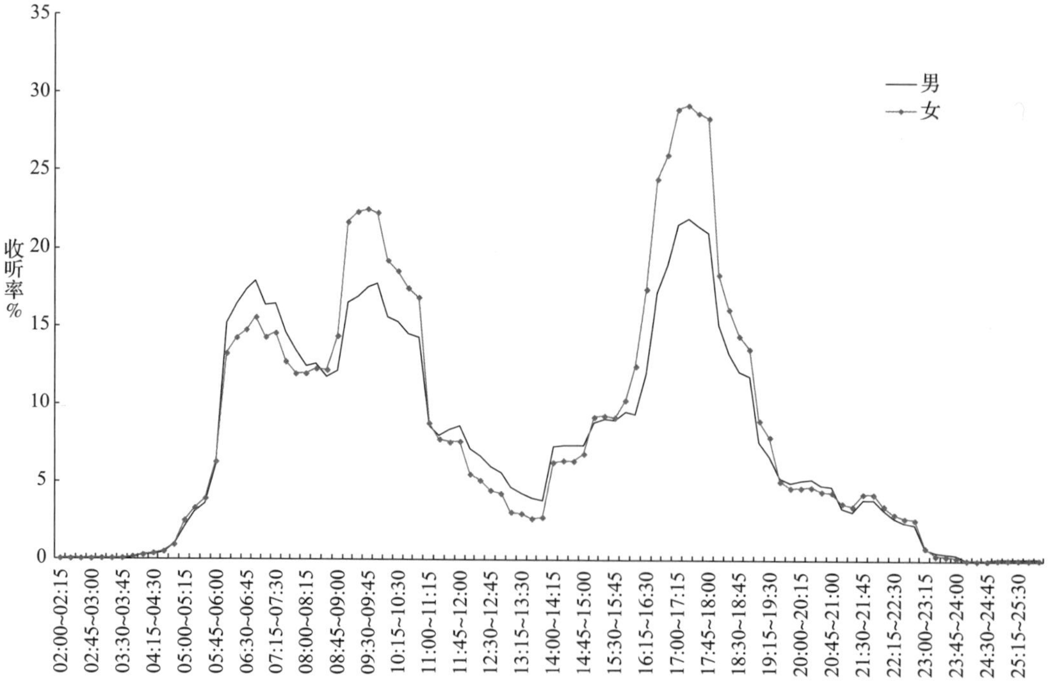

图 3.13.2　2015 年哈尔滨不同性别听众全天收听率走势

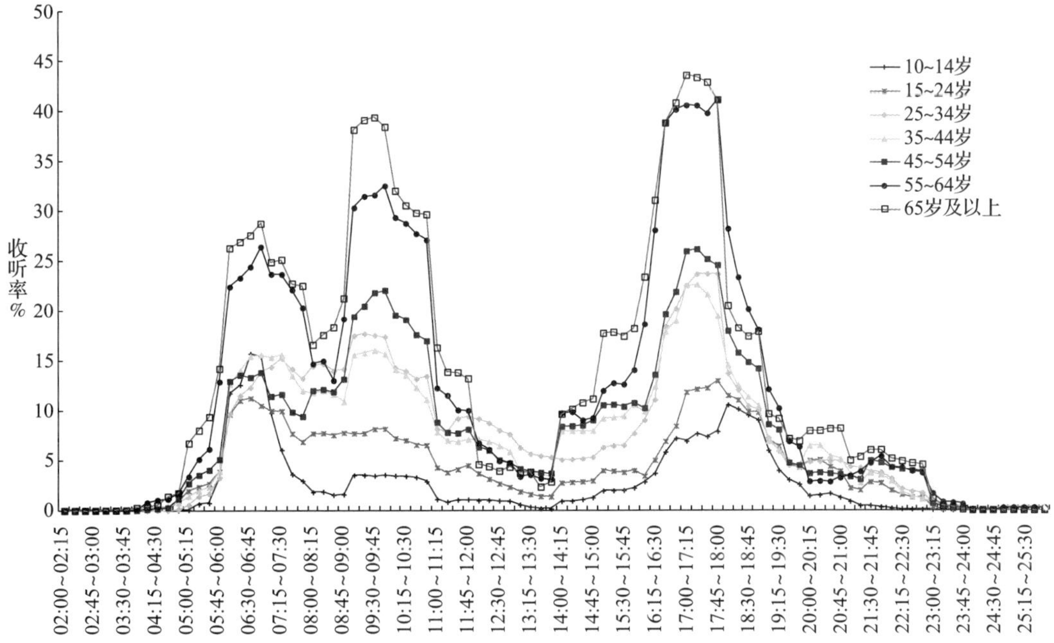

图 3.13.3　2015 年哈尔滨不同年龄听众全天收听率走势

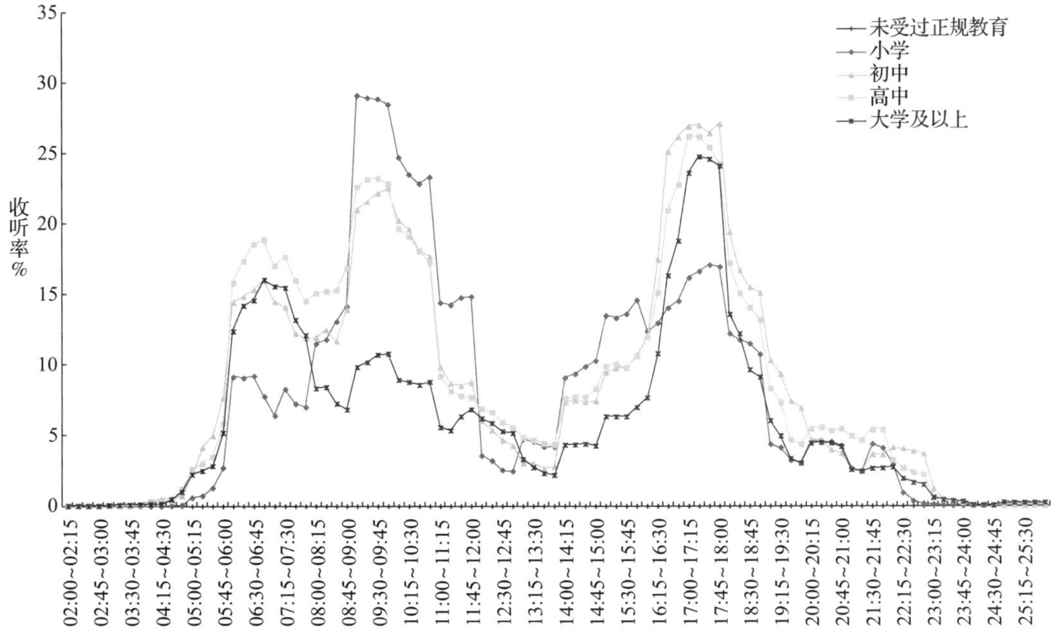

图 3.13.4　2015 年哈尔滨不同文化程度听众全天收听率走势

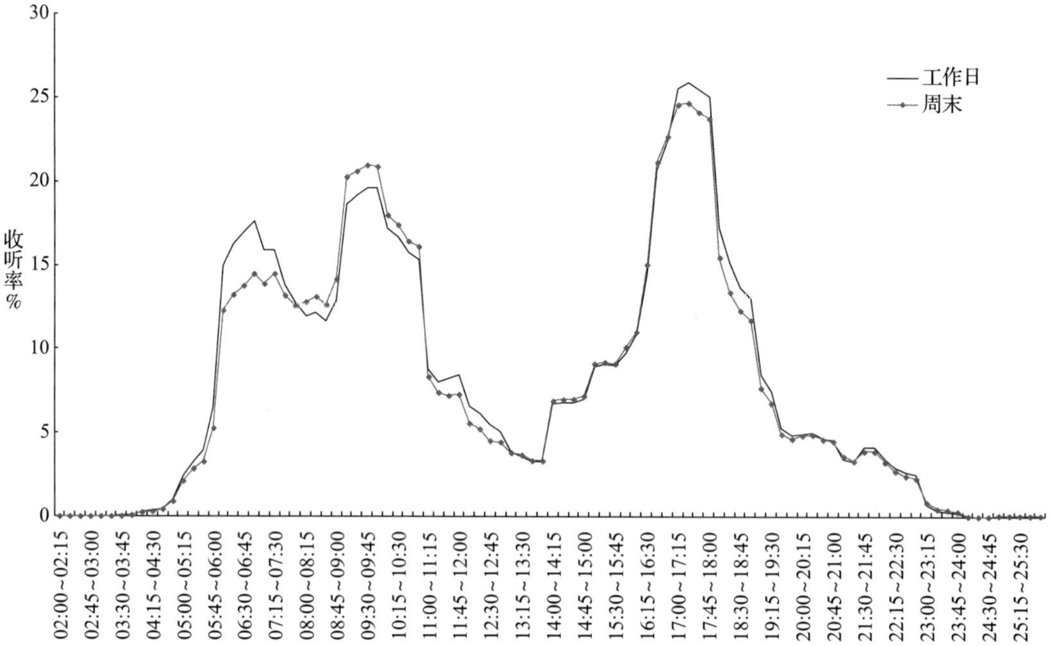

图 3.13.5　2015 年哈尔滨听众工作日与周末全天收听率走势

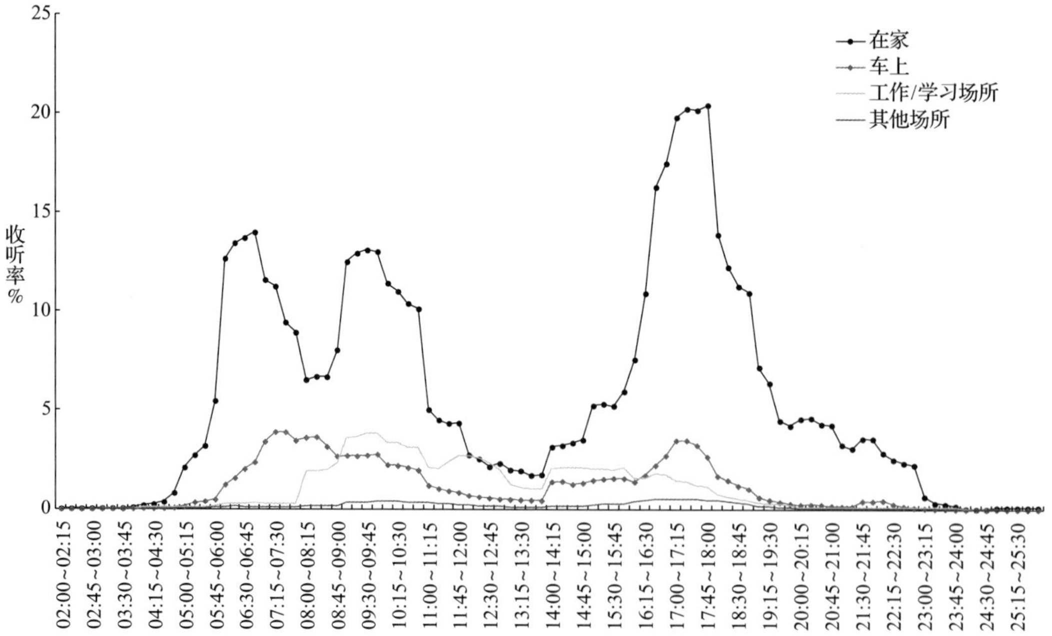

图 3.13.6　2015 年哈尔滨听众在不同收听地点全天收听率走势

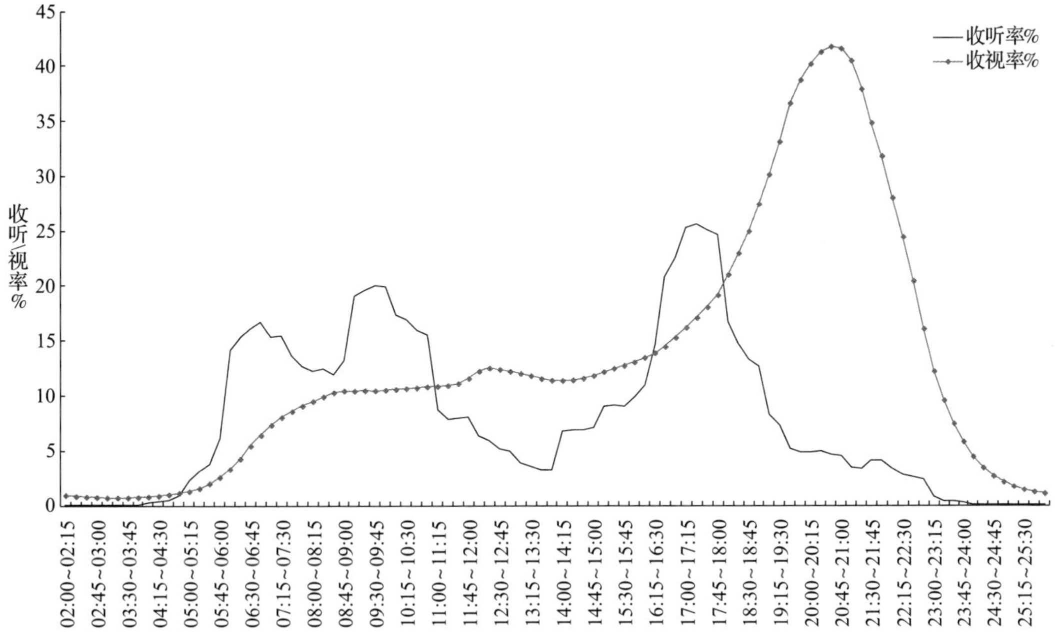

图 3.13.7　2015 年哈尔滨受众全天收听率、收视率走势比较(目标受众为 10 岁及以上)

表 3.13.3 2015 年哈尔滨市场听众构成(%)

目标听众		听众构成(%)
10 岁及以上所有人		100.0
性别	男	48.3
	女	51.7
年龄	10~14 岁	1.0
	15~24 岁	9.4
	25~34 岁	17.6
	35~44 岁	16.7
	45~54 岁	19.3
	55~64 岁	19.3
	65 岁及以上	16.7
文化程度	未受过正规教育	*
	小学	4.0
	初中	34.9
	高中	41.7
	大学及以上	19.4
职业	干部/管理人员	1.6
	初级公务员/雇员	11.9
	个体/私营企业人员	18.0
	工人	24.0
	学生	6.6
	无业(包括退休人员)	37.5
	其他	0.4
个人月收入	没有收入	10.3
	1~500 元	*
	501~1000 元	1.3
	1001~1500 元	4.9
	1501~2000 元	27.0
	2001~2500 元	21.2
	2501~3000 元	15.3
	3001~4000 元	14.8
	4001 元及以上	5.2

“*”表示该目标听众样本量不足,无法进行统计推断。

表 3.13.4 2013~2015 年哈尔滨市场各广播电台的市场份额(%)

广播电台	2013 年	2014 年	2015 年
中央人民广播电台	2.1	1.4	1.2
中国国际广播电台	0.0	0.0	0.0
黑龙江人民广播电台	67.1	70.3	68.7
哈尔滨人民广播电台	30.6	28.2	29.9
其他广播电台	0.2	0.1	0.2

表 3.13.5　2015 年哈尔滨市场各广播电台在不同目标听众中的市场份额(%)

目标听众		中央人民广播电台	中国国际广播电台	黑龙江人民广播电台	哈尔滨人民广播电台	其他广播电台
10 岁及以上所有人		1.2	0.0	68.7	29.9	0.2
性别	男	1.6	0.0	66.1	32.1	0.2
	女	0.9	0.0	71.1	27.8	0.2
年龄	10～14 岁	3.7	0.0	67.8	28.1	0.4
	15～24 岁	0.8	0.0	64.1	34.8	0.3
	25～34 岁	1.1	0.0	64.6	34.2	0.1
	35～44 岁	0.4	0.0	71.5	28.0	0.1
	45～54 岁	1.6	0.0	66.5	31.6	0.3
	55～64 岁	1.8	0.0	72.4	25.8	0.0
	65 岁及以上	1.3	0.0	71.1	27.5	0.1
文化程度	未受过正规教育	*	*	*	*	*
	小学	0.6	0.0	68.3	31.0	0.1
	初中	1.4	0.0	70.1	28.3	0.2
	高中	1.1	0.0	68.7	30.1	0.1
	大学及以上	1.4	0.0	66.0	32.3	0.3
职业	干部/管理人员	0.8	0.0	59.1	39.7	0.4
	初级公务员/雇员	0.8	0.0	63.0	35.8	0.4
	个体/私营企业人员	2.0	0.0	64.4	33.6	0.0
	工人	0.7	0.0	71.5	27.6	0.2
	学生	1.5	0.0	63.0	35.3	0.2
	无业(包括退休人员)	1.4	0.0	71.9	26.6	0.1
	其他	0.0	0.0	83.7	16.3	0.0
个人月收入	没有收入	1.1	0.0	66.7	32.1	0.1
	1～500 元	*	*	*	*	*
	501～1000 元	10.9	0.0	48.8	40.3	0.0
	1001～1500 元	0.3	0.0	70.6	28.9	0.2
	1501～2000 元	1.4	0.0	75.8	22.7	0.1
	2001～2500 元	1.1	0.0	63.5	35.4	0.0
	2501～3000 元	0.7	0.0	65.3	33.9	0.1
	3001～4000 元	1.2	0.0	69.0	29.3	0.5
	4001 元及以上	1.6	0.0	68.3	30.1	0.0

注:“*”表示该目标听众样本量不足,无法进行统计推断。

表 3.13.6　2015 年哈尔滨市场份额排名前 5 位的频率

名　次	频率名称	市场份额(%)
1	黑龙江都市女性广播 FM102.1	23.4
2	黑龙江广播 97 频道(爱家频道)FM97.0	16.1
3	哈尔滨文艺广播 FM98.4	15.3
4	黑龙江交通广播 FM99.8	11.3
5	哈尔滨交通广播 FM92.5	8.4

十四、合肥收听数据

表 3.14.1 2013～2015 年合肥各目标听众人均收听时间(分钟)

目标听众		2013 年	2014 年	2015 年
10 岁及以上所有人		76	56	59
性别	男	81	57	59
	女	71	54	58
年龄	10～14 岁	48	28	31
	15～24 岁	36	28	29
	25～34 岁	70	54	49
	35～44 岁	87	71	58
	45～54 岁	98	66	84
	55～64 岁	103	94	106
	65 岁及以上	119	82	111
文化程度	未受过正规教育	62	47	51
	小学	86	58	66
	初中	84	57	70
	高中	78	51	51
	大学及以上	57	61	47
职业	干部/管理人员	80	72	58
	初级公务员/雇员	67	45	47
	个体/私营企业人员	91	69	75
	工人	78	60	56
	学生	35	25	27
	无业(包括退休人员)	105	77	86
	其他	*	*	*
个人月收入	没有收入	43	32	32
	1～500 元	174	*	*
	501～1000 元	95	50	*
	1001～1500 元	103	62	83
	1501～2000 元	98	80	74
	2001～2500 元	77	49	71
	2501～3000 元	80	67	75
	3001～4000 元	70	69	64
	4001 元及以上	81	75	61

注:合肥为全年连续调查城市。“*”表示该目标听众样本量不足,无法进行统计推断。

表 3.14.2 2013～2015 年合肥听众在不同地点的人均收听时间(分钟)

地　点	2013 年	2014 年	2015 年
家中	47	35	40
车上	15	14	13
工作/学习场所	9	4	3
其他场所	5	3	2

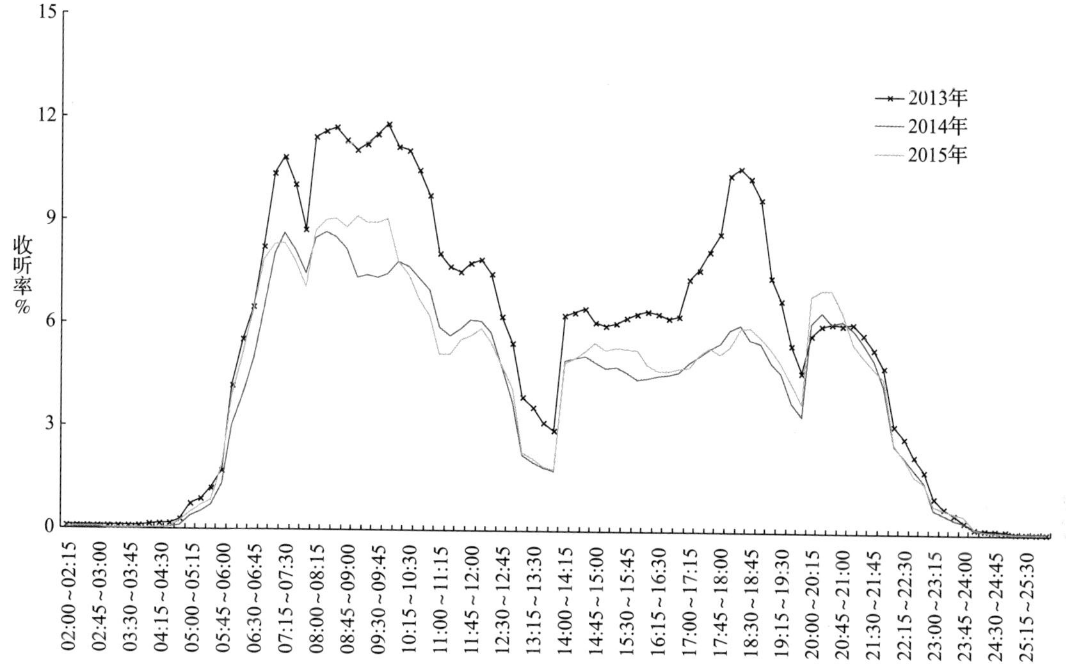

图 3.14.1　2013～2015 年合肥听众全天收听率走势

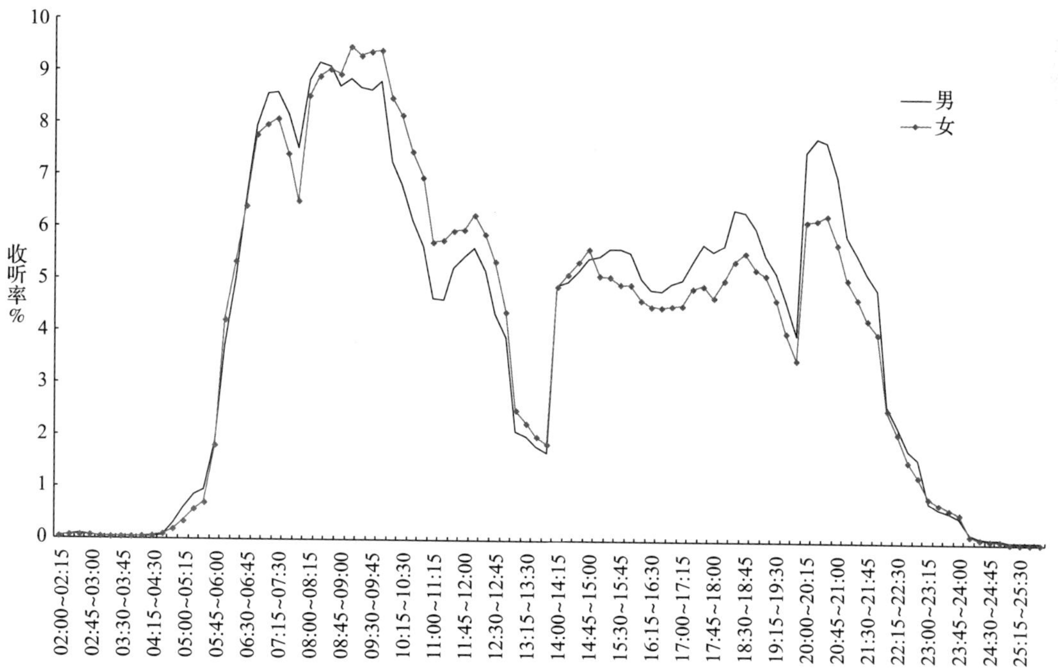

图 3.14.2　2015 年合肥不同性别听众全天收听率走势

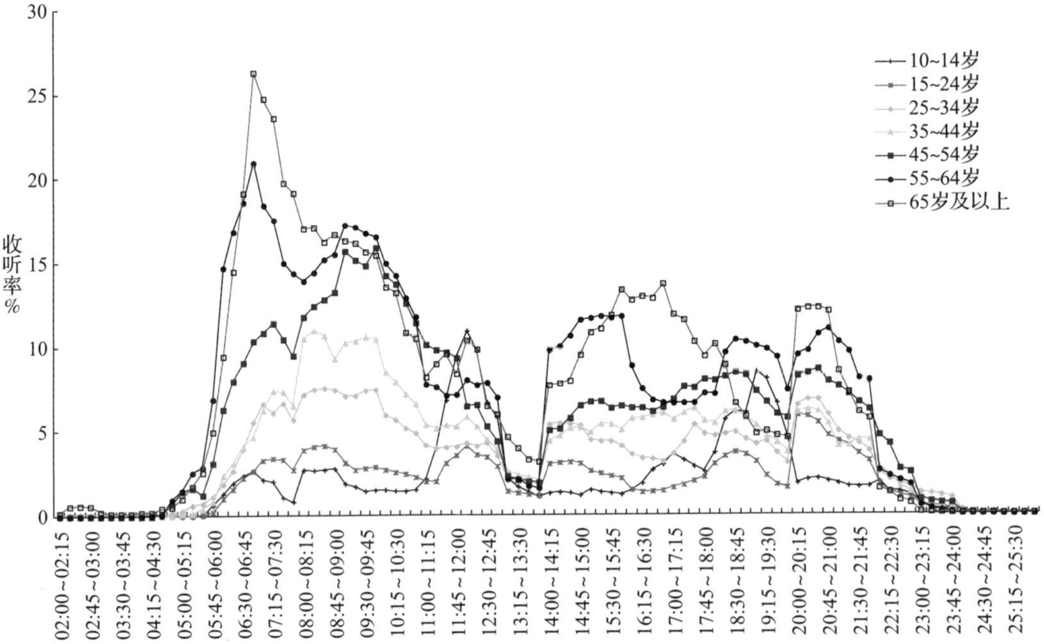

图 3.14.3　2015 年合肥不同年龄段听众全天收听率走势

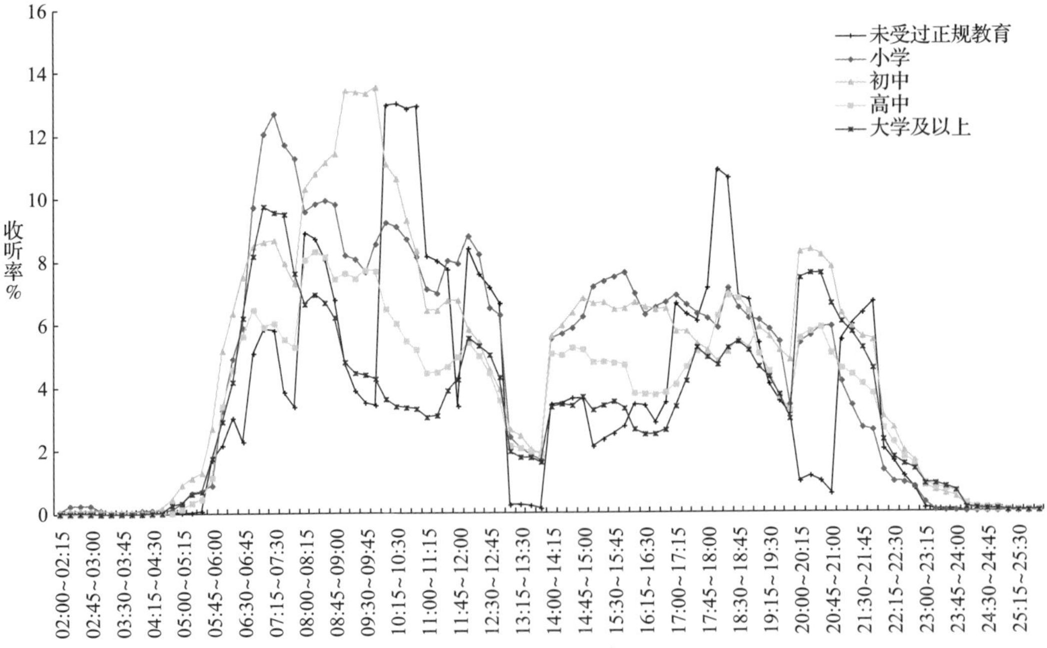

图 3.14.4　2015 年合肥不同文化程度听众全天收听率走势

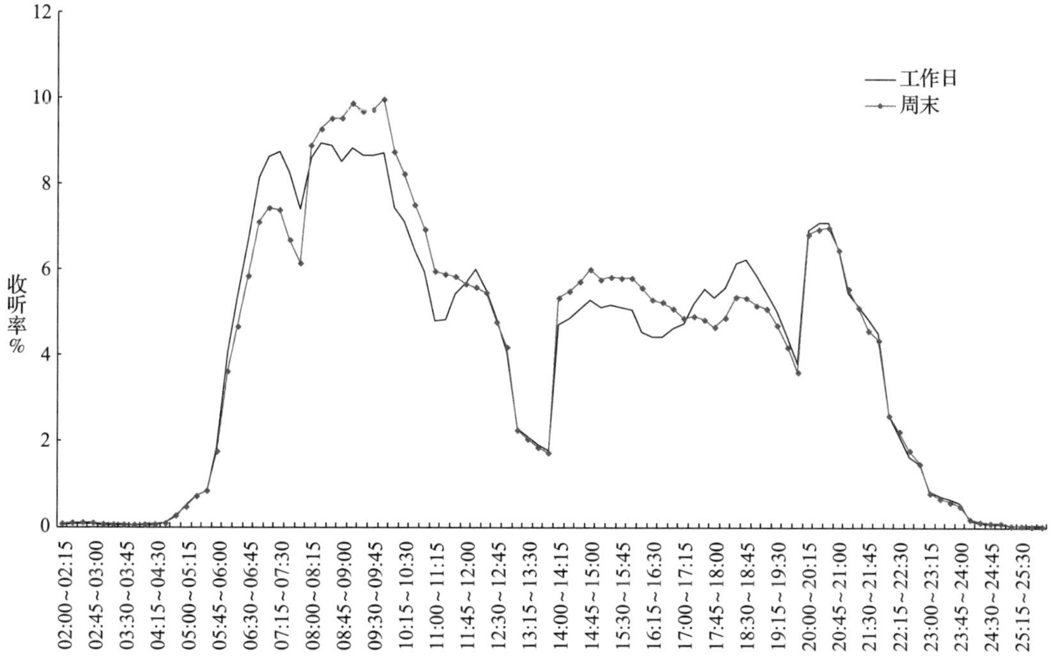

图 3.14.5　2015 年合肥听众工作日与周末全天收听率走势

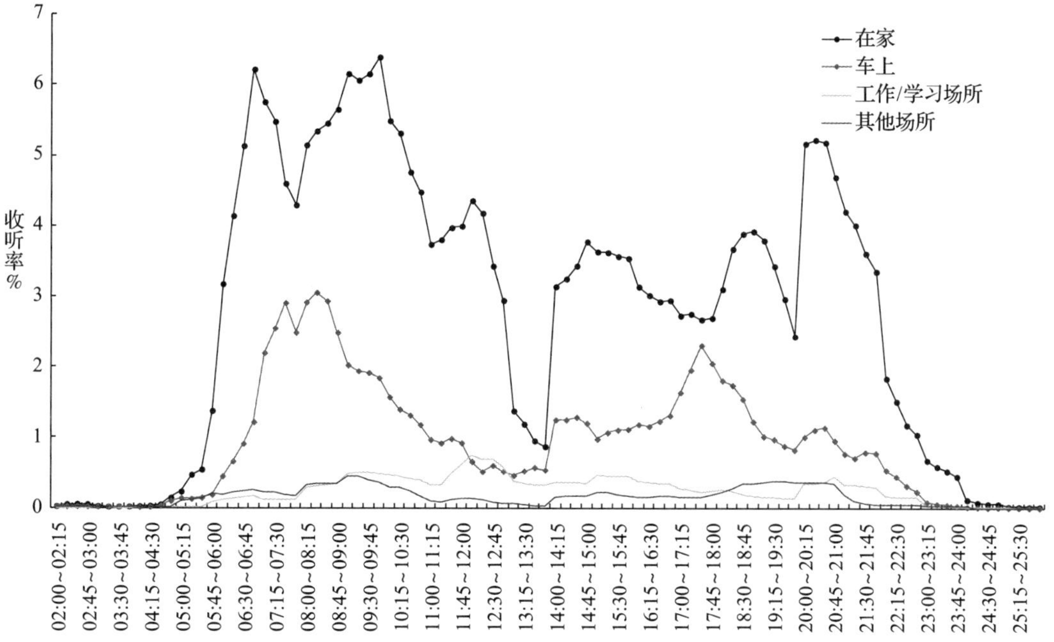

图 3.14.6　2015 年合肥听众在不同收听地点全天收听率走势

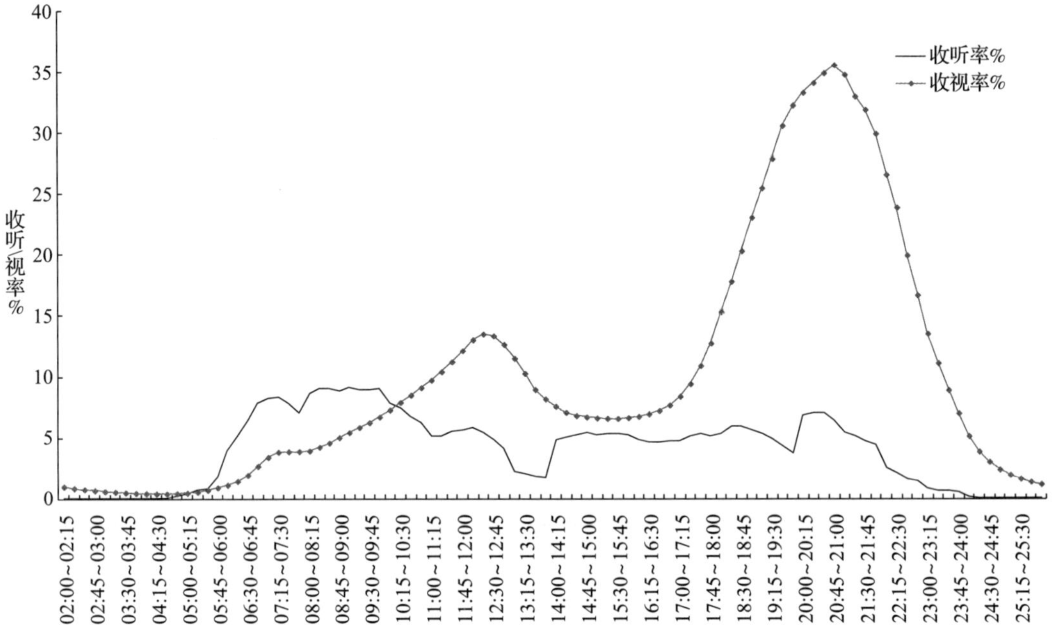

图 3.14.7　2015 年合肥受众全天收听率、收视率走势比较(目标受众为 10 岁及以上)

表 3.14.3　2015 年合肥市场听众构成(%)

目标听众		听众构成(%)
10 岁及以上所有人		100.0
性别	男	55.2
	女	44.8
年龄	10~14 岁	2.6
	15~24 岁	11.7
	25~34 岁	18.5
	35~44 岁	21.1
	45~54 岁	17.8
	55~64 岁	15.6
	65 岁及以上	12.7
文化程度	未受过正规教育	0.7
	小学	10.0
	初中	43.6
	高中	28.0
	大学及以上	17.7
职业	干部/管理人员	3.2
	初级公务员/雇员	12.9
	个体/私营企业人员	26.5
	工人	18.9
	学生	9.4
	无业(包括退休人员)	29.0
	其他	*
个人月收入	没有收入	15.9
	1~500 元	*
	501~1000 元	*
	1001~1500 元	7.1
	1501~2000 元	16.4
	2001~2500 元	15.7
	2501~3000 元	16.1
	3001~4000 元	17.4
	4001 元及以上	11.5

注:“*”表示目标听众样本量不足,无法进行统计推断。

表 3.14.4　2013~2015 年合肥市场各广播电台的市场份额(%)

广播电台	2013 年	2014 年	2015 年
中央人民广播电台	13.9	11.9	15.1
中国国际广播电台	0.9	0.5	0.2
安徽广播电视台	47.3	51.6	52.3
合肥市广播电视台	34.1	33.4	28.1
其他广播电台	3.9	2.6	4.2

表 3.14.5　2015 年合肥市场各广播电台在不同目标听众中的市场份额(%)

目标听众		中央人民广播电台	中国国际广播电台	安徽广播电视台	合肥广播电视台	其他广播电台
10 岁及以上所有人		15.1	0.2	52.3	28.1	4.2
性别	男	14.6	0.3	51.3	29.1	4.7
	女	15.8	0.2	53.7	26.8	3.6
年龄	10～14 岁	17.7	0.0	63.3	18.2	0.7
	15～24 岁	14.7	0.2	50.3	29.9	4.8
	25～34 岁	13.2	0.6	56.0	28.1	2.1
	35～44 岁	10.5	0.1	59.1	29.0	1.2
	45～54 岁	23.5	0.3	44.1	29.1	3.1
	55～64 岁	15.2	0.1	47.5	27.8	9.4
	65 岁及以上	13.9	0.1	52.7	25.9	7.5
文化程度	未受过正规教育	15.7	0.0	56.7	27.2	0.3
	小学	11.7	0.0	58.6	27.7	2.0
	初中	14.8	0.2	50.5	28.2	6.3
	高中	15.9	0.3	51.9	29.2	2.7
	大学及以上	16.8	0.2	53.8	26.3	2.8
职业类别	干部/管理人员	17.9	0.0	45.8	33.7	2.6
	初级公务员/雇员	13.5	0.3	55.2	28.8	2.2
	个体/私营企业人员	16.3	0.5	51.4	30.0	1.8
	工人	13.0	0.2	57.3	27.9	1.7
	学生	17.8	0.0	52.5	24.8	4.9
	无业(包括退休人员)	15.1	0.1	49.1	27.0	8.8
	其他	*	*	*	*	*
个人月收入	没有收入	15.7	0.0	54.1	25.4	4.7
	1～500 元	*	*	*	*	*
	501～1000 元	*	*	*	*	*
	1001～1500 元	8.5	0.5	63.0	25.5	2.5
	1501～2000 元	14.0	0.0	44.5	35.3	6.1
	2001～2500 元	23.7	0.0	50.0	19.3	7.0
	2501～3000 元	12.7	0.2	55.6	29.6	2.0
	3001～4000 元	16.7	0.5	51.8	27.7	3.3
	4001 元及以上	8.5	0.4	55.1	32.5	3.6

注:“*”表示目标听众样本量不足,无法进行统计推断。

表 3.14.6　2015 年合肥市场份额排名前 5 位的频率

名　次	频率名称	市场份额%
1	安徽音乐广播	11.8
2	安徽交通广播	10.6
3	中央人民广播电台第一套节目中国之声	9.2
4	合肥故事广播 FM98.8	7.5
5	合肥交通广播 AM1053/FM102.6	7.3

十五、济南收听数据

表 3.15.1 2013～2015 年济南各目标听众人均收听时间（分钟）

目标听众		2013 年	2014 年	2015 年
10 岁及以上所有人		104	88	78
性别	男	101	84	74
	女	108	93	83
年龄	10～14 岁	23	21	15
	15～24 岁	54	46	27
	25～34 岁	80	70	62
	35～44 岁	101	93	76
	45～54 岁	121	111	101
	55～64 岁	172	131	141
	65 岁及以上	189	163	159
文化程度	未受过正规教育	104	81	71
	小学	127	123	108
	初中	117	96	80
	高中	97	81	77
	大学及以上	82	73	66
职业类别	干部/管理人员	104	65	61
	初级公务员/雇员	76	63	61
	个体/私营企业人员	129	101	84
	工人	91	91	84
	学生	32	26	19
	无业（包括退休人员）	169	132	135
	其他	109	120	93
个人月收入	没有收入	49	42	33
	1～500 元	137	119	116
	501～1000 元	98	98	92
	1001～1500 元	104	93	94
	1501～2000 元	120	99	86
	2001～2500 元	138	118	109
	2501～3000 元	98	93	95
	3001～4000 元	111	102	80
	4001 元及以上	98	71	70

注：济南为全年连续调查城市。

表 3.15.2 2013～2015 年济南听众在不同地点的人均收听时间（分钟）

地　点	2013 年	2014 年	2015 年
家中	79	63	57
车上	14	14	14
工作/学习场所	9	9	6
其他场所	3	2	2

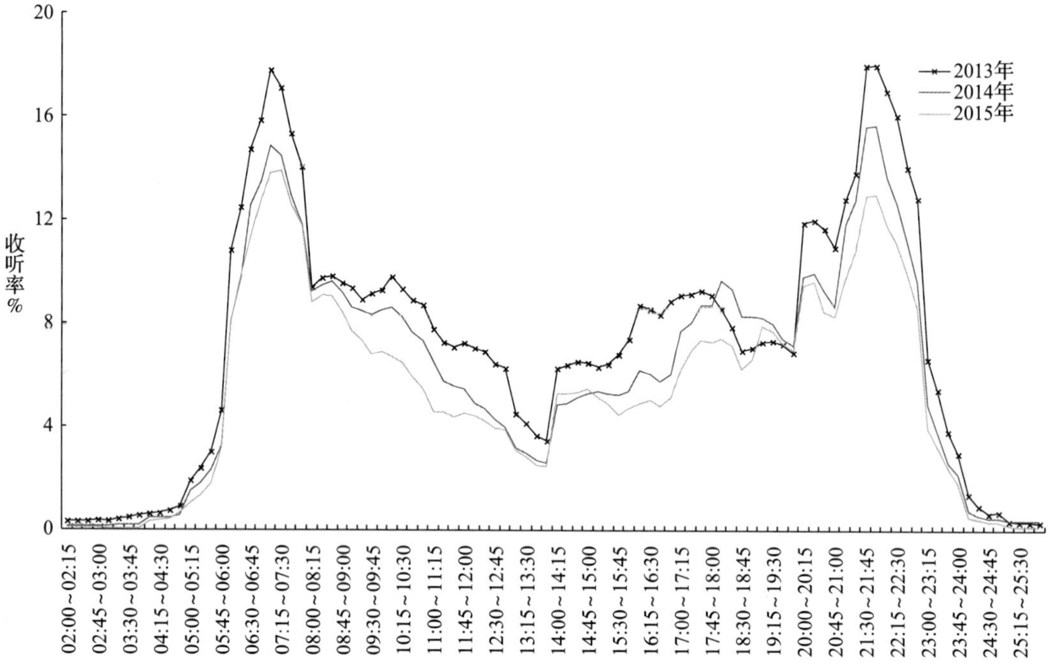

图 3.15.1　2013～2015 年济南听众全天收听率走势

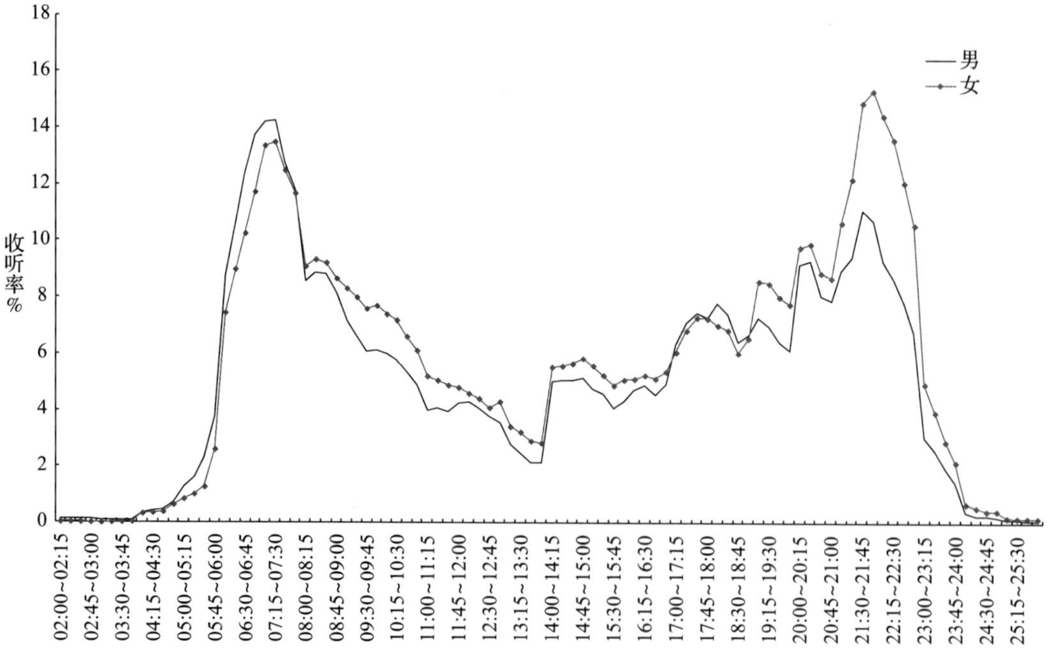

图 3.15.2　2015 年济南不同性别听众全天收听率走势

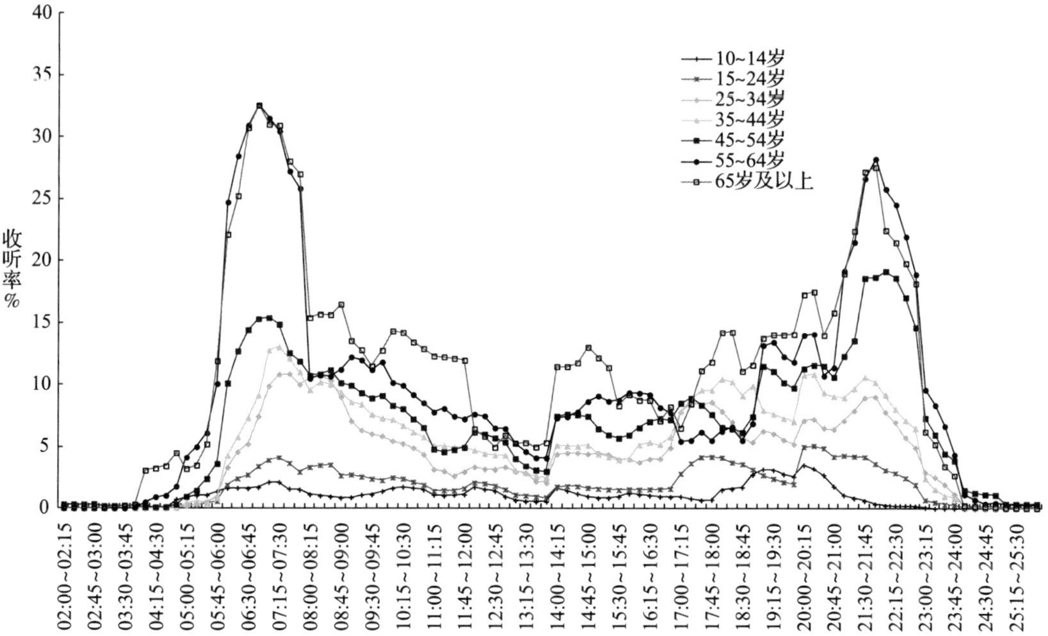

图 3.15.3　2015 年济南不同年龄听众全天收听率走势

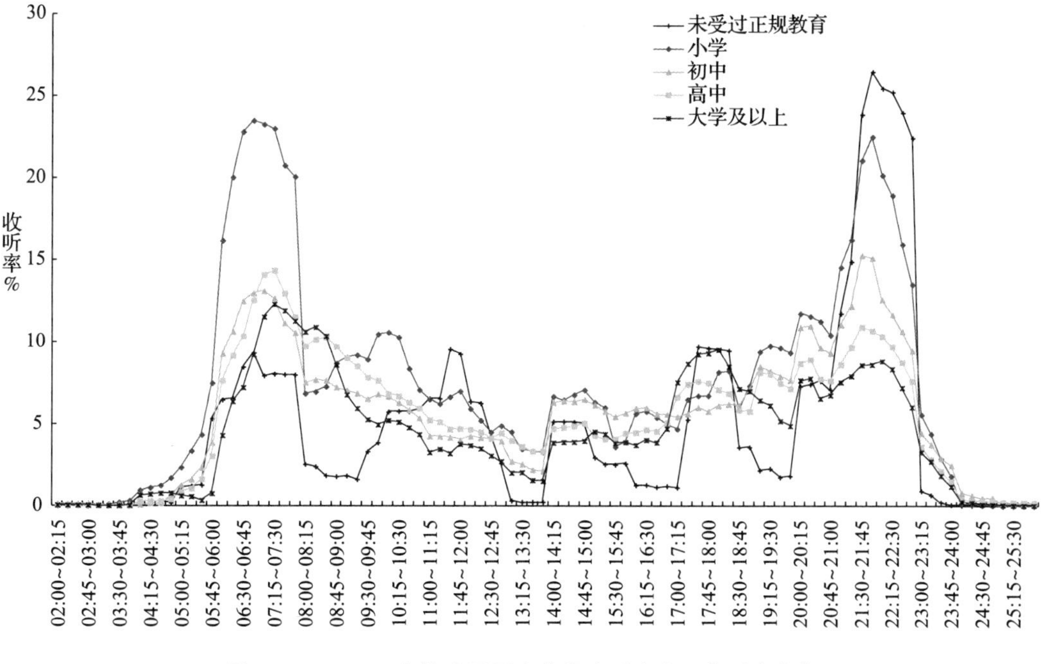

图 3.15.4　2015 年济南不同文化程度听众全天收听率走势

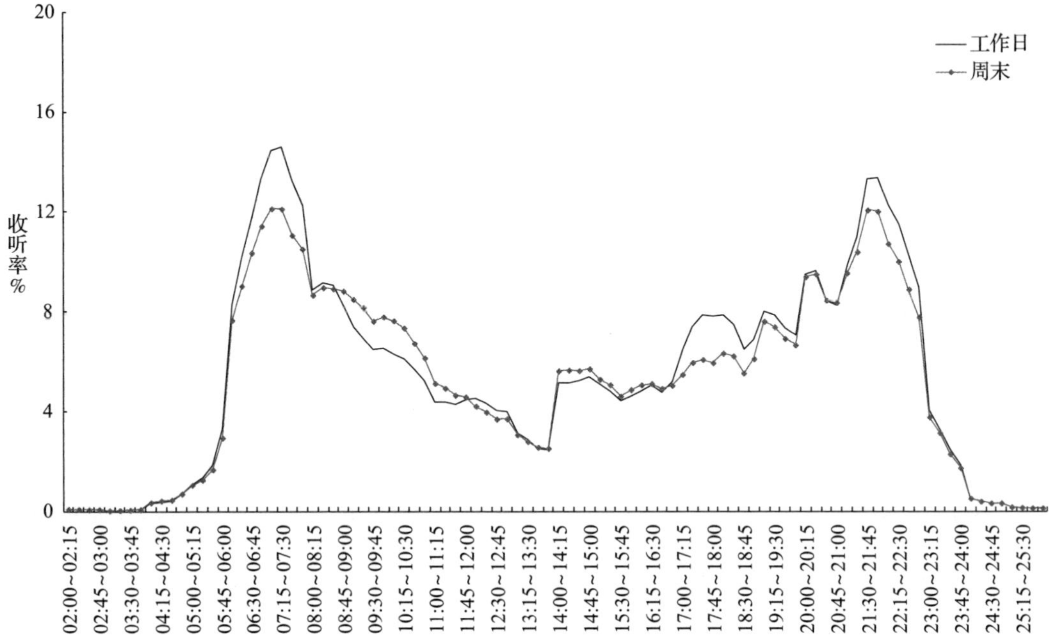

图 3.15.5　2015 年济南听众工作日与周末全天收听率走势

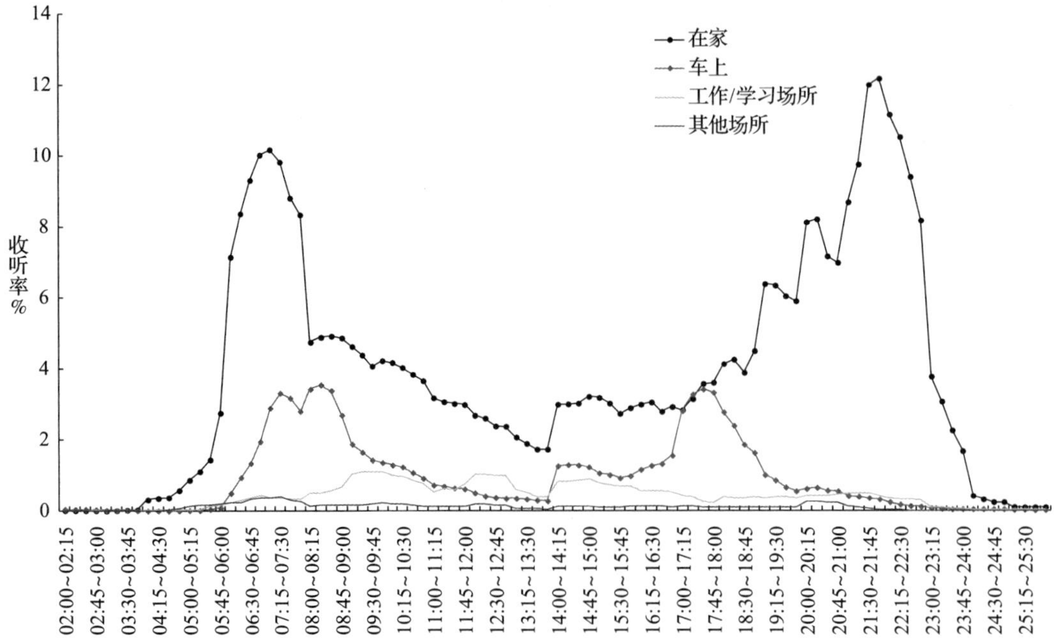

图 3.15.6　2015 年济南听众在不同收听地点全天收听率走势

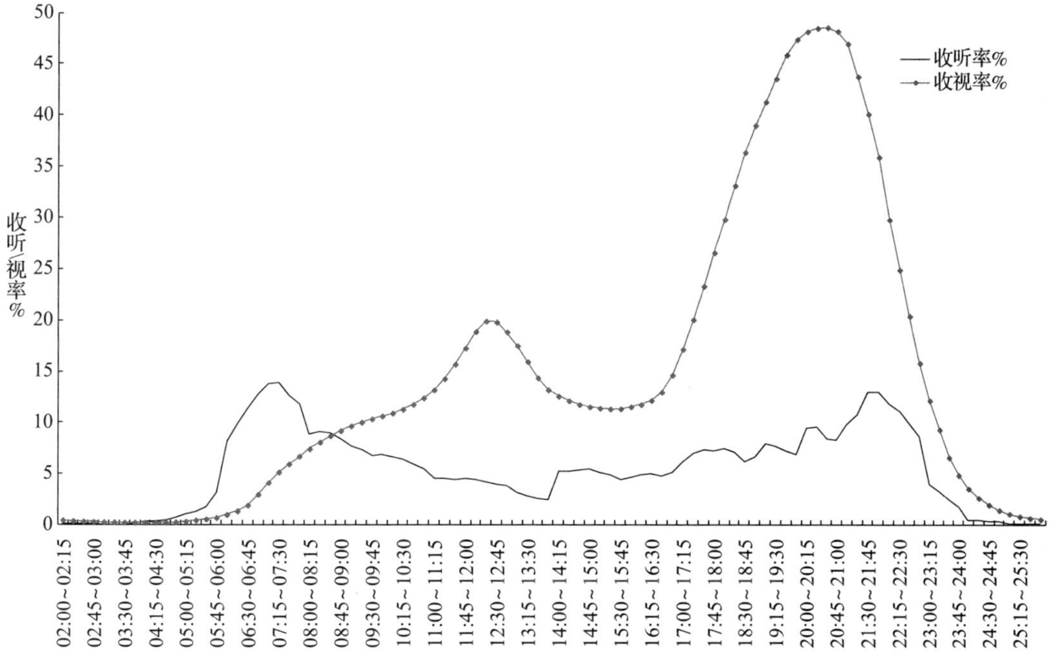

图 3.15.7 2015 年济南受众全天收听率、收视率走势比较(目标受众为 10 岁及以上)

表 3.15.3　2015 年济南市场听众构成(%)

目标听众		听众构成(%)
10 岁及以上所有人		100.0
性别	男	48.3
	女	51.7
年龄	10~14 岁	0.7
	15~24 岁	7.9
	25~34 岁	15.9
	35~44 岁	17.4
	45~54 岁	21.5
	55~64 岁	19.5
	65 岁及以上	17.1
文化程度	未受过正规教育	1.3
	小学	10.6
	初中	37.0
	高中	32.5
	大学及以上	18.6
职业	干部/管理人员	2.1
	初级公务员/雇员	14.8
	个体/私营企业人员	13.6
	工人	25.8
	学生	4.1
	无业(包括退休人员)	33.2
	其他	6.4
个人月收入	没有收入	9.5
	1~500 元	4.1
	501~1000 元	5.5
	1001~1500 元	5.3
	1501~2000 元	13.5
	2001~2500 元	21.5
	2501~3000 元	17.1
	3001~4000 元	15.4
	4001 元及以上	8.1

表 3.15.4　2013~2015 年济南市场各广播电台的市场份额(%)

广播电台	2013 年	2014 年	2015 年
中央人民广播电台	3.4	3.3	2.7
中国国际广播电台	0.0	0.0	0.0
山东广播电视台	21.2	19.2	18.0
济南广播电视台	72.1	77.3	78.7
其他广播电台	3.3	0.2	0.6

表 3.15.5　2015 年济南市场各广播电台在不同目标听众中的市场份额(%)

目标听众		中央人民广播电台	中国国际广播电台	山东广播电视台	济南广播电视台	其他广播电台
10 岁及以上所有人		2.7	0.0	18.0	78.7	0.6
性别	男	3.4	0.0	17.6	78.1	0.9
	女	2.1	0.0	18.3	79.2	0.4
年龄	10～14 岁	0.5	0.0	32.0	62.1	5.4
	15～24 岁	1.1	0.0	21.2	76.7	1.0
	25～34 岁	1.5	0.0	19.0	79.2	0.3
	35～44 岁	2.2	0.0	12.4	84.8	0.6
	45～54 岁	1.1	0.0	19.4	78.1	1.4
	55～64 岁	4.1	0.0	17.3	78.5	0.1
	65 岁及以上	5.7	0.0	19.5	74.4	0.4
文化程度	未受过正规教育	1.5	0.0	13.4	83.5	1.6
	小学	3.9	0.0	15.6	79.6	0.9
	初中	2.9	0.0	15.2	81.1	0.8
	高中	2.3	0.0	20.8	76.5	0.4
	大学及以上	2.6	0.0	20.1	77.0	0.3
职业类别	干部/管理人员	1.2	0.0	18.6	80.1	0.1
	初级公务员/雇员	2.4	0.0	19.5	77.8	0.3
	个体/私营企业人员	2.2	0.0	14.1	83.0	0.7
	工人	1.7	0.0	17.2	80.7	0.4
	学生	1.3	0.0	24.1	73.0	1.6
	无业(包括退休人员)	4.2	0.0	18.8	76.7	0.3
	其他	2.6	0.0	17.6	75.7	4.1
个人月收入	没有收入	2.5	0.0	17.8	78.6	1.1
	1～500 元	2.5	0.0	9.4	85.2	2.9
	501～1000 元	2.2	0.0	14.1	82.9	0.8
	1001～1500 元	2.8	0.0	19.8	75.5	1.9
	1501～2000 元	2.0	0.0	15.8	81.8	0.4
	2001～2500 元	3.0	0.0	23.5	73.1	0.4
	2501～3000 元	2.8	0.0	17.8	79.2	0.2
	3001～4000 元	2.8	0.0	17.3	79.1	0.8
	4001 元及以上	3.9	0.0	14.6	81.4	0.1

表 3.15.6　2015 年济南市场份额排名前 5 位的频率

名　次	频率名称	市场份额%
1	济南新闻广播 FM106.6	26.2
2	济南经济广播 FM90.9	15.2
3	济南电台音乐调频 88.7 FM88.7	11.0
4	济南交通广播 FM103.1	10.7
5	济南故事广播 FM104.3	6.9

十六、昆明收听数据

表 3.16.1　2015 年昆明各目标听众人均收听时间(分钟)

目标听众		2015 年
10 岁及以上所有人		56
性别	男	58
	女	54
年龄	10～14 岁	20
	15～24 岁	22
	25～34 岁	43
	35～44 岁	57
	45～54 岁	65
	55～64 岁	99
	65 岁及以上	119
文化程度	未受过正规教育	61
	小学	54
	初中	65
	高中	59
	大学及以上	47
职业	干部/管理人员	50
	初级公务员/雇员	49
	个体/私营企业人员	50
	工人	53
	学生	23
	无业(包括退休人员)	95
	其他	*
个人月收入	没有收入	25
	1～500 元	*
	501～1000 元	33
	1001～1500 元	61
	1501～2000 元	75
	2001～2500 元	79
	2501～3000 元	73
	3001～4000 元	65
	4001 元及以上	50

注:昆明为全年连续调查城市,2015 年 7 月 1 日起开始调查。2015 年数据为 7 月 1 日～12 月 31 日数据。“*”表示该目标听众样本量不足,无法进行统计推断。

表 3.16.2　2015 年昆明听众在不同地点的人均收听时间(分钟)

地　点	2015 年
在家	32
车上	17
工作/学习场所	3
其他场所	4

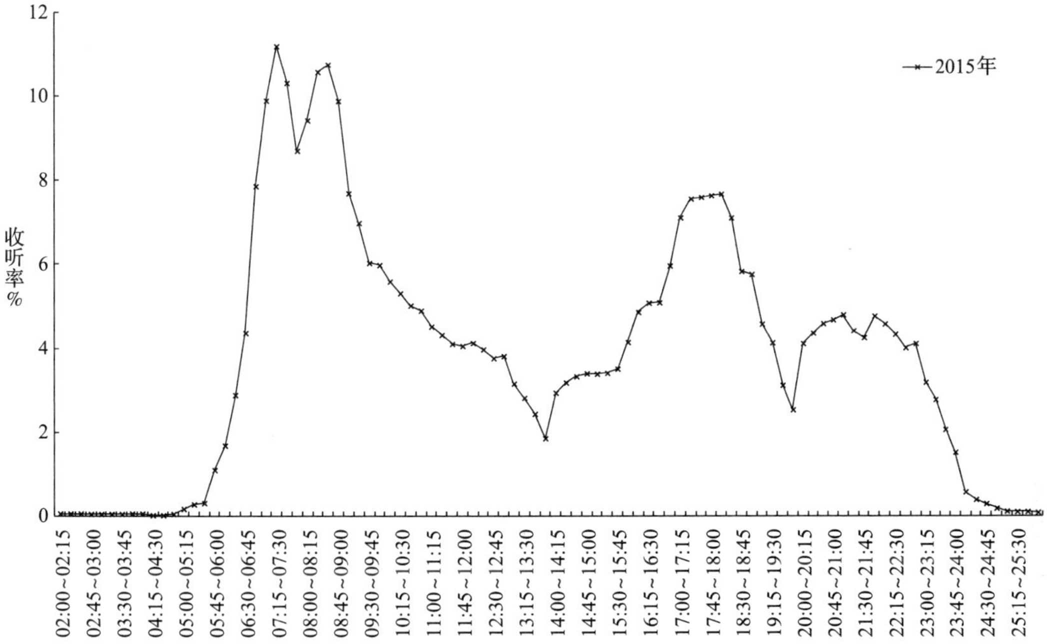

图 3.16.1　2015 年昆明听众全天收听率走势

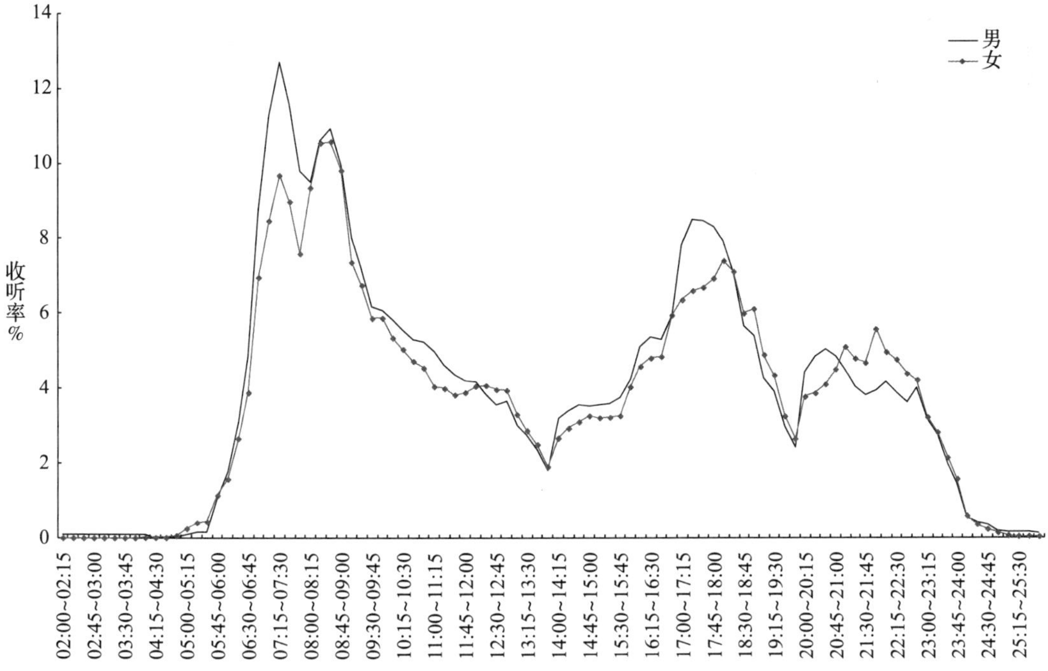

图 3.16.2　2015 年昆明不同性别听众全天收听率走势

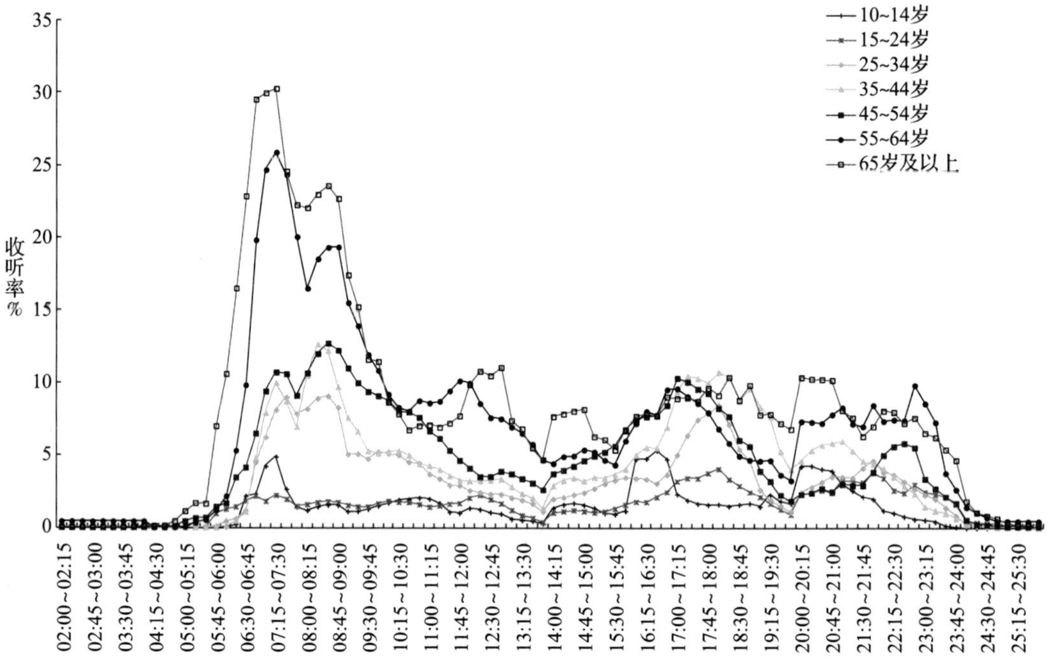

图 3.16.3　2015 年昆明不同年龄听众全天收听率走势

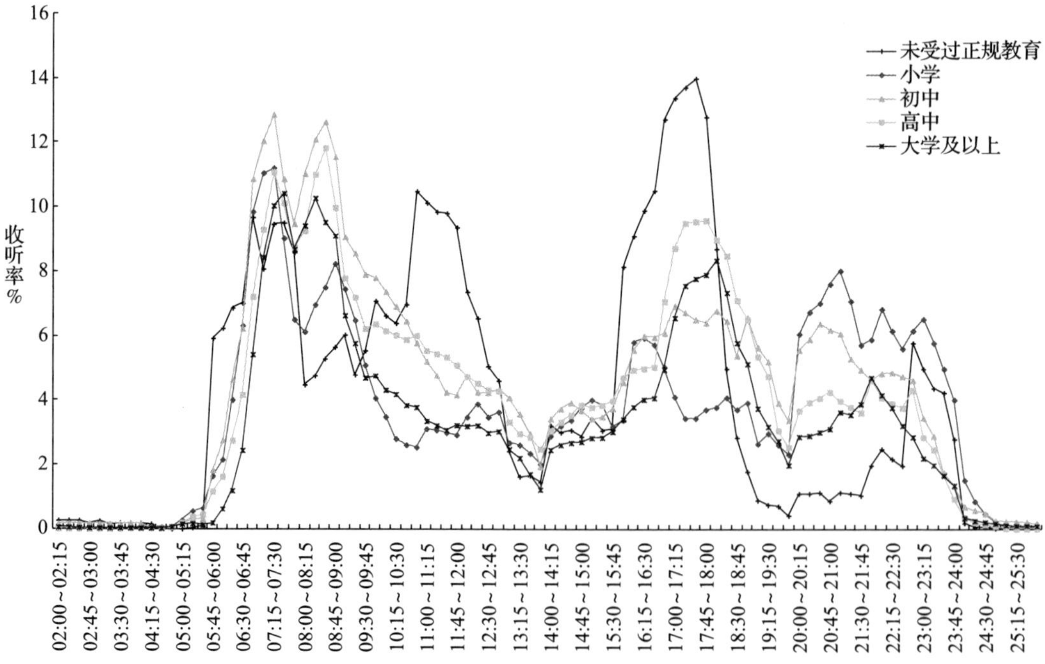

图 3.16.4　2015 年昆明不同文化程度听众全天收听率走势

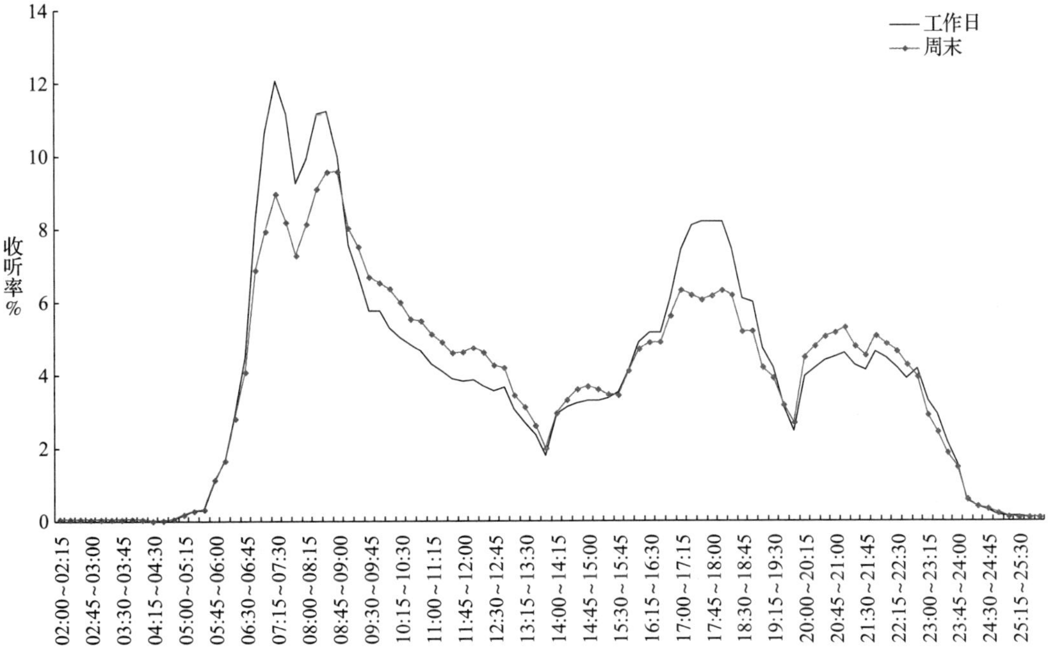

图 3.16.5　2015 年昆明听众工作日与周末全天收听率走势

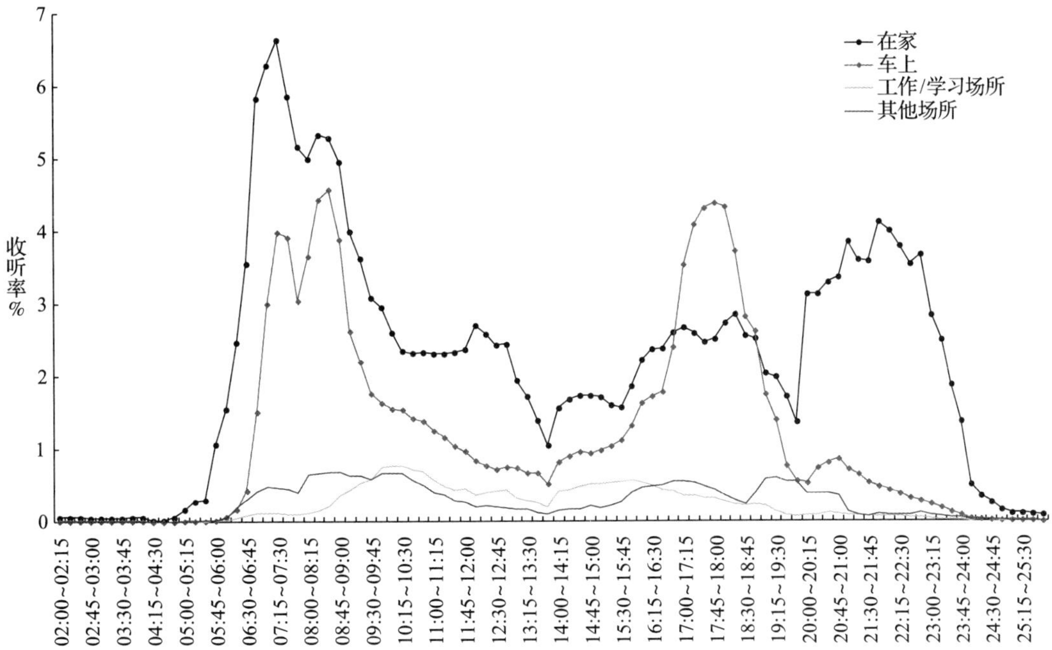

图 3.16.6　2015 年昆明听众在不同收听地点全天收听率走势

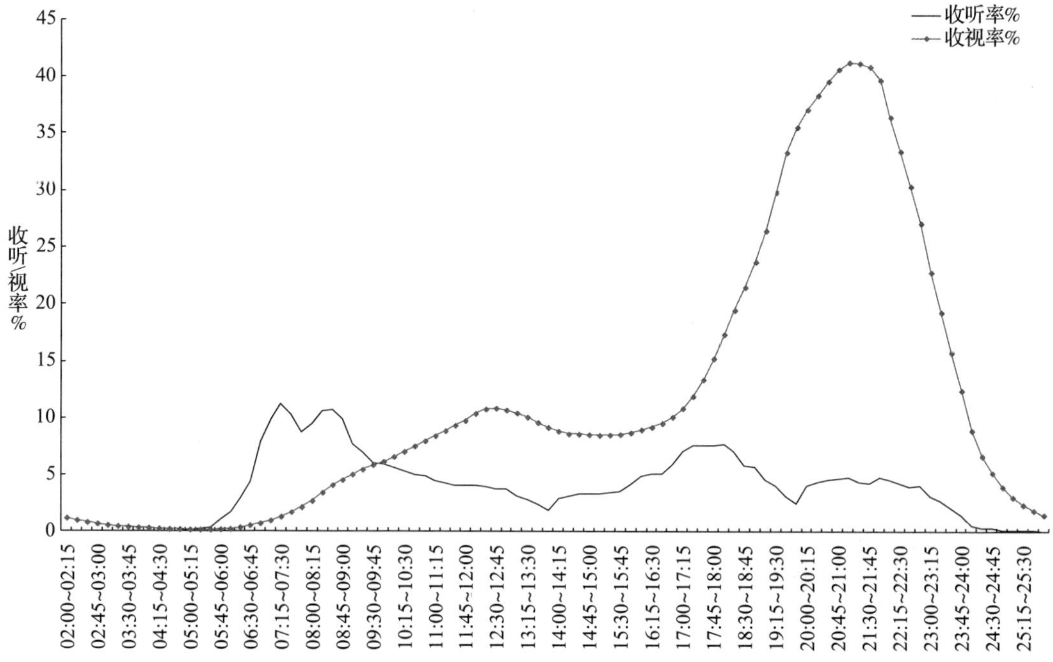

图 3.16.7　2015 年昆明受众全天收听率、收视率走势比较(目标受众为 10 岁及以上)

表 3.16.3 2015 年昆明市场听众构成(%)

目标听众		听众构成(%)
10 岁及以上所有人		100.0
性别	男	52.1
	女	47.9
年龄	10~14 岁	1.7
	15~24 岁	7.6
	25~34 岁	15.9
	35~44 岁	23.1
	45~54 岁	17.1
	55~64 岁	17.8
	65 岁及以上	16.8
文化程度	未受过正规教育	1.1
	小学	9.7
	初中	30.2
	高中	30.1
	大学及以上	28.8
职业	干部/管理人员	8.1
	初级公务员/雇员	16.5
	个体/私营企业人员	20.8
	工人	9.6
	学生	6.2
	无业(包括退休人员)	38.8
	其他	*
个人月收入	没有收入	8.9
	1~500 元	*
	501~1000 元	0.5
	1001~1500 元	6.6
	1501~2000 元	14.4
	2001~2500 元	10.8
	2501~3000 元	16.0
	3001~4000 元	20.7
	4001 元及以上	22.1

“*”表示该目标听众样本量不足,无法进行统计推断。

表 3.16.4 2015 年昆明市场各广播电台的市场份额(%)

广播电台	2015 年
中央人民广播电台	20.8
中国国际广播电台	0.4
云南广播电视台	52.6
昆明广播电视台	24.7
其他广播电台	1.5

表 3.16.5　2015 年昆明市场各广播电台在不同目标听众中的市场份额(%)

目标听众		中央人民广播电台	中国国际广播电台	云南广播电视台	昆明广播电视台	其他广播电台
10 岁及以上所有人		20.8	0.4	52.6	24.7	1.5
性别	男	20.8	0.4	53.4	24.7	0.6
	女	20.8	0.4	51.7	24.7	2.4
年龄	10～14 岁	27.5	0.1	44.4	17.0	11.0
	15～24 岁	17.4	0.1	56.9	14.4	11.2
	25～34 岁	15.8	0.9	67.5	15.5	0.3
	35～44 岁	12.8	0.3	56.1	29.8	0.9
	45～54 岁	18.9	0.8	51.9	28.1	0.3
	55～64 岁	30.3	0.2	44.7	24.5	0.3
	65 岁及以上	29.3	0.1	41.6	28.5	0.5
文化程度	未受过正规教育	16.8	0.0	65.0	15.3	*
	小学	24.5	0.0	45.7	27.5	2.3
	初中	24.7	0.6	49.7	24.2	0.8
	高中	20.2	0.2	48.8	30.6	0.2
	大学及以上	16.2	0.5	61.5	18.6	3.2
职业	干部/管理人员	18.3	0.5	51.3	29.9	0.1
	初级公务员/雇员	14.3	0.4	58.4	21.6	5.4
	个体/私营企业人员	13.0	0.9	60.0	26.0	0.1
	工人	18.1	0.1	58.0	21.8	2.1
	学生	24.6	0.2	57.3	15.0	2.9
	无业(包括退休人员)	28.3	0.3	44.4	26.6	0.5
	其他	*	*	*	*	*
个人月收入	没有收入	22.9	0.4	58.8	15.9	2.1
	1～500 元	*	*	*	*	*
	501～1000 元	29.6	0.0	66.2	4.3	0.0
	1001～1500 元	14.4	0.3	34.5	49.2	1.6
	1501～2000 元	29.1	0.5	47.0	23.1	0.4
	2001～2500 元	16.4	0.1	42.9	31.1	9.5
	2501～3000 元	21.8	0.6	51.5	25.9	0.3
	3001～4000 元	25.1	0.2	51.8	22.7	0.1
	4001 元及以上	13.9	0.7	64.3	21.0	0.2

“*”表示该目标听众样本量不足,无法进行统计推断。

表 3.16.6　2015 年昆明市场份额排名前 5 位的频率

名　　次	频率名称	市场份额(%)
1	云南广播电视台交通之声 FM91.8	18.3
2	中央人民广播电台第一套节目中国之声	11.5
3	云南广播电视台音乐之声 FM97	11.4
4	昆明广播电视台 FM95.4 汽车广播	8.5
4	云南广播电视台新闻广播 AM576/FM105.8	8.5

十七、南昌收听数据

表 3.17.1　2013～2015 年南昌各目标听众人均收听时间(分钟)

目标听众		2013 年	2014 年	2015 年
10 岁及以上所有人		42	28	29
性别	男	50	31	33
	女	35	25	24
年龄	10～14 岁	9	7	11
	15～24 岁	18	13	14
	25～34 岁	37	27	27
	35～44 岁	45	34	36
	45～54 岁	48	36	35
	55～64 岁	47	34	41
	65 岁及以上	80	54	43
文化程度	未受过正规教育	34	10	13
	小学	36	20	21
	初中	44	27	29
	高中	44	32	32
	大学及以上	43	30	30
职业	干部/管理人员	54	37	28
	初级公务员/雇员	42	28	32
	个体/私营企业人员	41	35	36
	工人	39	26	22
	学生	13	8	9
	无业(包括退休人员)	60	37	36
	其他	24	13	30
个人月收入	没有收入	18	11	14
	1～500 元	*	*	*
	501～1000 元	37	34	*
	1001～1500 元	51	24	22
	1501～2000 元	48	40	27
	2001～2500 元	43	27	32
	2501～3000 元	55	30	23
	3001～4000 元	50	34	36
	4001 元及以上	49	45	49

注:南昌自 2013 年 4 月开始进行收听率调查,为全年连续调查城市。“*”表示目标听众样本量不足,无法进行统计推断。

表 3.17.2　2013～2015 年南昌听众在不同地点的人均收听时间(分钟)

地　　点	2013 年	2014 年	2015 年
家中	24	15	15
车上	14	11	12
工作/学习场所	2	1	1
其他场所	2	1	1

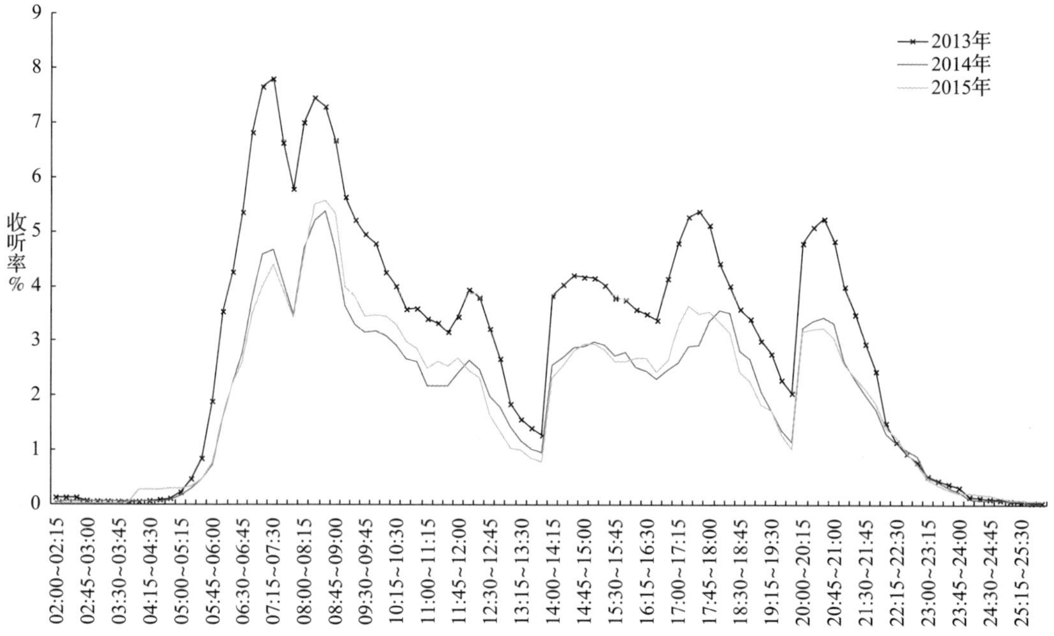

图 3.17.1　2013～2015 年南昌听众全天收听率走势

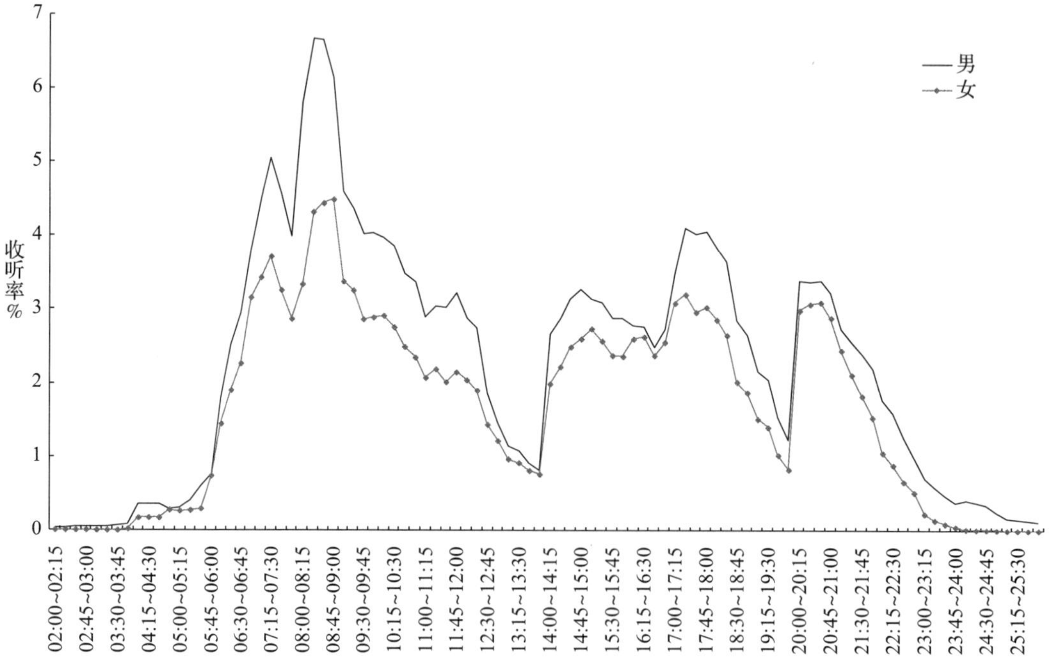

图 3.17.2　2015 年南昌不同性别听众全天收听率走势

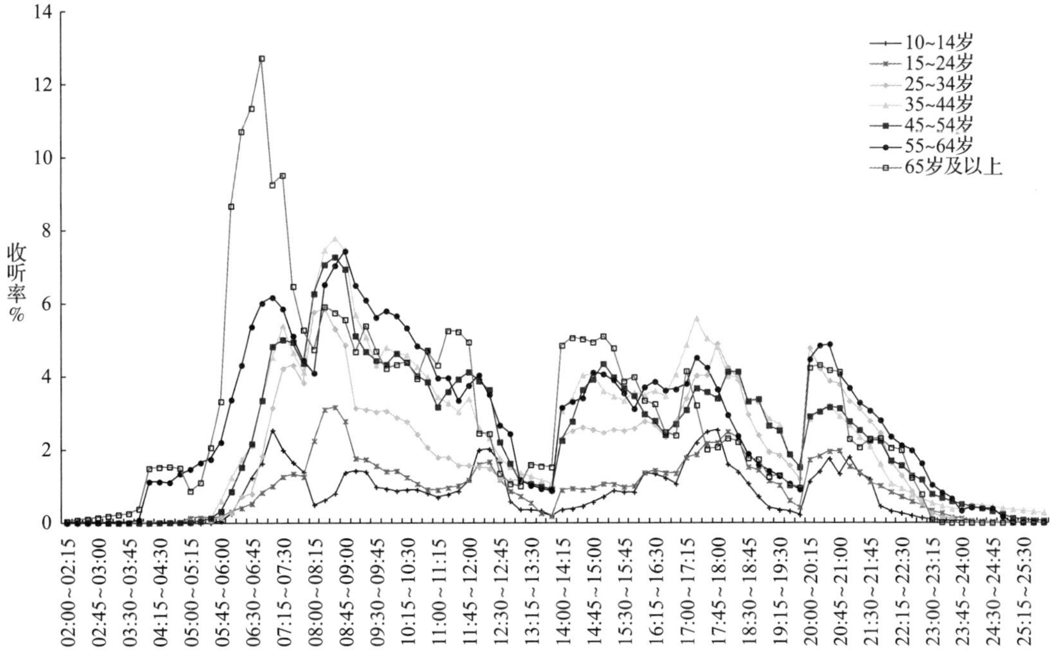

图 3.17.3 2015 年南昌不同年龄听众全天收听率走势

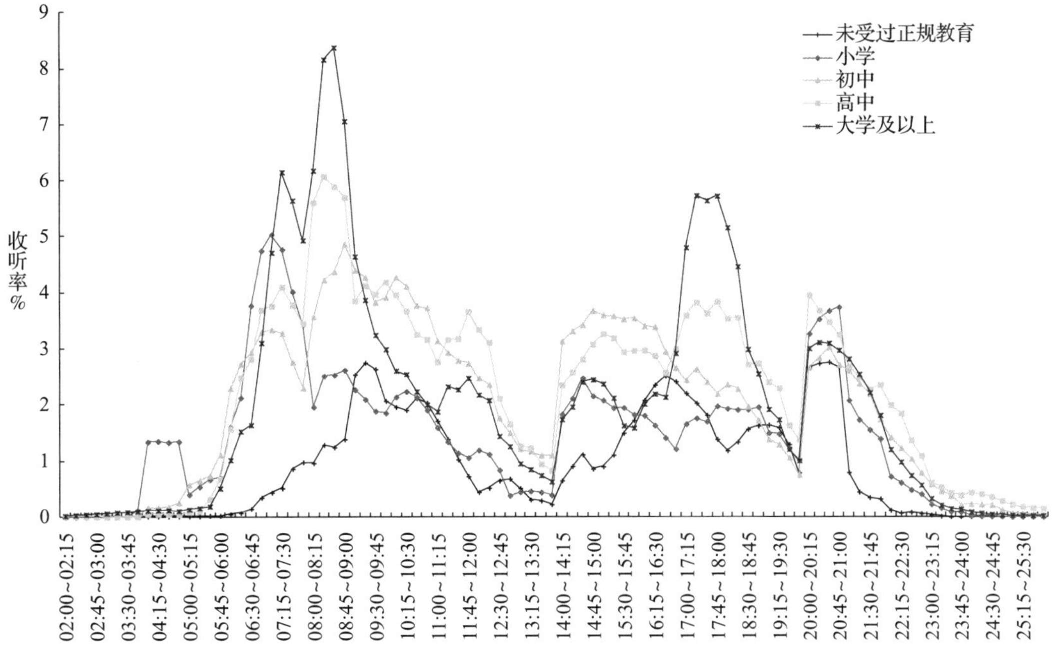

图 3.17.4 2015 年南昌不同文化程度听众全天收听率走势

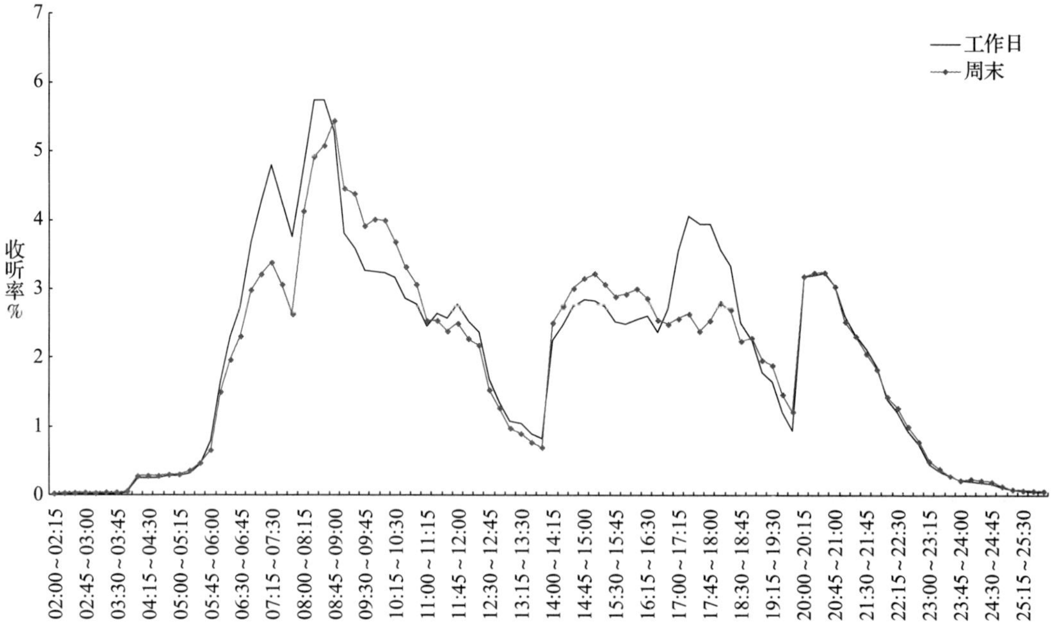

图 3.17.5　2015 年南昌听众工作日与周末全天收听率走势

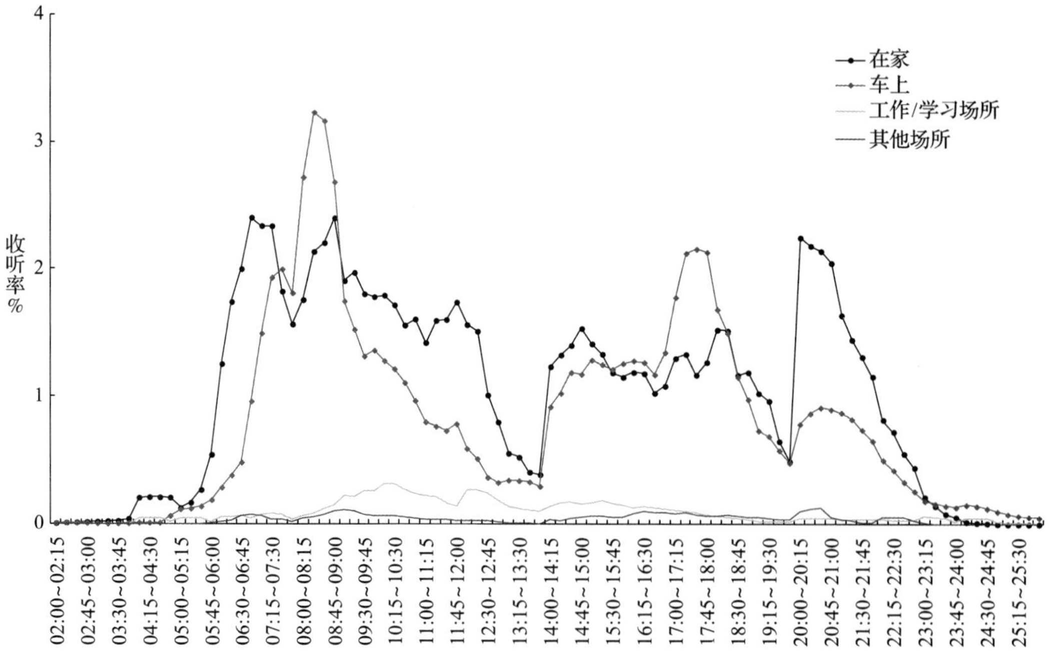

图 3.17.6　2015 年南昌听众在不同收听地点全天收听率走势

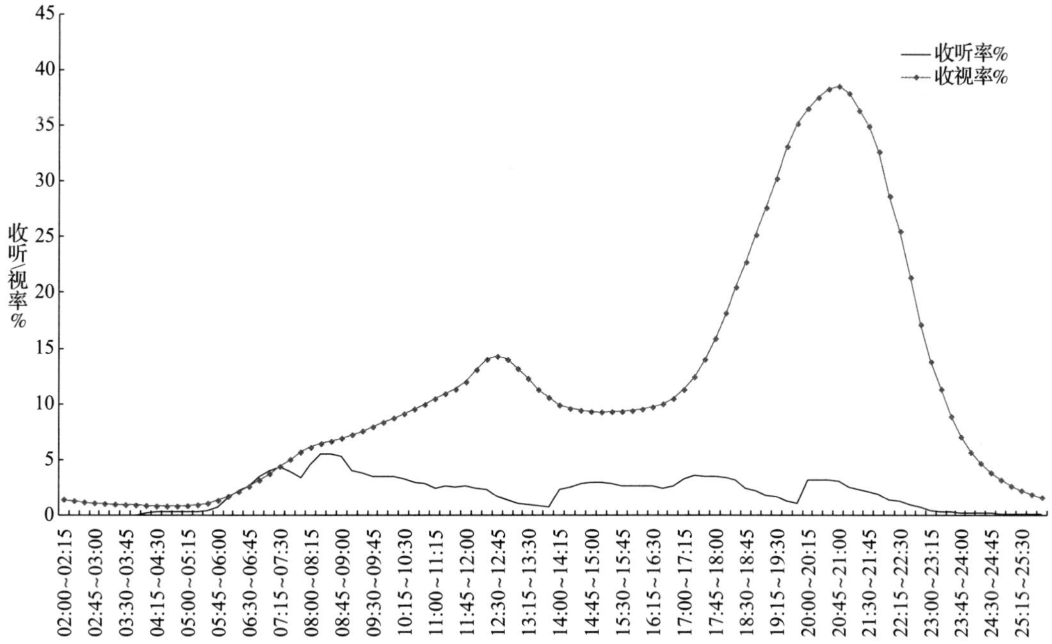

图 3.17.7 2015 年南昌受众全天收听率、收视率走势比较(目标受众为 10 岁及以上)

表 3.17.3　2015 年南昌市场听众构成(%)

目标听众		听众构成(%)
10 岁及以上所有人		100.0
性别	男	58.2
	女	41.8
年龄	10~14 岁	1.8
	15~24 岁	11.1
	25~34 岁	18.6
	35~44 岁	22.7
	45~54 岁	17.5
	55~64 岁	15.2
	65 岁及以上	13.1
文化程度	未受过正规教育	0.9
	小学	9.1
	初中	30.2
	高中	33.3
	大学及以上	26.4
职业	干部/管理人员	4.6
	初级公务员/雇员	23.9
	个体/私营企业人员	23.5
	工人	12.5
	学生	4.6
	无业(包括退休人员)	30.1
	其他	0.8
个人月收入	没有收入	11.1
	1~500 元	*
	501~1000 元	*
	1001~1500 元	3.1
	1501~2000 元	13.6
	2001~2500 元	17.5
	2501~3000 元	10.0
	3001~4000 元	23.6
	4001 元及以上	21.1

注:“*”表示目标听众样本量不足,无法进行统计推断。

表 3.17.4　2013~2015 年南昌市场各广播电台的市场份额(%)

广播电台	2013 年	2014 年	2015 年
中央人民广播电台	26.6	21.3	21.2
中国国际广播电台	0.0	0.0	0.0
江西人民广播电台	43.8	48.5	50.5
南昌人民广播电台	27.6	28.5	24.0
其他广播电台	2.1	1.7	4.3

表 3.17.5 2015 年南昌市场各广播电台在不同目标听众中的市场份额(%)

目标听众		中央人民广播电台	中国国际广播电台	江西人民广播电台	南昌人民广播电台	其他广播电台
10 岁及以上所有人		21.2	0.0	50.5	24.0	4.3
性别	男	23.3	0.0	49.1	23.7	3.9
	女	18.2	0.0	52.5	24.3	5.0
年龄	10~14 岁	9.3	0.0	49.7	25.9	15.1
	15~24 岁	14.1	0.0	55.5	23.4	7.0
	25~34 岁	11.3	0.0	57.7	26.6	4.4
	35~44 岁	18.4	0.0	52.4	23.9	5.4
	45~54 岁	19.9	0.0	50.7	26.3	3.1
	55~64 岁	26.9	0.0	46.4	23.3	3.5
	65 岁及以上	42.8	0.0	37.5	18.4	1.2
文化程度	未受过正规教育	10.6	0.0	63.9	19.0	6.5
	小学	15.7	0.0	58.0	22.9	3.4
	初中	20.1	0.0	53.7	22.8	3.3
	高中	21.8	0.0	48.9	25.6	3.7
	大学及以上	23.9	0.0	45.8	23.7	6.7
职业	干部/管理人员	15.7	0.0	47.5	30.7	6.1
	初级公务员/雇员	22.0	0.0	44.5	26.3	7.1
	个体/私营企业人员	12.8	0.0	59.8	23.7	3.7
	工人	15.3	0.0	58.1	24.9	1.7
	学生	15.8	0.0	56.4	18.5	9.3
	无业(包括退休人员)	30.8	0.0	44.0	22.2	2.9
	其他	20.4	0.0	71.8	7.2	0.5
个人月收入	没有收入	11.9	0.0	58.1	24.2	5.8
	1~500 元	*	*	*	*	*
	501~1000 元	*	*	*	*	*
	1001~1500 元	16.8	0.0	43.9	32.9	6.3
	1501~2000 元	38.5	0.0	36.1	22.2	3.2
	2001~2500 元	24.6	0.0	45.6	25.7	4.1
	2501~3000 元	19.5	0.0	53.2	24.7	2.6
	3001~4000 元	21.5	0.0	49.3	22.4	6.9
	4001 元及以上	13.5	0.0	61.3	22.7	2.5

注:“*”表示目标听众样本量不足,无法进行统计推断。

表 3.17.6 2015 年南昌市场份额排名前 5 位的频率

名次	频率名称	市场份额(%)
1	江西交通广播 FM105.4	15.7
2	中央人民广播电台第一套节目中国之声	11.7
3	江西音乐广播 FM103.4	11.3
4	南昌交通音乐广播 FM95.1	10.8
5	中央人民广播电台第二套节目经济之声	7.0

十八、南京收听数据

表 3.18.1　2013～2015 年南京各目标听众人均收听时间(分钟)

目标听众		2013 年	2014 年	2015 年
10 岁及以上所有人		78	75	69
性别	男	84	78	68
	女	73	71	70
年龄	10～14 岁	23	15	18
	15～24 岁	34	28	29
	25～34 岁	57	53	43
	35～44 岁	74	65	62
	45～54 岁	89	104	85
	55～64 岁	139	145	127
	65 岁及以上	135	139	157
文化程度	未受过正规教育	86	87	57
	小学	60	87	86
	初中	84	82	85
	高中	88	83	69
	大学及以上	68	57	53
职业	干部/管理人员	68	93	76
	初级公务员/雇员	62	63	59
	个体/私营企业人员	100	100	71
	工人	72	62	57
	学生	29	17	23
	无业(包括退休人员)	121	123	119
	其他	*	*	90
个人月收入	没有收入	35	28	32
	1～500 元	83	*	47
	501～1000 元	124	*	78
	1001～1500 元	109	108	67
	1501～2000 元	84	75	87
	2001～2500 元	103	102	92
	2501～3000 元	77	85	96
	3001～4000 元	83	86	71
	4001 元及以上	81	77	71

注:南京为全年连续调查城市。“*”表示该目标听众样本量不足,无法进行统计推断。

表 3.18.2　2013～2015 年南京听众在不同地点的人均收听时间(分钟)

地　点	2013 年	2014 年	2015 年
在家	55	52	50
车上	15	14	11
工作/学习场所	6	6	5
其他场所	3	3	2

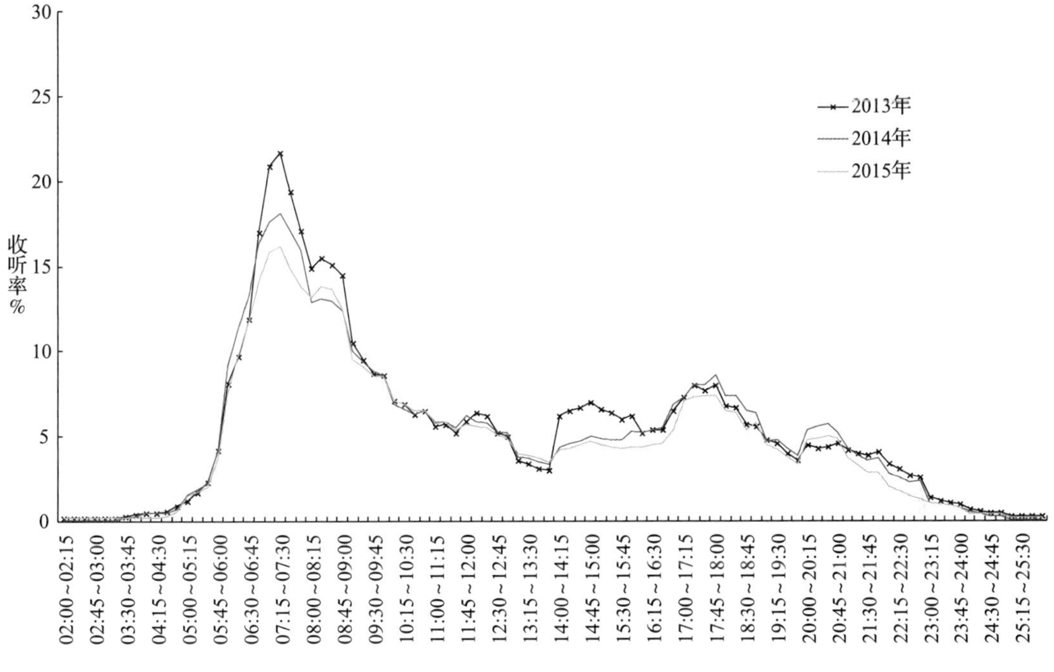

图 3.18.1 2013 ~2015 年南京听众全天收听率走势

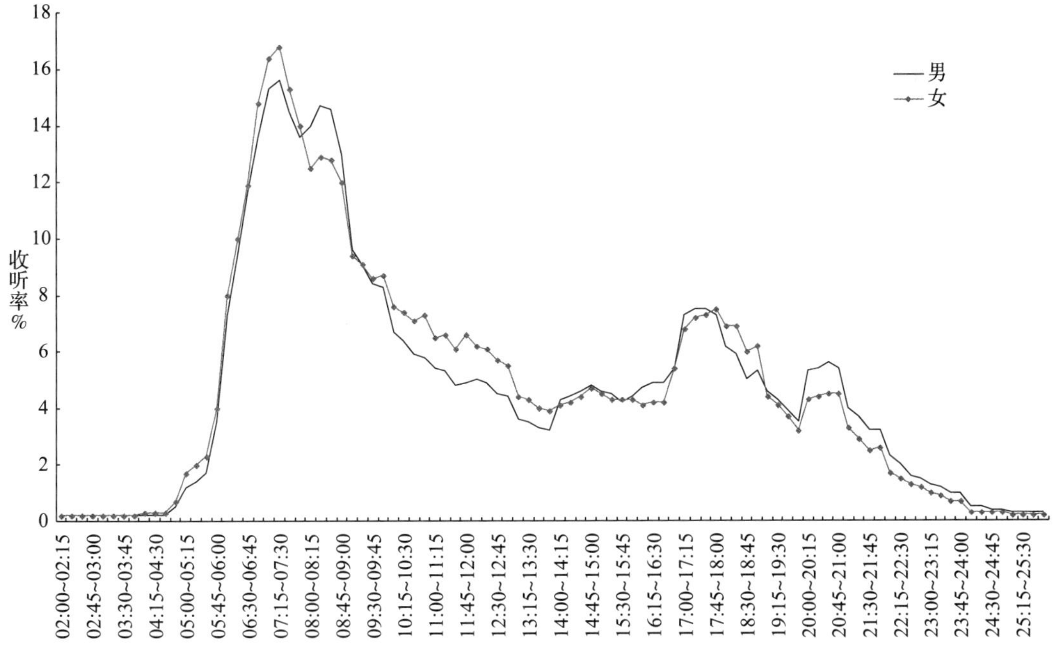

图 3.18.2 2015 年南京不同性别听众全天收听率走势

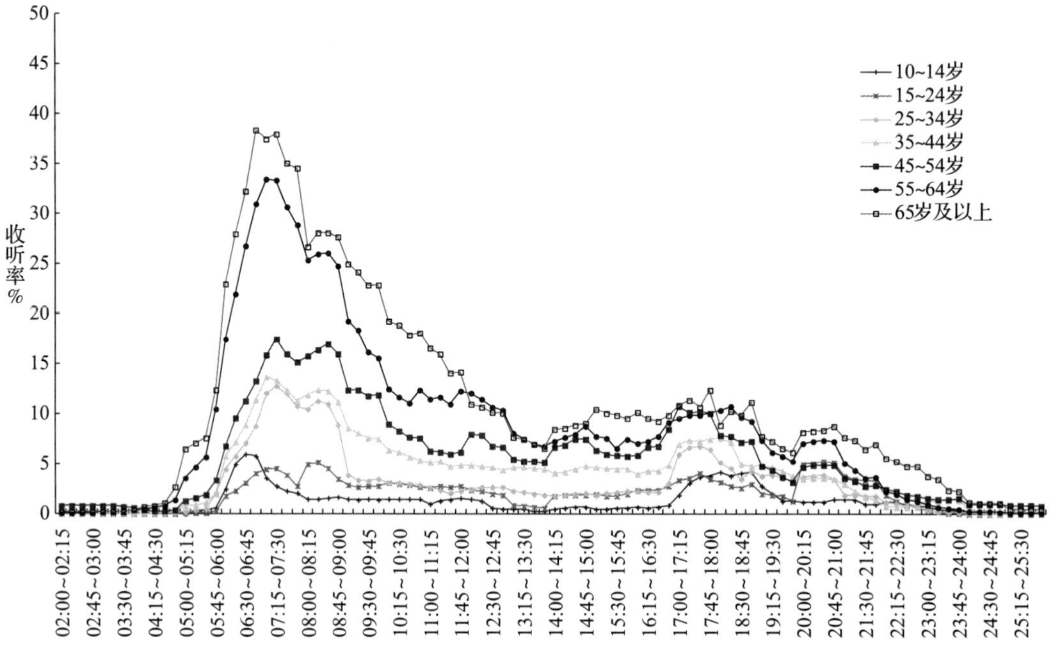

图 3.18.3　2015 年南京不同年龄听众全天收听率走势

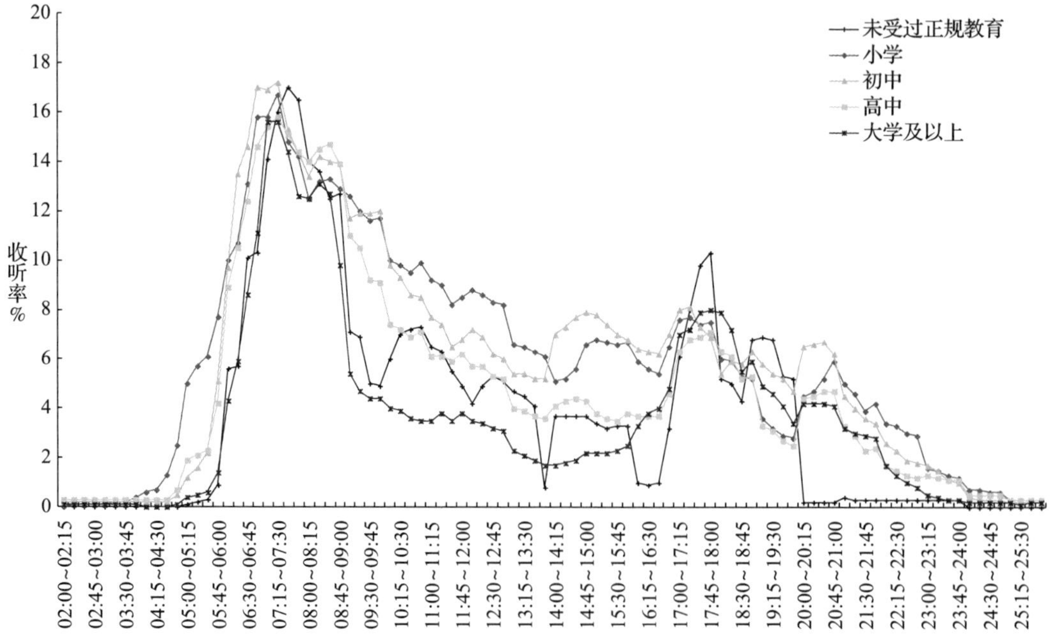

图 3.18.4　2015 年南京不同文化程度听众全天收听率走势

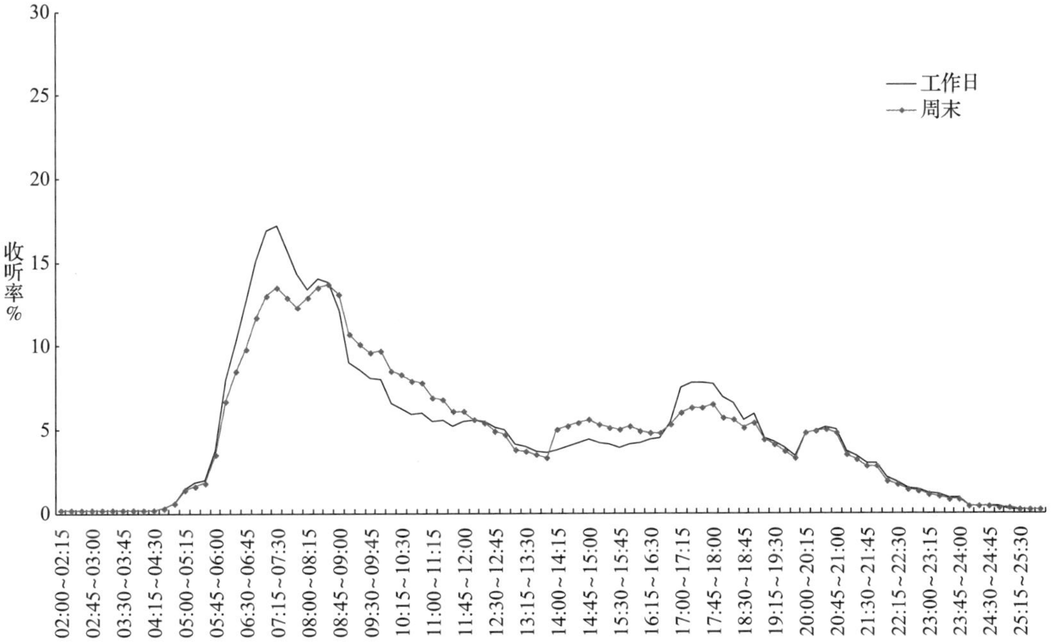

图 3.18.5 2015 年南京听众工作日与周末全天收听率走势

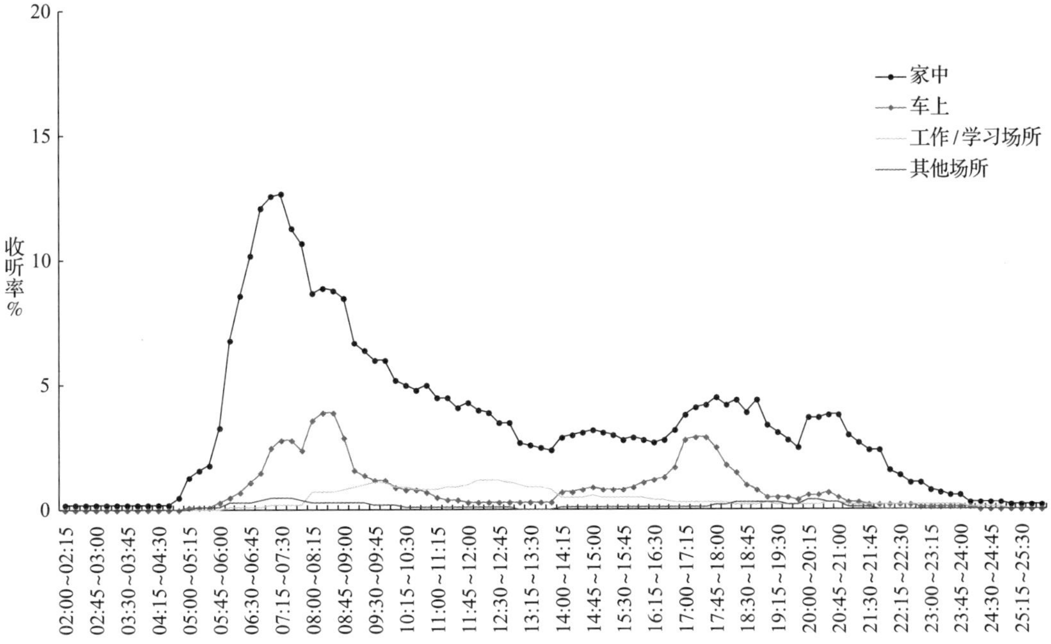

图 3.18.6 2015 年南京听众在不同收听地点全天收听率走势

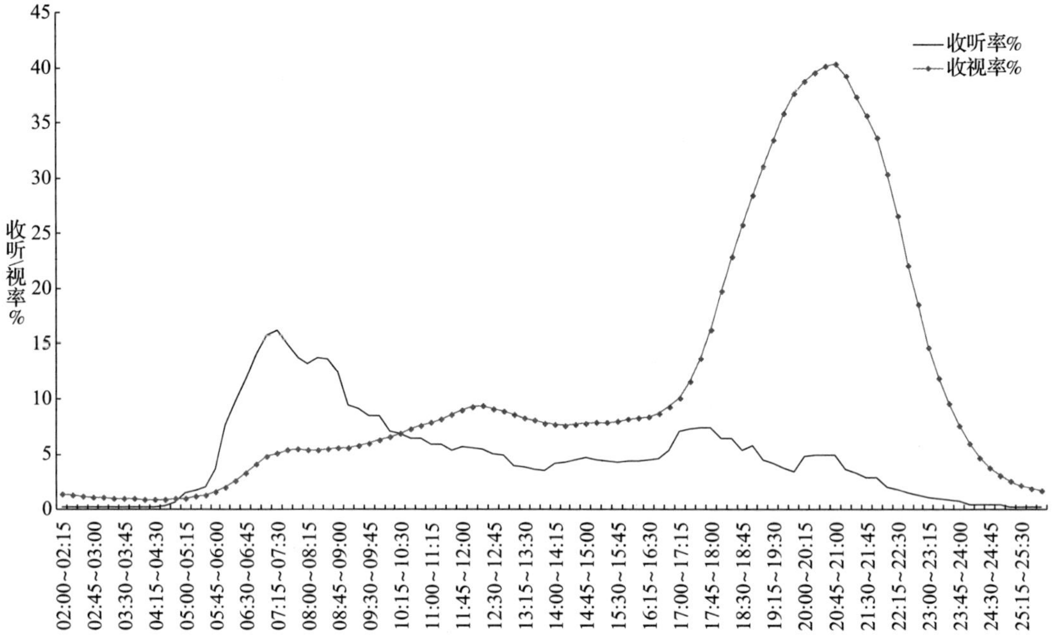

图 3.18.7　2015 年南京受众全天收听率、收视率走势比较(目标受众为 10 岁及以上)

表 3.18.3 2015 年南京市场听众构成(%)

目标听众		听众构成(%)
10 岁及以上所有人		100.0
性别	男	51.6
	女	48.4
年龄	10~14 岁	0.9
	15~24 岁	9.2
	25~34 岁	12.4
	35~44 岁	17.3
	45~54 岁	17.6
	55~64 岁	20.5
	65 岁及以上	22.1
文化程度	未受过正规教育	1.0
	小学	9.0
	初中	32.3
	高中	33.0
	大学及以上	24.7
职业	干部/管理人员	6.6
	初级公务员/雇员	21.2
	个体/私营企业人员	8.3
	工人	16.7
	学生	5.7
	无业(包括退休人员)	40.9
	其他	0.6
个人月收入	没有收入	10.3
	1~500 元	0.3
	501~1000 元	0.9
	1001~1500 元	2.2
	1501~2000 元	5.8
	2001~2500 元	15.8
	2501~3000 元	20.2
	3001~4000 元	18.8
	4001 元及以上	25.7

表 3.18.4 2013~2015 年南京市场各广播电台的市场份额(%)

广播电台	2013 年	2014 年	2015 年
中央人民广播电台	2.9	2.4	3.0
中国国际广播电台	0.0	0.0	0.0
江苏广播电视总台	58.5	61.7	61.2
南京广播电视集团	37.9	35.2	34.9
其他广播电台	0.7	0.7	0.9

表 3.18.5　2015 年南京市场各广播电台在不同目标听众中的市场份额(%)

目标听众		中央人民广播电台	中国国际广播电台	江苏广播电视总台	南京广播电视集团	其他广播电台
10 岁及以上所有人		3.0	0.0	61.2	34.9	0.9
性别	男	2.3	0.0	62.2	34.8	0.7
	女	3.8	0.0	60.1	35.0	1.1
年龄	10～14 岁	4.2	0.0	51.4	43.7	0.7
	15～24 岁	4.0	0.0	68.1	26.4	1.5
	25～34 岁	3.1	0.0	59.9	36.0	1.0
	35～44 岁	3.2	0.0	66.6	29.5	0.7
	45～54 岁	1.7	0.0	60.4	36.8	1.1
	55～64 岁	3.3	0.0	59.8	36.1	0.8
	65 岁及以上	3.3	0.0	57.1	39.0	0.6
文化程度	未受过正规教育	1.8	0.0	41.1	54.4	2.7
	小学	0.5	0.0	63.6	34.1	1.8
	初中	2.7	0.0	65.1	31.6	0.6
	高中	4.0	0.0	61.1	34.0	0.9
	大学及以上	3.2	0.0	56.3	39.6	0.9
职业	干部/管理人员	5.6	0.0	63.3	30.6	0.5
	初级公务员/雇员	3.7	0.0	62.0	33.4	0.9
	个体/私营企业人员	0.9	0.0	60.5	36.9	1.7
	工人	3.0	0.0	64.5	32.0	0.5
	学生	0.8	0.0	64.2	33.6	1.4
	无业(包括退休人员)	3.1	0.0	58.6	37.5	0.8
	其他	0.0	0.0	71.3	28.7	0.0
个人月收入	没有收入	1.2	0.0	63.0	33.6	2.2
	1～500 元	0.0	0.0	30.1	69.9	0.0
	501～1000 元	0.1	0.0	69.5	30.4	0.0
	1001～1500 元	0.1	0.0	68.9	30.8	0.2
	1501～2000 元	3.5	0.0	62.5	33.3	0.7
	2001～2500 元	4.7	0.0	66.2	28.8	0.3
	2501～3000 元	2.1	0.0	63.5	34.1	0.3
	3001～4000 元	3.4	0.0	62.8	33.1	0.7
	4001 元及以上	3.5	0.0	53.9	41.3	1.3

表 3.18.6　2015 年南京市场份额排名前 5 位的频率

名　次	频率名称	市场份额(%)
1	江苏经典流行音乐广播 FM97.5	13.7
2	江苏新闻广播 FM93.7	13.2
3	江苏音乐广播 FM89.7	10.2
4	南京新闻台 AM1008	7.7
5	江苏交通广播网 FM101.1	7.4

十九、南宁收听数据

表 3.19.1 2013～2015 年南宁各目标听众人均收听时间(分钟)

目标听众		2013 年	2014 年	2015 年
10 岁及以上所有人		48	49	52
性别	男	53	54	58
	女	42	43	47
年龄	10～14 岁	19	15	18
	15～24 岁	28	25	31
	25～34 岁	40	52	56
	35～44 岁	58	66	62
	45～54 岁	55	54	65
	55～64 岁	69	66	70
	65 岁及以上	65	57	62
文化程度	未受过正规教育	21	31	*
	小学	43	53	35
	初中	47	49	50
	高中	53	55	60
	大学及以上	45	41	49
职业	干部/管理人员	47	42	54
	初级公务员/雇员	53	58	63
	个体/私营企业人员	48	45	52
	工人	50	62	60
	学生	23	20	22
	无业(包括退休人员)	57	62	62
	其他	55	63	52
个人月收入	没有收入	27	30	26
	1～500 元	69	103	126
	501～1000 元	55	78	61
	1001～1500 元	46	53	43
	1501～2000 元	58	59	57
	2001～2500 元	53	43	56
	2501～3000 元	54	50	66
	3001～4000 元	41	45	63
	4001 元及以上	63	52	55

注:南宁为全年连续调查城市。“*”表示目标听众样本量不足,无法进行统计推断。

表 3.19.2 2013～2015 年南宁听众在不同地点的人均收听时间(分钟)

地　　点	2013 年	2014 年	2015 年
家中	26	26	29
车上	14	15	14
工作/学习场所	4	4	5
其他场所	4	4	4

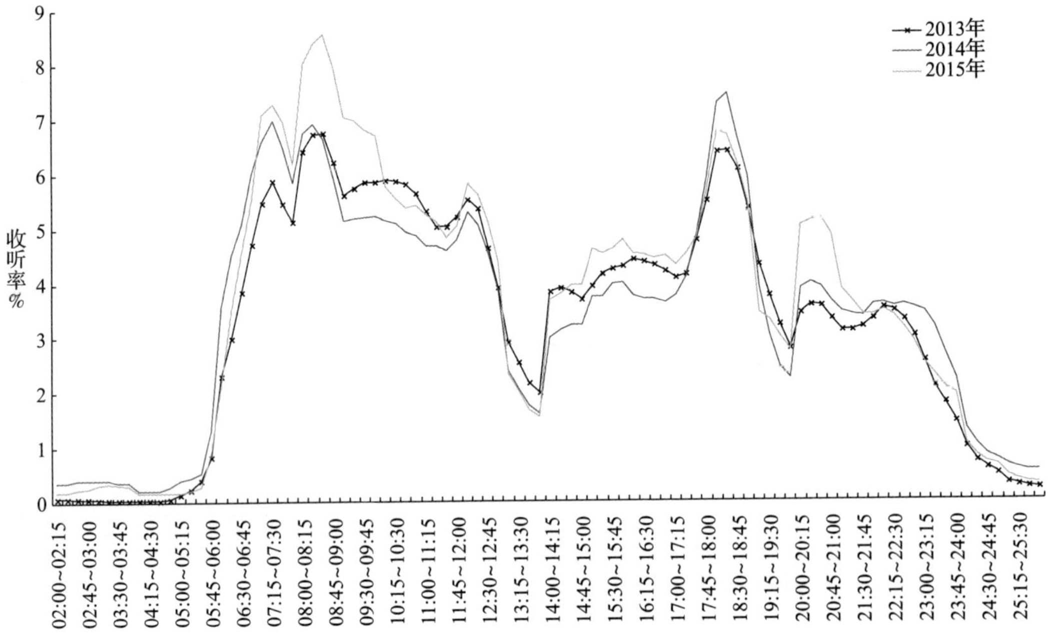

图 3.19.1　2013～2015 年南宁听众全天收听率走势

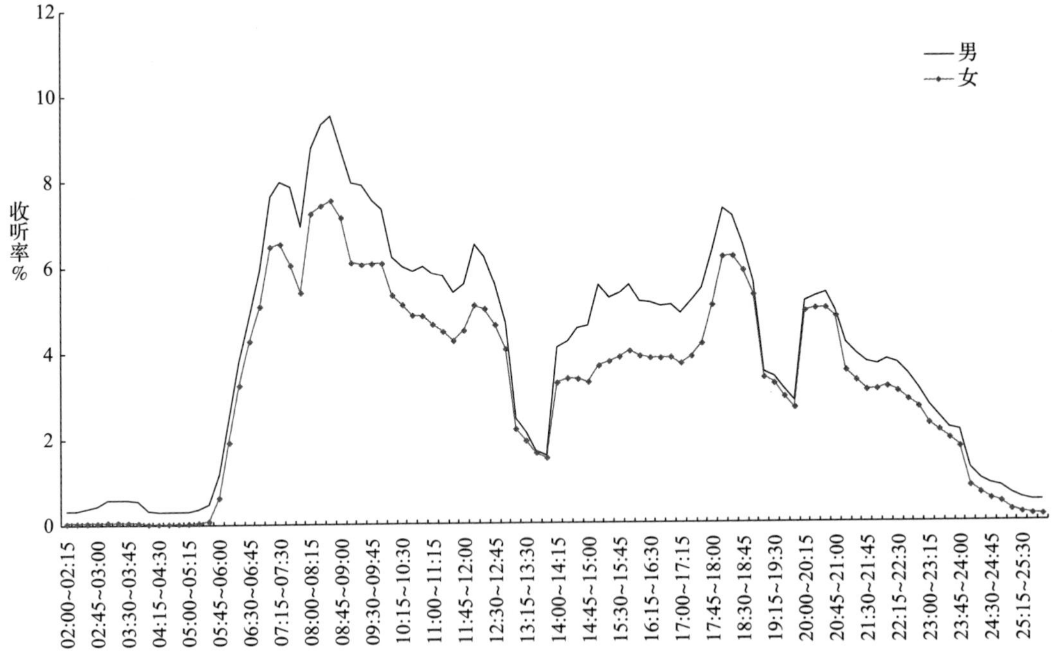

图 3.19.2　2015 年南宁不同性别听众全天收听率走势

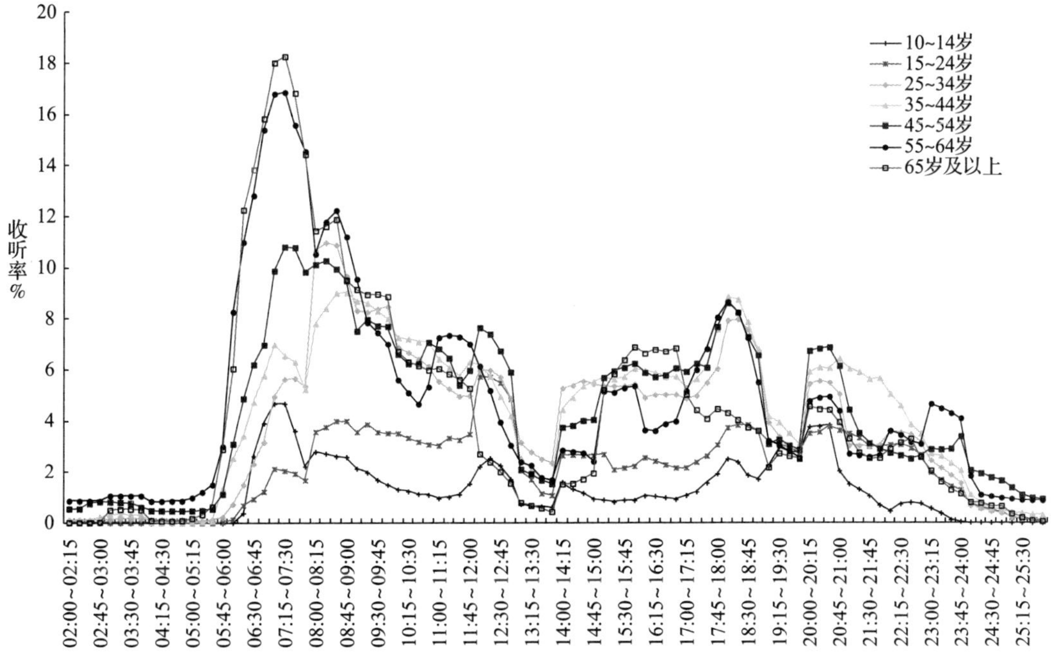

图 3.19.3　2015 年南宁不同年龄听众全天收听率走势

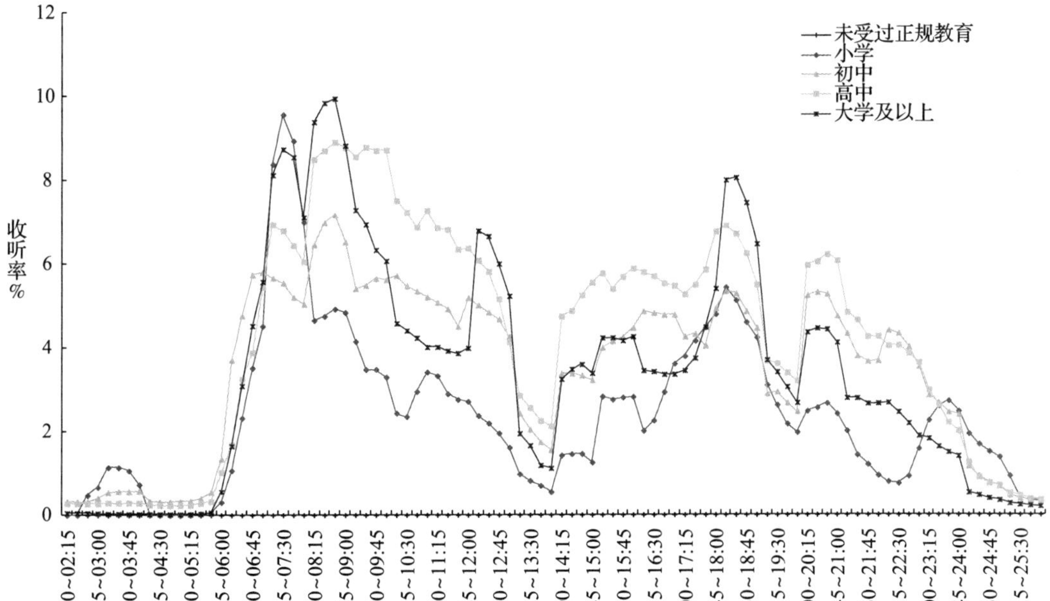

图 3.19.4　2015 年南宁不同文化程度听众全天收听率走势

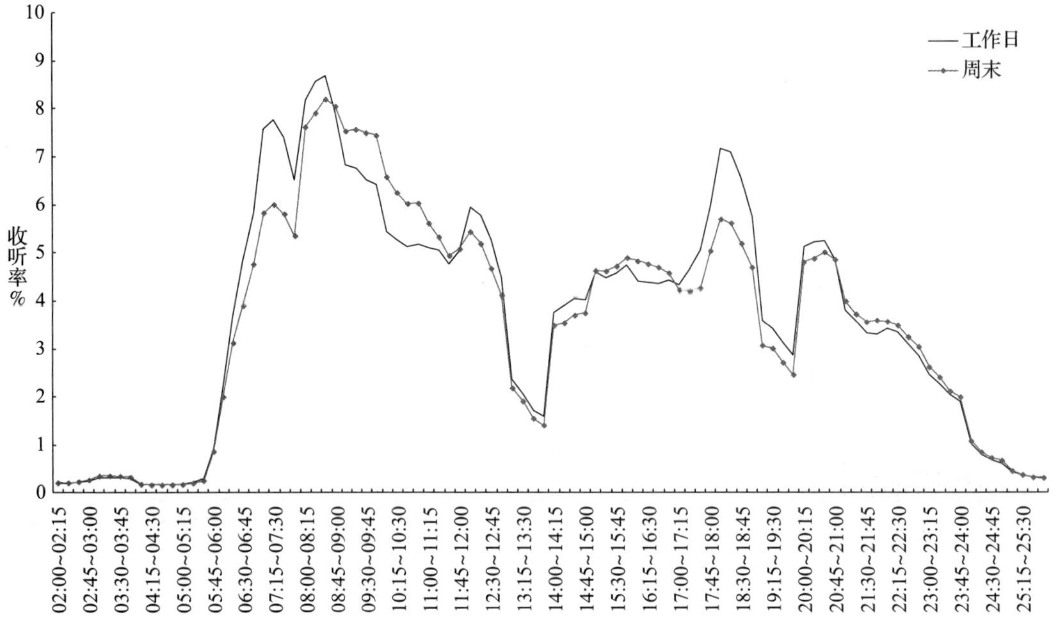

图 3.19.5　2015 年南宁听众工作日与周末全天收听率走势

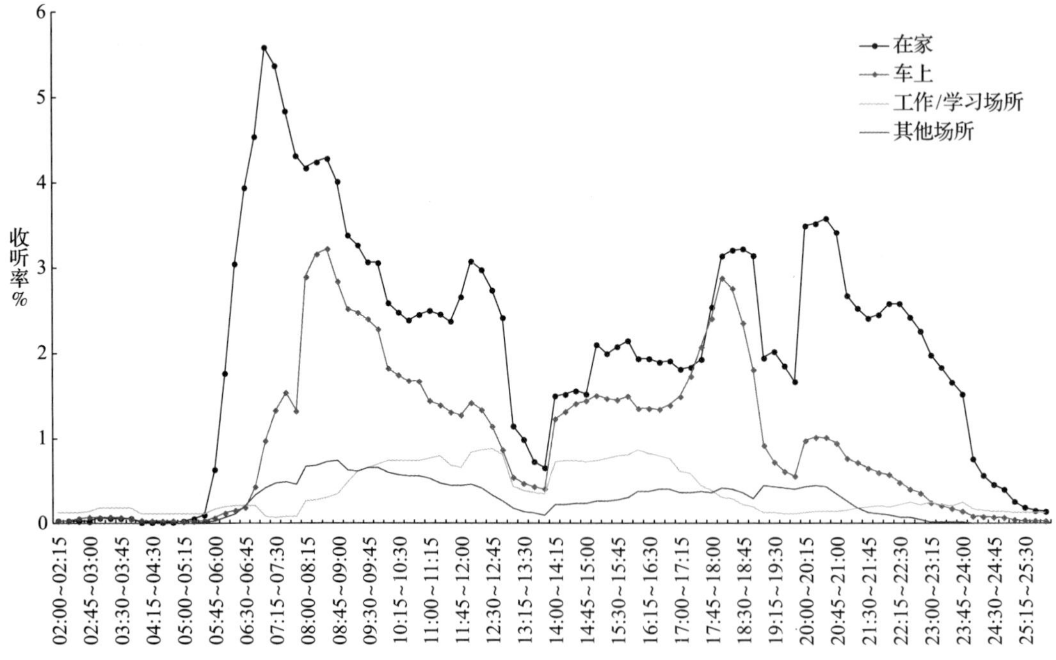

图 3.19.6　2015 年南宁听众在不同收听地点全天收听率走势

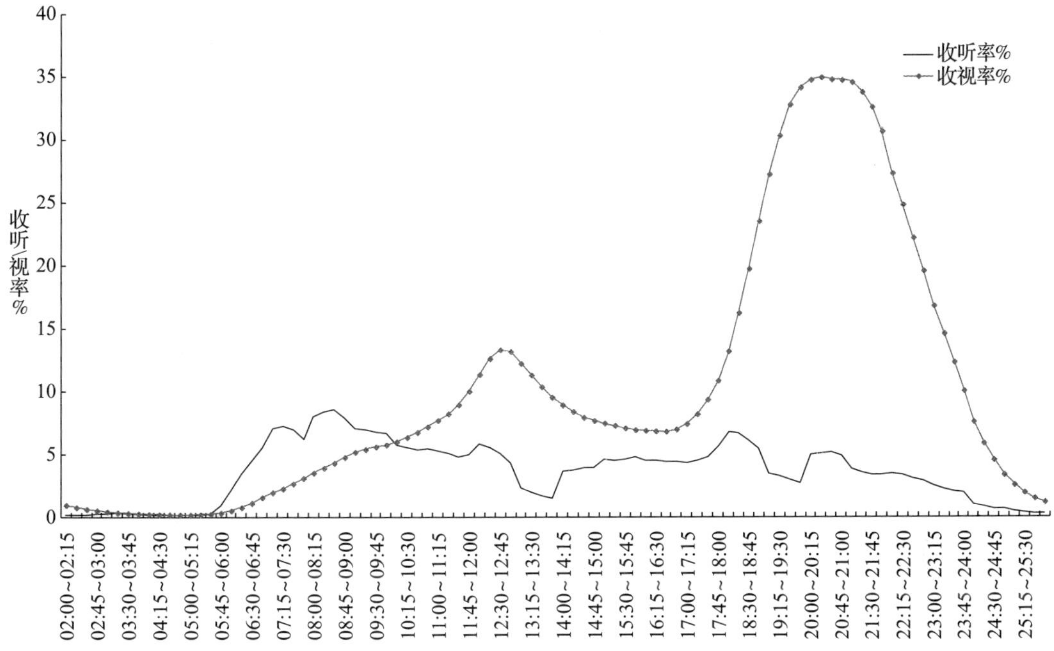

图 3.19.7　2015 年南宁受众全天收听率、收视率走势比较(目标受众为 10 岁及以上)

表 3.19.3　2015 年南宁市场听众构成(%)

目标听众		听众构成(%)
10 岁及以上所有人		100.0
性别	男	55.9
	女	44.1
年龄	10~14 岁	1.3
	15~24 岁	14.9
	25~34 岁	26.1
	35~44 岁	23.7
	45~54 岁	15.4
	55~64 岁	10.3
	65 岁及以上	8.2
文化程度	未受过正规教育	*
	小学	4.2
	初中	25.1
	高中	39.4
	大学及以上	31.2
职业	干部/管理人员	7.3
	初级公务员/雇员	25.8
	个体/私营企业人员	23.9
	工人	7.4
	学生	6.5
	无业(包括退休人员)	23.5
	其他	5.6
个人月收入	没有收入	10.7
	1~500 元	2.2
	501~1000 元	4.9
	1001~1500 元	4.7
	1501~2000 元	14.5
	2001~2500 元	15.8
	2501~3000 元	16.1
	3001~4000 元	19.7
	4001 元及以上	11.3

注:“*”表示目标听众样本量不足,无法进行统计推断。

表 3.19.4　2013~2015 年南宁市场各广播电台的市场份额(%)

广播电台	2013 年	2014 年	2015 年
中央人民广播电台	13.7	15.4	16.6
中国国际广播电台	0.0	0.0	0.1
广西人民广播电台	57.2	60.1	58.7
南宁人民广播电台	28.6	23.9	24.3
其他广播电台	0.5	0.5	0.4

表 3.19.5 2015 年南宁市场各广播电台在不同目标听众中的市场份额(%)

目标听众		中央人民广播电台	中国国际广播电台	广西人民广播电台	南宁人民广播电台	其他广播电台
10 岁及以上所有人		16.6	0.1	58.7	24.3	0.4
性别	男	16.9	0.1	59.6	23.0	0.5
	女	16.2	0.1	57.5	26.0	0.2
年龄	10~14 岁	26.2	0.0	41.7	32.1	0.0
	15~24 岁	11.2	0.1	64.2	23.4	1.1
	25~34 岁	9.7	0.0	71.3	18.8	0.3
	35~44 岁	15.2	0.0	55.0	29.5	0.2
	45~54 岁	15.6	0.1	59.4	24.5	0.5
	55~64 岁	22.6	0.0	51.7	25.7	0.0
	65 岁及以上	45.1	0.2	29.3	25.3	0.0
文化程度	未受过正规教育	*	*	*	*	*
	小学	34.4	0.4	42.6	22.3	0.2
	初中	17.7	0.0	56.1	25.2	0.9
	高中	13.6	0.0	61.4	24.8	0.1
	大学及以上	17.1	0.1	59.7	22.9	0.2
职业	干部/管理人员	18.8	0.0	63.0	18.0	0.1
	初级公务员/雇员	10.8	0.1	61.0	27.4	0.8
	个体/私营企业人员	11.9	0.1	62.9	25.1	0.1
	工人	10.7	0.0	70.5	17.7	1.1
	学生	14.8	0.0	56.0	29.1	0.0
	无业(包括退休人员)	28.0	0.1	47.8	24.0	0.1
	其他	22.2	0.0	57.5	19.8	0.4
个人月收入	没有收入	15.1	0.0	58.6	26.0	0.2
	1~500 元	10.3	0.0	57.7	32.0	0.0
	501~1000 元	19.1	0.0	65.7	15.1	0.0
	1001~1500 元	18.7	0.0	50.2	30.4	0.6
	1501~2000 元	20.5	0.0	48.5	29.4	1.6
	2001~2500 元	22.7	0.1	57.6	19.5	0.1
	2501~3000 元	13.4	0.0	65.8	20.6	0.1
	3001~4000 元	10.3	0.0	62.4	27.1	0.1
	4001 元及以上	19.0	0.2	58.0	22.6	0.2

注:“*”表示目标听众样本量不足,无法进行统计推断。

表 3.19.6 2015 年南宁市场份额排名前 5 位的频率

名次	频率名称	市场份额(%)
1	广西电台教育广播(私家车 930)FM93.0	16.3
2	中央人民广播电台第一套节目中国之声	13.3
3	广西电台经济广播(970 女主播)FM97.0	13.1
3	广西电台文艺广播(950 音乐广播)FM95.0	13.1
5	南宁人民广播电台乡村生活广播(经典 1049)	9.4

二十、宁波收听数据

表 3.20.1　2013～2015 年宁波各目标听众人均收听时间(分钟)

目标听众		2013 年	2014 年	2015 年
10 岁及以上所有人		47	46	49
性别	男	50	49	53
	女	44	43	44
年龄	10～14 岁	20	19	21
	15～24 岁	27	31	35
	25～34 岁	46	43	39
	35～44 岁	50	53	57
	45～54 岁	47	51	51
	55～64 岁	68	51	55
	65 岁及以上	85	72	97
文化程度	未受过正规教育	*	20	15
	小学	42	40	45
	初中	52	45	56
	高中	45	48	48
	大学及以上	44	48	43
职业	干部/管理人员	58	59	57
	初级公务员/雇员	47	48	47
	个体/私营企业人员	48	38	47
	工人	41	56	53
	学生	25	27	31
	无业(包括退休人员)	67	56	68
	其他	22	42	20
个人月收入	没有收入	26	27	29
	1～500 元	*	*	*
	501～1000 元	*	27	34
	1001～1500 元	44	42	27
	1501～2000 元	49	53	*
	2001～2500 元	51	50	51
	2501～3000 元	62	57	57
	3001～4000 元	53	48	44
	4001 元及以上	47	51	54

注:宁波为全年连续调查城市。“*”表示该目标听众样本量不足,无法进行统计推断。

表 3.20.2　2013～2015 年宁波听众在不同地点的人均收听时间(分钟)

地　点	2013 年	2014 年	2015 年
在家	27	24	21
车上	16	17	21
工作/学习场所	3	5	5
其他场所	1	1	1

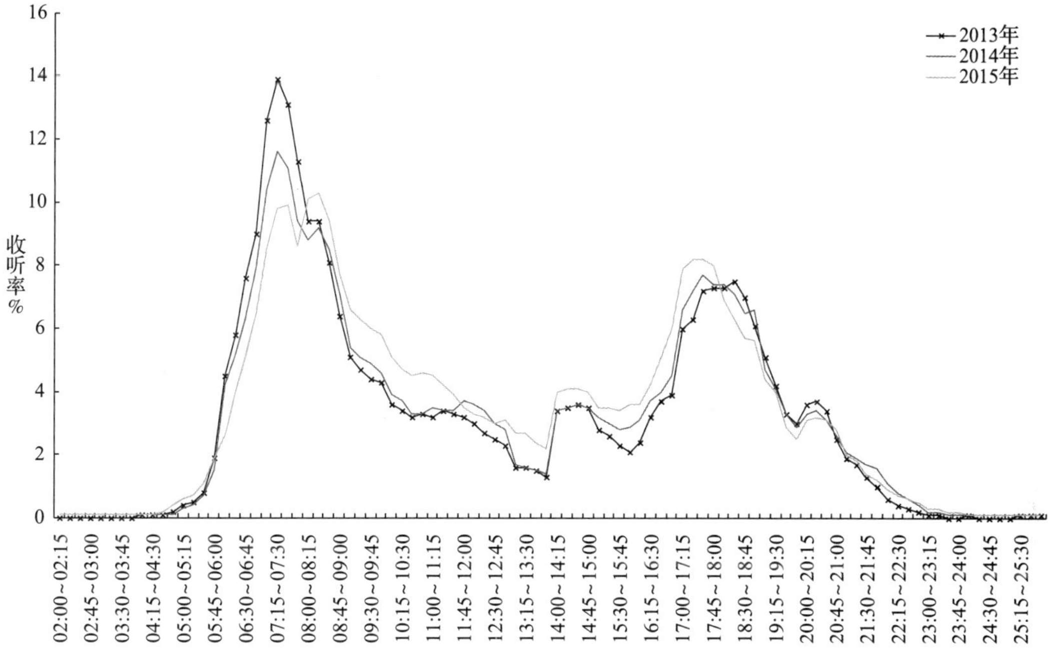

图 3.20.1　2013 ~ 2015 年宁波听众全天收听率走势

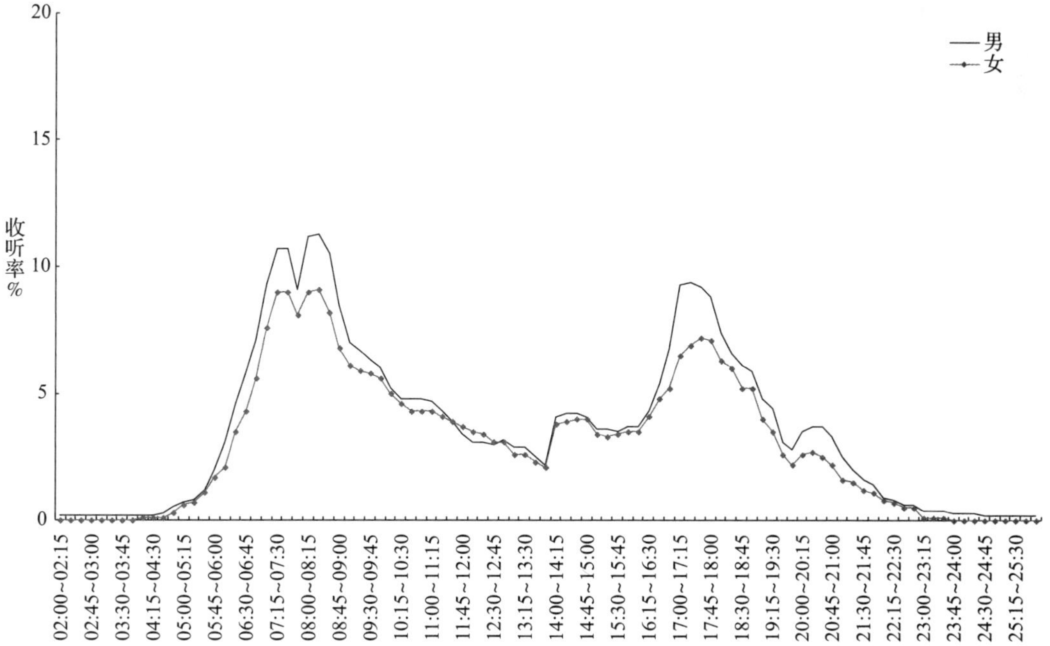

图 3.20.2　2015 年宁波不同性别听众全天收听率走势

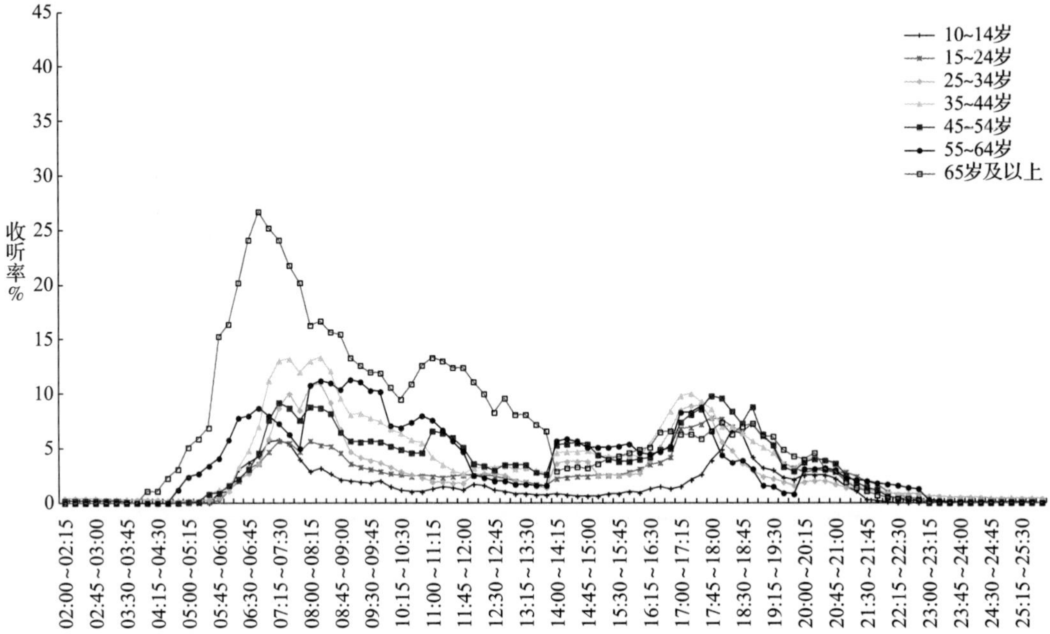

图 3.20.3 2015 年宁波不同年龄听众全天收听率走势

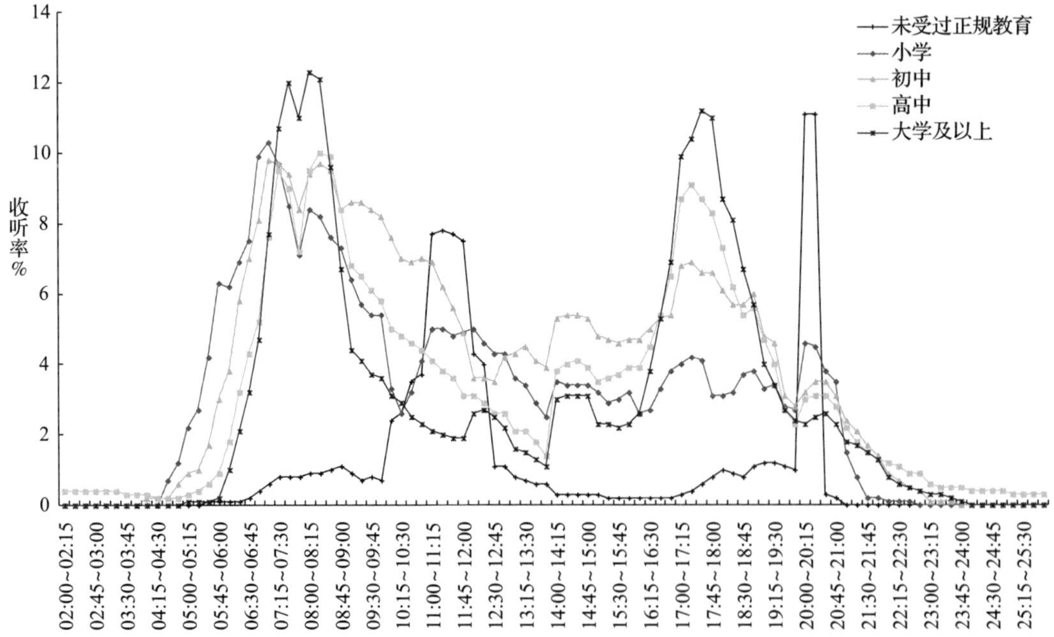

图 3.20.4 2015 年宁波不同文化程度听众全天收听率走势

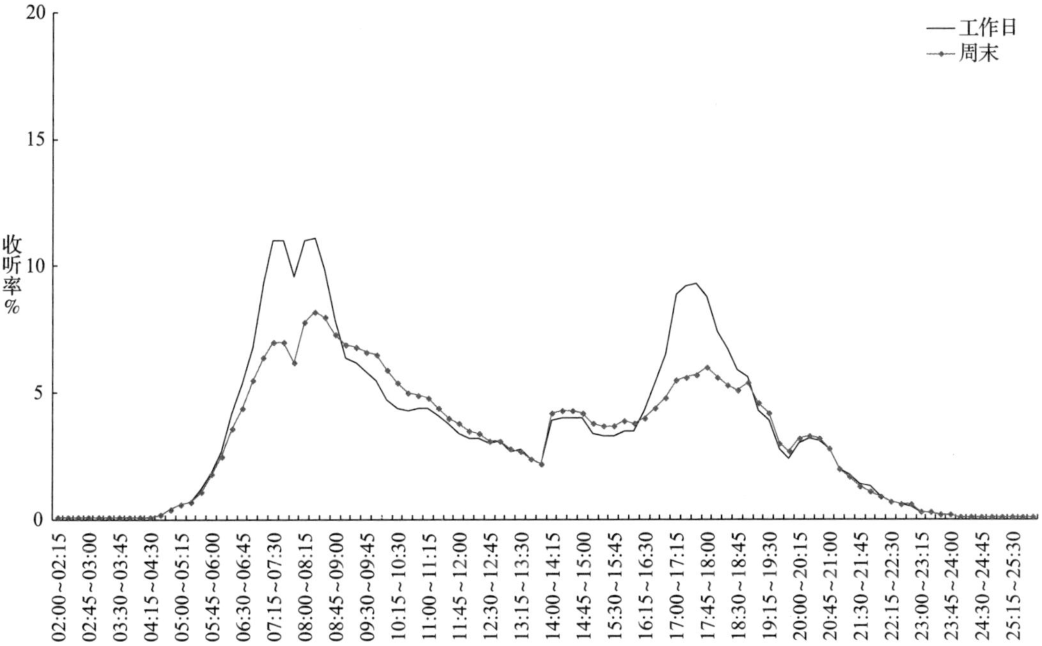

图 3.20.5 2015 年宁波听众工作日与周末全天收听率走势

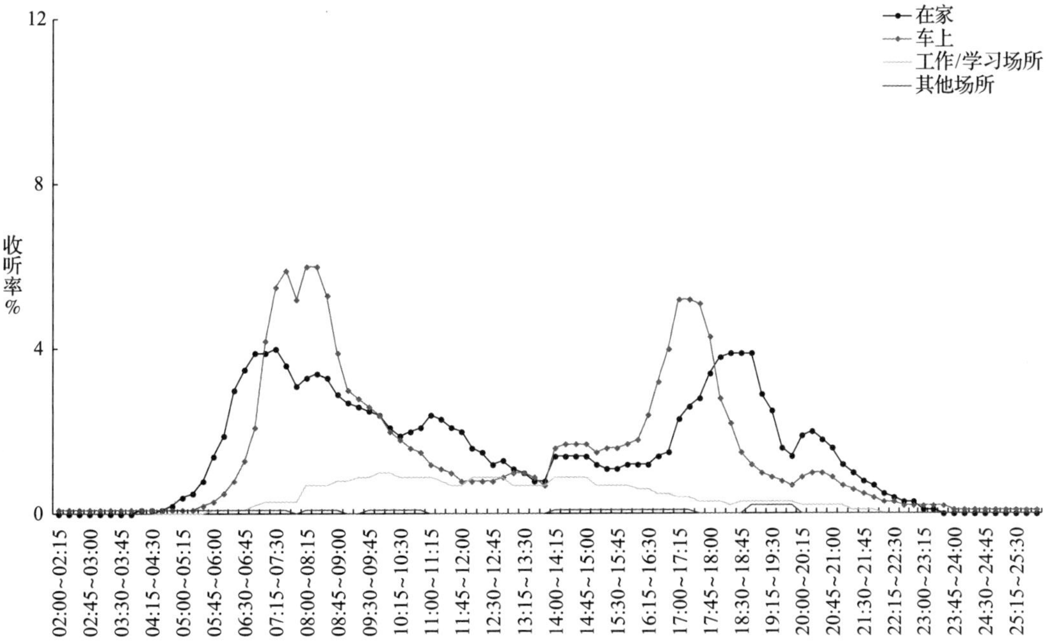

图 3.20.6 2015 年宁波听众在不同收听地点全天收听率走势

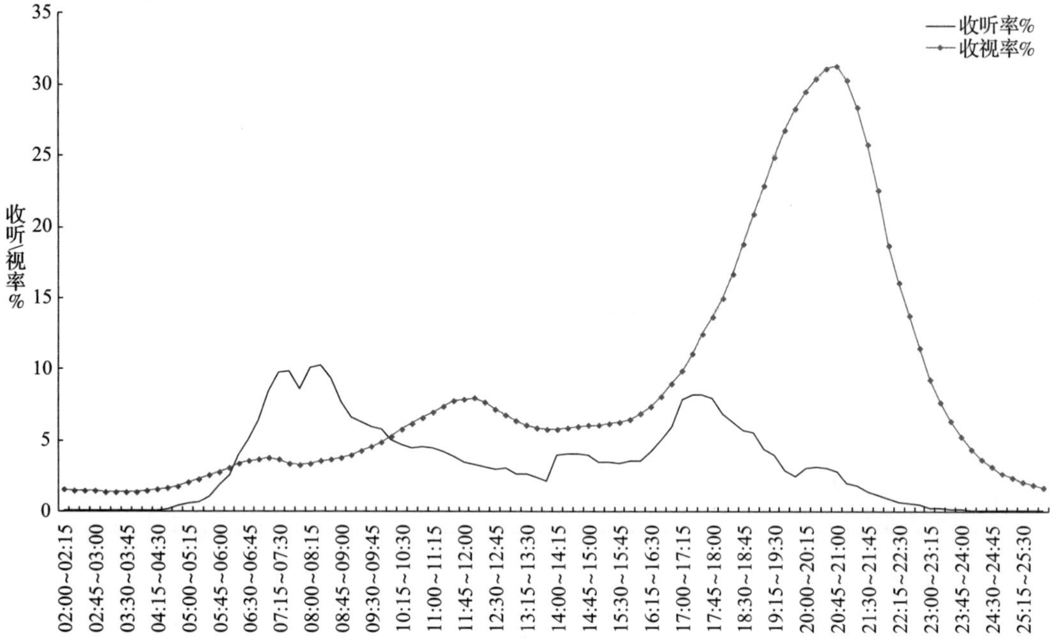

图 3.20.7　2015 年宁波受众全天收听率、收视率走势比较(目标受众为 10 岁及以上)

表 3.20.3　2015 年宁波市场听众构成(%)

目标听众		听众构成(%)
10 岁及以上所有人		100.0
性别	男	55.5
	女	44.5
年龄	10 ~ 14 岁	1.8
	15 ~ 24 岁	11.3
	25 ~ 34 岁	19.7
	35 ~ 44 岁	26.4
	45 ~ 54 岁	17.8
	55 ~ 64 岁	12.0
	65 岁及以上	11.0
文化程度	未受过正规教育	0.3
	小学	9.3
	初中	35.8
	高中	28.8
	大学及以上	25.8
职业	干部/管理人员	6.6
	初级公务员/雇员	42.3
	个体/私营企业人员	11.4
	工人	9.1
	学生	8.4
	无业(包括退休人员)	21.6
	其他	0.6
个人月收入	没有收入	9.6
	1 ~ 500 元	*
	501 ~ 1000 元	0.5
	1001 ~ 1500 元	0.7
	1501 ~ 2000 元	*
	2001 ~ 2500 元	3.9
	2501 ~ 3000 元	6.3
	3001 ~ 4000 元	10.3
	4001 元及以上	66.6

注:“*”表示该目标听众样本量不足,无法进行统计推断。

表 3.20.4　2013 ~ 2015 年宁波市场各广播电台的市场份额(%)

广播电台	2013 年	2014 年	2015 年
中央人民广播电台	11.4	11.8	10.5
中国国际广播电台	0.4	0.1	0.0
浙江广播电视集团	17.2	16.9	17.1
宁波广播电视集团	44.5	44.9	48.8
上海广播电视台	2.9	2.6	1.3
其他广播电台	23.6	23.7	22.3

表 3.20.5　2015 年宁波市场各广播电台在不同目标听众中的市场份额(%)

目标听众		中央人民广播电台	中国国际广播电台	浙江广播电视集团	宁波广播电视集团	上海广播电视台	其他广播电台
10 岁及以上所有人		10.5	0.0	17.1	48.8	1.3	22.3
性别	男	11.1	0.0	18.1	48.4	1.2	21.2
	女	9.8	0.0	15.8	49.2	1.6	23.6
年龄	10～14 岁	10.8	0.0	19.7	41.5	0.4	27.6
	15～24 岁	12.7	0.0	17.2	33.6	1.1	35.4
	25～34 岁	4.6	0.0	20.1	38.0	1.1	36.2
	35～44 岁	8.4	0.0	19.2	44.1	1.0	27.3
	45～54 岁	11.4	0.0	19.6	53.5	1.3	14.2
	55～64 岁	11.9	0.0	14.0	65.3	3.0	5.8
	65 岁及以上	21.2	0.0	5.1	70.4	1.1	2.2
文化程度	未受过正规教育	2.1	0.0	5.3	64.8	0.0	27.8
	小学	12.4	0.0	11.0	62.6	1.9	12.1
	初中	11.7	0.0	13.2	51.6	1.6	21.9
	高中	11.1	0.0	23.0	45.1	1.4	19.4
	大学及以上	7.4	0.0	18.3	43.9	0.8	29.6
职业	干部/管理人员	6.3	0.0	18.4	45.4	0.1	29.8
	初级公务员/雇员	8.1	0.0	18.5	46.6	1.2	25.6
	个体/私营企业人员	5.3	0.0	24.1	43.9	0.7	26.0
	工人	9.6	0.0	15.3	37.8	1.1	36.2
	学生	16.3	0.0	21.0	34.1	1.5	27.1
	无业(包括退休人员)	17.8	0.0	9.7	66.1	2.4	4.0
	其他	5.1	0.0	2.9	79.5	0.0	12.5
个人月收入	没有收入	16.3	0.0	21.0	35.4	1.5	25.8
	1～500 元	*	*	*	*	*	*
	501～1000 元	0.4	0.0	45.7	36.0	2.2	15.7
	1001～1500 元	2.1	0.0	4.4	44.6	4.5	44.4
	1501～2000 元	*	*	*	*	*	*
	2001～2500 元	5.7	0.0	12.3	60.2	0.4	21.4
	2501～3000 元	13.4	0.0	15.0	54.3	3.9	13.4
	3001～4000 元	6.7	0.0	11.6	59.3	1.7	20.7
	4001 元及以上	10.0	0.0	18.3	48.7	1.1	21.9

注："*"表示该目标听众样本量不足,无法进行统计推断。

表 3.20.6　2015 年宁波市场份额排名前 5 位的频率

名　次	频率名称	市场份额(%)
1	宁波电台交通广播 FM93.9 AM603	13.2
2	宁波电台新闻综合广播宁波之声 FM92.0 AM1323	11.5
3	宁波电台音乐广播私家车 986FM98.6	10.8
4	中央人民广播电台第一套节目中国之声	8.4
5	宁波电台老少广播阳光调频 FM90.4 AM1251	6.6

二十一、青岛收听数据

表 3.21.1　2013～2015 年青岛各目标听众人均收听时间（分钟）

目标听众		2013 年	2014 年	2015 年			
				第 1 波	第 2 波	第 3 波	第 4 波
10 岁及以上所有人		78	83	78	78	73	74
性别	男	83	88	80	79	78	80
	女	74	79	75	76	67	68
年龄	10～14 岁	28	26	30	22	25	20
	15～24 岁	45	46	38	35	31	30
	25～34 岁	64	67	65	53	52	50
	35～44 岁	74	75	57	62	55	57
	45～54 岁	78	83	77	76	80	80
	55～64 岁	131	154	136	148	131	143
	65 岁及以上	137	139	141	151	140	135
文化程度	未受过正规教育	51	43	43	117	60	53
	小学	45	50	62	66	68	55
	初中	93	93	83	95	79	79
	高中	89	95	83	75	78	87
	大学及以上	63	72	72	69	65	62
职业	干部/管理人员	88	83	72	67	58	53
	初级公务员/雇员	58	65	59	58	53	49
	个体/私营企业人员	77	81	73	72	78	86
	工人	84	84	72	67	64	69
	学生	32	32	34	28	26	24
	无业（包括退休人员）	119	128	122	133	123	124
	其他	*	*	*	*	*	*
个人月收入	没有收入	40	36	36	31	29	28
	1～500 元	126	*	*	*	*	*
	501～1000 元	47	64	70	61	35	32
	1001～1500 元	95	89	77	106	99	58
	1501～2000 元	93	105	117	125	111	96
	2001～2500 元	89	104	103	94	86	102
	2501～3000 元	77	98	87	79	75	74
	3001～4000 元	80	74	58	68	66	68
	4001 元及以上	93	97	92	98	92	93

注：青岛为四波调查城市。2015 年四波调查时间分别为：第一波 3 月 1 日至 3 月 21 日；第二波 5 月 24 日至 6 月 13 日；第三波 8 月 23 日至 9 月 12 日；第四波 11 月 1 日至 11 月 21 日。

"*"表示目标听众样本量不足，无法进行统计推断。

表 3.21.2　2013～2015 年青岛听众在不同地点的人均收听时间（分钟）

地　点	2013 年	2014 年	2015 年
在家	49	52	48
车上	23	24	24
工作/学习场所	4	5	3
其他场所	2	3	1

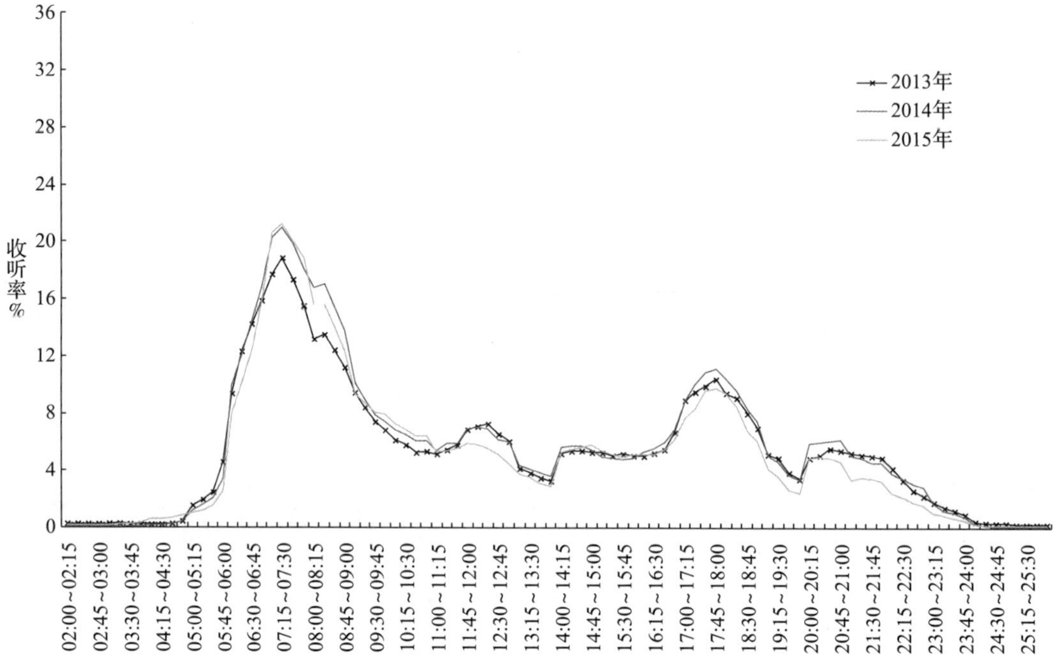

图 3.21.1　2013 ~2015 年青岛听众全天收听率走势

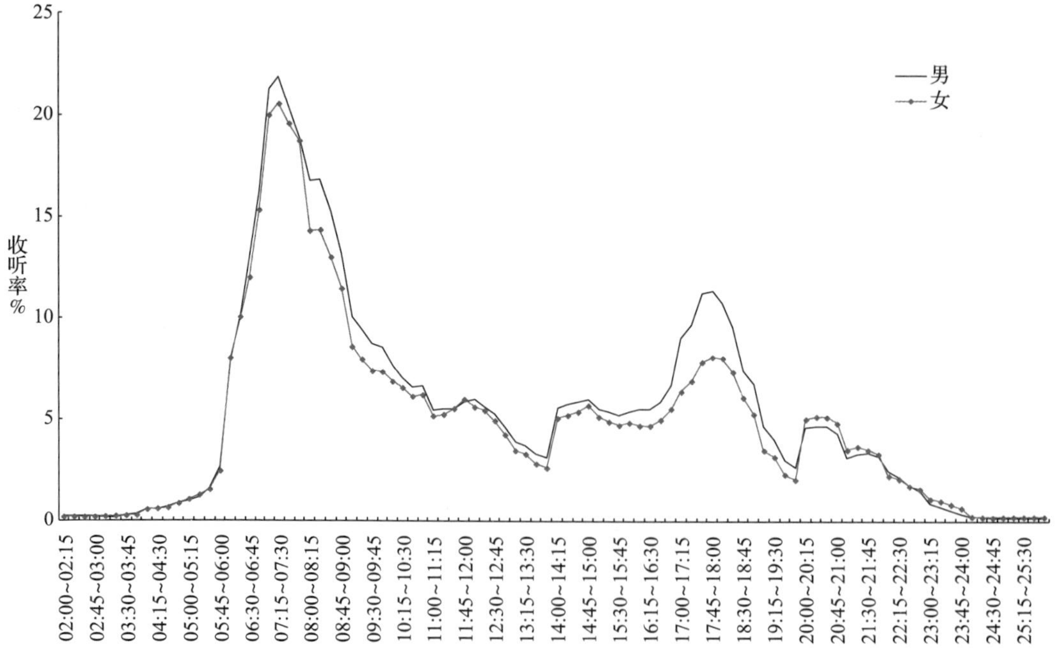

图 3.21.2　2015 年青岛不同性别听众全天收听率走势

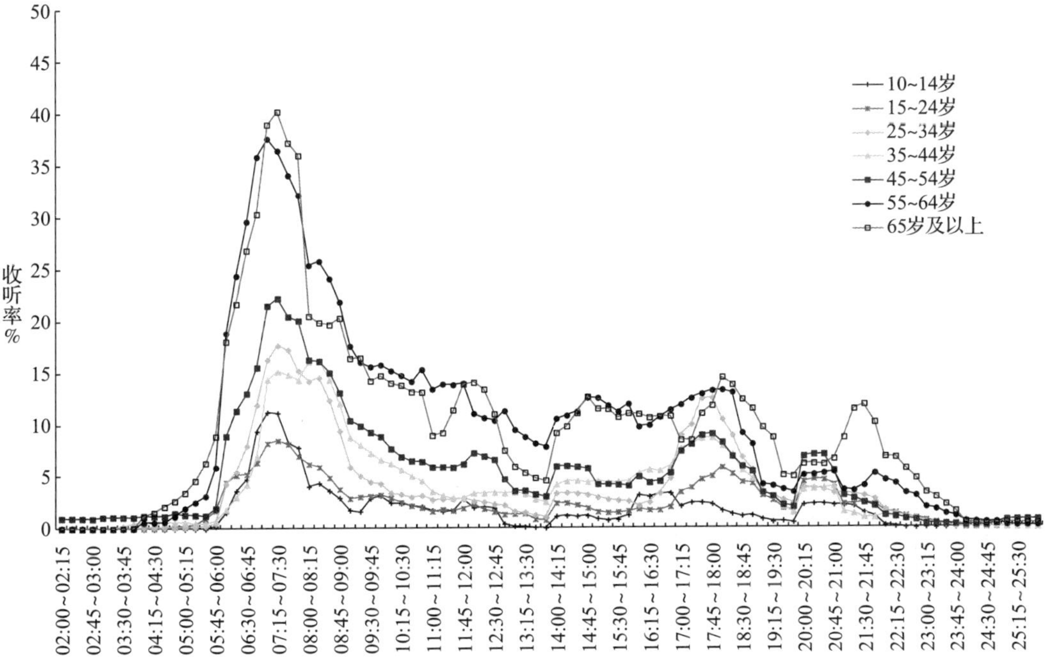

图 3.21.3 2015 年青岛不同年龄听众全天收听率走势

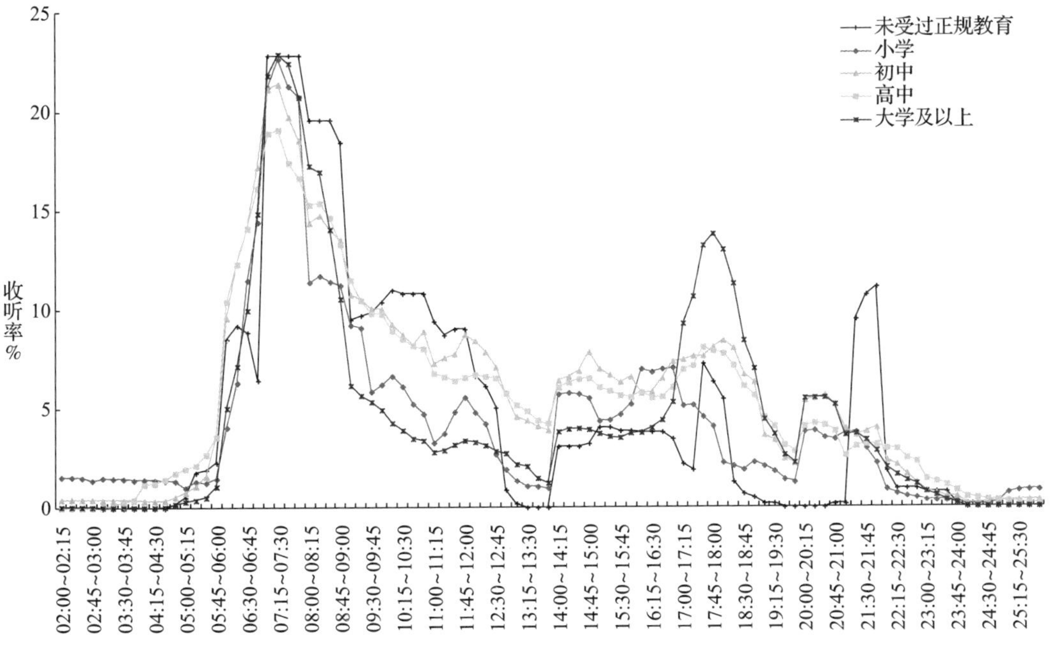

图 3.21.4 2015 年青岛不同文化程度听众全天收听率走势

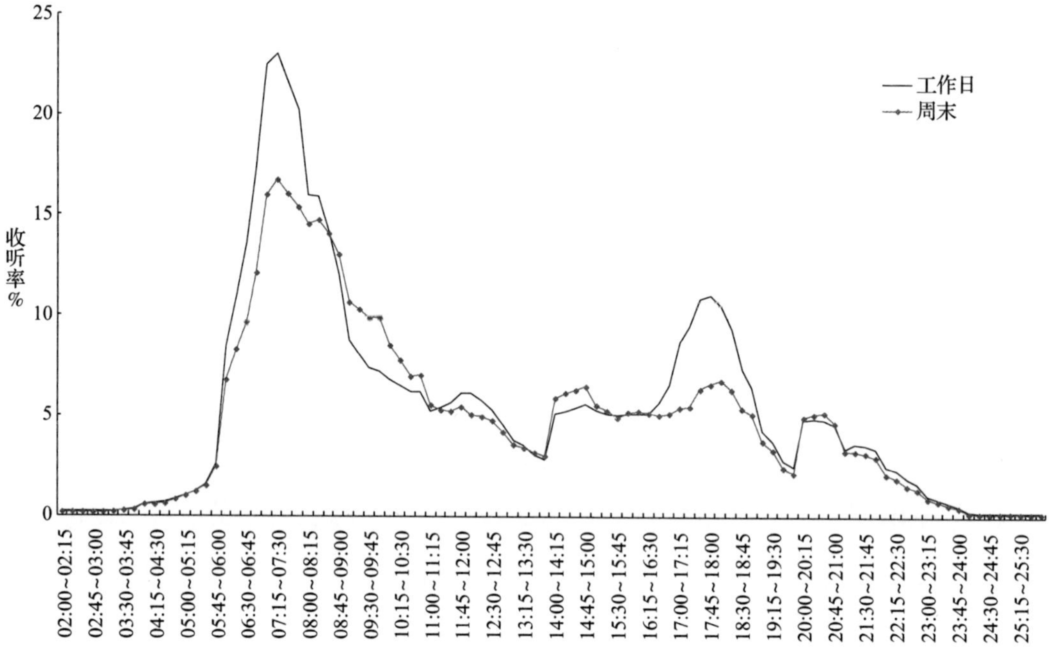

图 3.21.5 2015 年青岛听众工作日与周末全天收听率走势

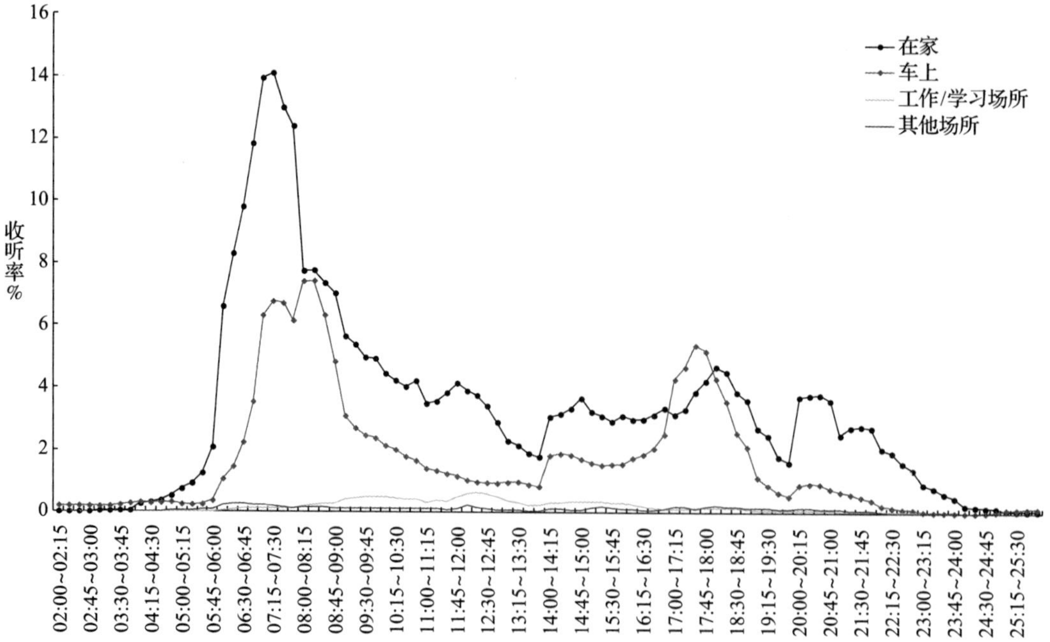

图 3.21.6 2015 年青岛听众在不同收听地点全天收听率走势

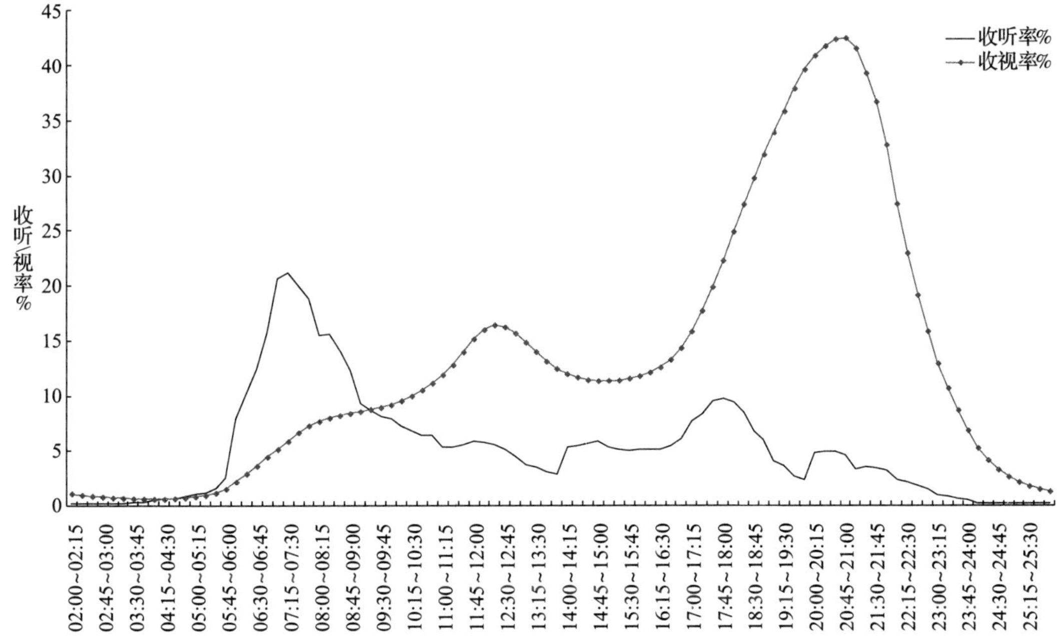

图 3.21.7　2015 年青岛受众全天收听率、收视率走势比较(目标受众为 10 岁及以上)

表 3.21.3　2015 年青岛市场听众构成(%)

目标听众		听众构成(%)
10 岁及以上所有人		100.0
性别	男	53.2
	女	46.8
年龄	10~14 岁	0.9
	15~24 岁	6.8
	25~34 岁	15.5
	35~44 岁	14.5
	45~54 岁	18.7
	55~64 岁	24.7
	65 岁及以上	18.8
文化程度	未受过正规教育	0.6
	小学	4.8
	初中	26.8
	高中	36.8
	大学及以上	31.0
职业	干部/管理人员	4.9
	初级公务员/雇员	21.5
	个体/私营企业人员	12.7
	工人	12.0
	学生	4.4
	无业(包括退休人员)	44.5
	其他	*
个人月收入	没有收入	6.8
	1~500 元	*
	501~1000 元	0.4
	1001~1500 元	2.6
	1501~2000 元	12.2
	2001~2500 元	20.5
	2501~3000 元	14.3
	3001~4000 元	19.8
	4001 元及以上	23.1

“*”表示目标听众样本量不足,无法进行统计推断。

表 3.21.4　2013~2015 年青岛市场各广播电台的市场份额(%)

广播电台	2013 年	2014 年	2015 年			
			第 1 波	第 2 波	第 3 波	第 4 波
中央人民广播电台	14.5	12.6	13.4	11.1	9.3	10.2
中国国际广播电台	0.0	0.0	0.0	0.0	0.0	0.0
山东人民广播电台	10.8	8.9	8.7	9.2	10	8.8
青岛人民广播电台	73.2	75.2	75.6	76	77.3	78.2
其他广播电台	1.5	3.3	2.3	3.7	3.4	2.8

表 3.21.5 2015 年青岛市场各广播电台在不同目标听众中的市场份额(%)

目标听众		中央人民广播电台	中国国际广播电台	山东人民广播电台	青岛人民广播电台	其他广播电台
10 岁及以上所有人		11.0	0.0	9.2	76.8	3.0
性别	男	10.1	0.0	8.4	78.0	3.5
	女	12.1	0.0	10.1	75.4	2.4
年龄	10~14 岁	6.1	0.0	3.6	88.4	1.9
	15~24 岁	10.0	0.0	14.8	71.6	3.6
	25~34 岁	6.3	0.0	8.0	79.1	6.6
	35~44 岁	6.7	0.0	7.0	84.1	2.2
	45~54 岁	8.9	0.0	9.2	77.9	4.0
	55~64 岁	14.7	0.0	9.6	74.0	1.7
	65 岁及以上	16.1	0.0	9.4	72.9	1.6
文化程度	未受过正规教育	14.6	0.0	13.6	71.8	*
	小学	10.5	0.0	8.3	72.0	9.2
	初中	9.9	0.0	11.4	75.9	2.8
	高中	12.5	0.0	9.4	76.9	1.2
	大学及以上	10.3	0.0	7.0	78.1	4.6
职业	干部/管理人员	11.2	0.0	3.1	82.4	3.3
	初级公务员/雇员	6.7	0.0	6.2	83.6	3.5
	个体/私营企业人员	5.9	0.0	12.8	77.0	4.3
	工人	6.4	0.0	5.8	82.3	5.5
	学生	11.8	0.0	12.0	73.8	2.4
	无业(包括退休人员)	15.7	0.0	10.8	71.7	1.8
	其他	*	*	*	*	*
个人月收入	没有收入	11.7	0.0	14.7	70.7	2.9
	1~500 元	*	*	*	*	*
	501~1000 元	10.4	0.0	0.0	89.6	*
	1001~1500 元	7.8	0.0	15.1	76.5	0.6
	1501~2000 元	15.8	0.0	10.2	69.2	4.8
	2001~2500 元	14.4	0.0	8.5	74.2	2.9
	2501~3000 元	9.8	0.0	7.0	80.1	3.1
	3001~4000 元	8.8	0.0	6.4	80.4	4.4
	4001 元及以上	8.2	0.0	10.8	79.4	1.6

注:"*"表示该目标听众样本量不足,无法进行统计推断。

表 3.21.6 2015 年青岛市场份额排名前 5 位的频率

名次	频率名称	市场份额(%)
1	青岛交通广播 FM89.7/AM900	36.2
2	青岛广播新闻频率 FM107.6/AM1377	15.9
3	中央人民广播电台第一套节目中国之声	8.3
4	青岛新闻生活频率 AM819/FM97.3	5.9
5	青岛音乐体育广播 FM91.5	5.1

二十二、清远收听数据

表 3.22.1　2013～2015 年清远各目标听众人均收听时间(分钟)

目标听众		2013 年	2014 年	2015 年			
				第 1 波	第 2 波	第 3 波	第 4 波
10 岁及以上所有人		55	51	44	41	46	45
性别	男	56	52	46	42	45	45
	女	53	50	41	40	46	45
年龄	10～14 岁	35	31	24	29	33	28
	15～24 岁	36	35	33	25	36	40
	25～34 岁	50	48	33	38	39	36
	35～44 岁	58	50	46	40	44	47
	45～54 岁	54	60	52	51	52	49
	55～64 岁	82	71	56	52	47	46
	65 岁及以上	78	72	65	61	78	67
文化程度	未受过正规教育	53	49	43	45	38	28
	小学	58	53	48	45	53	50
	初中	55	52	43	41	44	45
	高中	51	47	41	36	40	41
	大学及以上	46	47	38	42	61	51
职业	干部/管理人员	43	33	28	52	67	69
	初级公务员/雇员	53	48	40	46	56	39
	个体/私营企业人员	58	63	68	60	56	51
	工人	51	45	37	31	35	42
	学生	33	34	30	31	40	38
	无业(包括退休人员)	87	74	51	50	55	49
	其他	51	47	38	39	45	45
个人月收入	没有收入	49	44	35	36	42	42
	1～500 元	60	60	41	42	33	41
	501～1000 元	67	67	65	52	69	66
	1001～1500 元	62	62	64	62	73	60
	1501～2000 元	52	51	51	55	55	50
	2001～2500 元	55	51	44	44	53	51
	2501～3000 元	54	56	44	34	33	37
	3001～4000 元	34	44	42	31	46	48
	4001 元及以上	73	52	38	37	30	30

注:清远为四波调查城市。2015 年四波调查时间分别为:第一波 3 月 1 日至 3 月 21 日;第二波 5 月 24 日至 6 月 13 日;第三波 8 月 23 日至 9 月 12 日;第四波 11 月 1 日至 11 月 21 日。

表 3.22.2　2013～2015 年清远听众在不同地点的人均收听时间(分钟)

地　　点	2013 年	2014 年	2015 年
在家	44	39	34
车上	4	5	5
工作/学习场所	4	4	2
其他场所	3	3	3

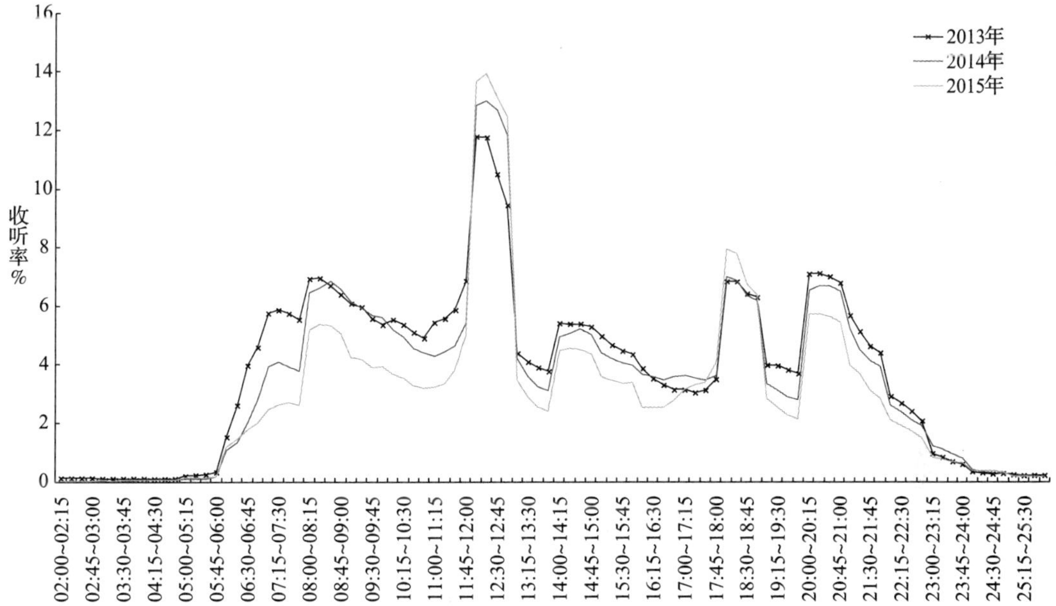

图 3.22.1　2013 ~ 2015 年清远听众全天收听率走势

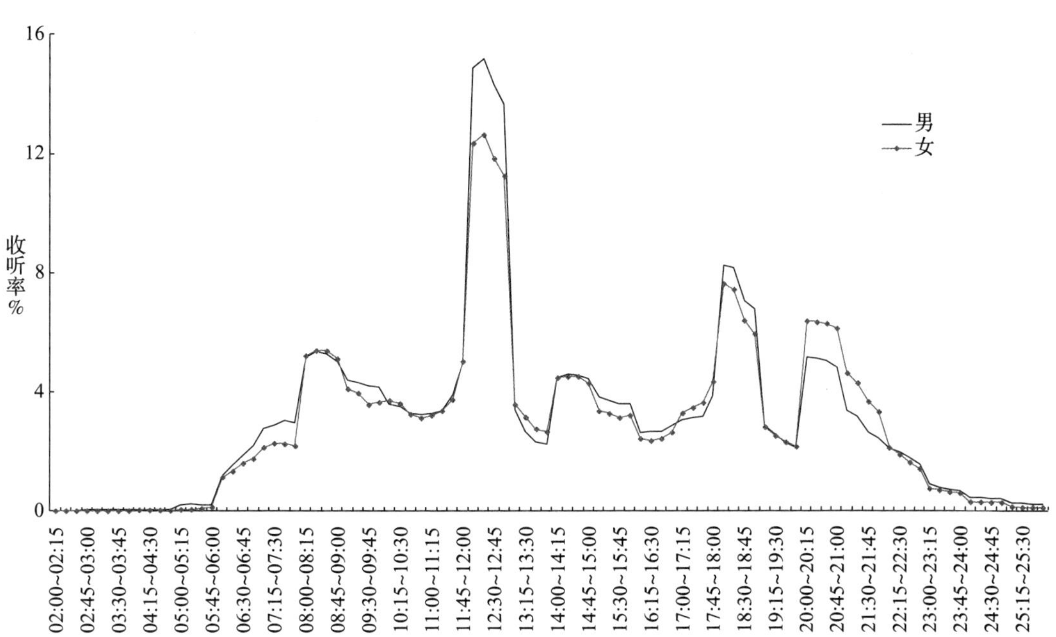

图 3.22.2　2015 年清远不同性别听众全天收听率走势

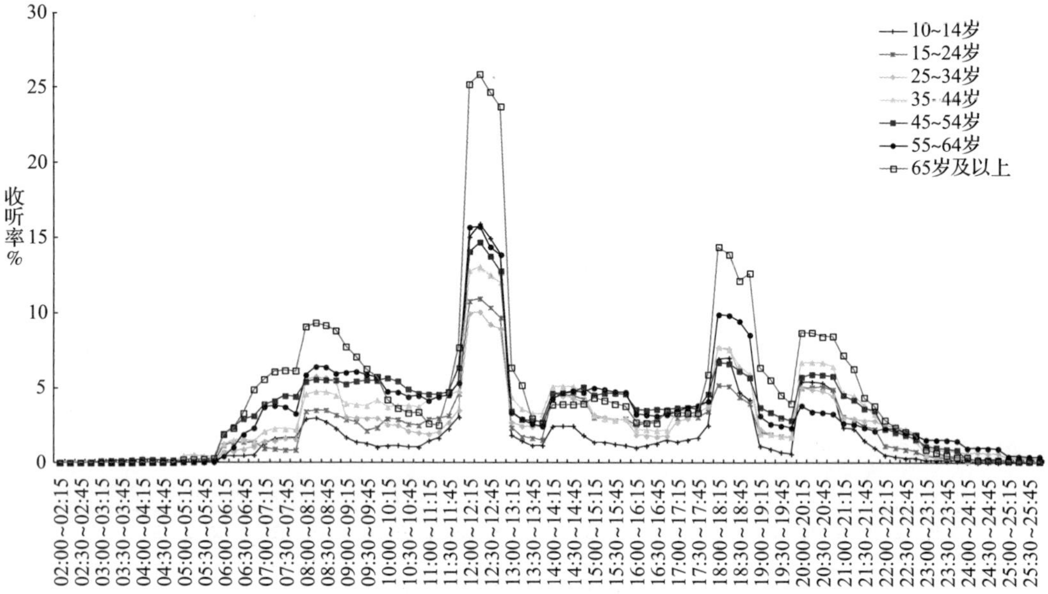

图 3.22.3　2015 年清远不同年龄听众全天收听率走势

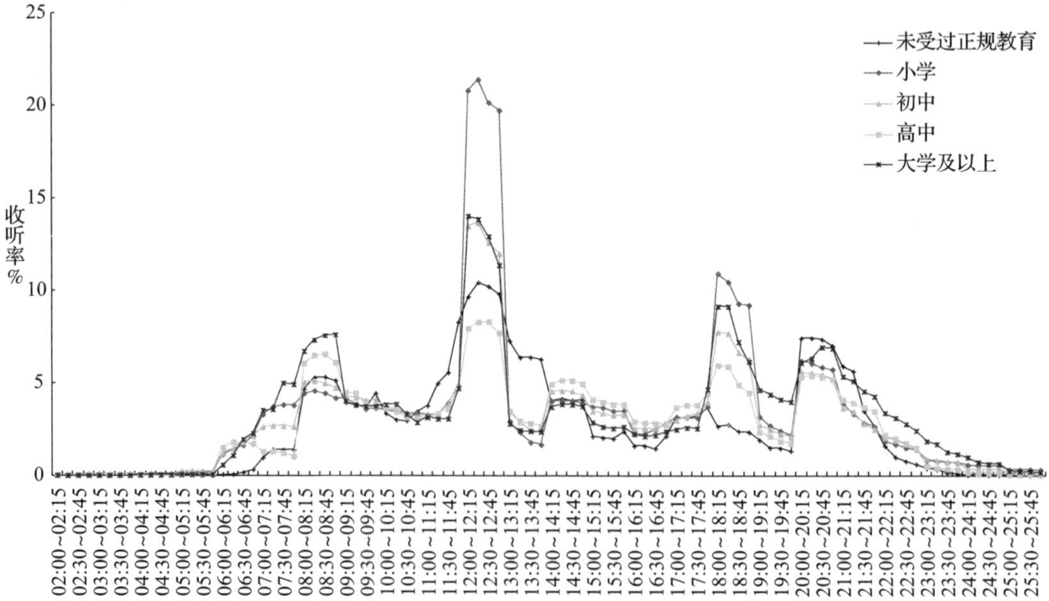

图 3.22.4　2015 年清远不同文化程度听众全天收听率走势

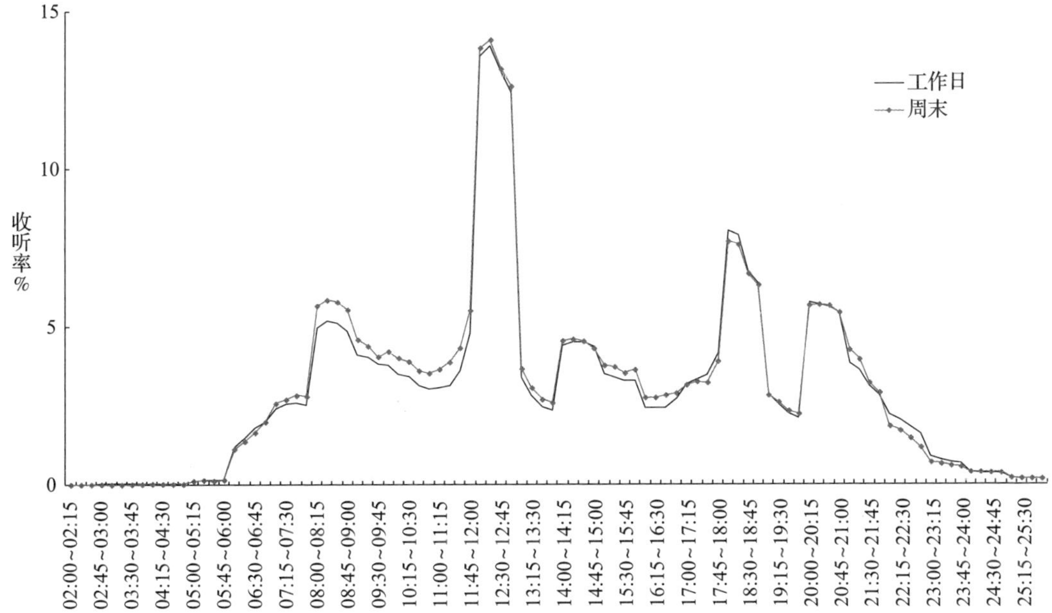

图 3.22.5　2015 年清远听众工作日与周末全天收听走势

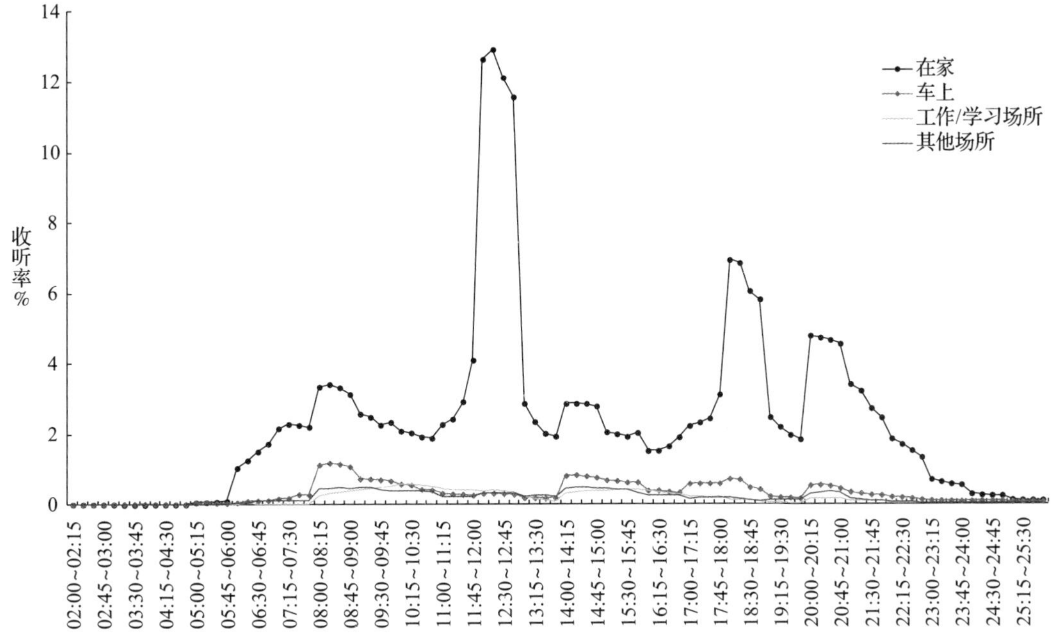

图 3.22.6　2015 年清远听众在不同收听地点全天收听率走势

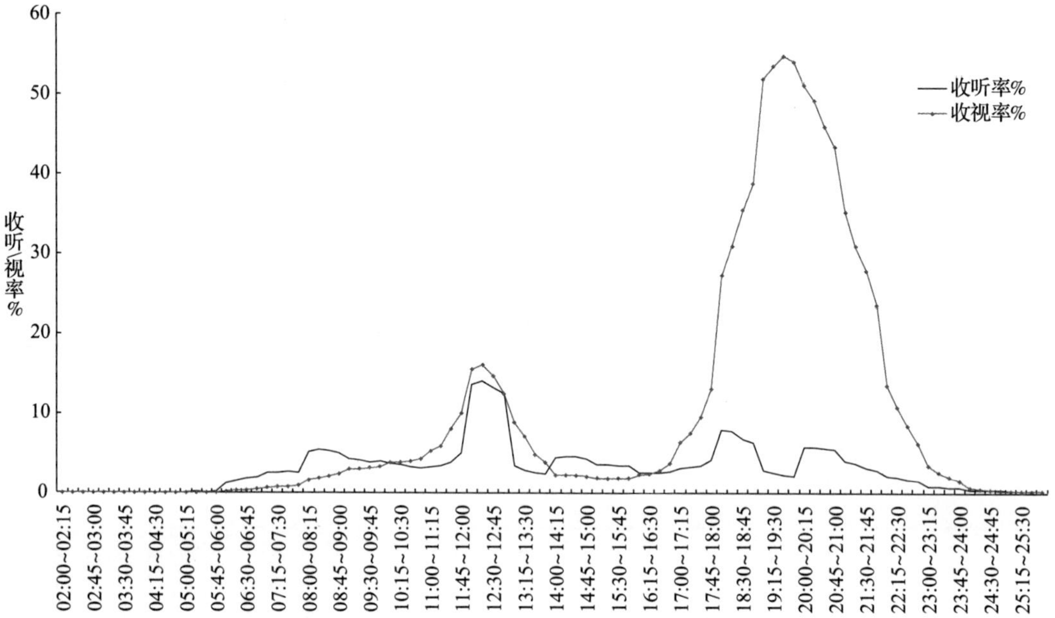

图 3.22.7　2015 年清远受众全天收听率、收视率走势比较(目标受众为 10 岁及以上)

表 3.22.3　2015 年清远市场听众构成(%)

目标听众		听众构成(%)
10 岁及以上所有人		100.0
性别	男	52.8
	女	47.2
年龄	10~14 岁	2.6
	15~24 岁	16.4
	25~34 岁	16.9
	35~44 岁	20.1
	45~54 岁	16.0
	55~64 岁	12.1
	65 岁及以上	15.9
文化程度	未受过正规教育	2.7
	小学	22.4
	初中	49.7
	高中	19.5
	大学及以上	5.7
职业	干部/管理人员	1.3
	初级公务员/雇员	5.4
	个体/私营企业人员	20.5
	工人	25.9
	学生	9.6
	无业(包括退休人员)	19.8
	其他	17.5
个人月收入	没有收入	22.3
	1~500 元	3.3
	501~1000 元	3.0
	1001~1500 元	9.9
	1501~2000 元	13.7
	2001~2500 元	19.0
	2501~3000 元	10.2
	3001~4000 元	12.5
	4001 元及以上	6.1

表 3.22.4　2013~2015 年清远市场各广播电台的市场份额(%)

广播电台	2013 年	2014 年	2015 年			
			第 1 波	第 2 波	第 3 波	第 4 波
中央人民广播电台	3.6	2.3	3.3	3.2	2.9	1.8
中国国际广播电台	0.1	0.1	0.0	0.0	0.0	0.0
广东广播电视台	30.5	24.8	23.3	25.0	26.3	22.6
广州广播电视台	4.1	5.8	5.0	4.8	5.9	3.9
清远人民广播电台	49.0	56.9	57.5	55.9	54.1	59.9
佛山人民广播电台	11.9	9.5	10.8	10.8	10.3	11.6
其他广播电台	0.8	0.6	0.1	0.3	0.5	0.2

表 3.22.5　2015 年清远市场各广播电台在不同目标听众中的市场份额(%)

目标听众		中央人民广播电台	中国国际广播电台	广东人民广播电台	广州广播电视台	清远人民广播电台	佛山人民广播电台	其他广播电台
10 岁及以上所有人		2.8	0.0	24.3	4.9	56.9	10.9	0.2
性别	男	2.6	0.0	24.9	5.8	55.7	10.8	0.2
	女	3.0	0.0	23.6	3.9	58.1	11.0	0.4
年龄	10~14 岁	1.8	0.0	30.6	7.2	40.2	20.1	0.1
	15~24 岁	1.9	0.0	23.6	5.1	59.7	9.2	0.5
	25~34 岁	1.5	0.0	24.5	4.3	55.7	13.3	0.7
	35~44 岁	3.0	0.0	22.3	3.5	54.1	17.0	0.1
	45~54 岁	3.9	0.0	29.2	4.9	54.8	7.0	0.2
	55~64 岁	2.4	0.0	27.1	4.5	54.1	11.7	0.2
	65 岁及以上	4.3	0.0	19.1	7.2	65.4	4.0	0.0
文化程度	未受过正规教育	2.9	0.0	10.5	3.3	73.2	10.0	0.1
	小学	2.8	0.0	30.0	6.3	50.7	9.9	0.3
	初中	2.2	0.0	22.1	4.1	58.1	13.4	0.1
	高中	3.4	0.0	22.2	4.8	62.1	7.0	0.5
	大学及以上	5.1	0.0	34.1	7.5	46.4	5.7	1.2
职业	干部/管理人员	2.9	0.0	11.1	0.5	77.8	6.4	1.3
	初级公务员/雇员	0.5	0.0	17.5	9.9	60.0	10.3	1.8
	个体/私营企业人员	5.5	0.0	23.3	3.3	62.0	5.9	0.0
	工人	3.3	0.0	17.4	3.3	63.3	12.4	0.3
	学生	0.7	0.0	25.2	4.8	59.0	10.2	0.1
	无业(包括退休人员)	1.9	0.0	20.4	3.4	66.3	7.8	0.2
	其他	1.7	0.0	43.3	9.7	26.3	18.9	0.1
个人月收入	没有收入	0.6	0.0	26.7	3.3	58.2	11.1	0.1
	1~500 元	1.8	0.0	15.6	2.7	57.4	22.5	0.0
	501~1000 元	3.0	0.0	11.7	0.5	75.2	8.9	0.7
	1001~1500 元	3.3	0.0	22.3	13.6	55.5	5.3	0.0
	1501~2000 元	3.7	0.0	29.7	7.0	51.7	7.6	0.3
	2001~2500 元	4.8	0.0	31.5	2.8	48.6	12.3	0.0
	2501~3000 元	1.9	0.0	24.9	6.4	52.7	13.8	0.3
	3001~4000 元	3.7	0.0	15.1	3.9	65.7	10.7	0.9
	4001 元及以上	0.6	0.0	12.1	2.7	72.2	12.4	0.0

表 3.22.6　2015 年清远市场份额排名前 5 位的频率

名　次	频率名称	市场份额(%)
1	清远综合广播 FM88.7	34.0
2	清远电台农村广播 FM97.8	22.9
3	广东广播电视台珠江经济广播电台(E FM 财富 974)	14.0
4	广东广播电视台音乐之声 FM99.3	4.7
5	佛山人民广播电台 FM90.6	4.4

二十三、泉州收听数据

表 3.23.1 2013~2015 年泉州各目标听众人均收听时间(分钟)

目标听众		2013 年	2014 年	2015 年			
				第 1 波	第 2 波	第 3 波	第 4 波
10 岁及以上所有人		60	57	55	57	44	48
性别	男	67	62	58	60	48	55
	女	53	50	53	52	39	41
年龄	10~14 岁	30	26	17	10	10	7
	15~24 岁	30	27	25	30	16	17
	25~34 岁	50	46	45	58	46	55
	35~44 岁	82	74	67	69	59	65
	45~54 岁	83	80	74	64	44	43
	55~64 岁	77	78	78	77	68	72
	65 岁及以上	117	123	109	116	88	83
文化程度	未受过正规教育	62	45	54	44	26	28
	小学	75	77	60	72	48	50
	初中	56	57	59	65	48	51
	高中	70	56	58	48	40	43
	大学及以上	48	47	42	43	39	53
职业	干部/管理人员	58	58	53	69	47	54
	初级公务员/雇员	46	44	46	43	35	35
	个体/私营企业人员	64	64	56	61	48	61
	工人	99	79	68	74	66	65
	学生	23	21	23	19	12	11
	无业(包括退休人员)	88	87	83	85	62	61
	其他	*	*	*	*	*	*
个人月收入	没有收入	43	40	42	37	27	28
	1~500 元	*	*	*	*	*	*
	501~1000 元	58	63	49	105	63	119
	1001~1500 元	88	72	91	89	34	68
	1501~2000 元	74	67	72	64	50	80
	2001~2500 元	68	74	79	59	45	44
	2501~3000 元	66	58	46	48	39	36
	3001~4000 元	67	64	52	62	52	52
	4001 元及以上	61	59	61	72	58	65

注:泉州为四波调查城市。2015 年四波调查时间分别为:第一波 3 月 1 日至 3 月 21 日;第二波 5 月 24 日至 6 月 13 日;第三波 8 月 23 日至 9 月 12 日;第四波 11 月 1 日至 11 月 21 日。

“*”表示该目标听众样本量不足,无法进行统计推断。

表 3.23.2 2013~2015 年泉州听众在不同地点的人均收听时间(分钟)

地 点	2013 年	2014 年	2015 年
在家	32	29	23
车上	17	17	17
工作/学习场所	9	10	10
其他场所	1	1	1

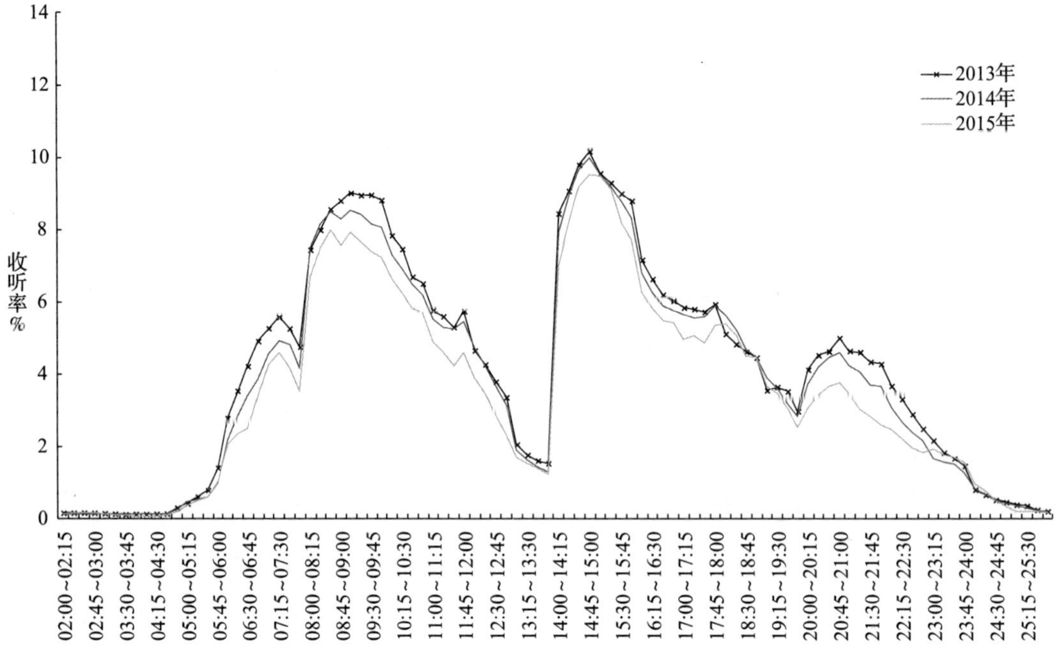

图 3.23.1　2013～2015 年泉州听众全天收听率走势

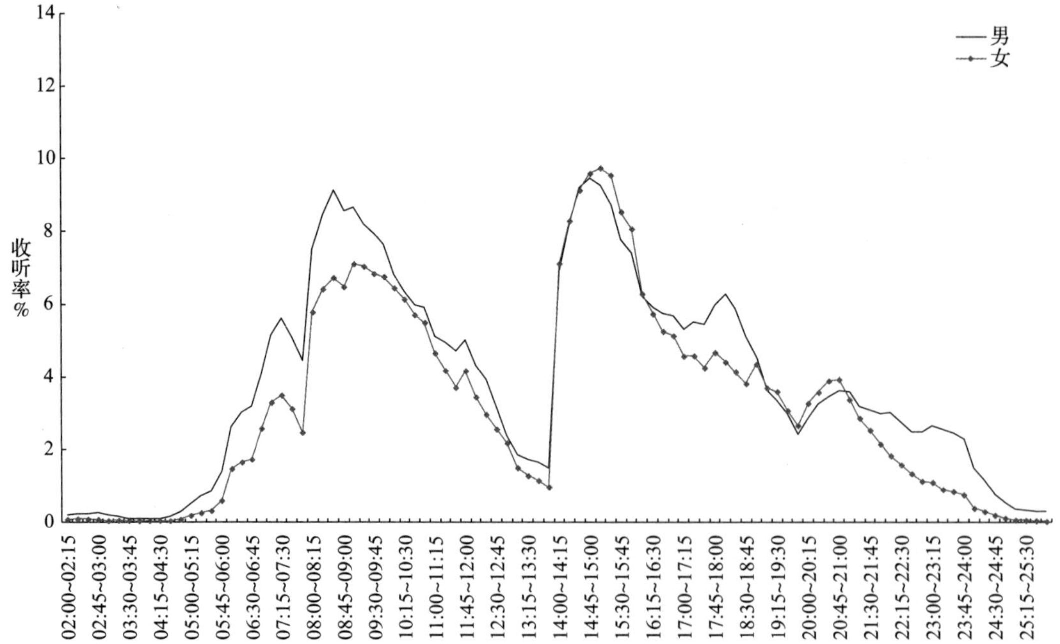

图 3.23.2　2015 年泉州不同性别听众全天收听率走势

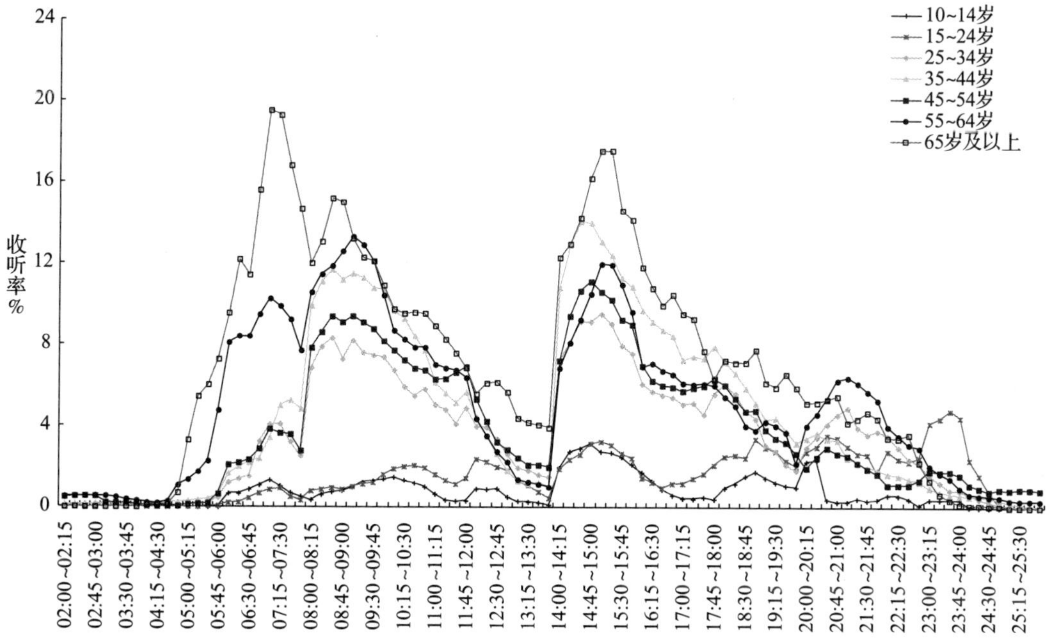

图 3.23.3　2015 年泉州不同年龄听众全天收听率走势

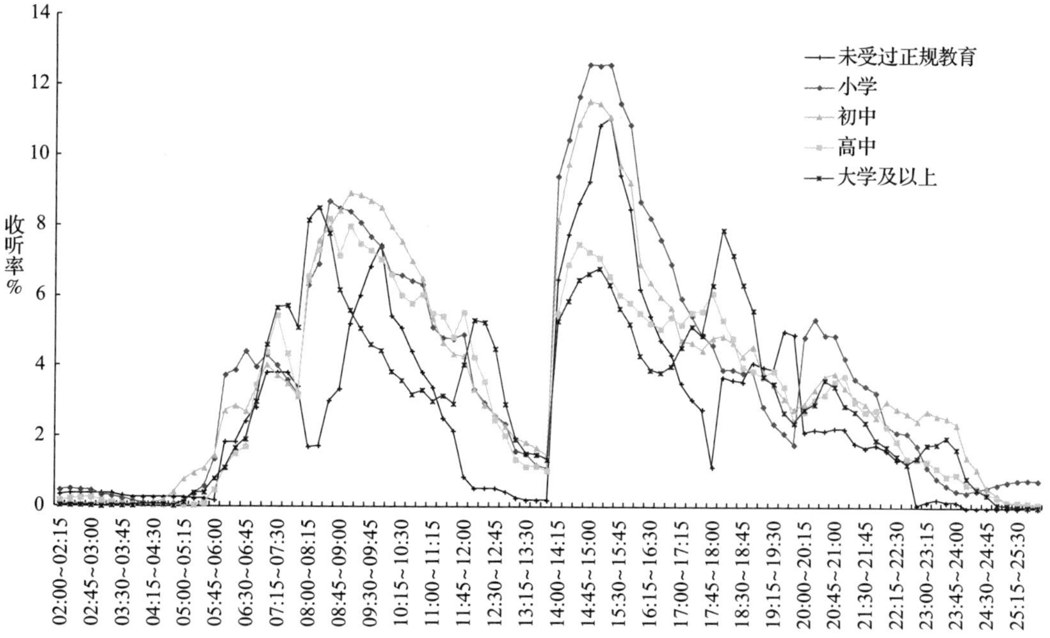

图 3.23.4　2015 年泉州不同文化程度听众全天收听率走势

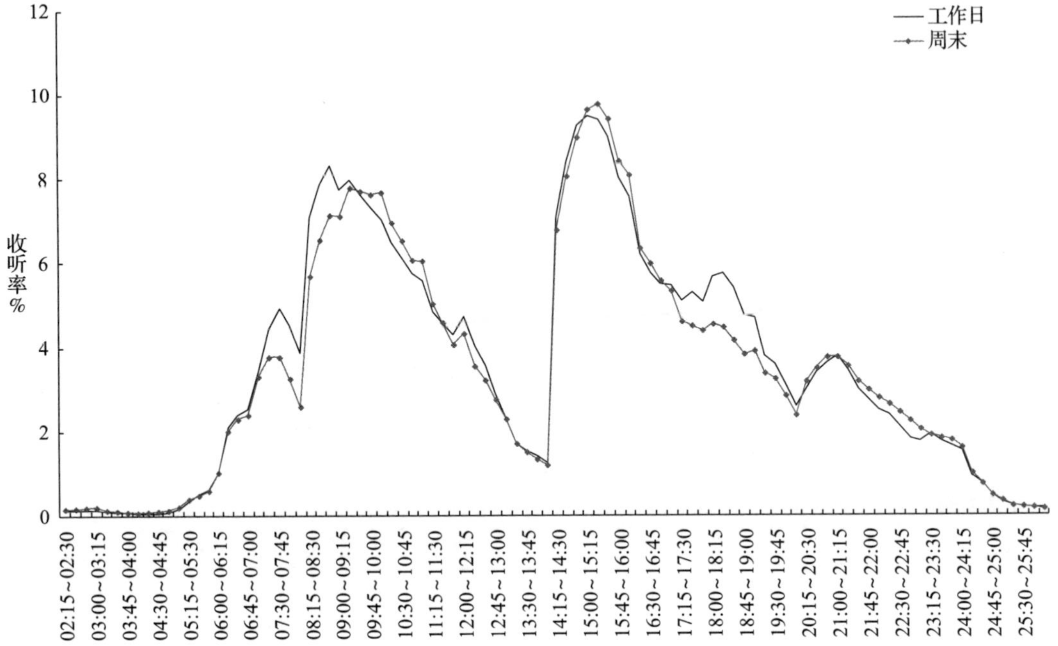

图 3.23.5　2015 年泉州听众工作日与周末全天收听率走势

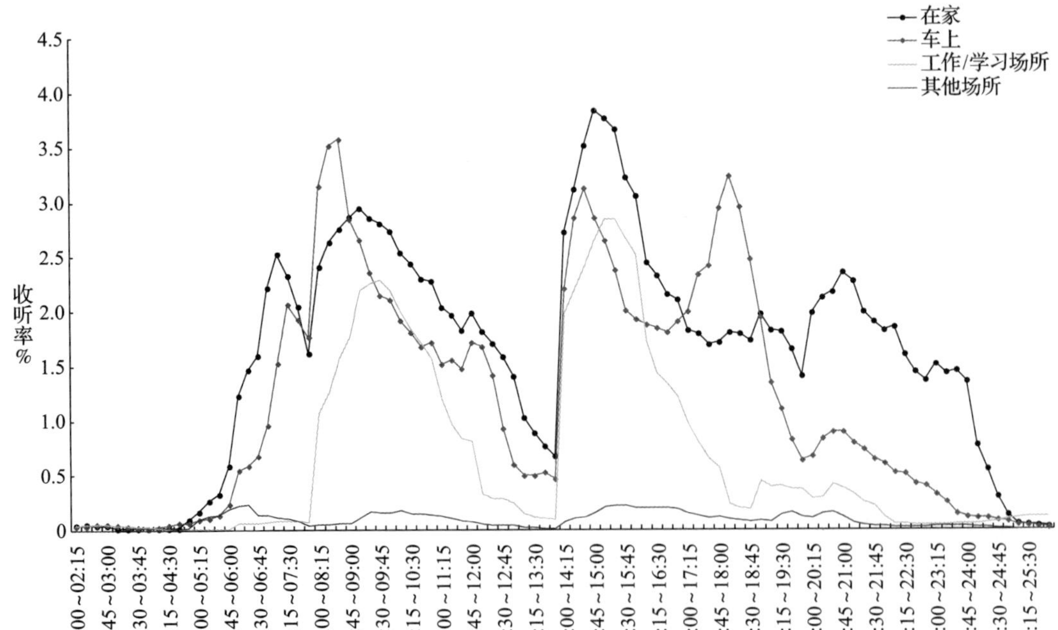

图 3.23.6　2015 年泉州听众在不同收听地点全天收听率走势

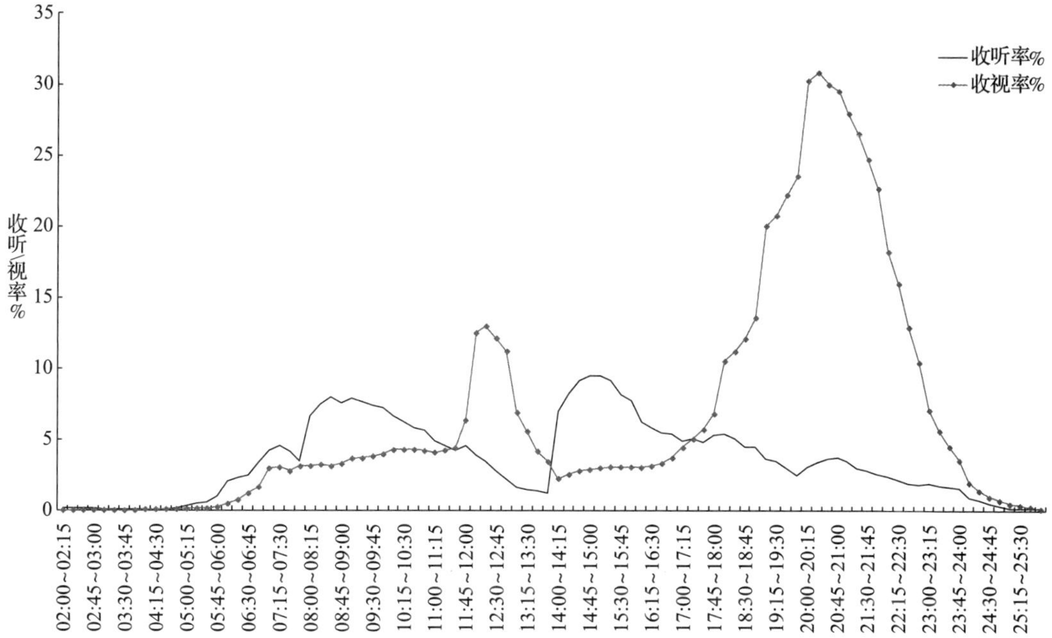

图 3.23.7　2015 年泉州受众全天收听率、收视率走势比较(目标受众为 10 岁及以上)

表 3.23.3　2015 年泉州市场听众构成(%)

目标听众		听众构成(%)
10 岁及以上所有人		100.0
性别	男	56.8
	女	43.2
年龄	10~14 岁	1.0
	15~24 岁	8.9
	25~34 岁	26.6
	35~44 岁	31.0
	45~54 岁	13.4
	55~64 岁	10.2
	65 岁及以上	8.8
文化程度	未受过正规教育	1.2
	小学	13.9
	初中	42.9
	高中	26.3
	大学及以上	15.7
职业	干部/管理人员	3.4
	初级公务员/雇员	14.1
	个体/私营企业人员	31.6
	工人	23.7
	学生	5.3
	无业(包括退休人员)	21.8
	其他	*
个人月收入	没有收入	17.8
	1~500 元	*
	501~1000 元	0.7
	1001~1500 元	2.0
	1501~2000 元	6.6
	2001~2500 元	9.5
	2501~3000 元	9.4
	3001~4000 元	20.7
	4001 元及以上	33.2

“*”表示目标听众样本量不足,无法进行统计推断。

表 3.23.4　2013~2015 年泉州市场各广播电台的市场份额(%)

广播电台	2013 年	2014 年	2015 年			
			第 1 波	第 2 波	第 3 波	第 4 波
中央人民广播电台	17.6	16.9	17.0	13.8	13.4	10.4
中国国际广播电台	0.0	0.0	0.0	0.0	0.0	0.0
福建广播影视集团	13.4	12.8	15.9	13.6	11.5	12.4
泉州人民广播电台	68.5	68.0	64.8	69.3	72.9	76.0
其他广播电台	0.5	2.3	2.3	3.4	2.2	1.3

表 3.23.5 2015 年泉州市场各广播电台在不同目标听众中的市场份额(%)

目标听众		中央人民广播电台	中国国际广播电台	福建广播影视集团	泉州人民广播电台	其他广播电台
10 岁及以上所有人		13.8	0.0	13.5	70.4	2.4
性别	男	15.9	0.0	14.5	66.8	2.9
	女	11.0	0.0	12.2	75.2	1.7
年龄	10~14 岁	5.9	0.0	4.5	88.7	0.8
	15~24 岁	23.8	0.0	10.3	56.5	9.4
	25~34 岁	8.1	0.0	11.5	78.7	1.8
	35~44 岁	6.7	0.0	11.7	80.0	1.5
	45~54 岁	15.7	0.0	17.4	65.0	1.9
	55~64 岁	20.9	0.0	22.4	56.0	0.7
	65 岁及以上	36.2	0.0	12.6	49.2	2.0
文化程度	未受过正规教育	27.0	0.0	3.7	65.3	3.9
	小学	11.7	0.0	4.4	79.2	4.6
	初中	12.1	0.0	14.8	70.4	2.6
	高中	12.4	0.0	16.2	69.8	1.6
	大学及以上	21.3	0.0	14.1	63.9	0.7
职业	干部/管理人员	14.0	0.0	16.4	69.6	0.0
	初级公务员/雇员	15.0	0.0	12.5	69.4	3.1
	个体/私营企业人员	5.3	0.0	17.2	74.5	3.0
	工人	7.8	0.0	9.6	82.1	0.6
	学生	36.5	0.0	4.9	47.0	11.6
	无业(包括退休人员)	26.0	0.0	14.2	58.7	1.1
	其他	*	*	*	*	*
个人月收入	没有收入	25.3	0.0	8.3	61.9	4.4
	1~500 元	*	*	*	*	*
	501~1000 元	0.5	0.0	6.2	92.8	0.5
	1001~1500 元	28.6	0.0	6.3	65.0	0.0
	1501~2000 元	18.3	0.0	13.7	67.6	0.5
	2001~2500 元	15.0	0.0	17.1	63.8	4.1
	2501~3000 元	9.5	0.0	13.8	73.0	3.7
	3001~4000 元	6.1	0.0	11.2	79.8	3.0
	4001 元及以上	11.4	0.0	16.8	71.3	0.5

"*"表示目标听众样本量不足,无法进行统计推断。

表 3.23.6 2015 年泉州市场份额排名前 5 位的频率

名次	频率名称	市场份额(%)
1	泉州人民广播电台 904 交通之声 FM90.4	35.6
2	泉州人民广播电台 1059 刺桐之声 FM105.9	13.0
3	泉州人民广播电台 889 新闻频道 FM88.9/AM576	12.0
4	泉州人民广播电台 923 私家车音乐广播 FM92.3	9.8
5	中央人民广播电台第一套节目中国之声	8.3

二十四、汕头收听数据

表 3.24.1　2014～2015 年汕头各目标听众人均收听时间(分钟)

目标听众		2014 年	2015 年			
			第 1 波	第 2 波	第 3 波	第 4 波
10 岁及以上所有人		102	76	73	80	76
性别	男	105	74	69	79	75
	女	98	78	78	81	78
年龄	10～14 岁	56	18	14	27	26
	15～24 岁	58	37	41	42	38
	25～34 岁	97	81	78	75	73
	35～44 岁	117	87	79	91	86
	45～54 岁	145	102	102	107	99
	55～64 岁	136	131	126	155	158
	65 岁及以上	141	124	112	119	109
文化程度	未受过正规教育	97	60	69	118	129
	小学	123	94	94	101	99
	初中	104	74	74	78	76
	高中	91	69	63	61	51
	大学及以上	65	56	46	55	44
职业	干部/管理人员	79	37	47	51	31
	初级公务员/雇员	85	61	60	60	57
	个体/私营企业人员	129	100	99	106	88
	工人	141	108	96	95	94
	学生	46	30	25	35	31
	无业(包括退休人员)	116	101	103	105	96
	其他	52	70	59	81	203
个人月收入	没有收入	66	45	47	53	50
	1～500 元	217	175	188	235	169
	501～1000 元	168	106	123	125	149
	1001～1500 元	126	102	103	99	109
	1501～2000 元	115	104	112	115	111
	2001～2500 元	114	89	73	90	106
	2501～3000 元	113	97	90	92	88
	3001～4000 元	117	66	64	59	46
	4001 元及以上	127	113	78	96	69

注:汕头为四波调查城市。2015 年四波调查时间分别为:第一波 3 月 1 日至 3 月 21 日;第二波 5 月 24 日至 6 月 13 日;第三波 8 月 23 日至 9 月 12 日;第四波 11 月 1 日至 11 月 21 日。

表 3.24.2　2014～2015 年汕头听众在不同地点的人均收听时间(分钟)

地　点	2014 年	2015 年
在家	65	49
车上	5	4
工作/学习场所	28	21
其他场所	3	2

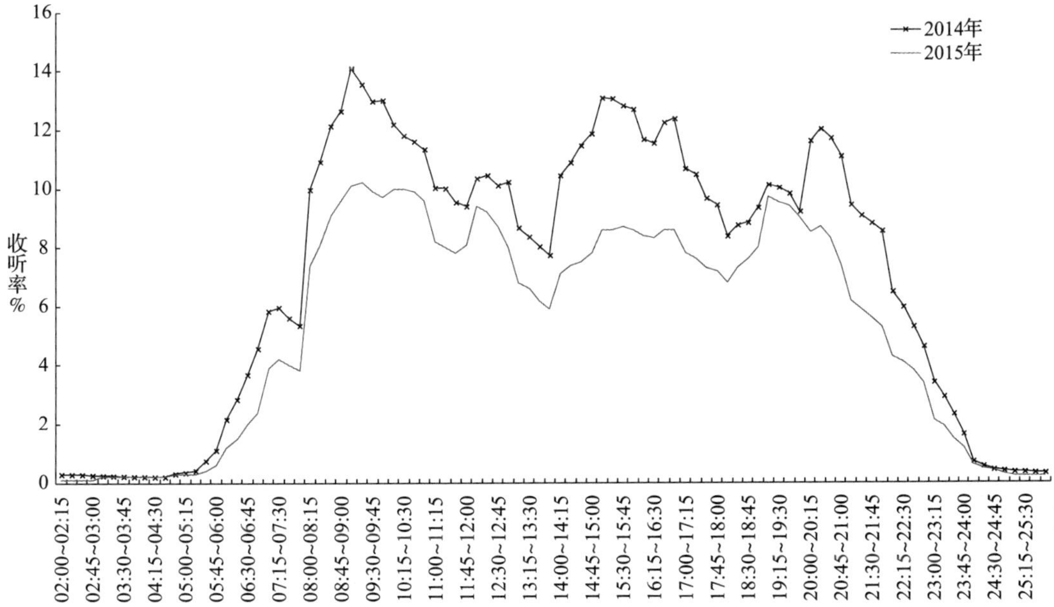

图 3.24.1　2014～2015 年汕头听众全天收听率走势

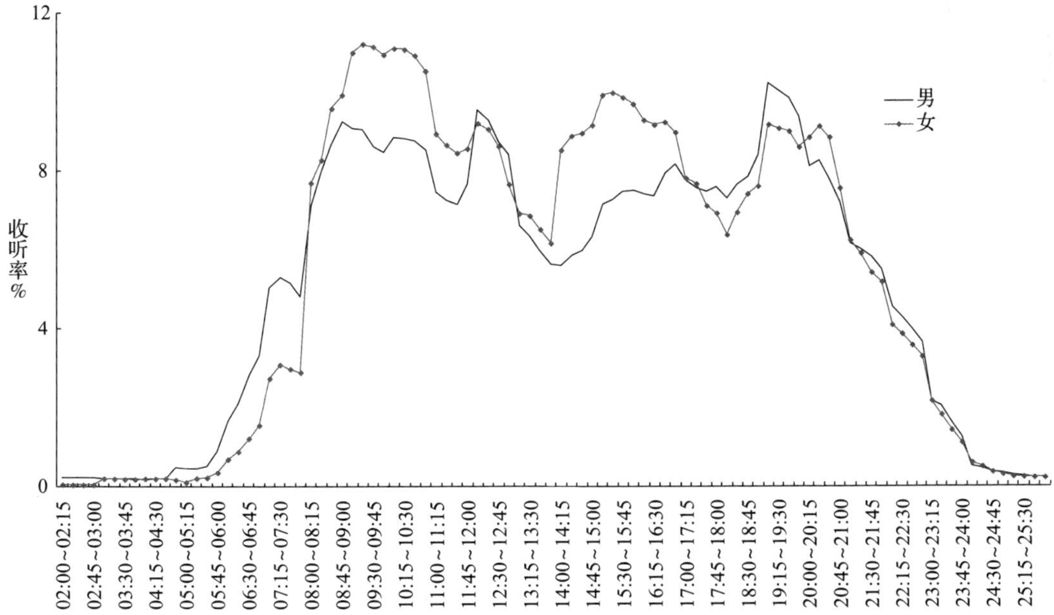

图 3.24.2　2015 年汕头不同性别听众全天收听率走势

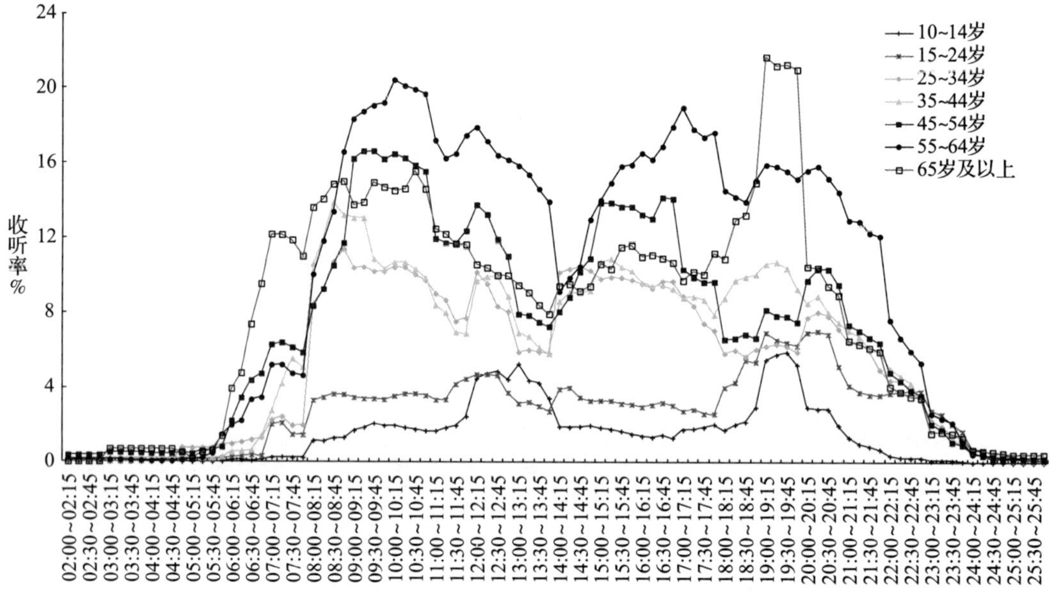

图 3.24.3　2015 年汕头不同年龄听众全天收听率走势

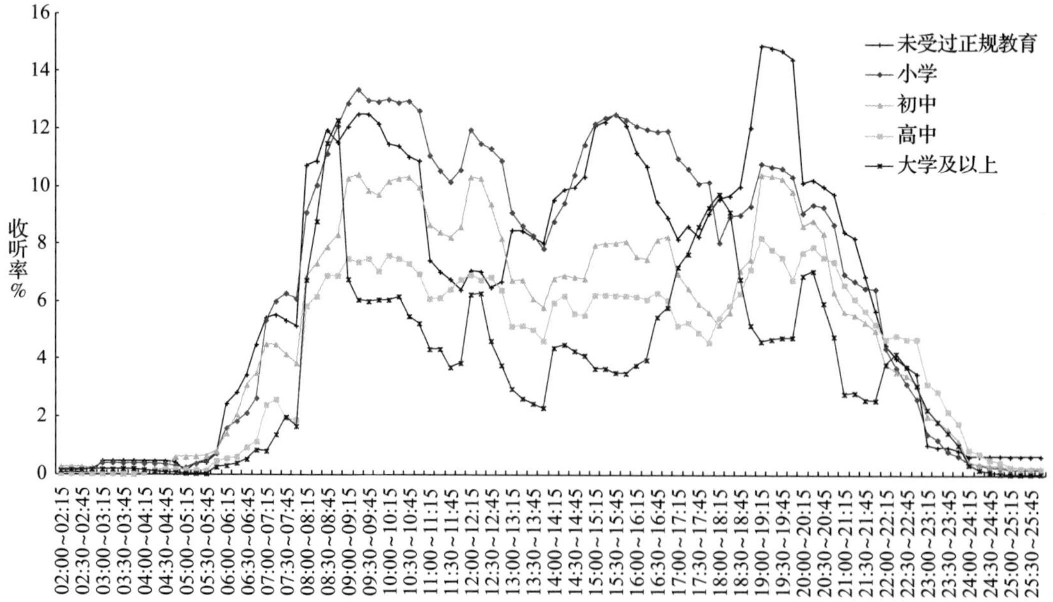

图 3.24.4　2015 年汕头不同文化程度听众全天收听率走势

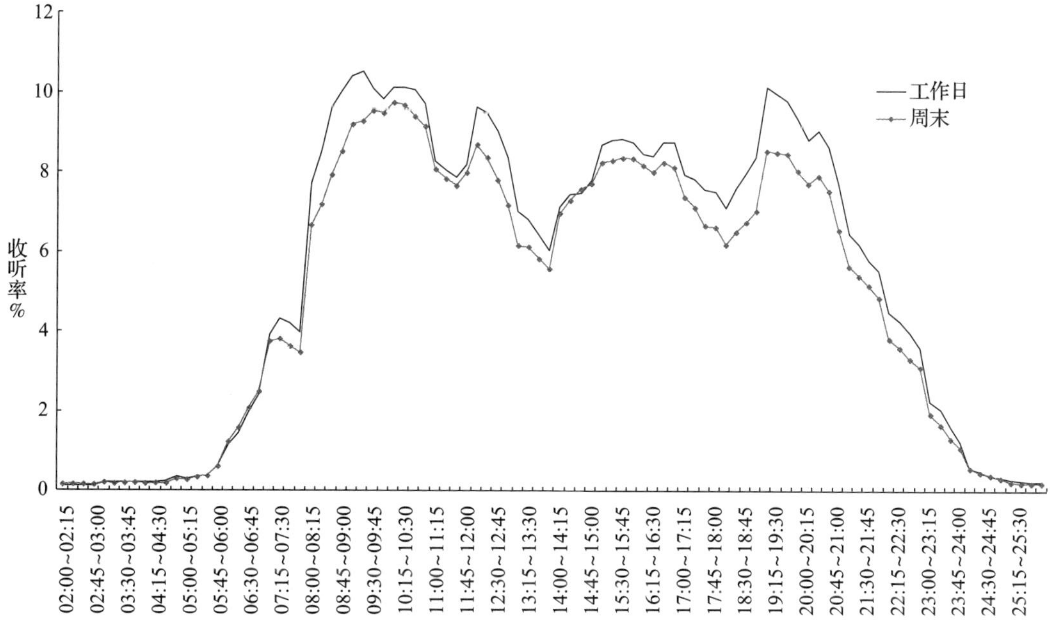

图 3.24.5　2015 年汕头听众工作日与周末全天收听走势

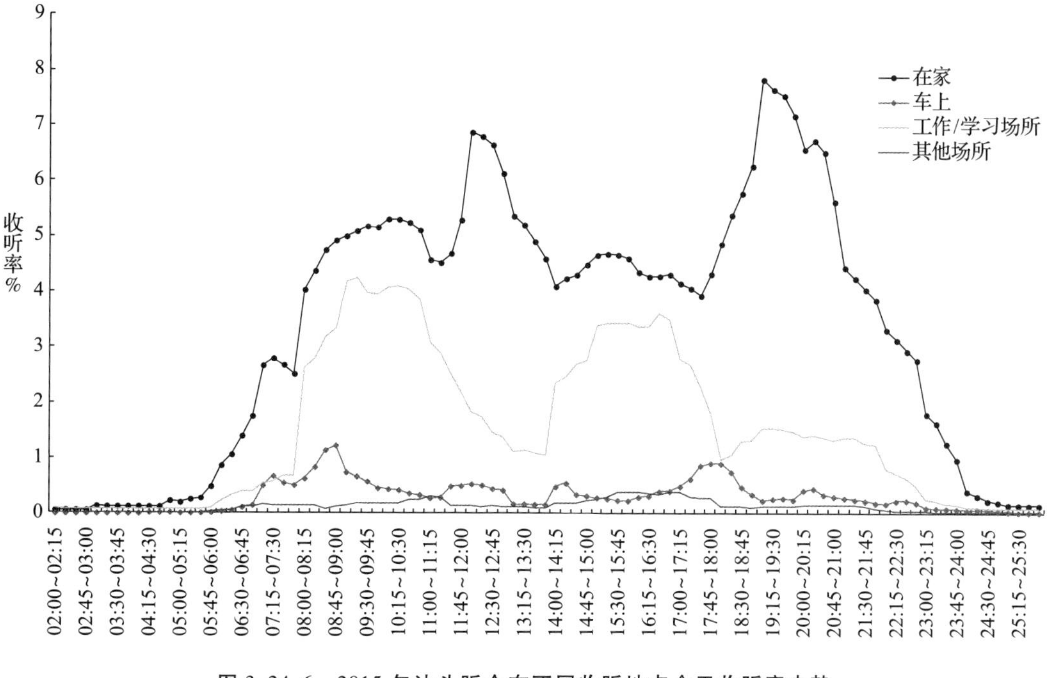

图 3.24.6　2015 年汕头听众在不同收听地点全天收听率走势

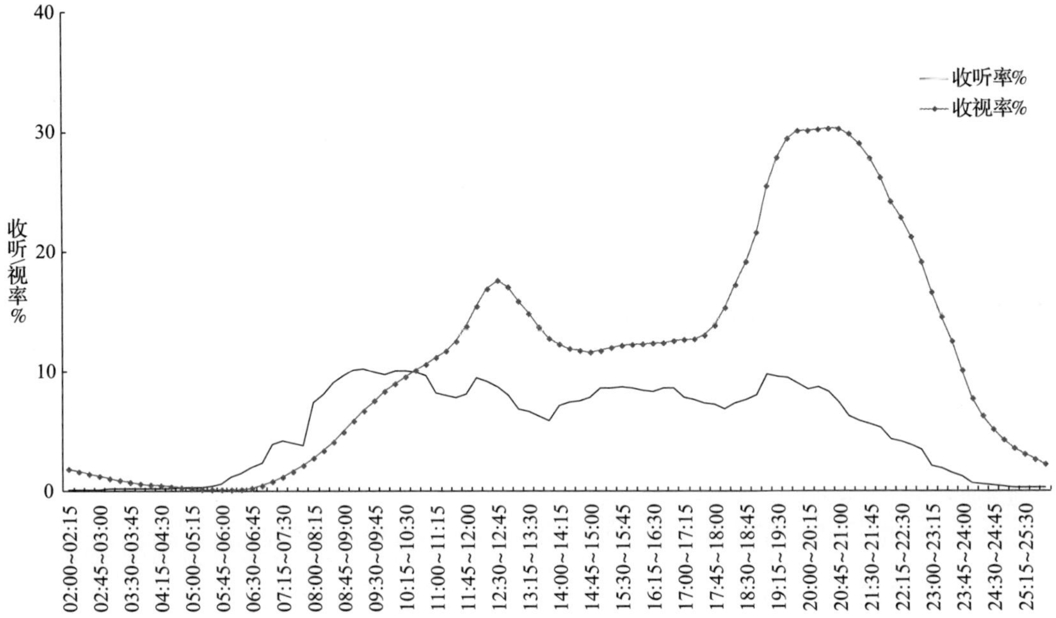

图 3.24.7　2015 年汕头受众全天收听率、收视率走势比较(目标受众为 10 岁及以上)

表 3.24.3 2015 年汕头市场听众构成(%)

目标听众		听众构成(%)
10 岁及以上所有人		100.0
性别	男	47.4
	女	52.6
年龄	10~14 岁	2.4
	15~24 岁	13.8
	25~34 岁	16.3
	35~44 岁	18.5
	45~54 岁	18.8
	55~64 岁	15.8
	65 岁及以上	14.4
文化程度	未受过正规教育	6.7
	小学	36.6
	初中	29.3
	高中	20.9
	大学及以上	6.5
职业	干部/管理人员	1.1
	初级公务员/雇员	9.6
	个体/私营企业人员	22.7
	工人	24.9
	学生	9.6
	无业(包括退休人员)	30.3
	其他	1.8
个人月收入	没有收入	24.8
	1~500 元	3.9
	501~1000 元	4.8
	1001~1500 元	9.5
	1501~2000 元	18.1
	2001~2500 元	10.7
	2501~3000 元	10.1
	3001~4000 元	8.1
	4001 元及以上	10.0

表 3.24.4 2014~2015 年汕头市场各广播电台的市场份额(%)

广播电台	2014 年	2015 年			
		第 1 波	第 2 波	第 3 波	第 4 波
中央人民广播电台	11.5	9.1	8.7	8.5	8.5
中国国际广播电台	0.0	0.0	0.0	0.0	0.0
广东广播电视台	4.9	2.0	3.1	4.0	4.1
汕头人民广播电台	78.5	83.4	82.2	80.8	81.0
其他广播电台	5.1	5.5	6.0	6.7	6.4

表 3.24.5　2015 年汕头市场各广播电台在不同目标听众中的市场份额(%)

目标听众		中央人民广播电台	中国国际广播电台	广东人民广播电台	汕头人民广播电台	其他广播电台
10 岁及以上所有人		8.7	0.0	3.3	81.8	6.2
性别	男	11.1	0.0	3.5	80.7	4.7
	女	6.5	0.0	3.1	82.9	7.5
年龄	10～14 岁	2.8	0.0	1.2	94.3	1.7
	15～24 岁	12.1	0.0	3.8	82.8	1.3
	25～34 岁	15.8	0.0	5.5	76.4	2.3
	35～44 岁	8.8	0.0	3.7	80.4	7.1
	45～54 岁	6.3	0.0	3.1	83.5	7.1
	55～64 岁	4.9	0.0	2.6	85.1	7.4
	65 岁及以上	5.6	0.0	1.2	81.1	12.1
文化程度	未受过正规教育	9.8	0.0	0.2	80.7	9.3
	小学	6.5	0.0	2.3	83.7	7.5
	初中	13.1	0.0	4.2	78.3	4.4
	高中	5.2	0.0	3.2	85.4	6.2
	大学及以上	11.4	0.0	8.7	76.7	3.2
职业	干部/管理人员	19.6	0.0	16.3	56.5	7.6
	初级公务员/雇员	7.2	0.0	5.7	82.8	4.3
	个体/私营企业人员	7.9	0.0	2.7	82.1	7.3
	工人	9.8	0.0	3.5	84.5	2.2
	学生	15.1	0.0	3.0	81.1	0.8
	无业(包括退休人员)	6.8	0.0	2.7	79.9	10.6
	其他	7.1	0.0	0.2	85.8	6.9
个人月收入	没有收入	10.0	0.0	3.6	74.5	11.9
	1～500 元	9.4	0.0	0.6	90.0	0.0
	501～1000 元	16.3	0.0	0.2	76.3	7.2
	1001～1500 元	4.9	0.0	4.5	77.9	12.7
	1501～2000 元	7.5	0.0	2.5	88.7	1.3
	2001～2500 元	9.8	0.0	2.0	86.1	2.1
	2501～3000 元	3.8	0.0	2.4	92.8	1.0
	3001～4000 元	10.1	0.0	5.3	78.5	6.1
	4001 元及以上	10.6	0.0	5.6	77.5	6.3

表 3.24.6　2015 年汕头市场份额排名前 5 位的频率

名　次	频率名称	市场份额(%)
1	汕头人民广播电台经济广播(新闻 993)	48.8
2	汕头人民广播电台音乐广播(1025 音乐广播)	24.4
3	汕头人民广播电台综合广播(1072 交通之声)	8.7
4	中央人民广播电台第一套节目中国之声	4.0
5	中央人民广播电台第三套节目音乐之声	2.1

二十五、上海收听数据

表 3.25.1 2013～2015 年上海各目标听众人均收听时间(分钟)

目标听众		2013 年	2014 年	2015 年
10 岁及以上所有人		62	68	70
性别	男	62	71	71
	女	63	65	69
年龄	10～14 岁	30	30	19
	15～24 岁	39	40	47
	25～34 岁	58	57	55
	35～44 岁	57	65	66
	45～54 岁	67	67	73
	55～64 岁	89	87	80
	65 岁及以上	83	104	128
文化程度	未受过正规教育	45	67	*
	小学	36	46	59
	初中	63	84	69
	高中	69	69	80
	大学及以上	58	61	64
职业	干部/管理人员	62	67	58
	初级公务员/雇员	58	50	57
	个体/私营企业人员	55	63	58
	工人	78	91	83
	学生	32	33	31
	无业(包括退休人员)	77	93	102
	其他	*	*	*
个人月收入	没有收入	33	39	39
	1～500 元	*	*	*
	501～1000 元	*	*	*
	1001～1500 元	62	*	*
	1501～2000 元	66	86	70
	2001～2500 元	79	88	71
	2501～3000 元	67	79	77
	3001～4000 元	61	66	81
	4001 元及以上	63	63	69

注:上海为全年连续调查城市。“*”表示该目标听众样本量不足,无法进行统计推断。

表 3.25.2 2013～2015 年上海听众在不同地点的人均收听时间(分钟)

地 点	2013 年	2014 年	2015 年
在家	39	46	48
车上	16	16	18
工作/学习场所	6	5	5
其他场所	1	1	1

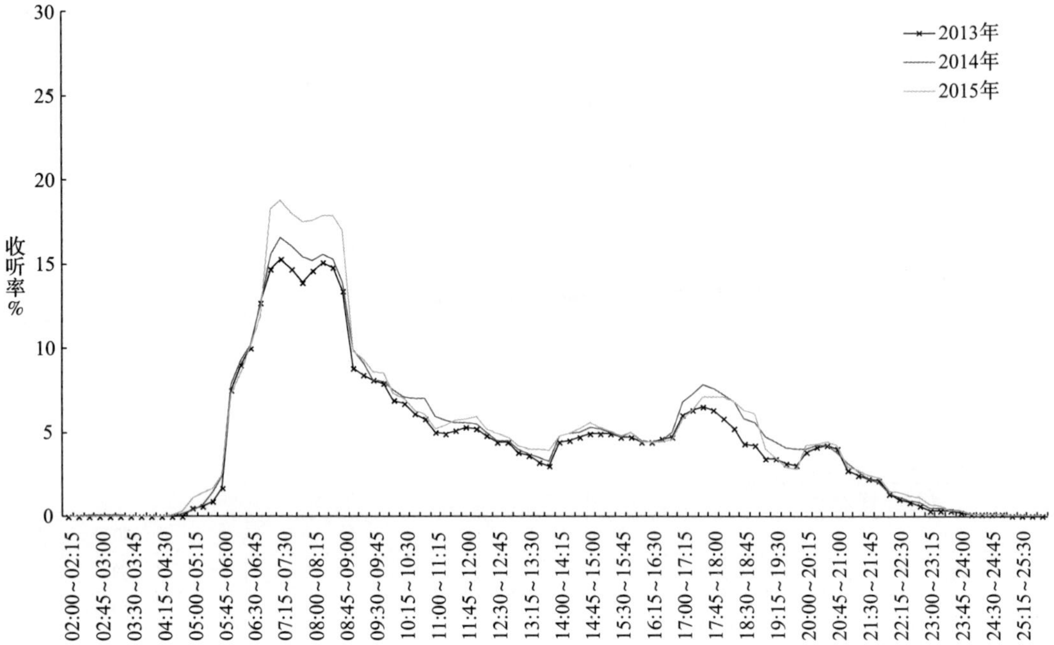

图 3.25.1　2013 ~2015 年上海听众全天收听率走势

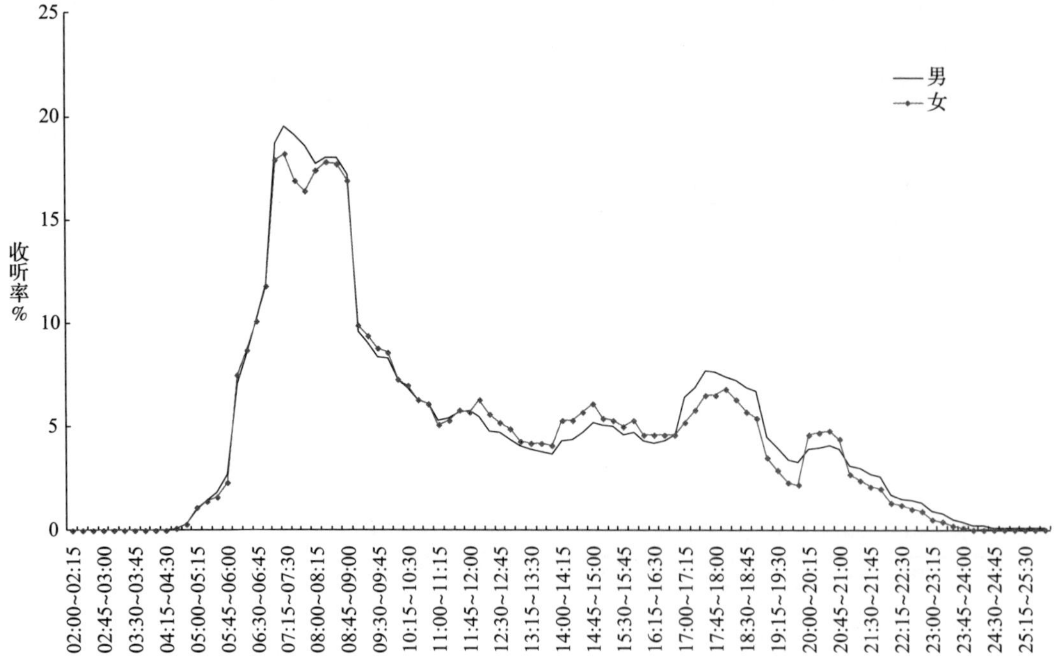

图 3.25.2　2015 年上海不同性别听众全天收听率走势

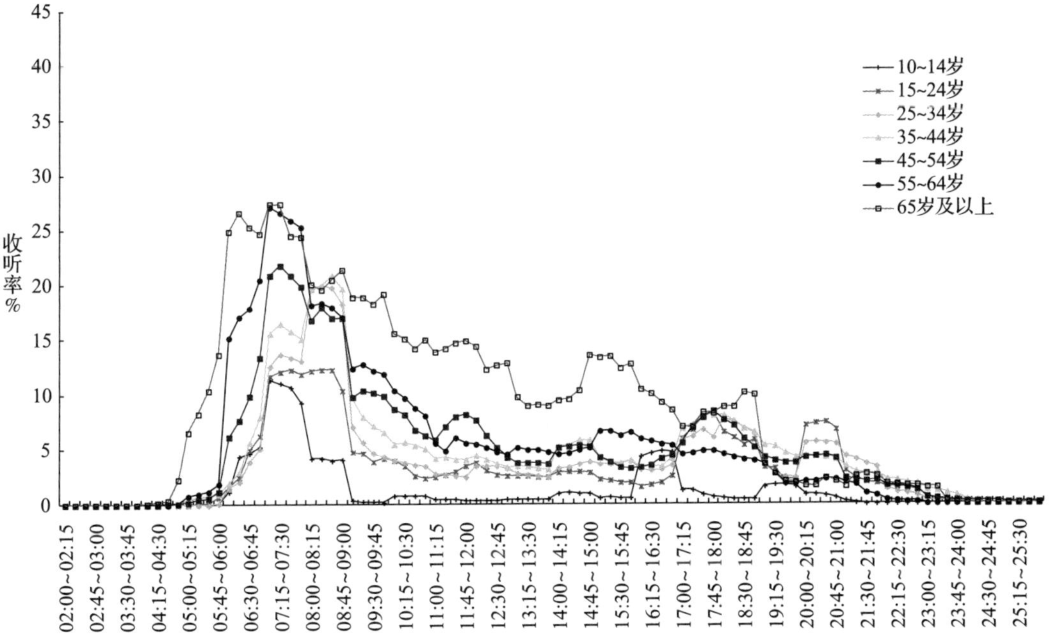

图 3.25.3　2015 年上海不同年龄听众全天收听率走势

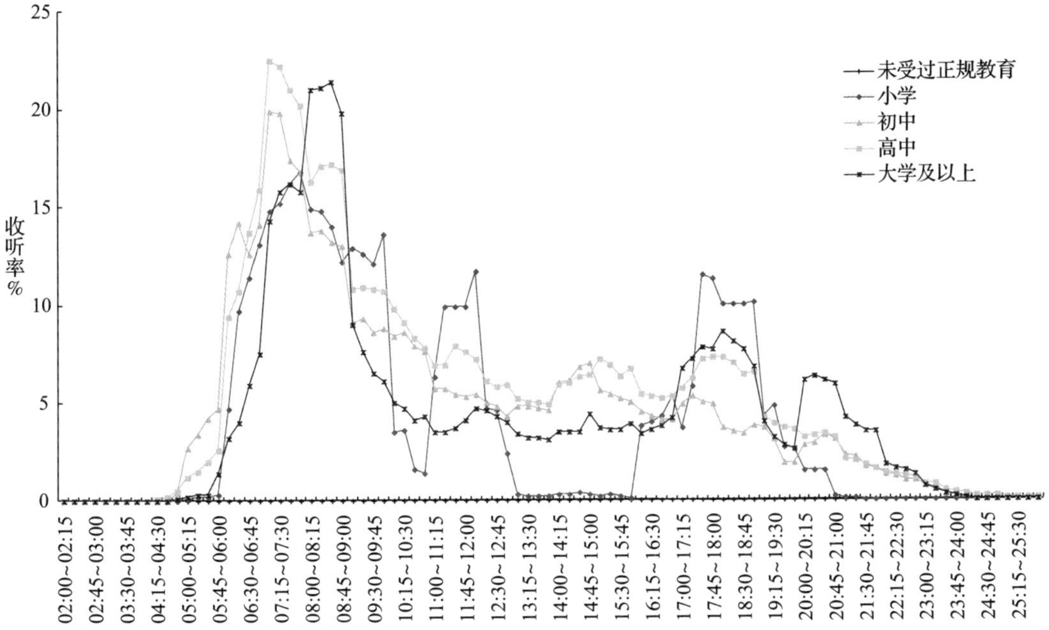

图 3.25.4　2015 年上海不同文化程度听众全天收听率走势

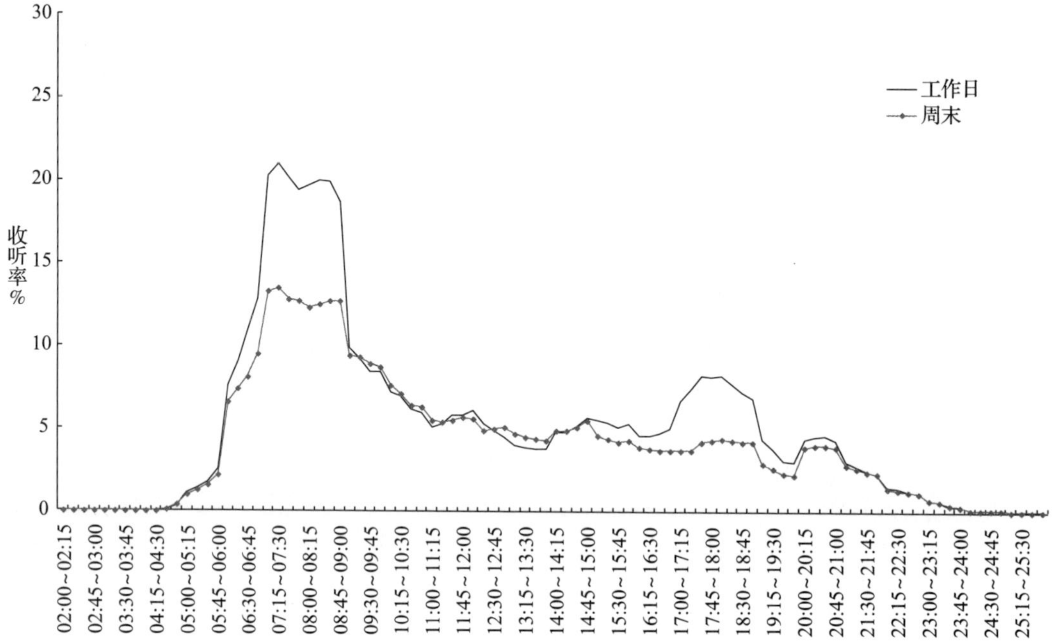

图 3.25.5　2015 年上海听众工作日与周末全天收听率走势

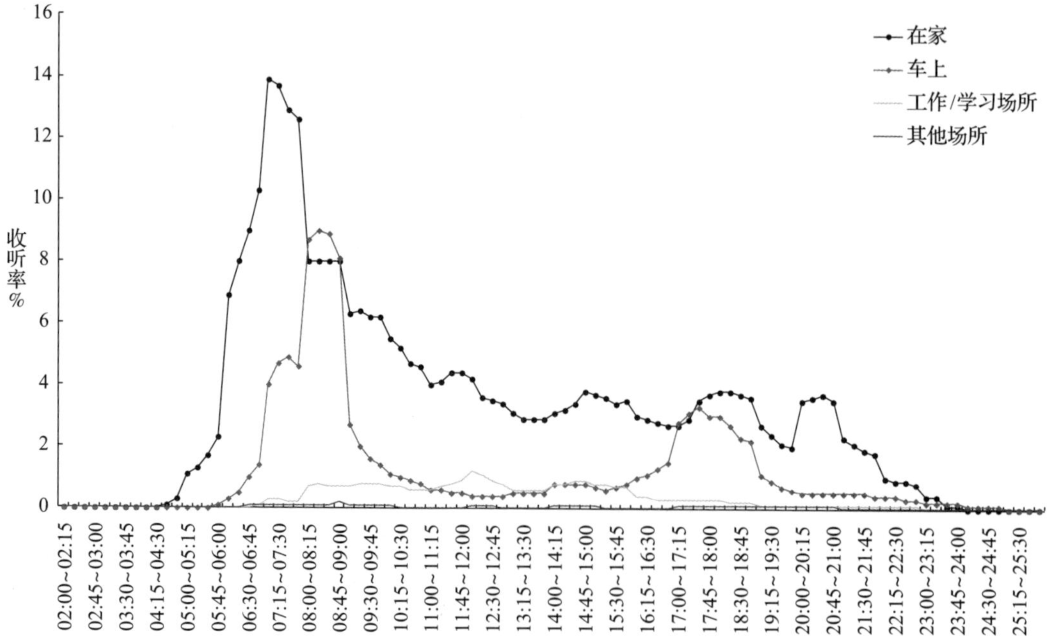

图 3.25.6　2015 年上海听众在不同收听地点全天收听率走势

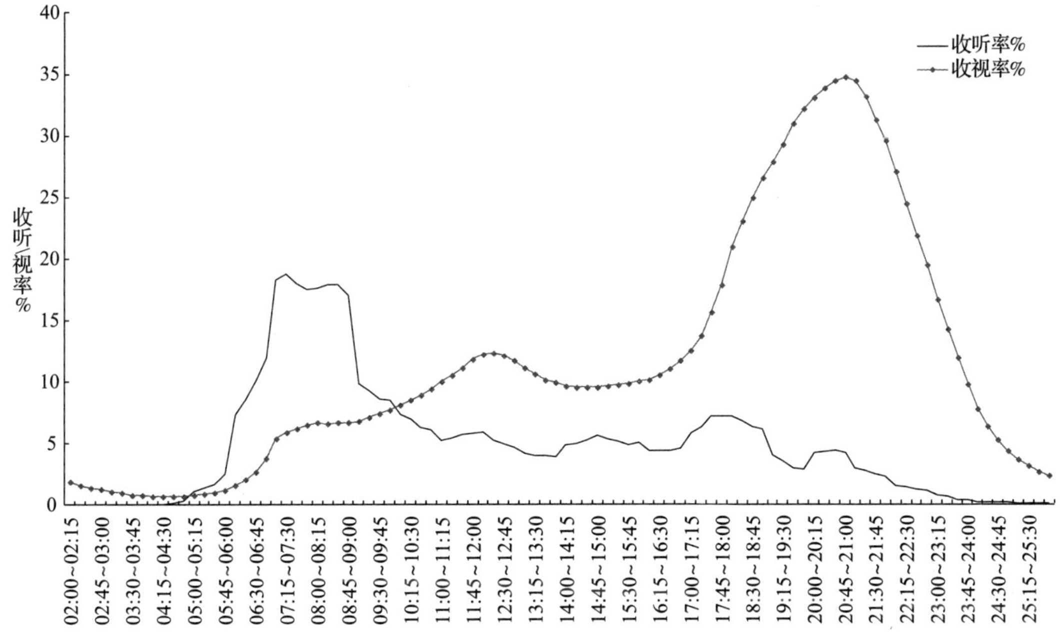

图 3.25.7 2015 年上海受众全天收听率、收视率走势比较(目标受众为 10 岁及以上)

表 3.25.3　2015 年上海市场听众构成(%)

目标听众		听众构成(%)
10 岁及以上所有人		100.0
性别	男	51.5
	女	48.5
年龄	10~14 岁	0.8
	15~24 岁	9.3
	25~34 岁	17.7
	35~44 岁	16.1
	45~54 岁	16.2
	55~64 岁	17.5
	65 岁及以上	22.4
文化程度	未受过正规教育	*
	小学	2.8
	初中	21.3
	高中	37.9
	大学及以上	37.3
职业	干部/管理人员	5.7
	初级公务员/雇员	31.2
	个体/私营企业人员	4.2
	工人	15.3
	学生	4.0
	无业(包括退休人员)	39.4
	其他	*
个人月收入	没有收入	6.0
	1~500 元	*
	501~1000 元	*
	1001~1500 元	*
	1501~2000 元	1.7
	2001~2500 元	4.5
	2501~3000 元	15.6
	3001~4000 元	32.1
	4001 元及以上	39.4

注:“*”表示该目标听众样本量不足,无法进行统计推断。

表 3.25.4　2013~2015 年上海市场各广播电台的市场份额(%)

广播电台	2013 年	2014 年	2015 年
中央人民广播电台	5.8	4.3	3.3
中国国际广播电台	0.7	0.4	0.4
上海广播电视台	92	92.9	95.9
其他广播电台	1.5	2.4	0.4

表 3.25.5 2015 年上海市场各广播电台在不同目标听众中的市场份额(%)

目标听众		中央人民广播电台	中国国际广播电台	上海广播电视台	其他广播电台
10 岁及以上所有人		3.3	0.4	95.9	0.4
性别	男	3.6	0.4	95.8	0.2
	女	3.1	0.5	96.1	0.4
年龄	10~14 岁	0.0	0.0	100.0	0.0
	15~24 岁	1.1	0.8	97.7	0.4
	25~34 岁	2.9	0.3	96.4	0.4
	35~44 岁	1.8	1.4	96.5	0.3
	45~54 岁	1.7	0.1	98.0	0.2
	55~64 岁	6.4	0.0	93.4	0.2
	65 岁及以上	4.6	0.2	94.8	0.4
文化程度	未受过正规教育	*	*	*	*
	小学	1.0	0.0	98.9	0.1
	初中	3.3	0.3	96.1	0.3
	高中	4.7	0.3	94.8	0.2
	大学及以上	2.1	0.7	96.7	0.5
职业	干部/管理人员	5.9	0.0	93.5	0.6
	初级公务员/雇员	3.3	0.9	95.7	0.1
	个体/私营企业人员	0.9	0.1	98.4	0.6
	工人	1.5	0.0	98.0	0.5
	学生	0.1	1.7	98.2	0.0
	无业(包括退休人员)	4.3	0.2	95.3	0.2
	其他	*	*	*	*
个人月收入	没有收入	0.7	1.4	97.9	0.0
	1~500 元	*	*	*	*
	501~1000 元	*	*	*	*
	1001~1500 元	*	*	*	*
	1501~2000 元	0.3	0.6	99.0	0.1
	2001~2500 元	0.5	0.0	98.1	1.4
	2501~3000 元	5.0	0.1	94.8	0.1
	3001~4000 元	5.1	0.2	94.2	0.5
	4001 元及以上	2.1	0.6	97.1	0.2

注:“*”表示该目标听众样本量不足,无法进行统计推断。

表 3.25.6 2015 年上海市场份额排名前 5 位的频率

名次	频率名称	市场份额(%)
1	上海人民广播电台上海新闻广播 FM93.4/AM990	30.4
2	上海流行音乐广播 动感 101 FM101.7	18.6
3	上海流行音乐广播 Love Radio FM103.7	10.2
4	第一财经广播 FM97.7	10.0
5	上海交通广播 AM648/FM105.7	6.6

二十六、沈阳收听数据

表 3.26.1 2013～2015 年沈阳各目标听众人均收听时间(分钟)

目标听众		2013 年	2014 年	2015 年
10 岁及以上所有人		101	97	97
性别	男	106	95	96
	女	97	98	98
年龄	10～14 岁	37	34	29
	15～24 岁	62	58	55
	25～34 岁	82	81	76
	35～44 岁	101	90	93
	45～54 岁	108	109	106
	55～64 岁	141	135	133
	65 岁及以上	141	136	159
文化程度	未受过正规教育	100	61	118
	小学	86	90	96
	初中	107	103	102
	高中	110	104	104
	大学及以上	85	82	80
职业	干部/管理人员	85	87	94
	初级公务员/雇员	76	72	78
	个体/私营企业人员	98	95	102
	工人	115	94	89
	学生	51	45	42
	无业(包括退休人员)	125	132	135
	其他	81	*	*
个人月收入	没有收入	65	82	58
	1～500 元	116	85	77
	501～1000 元	132	121	107
	1001～1500 元	114	112	107
	1501～2000 元	111	97	111
	2001～2500 元	104	98	104
	2501～3000 元	98	92	93
	3001～4000 元	95	96	94
	4001 元及以上	112	93	121

注:沈阳为全年连续调查城市,“*”表示该目标听众样本量不足,无法进行统计推断。

表 3.26.2 2013～2015 年沈阳听众在不同地点的人均收听时间(分钟)

地点	2013 年	2014 年	2015 年
在家	75	74	71
车上	18	14	17
工作/学习场所	7	6	5
其他场所	2	3	3

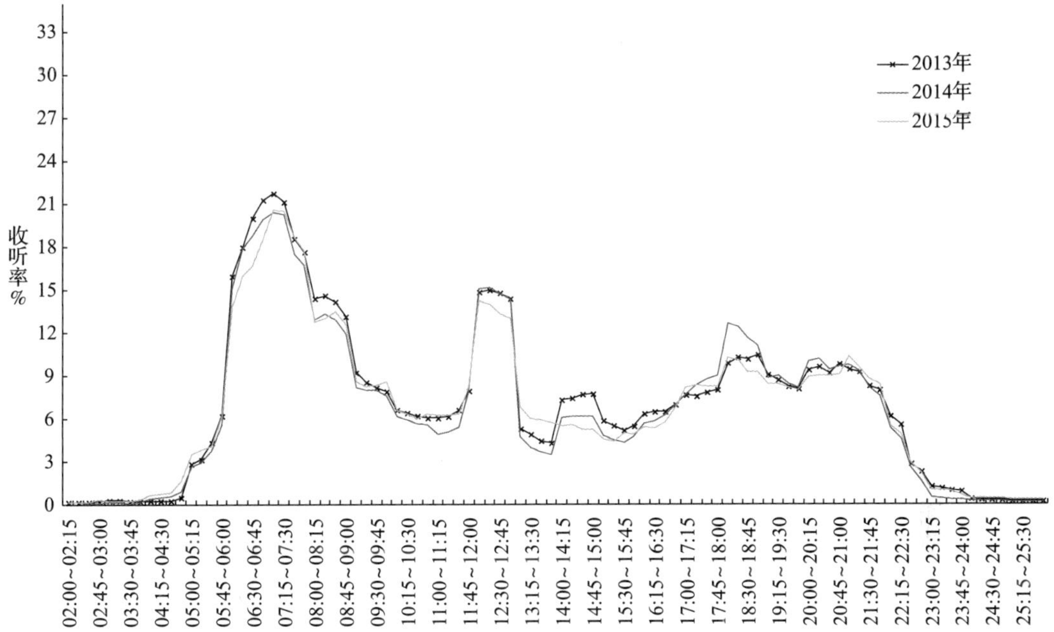

图 3.26.1　2013 ~ 2015 年沈阳听众全天收听率走势

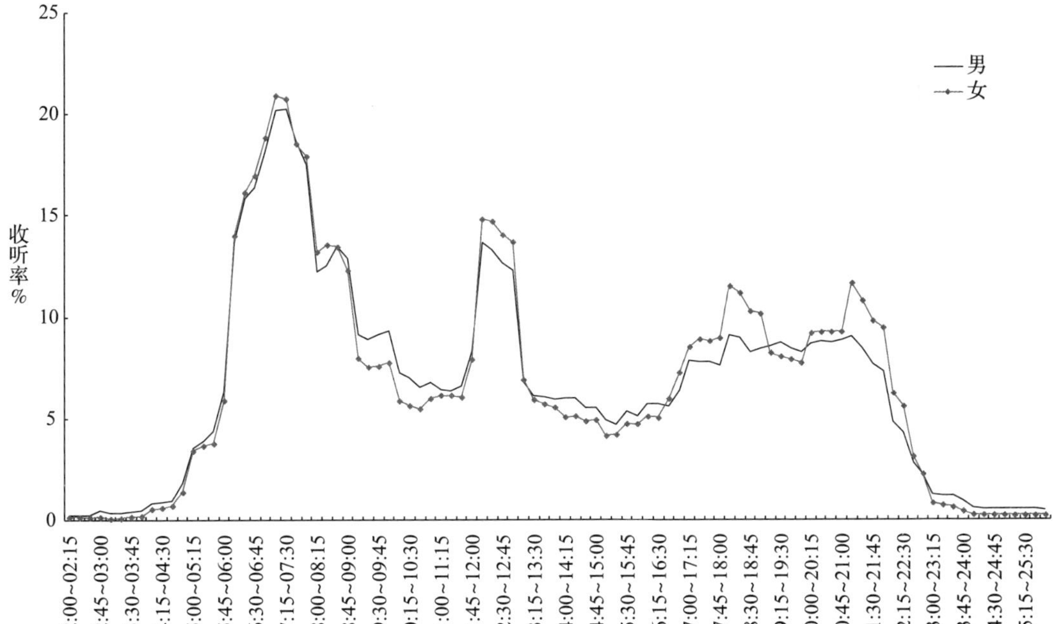

图 3.26.2　2015 年沈阳不同性别听众全天收听率走势

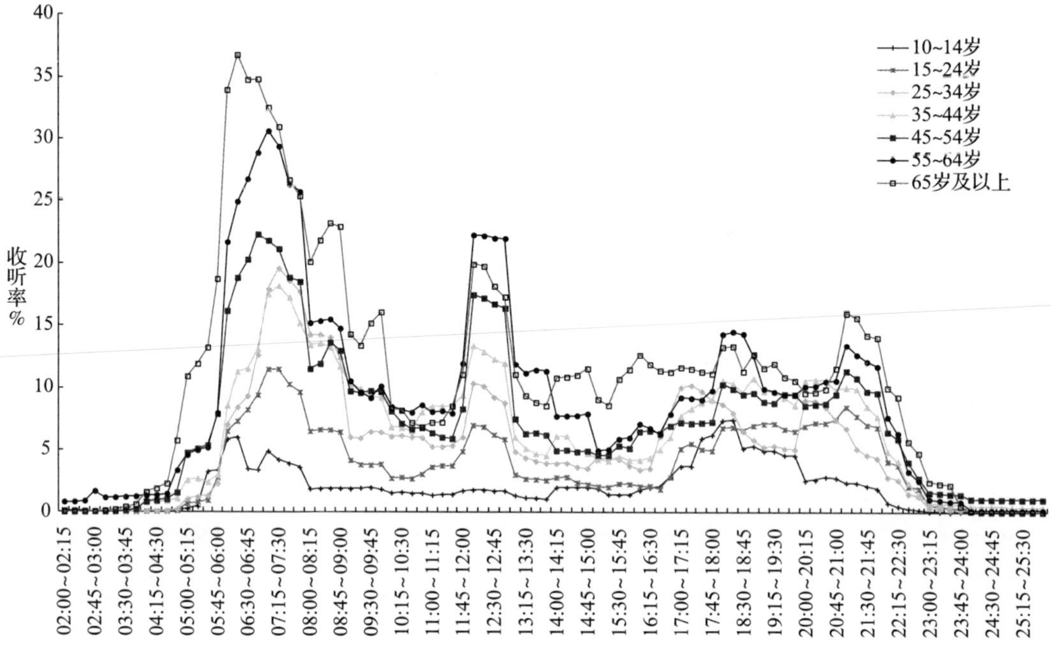

图 3.26.3　2015 年沈阳不同年龄听众全天收听率走势

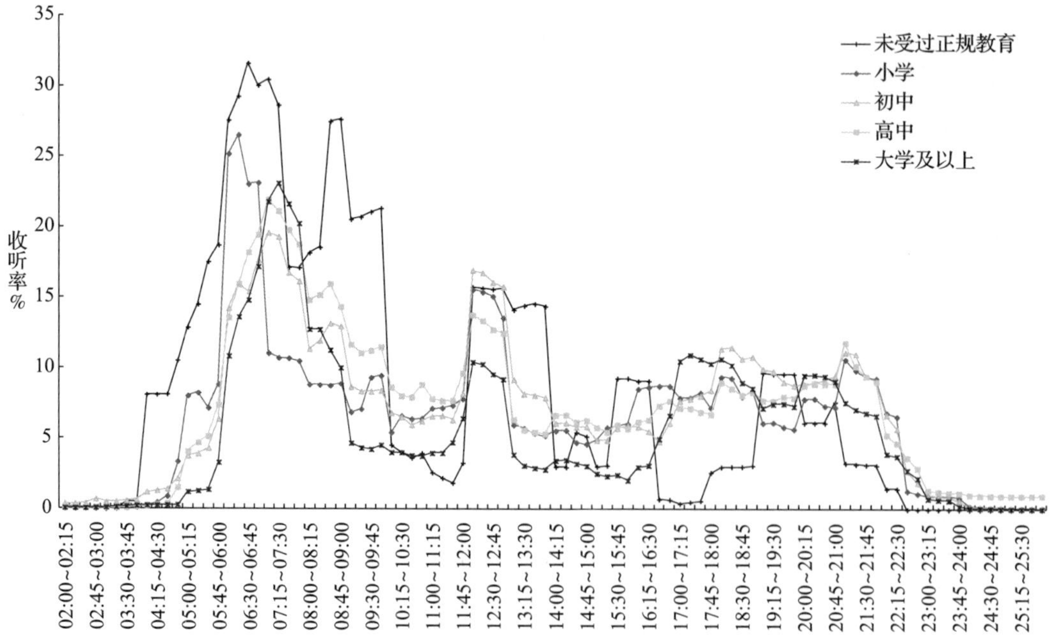

图 3.26.4　2015 年沈阳不同文化程度听众全天收听率走势

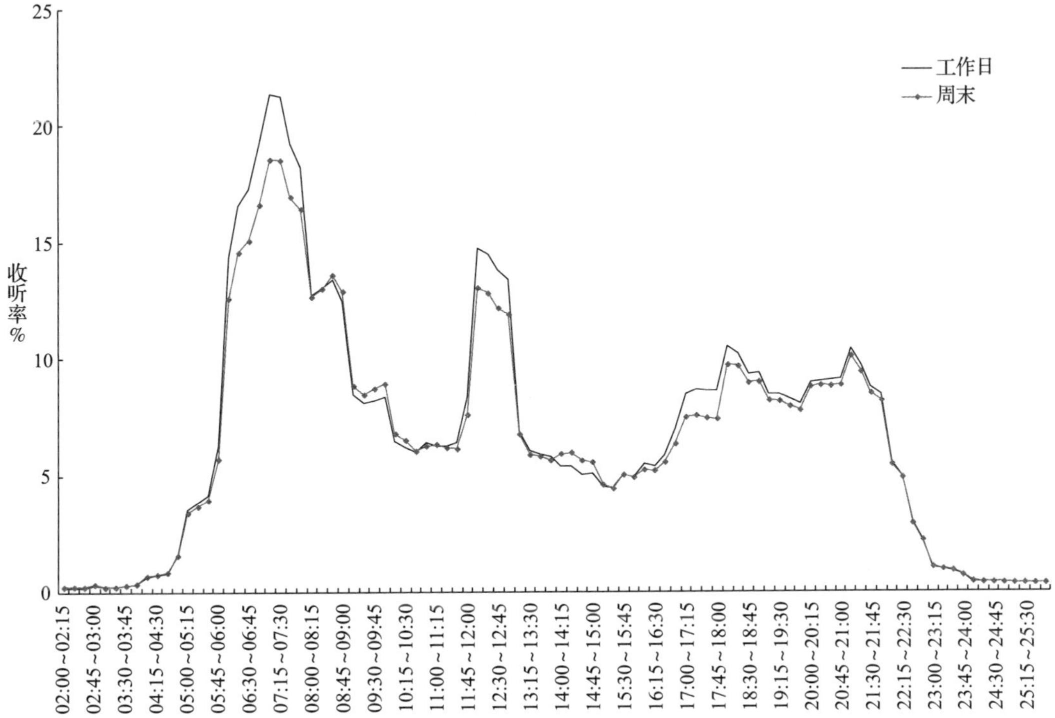

图 3.26.5　2015 年沈阳听众工作日与周末全天收听率走势

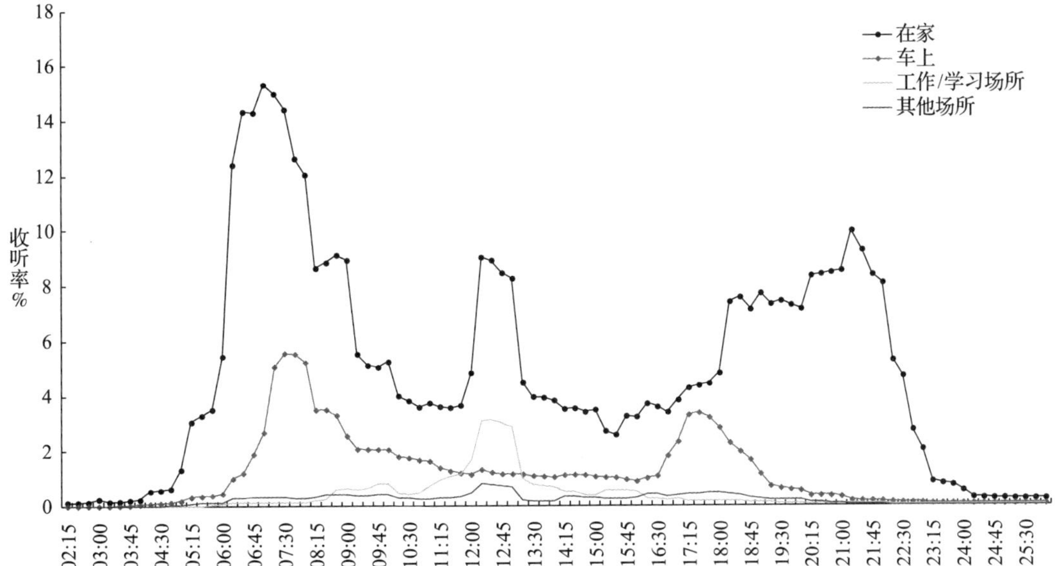

图 3.26.6　2015 年沈阳听众在不同收听地点全天收听率走势

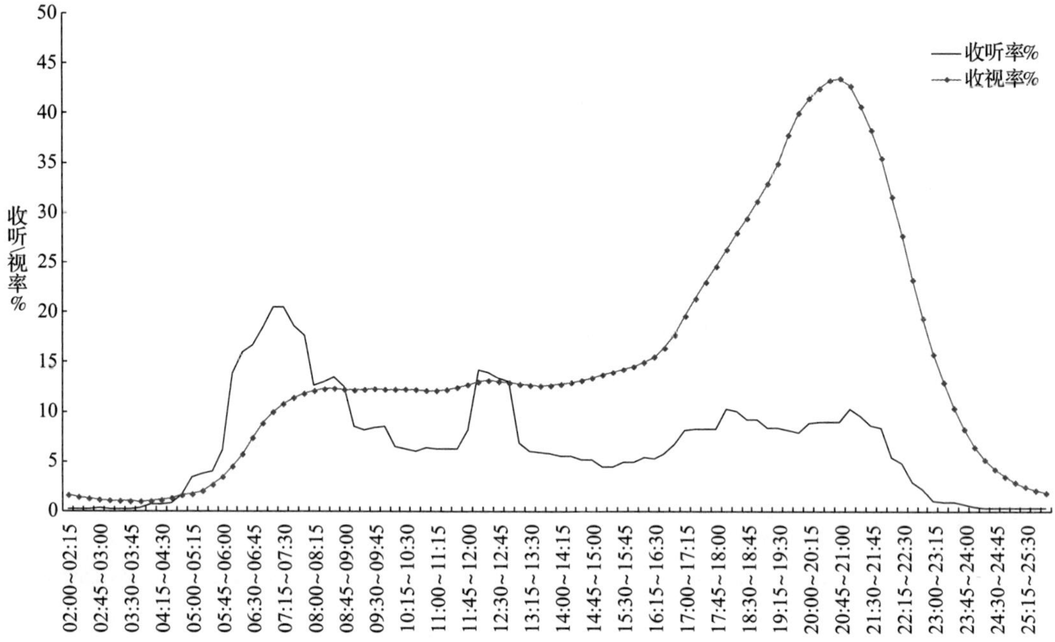

图 3.26.7　2015 年沈阳受众全天收听率、收视率走势比较(目标受众为 10 岁及以上)

表 3.26.3　2015 年沈阳市场听众构成(%)

目标听众		听众构成(%)
10 岁及以上所有人		100.0
性别	男	49.8
	女	50.2
年龄	10～14 岁	0.7
	15～24 岁	9.2
	25～34 岁	15.3
	35～44 岁	16.1
	45～54 岁	23.0
	55～64 岁	19.3
	65 岁及以上	16.5
文化程度	未受过正规教育	1.3
	小学	4.9
	初中	39.7
	高中	33.1
	大学及以上	20.9
职业	干部/管理人员	4.0
	初级公务员/雇员	11.5
	个体/私营企业人员	19.7
	工人	21.7
	学生	5.1
	无业(包括退休人员)	37.8
	其他	*
个人月收入	没有收入	10.1
	1～500 元	1.0
	501～1000 元	1.6
	1001～1500 元	8.2
	1501～2000 元	31.5
	2001～2500 元	17.6
	2501～3000 元	11.6
	3001～4000 元	11.5
	4001 元及以上	6.9

“*”表示该目标听众样本量不足,无法进行统计推断。

表 3.26.4　2013～2015 年沈阳市场各广播电台的市场份额(%)

广播电台	2013 年	2014 年	2015 年
中央人民广播电台	10.3	9.0	10.7
中国国际广播电台	0.0	0.0	0.0
辽宁人民广播电台	77.8	76.8	80.1
沈阳人民广播电台	11.1	13.2	8.9
其他广播电台	0.8	1.0	0.2

表 3.26.5　2015 年沈阳市场各广播电台在不同目标听众中的市场份额(%)

目标听众		中央人民广播电台	中国国际广播电台	辽宁人民广播电台	沈阳人民广播电台	其他广播电台
10 岁及以上所有人		10.7	0.0	80.1	8.9	0.2
性别	男	10.5	0.0	81.5	7.7	0.3
	女	10.9	0.0	78.7	10.2	0.2
年龄	10~14 岁	6.9	0.0	87.2	5.6	0.3
	15~24 岁	12.4	0.0	78.3	9.2	0.1
	25~34 岁	9.7	0.0	86.2	3.9	0.2
	35~44 岁	13.4	0.0	79.0	7.2	0.3
	45~54 岁	6.1	0.0	85.7	7.8	0.5
	55~64 岁	12.6	0.0	76.6	10.7	0.1
	65 岁及以上	12.4	0.0	72.6	14.9	0.2
文化程度	未受过正规教育	1.6	0.0	91.0	7.0	0.3
	小学	3.5	0.0	79.9	16.4	0.2
	初中	10.5	0.0	78.4	11.0	0.1
	高中	10.5	0.0	83.3	5.8	0.4
	大学及以上	13.8	0.0	77.6	8.4	0.2
职业	干部/管理人员	20.4	0.0	72.6	6.7	0.3
	初级公务员/雇员	13.4	0.0	79.5	7.0	0.2
	个体/私营企业人员	7.3	0.0	88.4	4.2	0.2
	工人	8.7	0.0	81.5	9.3	0.4
	学生	11.0	0.0	81.6	7.3	0.1
	无业(包括退休人员)	11.8	0.0	75.7	12.3	0.2
	其他	*	*	*	*	*
个人月收入	没有收入	8.8	0.0	82.7	8.4	0.1
	1~500 元	9.0	0.0	84.2	6.6	0.2
	501~1000 元	30.8	0.0	58.0	11.1	0.0
	1001~1500 元	5.2	0.0	87.2	7.2	0.4
	1501~2000 元	9.9	0.0	78.2	11.7	0.1
	2001~2500 元	11.1	0.0	80.4	8.0	0.5
	2501~3000 元	11.5	0.0	79.4	8.9	0.2
	3001~4000 元	14.8	0.0	77.8	7.1	0.3
	4001 元及以上	9.1	0.0	88.3	2.4	0.2

“*”表示该目标听众样本量不足,无法进行统计推断。

表 3.26.6　2015 年沈阳市场份额排名前 5 位的频率

名　次	频率名称	市场份额(%)
1	辽宁广播电视台音乐广播 FM98.6	18.4
2	辽宁广播电视台交通广播 FM97.5	17.3
3	辽宁广播电视台都市广播 FM92.1/AM1341	17.2
4	沈阳广播电视台新闻广播 FM104.5/AM792	8.9
5	辽宁广播电视台文艺广播 FM95.9/FM101.8/AM1053	8.8

二十七、深圳收听数据

表 3.27.1　2013～2015 年深圳各目标听众人均收听时间(分钟)

目标听众		2013 年	2014 年	2015 年
10 岁及以上所有人		50	48	41
性别	男	56	52	43
	女	44	43	39
年龄	10～14 岁	9	12	13
	15～24 岁	37	38	26
	25～34 岁	47	48	44
	35～44 岁	65	53	47
	45～54 岁	71	60	55
	55～64 岁	53	52	53
	65 岁及以上	50	81	69
文化程度	未受过正规教育	*	*	*
	小学	27	25	31
	初中	49	46	37
	高中	52	46	46
	大学及以上	55	57	41
职业	干部/管理人员	57	64	51
	初级公务员/雇员	59	45	40
	个体/私营企业人员	64	60	48
	工人	47	42	38
	学生	21	27	22
	无业(包括退休人员)	46	56	47
	其他	57	*	57
个人月收入	没有收入	29	36	27
	1～500 元	*	*	*
	501～1000 元	72	*	*
	1001～1500 元	32	54	*
	1501～2000 元	44	52	54
	2001～2500 元	49	33	41
	2501～3000 元	51	41	40
	3001～4000 元	57	45	39
	4001 元及以上	61	57	48

注:深圳为全年连续调查城市。“*”表示该目标听众样本量不足,无法进行统计推断。

表 3.27.2　2013～2015 年深圳听众在不同收听地点的人均收听时间(分钟)

地　点	2013 年	2014 年	2015 年
在家	21	21	18
车上	22	20	17
工作/学习场所	5	4	3
其他场所	2	3	3

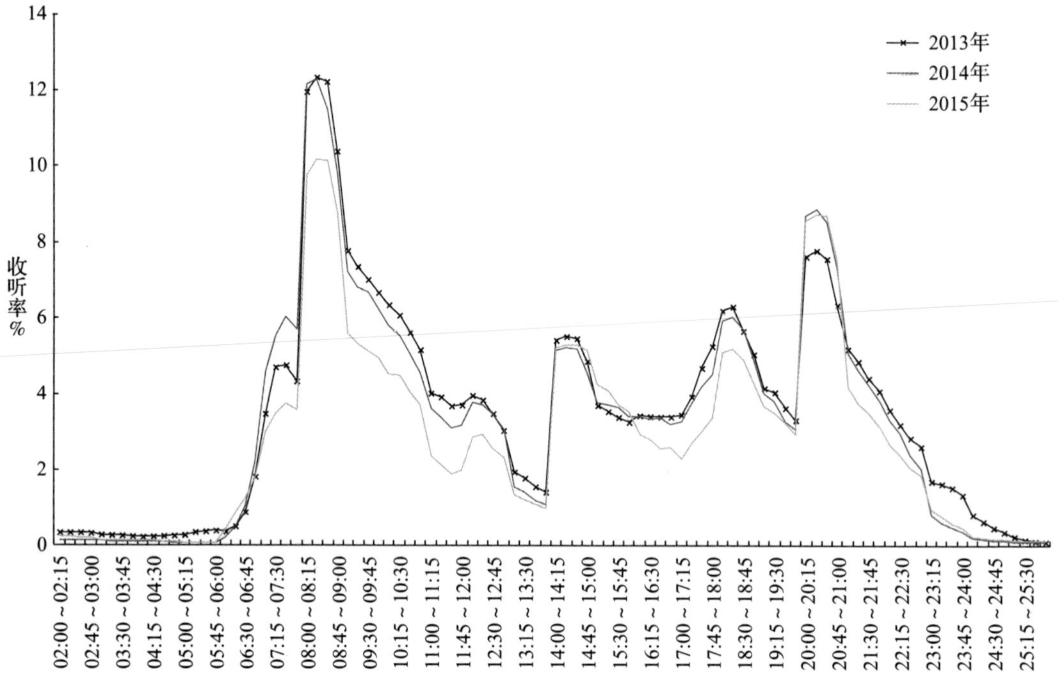

图 3.27.1　2013 ~ 2015 年深圳听众全天收听率走势

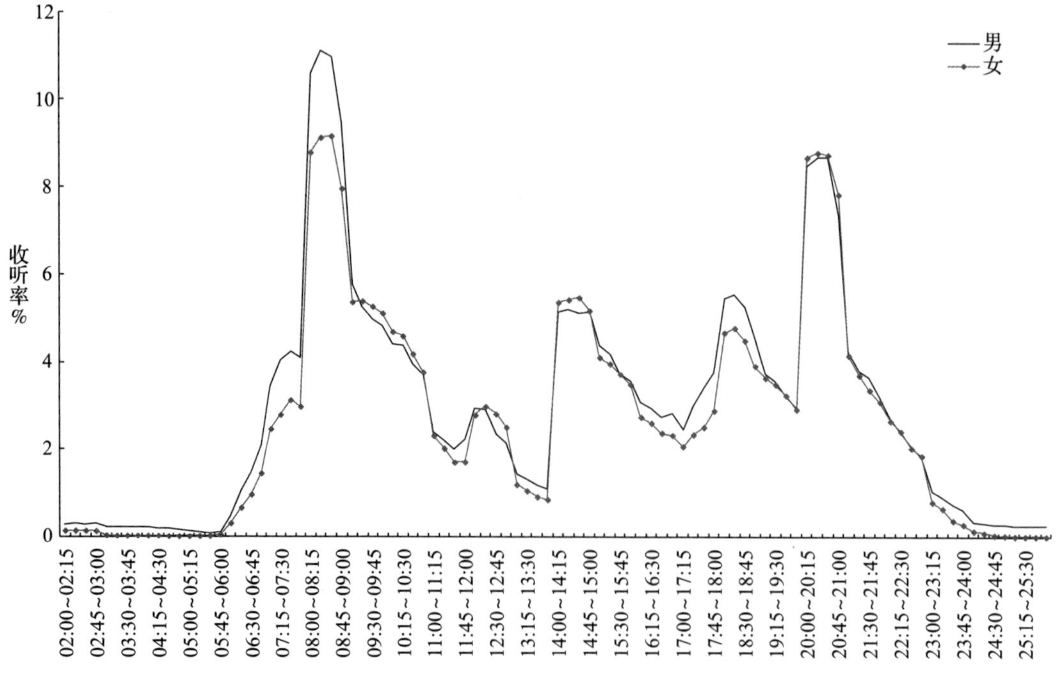

图 3.27.2　2015 年深圳不同性别听众全天收听率走势

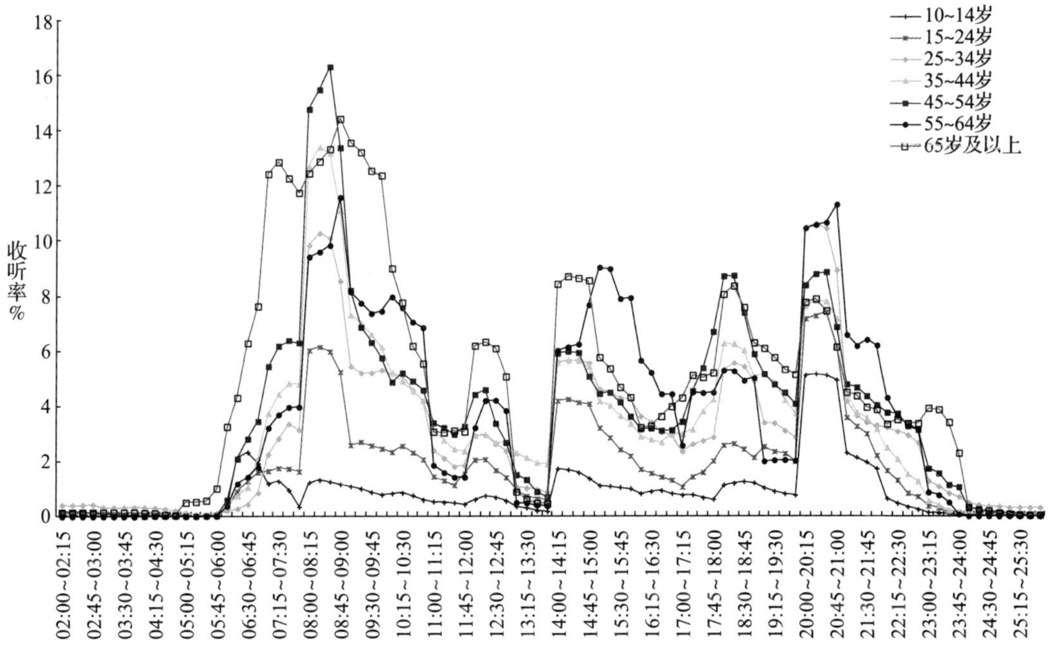

图 3.27.3　2015 年深圳不同年龄听众全天收听率走势

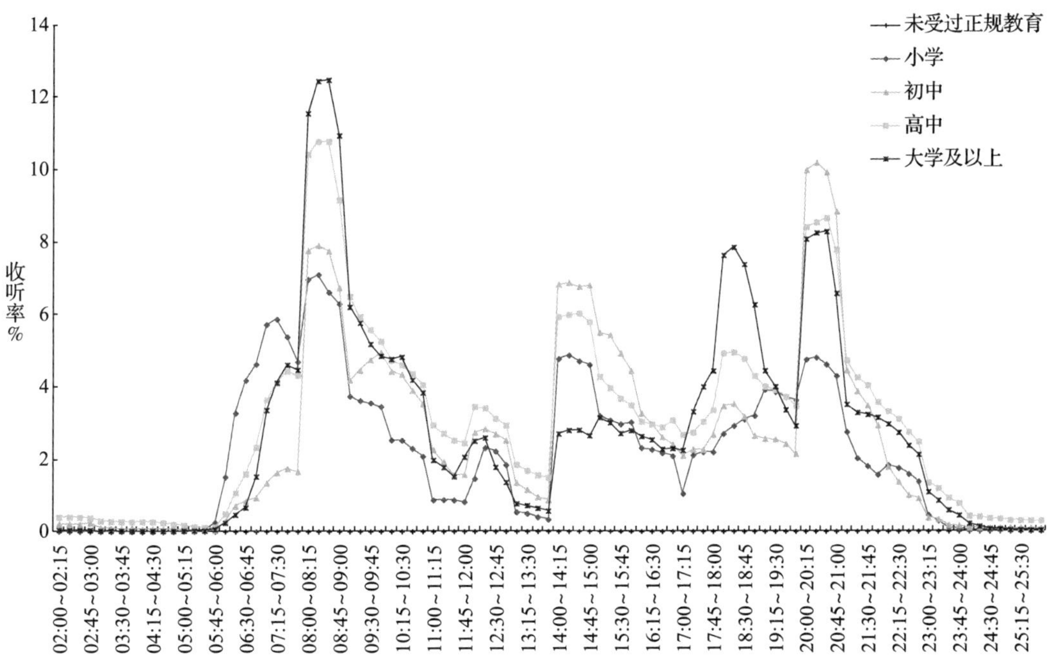

图 3.27.4　2015 年深圳不同文化程度听众全天收听率走势

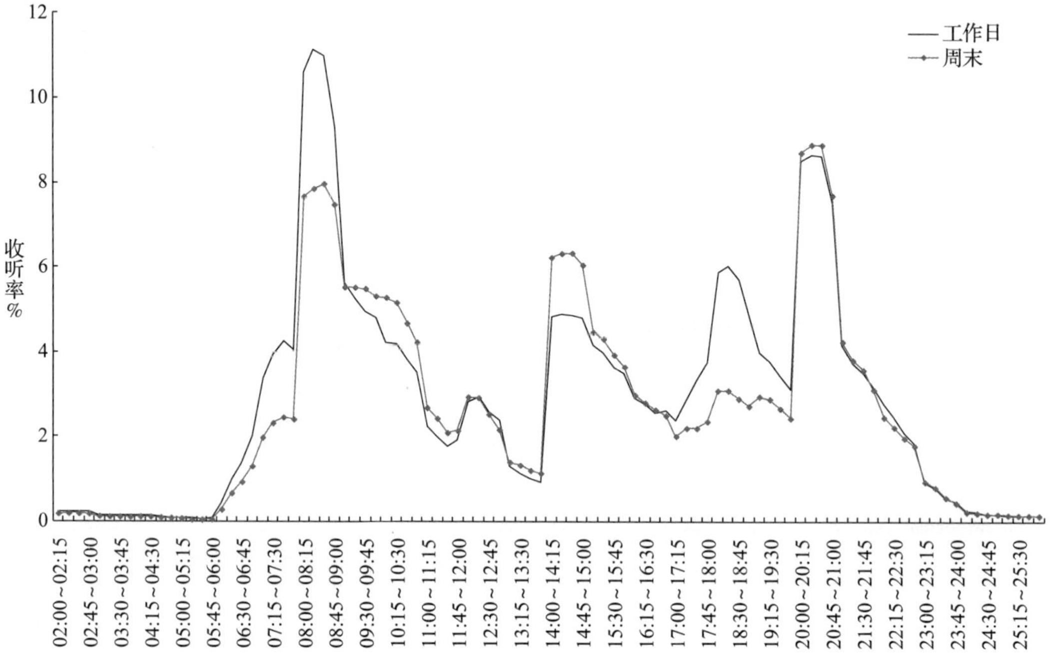

图 3.27.5 2015 年深圳听众工作日与周末全天收听率走势

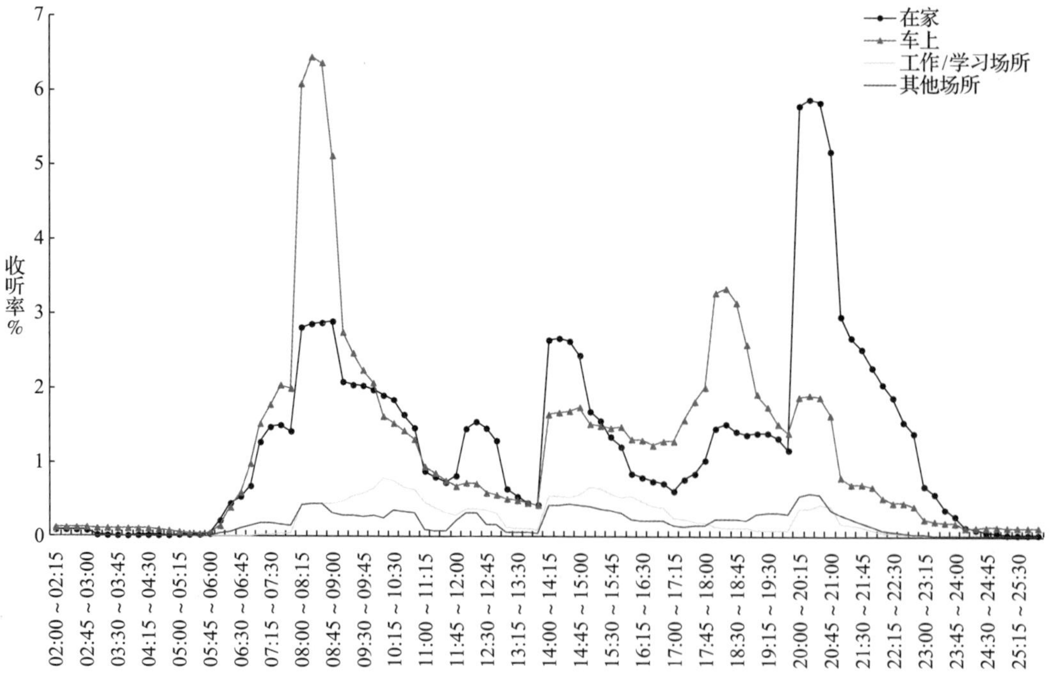

图 3.27.6 2015 年深圳听众在不同收听地点全天收听率走势

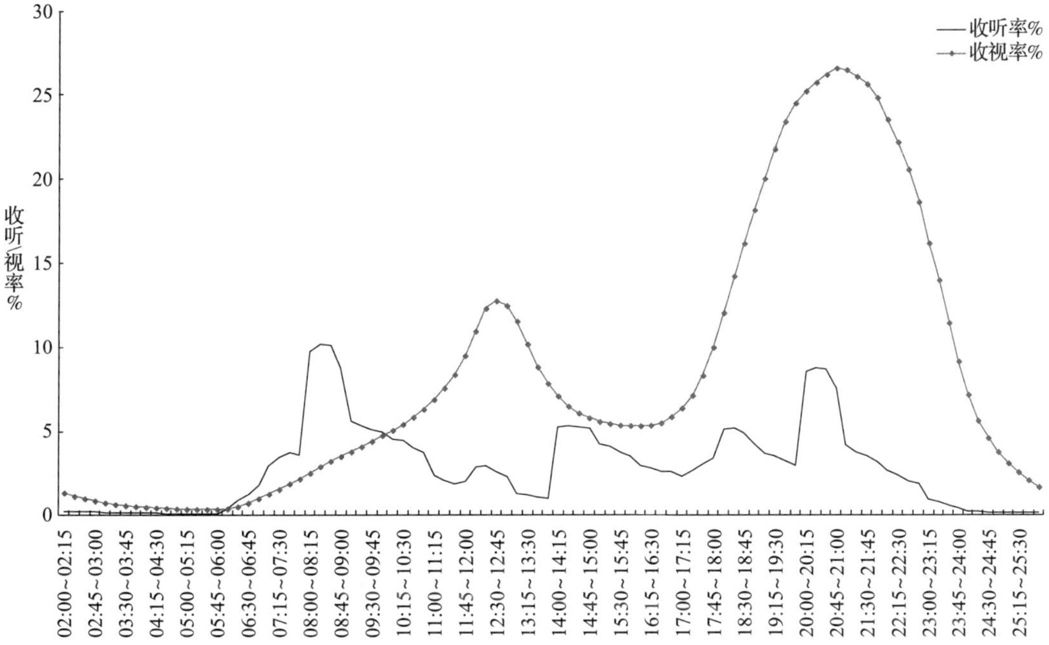

图 3.27.7　2015 年深圳受众全天收听率、收视率走势比较(目标受众为 10 岁及以上)

表 3.27.3　2015 年深圳市场听众构成(%)

目标听众		听众构成(%)
10 岁及以上所有人		100.0
性别	男	56.3
	女	43.7
年龄	10~14 岁	0.9
	15~24 岁	16.0
	25~34 岁	35.4
	35~44 岁	27.0
	45~54 岁	11.3
	55~64 岁	5.3
	65 岁及以上	4.1
文化程度	未受过正规教育	*
	小学	3.8
	初中	26.6
	高中	42.6
	大学及以上	27.0
职业	干部/管理人员	12.9
	初级公务员/雇员	24.1
	个体/私营企业人员	22.0
	工人	19.5
	学生	6.4
	无业(包括退休人员)	14.6
	其他	0.5
个人月收入	没有收入	13.7
	1~500 元	*
	501~1000 元	*
	1001~1500 元	*
	1501~2000 元	1.6
	2001~2500 元	2.7
	2501~3000 元	5.3
	3001~4000 元	17.9
	4001 元及以上	57.6

“*”表示该目标听众样本量不足,无法进行统计推断。

表 3.27.4　2013~2015 年深圳市场各广播电台的市场份额(%)

广播电台	2013 年	2014 年	2015 年
中央人民广播电台	11.2	12.9	11.7
中国国际广播电台	4.3	3.4	2.8
广东广播电视台	20.2	20.4	20.5
深圳广播电影电视集团	57.4	58.7	60.7
其他广播电台	6.9	4.6	4.3

表 3.27.5　2015 年深圳市场各广播电台在不同目标听众中的市场份额(%)

目标听众		中央人民广播电台	中国国际广播电台	广东广播电视台	深圳广播电影电视集团	其他广播电台
10 岁及以上所有人		11.7	2.8	20.5	60.7	4.3
性别	男	10.6	3.1	20.4	61.4	4.5
	女	13.1	2.5	20.6	59.8	4.0
年龄	10~14 岁	16.6	0.4	29.1	52.5	1.4
	15~24 岁	12.9	1.7	29.4	50.7	5.3
	25~34 岁	11.7	2.3	19.0	62.9	4.1
	35~44 岁	8.7	4.5	20.0	61.8	5.0
	45~54 岁	10.5	1.7	17.6	66.1	4.1
	55~64 岁	16.3	2.9	16.1	62.6	2.1
	65 岁及以上	22.7	4.6	14.9	57.3	0.5
文化程度	未受过正规教育	*	*	*	*	*
	小学	10.1	1.3	23.0	62.9	2.7
	初中	12.0	2.4	27.6	54.1	3.9
	高中	10.9	3.0	21.1	60.8	4.2
	大学及以上	13.0	3.2	12.4	66.4	5.0
职业	干部/管理人员	11.7	4.2	15.7	63.9	4.5
	初级公务员/雇员	9.9	3.8	16.0	66.1	4.2
	个体/私营企业人员	7.4	1.9	22.3	62.6	5.8
	工人	14.6	2.9	31.3	46.5	4.7
	学生	16.8	0.6	23.8	55.8	3.0
	无业(包括退休人员)	15.1	2.3	14.3	66.4	1.9
	其他	9.8	1.7	9.5	78.4	0.6
个人月收入	没有收入	13.8	1.6	20.2	61.0	3.4
	1~500 元	*	*	*	*	*
	501~1000 元	*	*	*	*	*
	1001~1500 元	*	*	*	*	*
	1501~2000 元	18.8	0.3	14.7	60.8	5.4
	2001~2500 元	21.6	1.8	12.6	54.9	9.1
	2501~3000 元	11.1	3.8	21.0	61.4	2.7
	3001~4000 元	13.0	4.4	23.8	54.6	4.2
	4001 元及以上	9.8	2.7	19.9	63.1	4.5

“*”表示该目标听众样本量不足,无法进行统计推断。

表 3.27.6　2015 年深圳市场份额排名前 5 位的频率

名　次	频率名称	市场份额(%)
1	深圳广播电台交通频率 FM106.2	23.1
2	深圳广播电台音乐频率 FM97.1	18.3
3	深圳广播电台新闻频率 FM89.8	14.5
4	广东广播电视台音乐之声 FM99.3	8.0
5	广东广播电视台新闻广播 FM91.4/AM648	6.4

二十八、石家庄收听数据

表 3.28.1　2013～2015 年石家庄各目标听众人均收听时间(分钟)

目标听众		2013 年	2014 年	2015 年
10 岁及以上所有人		80	76	77
性别	男	87	82	85
	女	74	70	69
年龄	10～14 岁	24	27	27
	15～24 岁	48	50	39
	25～34 岁	81	69	74
	35～44 岁	76	81	91
	45～54 岁	104	96	94
	55～64 岁	128	102	120
	65 岁及以上	101	123	114
文化程度	未受过正规教育	103	*	*
	小学	64	64	60
	初中	99	84	87
	高中	75	75	81
	大学及以上	75	73	68
职业	干部/管理人员	82	76	100
	初级公务员/雇员	87	76	74
	个体/私营企业人员	82	81	82
	工人	92	87	90
	学生	27	35	28
	无业(包括退休人员)	106	104	110
	其他	109	82	92
个人月收入	没有收入	44	42	38
	1～500 元	112	*	*
	501～1000 元	96	115	106
	1001～1500 元	92	84	94
	1501～2000 元	94	87	97
	2001～2500 元	85	90	85
	2501～3000 元	79	71	69
	3001～4000 元	102	88	99
	4001 元及以上	100	85	85

注:石家庄为全年连续调查城市。“*”表示该目标听众样本量不足,无法进行统计推断。

表 3.28.2　2013～2015 年石家庄听众在不同地点的人均收听时间(分钟)

地　点	2013 年	2014 年	2015 年
在家	50	50	47
车上	19	18	22
工作/学习场所	8	4	5
其他场所	3	4	3

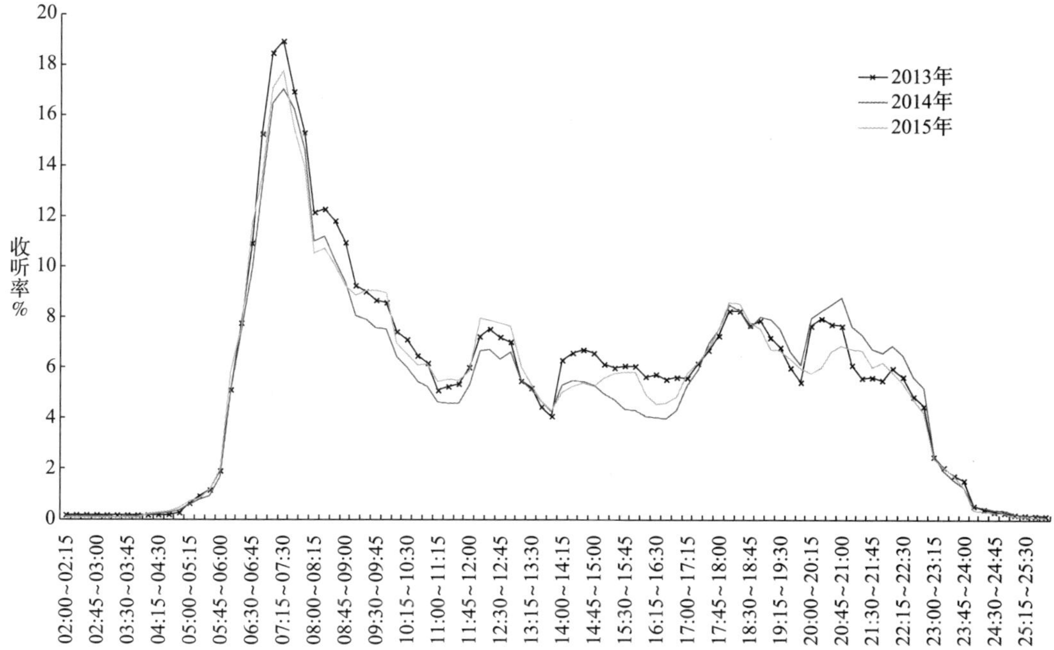

图 3.28.1 2013～2015 年石家庄听众全天收听率走势

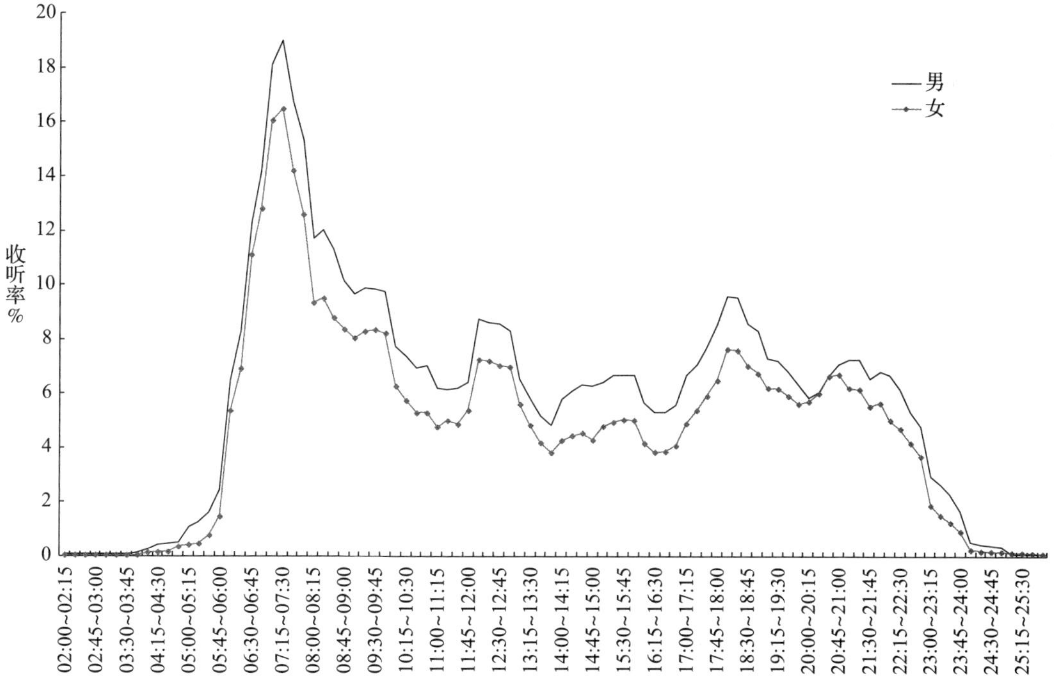

图 3.28.2 2015 年石家庄不同性别听众全天收听率走势

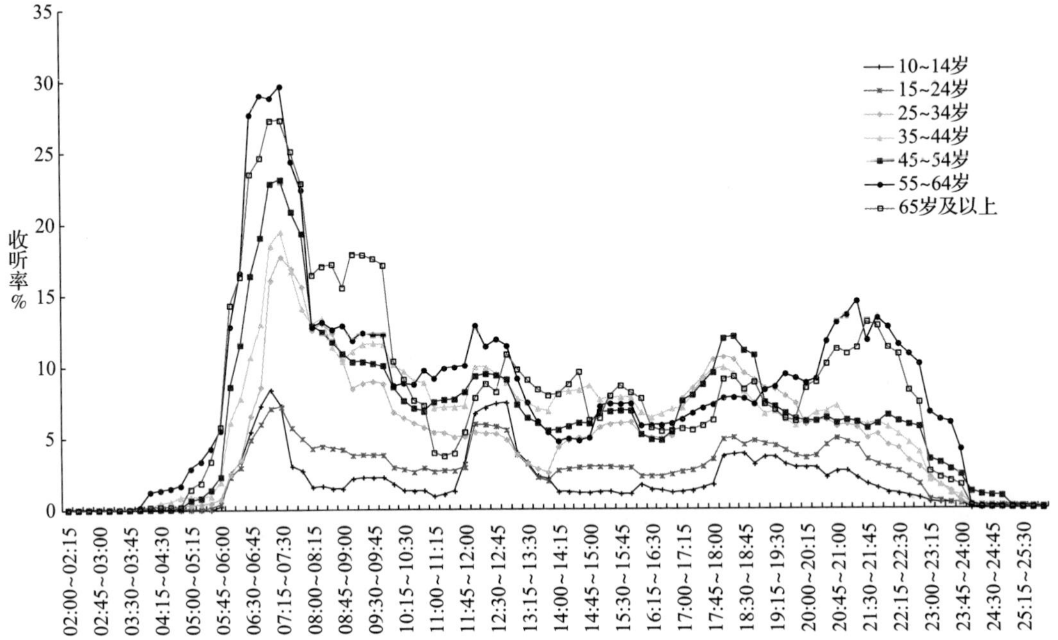

图 3.28.3 2015 年石家庄不同年龄听众全天收听率走势

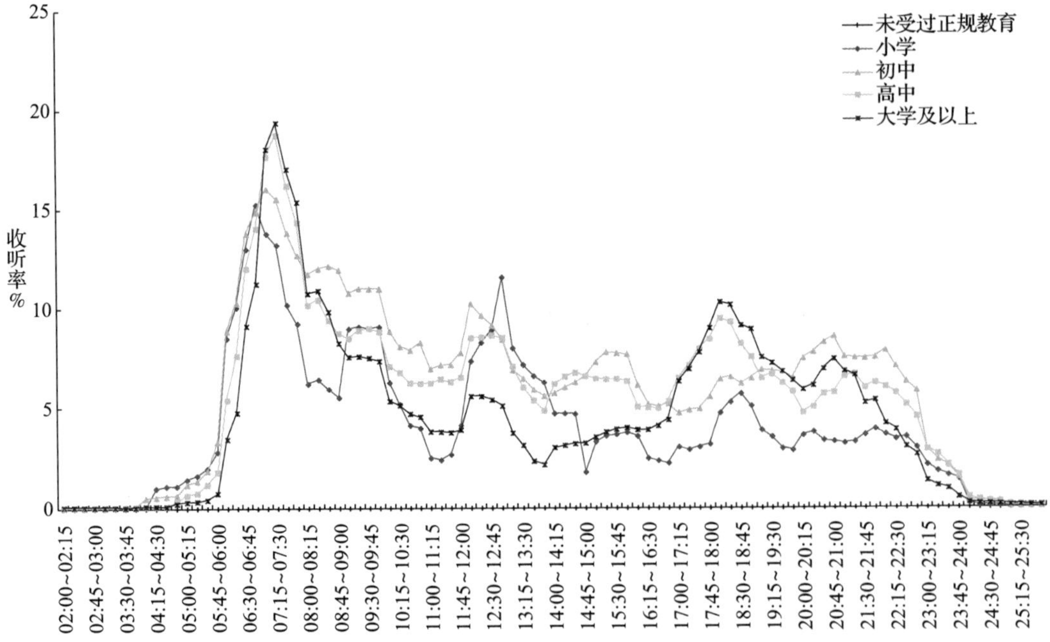

图 3.28.4 2015 年石家庄不同文化程度听众全天收听率走势

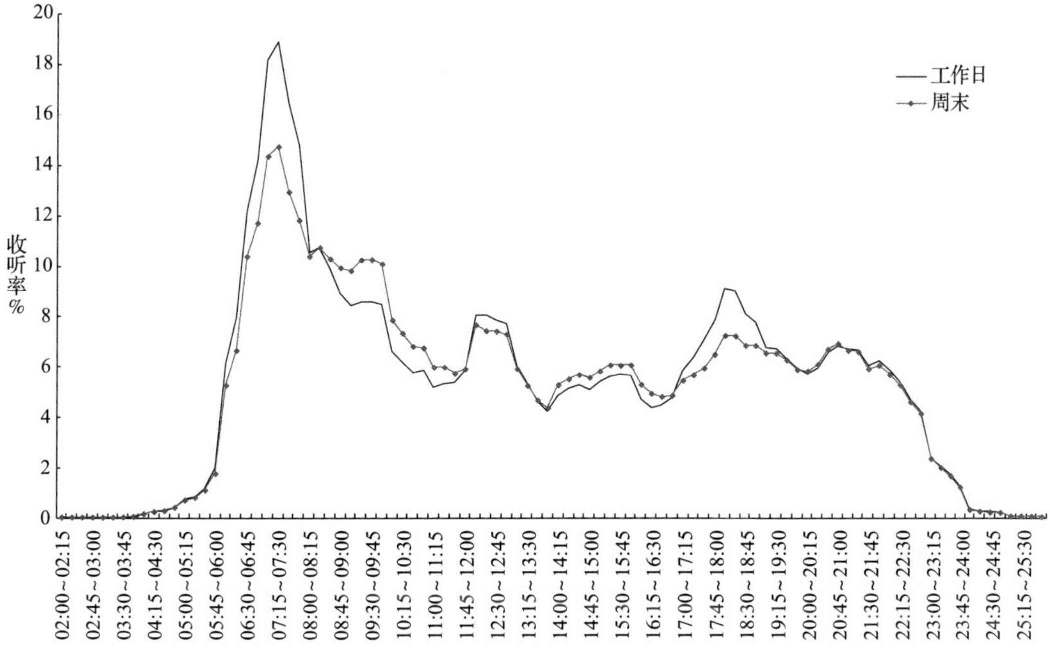

图 3.28.5　2015 年石家庄听众工作日与周末全天收听率走势

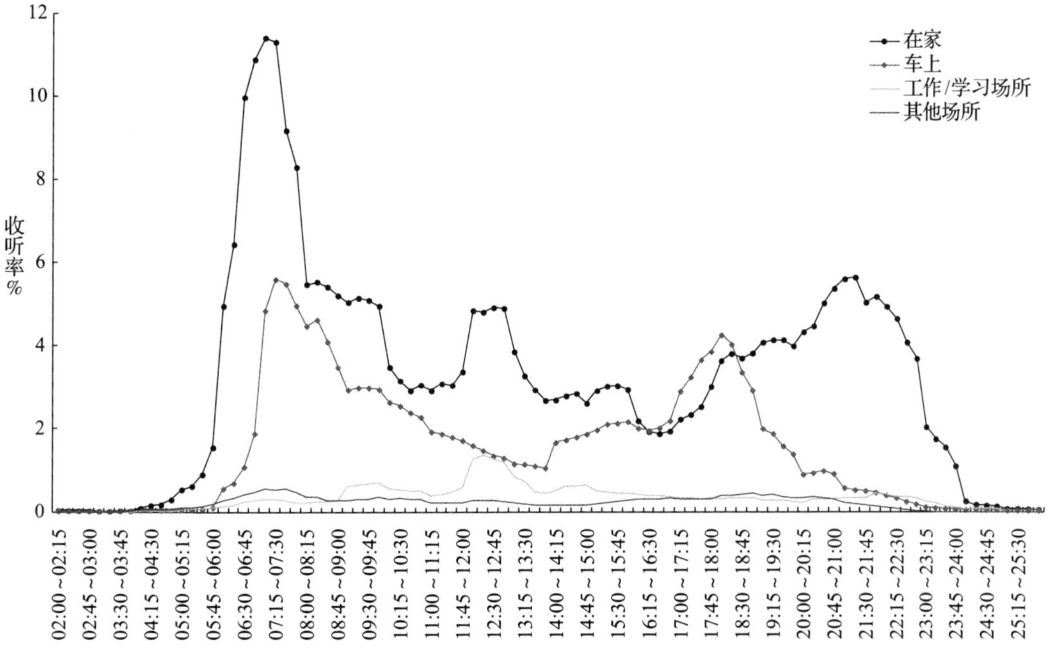

图 3.28.6　2015 年石家庄听众在不同收听地点全天收听率走势

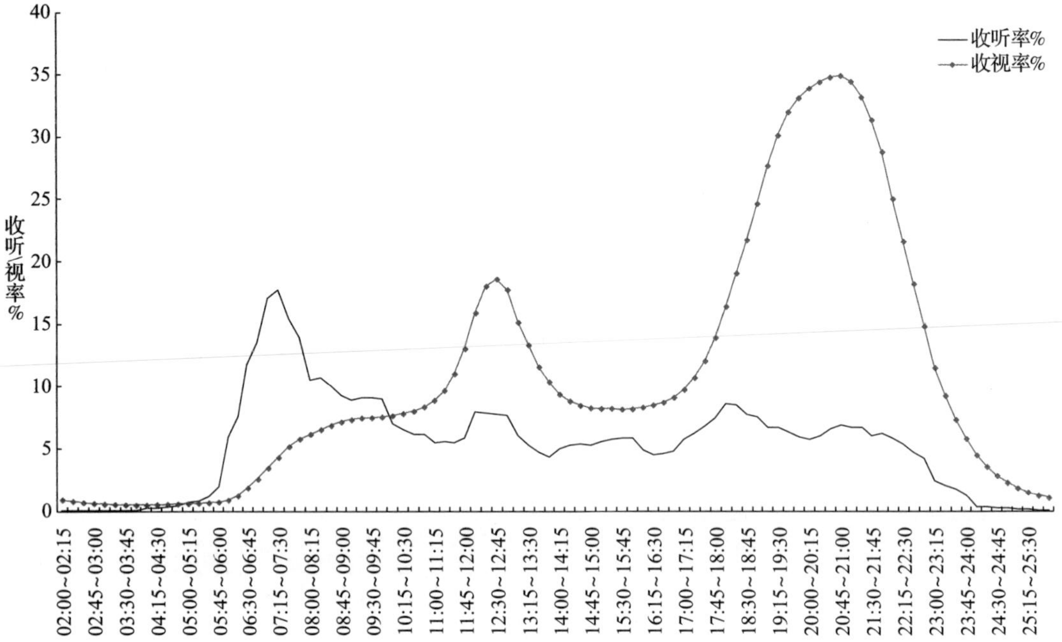

图 3.28.7　2015 年石家庄受众全天收听率、收视率走势比较(目标受众为 10 岁及以上)

表 3.28.3　2015 年石家庄市场听众构成(%)

目标听众		听众构成(%)
10 岁及以上所有人		100.0
性别	男	54.4
	女	45.6
年龄	10~14 岁	1.7
	15~24 岁	12.2
	25~34 岁	20.0
	35~44 岁	21.8
	45~54 岁	17.7
	55~64 岁	15.9
	65 岁及以上	10.7
文化程度	未受过正规教育	*
	小学	5.3
	初中	30.3
	高中	37.0
	大学及以上	27.4
职业	干部/管理人员	5.2
	初级公务员/雇员	25.1
	个体/私营企业人员	22.8
	工人	11.4
	学生	7.0
	无业(包括退休人员)	27.7
	其他	0.8
个人月收入	没有收入	12.3
	1~500 元	*
	501~1000 元	3.6
	1001~1500 元	7.8
	1501~2000 元	20.1
	2001~2500 元	18.8
	2501~3000 元	10.8
	3001~4000 元	18.3
	4001 元及以上	8.3

“*”表示该目标听众样本量不足,无法进行统计推断。

表 3.28.4　2013~2015 年石家庄市场各广播电台的市场份额(%)

广播电台	2013 年	2014 年	2015 年
中央人民广播电台	14.5	14.1	6.7
中国国际广播电台	0.0	0.0	0.0
河北人民广播电台	38.4	44.1	50.3
石家庄广播电视台	46.1	41.3	42.4
其他广播电台	1.1	0.5	0.5

表 3.28.5　2015 年石家庄市场各广播电台在不同目标听众中的市场份额(%)

目标听众		中央人民广播电台	中国国际广播电台	河北人民广播电台	石家庄广播电视台	其他广播电台
10 岁及以上所有人		6.7	0.0	50.3	42.4	0.5
性别	男	6.6	0.0	53.1	39.6	0.7
	女	6.9	0.0	47.0	45.7	0.4
年龄	10~14 岁	19.6	0.0	29.3	51.0	0.0
	15~24 岁	8.2	0.0	48.9	41.7	1.2
	25~34 岁	4.9	0.0	54.3	40.3	0.4
	35~44 岁	6.2	0.0	59.8	33.9	0.1
	45~54 岁	5.6	0.0	53.9	40.1	0.5
	55~64 岁	5.4	0.0	40.5	54.0	0.1
	65 岁及以上	11.3	0.0	37.2	49.8	1.7
文化程度	未受过正轨教育	*	*	*	*	*
	小学	13.0	0.0	48.1	37.3	1.7
	初中	6.2	0.0	50.0	43.0	0.7
	高中	6.0	0.0	52.4	41.3	0.3
	大学及以上	7.0	0.0	48.2	44.3	0.5
职业	干部/管理人员	8.9	0.0	51.4	38.3	1.5
	初级公务员/雇员	6.2	0.0	53.1	40.5	0.2
	个体/私营企业人员	5.1	0.0	57.6	37.0	0.3
	工人	4.6	0.0	53.3	41.7	0.5
	学生	12.9	0.0	42.6	43.4	1.1
	无业(包括退休人员)	7.6	0.0	40.9	50.6	0.8
	其他	2.6	0.0	92.0	5.4	0.0
个人月收入	没有收入	10.1	0.0	49.0	40.3	0.7
	1~500 元	*	*	*	*	*
	501~1000 元	5.2	0.0	46.0	48.8	0.0
	1001~1500 元	4.3	0.0	46.5	48.8	0.5
	1501~2000 元	6.1	0.0	47.0	46.1	0.8
	2001~2500 元	7.4	0.0	48.3	43.7	0.6
	2501~3000 元	8.7	0.0	40.3	50.0	0.9
	3001~4000 元	4.8	0.0	60.5	34.6	0.1
	4001 元及以上	5.7	0.0	60.4	33.5	0.4

“*”表示该目标听众样本量不足,无法进行统计推断。

表 3.28.6　2015 年石家庄市场份额排名前 5 位的频率

名　次	频率名称	市场份额(%)
1	河北人民广播电台交通广播 FM99.2	16.8
2	石家庄广播电视台新闻广播 AM882/FM88.2	15.3
3	石家庄广播电视台交通广播 FM94.6	10.2
4	石家庄广播电视台音乐广播 FM106.7	9.9
5	河北人民广播电台音乐广播 FM102.4	8.9

二十九、苏州收听数据

表 3.29.1　2013～2015 年苏州各目标听众人均收听时间(分钟)

目标听众		2013 年	2014 年	2015 年
10 岁及以上所有人		75	57	59
性别	男	80	60	61
	女	71	54	56
年龄	10～14 岁	30	13	13
	15～24 岁	34	32	34
	25～34 岁	61	52	53
	35～44 岁	77	63	64
	45～54 岁	75	58	69
	55～64 岁	94	76	76
	65 岁及以上	154	110	109
文化程度	未受过正规教育	45	62	70
	小学	78	48	65
	初中	84	67	70
	高中	78	59	56
	大学及以上	63	49	51
职业	干部/管理人员	71	51	47
	初级公务员/雇员	63	50	50
	个体/私营企业人员	81	63	77
	工人	68	57	56
	学生	32	26	31
	无业(包括退休人员)	116	89	96
	其他	36	49	59
个人月收入	没有收入	36	28	34
	1～500 元	*	*	*
	501～1000 元	41	48	*
	1001～1500 元	95	49	73
	1501～2000 元	82	71	89
	2001～2500 元	111	79	76
	2501～3000 元	75	61	71
	3001～4000 元	68	54	54
	4001 元及以上	73	64	66

注:苏州为全年连续调查城市。“*”表示该目标听众样本量不足,无法进行统计推断。

表 3.29.2　2013～2015 年苏州听众在不同地点的人均收听时间(分钟)

地　　点	2013 年	2014 年	2015 年
在家	51	35	37
车上	16	16	15
工作/学习场所	7	5	5
其他场所	1	1	1

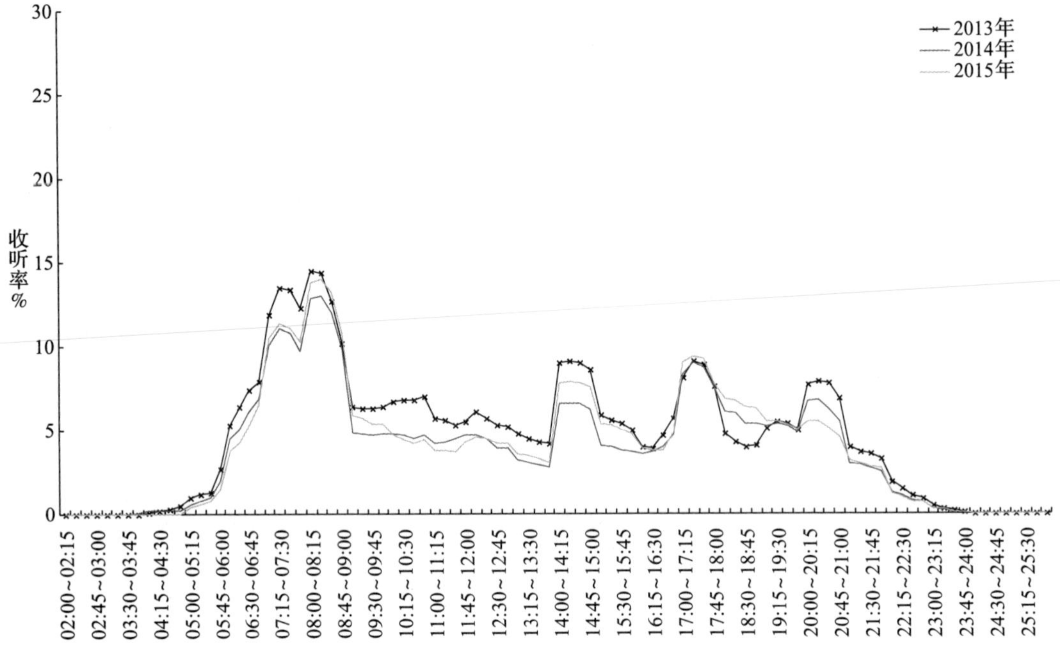

图 3.29.1　2013～2015 年苏州听众全天收听率走势

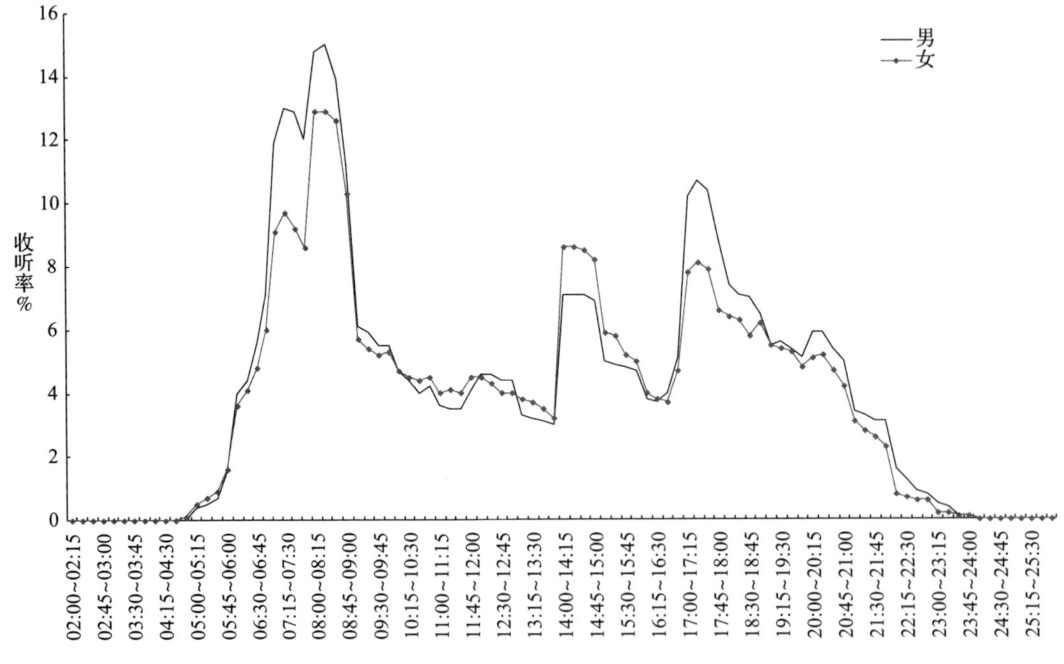

图 3.29.2　2015 年苏州不同性别听众全天收听率走势

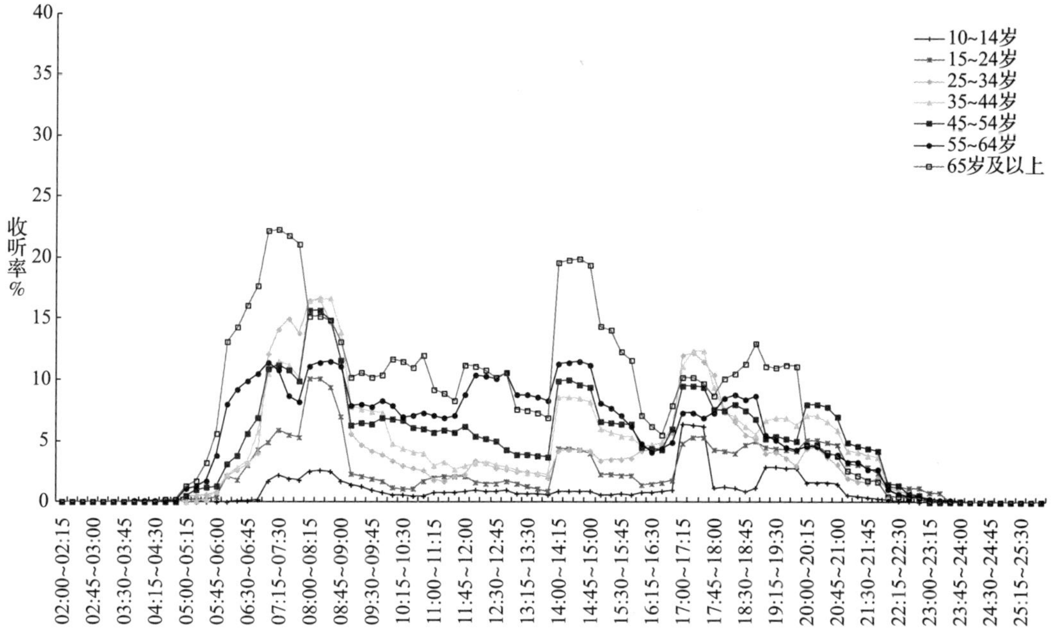

图 3.29.3　2015 年苏州不同年龄听众全天收听率走势

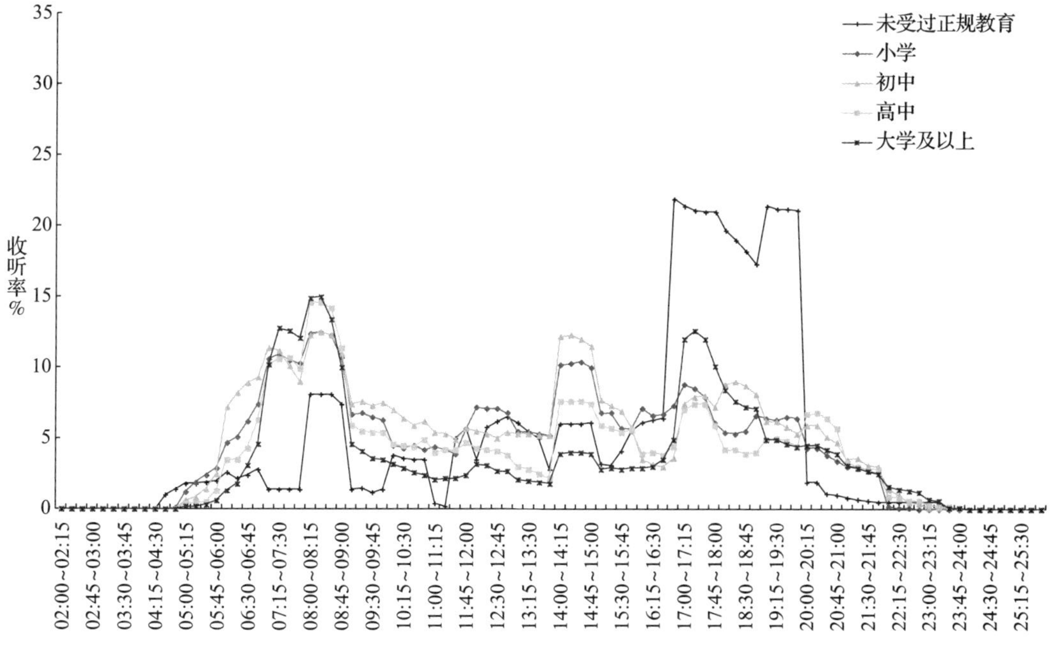

图 3.29.4　2015 年苏州不同文化程度听众全天收听率走势

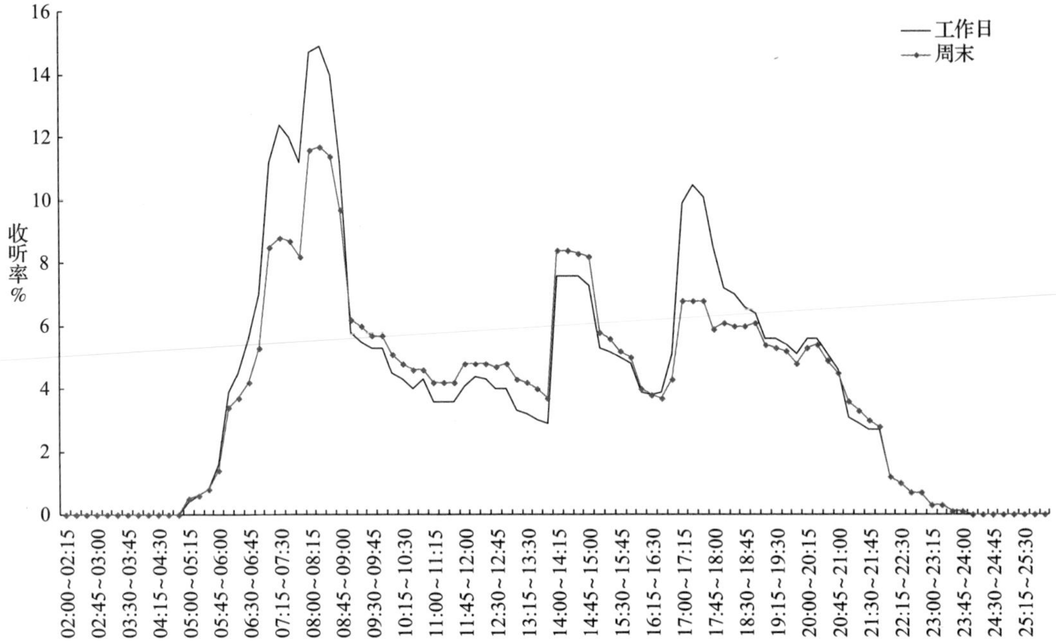

图 3.29.5 2015 年苏州听众工作日与周末全天收听率走势

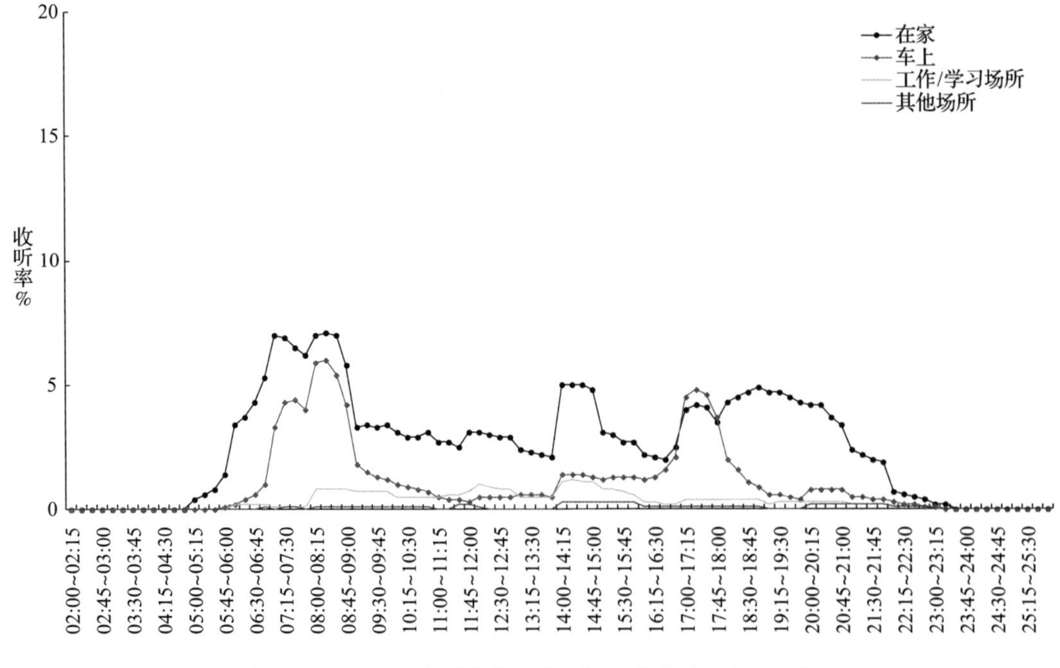

图 3.29.6 2015 年苏州听众在不同地点全天收听率走势

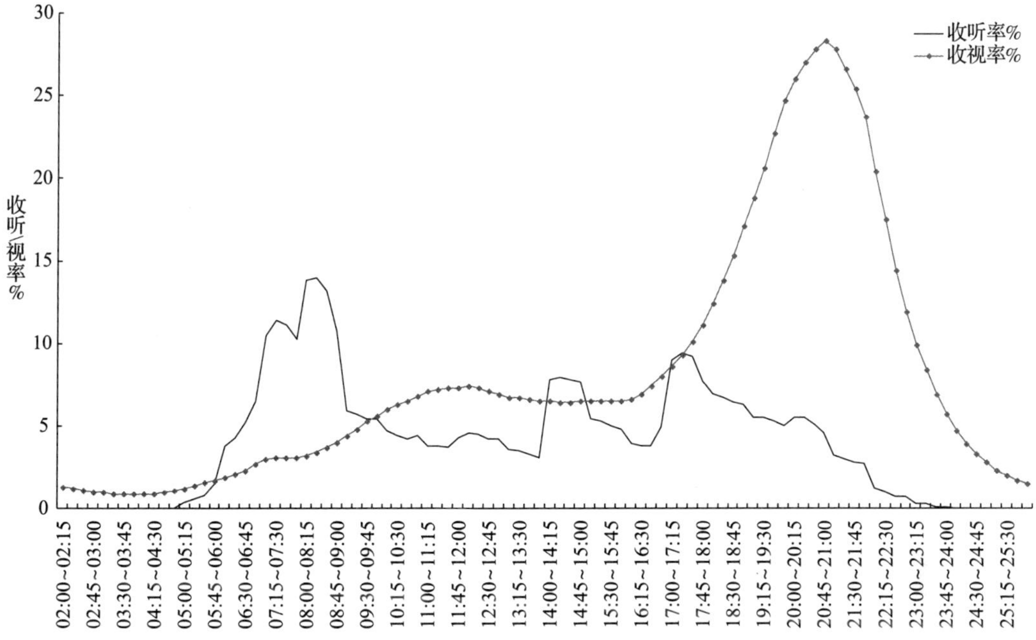

图 3.29.7 2015 年苏州受众全天收听率、收视率走势比较(目标受众为 10 岁及以上)

表 3.29.3　2015 年苏州市场听众构成(%)

目标听众		听众构成(%)
10 岁及以上所有人		100.0
性别	男	52.4
	女	47.6
年龄	10~14 岁	0.6
	15~24 岁	13.5
	25~34 岁	20.4
	35~44 岁	20.8
	45~54 岁	14.6
	55~64 岁	14.3
	65 岁及以上	15.8
文化程度	未受过正规教育	1.4
	小学	11.5
	初中	28.5
	高中	31.6
	大学及以上	27.0
职业类别	干部/管理人员	4.0
	初级公务员/雇员	20.7
	个体/私营企业人员	14.4
	工人	22.1
	学生	9.3
	无业(包括退休人员)	28.8
	其他	0.7
个人月收入	没有收入	11.3
	1~500 元	*
	501~1000 元	*
	1001~1500 元	1.7
	1501~2000 元	7.0
	2001~2500 元	13.9
	2501~3000 元	15.7
	3001~4000 元	25.3
	4001 元及以上	24.4

注:"*"表示该目标听众样本量不足,无法进行统计推断。

表 3.29.4　2013~2015 年苏州市场各广播电台的市场份额(%)

广播电台	2013 年	2014 年	2015 年
中央人民广播电台	5.7	6.0	4.1
中国国际广播电台	0.1	0.1	0.1
江苏广播电视总台	10.4	9.8	10.7
苏州广播电视总台	78.7	80.7	81.5
上海广播电视台	3.4	2.4	2.9
无锡广播电视台	0.9	0.4	0.3
其他广播电台	0.8	0.6	0.4

表 3.29.5　2015 年苏州市场各广播电台在不同目标听众中的市场份额(%)

目标听众		中央人民广播电台	中国国际广播电台	江苏广播电视总台	苏州广播电视总台	上海广播电视台	无锡广播电视台	其他广播电台
10 岁及以上所有人		4.1	0.1	10.7	81.5	2.9	0.3	0.4
性别	男	4.5	0.1	11.9	80.7	2.1	0.2	0.5
	女	3.8	0.0	9.3	82.4	3.8	0.4	0.3
年龄	10~14 岁	2.1	0.0	22.1	73.5	2.2	0.0	0.1
	15~24 岁	3.1	0.0	14.4	76.7	4.4	0.5	0.9
	25~34 岁	2.0	0.2	12.9	82.8	2.0	0.1	0.0
	35~44 岁	3.6	0.0	9.9	83.5	2.8	0.2	0.0
	45~54 岁	3.2	0.0	10.5	82.3	3.6	0.4	0.0
	55~64 岁	4.0	0.0	10.3	83.5	2.0	0.2	0.0
	65 岁及以上	9.6	0.0	5.7	79.1	3.3	0.5	1.8
文化程度	未受过正规教育	0.0	0.0	1.7	91.2	2.1	0.5	4.5
	小学	0.9	0.0	7.6	85.7	4.0	0.2	1.6
	初中	5.3	0.0	9.8	81.7	2.8	0.3	0.1
	高中	5.2	0.0	12.1	79.3	3.1	0.3	0.0
	大学及以上	3.2	0.2	11.5	81.9	2.5	0.2	0.5
职业	干部/管理人员	4.3	1.0	5.3	84.8	4.5	0.1	0.0
	初级公务员/雇员	1.3	0.0	13.9	82.3	2.3	0.1	0.1
	个体/私营企业人员	2.2	0.0	9.6	86.4	1.4	0.3	0.1
	工人	5.0	0.0	12.6	78.8	3.3	0.2	0.1
	学生	3.0	0.0	13.8	77.1	4.1	0.6	1.4
	无业(包括退休人员)	6.9	0.0	7.3	81.6	2.9	0.3	1.0
	其他	0.0	0.0	1.8	81.4	16.8	0.0	0.0
个人月收入	没有收入	2.9	0.0	12.6	79.0	3.9	0.5	1.1
	1~500 元	*	*	*	*	*	*	*
	501~1000 元	*	*	*	*	*	*	*
	1001~1500 元	0.2	0.0	1.5	96.1	1.8	0.4	0.0
	1501~2000 元	3.9	0.0	6.9	83.8	3.3	0.7	1.4
	2001~2500 元	3.7	0.0	9.2	84.0	3.0	0.1	0.0
	2501~3000 元	5.2	0.0	9.6	82.1	2.2	0.1	0.8
	3001~4000 元	4.7	0.2	12.0	79.4	3.4	0.3	0.0
	4001 元及以上	4.0	0.0	11.5	81.9	2.4	0.2	0.0

注:"*"表示该目标听众样本量不足,无法进行统计推断。

表 3.29.6　2015 年苏州市场份额排名前 5 位的频率

名　次	频率名称	市场份额(%)
1	苏州广播电视总台交通广播 FM104.8	33.2
2	苏州广播电视总台音乐广播 FM94.8	13.9
3	苏州广播电视总台新闻广播 FM91.1	10.2
4	苏州广播电视总台综合广播 AM1080	7.1
5	苏州广播电视总台生活广播 FM96.5	6.3

三十、太原收听数据

表 3.30.1　2013～2015 年太原各目标听众人均收听时间(分钟)

目标听众		2013 年	2014 年	2015 年
10 岁及以上所有人		72	73	69
性别	男	81	77	74
	女	62	68	64
年龄	10～14 岁	35	33	32
	15～24 岁	35	40	42
	25～34 岁	66	61	57
	35～44 岁	74	71	72
	45～54 岁	87	94	83
	55～64 岁	124	117	111
	65 岁及以上	95	134	127
文化程度	未受过正规教育	44	*	*
	小学	57	100	66
	初中	83	85	74
	高中	72	64	67
	大学及以上	68	65	68
职业	干部/管理人员	83	69	65
	初级公务员/雇员	75	70	62
	个体/私营企业人员	83	79	69
	工人	80	78	78
	学生	30	29	32
	无业(包括退休人员)	84	110	111
	其他	78	87	82
个人月收入	没有收入	38	41	44
	1～500 元	102	*	*
	501～1000 元	53	59	68
	1001～1500 元	74	75	70
	1501～2000 元	105	104	83
	2001～2500 元	79	85	84
	2501～3000 元	76	79	77
	3001～4000 元	73	63	73
	4001 元及以上	97	105	80

注:太原为全年连续调查城市,“*”表示该目标听众样本量不足,无法进行统计推断。

表 3.30.2　2013～2015 年太原听众在不同地点的人均收听时间(分钟)

地　点	2013 年	2014 年	2015 年
在家	43	46	45
车上	24	21	19
工作/学习场所	3	4	3
其他场所	2	2	2

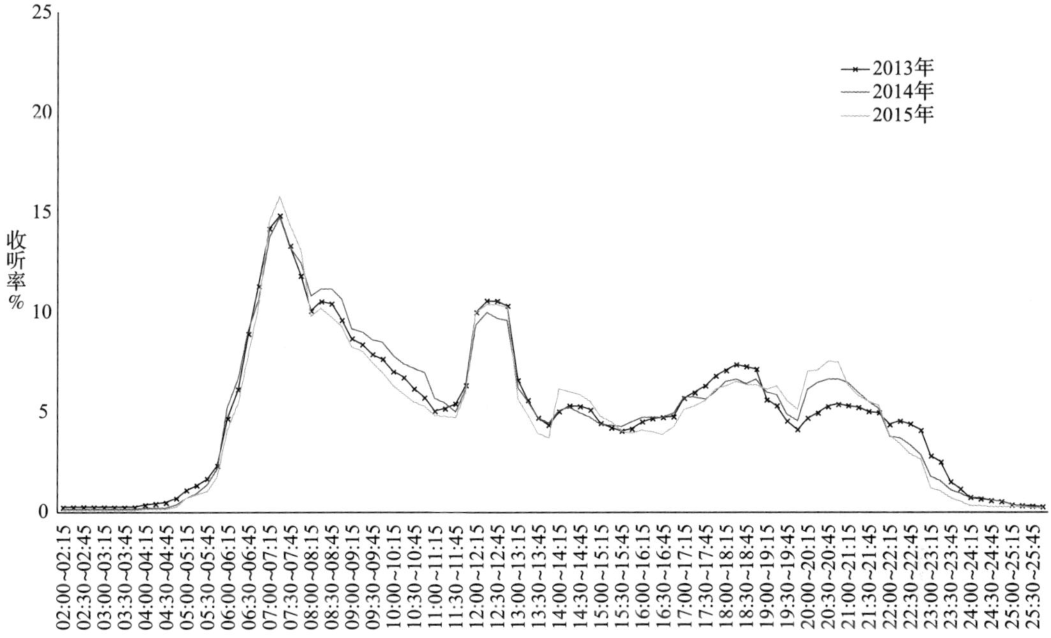

图 3.30.1　2013 ~2015 年太原听众全天收听率走势

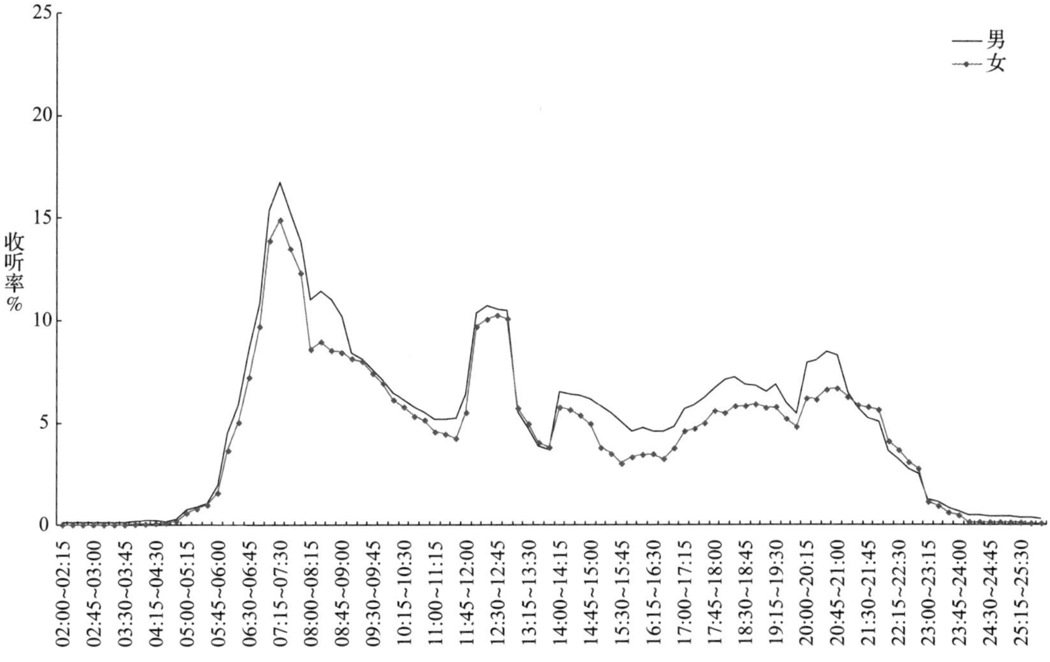

图 3.30.2　2015 年太原不同性别听众全天收听率走势

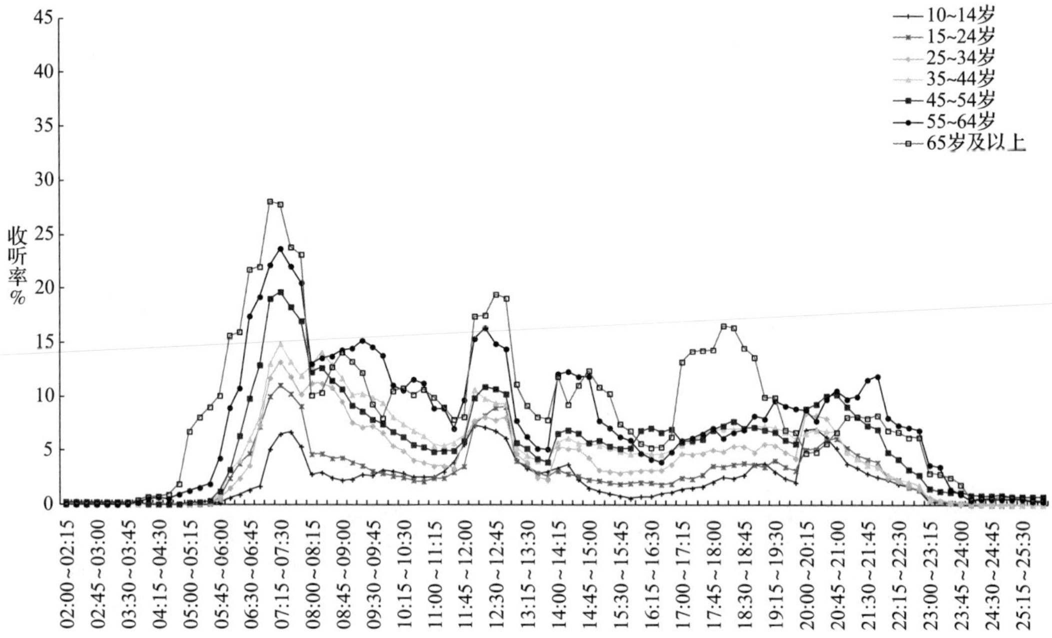

图 3.30.3　2015 年太原不同年龄听众全天收听率走势

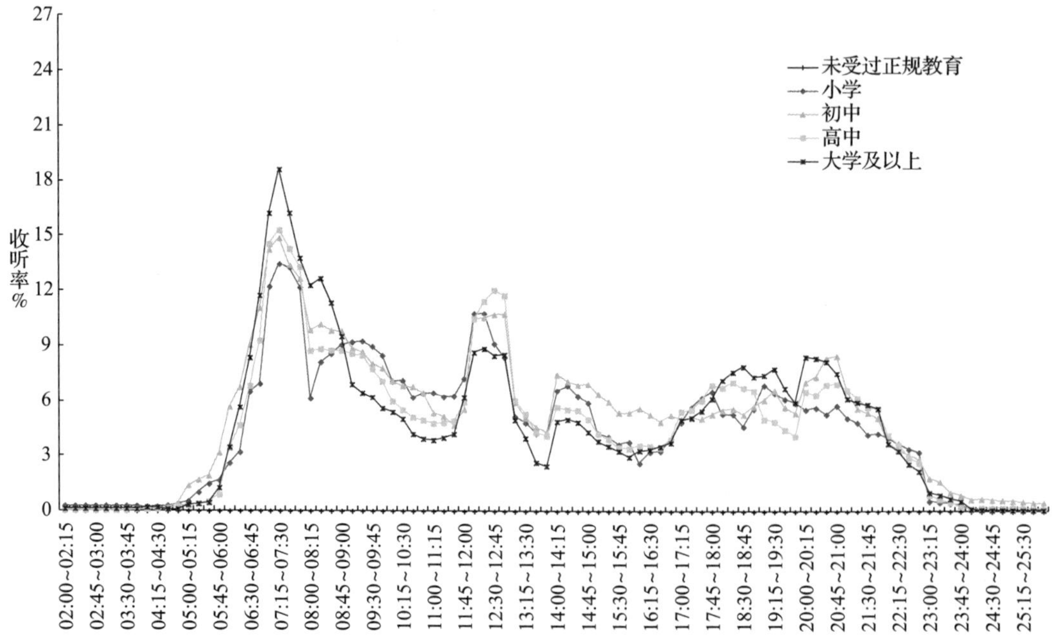

图 3.30.4　2015 年太原不同文化程度听众全天收听率走势

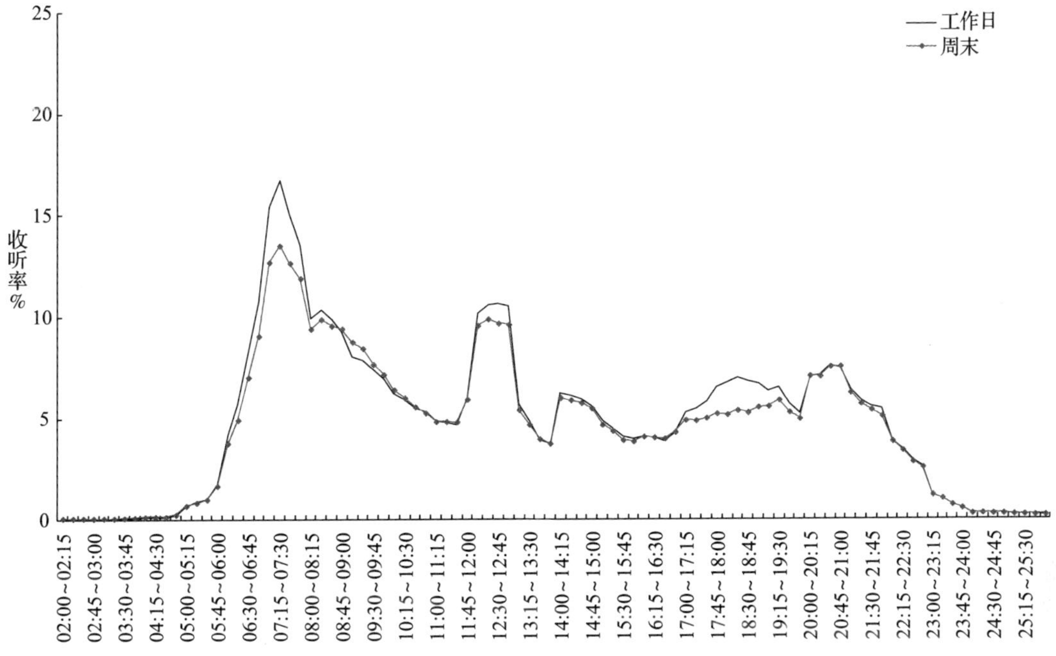

图 3.30.5 2015 年太原听众工作日与周末全天收听率走势

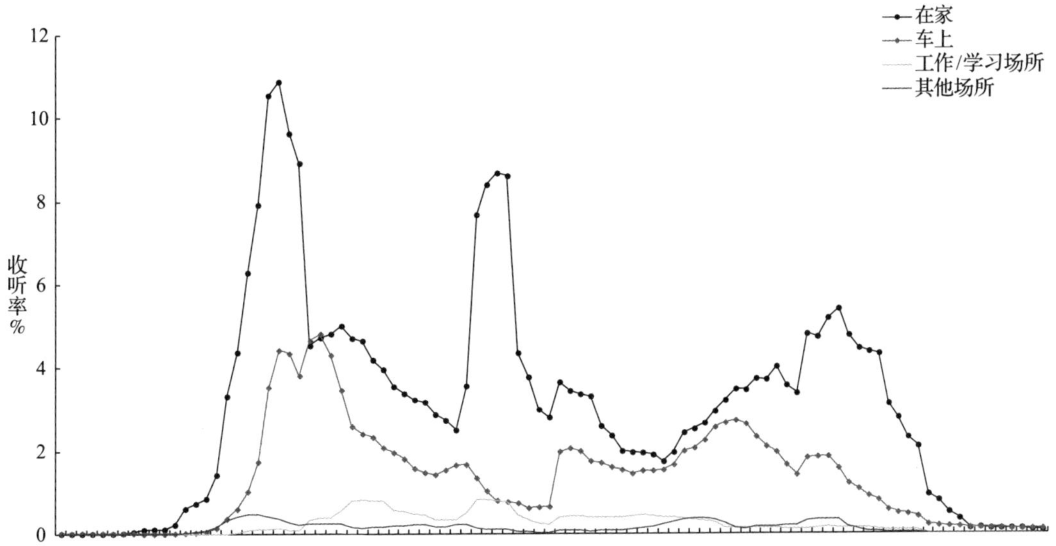

图 3.30.6 2015 年太原听众在不同收听地点全天收听率走势

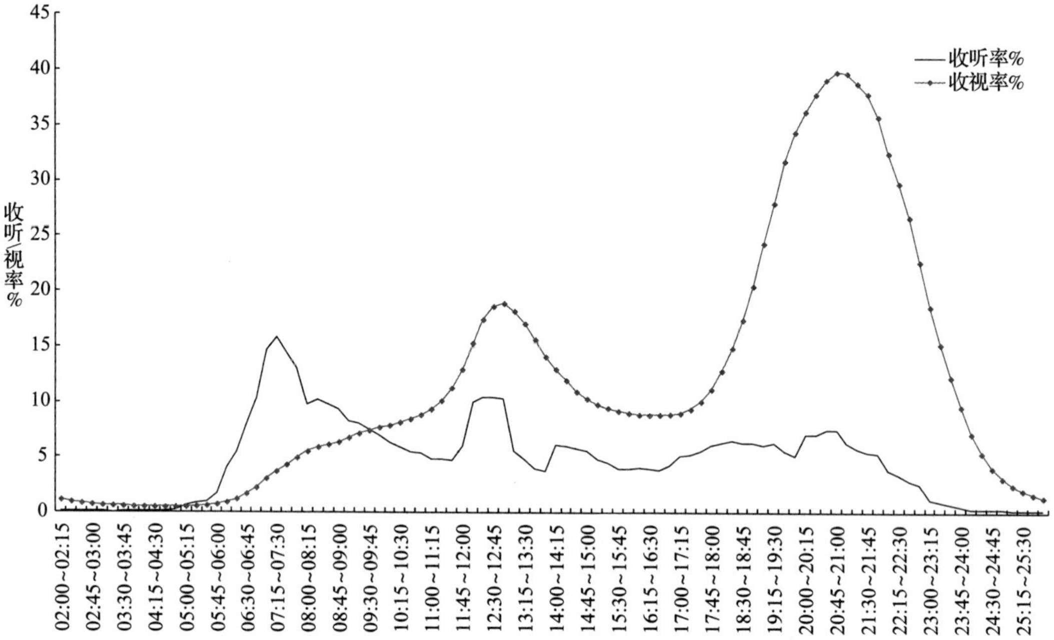

图 3.30.7　2015 年太原受众全天收听率、收视率走势比较(目标受众为 10 岁及以上)

表 3.30.3　2015 年太原市场听众构成(%)

目标听众		听众构成(%)
10 岁及以上所有人		100.0
性别	男	54.2
	女	45.8
年龄	10～14 岁	2.0
	15～24 岁	15.1
	25～34 岁	15.4
	35～44 岁	20.0
	45～54 岁	19.1
	55～64 岁	14.8
	65 岁及以上	13.6
文化程度	未受过正规教育	*
	小学	7.4
	初中	34.9
	高中	31.8
	大学及以上	25.9
职业	干部/管理人员	5.9
	初级公务员/雇员	21.0
	个体/私营企业人员	20.4
	工人	7.6
	学生	9.2
	无业(包括退休人员)	32.0
	其他	3.9
个人月收入	没有收入	16.3
	1～500 元	*
	501～1000 元	1.4
	1001～1500 元	5.1
	1501～2000 元	13.0
	2001～2500 元	19.8
	2501～3000 元	15.7
	3001～4000 元	18.3
	4001 元及以上	10.4

“*”表示该目标听众样本量不足,无法进行统计推断。

表 3.30.4　2013～2015 年太原市场各广播电台的市场份额(%)

广播电台	2013 年	2014 年	2015 年
中央人民广播电台	15.1	10.9	10.2
中国国际广播电台	0.0	0.0	0.0
山西广播电视台	49.5	51.3	54.6
太原人民广播电台	35.3	37.2	34.1
其他广播电台	0.1	0.6	1.1

表 3.30.5　2015 年太原市场各广播电台在不同目标听众中的市场份额(%)

目标听众		中央人民广播电台	中国国际广播电台	山西广播电视台	太原人民广播电台	其他广播电台
10 岁及以上所有人		10.2	0.0	54.6	34.1	1.1
性别	男	11.0	0.0	49.5	38.5	1.0
	女	9.3	0.0	60.5	29.0	1.2
年龄	10~14 岁	8.5	0.0	50.6	38.1	2.8
	15~24 岁	10.8	0.0	53.8	33.9	1.5
	25~34 岁	6.8	0.0	46.2	46.3	0.7
	35~44 岁	7.7	0.0	49.3	42.0	1.0
	45~54 岁	10.7	0.0	49.9	38.2	1.2
	55~64 岁	20.8	0.0	59.0	18.9	1.3
	65 岁及以上	5.2	0.0	74.9	19.3	0.6
文化程度	未受过正规教育	*	*	*	*	*
	小学	6.9	0.0	60.6	32.1	0.4
	初中	12.1	0.0	56.6	29.7	1.6
	高中	6.9	0.0	57.4	34.6	1.1
	大学及以上	12.7	0.0	46.8	39.9	0.6
职业	干部/管理人员	17.4	0.0	48.4	34.1	0.1
	初级公务员/雇员	9.0	0.0	44.8	45.4	0.8
	个体/私营企业人员	10.6	0.0	47.6	40.3	1.5
	工人	8.3	0.0	46.4	43.9	1.4
	学生	12.1	0.0	54.7	31.6	1.6
	无业(包括退休人员)	9.1	0.0	66.1	23.8	1.0
	其他	12.6	0.0	74.2	13.1	0.1
个人月收入	没有收入	9.6	0.0	55.6	33.3	1.5
	1~500 元	*	*	*	*	*
	501~1000 元	2.2	0.0	69.8	18.8	9.2
	1001~1500 元	10.5	0.0	67.2	21.0	1.3
	1501~2000 元	14.9	0.0	61.7	22.9	0.5
	2001~2500 元	6.7	0.0	60.4	31.7	1.2
	2501~3000 元	9.8	0.0	53.1	35.9	1.2
	3001~4000 元	11.0	0.0	50.0	38.3	0.7
	4001 元及以上	12.4	0.0	34.3	52.6	0.7

“*”表示该目标听众样本量不足,无法进行统计推断。

表 3.30.6　2015 年太原市场份额排名前 5 位的频率

名　次	频率名称	市场份额(%)
1	太原人民广播电台交通频率 FM107	16.1
2	山西广播电视台交通广播 FM88	14.6
3	山西广播电视台健康之声广播 FM105.9	13.4
4	山西广播电视台音乐广播 FM94.0	6.6
4	山西文艺广播 FM101.5	6.3

三十一、天津收听数据

表 3.31.1 2013～2015 年天津各目标听众人均收听时间(分钟)

目标听众		2013 年	2014 年	2015 年			
				第 1 波	第 2 波	第 3 波	第 4 波
10 岁及以上所有人		115	120	110	109	110	102
性别	男	123	123	112	113	113	104
	女	107	116	107	104	107	99
年龄	10～14 岁	57	58	46	34	26	26
	15～24 岁	62	64	66	62	60	57
	25～34 岁	93	103	81	85	95	76
	35～44 岁	111	95	95	90	97	95
	45～54 岁	134	135	122	119	115	114
	55～64 岁	172	200	192	196	198	178
	65 岁及以上	170	194	166	164	156	146
文化程度	未受过正规教育	89	*	*	*	*	*
	小学	98	96	95	104	93	83
	初中	141	142	125	119	127	128
	高中	118	129	127	125	120	104
	大学及以上	96	101	87	87	90	83
职业	干部/管理人员	117	132	119	126	127	100
	初级公务员/雇员	100	105	92	85	85	83
	个体/私营企业人员	129	116	102	116	108	95
	工人	102	110	111	103	106	103
	学生	60	58	58	49	50	47
	无业(包括退休人员)	151	174	163	160	167	157
	其他	*	*	*	*	*	*
个人月收入	没有收入	74	70	65	59	62	55
	1～500 元	*	*	*	*	*	*
	501～1000 元	124	143	159	107	120	125
	1001～1500 元	142	93	84	90	66	52
	1501～2000 元	136	144	138	141	145	129
	2001～2500 元	141	151	144	144	141	131
	2501～3000 元	110	158	135	135	155	130
	3001～4000 元	116	120	113	108	106	104
	4001 元及以上	93	110	91	98	94	86

注:天津为四波调查城市。2015 年四波调查时间分别为:第一波 3 月 1 日至 3 月 21 日;第二波 5 月 24 日至 6 月 13 日;第三波 8 月 23 日至 9 月 12 日;第四波 11 月 1 日至 11 月 21 日。

“*”表示该目标听众样本量不足,无法进行统计推断。

表 3.31.2 2013～2015 年天津听众在不同地点的人均收听时间(分钟)

地 点	2013 年	2014 年	2015 年
在家	79	84	74
车上	25	23	21
工作/学习场所	8	9	9
其他场所	3	4	4

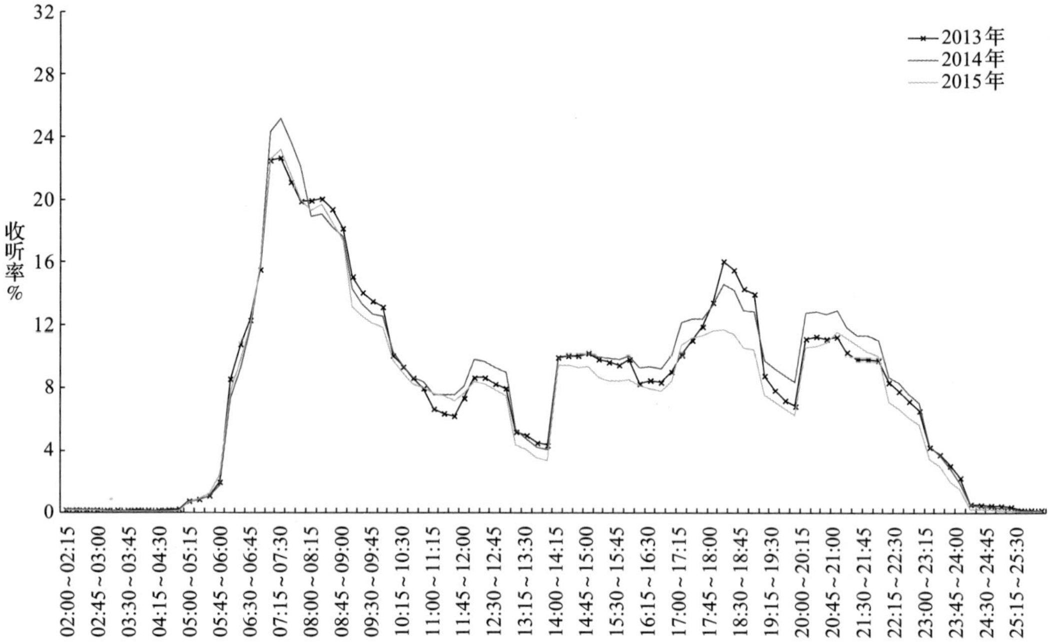

图 3.31.1 2013~2015 年天津听众全天收听率走势

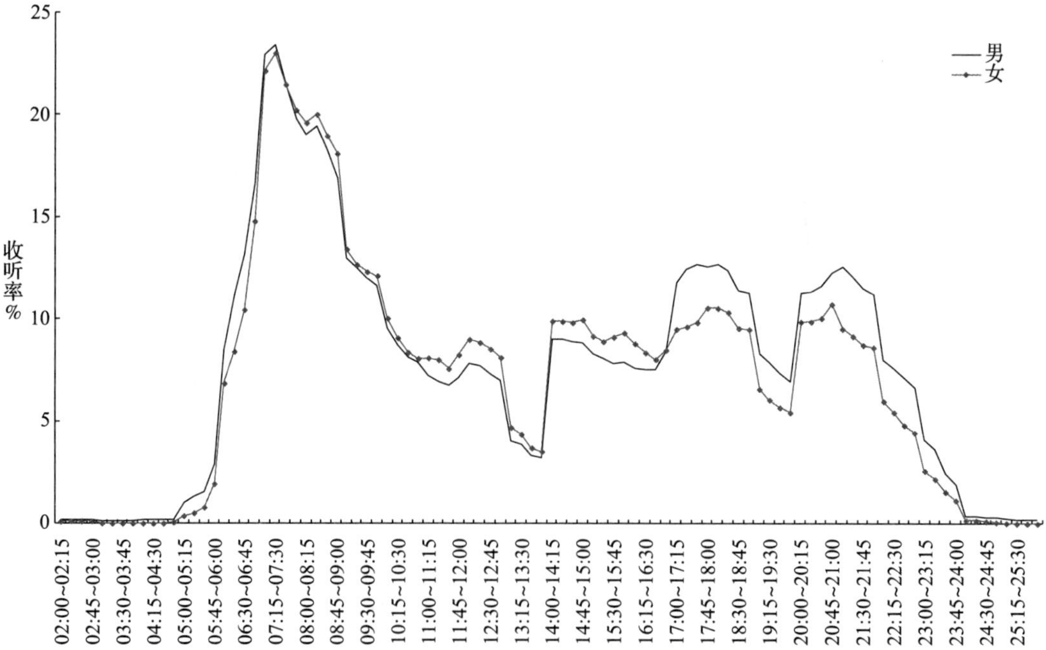

图 3.31.2 2015 年天津不同性别听众全天收听率走势

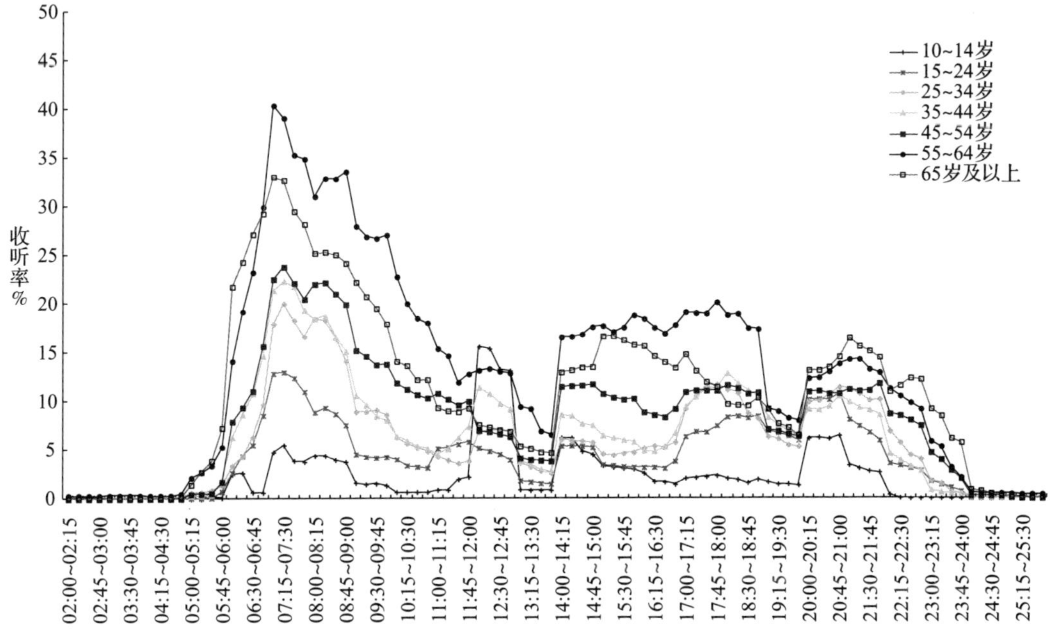

图 3.31.3　2015 年天津不同年龄听众全天收听率走势

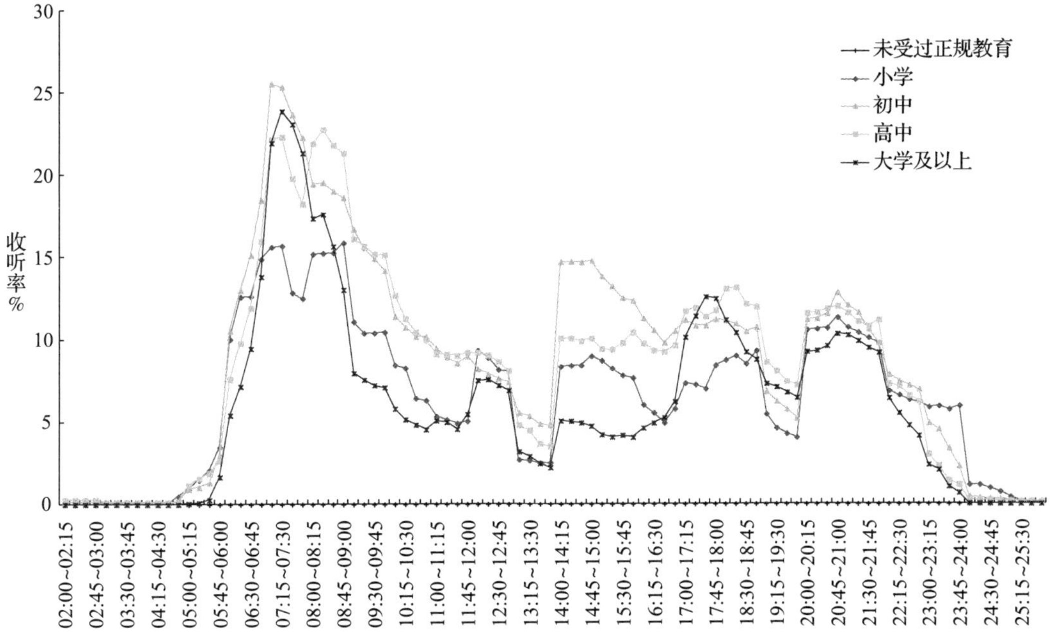

图 3.31.4　2015 年天津不同文化程度听众全天收听率走势

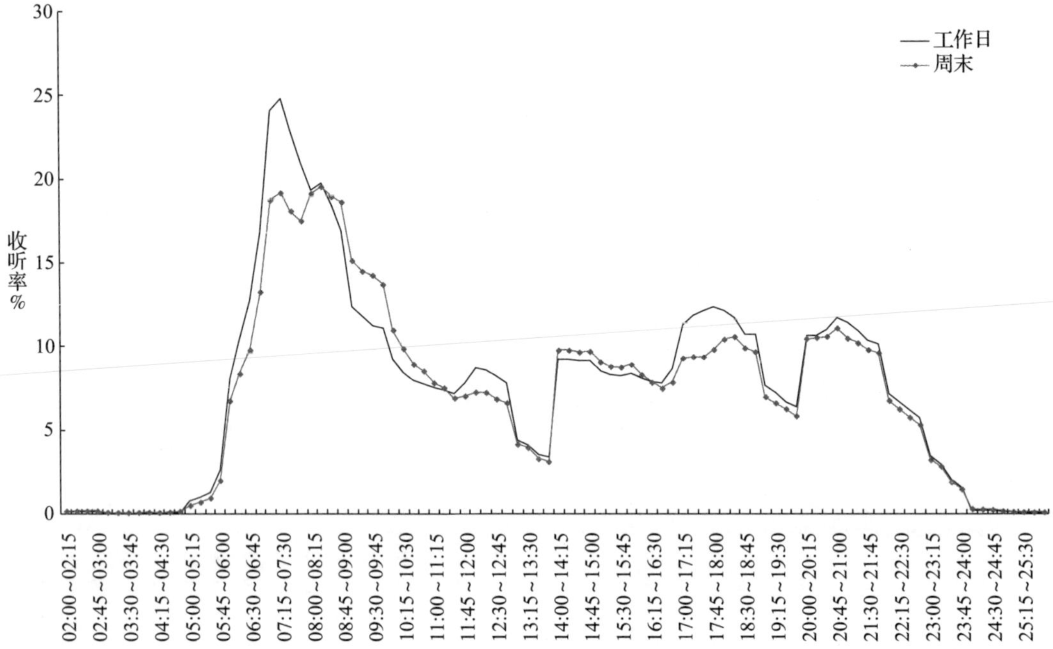

图 3.31.5　2015 年天津听众工作日与周末全天收听率走势

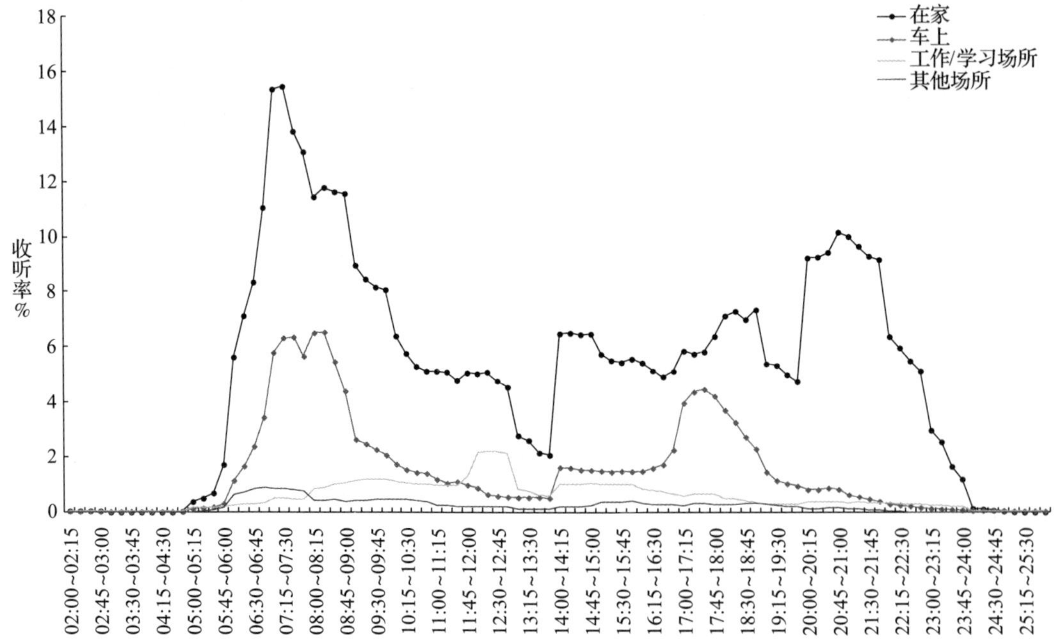

图 3.31.6　2015 年天津听众在不同收听地点全天收听率走势

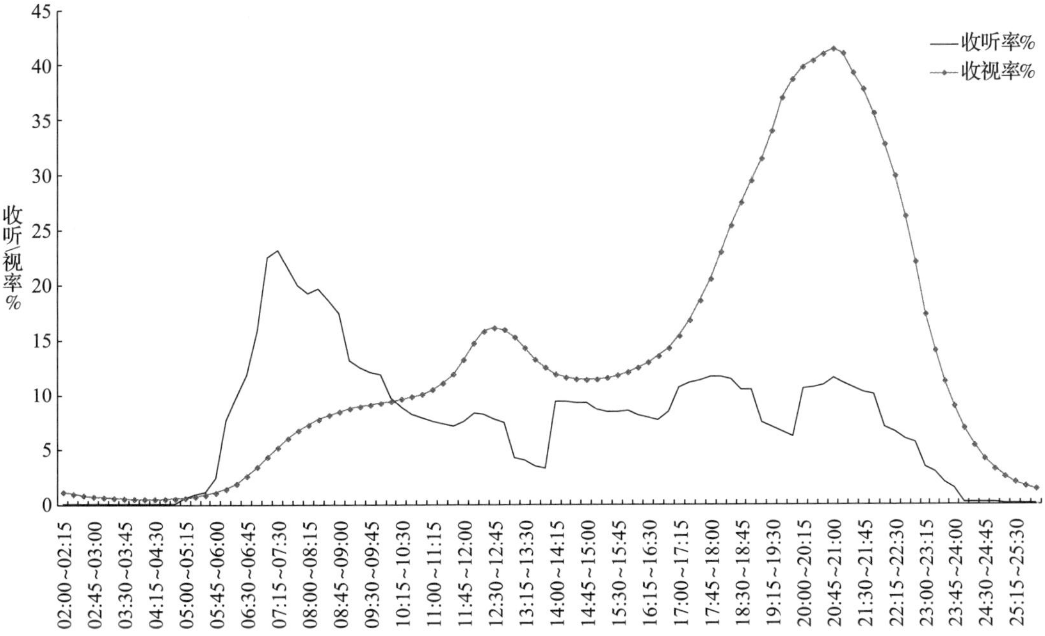

图 3.31.7　2015 年天津受众全天收听率、收视率走势比较(目标受众为 10 岁及以上)

表 3.31.3　2015 年天津市场听众构成(%)

目标听众		听众构成(%)
10 岁及以上所有人		100.0
性别	男	55.5
	女	44.5
年龄	10～14 岁	0.6
	15～24 岁	11.4
	25～34 岁	16.6
	35～44 岁	13.9
	45～54 岁	19.6
	55～64 岁	24.0
	65 岁及以上	13.9
文化程度	未受过正规教育	*
	小学	4.7
	初中	29.8
	高中	37.6
	大学及以上	27.6
职业	干部/管理人员	7.7
	初级公务员/雇员	18.3
	个体/私营企业人员	14.5
	工人	14.8
	学生	7.2
	无业(包括退休人员)	37.2
	其他	*
个人月收入	没有收入	10.4
	1～500 元	*
	501～1000 元	1.2
	1001～1500 元	2.2
	1501～2000 元	13.2
	2001～2500 元	22.4
	2501～3000 元	14.8
	3001～4000 元	21.4
	4001 元及以上	14.3

“*”表示该目标听众样本量不足,无法进行统计推断。

表 3.31.4　2013～2015 年天津市场各广播电台的市场份额(%)

广播电台	2013 年	2014 年	2015 年			
			第 1 波	第 2 波	第 3 波	第 4 波
中央人民广播电台	8.3	9.2	8.8	11.2	10.0	10.5
中国国际广播电台	0.0	0.5	0.7	0.3	0.4	0.2
天津人民广播电台	91.2	88.8	88.7	86.6	88.1	87.4
其他广播电台	0.5	1.5	1.8	1.9	1.5	1.9

表 3.31.5　2015 年天津市场各广播电台在不同目标听众中的市场份额(%)

目标听众		中央人民广播电台	中国国际广播电台	天津人民广播电台	其他广播电台
10 岁及以上所有人		10.1	0.4	87.7	1.8
性别	男	9.9	0.5	88.2	1.4
	女	10.4	0.2	87.2	2.2
年龄	10~14 岁	2.9	0.0	96.8	0.3
	15~24 岁	7.6	0.5	91.3	0.6
	25~34 岁	11.0	0.4	86.0	2.6
	35~44 岁	8.4	0.2	87.9	3.5
	45~54 岁	7.8	0.5	90.2	1.5
	55~64 岁	11.0	0.1	88.2	0.7
	65 岁及以上	15.0	0.9	82.1	2.0
文化程度	未受过正规教育	*	*	*	*
	小学	5.0	1.7	91.8	1.5
	初中	8.9	0.1	88.4	2.6
	高中	12.3	0.5	86.0	1.2
	大学及以上	9.1	0.3	88.9	1.7
职业	干部/管理人员	7.4	0.0	91.3	1.3
	初级公务员/雇员	9.2	0.2	88.6	2.0
	个体/私营企业人员	5.9	0.4	90.1	3.6
	工人	10.6	0.6	87.7	1.1
	学生	6.8	0.1	92.7	0.4
	无业(包括退休人员)	13.3	0.5	84.7	1.5
	其他	*	*	*	*
个人月收入	没有收入	7.4	0.2	90.9	1.5
	1~500 元	*	*	*	*
	501~1000 元	7.1	0.1	92.6	0.2
	1001~1500 元	1.2	2.8	87.5	8.5
	1501~2000 元	10.8	0.4	87.1	1.7
	2001~2500 元	9.8	0.1	88.9	1.2
	2501~3000 元	9.5	0.5	88.3	1.7
	3001~4000 元	14.4	0.6	83.2	1.8
	4001 元及以上	8.4	0.2	89.5	1.9

"*"表示该目标听众样本量不足,无法进行统计推断。

表 3.31.6　2015 年天津市场份额排名前 5 位的频率

名　次	频率名称	市场份额(%)
1	天津人民广播电台交通广播 FM106.8	24.5
2	天津人民广播电台相声广播 AM567/FM92.1	11.8
3	天津人民广播电台音乐广播 FM99	11.7
3	天津人民广播电台新闻广播 FM97.2/AM909	11.7
5	天津人民广播电台文艺广播 AM1098/FM104.6	8.0

三十二、乌鲁木齐收听数据

表 3.32.1　2013～2015 年乌鲁木齐各目标听众人均收听时间(分钟)

目标听众		2013 年	2014 年	2015 年
10 岁及以上所有人		93	99	120
性别	男	96	96	126
	女	89	102	114
年龄	10～14 岁	47	44	43
	15～24 岁	65	65	77
	25～34 岁	79	89	128
	35～44 岁	98	99	112
	45～54 岁	116	128	139
	55～64 岁	138	163	180
	65 岁及以上	92	129	193
文化程度	未受过正规教育	58	88	182
	小学	91	119	156
	初中	117	119	143
	高中	99	103	116
	大学及以上	72	75	95
职业	干部/管理人员	64	78	87
	初级公务员/雇员	74	86	101
	个体/私营企业人员	109	115	148
	工人	121	111	101
	学生	54	59	59
	无业(包括退休人员)	116	130	174
	其他	*	139	189
个人月收入	没有收入	75	69	78
	1～500 元	*	*	168
	501～1000 元	83	144	156
	1001～1500 元	105	154	213
	1501～2000 元	110	133	152
	2001～2500 元	107	124	135
	2501～3000 元	95	109	142
	3001～4000 元	85	94	127
	4001 元及以上	78	74	99

注:乌鲁木齐为全年连续调查城市。“*”表示该目标听众样本量不足,无法进行统计推断。

表 3.32.2　2013～2015 年乌鲁木齐听众在不同地点的人均收听时间(分钟)

地　点	2013 年	2014 年	2015 年
在家	62	65	80
车上	24	25	29
工作/学习场所	4	7	9
其他场所	2	2	3

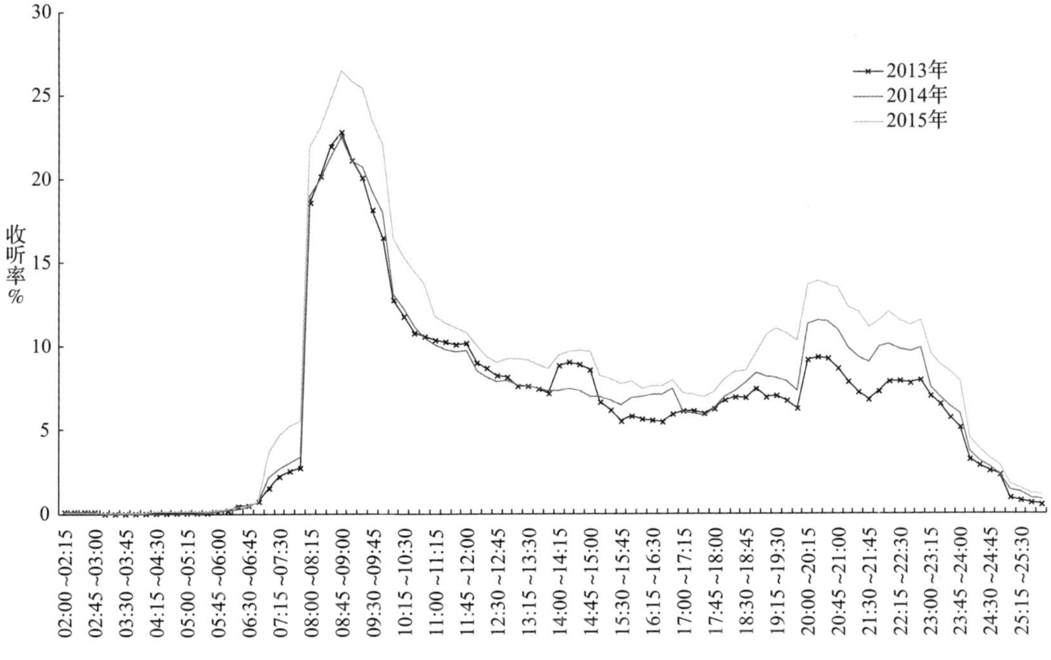

图 3.32.1　2013～2015 年乌鲁木齐听众全天收听率走势

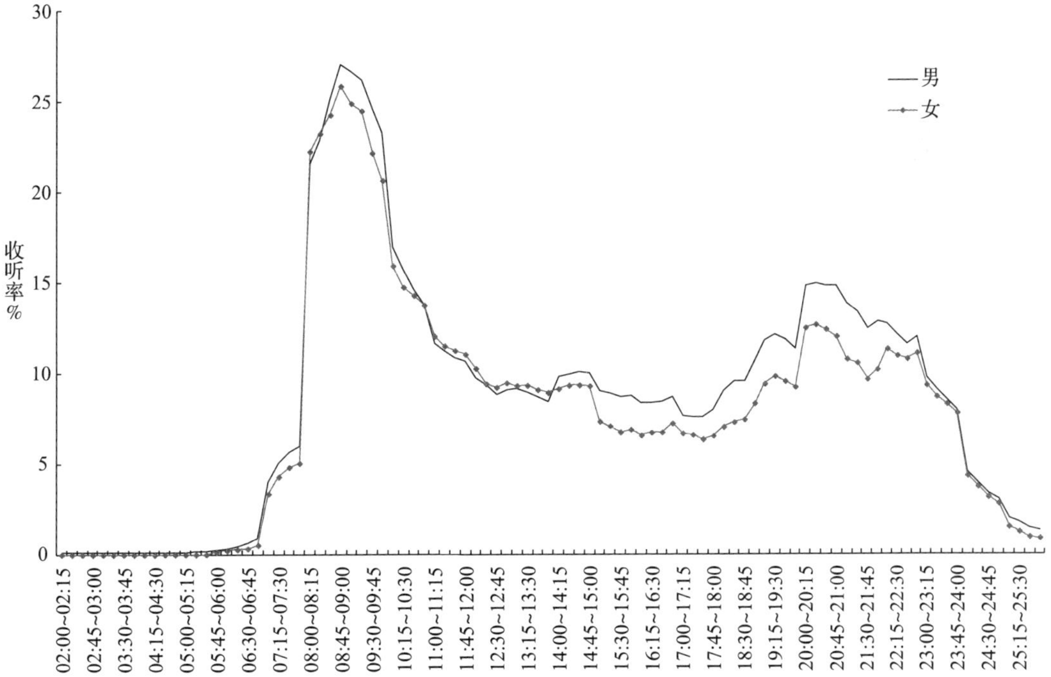

图 3.32.2　2015 年乌鲁木齐不同性别听众全天收听率走势

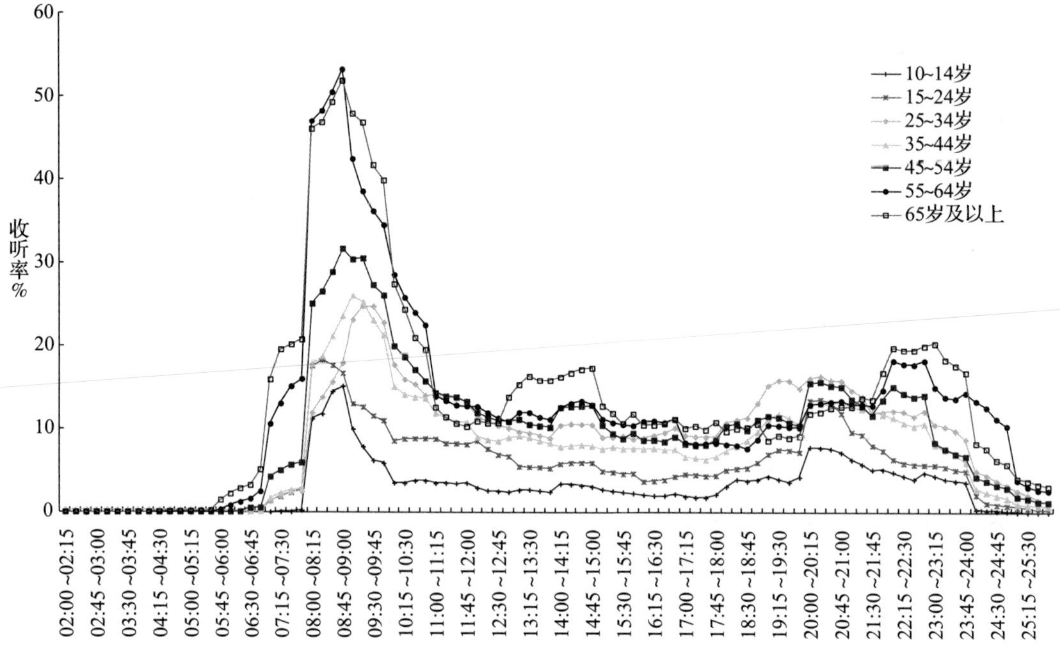

图 3.32.3　2015 年乌鲁木齐不同年龄听众全天收听率走势

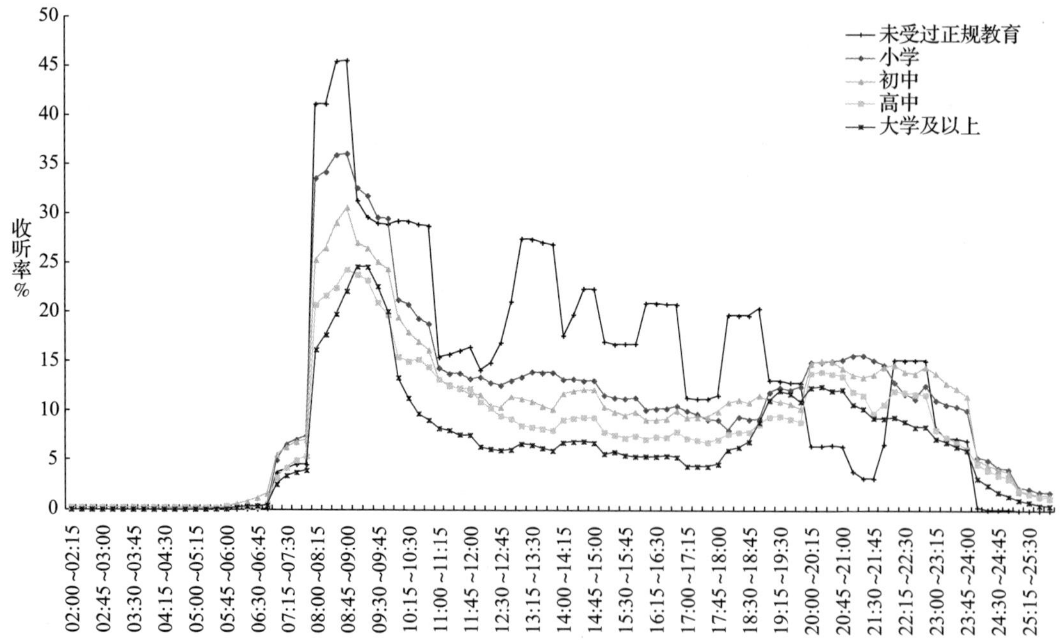

图 3.32.4　2015 年乌鲁木齐不同文化程度听众全天收听率走势

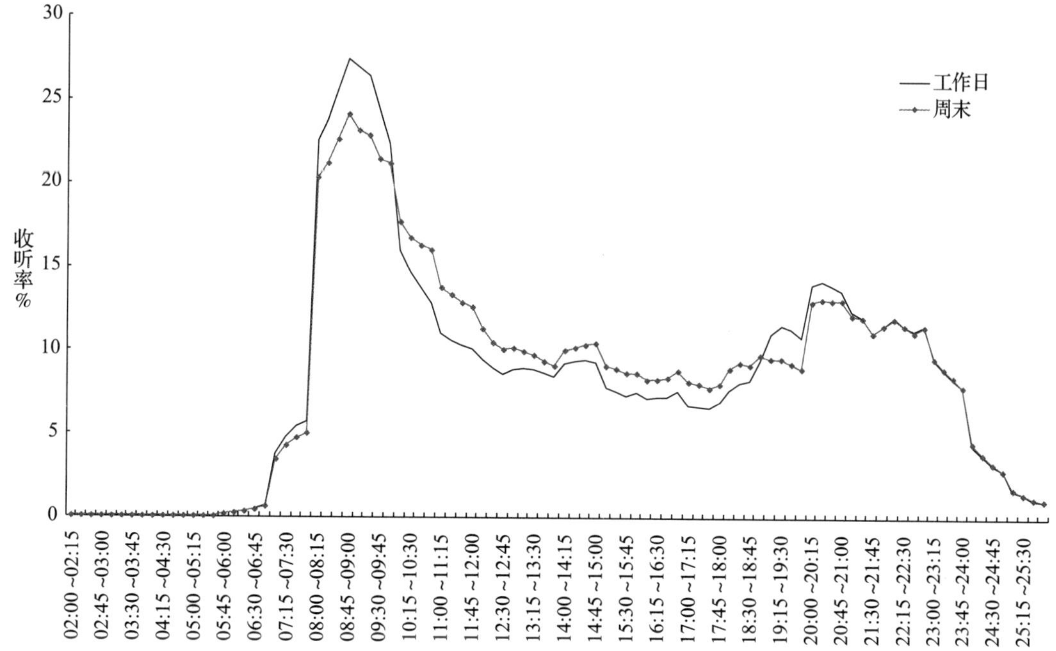

图 3.32.5　2015 年乌鲁木齐听众工作日与周末全天收听率走势

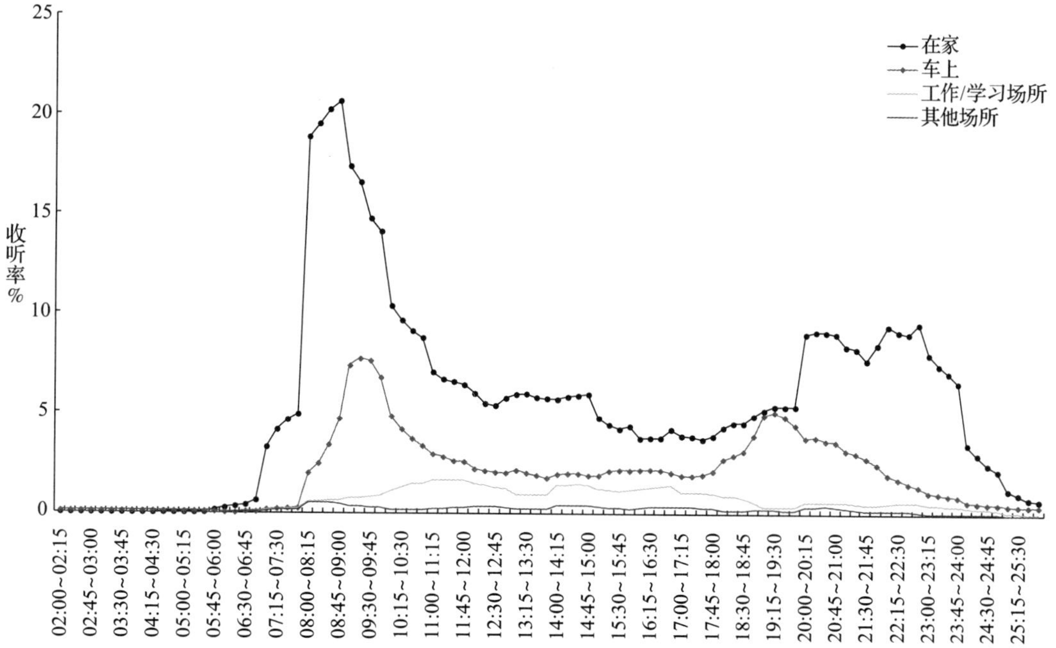

图 3.32.6　2015 年乌鲁木齐听众在不同收听地点全天收听率走势

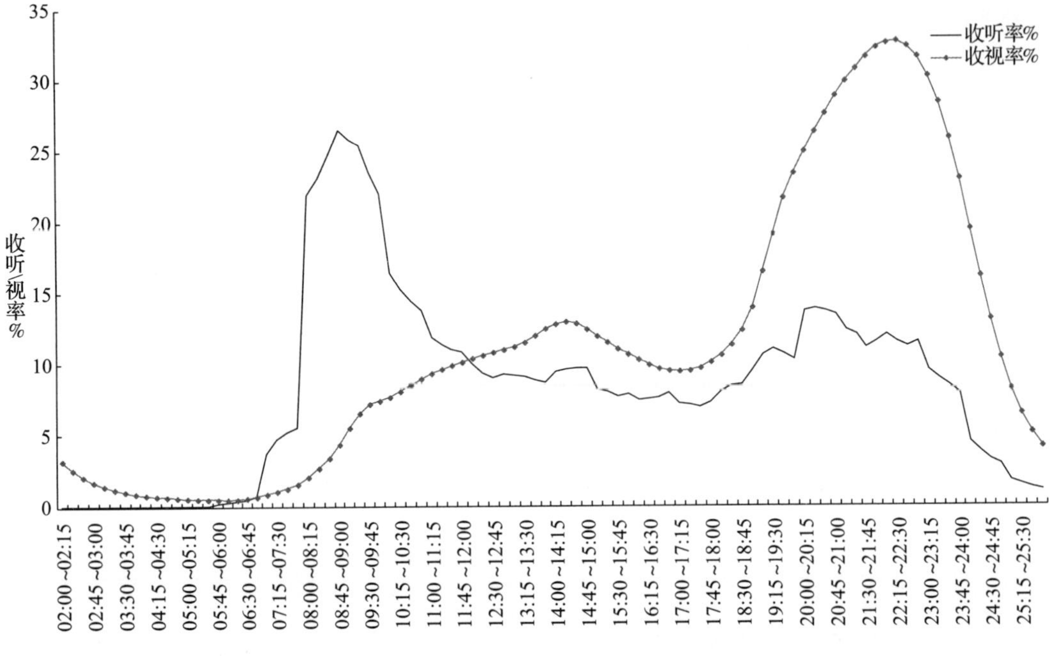

图 3.32.7　2015 年乌鲁木齐受众全天收听率、收视率走势比较(目标受众为 10 岁及以上)

表 3.32.3 2015 年乌鲁木齐市场听众构成(%)

目标听众		听众构成(%)
10 岁及以上所有人		100.0
性别	男	54.4
	女	45.6
年龄	10~14 岁	1.8
	15~24 岁	12.7
	25~34 岁	20.2
	35~44 岁	24.4
	45~54 岁	16.3
	55~64 岁	10.8
	65 岁及以上	13.8
文化程度	未受过正规教育	1.0
	小学	13.8
	初中	27.1
	高中	33.7
	大学及以上	24.4
职业	干部/管理人员	2.4
	初级公务员/雇员	22.1
	个体/私营企业人员	28.6
	工人	4.9
	学生	9.1
	无业(包括退休人员)	31.3
	其他	1.6
个人月收入	没有收入	15.2
	1~500 元	1.2
	501~1000 元	1.2
	1001~1500 元	6.3
	1501~2000 元	11.7
	2001~2500 元	15.9
	2501~3000 元	15.1
	3001~4000 元	20.9
	4001 元及以上	12.5

表 3.32.4 2013~2015 年乌鲁木齐市场各广播电台的市场份额(%)

广播电台	2013 年	2014 年	2015 年
中央人民广播电台	14.6	13.2	9.0
中国国际广播电台	0.0	0.0	0.0
新疆人民广播电台	63.4	67.5	74.4
乌鲁木齐人民广播电台	18.6	15.9	12.7
其他广播电台	3.4	3.4	3.9

表 3.32.5　2015 年乌鲁木齐市场各广播电台在不同目标听众中的市场份额(%)

目标听众		中央人民广播电台	中国国际广播电台	新疆人民广播电台	乌鲁木齐人民广播电台	其他广播电台
10 岁及以上所有人		9.0	0.0	74.4	12.7	3.9
性别	男	9.3	0.0	75.2	12.1	3.5
	女	8.6	0.0	73.5	13.6	4.3
年龄	10～14 岁	5.6	0.0	73.0	19.4	2.0
	15～24 岁	5.7	0.0	80.0	11.8	2.4
	25～34 岁	5.5	0.0	78.5	14.0	2.1
	35～44 岁	6.2	0.0	77.7	12.4	3.8
	45～54 岁	8.6	0.0	73.4	12.9	5.1
	55～64 岁	12.3	0.0	67.4	13.3	6.9
	65 岁及以上	20.5	0.0	64.5	10.8	4.2
文化程度	未受过正轨教育	9.0	0.0	71.6	17.2	2.3
	小学	9.1	0.0	70.2	17.9	2.8
	初中	10.1	0.0	72.4	15.6	2.0
	高中	8.3	0.0	77.5	9.9	4.4
	大学及以上	8.9	0.0	74.4	10.8	5.9
职业	干部/管理人员	5.8	0.0	77.3	6.8	10.1
	初级公务员/雇员	9.2	0.0	76.0	11.9	3.0
	个体/私营企业人员	5.7	0.0	78.1	12.8	3.5
	工人	3.4	0.0	75.0	19.3	2.3
	学生	7.4	0.0	77.3	13.1	2.2
	无业(包括退休人员)	13.9	0.0	67.6	13.2	5.3
	其他	0.0	0.0	100.0	0.0	0.0
个人月收入	没有收入	6.7	0.0	76.9	14.4	2.0
	1～500 元	5.8	0.0	76.5	17.7	0.0
	501～1000 元	17.9	0.0	59.9	22.2	0.0
	1001～1500 元	10.4	0.0	64.2	22.7	2.8
	1501～2000 元	6.3	0.0	74.1	17.9	1.7
	2001～2500 元	8.9	0.0	74.0	13.9	3.2
	2501～3000 元	10.8	0.0	73.6	10.6	5.0
	3001～4000 元	10.1	0.0	77.6	6.9	5.4
	4001 元及以上	9.0	0.0	74.9	9.9	6.2

表 3.32.6　2015 年乌鲁木齐市场份额排名前 5 位的频率

名　次	频率名称	市场份额(%)
1	新疆人民广播电台 949 交通广播 FM94.9	29.5
2	新疆人民广播电台 FM107.4 维吾尔语交通文艺广播	14.0
3	新疆人民广播电台城市广播私家车调频 FM92.9	6.9
4	新疆人民广播电台 102.8 故事广播 FM102.8	6.6
5	中央人民广播电台第一套节目中国之声	6.5

三十三、武汉收听数据

表 3.33.1　2013～2015 年武汉各目标听众人均收听时间(分钟)

目标听众		2013 年	2014 年	2015 年
10 岁及以上所有人		56	51	47
性别	男	57	52	49
	女	54	49	45
年龄	10～14 岁	23	16	22
	15～24 岁	37	31	33
	25～34 岁	51	47	39
	35～44 岁	61	60	52
	45～54 岁	62	59	51
	55～64 岁	71	62	64
	65 岁及以上	73	75	74
文化程度	未受过正规教育	63	51	*
	小学	54	48	44
	初中	59	66	57
	高中	59	49	48
	大学及以上	46	37	37
职业	干部/管理人员	41	31	46
	初级公务员/雇员	49	46	40
	个体/私营企业人员	57	48	43
	工人	66	57	58
	学生	31	25	30
	无业(包括退休人员)	65	64	58
	其他	25	*	*
个人月收入	没有收入	37	34	31
	1～500 元	95	*	*
	501～1000 元	65	85	*
	1001～1500 元	63	64	54
	1501～2000 元	59	49	55
	2001～2500 元	53	62	60
	2501～3000 元	57	49	49
	3001～4000 元	59	52	45
	4001 元及以上	66	48	42

注:武汉 2015 年 3 月 1 日起改为连续调查,表中数据为 2015 年 3 月 1 日至 12 月 31 日的数据。
"*"表示该目标听众样本量不足,无法进行统计推断。

表 3.33.2　2013～2015 年武汉听众在不同地点的人均收听时间(分钟)

地　点	2013 年	2014 年	2015 年
在家	40	35	34
车上	11	12	9
工作/学习场所	3	2	3
其他场所	2	2	2

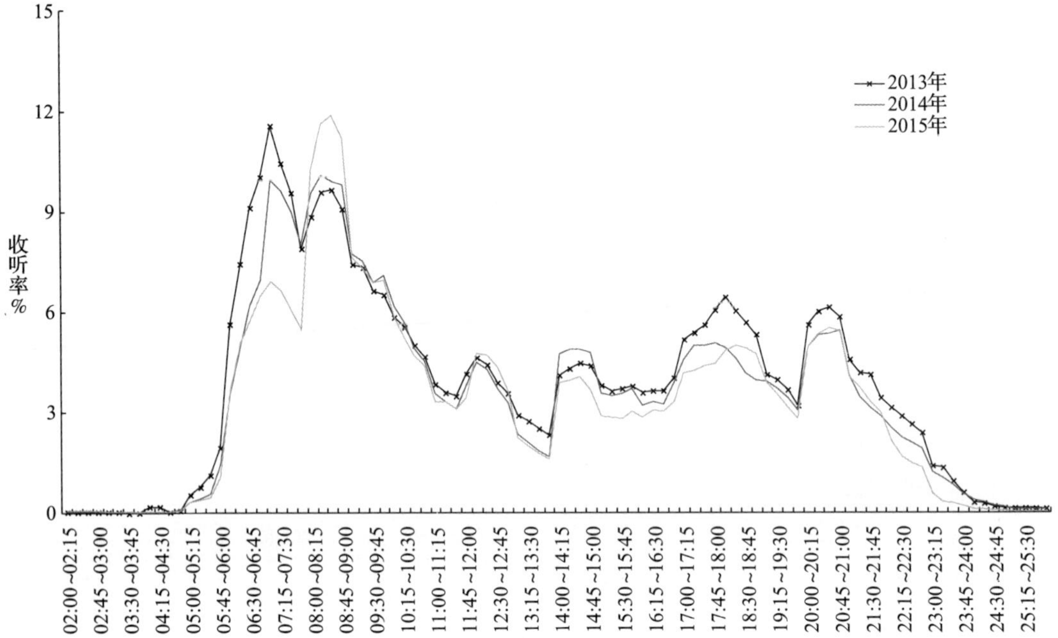

图 3.33.1　2013~2015 年武汉听众全天收听率走势

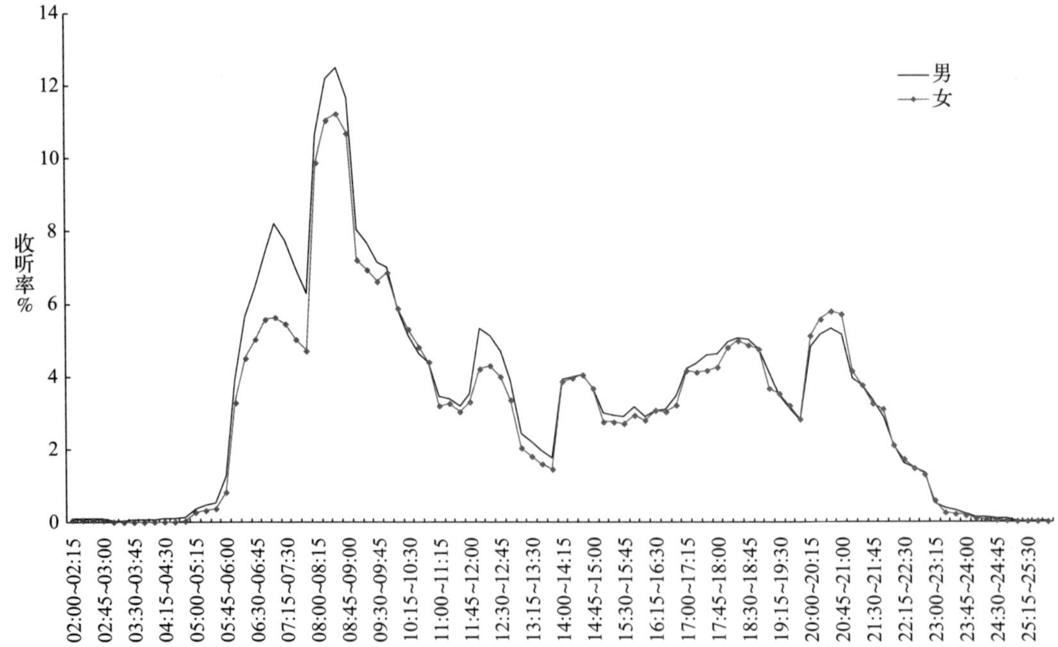

图 3.33.2　2015 年武汉不同性别听众全天收听率走势

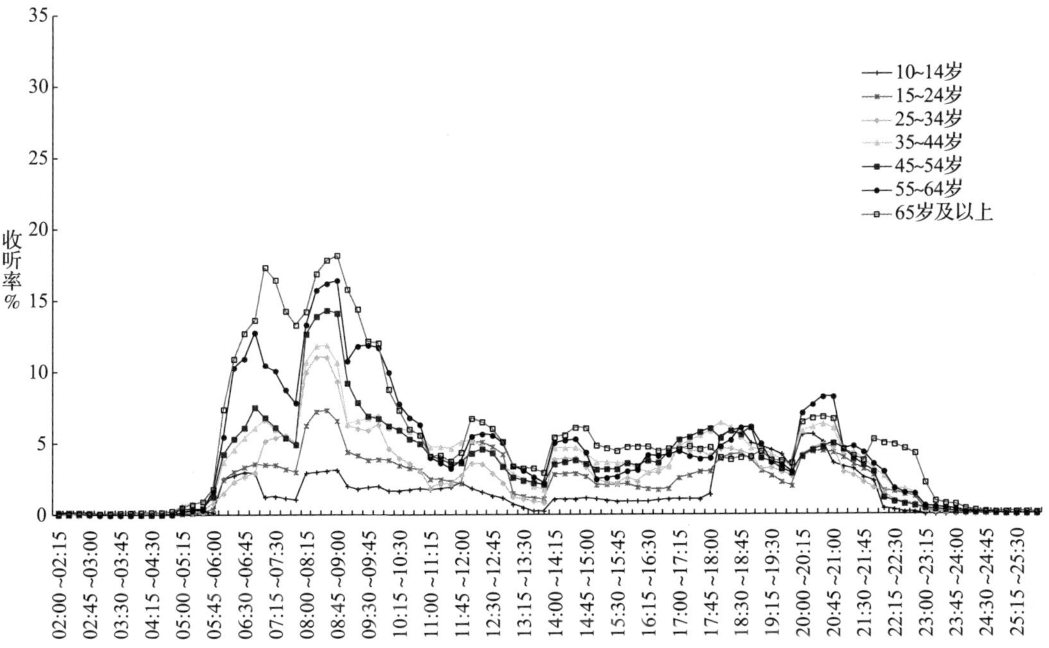

图 3.33.3 2015 年武汉不同年龄听众全天收听率走势

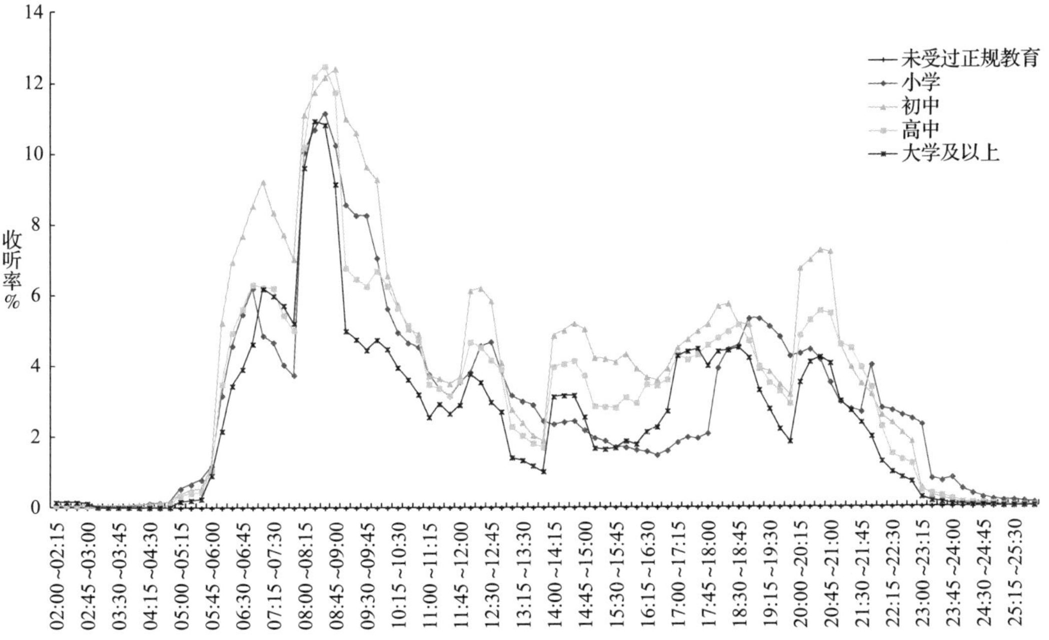

图 3.33.4 2015 年武汉不同文化程度听众全天收听率走势

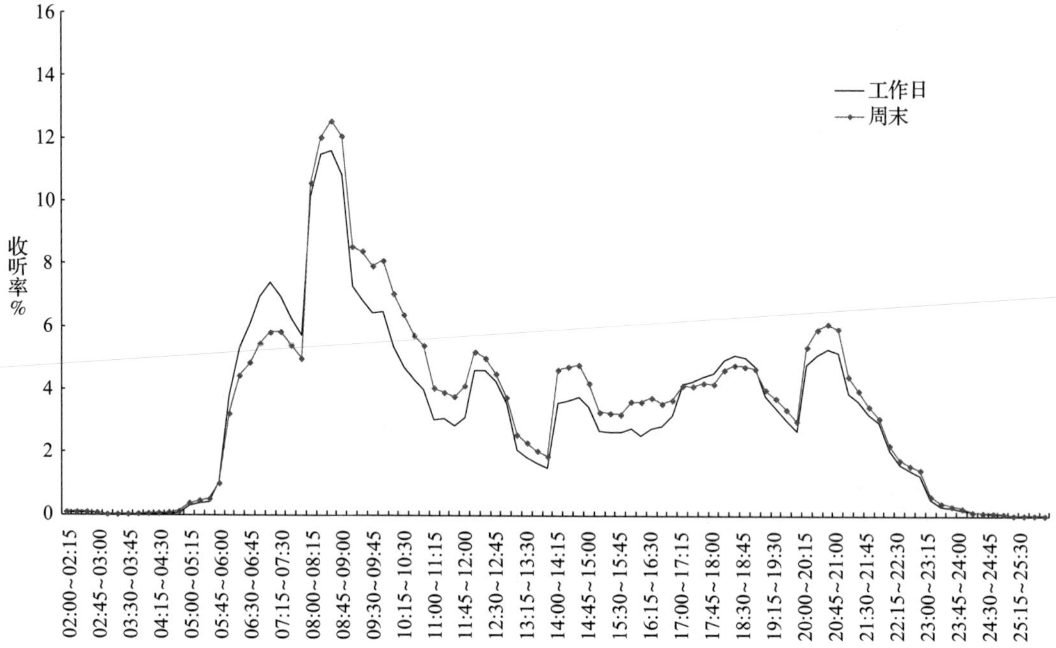

图 3.33.5　2015 年武汉听众工作日与周末全天收听率走势

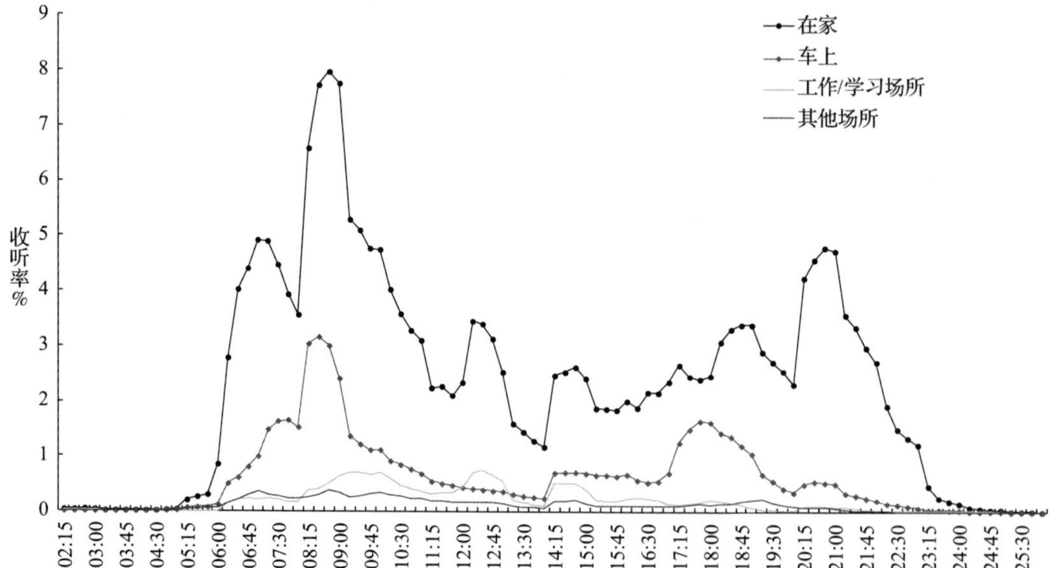

图 3.33.6　2015 年武汉听众在不同收听地点全天收听率走势

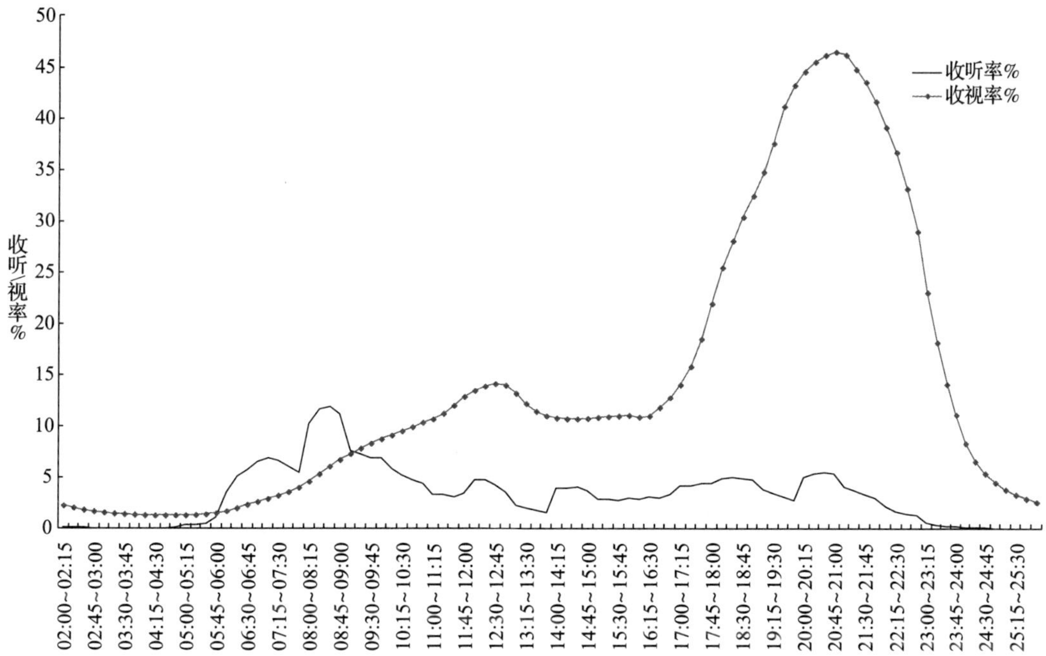

图 3.33.7　2015 年武汉受众全天收听率、收视率走势比较（目标受众为 10 岁及以上）

表 3.33.3　2015 年武汉市场听众构成(%)

目标听众		听众构成(%)
10 岁及以上所有人		100.0
性别	男	53.2
	女	46.8
年龄	10～14 岁	1.6
	15～24 岁	15.7
	25～34 岁	16.1
	35～44 岁	18.2
	45～54 岁	19.1
	55～64 岁	14.6
	65 岁及以上	14.6
文化程度	未受过正规教育	*
	小学	6.6
	初中	33.4
	高中	41.2
	大学及以上	18.7
职业	干部/管理人员	2.7
	初级公务员/雇员	14.6
	个体/私营企业人员	19.4
	工人	24.4
	学生	9.1
	无业(包括退休人员)	29.9
	其他	*
个人月收入	没有收入	13.2
	1～500 元	*
	501～1000 元	*
	1001～1500 元	6.5
	1501～2000 元	16.3
	2001～2500 元	24.0
	2501～3000 元	13.0
	3001～4000 元	17.1
	4001 元及以上	9.9

“*”表示该目标听众样本量不足,无法进行统计推断。

表 3.33.4　2013～2015 年武汉市场各广播电台的市场份额(%)

广播电台	2013 年	2014 年	2015 年
中央人民广播电台	21.7	20.4	20.4
中国国际广播电台	0.0	0.0	0.0
湖北省广播电视总台	45.7	48.9	49.1
武汉广播电视总台	32.4	30.6	30.4
其他广播电台	0.3	0.1	0.1

表 3.33.5　2015 年武汉市场各广播电台在不同目标听众中的市场份额(%)

目标听众		中央人民广播电台	中国国际广播电台	湖北省广播电视总台	武汉广播电视总台	其他广播电台
10 岁及以上所有人		20.4	0.0	49.1	30.4	0.1
性别	男	21.1	0.0	48.7	30.0	0.2
	女	19.6	0.0	49.5	30.9	0.0
年龄	10~14 岁	8.5	0.0	63.3	28.2	0.0
	15~24 岁	17.2	0.0	51.7	31.0	0.0
	25~34 岁	16.5	0.0	54.9	28.6	0.0
	35~44 岁	12.4	0.0	55.9	31.7	0.0
	45~54 岁	19.7	0.0	49.7	30.1	0.5
	55~64 岁	29.2	0.0	35.7	35.0	0.0
	65 岁及以上	31.3	0.0	42.3	26.4	0.0
文化程度	未受过正规教育	*	*	*	*	*
	小学	34.1	0.0	34.6	31.3	0.1
	初中	19.8	0.0	51.5	28.7	0.0
	高中	20.6	0.0	47.9	31.3	0.2
	大学及以上	15.9	0.0	53.2	30.9	0.0
职业	干部/管理人员	11.8	0.0	63.3	24.9	0.0
	初级公务员/雇员	21.9	0.0	46.1	32.0	0.0
	个体/私营企业人员	10.5	0.0	60.0	29.5	0.0
	工人	19.1	0.0	52.1	28.8	0.0
	学生	16.4	0.0	51.4	32.3	0.0
	无业(包括退休人员)	29.3	0.0	38.9	31.6	0.3
	其他	*	*	*	*	*
个人月收入	没有收入	15.5	0.0	52.8	31.7	0.0
	1~500 元	*	*	*	*	*
	501~1000 元	*	*	*	*	*
	1001~1500 元	21.1	0.0	48.7	30.2	0.0
	1501~2000 元	25.1	0.0	42.5	32.4	0.0
	2001~2500 元	21.2	0.0	45.9	32.9	0.0
	2501~3000 元	15.4	0.0	61.7	23.0	0.0
	3001~4000 元	21.1	0.0	48.7	30.2	0.0
	4001 元及以上	18.5	0.0	49.9	30.9	0.8

“*”表示该目标听众样本量不足,无法进行统计推断。

表 3.33.6　2015 年武汉市场份额排名前 5 位的频率

名　次	频率名称	市场份额(%)
1	楚天交通广播 FM92.7	15.2
2	中央人民广播电台第一套节目中国之声	13.0
3	武汉广播电视台音乐广播 FM101.8	11.7
4	湖北省广播电视总台经典音乐广播频道 FM103.8	10.6
5	武汉广播电视台新闻综合广播 AM873/FM88.4	9.6

三十四、无锡收听数据

表 3.34.1　2013～2015 年无锡各目标听众人均收听时间(分钟)

目标听众		2013 年	2014 年	2015 年
10 岁及以上所有人		67	57	60
性别	男	69	58	61
	女	64	56	59
年龄	10～14 岁	21	17	25
	15～24 岁	32	27	31
	25～34 岁	62	46	49
	35～44 岁	67	59	57
	45～54 岁	71	64	67
	55～64 岁	92	85	89
	65 岁及以上	120	99	109
文化程度	未受过正规教育	115	111	92
	小学	69	65	61
	初中	73	62	66
	高中	67	58	60
	大学及以上	57	46	53
职业	干部/管理人员	54	48	40
	初级公务员/雇员	62	50	54
	个体/私营企业人员	79	71	66
	工人	62	54	55
	学生	22	21	29
	无业(包括退休人员)	104	87	97
	其他	28	29	35
个人月收入	没有收入	26	24	37
	1～500 元	*	*	12
	501～1000 元	85	66	37
	1001～1500 元	93	58	45
	1501～2000 元	85	73	71
	2001～2500 元	80	71	73
	2501～3000 元	60	61	75
	3001～4000 元	74	60	61
	4001 元及以上	68	58	61

注:无锡为全年连续调查城市。“*”表示该目标听众样本量不足,无法进行统计推断。

表 3.34.2　2013～2015 年无锡听众在不同地点的人均收听时间(分钟)

地　点	2013 年	2014 年	2015 年
在家	44	35	38
车上	15	16	18
工作/学习场所	7	5	4
其他场所	1	1	0

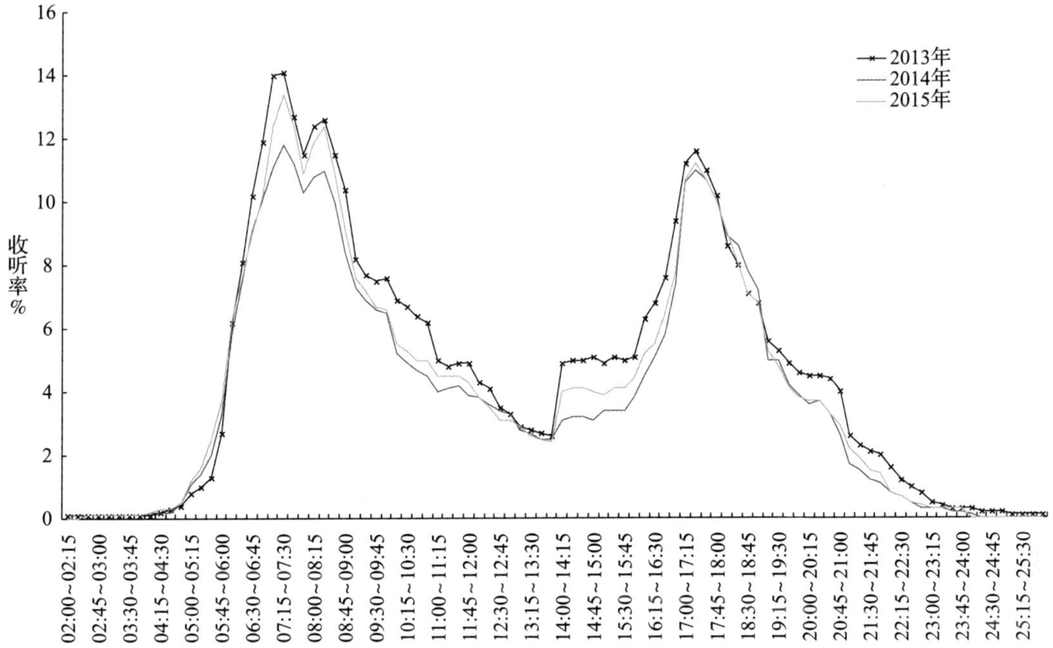

图 3.34.1　2013 ~2015 年无锡听众全天收听率走势

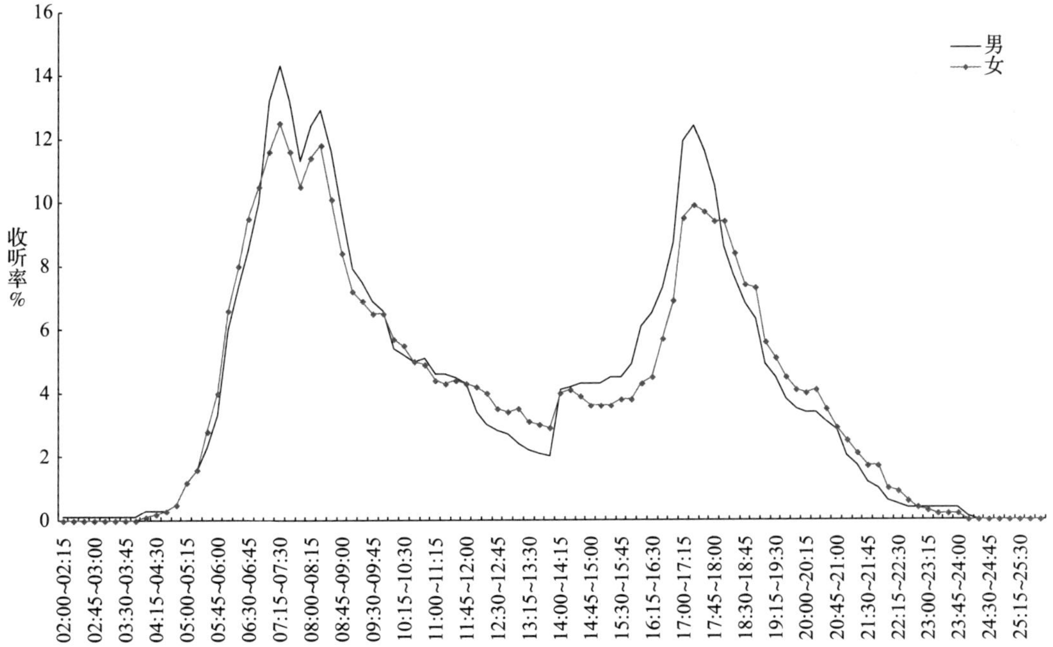

图 3.34.2　2015 年无锡不同性别听众全天收听率走势

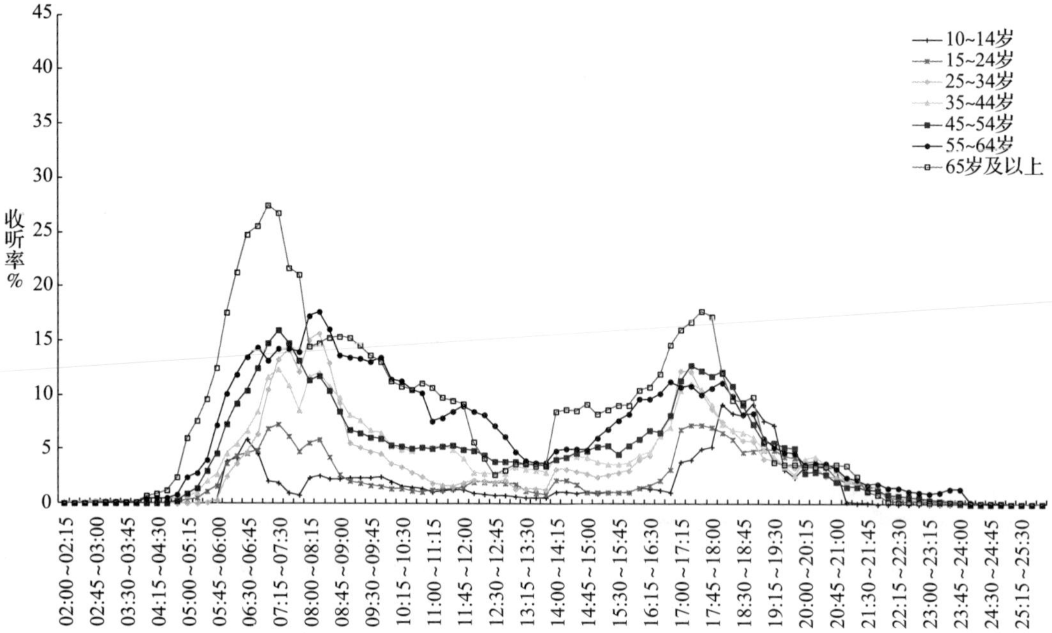

图 3.34.3　2015 年无锡不同年龄听众全天收听率走势

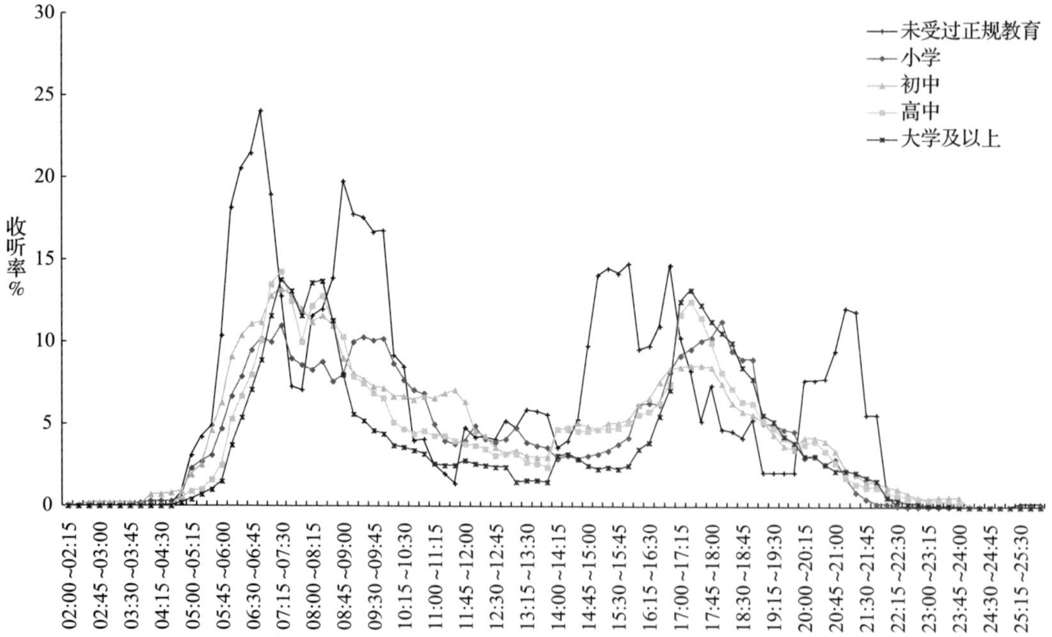

图 3.34.4　2015 年无锡不同文化程度听众全天收听率走势

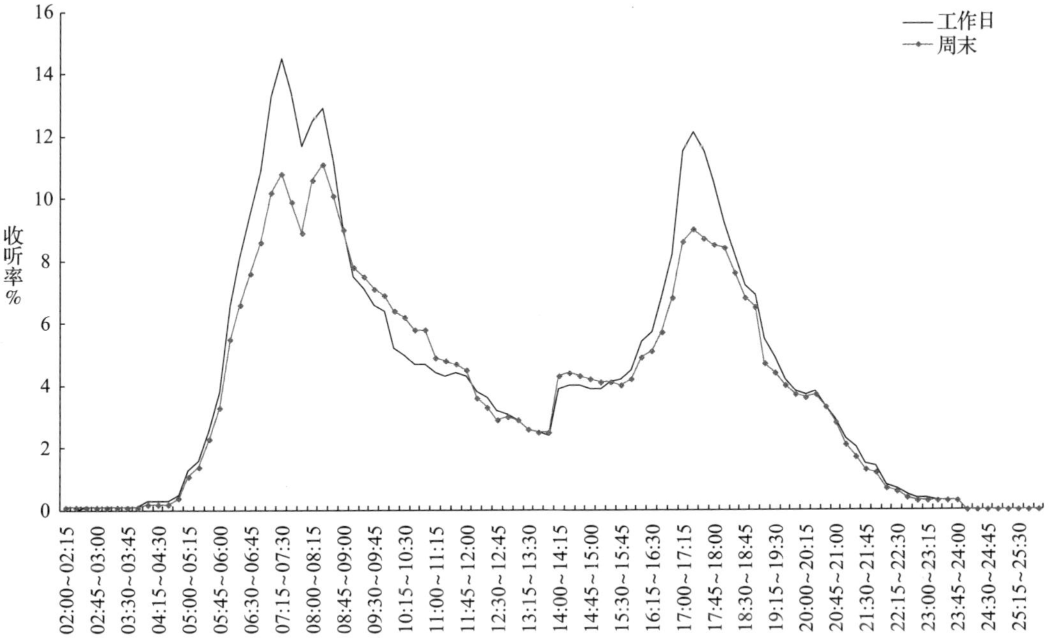

图 3.34.5　2015 年无锡听众工作日与周末全天收听率走势

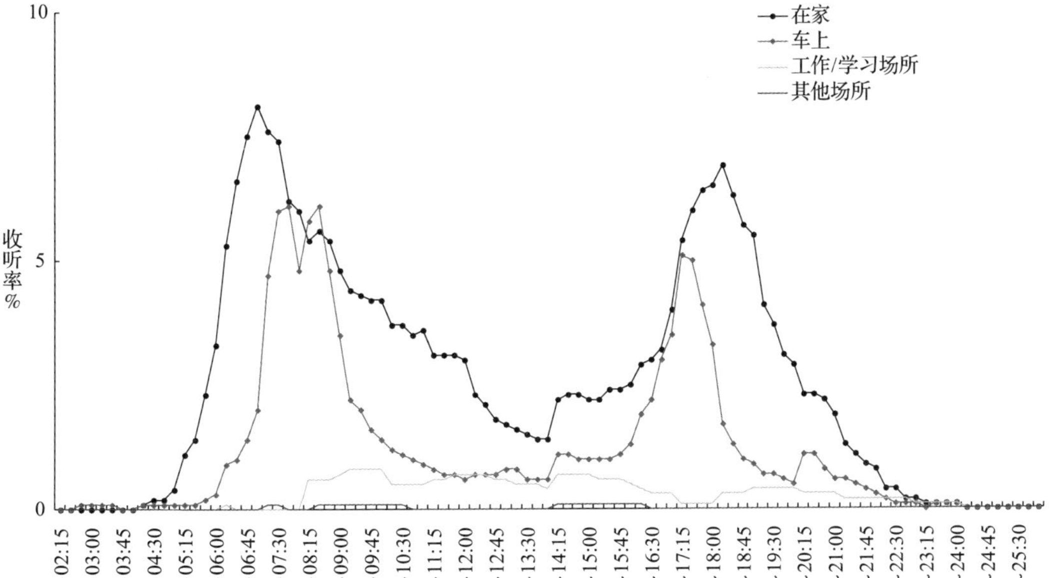

图 3.34.6　2015 年无锡听众在不同收听地点全天收听率走势

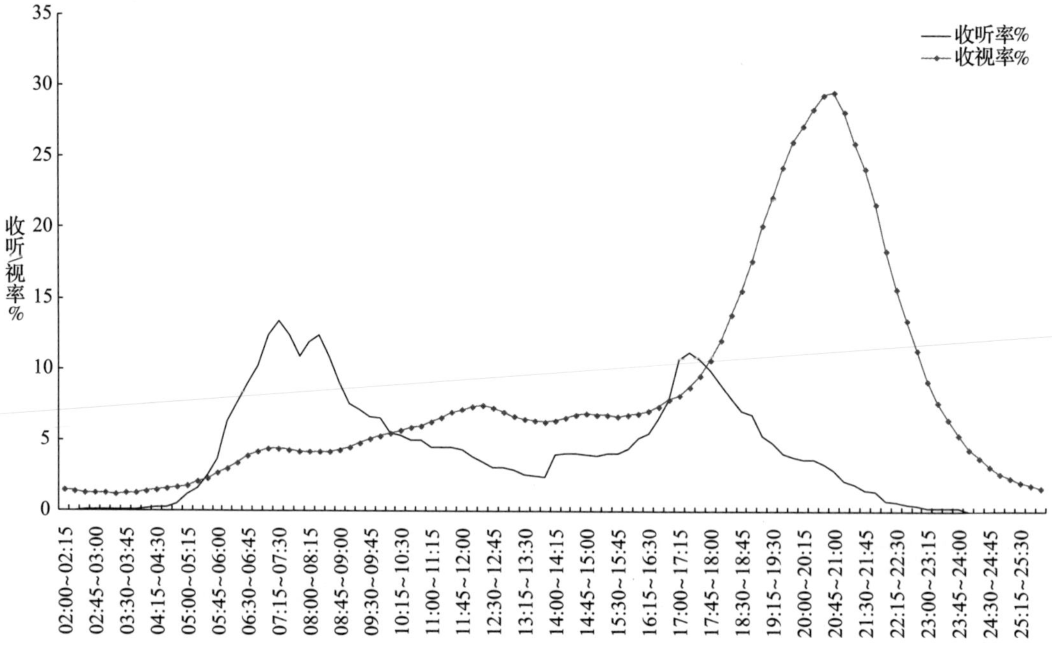

图 3.34.7　2015 年无锡受众全天收听率、收视率走势比较(目标受众为 10 岁及以上)

表 3.34.3 2015 年无锡市场听众构成(%)

目标听众		听众构成(%)
10 岁及以上所有人		100.0
性别	男	52.9
	女	47.1
年龄	10~14 岁	1.5
	15~24 岁	8.7
	25~34 岁	17.1
	35~44 岁	21.4
	45~54 岁	16.0
	55~64 岁	18.3
	65 岁及以上	17.0
文化程度	未受过正规教育	1.8
	小学	9.4
	初中	33.8
	高中	27.9
	大学及以上	27.1
职业	干部/管理人员	2.4
	初级公务员/雇员	16.9
	个体/私营企业人员	13.4
	工人	26.8
	学生	6.4
	无业(包括退休人员)	33.0
	其他	1.1
个人月收入	没有收入	10.0
	1~500 元	0.1
	501~1000 元	1.2
	1001~1500 元	2.3
	1501~2000 元	6.0
	2001~2500 元	19.9
	2501~3000 元	15.2
	3001~4000 元	20.1
	4001 元及以上	25.2

表 3.34.4 2013~2015 年无锡市场各广播电台的市场份额(%)

广播电台	2013 年	2014 年	2015 年
中央人民广播电台	4.7	3.3	2.6
中国国际广播电台	0.0	0.0	0.0
江苏广播电视总台	9.8	9.2	9.5
上海广播电视台	1.1	0.3	0.3
无锡广播电视台	81.1	85.4	85.8
苏州广播电视总台	0.9	0.8	1.2
其他广播电台	2.4	1.0	0.6

表 3.34.5　2015 年无锡市场各广播电台在不同目标听众中的市场份额(%)

目标听众		中央人民广播电台	中国国际广播电台	江苏广播电视总台	上海广播电视台	无锡广播电视台	苏州广播电视总台	其他广播电台
10 岁及以上所有人		2.6	0.0	9.5	0.3	85.8	1.2	0.6
性别	男	2.8	0.0	11.1	0.3	84.4	0.9	0.5
	女	2.4	0.0	7.8	0.2	87.4	1.6	0.6
年龄	10~14 岁	10.2	0.0	4.1	3.1	71.6	10.9	0.1
	15~24 岁	1.7	0.0	10.1	0.2	85.1	2.3	0.6
	25~34 岁	0.4	0.0	9.5	0.1	88.4	0.4	1.2
	35~44 岁	3.3	0.0	8.9	0.2	85.3	1.4	0.9
	45~54 岁	1.5	0.0	8.9	0.1	87.7	1.5	0.3
	55~64 岁	5.1	0.0	12.6	0.2	80.9	0.9	0.3
	65 岁及以上	2.2	0.0	7.8	0.5	88.8	0.5	0.2
文化程度	未受过正规教育	0.2	0.0	44.6	0.3	53.4	0.2	1.3
	小学	1.3	0.0	4.2	1.2	91.7	1.4	0.2
	初中	4.0	0.0	10.1	0.3	83.3	1.7	0.6
	高中	1.8	0.0	8.1	0.2	88.6	0.7	0.6
	大学及以上	2.4	0.0	9.5	0.1	86.3	1.1	0.6
职业	干部/管理人员	0.6	0.0	9.9	0.5	88.9	0.1	0.0
	初级公务员/雇员	2.7	0.0	8.2	0.1	86.1	1.8	1.1
	个体/私营企业人员	0.9	0.0	11.3	0.3	85.2	1.7	0.6
	工人	1.2	0.0	8.8	0.2	88.4	0.7	0.7
	学生	4.1	0.0	9.3	0.8	80.5	4.5	0.8
	无业(包括退休人员)	3.9	0.0	10.4	0.4	84.6	0.6	0.1
	其他	13.8	0.0	1.2	0.1	84.8	0.1	0.0
个人月收入	没有收入	4.6	0.0	6.8	0.6	84.5	3.0	0.5
	1~500 元	11.3	0.0	20.3	0.9	67.0	0.5	0.0
	501~1000 元	11.3	0.0	3.6	0.5	75.2	9.4	0.0
	1001~1500 元	0.0	0.0	0.5	0.0	96.4	0.2	2.9
	1501~2000 元	0.8	0.0	13.0	0.4	84.6	1.0	0.2
	2001~2500 元	2.2	0.0	10.9	0.4	85.4	1.0	0.1
	2501~3000 元	3.4	0.0	7.8	0.3	87.2	0.4	0.9
	3001~4000 元	2.4	0.0	10.2	0.2	85.8	0.7	0.7
	4001 元及以上	2.0	0.0	10.1	0.1	86.0	1.2	0.6

表 3.34.6　2015 年无锡市场份额排名前 5 位的频率

名　次	频率名称	市场份额(%)
1	无锡广播电视台交通广播 FM106.9	28.8
2	无锡广播电视台新闻广播 FM93.7	15.4
3	无锡广播电视台经济广播 FM104/AM1251	9.6
4	无锡广播电视台汽车音乐广播 FM91.4/AM900	9.4
5	无锡广播电视台新闻综合广播 AM1161	7.0

三十五、西安收听数据

表 3.35.1 2013~2015 年西安各目标听众人均收听时间(分钟)

目标听众		2013 年	2014 年	2015 年			
				第 1 波	第 2 波	第 3 波	第 4 波
10 岁及以上所有人		94	91	87	83	94	103
性别	男	98	93	86	85	97	105
	女	90	89	87	81	92	101
年龄	10~14 岁	46	32	34	29	22	28
	15~24 岁	56	49	44	27	57	62
	25~34 岁	72	82	80	77	80	94
	35~44 岁	99	96	95	89	94	102
	45~54 岁	97	95	100	105	112	109
	55~64 岁	141	141	133	132	140	163
	65 岁及以上	167	174	155	174	186	198
文化程度	未受过正规教育	*	*	*	*	*	*
	小学	83	114	118	113	112	138
	初中	107	100	93	105	109	119
	高中	96	93	88	85	93	102
	大学及以上	85	78	77	62	82	88
职业	干部/管理人员	93	72	77	82	94	98
	初级公务员/雇员	89	74	82	77	88	95
	个体/私营企业人员	86	103	99	96	93	103
	工人	99	99	85	84	99	108
	学生	54	52	44	27	49	49
	无业(包括退休人员)	129	135	126	127	139	152
	其他	29	44	*	*	*	*
个人月收入	没有收入	65	60	53	39	57	58
	1~500 元	109	110	*	*	*	*
	501~1000 元	111	119	114	103	112	111
	1001~1500 元	102	116	118	124	131	160
	1501~2000 元	112	99	90	94	99	114
	2001~2500 元	102	103	101	104	110	107
	2501~3000 元	92	106	101	96	113	123
	3001~4000 元	111	98	105	92	110	126
	4001 元及以上	69	76	76	78	90	87

注:西安为四波调查城市。2015 年四波调查时间分别为:第一波 3 月 1 日至 3 月 21 日;第二波 5 月 24 日至 6 月 13 日;第三波 8 月 23 日至 9 月 12 日;第四波 11 月 1 日至 11 月 21 日。"*"表示该目标听众样本量不足,无法进行统计推断。

表 3.35.2 2013~2015 年西安听众在不同地点的人均收听时间(分钟)

地 点	2013 年	2014 年	2015 年
在家	64	59	61
车上	17	17	17
工作/学习场所	9	10	9
其他场所	4	5	5

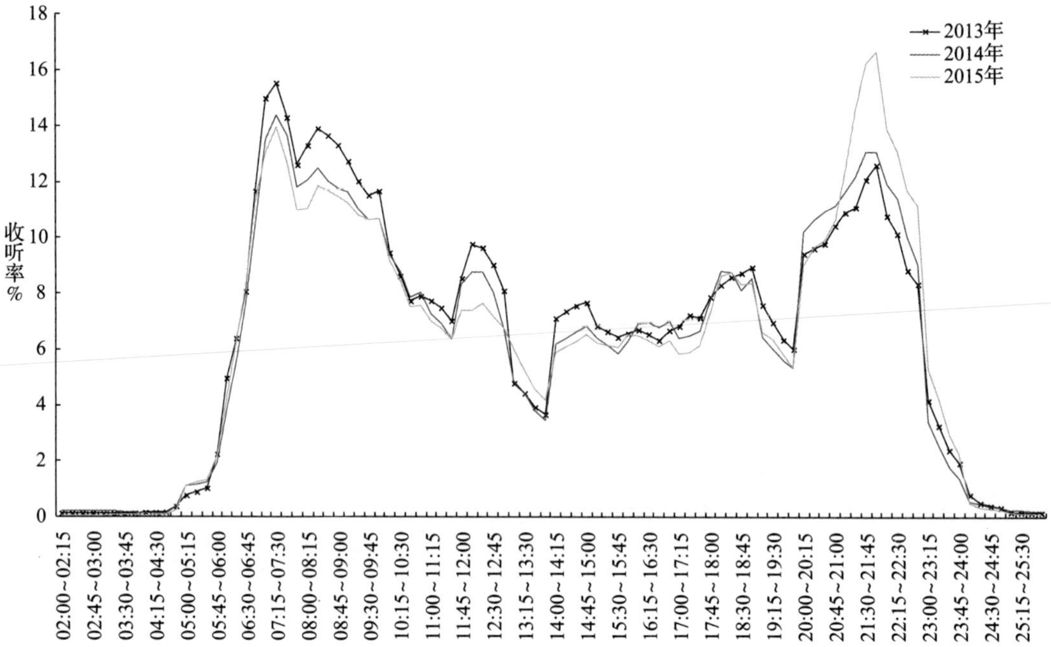

图 3.35.1 2013～2015 年西安听众全天收听率走势

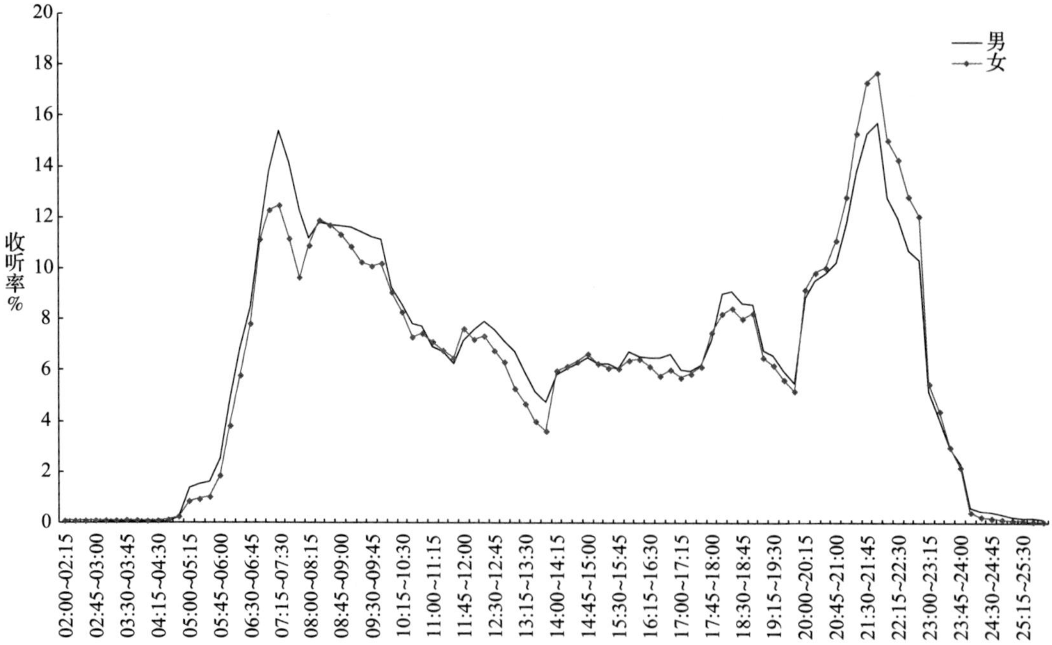

图 3.35.2 2015 年西安不同性别听众全天收听率走势

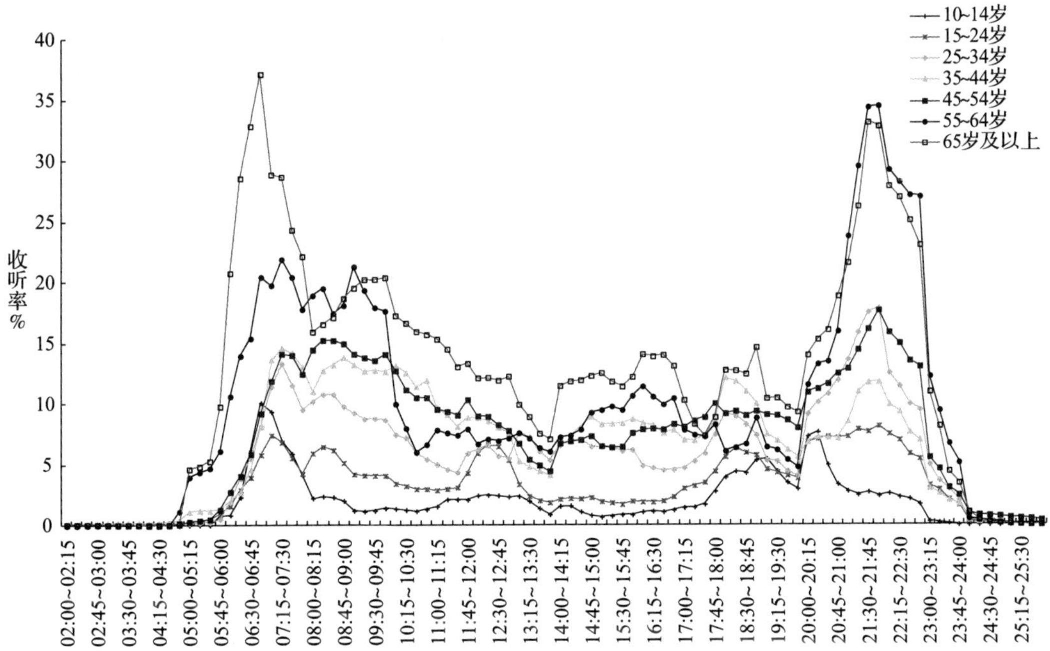

图 3.35.3 2015 年西安不同年龄听众全天收听率走势

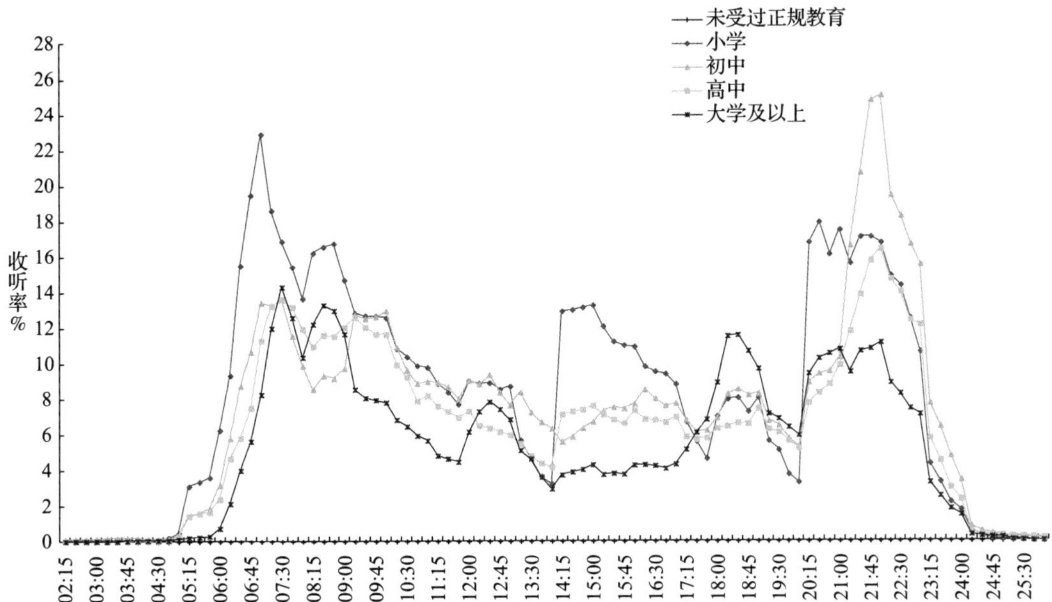

图 3.35.4 2015 年西安不同文化程度听众全天收听率走势

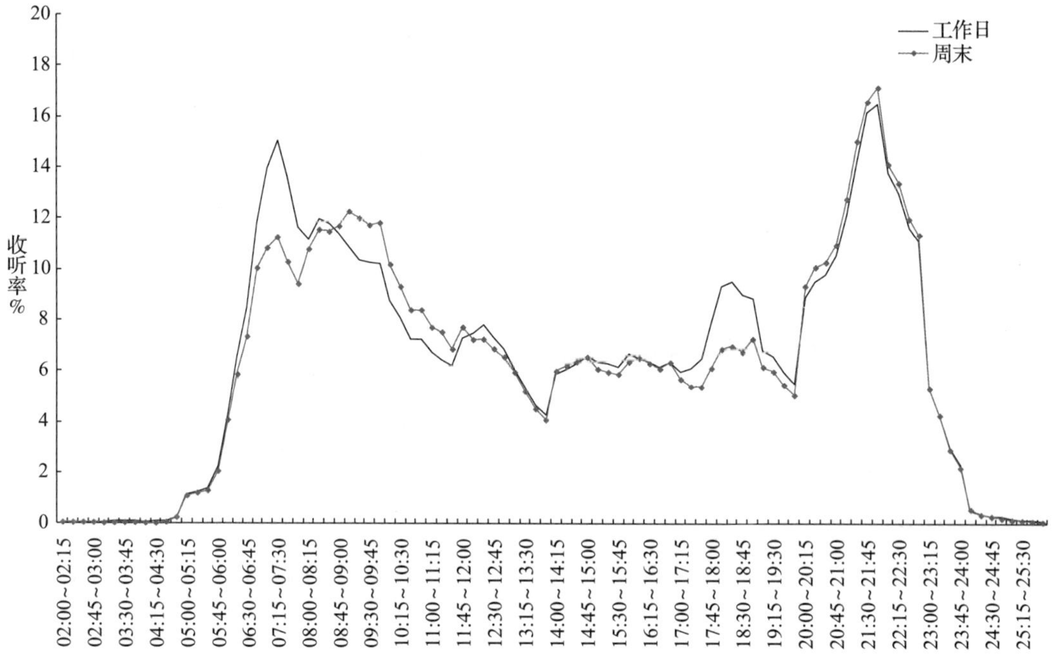

图 3.35.5　2015 年西安听众工作日与周末全天收听率走势

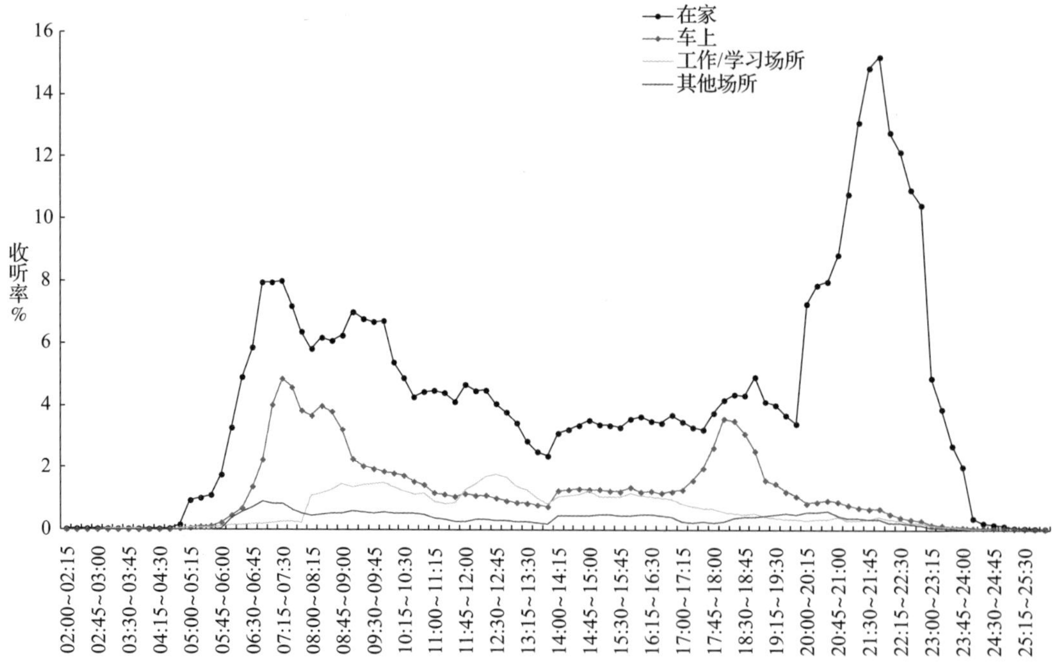

图 3.35.6　2015 年西安听众在不同收听地点全天收听率走势

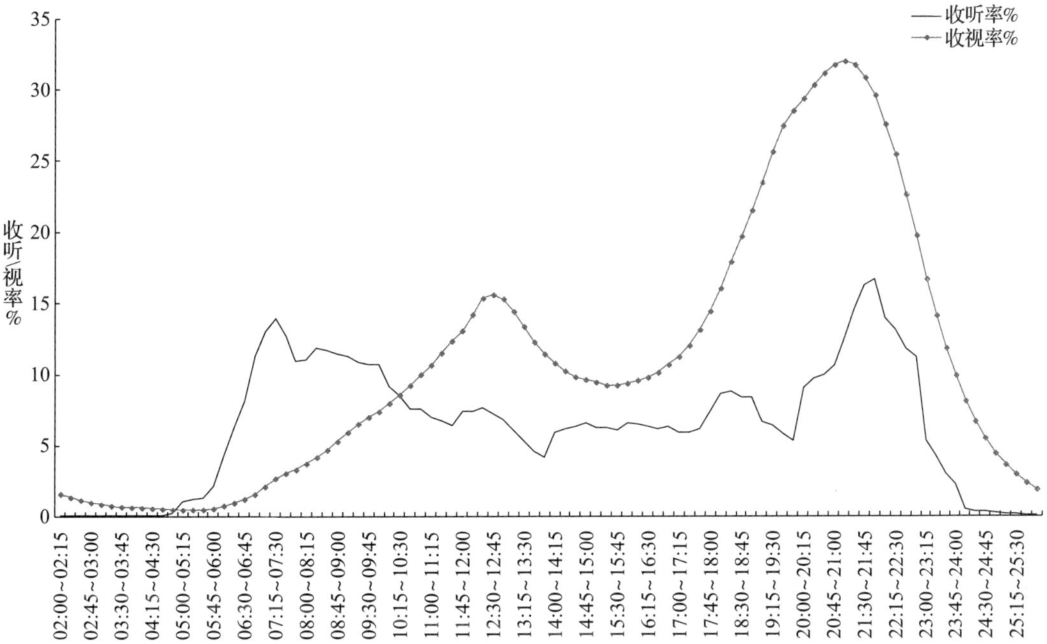

图 3.35.7　2015 年西安受众全天收听率、收视率走势比较(目标受众为 10 岁及以上)

表 3.35.3　2015 年西安市场听众构成(%)

目标听众		听众构成(%)
10 岁及以上所有人		100.0
性别	男	52.0
	女	48.0
年龄	10~14 岁	1.1
	15~24 岁	12.2
	25~34 岁	19.1
	35~44 岁	18.5
	45~54 岁	18.8
	55~64 岁	15.3
	65 岁及以上	15.0
文化程度	未受过正规教育	*
	小学	6.4
	初中	26.8
	高中	38.7
	大学及以上	28.1
职业	干部/管理人员	3.8
	初级公务员/雇员	19.5
	个体/私营企业人员	21.3
	工人	14.5
	学生	8.9
	无业(包括退休人员)	32.0
	其他	*
个人月收入	没有收入	14.5
	1~500 元	*
	501~1000 元	1.6
	1001~1500 元	8.7
	1501~2000 元	20.8
	2001~2500 元	18.4
	2501~3000 元	16.6
	3001~4000 元	13.1
	4001 元及以上	6.3

“*”表示该目标听众样本量不足,无法进行统计推断。

表 3.35.4　2013~2015 年西安市场各广播电台的市场份额(%)

广播电台	2013 年	2014 年	2015 年			
			第 1 波	第 2 波	第 3 波	第 4 波
中央人民广播电台	7.6	5.9	6.2	6.1	5.3	4.0
中国国际广播电台	0.0	0.0	0.0	0.0	0.0	0.0
陕西广播电视台	60.9	65.1	64.8	67.2	68.8	71.8
西安人民广播电台	31.2	28.8	28.8	26.5	25.8	24.0
其他广播电台	0.3	0.2	0.2	0.2	0.1	0.2

表 3.35.5 2015 年西安市场各广播电台在不同目标听众中的市场份额(%)

目标听众		中央人民广播电台	中国国际广播电台	陕西广播电视台	西安人民广播电台	其他广播电台
10 岁及以上所有人		5.3	0.0	68.3	26.2	0.2
性别	男	5.9	0.0	67.9	26.1	0.2
	女	4.8	0.0	68.8	26.3	0.1
年龄	10~14 岁	8.9	0.0	57.5	32.6	1.0
	15~24 岁	3.8	0.0	67.9	28.3	0.0
	25~34 岁	4.5	0.0	73.7	21.6	0.2
	35~44 岁	3.2	0.0	70.4	26.3	0.1
	45~54 岁	5.0	0.0	65.5	29.3	0.2
	55~64 岁	7.0	0.0	68.9	24.1	0.0
	65 岁及以上	8.8	0.0	63.2	27.8	0.2
文化程度	未受过正规教育	*	*	*	*	*
	小学	6.8	0.0	68.7	24.4	0.1
	初中	4.8	0.0	67.7	27.4	0.1
	高中	5.6	0.0	68.8	25.4	0.2
	大学及以上	5.2	0.0	68.0	26.7	0.1
职业	干部/管理人员	1.8	0.0	65.8	32.2	0.2
	初级公务员/雇员	4.9	0.0	69.0	25.9	0.2
	个体/私营企业人员	3.6	0.0	70.5	25.8	0.1
	工人	5.4	0.0	65.1	29.2	0.3
	学生	5.5	0.0	67.8	26.4	0.3
	无业(包括退休人员)	7.2	0.0	68.3	24.4	0.1
	其他	*	*	*	*	*
个人月收入	没有收入	4.0	0.0	73.4	22.5	0.1
	1~500 元	*	*	*	*	*
	501~1000 元	8.0	0.0	66.8	24.8	0.4
	1001~1500 元	6.7	0.0	73.2	20.0	0.1
	1501~2000 元	4.3	0.0	66.7	29.0	0.0
	2001~2500 元	5.1	0.0	62.2	32.5	0.2
	2501~3000 元	10.3	0.0	65.2	24.3	0.2
	3001~4000 元	3.1	0.0	75.0	21.8	0.1
	4001 元及以上	3.3	0.0	69.7	27.0	0.0

"*"表示该目标听众样本量不足,无法进行统计推断。

表 3.35.6 2015 年西安市场份额排名前 5 位的频率

名 次	频率名称	市场份额(%)
1	陕西广播电视台都市广播 FM101.8/AM1008	12.5
2	陕西广播电视台音乐广播 FM98.8	8.6
3	西安广播电视台综艺广播 FM102.4	8.5
4	陕西广播电视台 896 汽车调频 FM89.6	8.4
5	陕西广播电视台秦腔广播 FM101.1 西安乱弹	8.1

三十六、厦门收听数据

表 3.36.1　2013～2015 年厦门各目标听众人均收听时间(分钟)

目标听众		2013 年	2014 年	2015 年			
				第 1 波	第 2 波	第 3 波	第 4 波
10 岁及以上所有人		53	47	43	45	41	42
性别	男	57	52	47	50	43	45
	女	48	42	38	40	38	38
年龄	10～14 岁	9	20	12	22	16	17
	15～24 岁	35	29	27	33	30	28
	25～34 岁	50	44	43	44	41	42
	35～44 岁	56	52	42	42	35	41
	45～54 岁	65	62	60	63	58	60
	55～64 岁	81	76	68	53	47	55
	65 岁及以上	91	105	100	117	112	95
文化程度	未受过正规教育	42	19	6	8	22	3
	小学	42	46	37	44	39	36
	初中	57	50	45	45	38	40
	高中	53	44	42	44	40	41
	大学及以上	54	49	43	47	44	47
职业	干部/管理人员	56	58	47	48	40	50
	初级公务员/雇员	62	52	47	51	46	47
	个体/私营企业人员	57	50	40	46	43	44
	工人	43	47	50	46	39	48
	学生	27	23	21	28	22	20
	无业(包括退休人员)	63	64	56	51	50	49
	其他	*	*	*	*	*	*
个人月收入	没有收入	32	28	22	28	27	24
	1～500 元	*	*	*	*	*	*
	501～1000 元	*	*	*	*	*	*
	1001～1500 元	66	55	44	47	41	32
	1501～2000 元	51	48	51	57	57	62
	2001～2500 元	65	62	56	59	50	54
	2501～3000 元	70	67	61	61	39	36
	3001～4000 元	52	46	47	47	44	50
	4001 元及以上	59	55	47	49	46	49

注:厦门为四波调查城市。2015 年四波调查时间分别为:第一波 3 月 1 日至 3 月 21 日;第二波 5 月 24 日至 6 月 13 日;第三波 8 月 23 日至 9 月 12 日;第四波 11 月 1 日至 11 月 21 日。"*"表示该目标听众样本量不足,无法进行统计推断。

表 3.36.2　2013～2015 年厦门听众在不同地点的人均收听时间(分钟)

地　点	2013 年	2014 年	2015 年
在家	27	23	20
车上	18	19	18
工作/学习场所	5	4	3
其他场所	2	1	1

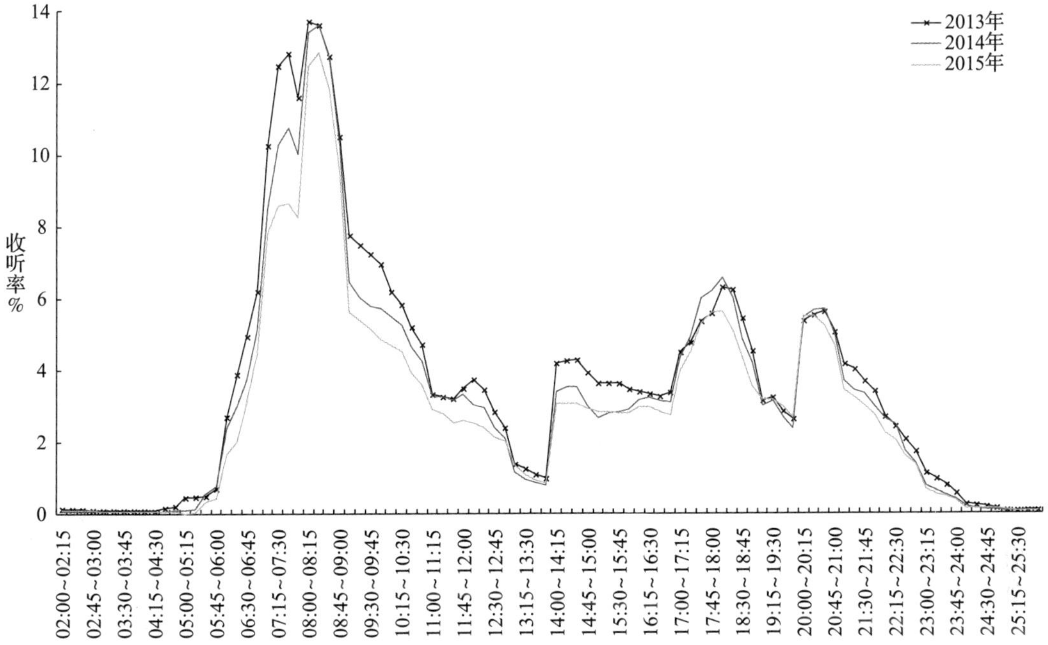

图 3.36.1　2013 ~ 2015 年厦门听众全天收听率走势

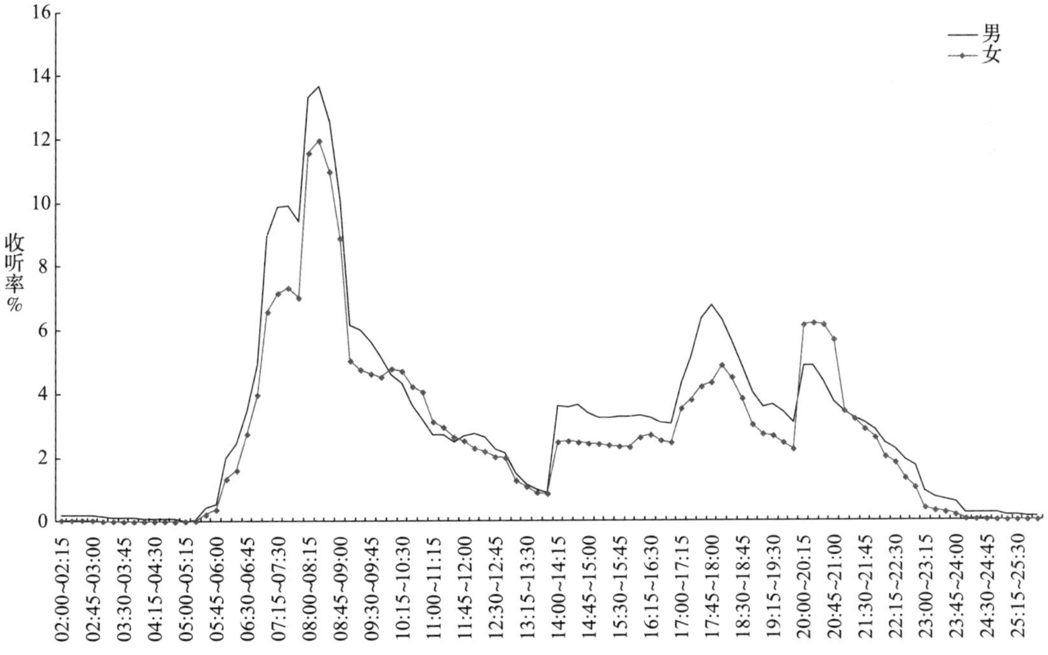

图 3.36.2　2015 年厦门不同性别听众全天收听率走势

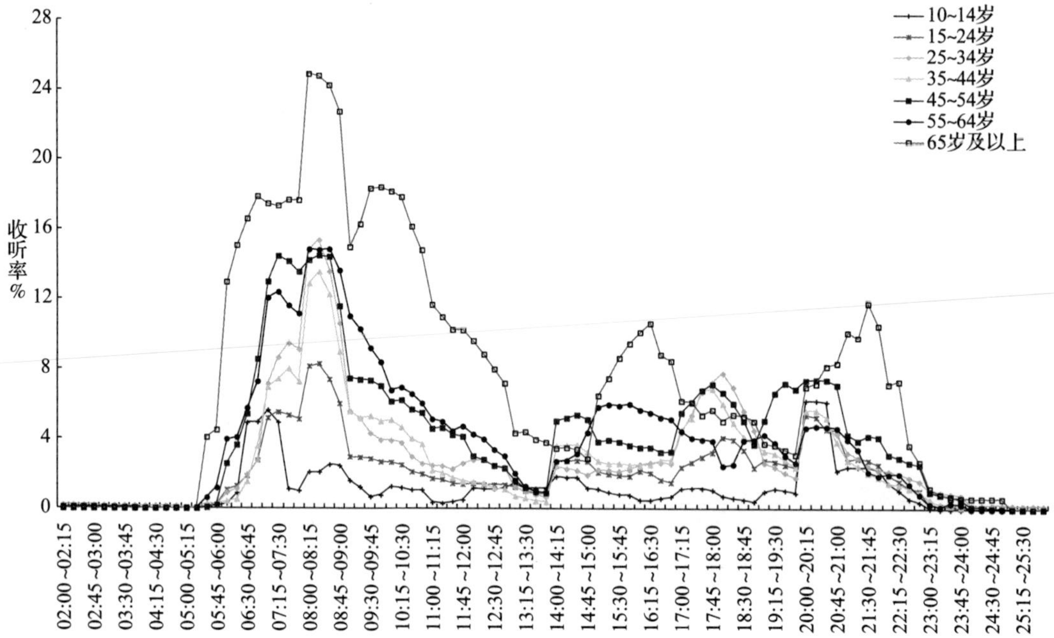

图 3.36.3　2015 年厦门不同年龄听众全天收听率走势

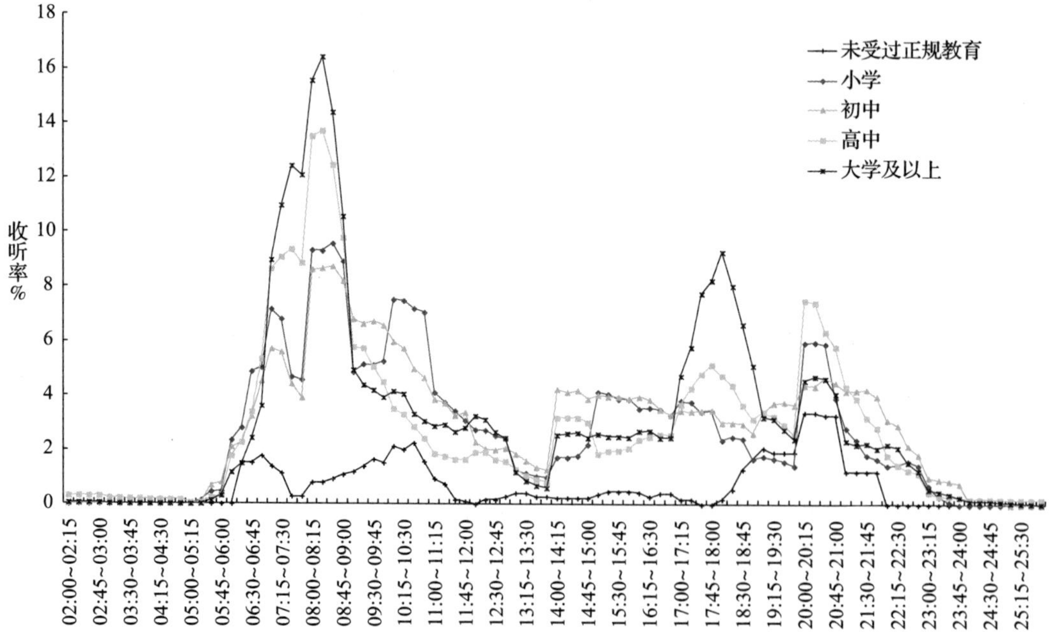

图 3.36.4　2015 年厦门不同文化程度听众全天收听率走势

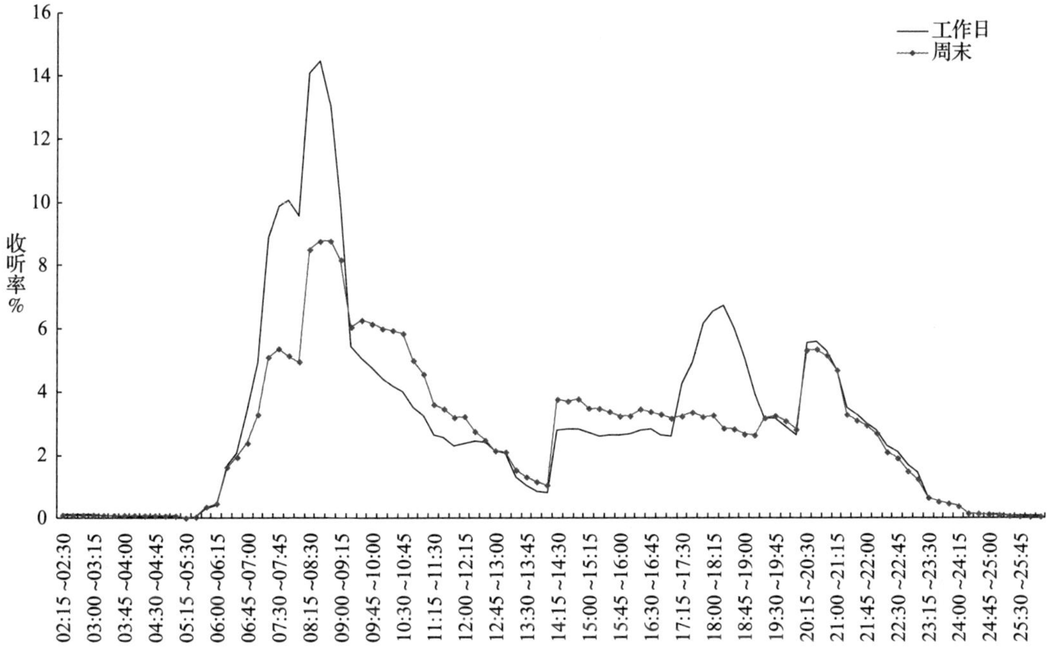

图 3.36.5 2015 年厦门听众工作日与周末全天收听率走势

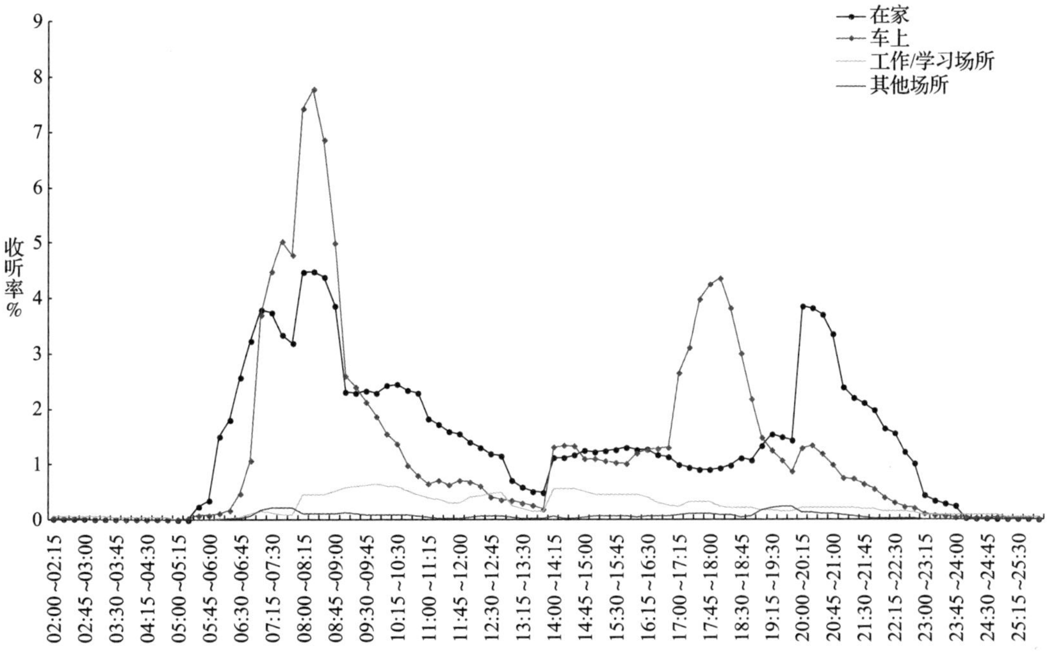

图 3.36.6 2015 年厦门听众在不同收听地点全天收听率走势

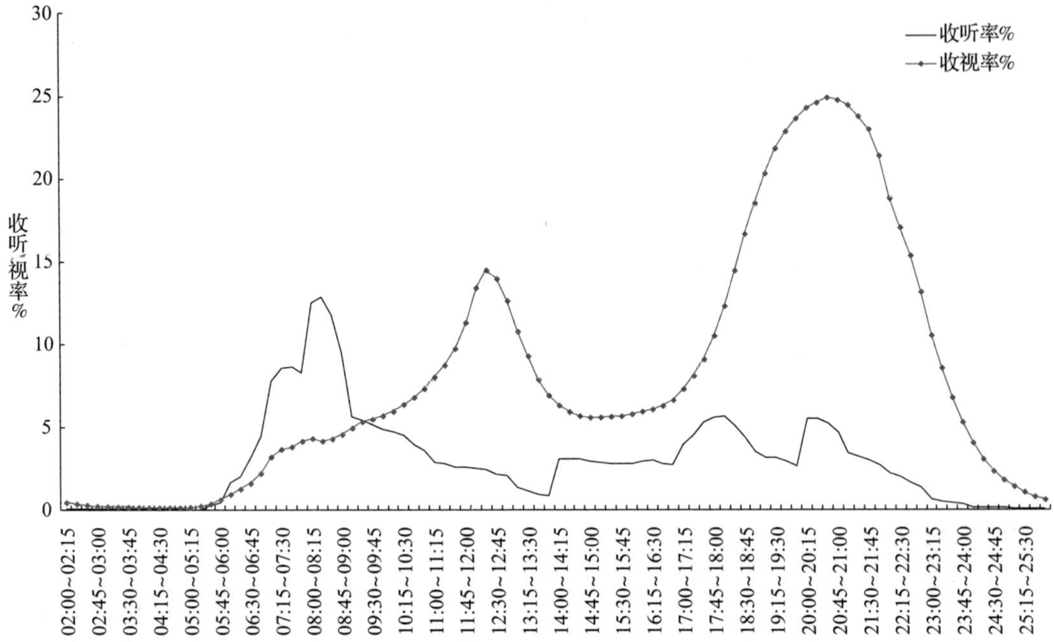

图 3.36.7　2015 年厦门受众全天收听率、收视率走势比较(目标受众为 10 岁及以上)

表 3.36.3 2015 年厦门市场听众构成(%)

目标听众		听众构成(%)
10 岁及以上所有人		100.0
性别	男	56.1
	女	43.9
年龄	10~14 岁	1.5
	15~24 岁	18.5
	25~34 岁	28.5
	35~44 岁	19.4
	45~54 岁	14.1
	55~64 岁	8.3
	65 岁及以上	9.8
文化程度	未受过正规教育	0.2
	小学	8.1
	初中	25.3
	高中	29.2
	大学及以上	37.2
职业	干部/管理人员	7.5
	初级公务员/雇员	32.3
	个体/私营企业人员	16.8
	工人	12.8
	学生	10.3
	无业(包括退休人员)	20.2
	其他	*
个人月收入	没有收入	16.6
	1~500 元	*
	501~1000 元	*
	1001~1500 元	1.7
	1501~2000 元	5.2
	2001~2500 元	11.1
	2501~3000 元	10.7
	3001~4000 元	20.7
	4001 元及以上	33.9

“*”表示该目标听众样本量不足,无法进行统计推断。

表 3.36.4 2013~2015 年厦门市场各广播电台的市场份额(%)

广播电台	2013 年	2014 年	2015 年			
			第 1 波	第 2 波	第 3 波	第 4 波
中央人民广播电台	11.1	10.3	8.4	10.9	9.6	8.2
中国国际广播电台	3.0	3.0	3.3	2.9	2.7	4.4
福建广播影视集团	9.6	9.5	8.5	8.7	9.4	9.0
海峡之声广播电台	4.0	3.0	2.9	3.5	2.2	2.2
厦门广播电视集团	56.5	61.0	63.9	63.4	63.6	65.0
其他广播电台	15.9	13.1	13.1	10.6	12.5	11.3

表 3.36.5　2015 年厦门市场各广播电台在不同目标听众中的市场份额(%)

目标听众		中央人民广播电台	中国国际广播电台	福建广播影视集团	海峡之声电台	厦门广播电视集团	其他广播电台
10 岁及以上所有人		9.3	3.3	8.9	2.7	64.0	11.8
性别	男	9.3	3.1	10.5	3.5	62.6	11.0
	女	9.3	3.6	6.8	1.7	65.7	12.9
年龄	10~14 岁	31.9	0.2	0.2	0.0	65.5	2.3
	15~24 岁	6.4	4.7	6.6	3.1	68.2	11.1
	25~34 岁	8.4	5.2	9.7	1.5	66.6	8.6
	35~44 岁	6.3	2.4	13.5	1.2	69.4	7.2
	45~54 岁	10.3	3.1	8.3	5.7	57.9	14.7
	55~64 岁	9.7	0.3	6.8	4.1	56.8	22.3
	65 岁及以上	18.2	0.5	5.7	3.3	51.9	20.4
文化程度	未受过正规教育	10.3	0.0	2.4	3.7	23.5	60.2
	小学	18.0	0.1	6.7	6.7	35.6	32.9
	初中	11.5	2.0	7.6	3.8	61.8	13.4
	高中	10.1	2.2	9.7	1.4	67.4	9.3
	大学及以上	5.3	5.9	9.7	2.2	69.0	8.0
职业	干部/管理人员	4.4	5.3	8.2	0.5	74.3	7.3
	初级公务员/雇员	8.4	5.4	8.9	3.5	66.2	7.7
	个体/私营企业人员	6.4	2.8	11.7	2.7	64.9	11.5
	工人	8.6	0.6	8.5	1.3	67.6	13.5
	学生	15.6	5.6	6.8	2.5	62.6	6.9
	无业(包括退休人员)	11.9	0.4	8.4	3.4	54.7	21.2
	其他	*	*	*	*	*	*
个人月收入	没有收入	13.6	3.6	8.7	2.5	60.3	11.2
	1~500 元	*	*	*	*	*	*
	501~1000 元	*	*	*	*	*	*
	1001~1500 元	1.7	8.2	15.9	6.8	49.9	17.5
	1501~2000 元	3.7	3.1	2.6	0.6	50.9	39.1
	2001~2500 元	12.8	0.6	4.1	3.8	67.8	10.9
	2501~3000 元	6.9	0.5	11.0	5.8	64.8	11.1
	3001~4000 元	5.4	3.6	10.7	3.1	65.1	12.1
	4001 元及以上	9.7	4.5	9.5	1.2	67.5	7.7

“*”表示该目标听众样本量不足,无法进行统计推断。

表 3.36.6　2015 年厦门市场份额排名前 5 位的频率

名　次	频率名称	市场份额(%)
1	厦门音乐广播 FM90.9	28.8
2	厦门经济交通广播 FM107/AM1278	17.0
3	厦门新闻广播 AM1107/FM99.6	16.4
4	闽南之声广播 AM801/FM101.2	9.9
5	中央人民广播电台第一套节目中国之声	6.6

三十七、郑州收听数据

表 3.37.1 2013～2015 年郑州各目标听众人均收听时间(分钟)

目标听众		2013 年	2014 年	2015 年
10 岁及以上所有人		77	57	50
性别	男	80	55	49
	女	75	58	51
年龄	10～14 岁	19	16	9
	15～24 岁	33	19	17
	25～34 岁	75	51	42
	35～44 岁	87	80	62
	45～54 岁	90	73	71
	55～64 岁	119	102	97
	65 岁及以上	119	106	103
文化程度	未受过正规教育	98	57	59
	小学	68	48	42
	初中	74	56	49
	高中	88	64	58
	大学及以上	70	48	41
职业	干部/管理人员	85	41	49
	初级公务员/雇员	71	51	48
	个体/私营企业人员	88	81	65
	工人	93	64	45
	学生	21	13	12
	无业(包括退休人员)	98	83	78
	其他	80	82	52
个人月收入	没有收入	40	30	26
	1～500 元	80	84	45
	501～1000 元	82	34	41
	1001～1500 元	84	53	62
	1501～2000 元	85	75	73
	2001～2500 元	104	65	72
	2501～3000 元	84	72	52
	3001～4000 元	98	65	57
	4001 元及以上	84	78	55

注:郑州为全年连续调查城市。

表 3.37.2 2013～2015 年郑州听众在不同地点的人均收听时间(分钟)

地　点	2013 年	2014 年	2015 年
在家	49	37	32
车上	16	11	10
工作/学习场所	9	7	4
其他场所	3	2	3

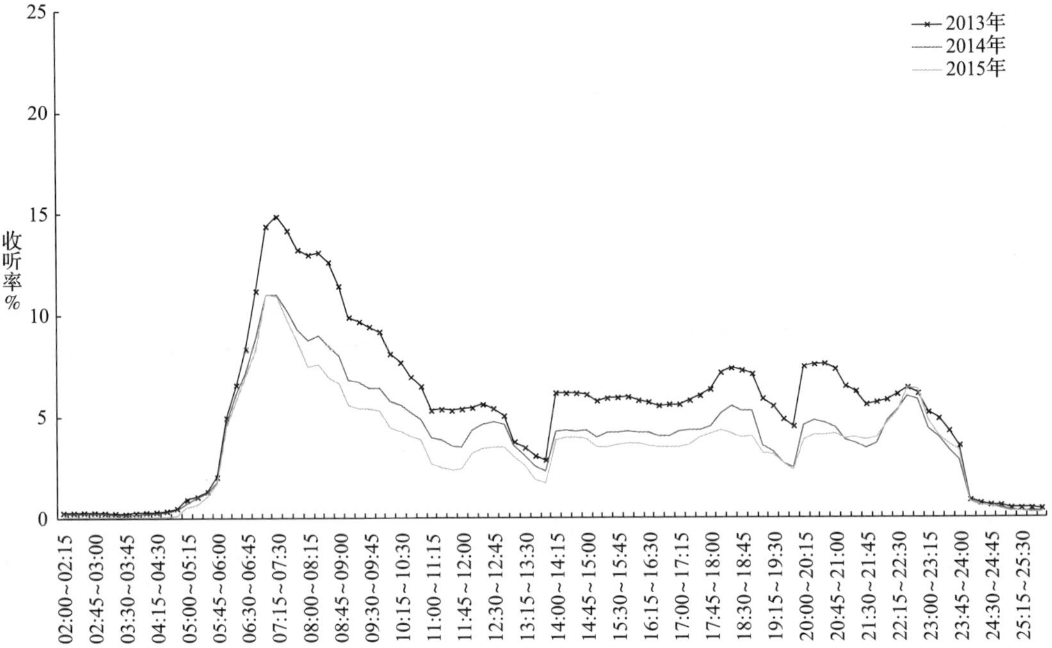

图 3.37.1　2013～2015 年郑州听众全天收听率走势

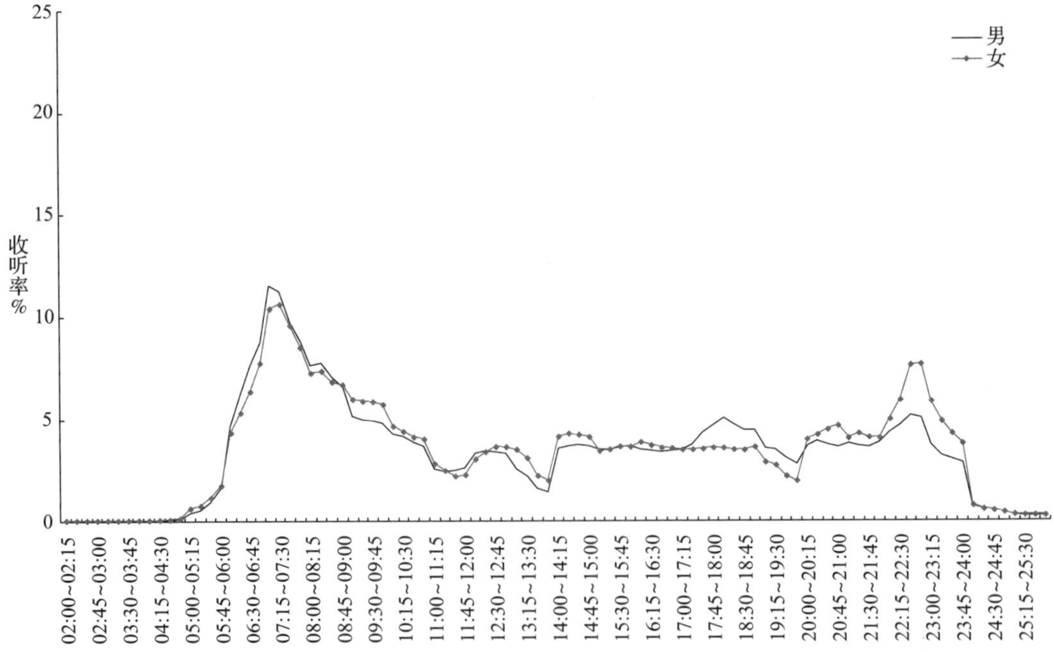

图 3.37.2　2015 年郑州不同性别听众全天收听率走势

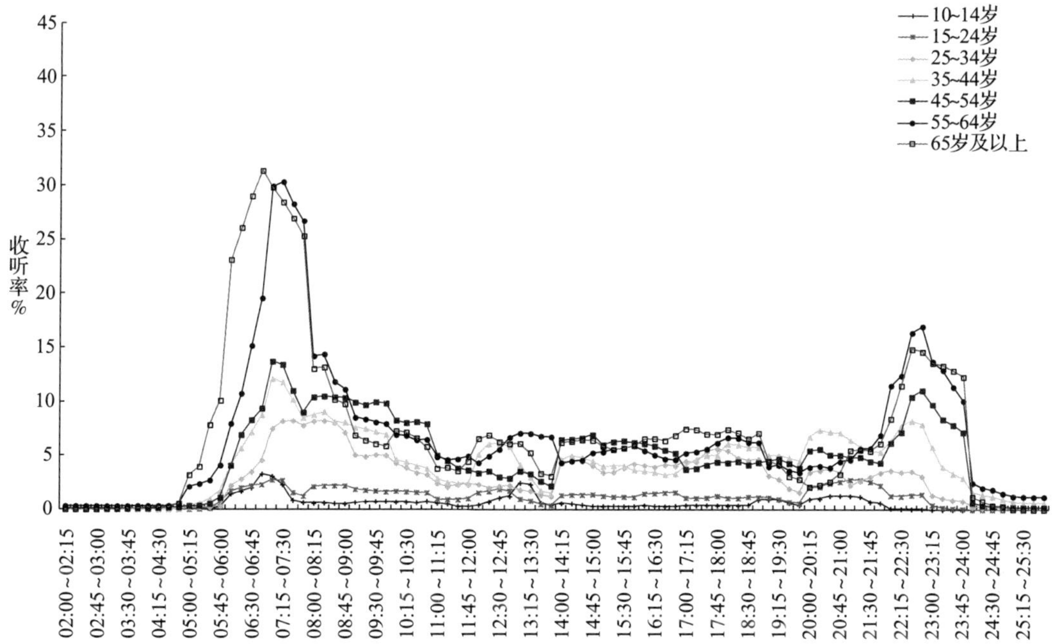

图 3.37.3　2015 年郑州不同年龄听众全天收听率走势

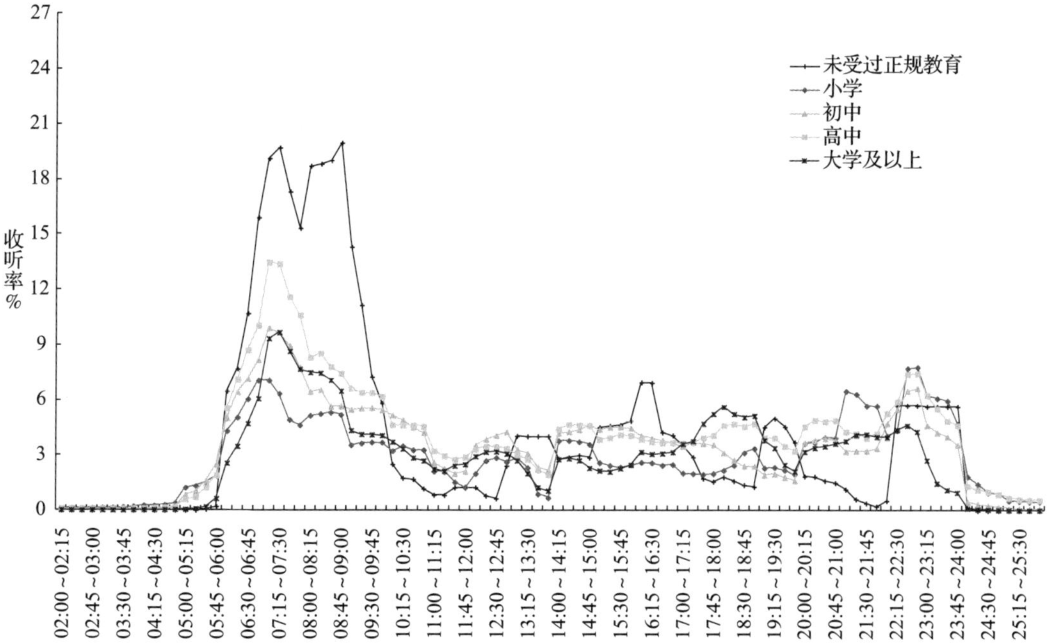

图 3.37.4　2015 年郑州不同文化程度听众全天收听率走势

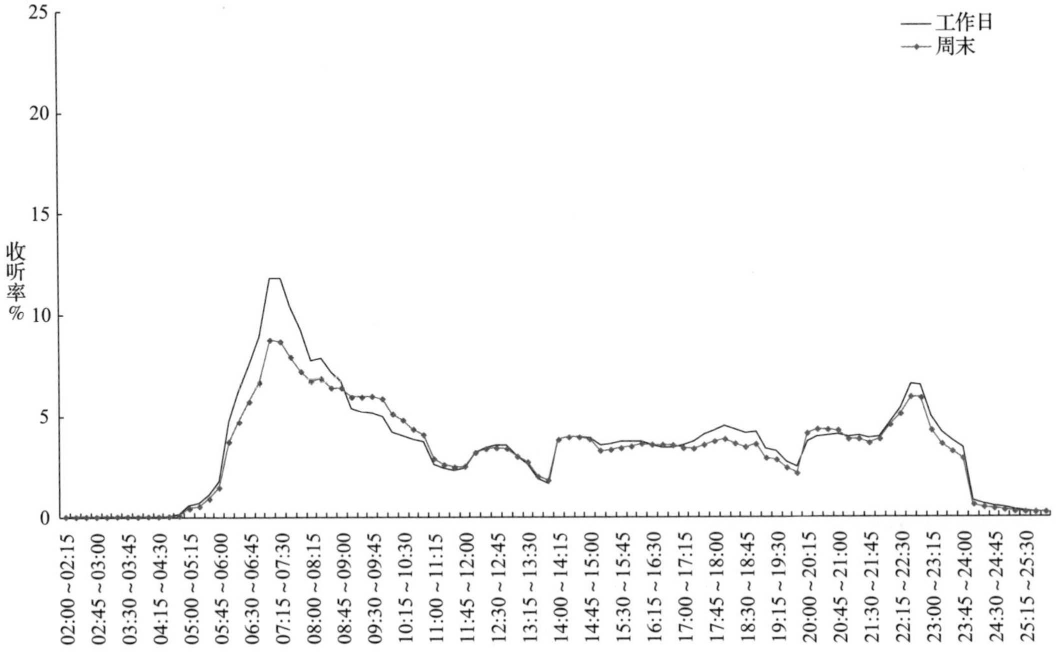

图 3.37.5　2015 年郑州听众工作日与周末全天收听率走势

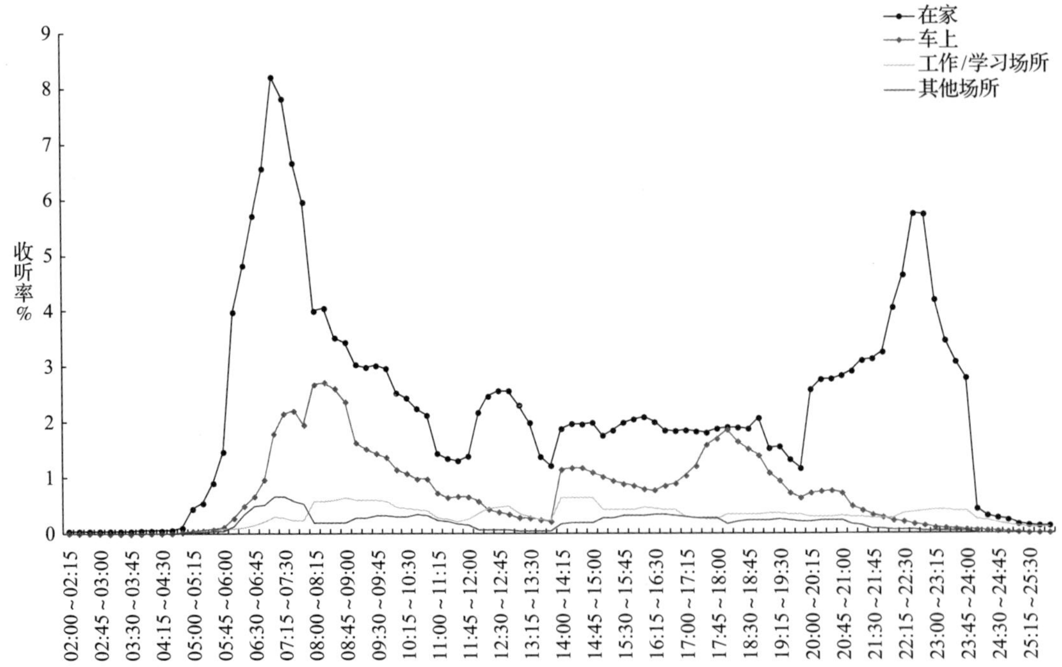

图 3.37.6　2015 年郑州听众在不同收听地点全天收听率走势

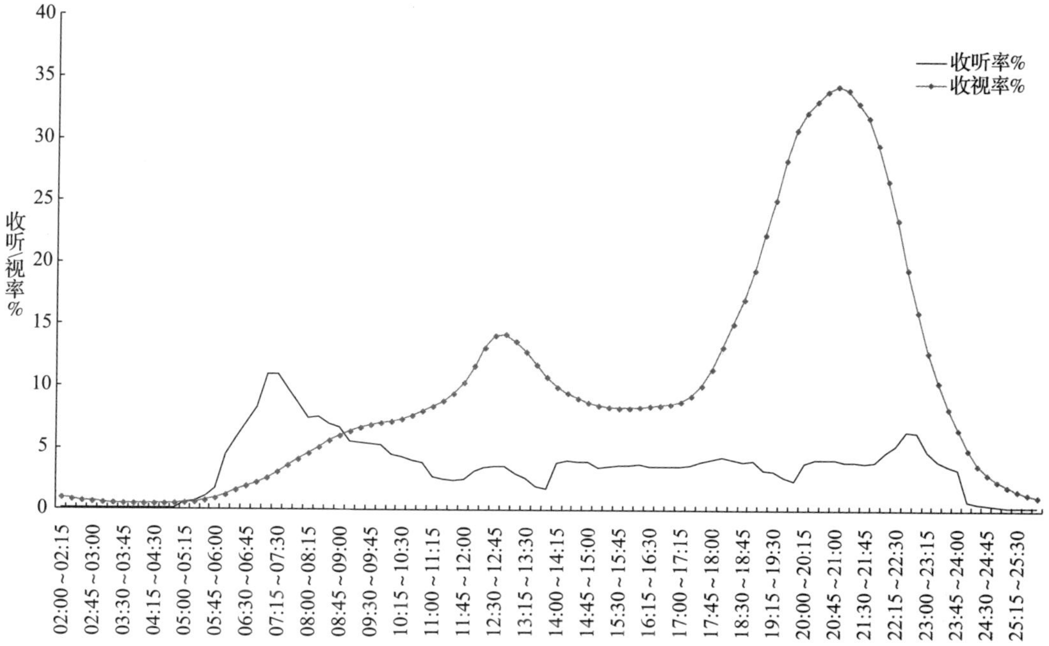

图 3.37.7　2015 年郑州受众全天收听率、收视率走势比较(目标受众为 10 岁及以上)

表 3.37.3　2015 年郑州市场听众构成(%)

目标听众		听众构成(%)
10 岁及以上所有人		100.0
性别	男	49.8
	女	50.2
年龄	10~14 岁	0.7
	15~24 岁	8.8
	25~34 岁	18.9
	35~44 岁	24.8
	45~54 岁	17.9
	55~64 岁	15.6
	65 岁及以上	13.3
文化程度	未受过正规教育	0.9
	小学	4.7
	初中	28.5
	高中	42.6
	大学及以上	23.3
职业	干部/管理人员	4.4
	初级公务员/雇员	21.4
	个体/私营企业人员	16.6
	工人	12.1
	学生	5.1
	无业(包括退休人员)	38.4
	其他	2.0
个人月收入	没有收入	17.4
	1~500 元	0.7
	501~1000 元	1.1
	1001~1500 元	4.7
	1501~2000 元	17.5
	2001~2500 元	18.2
	2501~3000 元	12.0
	3001~4000 元	15.6
	4001 元及以上	12.8

表 3.37.4　2013~2015 年郑州市场各广播电台的市场份额(%)

广播电台	2013 年	2014 年	2015 年
中央人民广播电台	6.4	6.1	4.9
中国国际广播电台	0.0	0.0	0.0
河南人民广播电台	46.8	46.8	44.9
郑州人民广播电台	46.5	46.2	49.8
其他广播电台	0.3	0.9	0.4

表 3.37.5 2015 年郑州市场各广播电台在不同目标听众中的市场份额(%)

目标听众		中央人民广播电台	中国国际广播电台	河南人民广播电台	郑州人民广播电台	其他广播电台
10 岁及以上所有人		4.9	0.0	44.9	49.8	0.4
性别	男	6.7	0.0	46.3	46.5	0.5
	女	3.0	0.0	43.5	53.0	0.4
年龄	10~14 岁	1.0	0.0	34.6	62.4	2.0
	15~24 岁	6.9	0.0	57.0	35.8	0.3
	25~34 岁	4.0	0.0	57.0	38.3	0.7
	35~44 岁	3.8	0.0	47.8	48.1	0.3
	45~54 岁	5.3	0.0	38.7	55.5	0.5
	55~64 岁	4.7	0.0	33.2	61.8	0.3
	65 岁及以上	6.6	0.0	37.1	56.0	0.3
文化程度	未受过正规教育	1.7	0.0	40.1	58.2	0.0
	小学	1.9	0.0	38.2	59.2	0.7
	初中	3.1	0.0	45.4	51.1	0.4
	高中	4.1	0.0	43.0	52.4	0.5
	大学及以上	9.3	0.0	49.2	41.1	0.4
职业	干部/管理人员	5.3	0.0	53.2	40.9	0.6
	初级公务员/雇员	5.1	0.0	43.9	50.7	0.3
	个体/私营企业人员	1.3	0.0	49.2	49.3	0.2
	工人	9.2	0.0	51.2	39.0	0.6
	学生	8.4	0.0	55.6	35.6	0.4
	无业(包括退休人员)	4.6	0.0	37.9	57.0	0.5
	其他	1.4	0.0	73.0	25.6	0.0
个人月收入	没有收入	4.2	0.0	51.8	43.5	0.5
	1~500 元	1.3	0.0	49.2	48.3	1.2
	501~1000 元	0.4	0.0	67.7	31.8	0.1
	1001~1500 元	6.9	0.0	44.1	49.0	0.0
	1501~2000 元	4.4	0.0	39.7	55.7	0.2
	2001~2500 元	9.7	0.0	39.1	50.7	0.5
	2501~3000 元	2.4	0.0	45.8	51.5	0.3
	3001~4000 元	4.0	0.0	42.9	52.6	0.5
	4001 元及以上	2.8	0.0	50.4	45.7	1.1

表 3.37.6 2015 年郑州市场份额排名前 5 位的频率

名　次	频率名称	市场份额(%)
1	郑州人民广播电台新闻广播 AM549/FM98.6	23.3
2	河南人民广播电台音乐广播 FM88.1	14.2
3	郑州广播电台都市广播汽车调频 FM91.2	8.2
4	河南人民广播电台交通广播 FM104.1/FM92.4	8.1
5	郑州经济生活广播 AM711/FM931	7.3

三十八、安徽收听数据

表 3.38.1 2013~2015 年安徽各目标听众人均收听时间(分钟)

目标听众		2013 年	2014 年	2015 年			
				第 1 波	第 2 波	第 3 波	第 4 波
10 岁及以上所有人		45	41	34	30	31	29
城乡	城市	52	47	44	40	41	38
	农村	41	36	27	23	24	23
性别	男	51	47	40	34	35	32
	女	39	33	27	24	25	24
年龄	10~14 岁	17	12	15	12	13	11
	15~24 岁	20	18	11	10	11	12
	25~34 岁	38	35	27	23	25	26
	35~44 岁	42	38	33	27	31	28
	45~54 岁	61	50	39	36	35	34
	55~64 岁	80	78	57	51	54	46
	65 岁及以上	84	85	83	76	71	62
文化程度	未受过正规教育	45	48	34	30	31	29
	小学	51	46	34	31	28	28
	初中	42	39	36	30	34	32
	高中	46	37	29	29	28	23
	大学及以上	47	44	33	29	31	31
职业	干部/管理人员	47	52	40	41	42	29
	初级公务员/雇员	54	40	30	26	27	29
	个体/私营企业人员	51	48	40	35	34	35
	工人	48	43	39	33	38	32
	农民/渔民/牧民	41	36	23	19	19	19
	学生	16	13	11	10	11	10
	无业(包括退休人员)	63	62	52	49	49	43
	其他	119	94	95	105	104	101
个人月收入	没有收入	28	21	17	15	15	15
	1~500 元	56	45	24	21	19	19
	501~1000 元	58	49	41	39	49	46
	1001~1500 元	53	46	38	29	34	31
	1501~2000 元	52	54	46	43	36	36
	2001~2500 元	51	55	50	41	40	39
	2501~3000 元	52	47	43	35	37	31
	3001 元及以上	44	43	33	33	36	33

注:安徽为四波调查省网。2015 年四波调查时间分别为:第一波 3 月 1 日至 3 月 21 日;第二波 5 月 24 日至 6 月 13 日;第三波 8 月 23 日至 9 月 12 日;第四波 11 月 1 日至 11 月 21 日。

表 3.38.2 2013~2015 年安徽听众在不同地点的人均收听时间(分钟)

地　　点	2013 年	2014 年	2015 年
在家	31	27	21
车上	7	8	6
工作/学习场所	5	4	2
其他场所	2	2	1

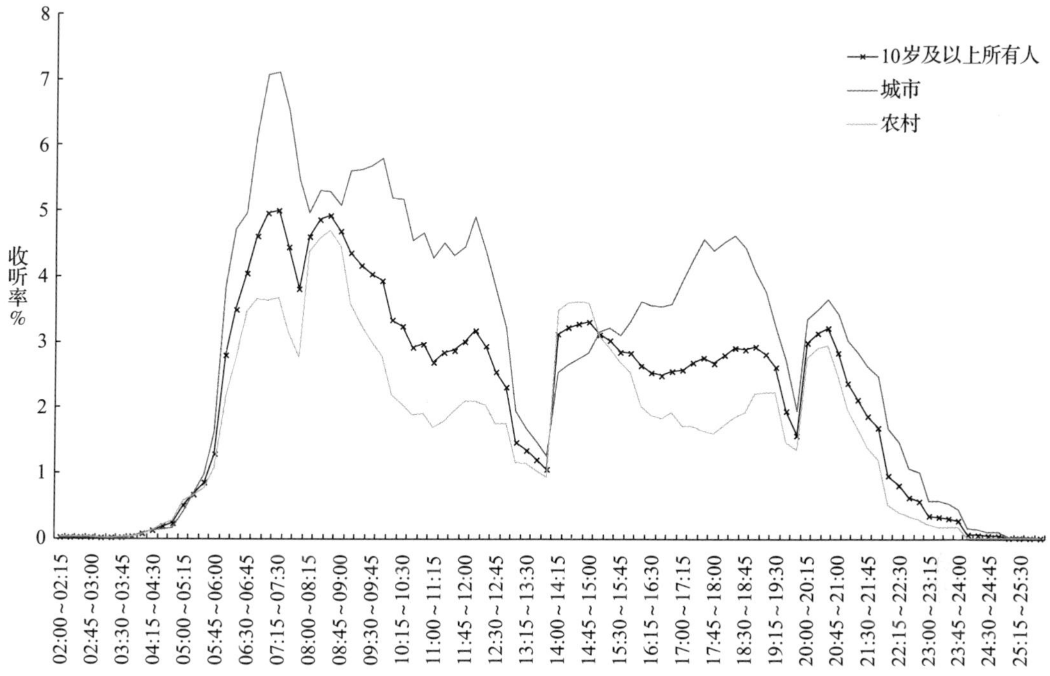

图 3.38.1　2015 年安徽听众全体及分城乡全天收听率走势

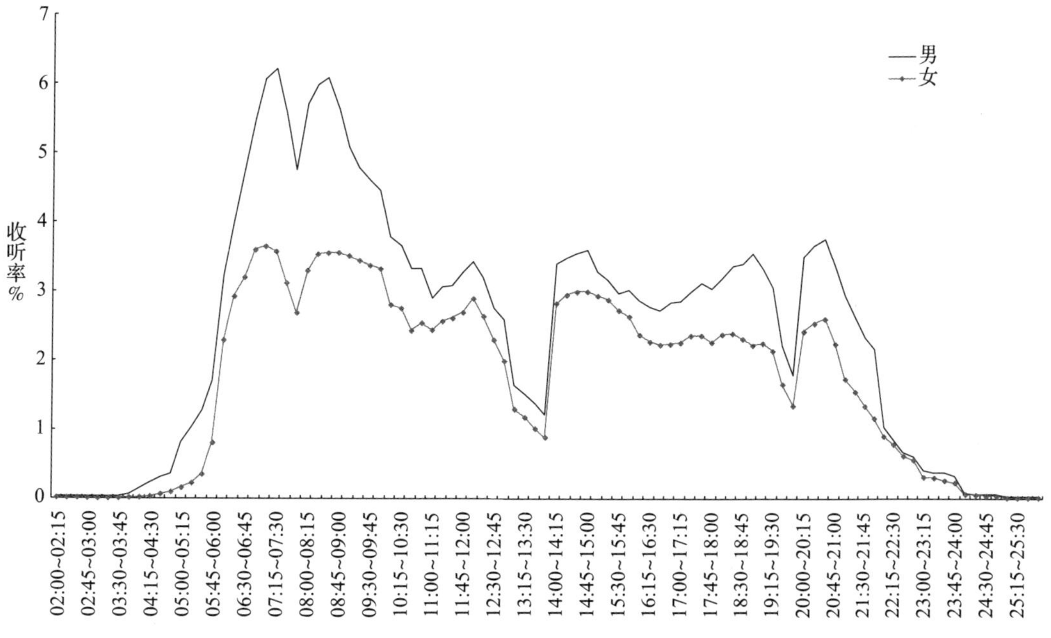

图 3.38.2　2015 年安徽不同性别听众全天收听率走势

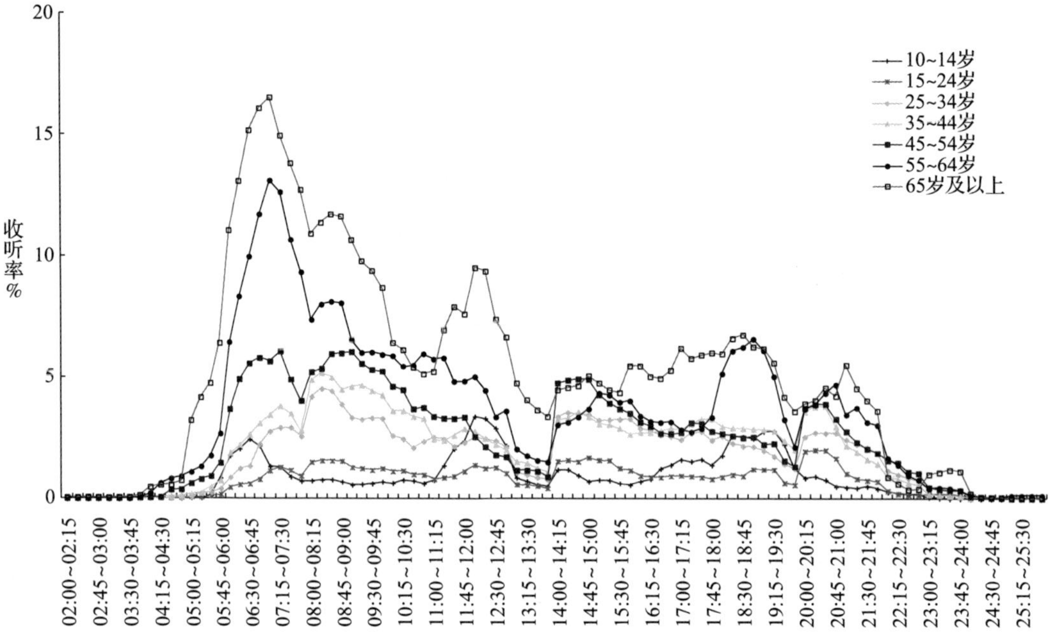

图 3.38.3　2015 年安徽不同年龄听众全天收听率走势

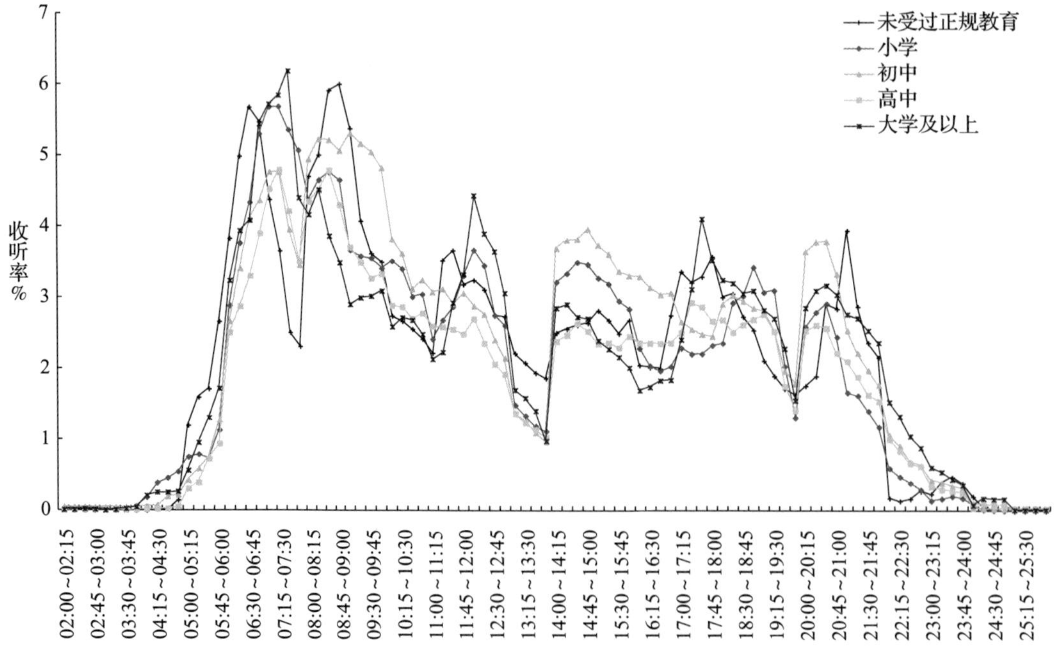

图 3.38.4　2015 年安徽不同文化程度听众全天收听率走势

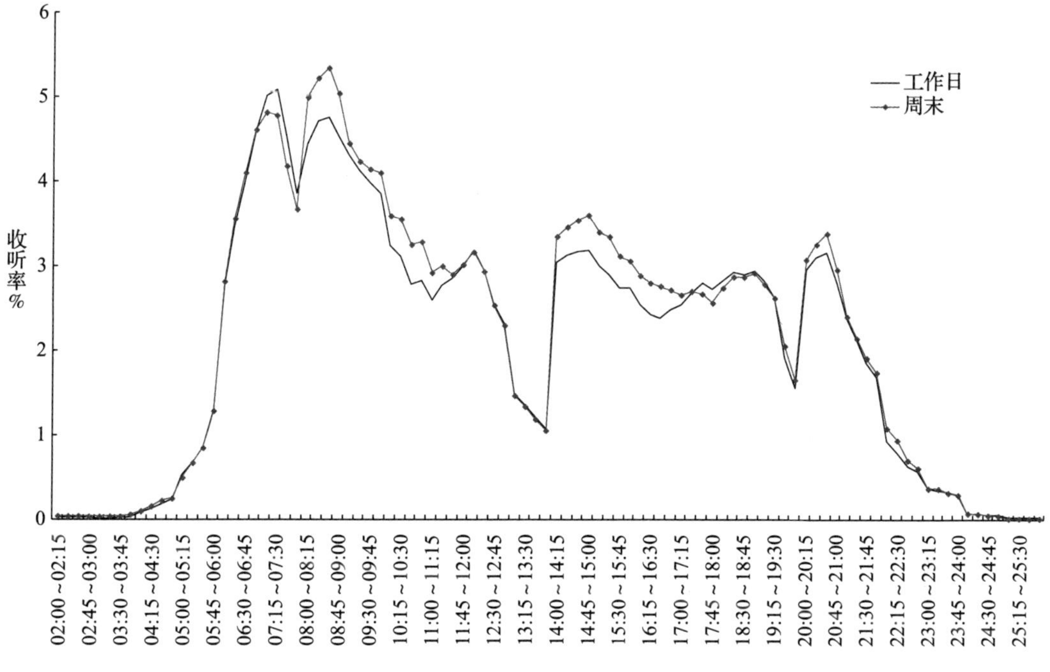

图 3.38.5　2015 年安徽听众工作日与周末全天收听率走势

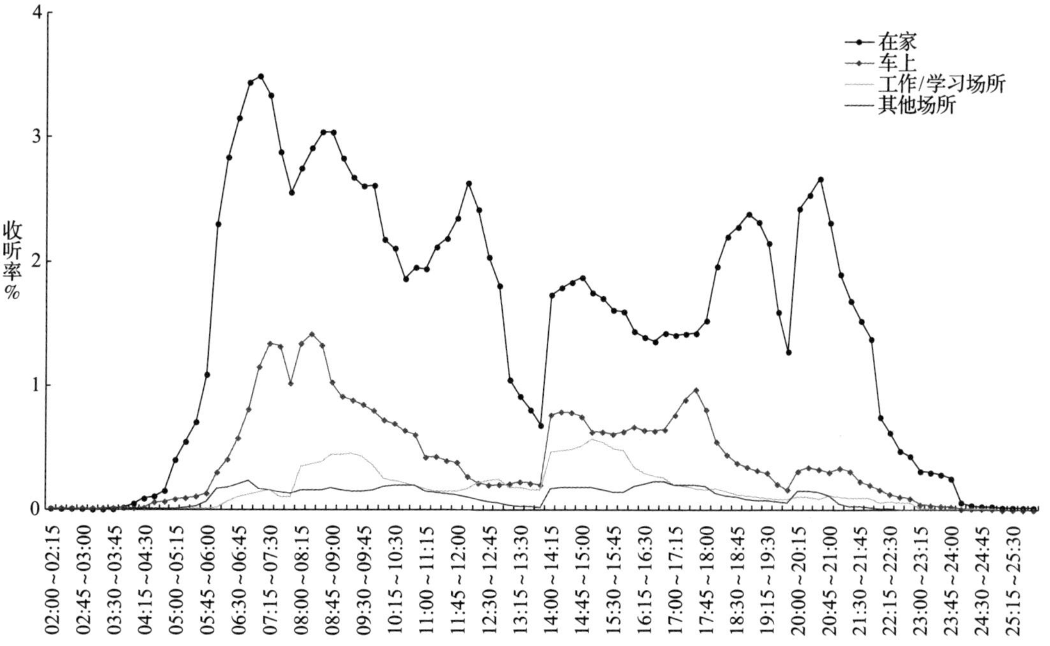

图 3.38.6　2015 年安徽听众在不同地点全天收听率走势

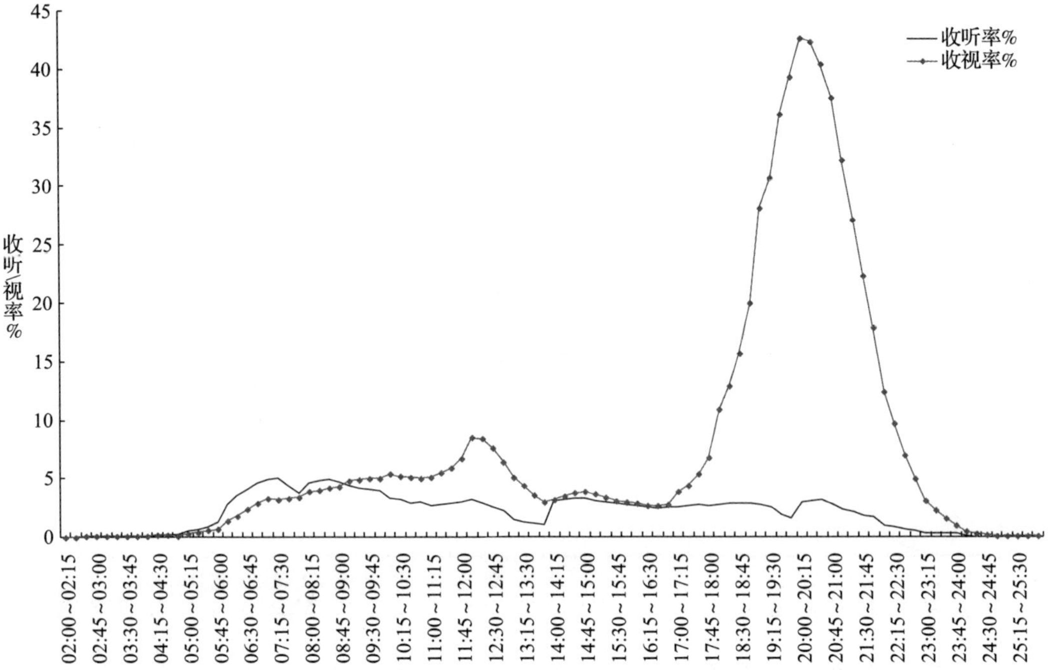

图 3.38.7　2015 年安徽受众全天收听率、收视率走势比较(目标受众为 10 岁及以上)

表 3.38.3　2015 年安徽市场听众构成(%)

目标听众		听众构成(%)
10 岁及以上所有人		100.0
城乡	城市	51.0
	农村	49.0
性别	男	62.6
	女	37.4
年龄	10～14 岁	2.0
	15～24 岁	7.5
	25～34 岁	15.1
	35～44 岁	24.1
	45～54 岁	17.3
	55～64 岁	15.0
	65 岁及以上	19.1
文化程度	未受过正规教育	5.8
	小学	17.9
	初中	43.4
	高中	21.6
	大学及以上	11.3
职业	干部/管理人员	2.5
	个体/私营企业人员	22.8
	初级公务员/雇员	10.2
	工人	20.4
	农民/渔民/牧民	11.5
	学生	5.7
	无业(包括退休人员)	23.6
	其他	3.4
个人月收入	没有收入	12.5
	1～500 元	5.4
	501～1000 元	6.4
	1001～1500 元	10.9
	1501～2000 元	13.7
	2001～2500 元	18.1
	2501～3000 元	11.3
	3001 元及以上	21.7

表 3.38.4　2013～2015 年安徽市场各广播电台的市场份额(%)

广播电台	2013 年	2014 年	2015 年			
			第 1 波	第 2 波	第 3 波	第 4 波
中央人民广播电台	20.3	18.5	17.0	16.3	17.2	14.6
中国国际广播电台	0.4	0.3	0.2	0.1	0.0	0.1
安徽广播电视总台	49.4	54.5	59.9	58.9	60.1	61.1
其他广播电台	29.9	26.8	22.9	24.8	22.6	24.3

表 3.38.5 2015 年安徽市场各广播电台在不同目标听众中的市场份额(%)

目标听众		中央人民广播电台	中国国际广播电台	安徽广播电视总台	其他广播电台
10 岁及以上所有人		16.3	0.1	60.0	23.6
城乡	城市	18.0	0.2	54.5	27.4
	农村	14.6	0.0	65.7	19.6
性别	男	18.2	0.1	58.9	22.8
	女	13.2	0.0	61.8	25.0
年龄	10 ~ 14 岁	19.9	0.0	65.6	14.6
	15 ~ 24 岁	12.6	0.0	59.3	28.1
	25 ~ 34 岁	13.2	0.3	65.0	21.5
	35 ~ 44 岁	17.3	0.1	58.1	24.5
	45 ~ 54 岁	21.1	0.1	57.3	21.5
	55 ~ 64 岁	12.0	0.0	61.3	26.7
	65 岁及以上	17.7	0.0	59.5	22.8
文化程度	未受过正规教育	15.2	0.0	66.1	18.7
	小学	10.2	0.0	62.6	27.2
	初中	14.1	0.1	60.2	25.6
	高中	23.4	0.2	58.5	18.0
	大学及以上	21.8	0.1	54.5	23.5
职业	干部/管理人员	20.3	0.0	60.3	19.4
	个体/私营企业人员	16.6	0.2	57.5	25.8
	初级公务员/雇员	14.4	0.1	65.0	20.5
	工人	20.3	0.1	62.6	17.0
	农民/渔民/牧民	8.7	0.0	62.2	29.1
	学生	19.1	0.0	57.4	23.6
	无业(包括退休人员)	16.3	0.0	56.7	27.0
	其他	16.7	0.0	65.5	17.8
个人月收入	没有收入	17.1	0.0	62.2	20.7
	1 ~ 500 元	6.1	0.0	66.1	27.8
	501 ~ 1000 元	20.0	0.0	55.6	24.4
	1001 ~ 1500 元	9.8	0.1	67.5	22.6
	1501 ~ 2000 元	17.0	0.0	57.5	25.5
	2001 ~ 2500 元	22.0	0.0	55.1	22.9
	2501 ~ 3000 元	18.8	0.1	60.4	20.6
	3001 元及以上	13.8	0.2	60.2	25.8

表 3.38.6 2015 年安徽市场份额排名前 5 位的频率

名　次	频率名称	市场份额(%)
1	安徽音乐广播	12.9
2	中央人民广播电台第一套节目中国之声	11.9
3	安徽交通广播	9.8
4	安徽小说评书广播	9.1
5	安徽新闻综合广播	7.2

三十九、福建收听数据

表 3.39.1　2013～2015 年福建各目标听众人均收听时间(分钟)

目标听众		2013 年	2014 年	2015 年			
				第 1 波	第 2 波	第 3 波	第 4 波
10 岁及以上所有人		49	44	41	43	40	40
城乡	城市	57	50	47	53	44	45
	农村	42	39	37	36	36	36
性别	男	52	46	43	45	41	43
	女	45	42	40	41	38	36
年龄	10～14 岁	21	15	17	17	15	13
	15～24 岁	27	21	19	20	22	18
	25～34 岁	37	33	33	36	31	36
	35～44 岁	50	46	40	41	41	42
	45～54 岁	65	59	52	51	44	39
	55～64 岁	71	61	60	64	59	66
	65 岁及以上	94	102	101	108	94	92
文化程度	未受过正规教育	77	74	68	66	55	54
	小学	44	48	46	51	42	44
	初中	47	39	36	37	34	34
	高中	47	41	39	44	44	43
	大学及以上	49	44	43	41	37	39
职业	干部/管理人员	63	58	47	51	43	45
	初级公务员/雇员	44	40	40	40	36	38
	个体/私营企业人员	53	49	46	51	42	40
	工人	40	34	37	37	37	39
	农民/渔民/牧民	66	53	49	48	46	53
	学生	22	18	15	17	20	15
	无业(包括退休人员)	58	61	60	63	55	55
	其他	41	9	1	0	4	5
个人月收入	没有收入	31	27	25	30	28	26
	1～500 元	76	72	74	67	65	72
	501～1000 元	60	62	59	60	65	59
	1001～1500 元	57	52	51	55	47	49
	1501～2000 元	50	47	50	49	48	51
	2001～2500 元	47	43	38	41	39	44
	2501～3000 元	60	45	34	37	33	30
	3001 元及以上	56	50	49	49	43	44

注：福建为四波调查省网。2015 年四波调查时间分别为：第一波 3 月 1 日至 3 月 21 日；第二波 5 月 24 日至 6 月 13 日；第三波 8 月 23 日至 9 月 12 日；第四波 11 月 1 日至 11 月 21 日。

表 3.39.2　2013～2015 年福建听众在不同地点的人均收听时间(分钟)

地　　点	2013 年	2014 年	2015 年
在家	32	28	26
车上	11	11	10
工作/学习场所	4	3	3
其他场所	1	2	1

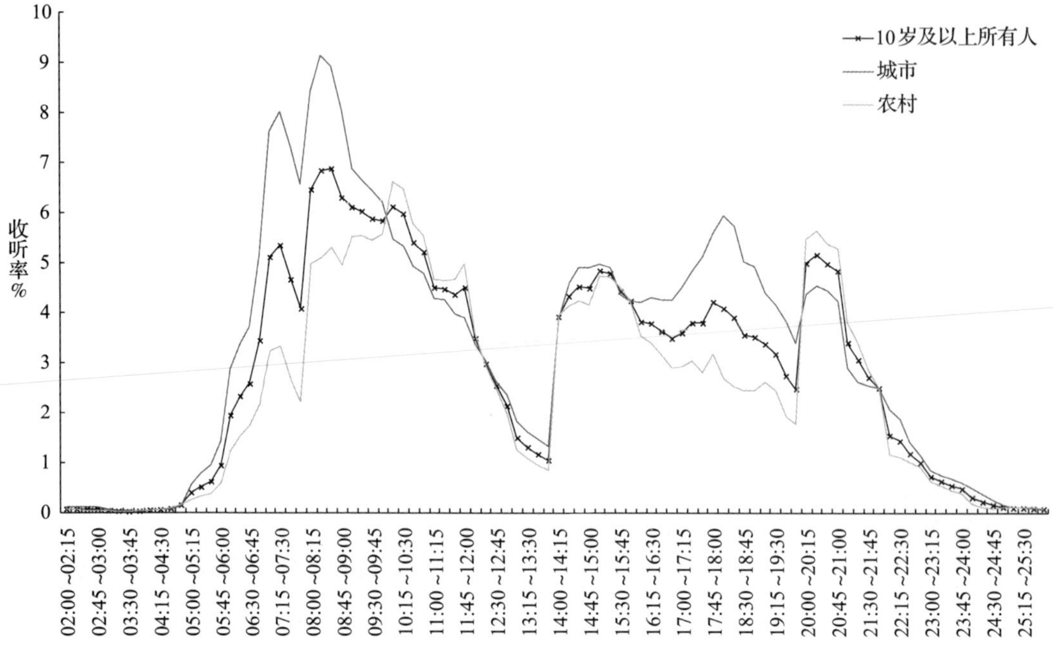

图 3.39.1　2015 年福建听众全体及分城乡全天收听率走势

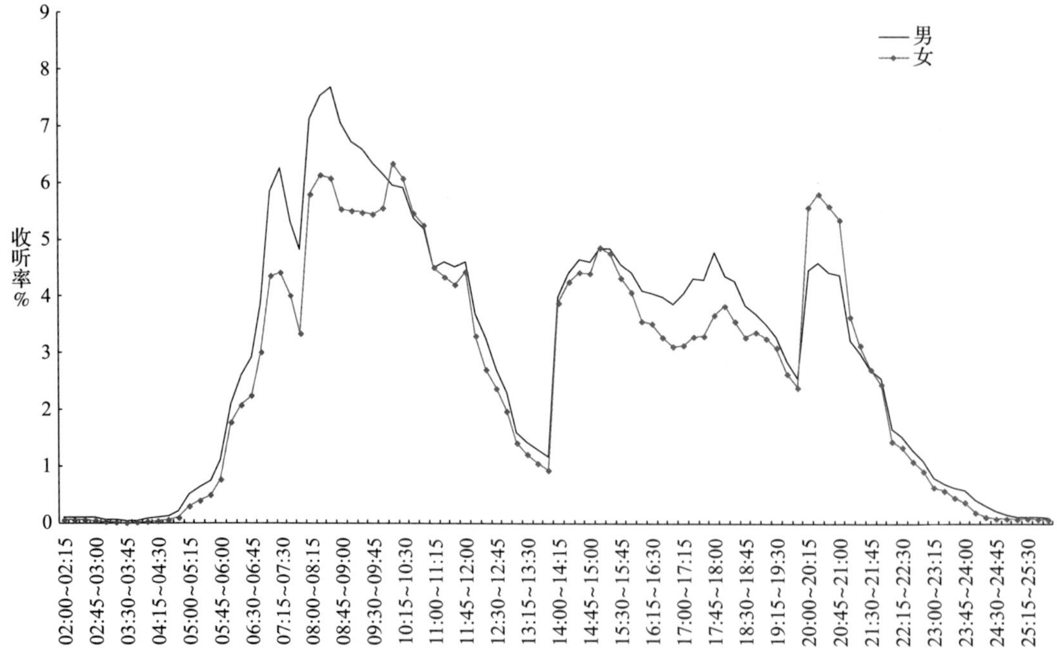

图 3.39.2　2015 年福建不同性别听众全天收听率走势

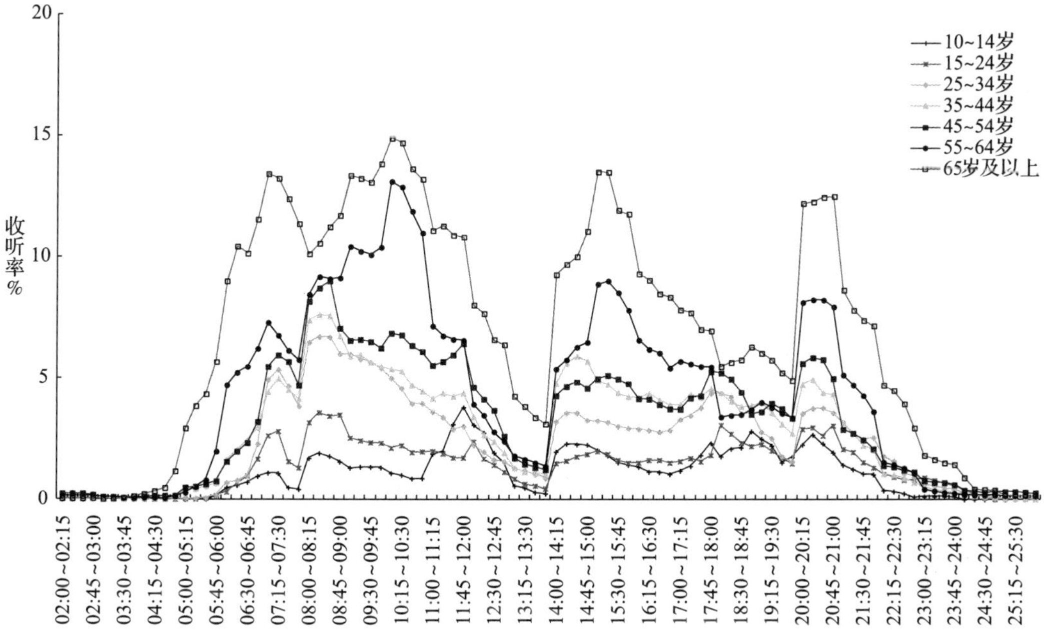

图 3.39.3 2015 年福建不同年龄听众全天收听率走势

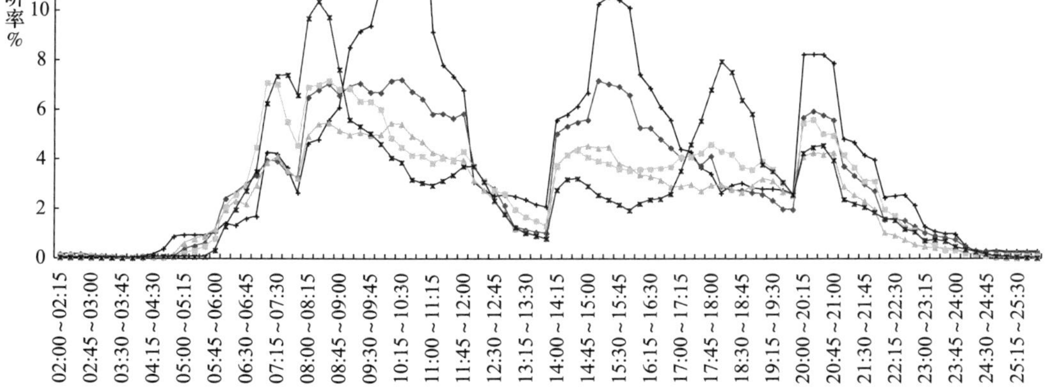

图 3.39.4 2015 年福建不同文化程度听众全天收听率走势

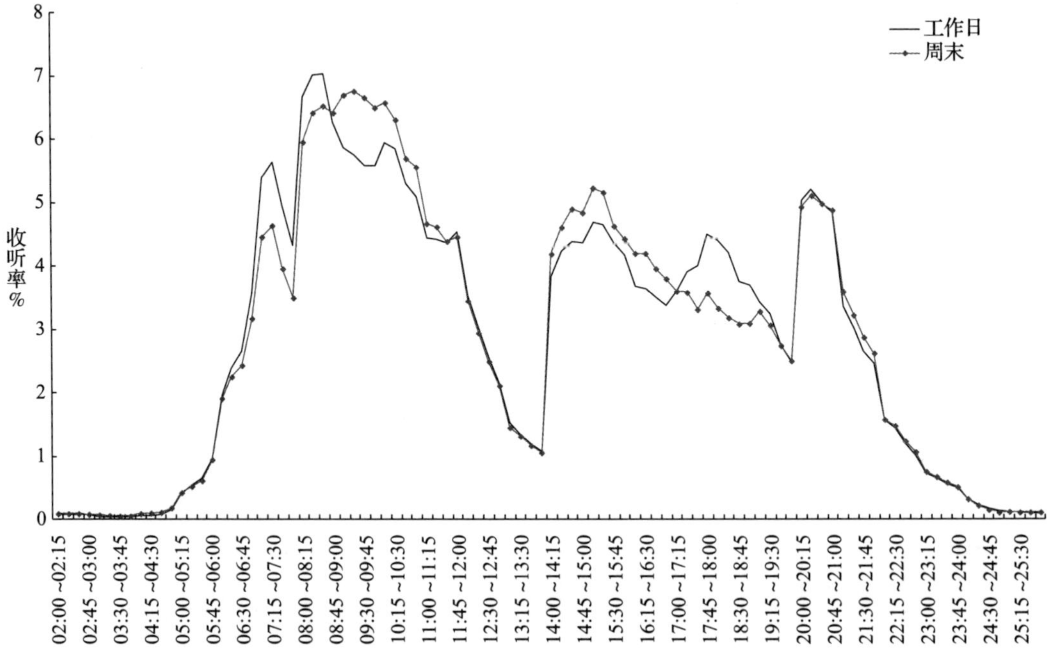

图 3.39.5　2015 年福建听众工作日与周末全天收听率走势

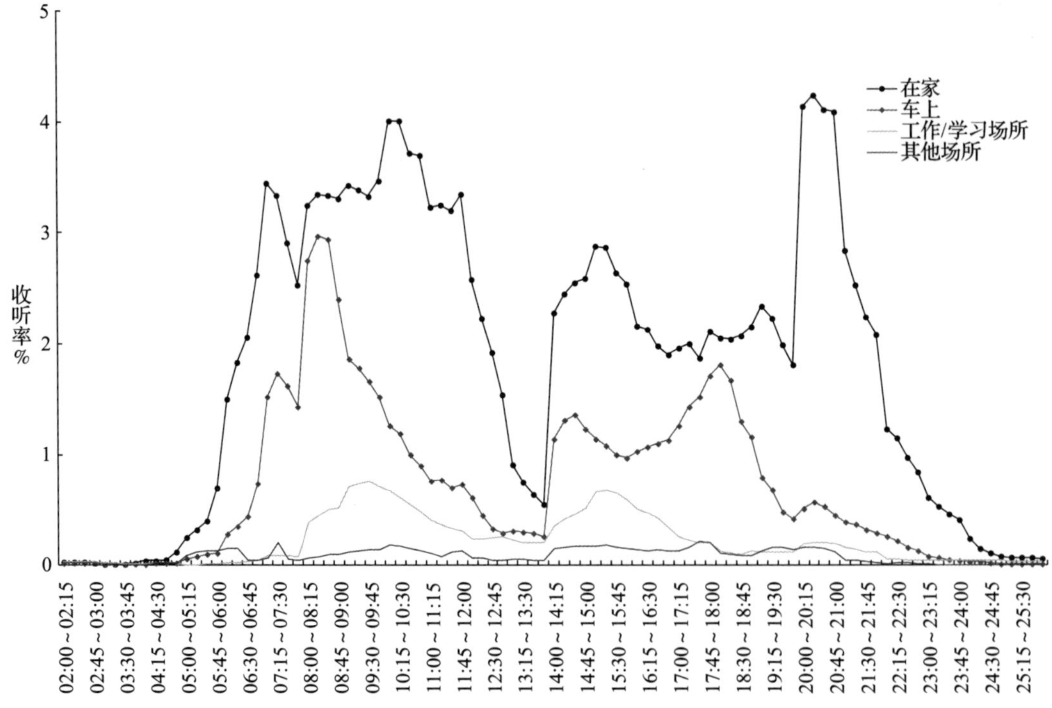

图 3.39.6　2015 年福建听众在不同地点全天收听率走势

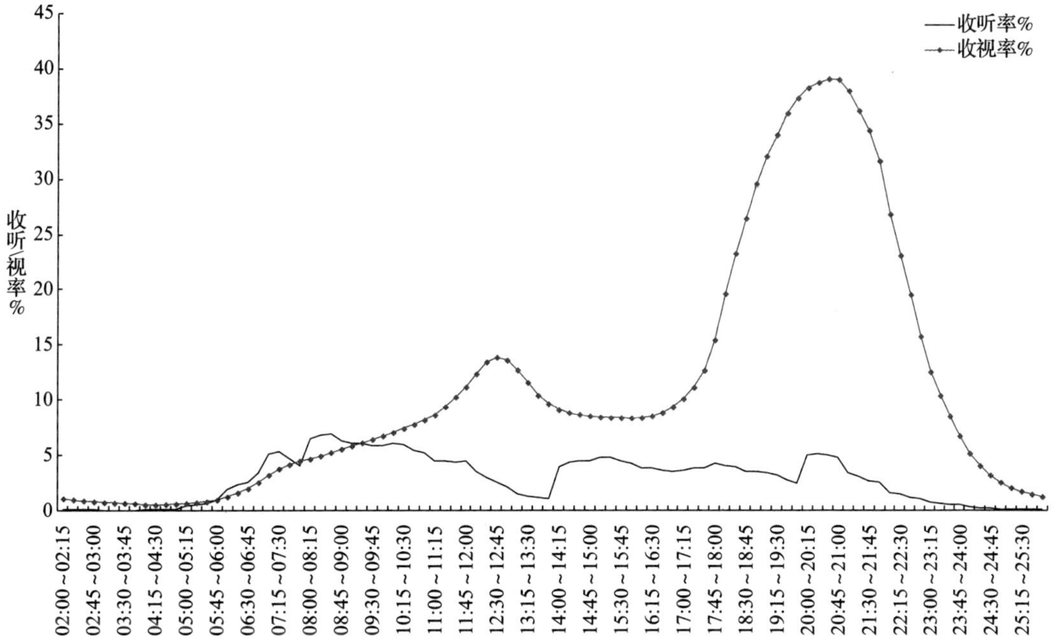

图 3.39.7　2015 年福建受众全天收听率、收视率走势比较(目标受众为 10 岁及以上)

表 3.39.3 2015 年福建市场听众构成(%)

目标听众		听众构成(%)
10 岁及以上所有人		100.0
城乡	城市	49.8
	农村	50.2
性别	男	53.9
	女	46.1
年龄	10~14 岁	1.9
	15~24 岁	9.7
	25~34 岁	18.7
	35~44 岁	19.0
	45~54 岁	17.5
	55~64 岁	15.6
	65 岁及以上	17.6
文化程度	未受过正规教育	8.0
	小学	19.3
	初中	31.1
	高中	26.3
	大学及以上	15.3
职业	干部/管理人员	3.1
	初级公务员/雇员	17.9
	个体/私营企业人员	19.2
	工人	11.4
	农民/渔民/牧民	17.9
	学生	6.6
	无业(包括退休人员)	23.9
	其他	0.0
个人月收入	没有收入	17.6
	1~500 元	6.3
	501~1000 元	5.3
	1001~1500 元	7.7
	1501~2000 元	11.6
	2001~2500 元	12.6
	2501~3000 元	9.0
	3001 元及以上	29.8

表 3.39.4 2013~2015 年福建市场各广播电台的市场份额(%)

广播电台	2013 年	2014 年	2015 年			
			第 1 波	第 2 波	第 3 波	第 4 波
中央人民广播电台	20.4	23.3	24.6	24.1	24.1	23.3
中国国际广播电台	0.5	0.7	1.1	0.7	0.4	0.6
福建广播影视集团	26.5	25.9	24.7	23.3	24.5	24.1
海峡之声广播电台	7.5	6.3	6.7	7.2	6.6	6.6
其他广播电台	45.1	43.7	43.0	44.7	44.4	45.4

表 3.39.5 2015 年福建市场各广播电台在不同目标听众中的市场份额(%)

目标听众		中央人民广播电台	中国国际广播电台	福建广播影视集团	海峡之声广播电台	其他广播电台
10 岁及以上所有人		24.0	0.7	24.1	6.8	44.4
城乡	城市	17.8	1.4	19.4	3.5	57.8
	农村	30.2	0.0	28.8	10.0	31.0
性别	男	25.0	0.5	27.0	7.4	40.2
	女	22.9	1.0	20.8	6.1	49.3
年龄	10~14 岁	40.1	0.0	14.8	6.8	38.4
	15~24 岁	21.6	2.2	21.2	6.1	48.9
	25~34 岁	20.0	1.5	26.5	4.5	47.6
	35~44 岁	19.1	0.5	30.7	4.7	45.0
	45~54 岁	25.3	0.5	29.4	6.6	38.2
	55~64 岁	28.3	0.0	17.4	7.8	46.5
	65 岁及以上	28.2	0.1	17.9	11.1	42.7
文化程度	未受过正规教育	13.3	0.0	8.9	14.3	63.6
	小学	26.9	0.0	18.4	11.1	43.6
	初中	27.5	0.4	25.0	6.5	40.7
	高中	22.5	0.7	31.4	2.8	42.6
	大学及以上	21.7	2.5	25.3	4.6	45.9
职业	干部/管理人员	22.9	2.1	30.9	1.4	42.8
	初级公务员/雇员	21.8	2.1	25.7	5.5	44.9
	个体/私营企业人员	21.0	0.2	33.9	1.8	43.1
	工人	15.4	0.1	26.0	3.8	54.7
	农民/渔民/牧民	21.0	0.0	13.6	18.8	46.7
	学生	26.3	2.6	19.8	7.8	43.5
	无业(包括退休人员)	34.3	0.1	22.5	4.7	38.5
	其他	0.0	0.0	72.9	0.0	27.2
个人月收入	没有收入	31.8	1.0	20.0	5.1	42.0
	1~500 元	12.6	0.0	19.2	16.8	51.4
	501~1000 元	16.1	0.0	14.5	19.6	49.8
	1001~1500 元	26.9	0.5	24.5	8.8	39.3
	1501~2000 元	35.0	0.7	26.2	5.5	32.7
	2001~2500 元	27.4	0.2	28.0	4.9	39.5
	2501~3000 元	24.0	0.2	24.5	6.9	44.5
	3001 元及以上	16.7	1.2	26.8	4.3	51.1

表 3.39.6 2015 年福建市场份额排名前 5 位的频率

名　次	频率名称	市场份额(%)
1	中央人民广播电台第一套节目中国之声	15.9
2	福建交通广播 FM100.7	8.6
3	福建新闻广播 FM103.6/AM882	7.8
4	海峡之声广播电台闽南话频道 AM783	5.2
5	福建经济广播电台 FM96.1/AM1404	3.8

四十、辽宁收听数据

表 3.40.1 2013～2015 年辽宁各目标听众人均收听时间(分钟)

目标听众		2013 年	2014 年	2015 年
10 岁及以上所有人		60	57	56
城乡	城市	80	74	78
	农村	29	26	27
性别	男	60	58	58
	女	59	57	55
年龄	10～14 岁	22	24	15
	15～24 岁	30	26	28
	25～34 岁	42	48	44
	35～44 岁	56	53	51
	45～54 岁	68	73	71
	55～64 岁	89	80	83
	65 岁及以上	108	76	88
文化程度	未受过正规教育	60	30	30
	小学	57	52	50
	初中	53	54	50
	高中	67	70	78
	大学及以上	78	59	56
职业	干部/管理人员	83	68	79
	初级公务员/雇员	57	60	52
	个体/私营企业人员	54	64	61
	工人	58	50	58
	农民/渔民/牧民	51	53	52
	学生	24	23	22
	无业(包括退休人员)	83	74	71
	其他	*	53	*
个人月收入	没有收入	32	34	30
	1～500 元	65	55	47
	501～1000 元	67	69	59
	1001～1500 元	73	58	50
	1501～2000 元	77	73	77
	2001～2500 元	61	55	69
	2501～3000 元	62	58	56
	3001 元及以上	59	67	65

注:辽宁省网为全年连续调查省网。“*”表示目标听众样本量不足,无法进行统计推断。

表 3.40.2 2013～2015 年辽宁听众在不同地点的人均收听时间(分钟)

地　点	2013 年	2014 年	2015 年
在家	45	42	41
车上	10	9	9
工作/学习场所	4	4	5
其他场所	1	1	1

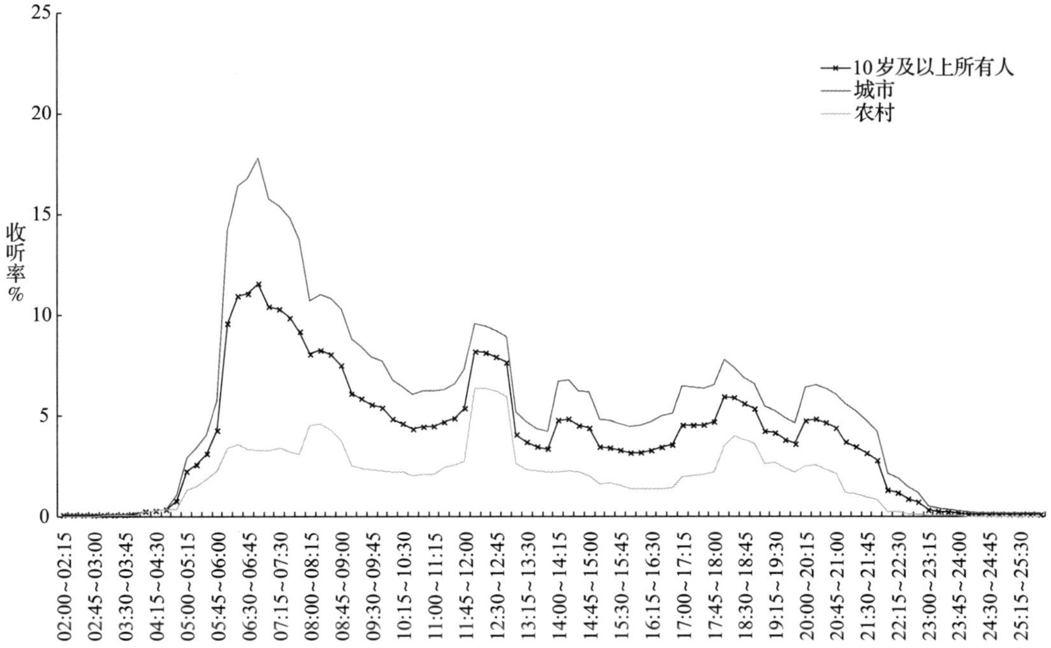

图 3.40.1　2015 年辽宁听众全体及分城乡全天收听率走势

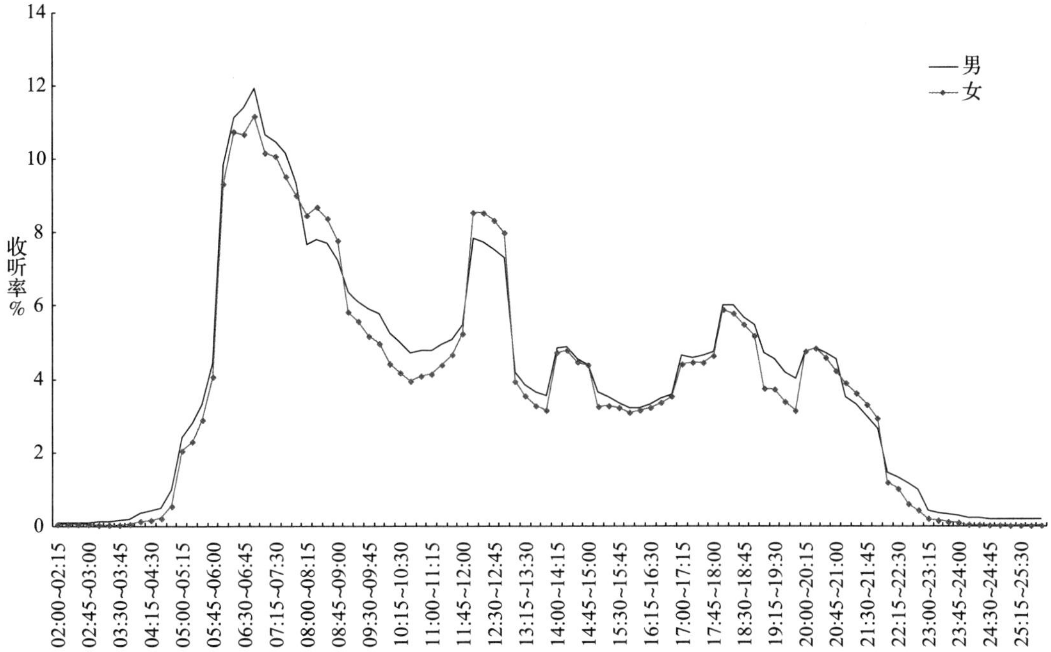

图 3.40.2　2015 年辽宁不同性别听众全天收听率走势

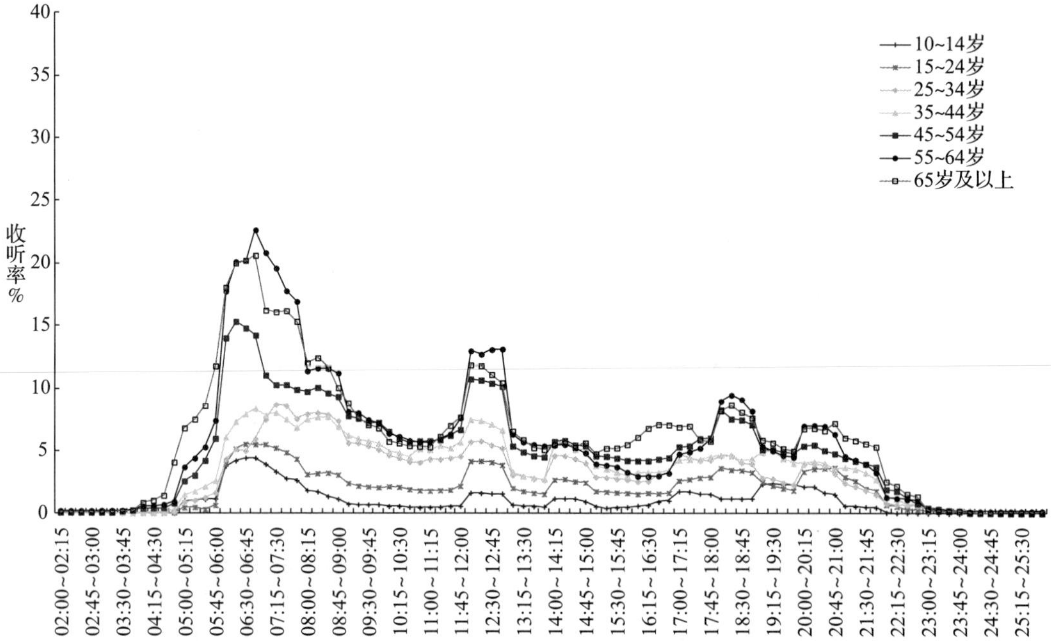

图 3.40.3　2015 年辽宁不同年龄听众全天收听率走势

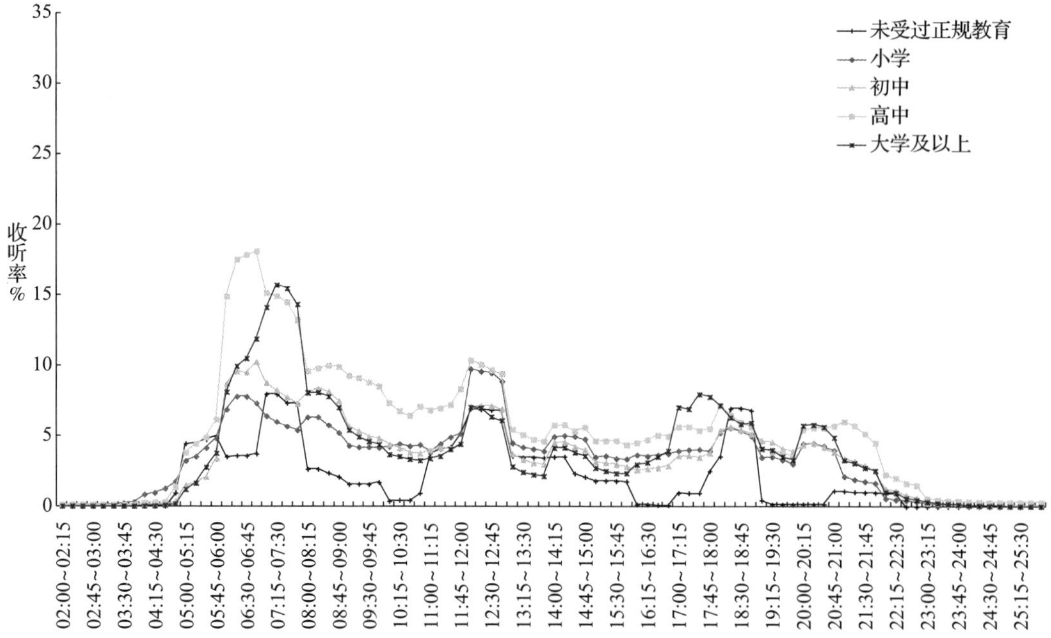

图 3.40.4　2015 年辽宁不同文化程度听众全天收听率走势

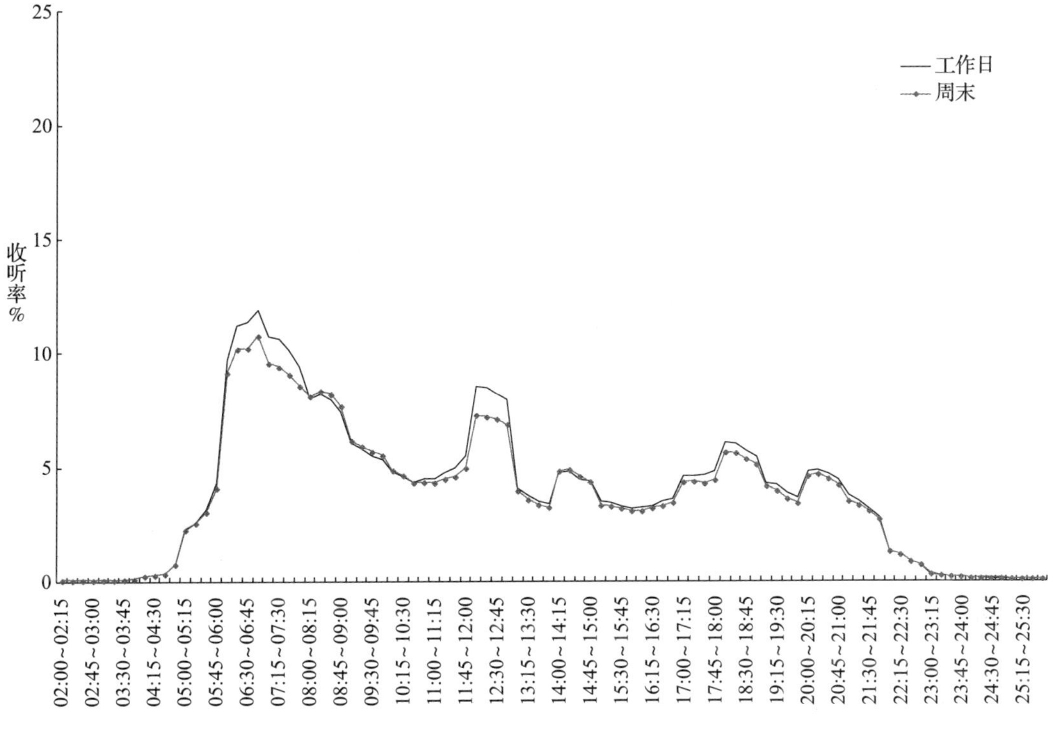

图 3.40.5 2015 年辽宁听众工作日与周末全天收听率走势

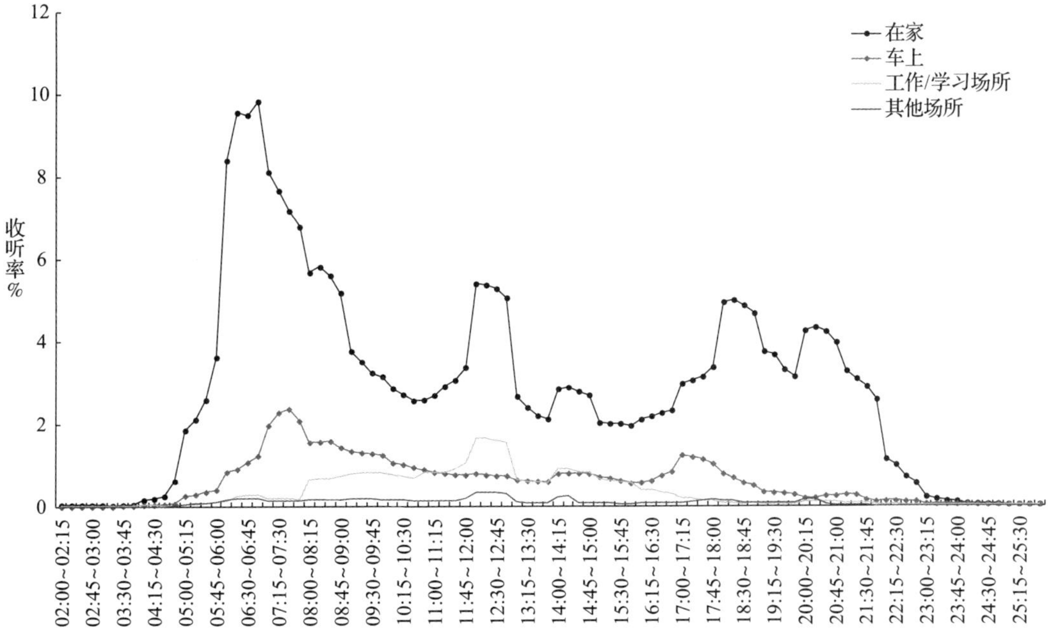

图 3.40.6 2015 年辽宁听众在不同收听地点全天收听率走势

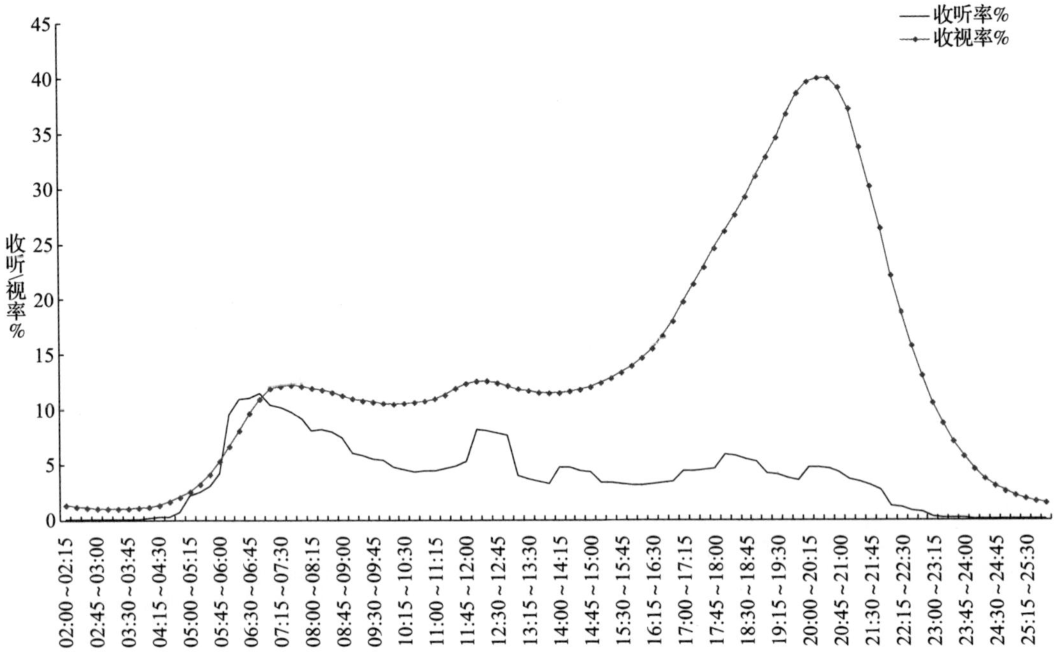

图 3.40.7　2015 年辽宁受众全天收听率、收视率走势比较(目标受众为 10 岁及以上)

表 3.40.3　2015 年辽宁市场听众构成(%)

目标听众		听众构成(%)
10 岁及以上所有人		100.0
城乡	城市	79.2
	农村	20.8
性别	男	52.5
	女	47.5
年龄	10~14 岁	1.0
	15~24 岁	7.8
	25~34 岁	14.0
	35~44 岁	18.1
	45~54 岁	23.7
	55~64 岁	19.6
	65 岁及以上	15.8
文化程度	未受过正规教育	0.5
	小学	14.2
	初中	43.4
	高中	28.3
	大学及以上	13.7
职业	干部/管理人员	2.4
	初级公务员/雇员	8.0
	个体/私营企业人员	14.3
	工人	26.0
	农民/渔民/牧民	13.1
	学生	4.4
	无业(包括退休人员)	31.8
	其他	*
个人月收入	没有收入	12.0
	1~500 元	2.9
	501~1000 元	4.6
	1001~1500 元	8.2
	1501~2000 元	22.5
	2001~2500 元	18.5
	2501~3000 元	10.1
	3001 元及以上	21.2

“*”表示目标听众样本量不足,无法进行统计推断。

表 3.40.4　2013~2015 年辽宁市场各广播电台的市场份额(%)

广播电台	2013 年	2014 年	2015 年
中央人民广播电台	12.7	15.8	16.4
中国国际广播电台	0.0	0.0	0.0
辽宁广播电视台	44.0	42.2	40.4
其他广播电台	43.3	42.0	43.2

表 3.40.5　2015 年辽宁市场各广播电台在不同目标听众中的市场份额(%)

目标听众		中央人民广播电台	中国国际广播电台	辽宁广播电视台	其他广播电台
10 岁及以上所有人		16.4	0.0	40.4	43.2
城乡	城市	16.0	0.0	43.7	40.3
	农村	17.8	0.0	27.8	54.4
性别	男	16.5	0.0	39.2	44.3
	女	16.2	0.0	41.7	42.1
年龄	10~14 岁	22.2	0.0	49.6	28.2
	15~24 岁	17.4	0.0	45.4	37.2
	25~34 岁	18.7	0.0	39.5	41.7
	35~44 岁	15.7	0.0	41.4	42.9
	45~54 岁	12.6	0.0	44.1	43.3
	55~64 岁	20.1	0.0	33.5	46.3
	65 岁及以上	15.3	0.0	39.7	45.0
文化程度	未受过正规教育	0.7	0.0	15.8	83.5
	小学	12.0	0.0	37.9	50.0
	初中	15.7	0.0	40.8	43.5
	高中	18.6	0.0	38.9	42.6
	大学及以上	19.0	0.0	45.8	35.3
职业	干部/管理人员	37.3	0.0	26.9	35.8
	初级公务员/雇员	16.8	0.0	44.2	39.0
	个体/私营企业人员	13.4	0.0	50.7	35.9
	工人	15.4	0.0	36.6	48.0
	农民/渔民/牧民	12.4	0.0	37.4	50.3
	学生	22.0	0.0	49.9	28.1
	无业(包括退休人员)	17.7	0.0	38.9	43.4
	其他	*	*	*	*
个人月收入	没有收入	16.8	0.0	39.2	44.1
	1~500 元	5.4	0.0	27.1	67.5
	501~1000 元	10.9	0.0	33.7	55.4
	1001~1500 元	15.6	0.0	49.8	34.6
	1501~2000 元	16.5	0.0	52.2	31.4
	2001~2500 元	18.0	0.0	37.1	44.9
	2501~3000 元	14.6	0.0	45.0	40.5
	3001 元及以上	18.5	0.0	29.1	52.4

“*”表示目标听众样本量不足,无法进行统计推断。

表 3.40.6　2015 年辽宁市场份额排名前 5 位的频率

名　次	频率名称	市场份额(%)
1	辽宁广播电视台交通广播 FM97.5	12.2
2	中央人民广播电台第一套节目中国之声	12.0
3	辽宁广播电视台音乐广播 FM98.6	6.1
4	辽宁广播电视台都市广播 FM92.1/AM1341	5.0
5	辽宁广播电视台综合广播 AM1089/FM102.9	4.6

第四部分
Part Four

附 录 Appendix

附　录

CSM 各收听率调查网概况

表 4.1　2015 年各城市收听率调查网样本规模及推及人口

城　　市	固定样组规模(户)	推及户数(千户)	推及人口(千人)
北京	300	3294	8208
长春	300	989	2597
长沙	300	758	2037
常州	300	718	2106
成都	300	688	1766
重庆	300	593	1626
大连	300	1022	2457
佛山	300	1040	2849
福州	300	447	1280
广州	300	1546	3874
邯郸	300	248	747
杭州	300	1936	5069
哈尔滨	300	1279	3237
合肥	300	651	1733
济南	300	1124	3076
昆明	300	714	1808
南昌	300	390	1171
南京	300	1752	5041
南宁	300	616	1589
宁波	300	362	969
青岛	300	522	1295
清远	300	112	336
泉州	300	156	489
上海	300	3155	8148
汕头	300	396	1608
沈阳	300	1227	3119
深圳	300	2409	5477
石家庄	300	685	1870
苏州	300	591	1712
太原	300	899	2311
天津	300	2244	5715
乌鲁木齐	300	923	2182
武汉	300	1050	2926
无锡	300	495	1419
厦门	300	603	1648
西安	300	866	2159
郑州	300	1307	3261

表 4.2　2015 年各城市收听率调查网家庭规模结构(%)

城　市	1 人户	2 人户	3 人户	4 人及以上户
北京	8.9	42.3	32.7	16.1
长春	7.1	37.2	37.6	18.1
长沙	6.2	35.5	37.9	20.4
常州	5.3	34.3	33.3	27.1
成都	10.0	37.9	28.9	23.2
重庆	8.0	30.9	38.9	22.2
大连	7.5	42.5	37.4	12.6
佛山	5.9	40.9	23.5	29.7
福州	13.5	24.6	33.4	28.5
广州	13.0	40.1	25.6	21.3
邯郸	3.0	25.8	40.1	31.1
杭州	6.6	45.4	26.5	21.5
哈尔滨	6.1	41.5	35.5	16.9
合肥	12.7	34.3	34.0	19.0
济南	6.2	32.0	38.8	23.0
昆明	12.7	36.5	31.4	19.4
南昌	5.4	23.9	37.2	33.5
南京	7.5	30.1	40.2	22.2
南宁	11.1	34.8	31.9	22.2
宁波	5.5	39.1	41.5	13.9
青岛	7.4	38.0	40.1	14.5
清远	5.2	30.8	22.8	41.2
泉州	3.2	33.5	33.0	30.3
上海	7.9	39.4	36.2	16.5
汕头	2.3	17.0	18.2	62.5
沈阳	7.5	38.1	37.0	17.4
深圳	11.4	47.3	22.4	18.9
石家庄	6.9	29.7	40.2	23.2
苏州	7.6	31.3	35.1	26.0
太原	4.7	38.8	36.6	19.9
天津	6.9	39.6	40.7	12.8
乌鲁木齐	8.7	41.5	32.1	17.7
武汉	5.7	37.9	36.9	19.5
无锡	6.2	34.1	35.5	24.2
厦门	9.6	42.0	28.9	19.5
西安	10.5	40.2	31.1	18.2
郑州	11.8	37.5	30.0	20.7

表 4.3　2015 年各城市收听率调查网性别与年龄结构(%)

城市	性别		年　龄						
	男性	女性	10~14 岁	15~24 岁	25~34 岁	35~44 岁	45~54 岁	55~64 岁	65 岁及以上
北京	51.1	48.9	2.2	18.5	23.7	19.3	16.0	10.9	9.4
长春	51.2	48.8	3.6	21.0	19.4	18.7	17.0	11.8	8.5
长沙	49.5	50.5	3.3	24.8	21.4	20.3	14.2	9.4	6.6
常州	51.3	48.7	4.3	17.7	20.6	23.1	14.7	11.2	8.4
成都	51.3	48.7	3.6	17.7	20.5	22.7	14.4	10.7	10.4
重庆	50.6	49.4	3.1	23.2	21.4	20.5	14.5	12.3	5.0
大连	49.5	50.5	3.9	17.0	19.5	20.0	16.9	12.6	10.1
佛山	53.5	46.5	2.9	21.8	25.0	24.6	12.5	7.4	5.8
福州	51.5	48.5	4.6	18.6	23.9	22.0	11.9	10.5	8.5
广州	51.2	48.8	2.6	22.6	24.1	18.4	12.1	10.7	9.5
邯郸	51.4	48.6	4.3	17.3	18.5	21.5	17.4	11.2	9.8
杭州	51.7	48.3	3.3	20.6	21.8	19.5	15.8	10.6	8.4
哈尔滨	50.8	49.2	3.1	18.6	18.5	19.1	18.3	12.6	9.8
合肥	52.6	47.4	3.9	23.4	24.0	19.9	12.2	8.7	7.9
济南	50.7	49.3	4.1	20.8	20.0	18.5	16.3	11.4	8.9
昆明	51.2	48.8	3.8	19.4	22.3	22.5	13.8	9.8	8.4
南昌	51.8	48.2	5.5	23.0	18.5	21.6	13.8	9.3	8.3
南京	51.5	48.5	3.7	22.8	20.0	18.9	15.5	10.6	8.5
南宁	51.1	48.9	3.7	22.1	24.5	21.8	11.9	8.5	7.5
宁波	51.9	48.1	4.5	17.5	22.9	24.5	16.0	10.0	4.6
青岛	49.8	50.2	3.8	13.7	21.8	21.3	16.8	12.6	10.0
清远	51.9	48.1	4.0	21.4	20.2	19.9	13.7	10.5	10.3
泉州	51.1	48.9	4.3	22.6	26.7	21.6	11.9	7.8	5.1
上海	51.0	49.0	2.8	12.9	22.5	16.8	16.5	15.0	13.5
汕头	47.9	52.1	7.2	23.4	18.2	19.0	13.3	10.9	8.0
沈阳	49.4	50.6	3.4	13.0	18.6	17.5	20.2	14.9	12.4
深圳	53.6	46.4	2.7	26.9	32.4	23.1	9.0	3.6	2.3
石家庄	49.6	50.4	3.7	24.2	20.2	18.5	14.7	10.2	8.5
苏州	49.9	50.1	3.1	24.2	22.7	19.3	13.2	9.3	8.2
太原	50.8	49.2	4.6	23.5	19.7	18.7	16.5	9.3	7.7
天津	54.0	46.0	1.9	18.1	22.1	16.1	18.3	13.4	10.1
乌鲁木齐	51.1	48.9	4.9	20.1	17.6	27.1	14.6	7.6	8.1
武汉	52.6	47.4	3.3	20.1	24.4	16.6	15.1	12.9	7.6
无锡	52.0	48.0	3.3	18.6	20.7	21.1	15.8	11.5	9.0
厦门	50.8	49.2	4.1	25.6	29.1	21.0	9.8	6.1	4.3
西安	51.2	48.8	3.4	24.9	21.2	17.3	14.4	9.2	9.6
郑州	50.6	49.4	4.5	27.2	22.4	19.6	12.4	7.7	6.2

表 4.4　2015 年各城市收听率调查网人均月收入结构(%)

城市	没有收入	1～500 元	501～1000 元	1001～1500 元	1501～2000 元	2001～2500 元	2501～3000 元	3001～4000 元	4001 元及以上
北京	21.1	0.1	0.4	0.5	0.5	5.3	3.9	23.0	45.2
长春	28.6	0.2	0.2	1.9	6.3	15.3	8.5	23.6	15.4
长沙	32.5	0.6	0.8	3.4	3.2	9.7	6.2	16.7	26.9
常州	26.5	1.8	3.4	2.8	2.4	8.0	7.9	19.5	27.7
成都	21.1	0.1	0.3	4.6	7.6	12.7	6.6	18.9	28.1
重庆	25.0	2.0	4.4	4.3	2.8	12.9	9.4	19.4	19.8
大连	26.5	0.0	0.6	2.3	4.5	15.3	10.5	20.4	19.9
佛山	24.5	1.1	0.9	2.6	3.1	9.3	11.0	22.0	25.5
福州	30.0	0.0	0.2	0.9	2.5	9.0	8.0	22.3	27.1
广州	25.1	0.4	1.6	1.0	2.9	8.8	8.3	25.7	26.2
邯郸	31.7	2.3	1.6	8.3	7.6	23.4	6.5	12.2	6.4
杭州	27.6	0.7	0.7	2.0	3.7	4.6	6.7	17.2	36.8
哈尔滨	22.6	0.3	0.4	2.7	9.1	22.8	10.2	18.8	13.1
合肥	31.9	0.6	2.3	3.5	5.2	13.7	5.8	17.9	19.1
济南	29.6	5.4	2.3	3.5	6.6	11.4	7.6	17.1	16.5
昆明	26.7	0.6	1.2	4.2	6.5	13.4	9.3	20.2	17.9
南昌	30.9	0.3	0.6	1.7	6.0	15.9	6.9	20.5	17.2
南京	27.2	1.4	1.4	2.6	2.6	9.7	8.1	18.8	28.2
南宁	25.3	3.9	5.7	4.3	7.7	13.8	8.8	16.1	14.4
宁波	25.2	0.0	0.7	2.4	2.2	5.6	7.4	18.9	37.6
青岛	24.5	0.1	0.8	0.7	2.8	11.8	9.5	22.6	27.2
清远	33.7	3.1	4.0	4.6	5.7	11.7	9.6	13.5	14.1
泉州	36.1	0.1	0.1	0.7	1.2	6.6	7.8	17.7	29.7
上海	16.0	0.0	0.4	1.4	1.0	3.2	6.1	21.3	50.6
汕头	48.0	0.7	2.3	4.5	4.4	6.7	6.3	13.5	13.6
沈阳	22.0	0.9	2.5	6.8	10.7	22.4	6.6	16.1	12.0
深圳	30.5	0.0	0.1	0.1	0.3	1.4	2.3	9.7	55.6
石家庄	28.4	0.5	1.1	5.7	5.7	19.2	8.5	18.5	12.4
苏州	26.3	0.4	2.7	2.0	1.9	7.0	8.5	17.8	33.4
太原	34.1	0.6	0.8	3.8	6.5	18.8	8.0	17.6	9.8
天津	22.8	0.2	0.0	2.0	4.3	21.8	6.5	21.4	21.0
乌鲁木齐	43.1	0.2	0.3	1.9	1.6	7.5	6.2	17.6	21.6
武汉	23.0	0.0	0.1	1.8	4.0	17.1	6.6	19.5	27.9
无锡	21.8	0.2	3.8	2.7	2.2	9.5	7.5	24.1	28.2
厦门	36.2	0.0	0.2	1.0	1.1	6.1	5.7	14.0	35.7
西安	27.5	0.5	1.0	3.4	4.0	18.5	13.7	19.0	12.4
郑州	39.0	0.2	0.1	1.2	3.0	10.7	6.8	18.4	20.6

表 4.5 2015 年各省级收听率调查网样本规模及推及人口

省 份	固定样组规模(户)	推及户数(千户)	推及人口(千人)
安徽省	600	5798	16394
福建省	600	3815	11966
辽宁省	600	6897	19005

表 4.6 2015 年各省级收听率调查网家庭规模结构(%)

省 份	1 人户	2 人户	3 人户	4 人及以上户
安徽省	11.9	28.6	30.4	29.1
福建省	4.5	29.5	28.1	37.9
辽宁省	6.4	34.9	35.7	23.0

表 4.7 2015 年各省级收听率调查网性别与年龄结构(%)

省份	性别		年 龄						
	男性	女性	10 ~ 14 岁	15 ~ 24 岁	25 ~ 34 岁	35 ~ 44 岁	45 ~ 54 岁	55 ~ 64 岁	65 岁及以上
安徽省	50.5	49.5	5.4	20.2	18.1	21.9	15.0	11.1	8.3
福建省	50.5	49.5	3.9	20.6	23.0	20.0	14.5	10.2	7.8
辽宁省	50.2	49.8	4.1	14.9	17.7	19.7	19.4	13.0	11.2

表 4.8 2015 年各省级收听率调查网人均月收入结构(%)

省份	没有收入	1 ~ 500 元	501 ~ 1000 元	1001 ~ 1500 元	1501 ~ 2000 元	2001 ~ 2500 元	2501 ~ 3000 元	3001 ~ 4000 元	4001 元及以上
安徽省	35.0	5.0	6.0	8.0	4.7	10.8	6.4	13.3	10.8
福建省	37.3	2.6	2.0	3.0	2.3	7.8	6.5	16.5	22.0
辽宁省	28.9	3.8	5.1	9.0	6.9	17.4	5.8	12.3	10.8

图书在版编目（CIP）数据

中国广播收听年鉴．2016／徐立军主编．—北京：中国传媒大学出版社，2016.11

ISBN 978－7－5657－1855－7

Ⅰ.①中…　Ⅱ.①徐…　Ⅲ.①广播工作－抽样调查统计－中国－2016－年鉴　Ⅳ.①G229.2－54

中国版本图书馆 CIP 数据核字（2016）第 277230 号

中国广播收听年鉴 2016

Zhongguo Guangbo Shouting Nianjian

主　　编　徐立军

策　　划　欣　雯

责任编辑　李　明　蒋　倩

责任印制　阳金洲

封面制作　大鹏设计

出版发行　中国传媒大学出版社

地　　址　北京市朝阳区定福庄东街 1 号　邮编 100024

电话：86－10－65450532　65450528　传真：65779405

网　　址　http://www.cucp.com.cn

经　　销　全国新华书店

印　　刷　北京艺堂印刷有限公司

开　　本　787mm×1092mm　1/16

印　　张　32.5

字　　数　700 千字

版　　次　2016 年 11 月第 1 版　2016 年 11 月第 1 次印刷

书　　号　ISBN 978－7－5657－1855－7/G·1855　**定　价**　128.00 元